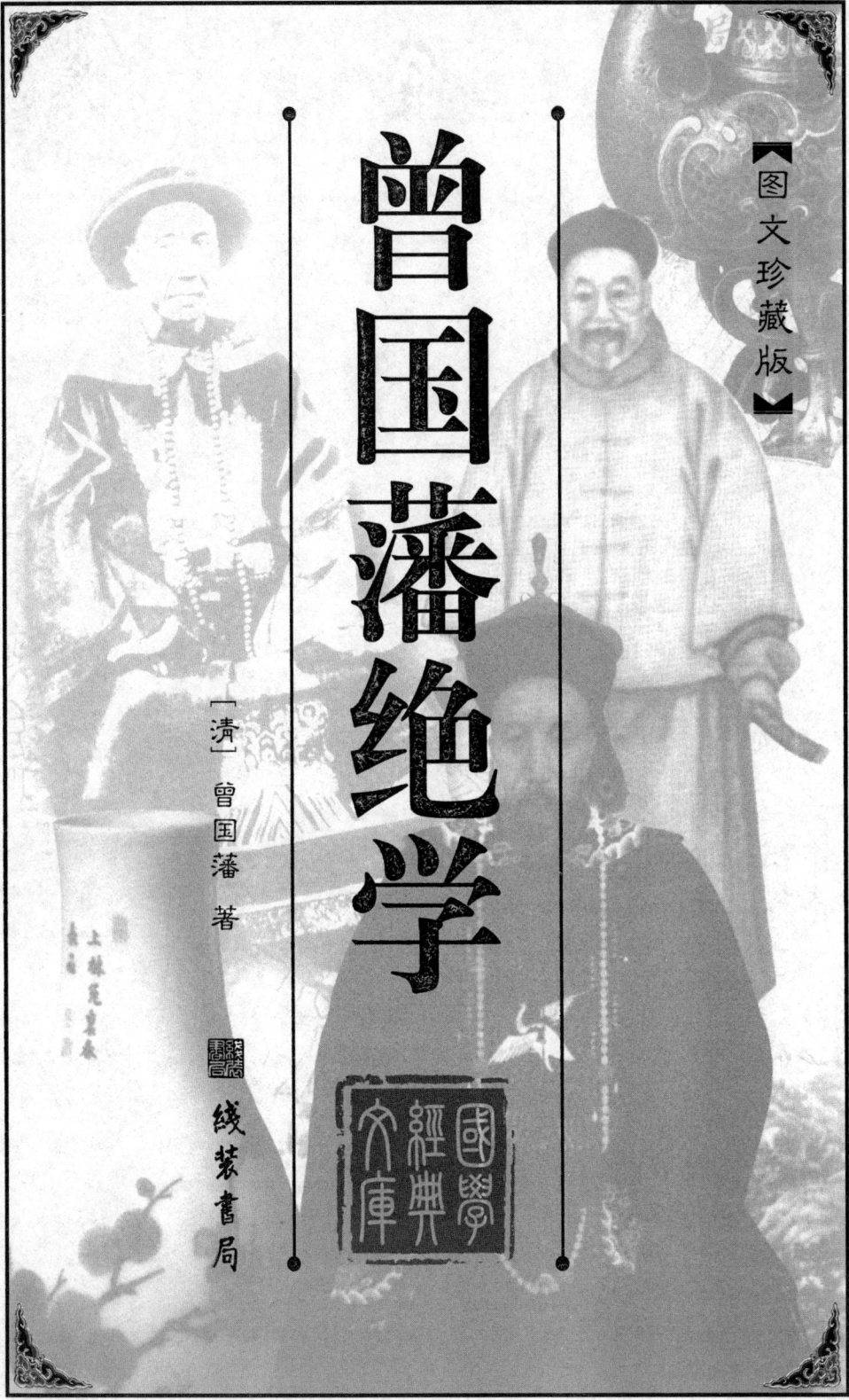

曾国藩绝学

[清] 曾国藩 著

线装书局

图文珍藏版

图文珍藏版

第四卷

谋略

[清] 曾国藩 著

线装书局

卷 首 语

曾国藩是中国近代史上一位颇具魅力和争议的神秘人物，敬爱与痛恨，推崇与指责，同时加于一身，而对他的共识便是"老谋深算。"

曾国藩的一生，不是在险恶的官场中搏斗，就是同太平军和捻军厮杀，一生历尽周折沉浮，极尽人生睿智。他驰骋疆场，徘徊官场，谙熟人场，之所以能够左右逢源，功成名就，全在于其用心之深，殚精竭虑。可以说，曾国藩成就一生的秘密，就在于一个"谋"字。其谋人谋事之道，是两千年来无数成功人士共同智慧的结晶，经过千锤百炼，堪为后来者的成功指南。

卷一 修身养性谋略

经文释义

【原文】

古来圣哲，胸怀极广，而可达天德者约有数端：如笃恭修已而生睿智，程子之说也；至诚感神而致前知，子思之训也；安贫乐道而润身睟面，孔、颜、曾、孟之旨也；观物闲吟而意适神恬，陶、白、苏、陆之趣也。自恨少壮不知努力，老年常多悔惧，于古人心境不能领取一二，反复寻思，叹喟无已。

【译文】

古来圣贤之人，胸怀非常宽广，而可以泯除物我之见，达到天人合一之境界的品德，大概有以下几方面：如笃实恭谨，独善其身而增长聪睿智慧，这是程颢的教诲；至诚而感通神灵，先知先觉，这是子思的劝诫；安于贫困，以仁义道德自悦，以德调身，以德沐面，这是孔子、颜回、曾参、孟子的意旨；欣赏咏唱自然界的美好景物，心境安宁，精神恬静，这是陶渊明、白居易、苏轼、陆游的志趣。自恨少壮不努力，老年常多遗憾、戒惧之心思，而对古人之心境不能领略一二，反复思虑，叹喟不已。

曾国藩朝服像　清

【原文】

是日细思古人工夫，其效之尤著者，约有四端：曰慎独则心泰，曰主敬则身强，曰求仁则人悦，曰思诚则神钦。慎独者，遏欲不忽隐微，循理不间须臾，内省不疚，故心泰。主敬者，外而整齐严肃，内而专静纯一，斋庄不懈，故身强。求仁者，体则存心养性，用则民胞物与，大公无我，故人悦。思诚者，心则忠贞不贰，言则笃实不欺，至诚相感，故神钦。四者之功夫果至，则四者之效验自臻。余老矣，亦尚思少致吾功，以求万一之效耳。

【译文】

今日细思古人修身功夫，其成效特别显著的大约有四方面：慎于独处，则心胸安泰；端恭谨慎，则身体强健；追求仁义，则人们敬慕热爱；正心诚意，则神灵钦敬。慎独，就是说遏禁私欲，连非常微小的方面也不放过，循理而行，时时如此，内省而无愧，所以心泰。主敬，就是说仪容整齐严肃，内心思虑专一，端恭不懈，所以说身体强健。求仁，就是说从本体上讲，有民胞物与之怀，大公无私，所以人们敬慕热爱。思诚，就是说内心忠贞无二，言语笃实无欺，以至诚感应万物，所以神灵钦敬。如果真能达到上述四方面的修身功夫，效验自然而至。我虽然年纪衰迈，但还想讲求此修身之功夫，以求得万一之效。

【原文】

吾人只有进德修业两事靠得住。进德，则孝弟仁义是也；修业，则诗文作字是也。此二者由我作主，得尺则我之尺也，得寸则我之寸也。今日进一分德便算积了一升谷，明日修一分业又算余了一文钱。德业并增，则家私日起，至于功名富贵，悉由命定，丝毫不能自主。

【译文】

我们只有进德修业这两件事靠得住。进德，就是恪守孝悌仁义；修业，就是写诗词文章、写字。这两件事可以由自己做主，得到一尺这个一尺就是我的，得到一寸这个一寸也是我的。今天进了一分德就像积贮了一升谷一样，明天修了一份业又像富裕了一文钱一样。德和业一起增加，家中的财产也就越来越多。至于功名富贵，这都是命里注定的，自己一点都不能做主。

【原文】

《记》曰："清明在躬。"吾人身心之间，须有一种清气。使子弟饮其和，乡党薰其德，庶几积善可以致祥。饮酒太多，则气必昏浊；说话太多，则神必躁扰。弟于此二敝，皆不能免。欲保清气，首贵饮酒有节，次贵说话不苟。

【译文】

《礼记》说："清明在躬。"我们身心之间，应有一种清纯之气，使子弟后辈感受到你的恬淡慈和，邻里乡亲沐浴着你的高风亮节，这样才可以积累善行，带来吉祥。喝酒过量的话，神思必定混乱不清；说话过多，情绪就必然烦躁不宁。这两个缺点，弟弟你都未能免掉。要保持自己身心中的清和之气，道德强调的是喝酒要有节制，其次应注意的是不随便说话。

【原文】

静中细思孟子之万物皆备，张子事天立命，王文成之拔本塞源，鹿忠节之认理提纲，圣祖《庭训》之仁厚，张文端公家书之和平。每日含咀吟咏，自有益于身心。庚午正月。

【译文】

安静中仔细思量孟子的"万物皆备"学说，张载的"事天立命"学说，王

守仁的"拔本塞源"学说，鹿善继的"认理提纲"，康熙皇帝《庭训格言》的"仁厚"，张英家书的"和平"。每天都能品味吟咏，自然会对身心有益。同治九年正月。

【原文】

余生平略述先儒之书，见圣贤教人修身，千言万语，而要以不忮不求为重。忮者，嫉贤害能，妒功争宠，所谓怠者不能修，忌者畏人修之类也。求者，贪利贪名，怀土怀惠，所谓未得患得，既得患失之类也。忮不常见，每发露于名业相侔势位相埒之人；求不常见！每发露于货财相接，仕进相妨之际。

【译文】

我平时约略述说先儒们的书，发现圣贤教人修身的理论，千言万语，总括起来，最关键的一条是不忮不求。忮，就是嫉贤害能，妒功争宠，所谓怠惰的人，自己不能修德进业，妒忌的人，又害怕别人修德进业。求，就是贪图名利，安于现状，就是没有得到的东西想方设法去得到，得到了的东西又害怕失去的这一类人。忮，并不常见，一般是都在名望、事业相当，地位相等的人身上表露；求，也不常见，往往发生在财物交往、仕途进取相互有所妨碍的时候。

【原文】

养生之道，"视""息""眠""食"四字最为要紧。"息"必归海，"视"必垂帘，"食"必淡节，"眠"必虚恬。归海谓藏息于丹田气海也。垂帘谓半视不全开、不苦用也。虚谓心虚而无营，腹虚而不滞也。谨此四字，虽无医药丹诀，而足以祛病矣。

【译文】

养生之道，"视""息""眠""食"四字最为紧要。"息"必归海，"视"必垂帘，"食"必淡节，"眠"必虚恬。归海就是指气息藏于丹田气海，垂帘就是讲眼睛半视半张，不过度使用。虚就是说心中不掺杂念，无所营求，腹中空虚，没有滞塞之气。谨守这四个字，即使没有灵丹妙药，也可祛病养生。

【原文】

少年征逐，见朋辈中天分绝高而终无所成，是谓有来历而无积累。积累者，积功累行，冥冥中所以厚植其基，根本盛大而后发生始繁。然其建功立名，如曾涤生、左季高之成就，又自有因缘。若或使之，若或助之，随所至而机缘巧合，争相拥护，而觌面者景从，闻声者响附，三者合而后功成名立。

【译文】

年轻人在一起嬉戏成长，见友辈中有天分很高而最终无所建树的人，因此说这是有来历而没有积累的缘故。所谓积累，就是积累功德，一步一个脚印地去实行，好像冥冥中厚植根基一样，根基盛大而后枝叶繁茂。然建功立名如曾国藩、左宗棠等人的成就，又自有其成功的道理。仿佛有的引诱他们那样做，有的帮助他们做，随便做什么都适峰其机，争相拥护，刚一见面就跟从，听到声音就随声

响应，这三个方面而相交在一起，而后才能功成名立。

【原文】

变有变法，何以谓之？吾于凡事皆守"尽其在我，听其在天"二语，即养生之道亦然。体强者如富人，因戒奢而益富；体弱者如贫人，因节啬而自全。节啬，非独食色之性也，即读书用心，亦宜检约，不使太过。余八本篇，申言养生以少恼怒为本。又尝教尔胸中不宜太苦，须活泼泼地，养得一段生机，亦去恼怒之道也。既戒恼怒，又知节啬，养生之道，已尽其在我者矣。此外，寿之长短，病之有无，一概听其在天，不必多生妄想，去计较他。凡多服药饵，求祷神祇，皆妄想也。吾于药医祷祀等事，皆记星冈公之遗训，而稍加推阐，教尔后辈。尔可常常与家中内外言之。

【译文】

变有变法，这怎么讲呢？我对于一切事情都采取"尽其在我，听其在天"的态度，在养生之道上也是如此。体格强健的好比是富人，因为戒除奢侈而更为富裕；体格弱的人好比是穷人，因为节俭而得以自我保全。节俭吝啬，不光是在食色之性上，就是在读书用脑等事情上，也该加以约束，不要让它过了头。我在八本之说中，说明了养生要以少恼怒为本。又曾经教你心中不应该太苦，而就该养出一段活泼的生机，这也是去除恼怒的方法。戒除了恼怒，又知道节俭吝啬，那么养生之道就全部掌握了。除此之外，至于寿命的长

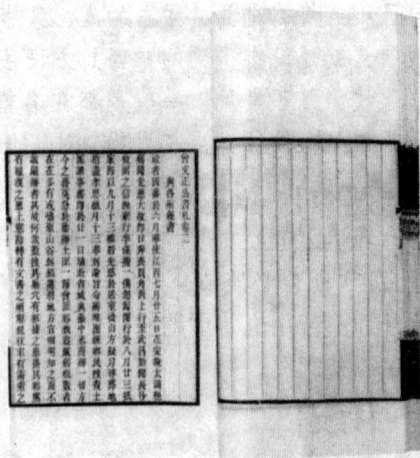

曾文正公书札　清

短，有没有疾病，就一概听命于天，而不去多费心思，去加以计较。那些多服药，求祷神祇的做法，都是没有用的。我对于医药祈祷之类的事情，都是记取星冈公的遗训，稍加推广，用来教育你们这些晚辈。你可以常常跟家里人说。

智慧通解

【原文】

养生之法，约有五事：一曰眠食有恒，二曰惩忿，三曰节欲，四曰临睡洗脚，五曰饭后行三千步。惩忿，即余匾中所谓"养生以少恼怒为本"也。眠食有恒及洗脚二事，星冈公行之四十年，余亦学行七年矣。饭后三千步近日试行，自矢永不间断。弟从前劳苦太久，年近五十，愿将此五事立志行之，并劝沅弟与诸子侄行之。

【评述】

曾国藩修身养性之智，首在内心，意在：反省、好评、明过、名号、乐天。

他认为变乱之际，更应有一副"清明内心"的面具，使其身心之间充溢一种清纯之气，来冲淡、缓和变乱中的浮躁与不安。

曾国藩注重品行，以为人圆融通达而著称于世的。但是曾国藩在这一方面的成就并非一日之功，而是经历了整整一辈子辛苦磨炼的功夫，这是因其戴面具的想法所致，至少不能让人坏面子。

据说，曾国藩从小就很有心计，尤好报复。嘉庆二十四年下半年，九岁的曾国藩随父至桂花塘一位姓欧阳的家中就读。一天，他与主家小孩口角，主人纵子，不问情由，将曾国藩骂了一通，在那里当塾师的曾竹亭还连连道歉。曾国藩将此事暗记在心，到散学时，偷偷把主家的金鱼缸底部打破，水干鱼死，这才解恨。十二岁时，曾国藩与小伙伴在神王庙里玩，不小心把神王翻倒在地。竹亭狠狠地训斥了他一顿，还给神王重新装了金身。为了让曾国藩摆脱与邻居小孩的嬉游，竹亭带着曾国藩到距家六里的九峰山古罗坪定慧庵去读书，早出晚归。从此，曾国藩路过神王庙时，常把当作马骑的竹棍系上绳子，放在神王肩上，气愤地说："搭帮你，我到山冲里读书去了！你好好把我的马看着，如果我的马走了，定不饶你！"曾国藩生成一副三角眼，似闭非闭，个性内向，有什么事，常在心里打圈圈，因此，人们又给他取了个外号，叫"闭眼蛇"。

1. 反省

即使在曾国藩封官以后，我们从当时曾国藩的一些家书中可以发现，他也曾是一个很小气的人，也曾为自己升官发财而沾沾自喜。

道光二十七年（1847）四月，曾国藩参加翰詹大考，题为《远佞赋》，以"请问下民常厥德"为韵，赋有《君子慎独论》和《澡身浴德》。曾国藩列二等。至此，他才最后通过了仕途上层层的八股制艺考试，六月初二日，六迁至内阁学士，兼礼部侍郎衔。擢次如此之快，连曾国藩本人也深感意外。他于十七日写信给祖父说：孙"由从四品骤升二品，超越四级，迁擢不次，惶悚实深"。话虽然这般说，实际上他却按捺不住内心的激动，同一天，给叔父母写信说："常恐祖宗积累之福，自我一人享尽。"第二天，又给在家的三个弟弟写信，不无自负地说："湖南三十七岁至二品者，本朝尚无一人"，"近年中进士十年得阁学者，惟壬辰季仙九师、乙未张小浦及予三人"。因此，他叮咛诸弟说："祖母大人葬后，家中诸事顺遂，祖父之病已好，予之癣疾亦愈，且骤升至二品，则风水之好可知，万万不可改葬。若再改葬，则谓之不祥，且大大的不孝矣。"

曾国藩自率湘军东征以来，战事上常常胜少败多，四处碰壁，究其原因，固然是由于没有得到清政府的充分信任而未授予地方实权所致，同时，曾国藩也感悟到自己在修养方面也有很多弱点，在为人处事方面固执己见，自命不凡，一味蛮干。后来，他在写给弟弟的信中，谈到由于改变了处事方法所带来的收获，"兄自问近年得力唯有一悔字诀。兄昔年自负本领甚大，可屈可伸、可行可藏，又每见得人家不是。自从西巳、戊午大悔大悟之后，乃知自己全无本领，凡事都见得人家有几分是处。故自戊午至今九载，与四十岁以前大不相同，大约以能立能达为体，以不怨不尤为用。立者，发奋自强，站得住也；达者，办事圆融，行

得通也。"

因此一年以后，当他再次出山时，他则变得善于应酬左右逢源，他自己也承认："余此次再出，已满十个月。论寸心之沉毅奋发志在平贼，尚不如前次之志；至于应酬周到，有信必复，公牍必于本日完毕，则远胜于前。"以前，曾国藩对官场的逢迎、谄媚及腐败十分厌恶，不愿为伍，为此所到之处，常与人发生矛盾，从而受到排挤，经常成为舆论讽喻的中心，"国藩从官有年，饱历京洛风尘，达官贵人，优容养望，与下下者软熟和同之气，善已稔知。而惯尝积不能平，乃亦而为慷慨激烈，轩爽肮脏之一途，思欲稍易，三四十年不白不黑、不痛不痒、牢不可破之习，而矫枉过正，或不免流于意气之偏，以屡蹈怨尤，丛讥取戾"。

2. 好评

在经历了一段时期的自省自悟以后，曾国藩在自我修养方面有了很大的改变。及至复出，为人处事不再锋芒毕露，日益变得圆融、通达。

正因为曾国藩一生兢兢业业，在自己的道德修养上一刻不敢放松，所以他的人品得到了世人的一致好评，如他的同僚薛福成曾有一大段评论曾国藩的人品，尤其是他待人处世的话：

"曾国藩自通籍后服官侍从，……请求先儒之书，剖析义理，宗旨极为纯正，其清修亮节，已震一时。平时制行甚严，而不事表暴于外；立身甚恕，而不务求备于人。故其道，大而能容，通而不迂，无前人讲学之流弊。继乃不轻立说，专务躬行，进德尤猛。其在军在官，勤以率下，则无间旰宵；俭以奉身，则不殊寒素，久为众所共见。其素所自勖而勖人者，尤以畏难取巧为深戒，虽祸患在前，谤议在后，亦毅然赴之而不顾。与人共事，论功则推以让人，任劳则引为己责。盛德所感，始而部曲化之，继而同僚谅之，终则各省从而慕效之。所以转移风气者在此，所以宏济艰难亦在此！"

而在曾国藩死后，对他的人品事功更是好评如潮。曾国藩和左宗棠都是清廷镇压太平天国的"功臣"，两人一生有很好的私交，当时又曾结有很深的恩怨，而在曾国藩死后，左宗棠在给儿子的信中对他是这样评价的：

"对于曾国藩的不幸逝世，我的内心感到很悲痛。不但时局大可忧虑，而且在交游和情谊方面也难无动于衷。我已经致赠费用400金，并撰挽联一副说：

背洋枪的湘军　清

'知人之明，谋国之忠，自愧不如元辅；同心如金，攻错如石，相期无负平生。'
这说的也是实话。我看到江苏巡抚何景代恳请皇上加恩，抚恤曾国藩的奏折之
后，感到对于曾国藩的心事很中肯地做了叙述，阐发其中内容不遗余力，知曾国
藩的儿子曾纪泽也能有父亲那种实际作风，可以说无愧其父了。君臣朋友之间，
居心宜于正直，用情宜于厚道。从前我与曾国藩之间的争论，每次写好奏折送到
朝廷后就立即抄录稿子咨送给曾国藩，可以说是除去世事的变化，一点也没有待
人处事富于心机的意思。在这感情悲伤没有闲暇的时候，还有理由与他负气吗？
'知人之明，谋国之忠'两句话也久见于我写给朝廷的奏章之中，并非我从前对
他诋毁，今天对他赞誉，孩儿你应当知道我的心思。曾国藩的灵柩经过湖南时，
你应当前往吊丧，以敬重父亲的朋友，祭祀用的牲畜和甜酒以及丰盛的菜和饭自
然不可少，进而如能做祭文表示哀悼，申述我不尽之意，尤是道理。……我与曾
国藩所争的是国事与兵略方面的问题，而不是争权竞势所能比拟的，同时那些心
术不正的读书人对曾国藩妄加评论之词，何不一笑置之呢？"

因为曾国藩曾为清政府立下汗马功劳，所以清政府对他更是非同一般，在曾
国藩死后第八天，即二月十二日，清廷的上谕便开始"盖棺论定"："曾国藩学
问纯粹，器识宏深，秉性忠诚，持躬清正。"四月二十八日的上谕又说："曾国
藩器识过人，尽瘁报国。……尤得以人事君之义，忠诚秉义，功德在民。"在御
赐的三篇祭文中，一篇赞扬他"赋性忠诚，砥躬清正"；另一篇称颂他"学有本
原，器成远大；忠诚体国，节劲凌霜；正直律躬，心清如水"；还有一篇表彰他
"学蔚儒宗，忠全令德"。概而言之，他被封建统治者视为"百僚是式"的"完
人"。同治皇帝对于他的死"震悼良深""弥增悼惜"，派专人致祭，令人祀京师
昭忠祠、贤良祠，并在湖南原籍及江苏、安徽、湖北、江西、直隶等省城和天津
建立专祠，又令将其生平政绩事实宣付史馆，还令其长子曾纪泽承一等侯爵，次
子曾纪鸿附贡生，孙子曾广均着赏给举人，一体会试，尚未成年的孙子曾广铨等
也分别赏给员外郎和主事，俟及岁时分部学习行走。

3. 明过

曾国藩的是非功过，虽已成为过去，难免会智仁各见。但是，他注重道德修
养，并时时在品德上激励自己，这么一种积极向上的风格和态度，无疑是值得后
人借鉴和学习的。

曾国藩的修身践行主要在于知过、改过，以致能恕忍为宝诀，确为处世为人
之真知灼见。

曾国藩求过的方法，第一是自己求过，便是记日记。日记的功效是很大的，
只要能诚实不欺，无事不记，曾国藩的日记，便能做到这一步。曾国藩依照倭仁
的办法，在日记中写出自己的过失，时时警惕以求改过。他的日记中自己找出自
己过失的例子很多，直到他年衰官高，勤求己过仍不肯稍宽。他说："吾平日以
俭字教人，而吾近来饮食起居，殊太丰厚。"又说："人不勤劳，什么事都会荒
废，整个家都会衰败。我在三四个月里不做一事，大大损害了家庭，又惭又愧！"
这种勤求己过的精神是一般人不可及的。

记日记并不是难事，而日记终身不间断，却不是一件容易的事情，非有极大毅力的人是不容易做到的。

曾国藩求过的第二个方法，便是请求朋友和兄弟直言相告。他说："若得一两个好友，胸怀宽广、豁达，博学多才，能文善诗，批评我，可对我大有益处。"

至于他请兄弟常进箴规，我们可以在他的家书中常常看到。他说：

"诸位兄弟相隔千里，必须不断地批评我。要时时来信指正我的过失，不要让祖上几世的积德，因我之过失而堕失。这样才能免于灾难。诸弟若能经常向我进言劝告，你们就是我的良师益友了！

"外边有人指责我们家几个弟弟过于恶劣，我也有所闻，自当一一告诉他们，责备劝诫，有错改正，没有错要加以勉励，不可掩盖。"

喜谀怒诟，乃是人之常情。但朋友们对于曾国藩的忠告，他可真肯接受。他说：

"竹如教育我要有耐心。我常说竹如的贞忠足可以干大事，我所缺的正是贞忠浩达啊！这一字，足可以医治我的心病！"

许多居大位的人，因为听不到一句逆耳的话，听不到一句真实的舆论，结果把他的前程葬送了。曾国藩这种"勤求己过""喜闻诤言"的态度，是很难得的。

他找到过失后能时时严于自律。

曾国藩有一件持之以恒终生不渝的自律事情，便是起早。他常说："起早，尤千金妙方，长寿多丹也。吾近有二事法祖父：一曰起早，二曰勤洗脚，似于身体大有裨益。"

其实起早不仅有益于身体，于做事方面也很有裨益。湘军的所以有战斗力，便是能吃苦，而湘军起身早吃饭早，也是比人家强的地方。

凡是律己以严的人，都是有坚卓志向的人。曾国藩这样律己严苛，并不是口里说说的。他是说得到做得到。我们看他立志写日记，直到他逝世的前一天，中间没有间断，可见他做事是如何有恒了！

等到他带兵以后，他对于自己绝不宽容。带兵的人最要紧的是得人心，而得人心的不二途径，是律己以严。只要以身作则，身先士卒，才足以指挥将士，激励兵心，曾国藩的战略本来平常，他所以能得到最后胜利，完全是待自己严厉的结果。

荀子《劝学篇》有一句名言："君子博学而日参省乎己，则知明而行无过矣。"这句话的意思是说，一个人广泛地学习，每天多次反省自己，他就会变得聪明，而且行为也没有过错。这里最难的不是"博学"，也不是"省乎己"，而是"日"和"参"，不仅"每天"，而且"多次"反省自己，天下有几人做得到呢？

曾国藩比荀子还严格，要求也更具体。在道光二十二年正月的日记中，他这样写道："一切事都必须每天检查，一天不检查，日后补救就难了，何况修德做大事业这样的事？汤海秋说：'别人道德行为比我高的我得找到自己不足之处，

与抱怨者相处而能保持心情平静，就可以算是一个君子了'。"

他不仅逐日检点，而且事事检点，天下能够做到这一步的人，大概寥若晨星。曾国藩的这种检点思想，并不是他心血来潮的奇思异想，实在是扎根于深厚的文化传统的自然秉承。孔子就说过"见贤思齐（看齐）""见不贤而内自省也"，看到别人有毛病就反省自己，孔子大概是中国第一个善于反省的大师。孟子也是一个善于反省的大师，曾国藩最服膺于他，表示"愿终身私淑孟子"，"虽造次颠沛"，也愿"须臾不离"，而孟子是从别人对自己行为的反应中来反省的，他最著名的方法就是"反求诸己"：爱人不亲，反其仁（反问自己的仁德）；治人不治，反其智；礼人不答，反其敬。曾国藩认真钻研过的程朱理学也强调"正己为先"。

银茶壶　清

曾国藩正是在这样的一个背景下来"逐日检点"的，事关进德修业的大事，所以他才对自己要求得那样严格，不可有一天的怠慢。

至于如何检点，曾国藩很赞赏汤海秋的话，那就是与怨恨自己的人相处，因为怨恨自己的人，往往是对自己的缺点或过错最敏感的人，也往往是对自己的缺点能给予无情抨击的人。然而接受他人的批评是需要勇气和胸襟的，尤其是接受那些与自己有矛盾的人的批评；有人总是怀疑他人的批评怀有敌意，不管正确或错误一概拒绝，他没有气量不说，更重要的是他失去了一次检点自己的机会。

清代有个叫钱大昕的人说得好："诽谤自己而不真实的，付之一笑，不用辩解；诽谤确有原因的，不靠自己的修养进步是不能制止的。"器量阔大，使我们能检点自己，大度本身就是一种魅力，一种人格的魅力，那不仅是对自己缺点的正视，而且也是对自身力量的自信。

曾国藩的一生是在日日严于自律中度过的。在家庭里，他负有教育诸弟及子女的责任，他做一个好榜样，而不训斥；在国家中，他是封疆大吏，负有转化社会腐败风气的义务，他非但严于督己而还善诱部下。正是由于他处处以身作则，才使得他获得了巨大的成功。

而且难能可贵的是知错即改，勇于剖析自己。

在中国古代，曾国藩大概是自我反省和批判最多的人之一，不仅严厉，而且精细，如针如刺，直指心灵中最漆黑的部分。也许你不佩服他的功业，不佩服他的道德，也不佩服他的做文章，但你不得不佩服他对自我剖析的勇颜。

人非圣贤，孰能无过？

谁没有说过假话？谁没有说过大话？谁没有嫉妒他人？谁没有伤害他人？谁从来不好女色？谁从来不占他人便宜？谁敢拍着胸膛对自己或者苍天说，我从来

不做亏心事？没有，从来没有。只有过错的大与小，多与少，或者你所犯的过错是人人都会犯的，是人们可以原谅的，可以接受的，但不能说你从来就没有过错。只要是人，有七情六欲，就有人的弱点和局限。曾子为什么"吾日三省吾身"，就是为了少犯过错啊！

《周易》说，君子"见善则迁，有过则改"，《尚书》也说："改过不吝（吝啬）。"这一方面告诉人们过错是难免的，另一方面也告诉人们要有过必纠，有错必改。然而说说容易做起来难，很多人知道自己犯了什么错，也知道问题的严重性，可真正让他改正过错，那就很难了。圣人之所以少，是因为知错必改的人太少了；况且很多过错都是美丽的过错呢！比如看见一个美丽的姑娘，情不自禁地想她，虽然自己不会伤害她，也不会告诉她，只是情不自禁地想她，甚至过了好久也还是想到她。这个过错太美丽了，以致很多人都不认为它是一个过错。

所以，曾国藩说，知己之过失，承认它，并且改正它，毫无悯惜之心，这是最难的。豪杰之所以是豪杰，圣贤之所以是圣贤，就在这里。磊落过人，能透过此一关，寸心便异常安乐，省得多少纠葛，省得多少遮掩，还有那修饰装点的丑态。

过错虽然美丽，但改正过错就更加美丽，况且很多过错都是丑陋无比的呢！改正一个过错，哪怕它很小，很轻，它都会使你身心更加轻松，无愧无悔。如果你是一个有心人，不妨体验一下改正过错的感觉，虽然有那么一点难堪或难过，但是同时你也感到踏踏实实、坦坦荡荡、自由自在。还是说你见到一个美丽的姑娘，你意识到了情不自禁地想她是不好的，如果你改变一下思维呢？这个姑娘很美丽，所以这个世界也很美丽；她很幸福，我曾看见过这个姑娘，所以我也很幸福。同样是见到一个美丽的姑娘，动机不同，心境也不同。

一个省心修身的人，注重颐养德性的人，他所犯的过错不一定是坑蒙拐骗之类的淫恶，往往是一些不为人知，不足挂齿的小隐私或小阴思。不断地涤除这些小隐私、小阴思，他就会一天比一天高大起来。明代杨继盛说："或独坐时，或深夜时念头一起，则自思曰：这是好念是恶念？若是好念，便扩充起来，必见之行；若是恶念，便禁止勿思。"他说得太好了。

4. 名号

曾国藩的名号很多，他乳名叫宽一，名字诚，又名国藩，字伯涵，号涤生，谥号文正，宽一是父母所取，国藩是曾白所赐，文正是皇上所封，涤生则是曾国藩自己所为，因而最能反映他的思想和趣旨。

曾国藩的解释是：

余今年已三十，资禀顽钝，精神亏损，此后岂复（又）能有所成？但求勤俭有恒，无纵逸欲，以丧先人元气（古人把己身当作先人的身体的延续，比如自己享福，说成是呈祖上德福）。困知勉行（知难而进，勉力而行），期（希望）有寸得（一点收获）以无失词臣（文臣）体面。日日自苦，不至伯（安逸）而生淫。如种树然，斧斨纵寻（纵情砍伐）之后，牛羊无从牧之；如燃灯（点灯）然，膏油欲尽之时，无

使微风乘之（乘虚而入）。庶几（也许）稍稍培养精神，不致自（自己）速死。

　　诚（果真）能日日用功有常，则可以保养身体，可以自立，可以抑事（处理不仰仗）俯蓄（省有积蓄），可以惜福，不使祖宗积累自我一人享受而尽，可以无愧词臣，尚能以文章报国。

　　曾国藩号涤生，说明他能自律，十年以后，他旧事重提，说明他自律严格。曾国藩之所以能有所作为，就在于他能日日反省，天天自新。他有一种强烈的、热切的洗心革面的愿望，他是自己卑琐灵魂的严厉审判者，他是自己淫邪恶欲的无情拷问者，他是自己羸弱身躯的猛烈抨击者，这使他得以洁身、保身、全身。

　　他是多么爱自己，他又是多么善于爱自己。他的功业，不在他的道德，也不在他的文章，而在他对自己肉体和心灵的永无休止地洗涤和更新。

　　对曾国藩而言，名心太切和俗见太重，大概是他最大的缺点了，它不仅损害了他的人生境界，而且也严重地损害了他的躯体。

　　同治十年（1870）三月的一篇日记写道：

　　　　近年焦虑过多，无一日游于坦荡之天，总由于名心太切，俗见太重二端。名心切，故于学问无成德行未立，不胜其愧（惭愧）馁（气馁）。俗见重，故于家人之疾病、子孙及兄弟子孙之有无强弱贤否，不胜其萦绕，用是忧惭，局促如蚕自缚。

　　这是曾国藩临死前一年写下的文字，实际上是他对自己一生经验的总结。名心切，这对一个中国文人差不多是件不可避免的事情，从小他们就受到这样的教诲："太上有立德，其次有立功，其次有立言。"而以"饱食终日，无所用心"为天下的最大耻辱。我们不能容忍一人去为盗为匪，为娼为妓，但我们能接受并欣赏一个人成功成名，立德立言。我们只知道为盗为娼的危害，但不知道成功成名的危害。

　　名心切的人，必然俗见重。名心的表现形态是多种多样的，如成功、成名、成人、成才、成绩、成就、成仁、成礼、成全、成事、成家、成熟，等等等等，正是这样一种广泛的，普遍的心理愿望，使人们对任何事情都有这样的一种心理期待，事事周全，样样完满，件件顺遂，这就是俗见。自然，就对疾病的有与无、子孙贤良与否也格外看重。没有得到，就希望得到，得到了，又害怕失去；自己得到了，害怕子孙失去，自己没有得到又希望他们得到。人一天到晚就处于这样的患得患失之中，何处是个尽头呢？

　　怎样消除这两种弊病呢？曾国藩在同一篇日记中继续写道：今欲去此二病，须在一"淡"字上着意。不仅（只）富贵功名及身家之顺遂，子姓之旺否悉由天定，即学问德行之成立与否，亦大半关乎天事，一概淡而忘之，庶（也许）此心稍得自在。

　　曾国藩不仅找到了自己的病根，而且也找到了治疗的方法。一个"淡"字可谓一字千金，淡然无累，淡然无为，深得庄子真意。庄子说："淡然无极而各种美德归属于他"，在《刻意》中他说："平易恬淡，则忧患不能人，邪气不能

袭，故全其德而神不亏。"（《养生主》）这样心静神宁，莫然无愧，才能四时安平处处顺利，悲哀的情绪不能侵入。

5. 乐天

曾国藩以抱残守缺的态度看待人世，故能乐天知命，才能无忧。

年有四季，岁有轮回。人生在世，有顺境，也有逆境，有飞黄腾达日，也有潦倒落魄时。这就要求你宁静、平和、淡然处之。所谓"居上位而不骄，居下位而不忧"。（《周易》）

曾国藩说，君子处顺境，兢兢业业，常觉天之过厚于我，我当以所余补人之不足。君子处困境，也兢兢业业，常觉天之厚于我，其实并非真厚也，而是与更困难的人相比，才觉得优厚的。古人说，处困境看不如我者，指的就是这种情况。

曾国藩曾认真研究过《易经》，探索过盈虚消长的道理，从而懂得人不可能没有缺陷。他说："日中则昃（太阳偏西），月盈则亏，天有孤虚（指日辰不全），地阙（缺）东南，未有常全不缺者。"

《剥》卦，是《复》卦的征兆，君子认为是可喜的。《咸》卦，是《姤》卦的开始，君子认为是危险的。事物就是这样彼消此长，福祸相依，所谓苦尽甘来，绝处逢生，山穷水尽，柳暗花明。所以，在大吉大利后，就是大凶大难时。

人人都喜欢吉利，本能地回避凶难。那么，有没有办法保持吉利，回避凶难呢？曾国藩的办法是悔改、收敛、抱残守缺。他认为在大吉大利时，通过悔改可以走向吉利。一般人只知道有了过错才需要悔改，而不知道取得了成绩还需要悔改。这件事我明明没有过错，从何悔改？也许这件事你确实没有过错，然而别的事情就没有过错了吗？难道我从来就没有过错吗？

悔改是什么？曾国藩说："悔者，所以守其缺而不敢求全也。"有一点残缺和遗憾就让它有一点残缺和遗憾，不要求全、求圆、求满，这就是抱残守缺。很多人不明白这一点，一味追求大获全胜，功德圆满；可是一旦大获全胜或者功德圆满，那凶险和灾祸也就随之降临了。所以清代朱柏卢劝诫子嗣："凡事当留余地，得意不宜再往。"

【原文】

二十日接纪泽在清江浦、金陵所发之信。二十二日李鼎荣来，又接一信。二十四日又接尔至金陵十九日所发之信，舟行甚速，病亦大愈为慰。

老年来始知圣人教孟武伯问孝一节之真切。尔虽体弱多病，然只宜清静调养，不宜妄施攻治。庄生云：闻在宥天下，不闻治天下也。东坡取此二语，以为养生之法。尔熟于小学，试取"在宥"二字之训诂体味一番，则知庄、苏皆有顺其自然之竟，养生亦然，治天下亦然。若服药而日更数方，无故而终年峻补，疾轻而妄施攻伐强求发汗，则如商君治秦、荆公治宋，全失自然之妙。柳子厚所谓"名为爱之其实害之"，陆务观所谓"天下本无事庸人自扰之"，皆此义也。东坡游罗浮诗云："小儿少年有奇志，中宵起坐存黄庭。"下一"存"字，正合

庄子"在宥"二字之意。盖苏氏兄弟父子皆讲养生，窃取黄老微旨，故称其子为有奇志。以尔之聪明，岂不能窥透此旨？余教尔从眠食二端用功，看似粗浅，却得自然之妙。尔以后不轻服药，自然日就壮健矣。

余以十九日至济宁，即闻河南贼匪图窜山东，暂驻此间，不遽赴豫。赋于二十二日已入山东曹县境，余调朱星槛三营来济护卫，腾出藩军赴曹攻剿。须俟贼出齐境，余乃移营西行也。

尔侍母西行，宜作还里之计，不宜留边鄂中。仕宦之家往往贪恋外省，轻弃其乡，目前之快意甚少，将来之受累甚大，吾家宜力矫此弊，馀不悉。

李眉生于二十四日到济宁相见矣。四叔、九叔寄余信二件寄阅。他人寄纪泽信四件、王成九信一件查收。

【评述】

过早将自己的底牌亮出去，往往会在以后的交战中失败。羽翼未丰满时，更不可四处张扬。《易经》乾卦中的"潜龙在渊"，就是指君子待时而动，要善于保存自己，不可轻举妄动。

曾国藩早在京城为官，深研《易经》，对"潜龙在渊"尤为加意。他初建湘军时，水陆两军加一起只有一万余人，这时若和太平天国的百万之师相对抗，无异以卵击石。因此曾国藩为保护他的起家资本，四次抗清廷圣旨，而且眼睁睁看着自己的老师吴文镕被太平军击败，见死不救，可以说把事做得够绝情了。

1853 年，曾国藩把练勇万人的计划告诉了爱将江忠源。江忠源不知深浅，立刻向清廷合盘奏出，结果船炮未齐就招来咸丰皇帝的一连串征调谕旨。第一次是 1853 年，太平天国西征军进至蕲、黄一带，武汉危急，清廷接连下令曾国藩率炮船增援湖北。第二次是同年 12 月，太平军大将胡以晃进攻庐州，清廷令曾国藩督带船炮兵勇速赴安徽救援。第三次是，854 年 2 月，太平军袭破清军黄州大营，清廷再次催促曾国藩赴授武汉。曾国藩深知太平军兵多将广，训练有素，绝非一般农民起义队伍可比，没有一支劲旅是不能贸然去碰的。况且与太平军争雄首先是在水上而不在陆上，没有一支得力的炮船和熟练的水勇，是无法与拥有千船百舸的太平军相抗衡的，甚至连兵力调动和粮饷供应都会发生困难。因而，曾国藩打定主意：船要精工良木，坚固耐用！炮要不惜重金，全购洋炮。船炮不齐，决不出征。他在给朋友的信中说，"剑戟不利不可以断割，毛羽不丰不可以高飞"。

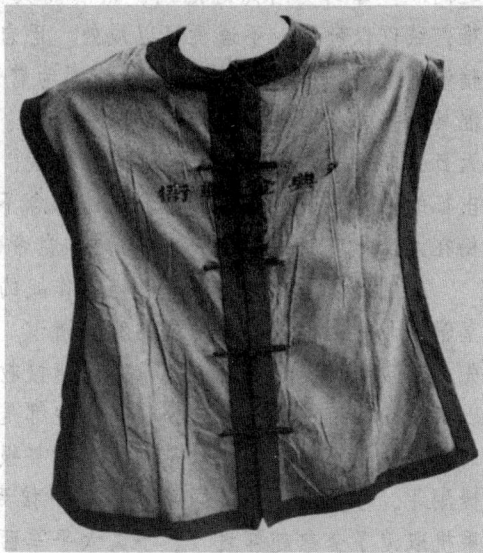

太平军"典金靴衙听使"号衣

"此次募勇成军以出"，"庶与此剧贼一决死战，断不敢招集乌合，仓促成行，又蹈六月援江之故辙。虽蒙糜饷之讥，获逗留之咎，亦不敢辞"。一时形成"千呼万唤不出来"的局面。

其实，清廷催曾国藩赴援外省，不过以湖南乡勇可用，令其前去配合绿营作战，以解决兵力不足的困难，这也是过去常有的事，绝非要他弃当主力，独力担负与太平军作战的重任。所以当曾国藩在奏折中处处以四省合防为词，声言"事势所在，关系至重，有不能草草一出者"时，咸丰皇帝即以讥讽的口吻在奏折上批道："今览你的奏章，简直以为数省军务一身承当，试问汝之才力能乎否乎？平日矜诩自夸，以为天下人才没有超过自己的，及至临事，果能尽符其言甚好，若稍涉张皇，岂不贻笑于天下！"可见，咸丰皇帝对曾国藩是很不理解的，在他看来不过是无知书生的好高骛远和自我吹嘘，并非深思熟虑的举动。因而，咸丰皇帝再次促其"赶紧赴援"，并以严厉的口吻对曾国藩说："你能自担重任，当然不能与畏葸者比，言既出诸你口，必须尽如所言，办与朕看"。曾国藩接到谕旨后，仍然拒绝出征。他在奏折中陈述船炮未备、兵勇不齐的情况之后，激昂慷慨地表示："臣自知才智浅薄，唯有愚诚不敢避死而已，至于成败利钝，一无可恃。皇上如果责臣以成效，则臣惶悚无地，与其将来毫无功绩受大言欺君之罪，不如此时据实陈明受畏葸不前之罪。"并进一步倾诉说："臣不娴习武事，既不能在籍服丧守孝贻讥于士林，又复以大言偾事贻笑于天下，臣亦何颜自立于天地之间乎！每到夜间焦思愁闷，只有痛哭而已。为臣请皇上垂鉴，怜臣之进退两难，诚臣以敬慎，不遽责臣以成效。臣自当殚尽血诚，断不敢妄自矜诩，亦不敢稍涉退缩。"咸丰皇帝看了奏折，深为曾国藩的一片"血诚"所感动，从此不再催其赴援外省，并以"朱批"安慰他说："成败利钝固不可逆睹，然汝之心可质天日，非独朕知。"曾国藩"闻命感激，至于泣下"，更以十倍的努力，加紧了出征的准备。多少年后，他还对此念念不忘，并专门请人从京中抄回原奏（因底稿在九江与座船一起丢失），与咸丰皇帝的"朱谕"一起保存，"同志恩遇。"

曾国藩为坚持船炮不齐不出省作战的原则，不仅拒绝了清朝最高统治者咸丰皇帝的命令，也摈弃了师友的私人情谊。当湖北第一次危急时，他于咸丰谕旨之先，已接到湖广总督吴文镕求其急速援救的函札。吴文镕是曾国藩的老师，长期以来二人交谊甚厚，无论公理私情他都是应该迅速赴援的。但是，曾国藩接到吴的信函后仍不想赴援，只是由于王鑫誓报江西谢邦翰等人被歼之仇，积极要求赴援湖北，才不得不勉强同意。后来一接到"武昌解严，暂缓赴鄂"的谕旨，便乘机取消了金鑫赴鄂之行。不久太平军西征部队回师西上，吴文镕接连发信向曾国藩求援。曾皆复函拒绝，并反复说明不能草草轻发的道理。吴文镕终于被其说服，虽自度必死，仍令曾国藩万勿草草而出。还特致书说："我今为人所逼，以一死报国，无复他望。君所练水师各军，必等稍有把握，然后可以出而应敌，不要因为我的缘故，轻率东下，东南大局，完全依仗你一人，务以持重为意，倘若你有不测之险，恐怕连后来的继承人都找不到了。我虽然是老师，牵涉国家的分量还是不如你重要。希望三思。"当太平军进攻庐州时，江忠源危在旦夕，曾国

藩亦拒绝出征，仅派刘长佑和江忠璨率一千新勇由陆路赴援。结果江、吴二人先后兵败自杀。这对曾国藩是个沉重的打击。江忠源在曾国藩诸门生中，办团练最早，最有实战经验，同时也任职最高，最得清政府的信任。曾国藩曾打算练勇万人概交江忠源指挥，完成镇压太平天国革命的重任，而自己只在后方办理练兵筹饷等事。不料未待出征而江忠源毙死，这无异于砍去曾国藩的左膀右臂，使他明知自己不善带兵而又不得不亲自出征。吴文镕的死对曾国藩打击更甚，吴文镕身任湖广总督，既是曾国藩的老师，又是他强有力的后台。若吴文镕仍在，处处有人帮他说话，或许不至陷入后来那样的政治困境。可见，曾国藩坚持不轻易出省作战的方针，虽然使他赢得了充分的准备时间，为其后的军事胜利打下了基础，但同时也为此付出了巨大的代价。

曾国藩深通天道盈缩、洪荒变换的道理，他常常告诫诸将说："宁可好几个月不开仗，决不可以开仗而毫无安排、准备和算计。凡是用兵的道理，本来力量强而故意显示给敌人以懦弱的多半会打胜仗，本来力量弱小而故意显示给敌人以强大的多半会打败仗。敌人向我进攻，一定要仔细考究衡量而后应战的多半会打胜仗；随意而没有仔细考究衡量，轻率地发兵向敌人进攻的多半会打败仗。兵者是不得已而用之的，应常常存留着一颗不敢为先之心，必须让对方打第二下，我才打第一下。……与强悍敌人交手，总要以能看出敌人的漏洞和毛病为第一重要的道理。如果在敌方完全没有漏洞、毛病，而我方贸然前进，那么在我方必有漏洞和毛病，被对方看出来了。不要乘自己有急躁情绪的时候，不要为大家的议论所动摇，自然能够瞄准敌方可破的漏洞。"

【原文】

八月初四日抵徐州府，接沅弟七月两缄并摺稿二件。前颇以弟病甚深为虑，得此二缄，益为放心。年仅四十二岁，即再养二年，报国之日方长。此次固辞恩命，能认真调养年余，于保身之道、出处之节，均属斟酌妥善，特恐朝命敦促，不容久住林下耳。二摺措辞均极得体。养病之期，总以养到自己能用心作奏时再行出山。接舫仙及各处信件，似前此谣诼之辞，业已涣然冰释，尽可安心静摄。刘、朱撤营之早迟，金、唐各营之变否，余当细心料理，弟可概置不问。

余决计不回江督之任，拟于九月间将全眷送回家乡。郭宅姻事，拟于十二月初二日在湘阴成礼。顷有与泽儿一信，抄寄弟阅。

［又十月十五日书云：］

沅弟已具摺谢恩否？如身体果未全好，明年二月再行辞谢，尚不为迟，目下则不宜疏辞。以朝廷之仁厚，凡任事之臣，当可善始善终，两弟悉心酌之。

【评述】

无论"以意志统帅志气"还是"以静制动"，大体上重视精神修养，以保持心理的健康。曾国藩回复胡林翼的信中，有"寡思"的说法，也是重视心理健康。其中说道："古人说'少说话来养气，少看东西来养神，少想事情来养精神。'你那里好朋友很多，难以少说，书信如麻，难以少看；或许用少想来稍稍

休息一下吧?"

　　清心就可以寡欲，饱食却足能伤体。曾国藩对于养生的道理，曾说应当从睡觉吃饭两个字细心体会。他的《日记》上说："养生的道理，应当从睡觉吃饭两个字细心体会。吃平日饭菜，只要吃得香，就胜过珍贵药物。睡觉不在于多睡，只是实际上睡得香，即使片刻也是养生了。"

　　在另一封信中说："纪泽身体也弱，我教他专门从眠食二字上用功。睡眠可以滋阴，饮食可以养阳。养眠也贵有一定时刻，要戒除多思多虑。养食也贵在一定时间，要戒除过饱。"

　　"少食多动"，在于求得身体的健康，可以叫"生理的修养。"曾国藩重视"少食"。至于注重"多动"，从他所说"养生五事"，可以知道。他给弟弟曾国潢的信中说："养生之法，约有五件事：一是睡觉吃饭有定规；二是制止愤怒；三是节制欲望；四是每夜临睡洗脚；五是每日两顿饭后，各走三千步。"

　　他所说的"每日两顿饭后，各走三千步"，就是多从事运动的明证。至于"每夜临睡洗脚"，在于保持身体的清洁，促进血液的循环，增加足部的运动，也和"多动"有关，是生理卫生中的重要项目。

　　曾国藩有养心治身法，对体质不好的青年毛泽东有很大影响。毛泽东的早期读书笔记《讲堂录》中，十几处摘录曾国藩治心养心的话，如：

　　精神愈用而愈出，不可因身体素弱过于保惜；智慧愈苦而愈明，不可因境遇偶拂遽尔摧沮。

　　心常用则活，不用则窒；常用则细，不用则粗。

　　吾教子弟不离八本：读书以训诂为本，做诗文以声调为本，养亲以得欢心为本，养生以少恼怒为本，立身以不妄语为本，治家以不晏起为本，居官以不要钱为本，行军以不扰民为本。

　　1915年8月毛泽东致肖子升信：

　　"尝诵程子之箴阅曾公之书，上溯周公孔子之训，若曰惟口兴伐，讷言敏行，载在方册，播之千祀。"这里把曾氏列入圣哲之位，推崇讷言敏行的修养之道。

【原文】

　　九月二十六日接尔初九日禀，二十九、初一等日接尔十八、二十一日两禀，具悉一切。二十三如果开船，则此时应抵长沙矣。二十四之喜事，不知由湘阴舟次而往乎？抑自省城发喜轿乎？

　　尔读李义山诗，于情韵既有所得，则将来于六朝文人诗文，亦必易于契合。

　　凡大家名家之作，必有一种面貌，一种神态，与他人迥不相同。譬之书家，羲、献、欧、虞、褚、李、颜、柳，一点一面，其面貌既截然不同，其神气亦全无似处。本朝张得天、何义门虽称书家，而未能尽变古人之貌，故必如刘石庵之貌异神异，乃可推为大家。诗文亦然，若非其貌其神迥绝群伦，不足以当大家之目。渠既迥绝群伦矣，而后人读之，不能辨识其貌，领取其神，是读者之见解未到，非作者之咎也。

尔以后读古文古诗，惟当先认其貌，后观其神，久之自能分别蹊径。今人动指某人学某家，大抵多道听途说，扣槃扪烛之类，不足信也。君子贵于自知，不必随众口附和也。

余病已大愈，尚难用心，日内当奏请开缺。近作古文二首，亦尚入理，今冬或可再作数首。唐镜海先生没时，其世兄求作墓志，余已应允，久未动笔，并将节略失去，尔向唐家或贺世兄处（蔗农先生子，镜海丈婿也）索取行状节略寄来。罗山文集年谱未带来营，亦向易芝生先生（渠求作碑甚切）索一部付来，以便作碑，一偿夙诺。

纪鸿初六日自黄安起程，日内应可到此。余不悉。

【评述】

心理学家早已证明：人是有个性差别的，也有聪明与愚笨的区别。同样一件事，一个绝顶聪明的人很快就会处理完，对于愚笨的人就会是另一番结果。

但是，聪明与愚笨并不是一成不变的。除了遗传因素人无法改变外，环境和教育的作用尤为明显。曾国藩是"依靠学问来变得精明"的典型。曾国藩的个性，就他的智力方面来看，虽然比较呆板迟钝，但终究可以算是中等。曾国藩本性的迟钝，在他的家世中已经有过大概的介绍。胡哲敷写的《曾公治学方法》中，提到曾国藩的才智，他说："曾国藩的才智，并不能算聪明，老实点说，他的确是个很拙钝的学者，不但在他的《日记》和《家书》中，常常见到他说自己天性鲁钝，即使他自己不说，我们只要看一看他修己、治人、齐家、读书等事情，几乎没有一处见不到他的鲁钝或是拘拙。"

曾国藩可以算作中才，他自己写的《五箴》里也曾谈到。看他写文章，则是仿效经史百家作为基础的；学诗又是完全学习十八家诗，所以看得出曾国藩并不是天才，当然也绝不是低能者。到了曾国藩意识到自己天性鲁钝之后，就崇尚专心踏实，结果由于勤学好问，遇到困难激励自己去克服，渐渐的高明起来，这就是平常人难以做到的。《中庸》中说："爱好学习就离智慧不远了。"董仲舒也说："勉励自己学习，那么就会见多识广，日益聪明；勉励自己修养德行，就会每天进步而大有成绩。"拿曾国藩的生平来对照，果然是这样的。

曾国藩的个性，就意志方面来讲，是很坚强倔强的。这在曾国藩的家世中也曾提到。龙梦荪写的《曾文正公学案》，序中写道："遇到困难激励自己去克服，力图赶上从前的贤人；下定决心立即行动起来，自己不甘流于鄙俗。虽然遇到千般万苦的事情，但也不改变自己的决心；即使遇到千折百

粉彩十八罗汉图碗 清

阻，也没改变自己的志向。贤贞自信的人，不受外界的改变；狂妄的人必定不能坚持，古人的话果然是对的。"这一段把曾国藩的意志坚强刻画得淋漓尽致。只有意志坚强，才能遇到困难而不放弃，不追求于眼前的功利，才有巨大的成就。

曾国藩的个性，就其发展来看，与其年龄的增长也大有关系，早年时期，举止行为非常活泼，而且态度乐观，但也不免有点轻浮，大概是和多血质有关。到了京城以后，学习宋时理学，言行举止，都规规矩矩，感情上虽然沉静没有变化，但理智异常丰富，大概和神经质（忧郁质）有点相近。统率军队之后，意志变得坚强起来，态度沉着冷静，虽然屡次遭到挫败，但仍能本着"屡败屡战"的精神，始终如一的战斗，这一时期的个性，又与胆汁质相似。到了晚年，经历了许多忧患挫折，对世上的事情，也看得很清楚，因而一举一动都权衡利害，深思熟虑，即使因为过于谨慎小心而受人非难，也在所不惜，这又与粘液质极为相近。一般认为，才子的气质是多血质，学者的气质是忧郁质，豪杰英雄多是胆汁质，依曾国藩的生平来看，也觉得差不多是这样的。曾国藩年轻的时候，爱好诗文，行为浪漫，自然就是风度翩翩的才子。后来专心研究义理，讲究个人修养，思想谨慎，自然又是一个道貌岸然的学者。

曾国藩的个性发展，都是靠勤奋、踏实、观察、学习而实现的。

【原文】

四月廿日，孙发第五号家信，不知到否？五月廿九日接到家中第二号信，系三月初一发。六月初二日接到第三号信，系四月十八发的。具悉家中老幼平安，百事顺遂，欣幸之至。

六弟下省读书，从其所愿，情意既畅，志气必奋，将来必大有成，可为叔父预贺。祖父去岁曾赐孙手书，今年又已半年，不知目力何如？下次来信，仍求亲笔书数语示孙。大考喜信，不知开销报人钱若干？

孙自今年来，身体不甚好，幸加意保养，得以无恙。大考以后，全未用功。五月初六日考差，孙妥帖完卷，虽无毛病，亦无好处。前题"使诸大夫国人皆有所矜式"，经题"天下有道，则行有枝叶"，诗题"赋得角黍，得经字"，共二百四十一人进场。初八日派阅卷大臣十二人，每人分卷廿本，传闻取七本，不取者十三本。弥封未拆，故阅卷者亦不知所取何人，所黜何人。取与不取一概进呈，恭侯钦定。外闻谣言某人第一，某人未取，俱不足凭，总待放差后方可略测端倪。亦有真第一而不得，有真未取而得差者，静以听之而已。同乡考差九人，皆妥当完卷。六月初一，放云南主考龚宝莲（辛丑榜眼）、段大章（戊戌同年），贵州主考龙元僖、王桂（庚子湖南主考）。

孙在京平安，孙妇及曾孙兄妹皆如常。前所付银，谅已到家。高丽参目前难寄，容当觅便寄回。六弟在城南，孙已有信托陈尧农先生。同乡官皆如旧。黄正斋坐粮船来，已于六月初三到京。馀容后禀。

【评述】

曾国藩的立志、为学、办事，也对青年毛泽东产生了深远的影响。

1913 年，毛泽东进入湖南省立第四师范（随即并入第一师范）后，对他影响较大的国文教员袁仲谦和奉为楷模的修身课教员杨昌济，都是服膺曾国藩的。杨昌济在《达化斋日记》（1915 年 4 月 5 日）中，提到毛泽东这个得意门生，以

为他出身农家，"而资质俊秀若此，殊为难得。余因以农家多出异材，引曾涤生、梁任公之例以勉之。"

基于这些影响，毛泽东在青年时代很下过一番功夫读曾国藩的著作。后人辑曾所著之诗、文、奏章、批牍、书信、日记等，编为《曾文正公全集》，其中的《家书》《日记》有各种版本流行于民间。对这两本书，毛泽东是读过的。《曾文正公家书》凡一千多封，内容极为广泛，大到经邦纬国，进德为宦，朝政军条，治学修身，小到家庭生计，人际琐事，养生之道，事无巨细，无不涉。毛泽东当年读过的《家书》，系光绪年间传忠书局的木刻本，现韶山纪念馆尚收藏有该书的第四、六、七、九卷，每卷的痱页上都有毛手书的"咏芝珍藏"。曾国藩虽然将封建的纲常名教视为"地维所赖以立，天柱所赖以尊"的至高本体地位，以儒教卫道者自居，但他确善于将性理之学与经世致用结合贯通。其伦理思想有自己的鲜明特色，讲究人生理想，精神境界，以及道德修养与自我完善的一些具体做法，如反省内求，日新又新，磨砺意志，勤俭刻苦，力戒虚骄，以恒为本，等等。

曾国藩家书及日记中的一些见解观点，可以在《讲堂录》中看到。《讲堂录》是毛泽东长沙求学期间的笔记。这是马日事变后，他的塾师毛宇居从即将焚毁的毛泽东留在韶山家中的一大堆文献资料中抢救出来的。系1913年10月至12月毛泽东在四师读书的笔记，主要是听杨昌济的修身课和袁仲谦的国文课，1936年毛泽东对斯诺说，他的国文老师袁仲谦不赞成他学梁启超的文体，他便转而钻研韩愈的文章，学会了古文文体。所以《讲堂录》中也有毛泽东自己阅读韩文的笔记。

从《讲堂录》我们可以看到杨昌济教学和曾国藩著述对毛泽东的影响，领略毛泽东听课、读书的心感，以窥毛泽东读书为学的功夫。

《讲堂录》直接记"修身"从11月1日至12月13日凡六次。显然这是听杨昌济六次"修身"课的笔记，既包括老师所讲的要点，也包括他自己听后的心得。

杨昌济的"修身"课十分注意从道德伦理和为人做事等方面入手培养学生的人生观和世界观，而在教学内容上又常常讲自己的《论语类钞》《达化斋日记》等著述。这在毛泽东的《讲堂录》中得到直接的反映。

王夫之（船山）是曾国藩景仰的经世致用的思想家。曾国藩刊刻《船山遗书》，彰明王夫之的思想，对当时及后世均有很大影响。《论语类钞》在解释孔子"三军可夺帅，匹夫不可夺志也"时说："王船山谓豪杰而不圣贤者有之也，未有圣贤而不豪杰者也。《论语》中如此节语言，可以见圣人之精神也。"这在《讲堂录》则有进一层的意思："王船山：有豪杰而不圣贤者，未有圣贤而不豪杰者也。圣贤，德业俱全者；豪杰，欺于品德，而有大功大名者。拿翁（拿破仑），豪杰也，而非圣贤。"并且还记有"孟子所谓豪杰，近于圣贤"。这些进一层的意思既可能是杨昌济课堂上讲的，也可能是毛泽东听课的发挥，但不管属于哪种情况，对于青年毛泽东都是重要的，这是他当时所谓希贤世界观的一个

根据。

杨昌济在解释曾子"士不可不弘毅，任重而道远"这句话时说到自己："吾无过人者，惟于坚忍二字颇为著力。常欲以久制胜，他人以数年为之者，吾以数十年为之，不患其不有所成就也。"这段话的主旨与《曾国藩日记》中的数则均有渊源关系。与师表是学生的楷模，《讲堂录》记着："以久制胜。即恒之谓也，到底不懈之谓也，亦即积之谓也。"应当说，这对毛泽东的成长及其以后所表现出来的钢铁般的"持久"不懈的意志，不能不发生影响。

【原文】

二十三日在九江接弟初八日一缄，二十六日在隘口途次又接弟十三日一缄，具悉一切。

改民船为战船，是贼匪向来惯技。自前年水师舢板出，遂远胜贼改之船。弟营若距水次太远，似不必兼习炮船，恐用之不熟，或反资敌也。

十一日击太和援贼，尚为得手。与此贼战有两难御者，一则以多人张虚声，红衣黄旗漫山弥谷，动辄二万三四万不等，季洪岳州之败，梧冈樟树之挫，皆为人多所震眩也；一则以久战伺暇隙，我进则彼退，我退则彼又进，顽钝诡诈，揉来揉去，若生手遇之，或有破绽可伺，则彼必乘隙而入，次青在抚州诸战是也；二者皆难于拒御。所幸多则不悍，悍则不多，盖贼多则中有裹胁的人，彼亦有生手，彼亦有破绽，吾转得乘隙而入矣。

告示及实收，新岁再当继寄。季高信甚明晰，以后得渠信，弟即遵而行之，自鲜疏失。余于十九日抵九江，廿五六日自九江回吴城，廿八九可抵省城。迪庵之陆师更胜于甲寅塔、罗合军之时，厚庵水军亦超出昔年远甚，而皆能不矜不伐，可敬爱也。

袁州往返千余里，吾即不请父大人远出。若江西军事得手，明年或可奏明归觐乎？余不一一，顺贺岁喜。

再：梧冈于军中小事，尚能办理妥协；遇有大事，则无识无胆。设有探报称东路有贼数千，西路来贼数千，南北两路各数万，风声鹤唳，大波特起，则梧冈摇惑无主，必须吾弟做主也。

到吉安后，专为自守之计，不为攻城之计。打数大仗后，则军心民心大定，此军乃可特立也。

弟若久驻吉安，余于正月初旬即至吉安犒师，并拟请父亲大人来袁州一行。父子相离四年，或得借此一见，则弟军在吉安不遽掣动，亦一好事也。于公则吉安有一技劲旅，筹饷较易；于私则兄可借此以谒父亲，不知弟意以为然否？如以为然，则请在彼深沟高垒，为坚不可拔之计，先为不可胜，然后伺间抵隙，以待敌之可胜。无好小利，无求速效。至要至嘱。再问近好。

【评述】

曾国藩认为，一般人在透视成功者时往往难以顾虑到事物仍在发展变化中的因素，对成功者更难识别是少年早发还是大器晚成。他说，具备早成天赋及聪慧

的人会很快崭露头角，处理事务游刃有余；但是那些大器晚成者，往往持重，愿意通过艰苦努力获得成功。对后一种人更不可以掉以轻心。

曾国藩不承认天才，而主张后天的努力和磨炼。认为没有韧性，在不经意间成功的人，会导致因初时太顺利而忘乎所以。因经验积累不够，心理也不够成熟，又不愿再付出艰苦努力，成就难以通天，一如江郎才尽。他认为一寸一分地积累功夫的人，表面看来比那些投机取巧、轻取轻进的人似乎又钝又迟，甚至有点迂，但功底深厚，厚积薄发，必成大器。对于绝大多数并非天才的人来讲，这是成才的正道。

曾国藩主张，办事情也是如此，要稳中求成。1863 年 12 月，曾国荃的湘军围困天京已经一年之久，但不见攻下。1864 年 2 月，曾国荃又指挥军队一面在太平门东侧挖地道，准备以炸药炸塌城墙攻城；一面以重炮狂轰地堡城。然而，连续进攻几个月，地堡城仍旧固若金汤，岿然不动。地堡城攻不下来，太平门一带皆在此堡垒的火力控制之下，地道也就挖不成，湘军在地道口丢下数百具尸体仍挖不通，弄得湘军将领一个个垂头丧气，急得曾国荃天天骂娘。这时，各方面的压力纷至沓来，一是朝廷的压力，越摧越紧，二是舆论压力，认为曾氏兄弟为争天京全功，拒绝他军助援，当然还有其他对湘军不满情绪的发泄，而这时曾国藩并没有急躁，写信给他的弟弟曾国荃，有条不紊地进行指导和忠告：望弟无贪功之速成，但求事之稳适。两个月后，天京终于被攻克。

由此可见，一点点进步都是来之不易的，任何伟大的成功都不可能唾手可得。千里之行，始于足下，不积跬步，无以至千里；不积小流，无以成江海。西方的德·迈斯特也说："耐心和毅力就是成功的秘密。"西方还有一句格言："时间和耐心能把桑叶变成云霞般的彩锦。"

不贪功之速成，就不要被别人的俗见所左右，亦即不以众人之喜惧为喜惧。曾国藩说：我辈办事，成败听之于天，毁誉听之于人，唯在己之规模气象，则我有可以自主者，亦曰"不随众人之喜惧为喜惧耳。"通过曾国藩对其弟攻南京一时未成之事的开导与筹划，足以看出曾国藩不求速成但求稳适的办事之道。

【原文】

久未接弟信，惟沅弟五月底信，言哥老会一事，粗知近况。吾乡他无足虑，惟散勇回籍者太多，恐其无聊生事，不独哥老会一端而已。又米粮酒肉百物昂贵，较之徐州济宁等处数倍，人人难于度日，亦殊可虑。

余意吾兄弟处此时世，居此重名，总以钱少产薄为妙。一则平日免于觊觎，仓卒免于抢掠；二则子弟略见窘状，不至一味奢侈。纪泽母子八月即可回湘，一切请弟照料。"书蔬鱼猪早扫考宝"八字，是吾家历代规模。吾自嘉庆末年至道光十九年，见王考星冈公日日有常，不改此度。不信医药、地仙、和尚、师巫、祷祝等事，亦弟所一一亲见者。吾辈守得一分，则家道多保得几年，望弟督率纪泽及诸侄切实行之。富托木器不全，请弟为我买木器，但求坚实，不尚雕镂，漆水却须略好，乃可经久。屋宇不尚华美，却须多种竹柏，多留菜园，即占去田

亩，亦自无妨。

【评述】

清淡是曾国藩喜尚的人生涵养。他认为：涵养深有容量的人品德就高尚，遇事忍耐的人事情才能成功。这是因为，容量大就能原谅他人，有忍耐就会好事多磨。有一点不满意就勃然大怒；有一件小事违背自己的意愿就愤然发作；有一点优于他人的长处就向众人炫耀；听到一句赞颂的话就为之动容，这些都是没有涵养的表现，也只是小有福分的人啊。古人说器量随见识而增长，遇事不喜不惊，才可以担当大事业。的确，"有容德乃大，大忍事乃济。"

他还说：弟读邵子诗，领得恬淡冲融之趣，此自是襟怀长进处。自古圣贤豪杰、文人才士，其志事不同，而其豁达光明之胸大略相同。以诗言之，必先有豁达光明之识，而后有恬淡冲融之趣。如李白、韩愈、杜牧之则豁达处多，陶渊明、孟浩然、白香山则冲淡处多。杜、苏二公无美不备，而杜之五律最冲淡，苏之七古最豁达。邵尧夫虽非诗之正宗，而豁达、冲淡二者兼全。吾好读《庄子》，以其豁达足益人胸襟也。去年所讲生而美者，若知之，若不知之，若闻之，若不闻之一段，最为豁达。推之即舜禹之有天下而不与，亦同此襟怀也。

豆青釉加彩梅竹纹笔筒　清

这是曾国藩从传统文化中领会了恬淡冲融的情趣，这自然是胸怀有长进的地方。

所谓平淡，实际上主要是对老庄淡泊寡欲之说的继承和阐发。我们知道，一个健康的人，如果对世间之事不能看得平淡，一切都视为至关重要，都想去得到它，那么他的心境就会自觉或不自觉地被外物所扰乱，精神就会时时要受到牵累，常常会因一些不愉快的事情而耿耿于怀，就会影响到待人接物、处世治事的好坏成败。因此，曾国藩在强调静字的同时，还主张要有平淡的心境。他说："思胸襟广大，宜从'平、淡'二字用功。凡人我之际，须看得平，功名之际，须看得淡，庶几胸怀日阔。"并表示要"以庄子之道自怡，以荀子之道自克"，要把"世俗之功名须看得平淡些"。因为他认识到，一般人之所以胸襟狭窄，全是物欲之念太重，功名之念太深。更具体些说，则是私欲围绕于心，精神无安静之日，自然也就日觉有不愉快的心境。他这里所谓的宜在"平、淡"二字上用功，即是要使心中平淡，不致为私欲所扰乱，务使精神恬静，不受外物之累，使自己置身于物来顺受，然后可以处于光明无欲的心境。

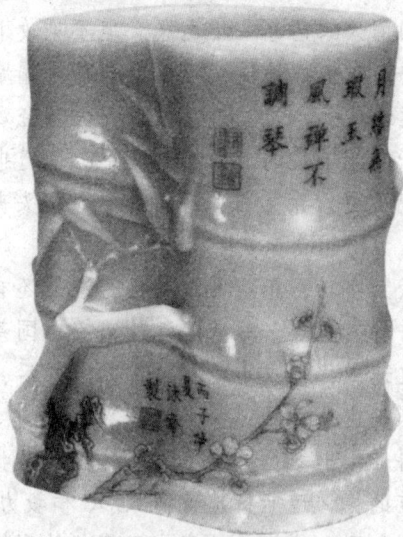

【原文】

日来接尔两禀，知尔《左传注疏》将次看完。《三礼注疏》，非将江慎修《礼书纲目》识得大段，则注疏亦殊难领会，尔可暂缓，即《公》《穀》亦可缓看。尔明春将胡刻《文选》细看一遍，一则含英咀华，可医尔笔下枯涩之弊；一则吾熟读此书，可常常教尔也。

沅叔及寅皆先生望尔作四书文，极为勤恳。余念尔庚申、辛酉下两科场，文章亦不可太丑，惹人笑话。尔自明年正月起，每月作四书文三篇，俱由家信内封寄营中，此外或作的诗赋论策，亦即寄呈。

写字之中锋者，用笔尖着纸，古人谓之"蹲锋"，如狮蹲虎蹲犬蹲之象。偏锋者，用笔毫之腹着纸，不倒于左，则倒于右。当将倒未倒之际，一提笔则为蹲锋，是用偏锋者，亦有中锋时也，此谕。涤生字。

【评述】

历史上许多有成就的人物如果专注某一方面，可能会取得更大的成功。曾国藩经常慨叹：古往今来有大作为者，他们的才智只发挥到三成，而七成却没有用上。所以他信天、信运气。梁启超作为近代的改革家无疑是时代的骄子，但他的变法事业没能推进下去。他在文学、历史、文字学等方面也造诣非凡。但他在临终前谆谆教导子女们：以他的博杂不专为戒。后来他的儿子梁思成专攻建筑，成为当代中国建筑学的开山祖师。

曾国藩常以不专注为戒，他说："不能专注于一的毛病，是因为温习得不够熟练，因为志向没有立好，也因为对此认识得不真切。如果真正清楚地了解了不能专注于一就会害心废学的危害，就像食鸟啄杀人一样，那么，精力就一定会专注了。不能专注于一，没有选择没有抱守，那么，纵然是心思用在《四书》《五经》上。也只算是浮思杂念，这是神思没有统率的缘故。"

曾国藩把做事专注有成运用到军事上，论到战守事宜时，他曾经说："主守就是专守，主战就是专攻，主城就是专门修城，主垒就是专门修筑堡垒，万万不可以脚踏两只船，到打仗时候张皇失措！"

这里说治心作为治兵的根本，要想求得军事稳妥，应当专心致志。他在给左宗棠的回信中曾说过："凡是准备好多事项时，就会分散精力，心专，就会考虑的周全。"

【经典实例】

曾国藩不忘恩德

抑郁的情绪，不仅于身体不利，而且最易坏事。然而怎样控制调整自己的情绪呢？除了加强自我修养以外，就是找自己知心而知情的朋友倾诉。这样常可使自己从极度苦恼的情绪中解脱出来，以怡悦的心境去迎接新生活。曾国藩尽管可说是一个心胸豁达之人，但也常有情绪低沉之时，对此，他绝不仅仅是自我控

制，而且也在寻找使其舒畅的渠道。曾国藩从江西抚州到湖北黄州的经历就走过了这样的一段路。

曾国藩在抚州又驻了几个月，其进退去留始终是个问题。胡林翼在悄悄地替他想办法。

胡林翼看见石达开有意从湖南进入四川，担心四川这个湘军的重要粮饷来源之地沦入太平军之手，便想让曾国藩到四川去。他心中的如意盘算是，这样一则可以保住四川饷源，二则可为曾国藩谋得四川总督的官位。不但可以医好曾国藩的心病，而且对湘军进一步的发展大有好处。他鼓动官文上奏清廷，提出让曾国藩带部入川。

自咸丰三年（1853）以来，虽然湘军战功显著，但只有江忠源、胡林翼出任巡抚，而江只三个月，就战败自杀，实际上只有胡一人。咸丰九年（1859）六月，清廷担心石达开由湖南入四川，命曾国藩领军入川。这引起湘军集团获得督抚大权的新希望。胡林翼说："不知为蜀主乎，抑为蜀客乎？涤公辛苦过人，抑郁七年，若竟得蜀，亦原可施展。"李鸿章时与曾国荃领军攻景德镇，也希望曾国藩入川后，能"反客为

胡林翼便衣像　清

主"，出任四川总督。胡林翼随即致以长函，列举八利，竭力鼓动官文奏荐曾国藩为四川总督，以改变曾国藩居无定所、客串四处的境况。

胡林翼给官文的信中明确说"以必得总督为要着"，则可察吏筹饷。官文遂上奏咸丰皇帝：石达开蓄谋进入四川，若由资、沅两江窥常、澧，则湖北荆、宜两郡俱危，若由辰、沅走秀山、酉阳，或由黔中借道入蜀，则必先踞岷江、夔关、三峡之险。湖北水陆之师全力注于皖省，如再分拨，仅可近防洞庭、常、澧，不能再顾西路。请令曾国藩带兵入蜀，"责以守蜀之任"，必能与湖南追兵形成夹击之势，以保全四川，湖北、湖南可安矣。

与此同时，胡林翼又写信给曾国藩，告诉他不得川督，绝不入川。到了八月，曾国藩领军北行至湖北，准备入川时，清廷仍无丝毫要任曾为四川总督的意向。咸丰皇帝对创办湘军的曾国藩讳莫大焉，仅命他带兵赴四川夔州（今奉节）扼守，而单单不任其作总督。曾、胡见到此项任命，均很失望。胡林翼本想借机为曾国藩谋得一席之地，没想到曾国藩仍将要过客位虚悬的日子，回想其坐困江西时的种种烦忧，胡林翼觉得不如让曾国藩跟随自己去图谋安徽，一方面，可以壮大兵力，两人合力考虑战略战长会更为周详；另一方面，自己也可以多方对曾国藩进行照顾。而曾国藩则更不愿客军入川作战。于是胡林翼又请求官文上奏暂

缓入川，留曾国藩与胡林翼共同进攻安徽。咸丰皇帝还是同意了官文所奏，令曾国藩驻扎湖北，以图安徽。

得知咸丰皇帝不将总督的官位交给自己，曾国藩从头凉到脚。

来到湖北黄州，曾国藩拜会胡林翼。两个人整整密谈了8天。

曾国藩毫无保留地袒露了自己的内心世界。他现在已不想去四川，他最渴望的是当总督或巡抚，最好是湖广总督或是江西巡抚。他对胡林翼说："我多年讨贼，始终不甚得志，抑郁不适于怀，一则由于个人之偏浅，二则由于所处极不得位。自古欲办大事，欲成大功，必得有地方之权以为凭借。唐末的招讨使、统军使、防御使，处置应援使等，远不如节度使之得势，就是因为节度使得有治土地人民之权。《庄子》说：'吞舟之鱼，砀而失水，则蚁能苦之。'我辈带兵之人，如果不能掌握地方行政权，与土地人民脱节，不正是庄子所说的失水之鱼吗？朝廷只知防维藩镇割据、大臣造反，而一味地把持大权，丝毫不肯授人以柄，却不知大臣无权，办事不灵，大难不平，江山不保。我等虽一心一意为朝廷办事，可有些人就是对我们不放心，就像防安禄山、史思明一样地提防我们，岂不可悲？"

胡林翼的处境要比曾国藩好得多，但他对曾国藩的处境极为同情，并表示出深深的理解。他说："涤丈有诸葛孔明之勋名，而无其位以施展才华；有丙吉之大德，而不见朝廷之报答。真是可叹之至。"

在感叹一番之后，胡林翼又转过来安慰道："自古成大业者多经磨难。举目环顾当今朝野，能平此大难者当是咱们汉人；而在汉人之中，能得首功的，到时又一定是您，而不是别人。"

以后的事实证明胡林翼是对的。川督之任虽未得，曾国藩因为有胡林翼的多方照顾，很快使他的境况有大的转机。自此开始，他与胡林翼合兵一处，彼此互相照顾，直到胡林翼去世为止。咸丰十年（1860）三月，曾国藩回忆到："敝军自去年八月移开鄂境，与湖北各军共同皖事，官（官文）胡（胡林翼）二公忠正博大，无一切猜忌气习，较之往年在江西在湘疑谤交集，情形迥别，志得少纾。"

多年以后，曾国藩功成名就后，仍念念不忘胡林翼的恩德。同治六年（1867）七月，曾国藩与心腹幕僚赵烈文在一起谈论咸同年间"英雄座次"。赵烈文认为先在已故的人中排定，并举胡林翼为第一，曾国藩颇为首肯。实际上，胡的声望、地位在咸丰年间不下曾国藩，但他公推曾国藩为领袖，处处为他着想，自己甘当配角。为曾国藩谋川督一职充分说明了这一点。

张英读书养心

在清朝的大人物中，曾国藩推崇张英。张英是康熙年间有名的大学士，他的文名比官名更大，他著的《聪训斋语》等书为人所传诵。《曾国藩家书》中六次提到这部书。张英对养心有着很好的论析：圣贤起主导作用的话说，人心很容易变坏，而良好的品德却不容易培养起来。"危"指的是追求欲望之心，好像大堤

约束水，堤围崩溃是容易的事，一旦溃决就会一发不可收拾。"徽"指的是礼仪伦常之心，好像帐子映灯火，又像有又像没有，灯火出现难而灯火不明显容易。人的胸心至灵至动，不可过分劳累，亦不可过分安逸，只有读书学习才可以保养它劳逸适中，常常见到风水先生平时用磁石养护指南针，书籍才是保养身心的最好的东西。安闲逸乐无事可做的人，整天不看书，那么他的起居出入，身体心灵没有依留安定的地方。眼睛没有安顿的时刻，一定会精神涣散、杂乱颠倒，妄想而引发不满，处于逆境感到不高兴，处于顺境也会感到不高兴。常常见到别人惊慌烦恼，觉得一举一动没有顺眼的。这样的人必定是一个不读书学习的人。古人

素三彩螭龙纹把杯　清

说过，扫地焚香、清福已经具有。有福气的人，在享福的同时也读点书，没有福气的人，心中便产生其他的念头。这些话真是讲到了最重要之处，我对此深信不疑。而且从来那些违背意愿的事，从不读书的人看来，似乎被自己一人碰到了，感到极其难堪。这样的人由于不读书，所以他不知道古人碰到违背自己意愿的事，有百倍如自己的，只是没有细心体验罢了。比如苏东坡先生，死后遭遇到高孝，文章一刊印出来，名声震惊千古后世。而他在世之时忧虑别人说坏话、害怕别人讥笑毁谤，困苦艰难往复移于潮州、惠州之间，他的儿子光着脚过河，睡在牛栏边上，这是一种什么样的境况啊！又如唐代诗人白居易没有后代，宋代文学家陆游忍饥挨饿，都记载在古书里面。他们都是名留千古的人，而所经历的事情都如此不尽如人意，如果平心静气地观察他们的经历，那么人世间所碰到的违背意愿的事情，就可以想得通，任何不满意的想法也会很快打消了。一个人如果不读书，那么就会只看到自己的经历很苦，而产生无穷无尽的怨恨愤懑之心，忧郁烦躁不安，为什么要弄到如此地步呢？况且富裕兴盛的事情，古人也会碰到，气盛权倾一时，转眼也都会没有了。所以读书可以增长道义之心，是保养身体首要的事情。读书时死记硬背大部头的文集，用以争长短胜负、名声利禄那是很辛苦的，如果粗略浏览一遍，就不会弄到劳心疲神的境地，只当冷眼于自由自在之中，看出古人文章里面重要而转折承接的地方就行了。我对于白居易、陆游的诗作，都仔细注明时间，了解他们在何时辞去官职，其衰弱健旺、得失是非的形迹都可以指出来，于是不会混乱不清了。

苏东坡养心秘诀

曾国藩一生服膺苏东坡，对苏氏兄弟、子侄的一套养心法深研再三，并劝他那位颇有刚烈性格的弟弟曾国荃以及文弱得有些柔滑的儿子曾纪泽，多向苏东坡"请教"。苏东坡究竟练成了什么特殊的"养心经"让曾国藩如此钦服呢？

那是在宋神宗元丰三年（1080）初发生的事，苏东坡带着妻子儿女离开京都前往幽居之地黄州。黄州是长江边上一个穷苦的小镇，在汉口下面约六十里地。在这里，苏东坡开始深思人生的意义。在六月他写的别弟诗里，他说他的生命犹如爬在旋转中的磨盘上的蝼蚁，又如旋风中的羽毛。他开始沉思自己的个性，而考虑如何才能得到心情的真正安宁。他转向了宗教。在他写的《安国寺记》里他说：

> 余二月至黄舍。馆粗定，衣食稍给，闭门却扫，收召魂魄。退伏思念，求所以自新之方。反观从来举意动作，皆不中道。非独今之所以得罪也。欲新其一，恐失其二。触类而求之，有不可胜悔者。于是喟然叹曰："道不足以御气，性不足以胜习，不锄其本而耘其末，今虽改之，后必复作。盍归诚佛僧，求一洗之。"得城南精舍，曰安国寺，有茂林修竹，陂池亭榭。间一二日辄往焚香默坐。深自省察，则物我相忘，身心皆空。求罪始所生而不可得。一念清净，染污自落。表里悠然，无所附丽。私窃乐之……

在黄州，苏东坡的灵魂真正得到了解脱。苏东坡曾经说："未有天君不严而能圆通觉悟者。"解脱，或佛道，皆始于此心的自律。人在能获得心的宁静之前（心情宁静便是佛学上之所谓解脱），必须克服恐惧、恼怒、忧愁等感情。在黄州那一段日子，苏东坡开始钻研佛道，以后的作品也就染上了佛道思想的色彩。他潜心研求灵魂的奥秘。他问自己，人如何才能得到心情的宁静？有印度瑜伽术，有道家的神秘修炼法，为人提供精确的心灵控制法，保证可以达到情绪的稳定，促进身体的健康，甚至，当然是在遥远的以后，甚至发现长生不死的丹药。对于精神的不朽呢？他对寻求长生之术十分着迷。他的弟弟子由也是养心有法。子由到淮扬送兄长到黄州时，苏东坡发现弟弟外貌上元气焕发。子由在童年时夏天肠胃消化不好，秋天咳嗽，吃药不见效。现在他说练瑜伽气功和定力，病都好了。

海南儋州东坡书院载酒亭 北宋

苏东坡到了黄州，除去研读佛经之外，他也在一家道士观里闭关七七四十九天，由元丰三年冬至开始。在他写的《安国寺记》里可以看出，他大部分时间都练习打坐。他在天庆观深居不出，则是练道家的绝食和气功，这种功夫，反倒在道家中发展得更高深，其实是从印度佛教传入中国的。元丰六年（1083年），苏东坡对佛经《道藏》已然大量吸收，而且时常和僧道朋友们讨论。以他弟弟为法，他开始练气功和身心控制。对求长生不死之药的想法，他并不认真，但是即使没法得到，但对获得身体健康与心情宁静，他总是喜欢的。

苏东坡在描写自己的修炼时，他发现瑜伽术有很多明确的特点。他控制呼吸，似乎是脉搏跳动五次算呼吸的一周期。吸，停，呼的比率是一：二：二。停止呼吸最长的时间是"闭一百二十次而开，盖已闭得二十余息也"，照印度的标准，较低的限制，是大约一百四十秒。像一般瑜伽的修炼者一样，他计算他的呼吸周期，也和他们一样，他自称在控制呼吸时（吞吐比例规则）有一段时间完全自动而规律。在集中注意力时，他也是凝神于鼻尖，这是瑜伽的一个特点。他也描写了一种为人所知的瑜伽感觉，在此一期间，心灵完全休息，再加上内有知觉的高度锐敏，他觉察到脊椎骨和大脑间的振动，以及浑身毛发在毛囊中的生长。最后，在他写的那篇《养生论》里，他描写此种状态的舒服，与从此种运动所获得心灵宁静的益处。

袁枚修葺"随园"

乾隆十三年（1748）秋天，袁枚还在江宁任知县时，用三百两银子买下当时金陵城郊的一座废旧庄园，进行修葺改造，并更名为随园。随园坐落在金陵城西北的小仓山北麓，原是雍正时江宁织造隋赫德的私人花园，故人称"隋织造园"。

由金陵城东门桥向西行约二里，遇到不算很高的两道山梁，这便是小仓山。小仓山自清凉山分岭而下，中间有清池和水田，山间有树木掩映，郁郁葱葱，直至北门桥而止。每逢夏天到来，山间树木茂盛，繁花锦簇，百鸟争鸣，溪水淙淙，因而这里历来便是皇亲贵族们的避暑之地。历代不少文人墨客喜爱这个地方，据说，当初李白曾经过这里，十分迷恋这里的景色，便希望将自己的墓地修建在这里。袁枚一到这里便深深地为其独特环境所吸引，并决定将此地作为自己意绝仕途后的归宿。

在袁枚购得之前，随园因长期无人看管、年久失修，几乎成为一座荒园，园内亭台颓废、杂草丛生、树木枯萎、百花凋零，一片惨败景象。袁枚买了此园之后，按照自己的意愿和审美情趣，像是进行一项艺术创作一样，对此荒园进行精心的修葺和改造。

茨墙剪阖，易檐改涂。随其高，为置江楼；随其下，为置溪亭；随夹涧，为之桥；随其湍流，为之舟；随其地之隆中而欹侧也，为缀峰岫；随其茗郁而旷也，为设宦窔。或扶而起之，或挤而止之，皆随其丰杀繁瘠，就势取景，而莫之夭阏者，故仍名"随园"，同其音，易其义。

由此可见，袁枚精心修造的新的随园处处体现一个"随"字。实际上，这也正是他当时内心世界的反映。经历了几年的个人奋斗、宦海浮沉，他的人生态度发生了根本的转变，此时他所追求的不再是金榜题名、仕途升迁，而是远离尘世的烦嚣，顺应自己的情感和愿望，一种无拘无束、自由自在地生活的一种暇心，他是在寻找着一个能够实现他这一愿望、能够"随心所欲"地生活的世外桃源。因而，袁枚对随园的修葺和改造，实际上是在营造着自己的"精神家园"。

袁枚也是被林语堂称为把生活作为艺术的"匠人"。袁枚修葺完随园后，在

《所好轩记》中这样自我表白：不喜音律，不善饮酒，不信佛道，不嗜赌博，喜爱风花雪月，古玩字画，山光水色，美女优倡，称得上"憎爱分明"了。

袁枚好色，对此他毫不自讳。他曾在《子不语·妓仙》中借妓仙之口表达了自己的思想："惜玉怜香而心不动者，圣也；惜玉怜香而心动者，人也；不知玉，不知香者，禽兽也。"在他看来，怜香惜玉，男女欢爱，本人之天性，是无可厚非的。他在《子不语》中还讲述了这样一个故事：一个小和尚跟随师傅在深山老林修行数年。一日，师徒二人下山，小和尚看到什么都觉得新鲜，见到牛马鸡犬，全不认识，师父就一一指给他认："这是牛，可以用来耕地；这是马，可以骑；这是鸡犬，可以打鸣报晓，可以看守门户。"小和尚一一点头，记在心里。忽然，一少女从眼前走过，小和尚问："这又是什么？"师父怕他动心，便非常严肃地告诉他："这是老虎，人一旦靠近，必被咬死吃掉，而且连骨头都不剩。"小和尚又点了点头。晚上回到山里，师父问他："你今天山下所看到的东西，可有心里老惦记的吗？"小和尚回答："所见的东西都不曾想，只是那吃人的老虎，心里总也割舍不了。"

乾隆皇帝礼冠上的顶珠

在这里，袁枚所表达的不单单是对小和尚的认同，里面也包含了他自己的一些思想和情愫。

在袁枚的人生旅途中，有过不少女子相伴和点缀。他二十四岁时娶王氏为妻，这算是正室，在此之后，他又先后纳陶姬、方聪娘、陆氏、金娘、钟姬等为妾。

袁枚对女性的好感，并不独钟于自己的妻妾。正像历史上众多的风流才子一样，每每遇到姿色艳美的女子，他常常要为之动心。

乾隆十三年（1748）的一天，一位朋友写信告诉他，一王姓女子因犯了一点官司，住在扬州，他愿将这女子送给袁枚做妾，袁枚得信后，忙租船赶往扬州。在一观庙中袁枚见到这位女子，一看果然丰姿绰约，楚楚动人，而且见到生人也毫不羞涩胆怯。袁枚动心了，想娶她为妾，只是又觉得皮肤稍微地黑了点，略显美中不足，于是作罢。乘船返回的路上，心里又割舍不下，当船到苏州时，急忙又派人回去打探，却早已被江东一小官吏娶走，不禁扼腕痛惜。袁枚历来对填词不屑一顾，可今日却专门为这一失之交臂的女子填了一首《满江红》：

　　我负卿卿，撑船去，晓风残雪。曾记得庵门初启，婵娟方出。玉手

自翻红翠袖，粉香听摸风前颊。问嫦娥，何事不娇羞，情难说。

　　既已别，还相忆，重访旧，杳说庐江小吏公然折得，珠落掌中偏不取，花看人采方知惜。知平生，双眼太孤高，嗟何益？

　　从来不作词的袁枚，一道《满江红》却写得缠绵悱恻、情真意切，可见袁枚的确是动情了。

　　曾国藩读《随园诗话》时是否也想到随园主人的"生活艺术"，已经不得而知，但显然曾国藩赞同一个"随"字，"随"就是适意、适可之谓。他说自己"雕饰字句，巧言取悦"，已脱离了"随意"之旨趣，简直如作伪一样。一次闲暇，曾国藩在吴竹如家中听唱昆腔，心中甚为平静，由此联想到"古乐陶情淑性，其入人之深，当何如。"由此慨叹"礼乐不兴""天下缺乏人才"。

曾国藩修身砺志

　　曾国藩非常自信地认为，只要立志不摇，奋发努力，他的目的是可以达到的。他说："人苟能立志，则圣贤、豪杰何事不可为？"又说："我欲为孔孟，则日夜孜孜，唯孔孟是学，人难得而御我哉！"为了实现自己的目标，曾国藩广为涉猎，认真研读，刻苦治学，进行了巨大的努力。道光二十年至道光二十七年（1840至1847）间，曾国藩一直在翰林院、詹事府担任闲散文职。当时一些翰林耐不住清闲、寂寞之苦，纷纷告假以归。但曾国藩却认为这两个部门虽无具体事情可做，可真正是修身养望的地方，一定要充分利用这个难得的条件，广为交流，精心研究适合当时社会的儒家经典和历代典章制度，从中汲取适合自己志向和应具备的经验才智。通过这一段真正的、扎扎实实的治心功夫，不仅为曾国藩当时步步高升奠定了坚实的基础，也为后来十分辉煌的事业准备了优良的条件。

　　曾国藩认为自己应首先"志大人之学"。他说：读书之志，须以困勉工夫，志大人之学。

　　人之气质，由于天生，本难改变，唯读书可以变化气质，古之精相法者，并言读书可以变换骨相，欲求变化之法，总须先立坚卓之志。即以余生平言志，卅岁最好吃烟，片刻不离，至道光壬寅十一月廿一日，立志戒烟，至今不再吃。四十六岁以前，做事无恒，近五年深以为戒，现在大事小事均有恒。即此二端，可见无事不可变也。古称金丹换骨，余谓立志即丹也。

味余斋印　清

　　这里所举的都是志大人之学之事。所谓大人之学，其中说得十分具体，民胞物与之量，

内圣外王之业，使匹夫匹妇，皆得其所。所谓悲天命而悯人穷，这是何等盛德大业，岂是读书求官求荣之辈所能企及，又岂是终日诗赋帖括者所能望其项背。在曾国藩看来，假如不把志向定得正大，则其流毒将不堪闻问。张蒿庵说过这么一句话，"学者一日之志，天下治乱之源，生人忧乐之本矣"。所谓一日之志，这里应该指的是学者读书为学之初，自己所期望于自己的，究竟是朝哪个目标发展与进取，是内心为何而奋斗的愿望与理想。这种目标与愿望若在于自己一身之屈伸，一家之饥饱，一族之荣辱，他就不会关心世俗之荣辱得失，难以以天下为己任。假如志向与目标以及愿望在民胞物与，悲天悯人，那么所谓得志与民同之，不得志修身自好于世。无论在上在下，都可以正人心而厚风俗，才算得是学者正经。有了这种志向和愿望，虽然自己气质稍下，也可以加以改变。以民胞物与为怀、以天下为己任者，则子贤之言，皆我之言；书中之事，皆分内之事，自然会早晚以思，去其不如尧舜、不如周公者，而求其所以为尧舜为周公者。孜孜以求，朝吃夕惕，则未有不能达其愿望和理想的。而他努力和为之艰苦奋斗的地方，则在自己有十分坚韧的志向。所以，曾国藩所说的立志就是换骨之金丹。然而，所谓立志，又不是朝三暮四，或作或辍，一曝十寒所能奏效的，必须朝斯夕斯，抱定一息尚存此志不容稍懈的精神，然后才能不希望其速成，不为势利所诱惑。所以，曾国藩经常在立志之下，特意加上"有恒"二字，意思就是说志向必须有始终不懈的精神。

纵观曾国藩一生，几乎无时无刻不在立志，或立志德业惊人，或立志出人头地，或立志扫平"洪杨"。而其中最值得一提的却是两件事，一件是青年曾国藩在任翰林后，立下五箴自勉；一件则是官拜帮办团练大臣后，却受同僚之辱，因而愤走衡阳，练成了湘军。

道光十八年，又值三年大比。但曾国藩家中为了上次的进京会试和偿还易家借款，此时已无余款可供再度进京的旅费。幸得亲戚族人帮忙，借来三十三吊钱，曾国藩才得以成行。到得北京后，已只剩下三吊。倘若这一科再不中，少不得又要举债回家了。那时像这样苦的考生真是不多。

三月礼部会试，曾国藩得中第三十八名进士。接着复试、殿试、朝考成绩都很优异。引见皇帝之后，年仅二十八岁的曾国藩被授予翰林院庶吉士。科举时代的翰林，号称"清要词臣"，前途最是远大。内则大学士、尚书、侍郎，外则总督、巡抚，绝大多数都出身翰林院。

很多人到了翰林这个地位，已不必在书本上用太多的功夫，只消钻钻门路，顶多做作诗赋日课，便可坐等散馆授官了。曾国藩来自农村，秉性淳朴，毫无钻营取巧的习气；在京十余年来勤读史书，倒培养出一股"以澄清天下为己任"的志气来。为此，他将名字子诚改为"国藩"，即暗寓为"为国藩篱"之意，并做五箴以自勉。

1853 年 1 月 21 日，曾国藩正在家里措办母亲的丧事，接到咸丰帝的寄谕，

命他帮同办理湖南省的团练乡民、搜查土匪等事务。曾国藩经过一番思想斗争后，毅然接受了这一任务。但是，帮办团练大臣却是一个极为特殊的职务，它不隶属于省的三台——抚台、藩台、臬台之内，但究竟又是朝廷的命官，不属地方绅士。这种"不官不绅"的特殊地位，给帮办团练大臣带来许多方便，即在募勇、练兵及其他举措方面存在灵活性，少受各种陋习的制约。但同时也带来许多难题，其中最重要的是地方官的支持与否，地方官若紧密配合，则事半而功倍，否则寸步难行。然而不久的永顺兵事件就让曾国藩大丢面子，当时他极想立即将永顺兵闹署事件上告朝廷，拼个究竟，但他经过对利弊的权衡，终于忍耐了下来，而冠冕堂皇地对人说："为臣子者，不能为国家弭大乱，反以琐事上渎君父之听，方寸窃窃不安。"

在这种左右交相煎迫的情况下，曾国藩只有一个办法：走！这年六月间，他跟鲍起豹等人的矛盾初起时，就曾私下对友人郭昆焘表示："久寓此地，以在戚而攘臂从政，以绅士而侵职代庖，终觉非是。何日江右解围，楚省弛防，脱然还山，寸心少安耳。"他准备以终制为名，超脱这是非之地；并且饬令张润农所带之兵"全数驻永"，王璞山所带之勇则"驻郴"，均不回省城，为自己的退避之路做准备。但是，他并没有真正打算解甲归乡，而是想着自己几个月来"弹压匪徒"的名声大振，不可半途而废。于是，他在永顺兵署事件后的第七天，即给朝廷上了个《移驻衡州折》，第二天就匆匆离长沙返乡。在乡间沉思了几天，于八月二十七日愤走衡阳。在奏折中，他声称"衡、永、郴、桂尤为匪徒聚集之薮，拟驻扎衡州，就近搜捕，曾于二月十二日在案"，现移驻衡州，正是实现原有的"查办土匪"的计划，要在衡州镇压农民暴动，这确是曾国藩当时的实情，但曾国藩却把自己移驻衡州的近因和内心活动向咸丰帝隐瞒了。

曾国藩从咸丰三年八月二十七日到达衡阳起，至他于咸丰四年正月二十八日自衡阳起程出征止，共在这里生活了整整五个月。

曾国藩愤走衡阳之后，摆脱了许多应酬、牵制与无谓的烦恼，故得以放手发展和训练乡勇，终于形成了一支颇具规模、有较强战斗力的军队。曾国藩因祸得福，愤走衡阳成为他后半生成就事业的真正起点。后来他对幕僚谈起往事时，感叹地说："起兵亦有激而成。初得旨为团练大臣，借居抚署，欲诛梗命数卒，全军鼓噪入署。几为所戕。因是发愤募勇万人，浸以成军。其时亦好胜而已，不意遽至今日！"对于自己后来成为一代风流人物，位至侯爵，曾国藩确是始料不及的。

此时，曾国藩已练就水陆两师共一万人，其水师十营，前、后、左、右、中为五正营，五正营之外又分五副营，分别以诸汝航、夏銮、胡嘉垣、胡作霖、成名标、诸殿元、杨载福、彭玉麟、邹汉章、龙献琛为营官带领，共五千人；陆勇亦五千余人，编列字号，五百人为一营。"其非湘乡人各领乡军者随所统为小营"，共十三营，分别由塔齐布、周凤山、朱孙治、储玫躬、林源恩、邹世琦、邹寿璋、杨名声、曾国葆等带领。水路以诸汝航为各营总统，陆师以塔齐布为诸将先锋。"合以陆路之长夫、随丁，水路之雇船、水手，粮台之员弁、丁役，统

计全军约一万七千人"。所备之粮台，带米一万二千石，煤一万八千斤，盐四万斤，油三万斤，军中所需之器物，应用之工匠，一概携带随行。

且说曾国藩从咸丰四年正月二十八日（1854年2月25日）起，统率全队水陆并进，浩浩荡荡，进驻长沙。军容之盛，使在这里的绿营相形见绌。这是曾国藩自咸丰三年八月愤走衡阳之后五个月中"打掉牙齿和血吞"，坚韧自励的结果。

曾国藩曾说，我常常忧心忡忡，不能自持，若有所失，到今年正月还是如此。我想这大概是志向不能树立，人就容易放松潦倒，所以心中没有一定的努力方向。没有一定的方向就不能保持宁静，不能宁静就不能心安，其根子在于没有树立志向啊！

另外我又有鄙陋之见，检点小事，不能容忍小的不满，所以一点点小事，就会踌躇一晚上；有一件事不顺心，就会整天坐着不起来，这就是我忧心忡忡的原因啊。志向没树立，见识又短浅，想求得心灵的安定，就不那么容易得到了。现在已是正月了，这些天来，我常常夜不能寐，辗转反侧，思绪万千，全是鄙夫之见。在应酬时我往往在小处计较，小计较引起小不快，又没有时间加以调理，久而久之，就是引盗入室了啊！

由此可见，曾国藩也是和我们一样的人，他有斤斤计较的时候，有见识浅短的时候，有心浮气躁的时候，但他敢于面对自己心灵中最黑暗的部分，无情地加入拷问，并提出努力改正和提高的方向，由此立志，正是曾国藩的过人之处。

曾国藩说："励志之心不可磨灭"，意思是：曾国藩讲求砺志，并强调砺志又必须通过读书来取得，不读书是难以立志的。不但自己，而且对他的子弟、幕僚、下属，也谆谆以砺志相勉。而砺志有为，进取向上的人也往往能得到贤达者的奖掖和提携。

曾国藩一生成就，可以说都是在砺志中，在"修身、治国、平天下"的教化下取得的。而曾国藩的家书，是其毕生奉行"砺志"的生活最为可信的实录。在他这数千封家信中，他以亲切的口吻、流畅的文笔，真实地表达了在砺志过程中的成功、失败、得意、困惑等种种感情。

人们可以从这些信中，具体地看到生活现实与理性教条的碰撞，在一身居高位者心中激起的千般情绪；可以看到他怎样在极其复杂的人际关系中，坚持"孝悌忠信"，而使他内对长辈、平辈，上对皇帝、上司以及同级、下级都能通权达变获得成功。他的这些故事，生动有趣，更有价值的是，在这些故事中包含的许多即使在今天的生活中，也很有意义的教训和经验。有人说，它是一部协调人际关系的指南，一部正直、严肃地为人处世的教科书。

应该说，这些家书的最大的魅力在于诚恳。曾国藩一生以"砺志"相标榜，在家书中，对待亲人，它的字里行间，更有一种真诚的热情在流露，其中，不夹杂着世上常见的虚伪和造作成分，这是最能感人的。在家书中有许多篇是曾国藩教训其弟弟的，之所以能不引起对方的反感，恐怕就在于这个"砺志"上。

曾国藩在京任职时，还担负着教育诸弟的责任。他叫几位弟弟寄文到京，改阅后再寄回去。曾国荃本来随他在京读书的，后来回去了，他便写信给他的几位阿弟说：

> 九弟在京年半，余散懒不努力。九弟去后余乃稍能砺志，盖余实负九弟矣，余尝语岱云曰："余欲尽孝道，更无他事；我能教诸弟进德业一分，则我之孝有一分；能教诸弟十分，则我孝有十分；若全不教弟成名，则我大不孝矣！九弟之无长进，是我之大不孝也！"唯愿诸弟发奋砺志，念念有恒，以补我之不孝之罪，幸甚！

这样的兄长，兄弟能不受感动？读此家书能不感动？

曾国藩的家书中，内容极为广泛，大到经邦纬国，进德为官，朝政军务，治学修身；小到家庭生活，人际琐事，事无巨细，无不涉及。尽管许多信很琐碎，但处处流露出诚恳。

在曾国藩的家书中，充分反映了传统儒学的为人立世之道，表露了曾国藩在人品、精神上令人夺目的一面，这也是人们喜欢曾氏家书的原因之一。

在家书中，曾国藩袒露了他的砺志修身志向和为人处世的法则。

他以"君子庄敬日强"自勉。为此他勤于自省，在寄其父亲的信中曾说：

> 男从前于过失每自忽略。自十月以来，念念改过，虽小必惩。

又寄弟一函说：

> 余自十月初一日起，记日课，念念欲改过自新。思从前与小珊有隙，实是一朝之忿，不近人情，即欲登门谢罪。

曾国藩缘何写了那么多的书信，那么多的日记？知情者道，那是他在砺志。以写大量的书信、日记砺志，历史上可为罕见。

生逢乱世的高明谋略家

唐朝李泌曾以与世无争的谋略，几度出山匡扶唐廷，力挽狂澜，立下卓著功勋。

李泌少聪敏，博涉经史，精研《易象》，善为文。得手长，常游于嵩、华、终南诸山间。当时他的名声很大，唐玄宗赏识他，夸他为"神童"。宰相张九龄器重李泌胆识，呼他为"小友"。唐玄宗欲授李泌官职，李泌固辞不受。玄宗命他与太子游，结为布衣交。太子常称其先生而不称名。

在天宝年间，李泌看到天下的危机形势，赴朝廷论当世时务，但为杨国忠所忌，于是他又潜遁名山。后安史之乱发生后，太子唐肃宗即位于灵武，特地召见李泌。李泌陈述天下成败之事，堪称肃宗之意。但李泌固辞官职。李泌说："陛下屈尊待臣，视如宾友，比宰相显贵多了。"最后被授以散官拜银青光禄大夫，使掌枢务，凡四方表奏，将相迁除，皆得参与。李泌虽不是宰相但权逾宰相。李泌劝唐肃宗俭约示人，不念宿怨，选贤任能，收揽天下人心，终于收复长安洛阳。李泌见唐廷转危为安立即要辞归山林。唐肃宗坚决不同意，说："朕与先生

同忧，应与先生同乐，奈何思去？"李泌说："臣有五不可留，一是臣遇陛下太早；陛下任臣太重；宠臣太深；臣功太高；迹亦太奇；所以不可复留。"后来终于说服唐肃宗，李泌隐归衡山。

唐代宗时，时局艰难，藩镇割据，又特召李泌出山，命他为相，李泌一再固辞。代宗只好在宫中另筑一书院，使李泌居住，军国重事无不咨商，李泌又成了实际上的宰相。后来当时局好转后，李泌又辞归山林。

唐德宗时，又召见重用李泌。公元 785 年，陕虢都知兵马使达奚抱晖鸩杀节度使张劝，想以木已成舟之策，胁迫朝廷任其为节度使。唐德宗派李泌处理此事，并拟以神策军护送。

执茶具女侍图　唐

李泌说："陕城三面悬绝，攻之未可以岁月下也，臣请单骑入之。"唐德宗说："单骑如何可入？"李泌回答说："陕城之人，不贯逆命，此特抱晖为恶耳。若以大兵临之，彼坚壁定矣。臣今单骑抵其近郊，彼举大兵则非敌，若遣小校来杀臣，未必更为臣用也。"于是，李泌单骑赴陕，行至陕州近郊，抱晖将佐不等抱晖之命就来迎接。李泌入城后并不问抱晖罪，但索薄书，治粮储。有人告密，李泌概不接见，军中镇静如常。然后，李泌召见抱晖说："你擅杀朝使，罪应加诛，惟今天子以德怀人，我也不愿执法相绳，你且赍着币帛，虔祭前使，此后慎无入关，自择安处，潜来接取家属，我总可以保你无虞。"抱晖亡命而去，陕州遂为朝廷所有。李泌大智大勇，单骑下陕州，平定了内乱。

后来李泌辅佐德宗发挥了重大作用。他调和君臣，使君臣不疑，天下无事。仗义救良将而不使株连无辜。主张联诸国、抗吐蕃。又清汰冗官，分隶禁军，调边境戍卒，屯田系师。与蕃贾互市，䍪缯易牛；募边人输粟，救荒济贫。其治国安邦之良策，均为唐廷采纳。李泌在适当时机辞去了相职，只任学士的散职。

李泌一生，好谈神仙，颇尚诡庭，实际这是个幌子。他危时出山辅政不争权位，安则归山养性，始终与世无争。但他历仕三朝，不是宰相胜过宰相，任凭风云变幻，他终能发挥济世安民的巨大作用。这个传奇人物实际是个生逢乱世的高明的谋略家。

陶渊明不为五斗米折腰

晋代，政治污浊，官员腐败，官场逢迎成风，以清高自命的陶渊明不为五斗

米折腰，辞去县官，赋《归去来》辞，充分显示了他没同流合污的高尚情操。

陶渊明，东晋大诗人，一名潜，私谥靖节。因他任彭泽令，也称陶令。他是当阳柴桑（今江西九江）人。据《晋书·隐逸传》记载：渊明少时志怀高尚，博学善文，颖脱不羁。尝著《五柳先生传》，实是自况，说："先生不知何许人，不详姓字，宅边五柳树，因以为号焉。娴静少言，不慕荣利，好读书，不求甚解，每有会意，欣然忘食。性嗜酒，而家贫不能恒得。亲旧知其如此，咸置酒而招之，造饮必醉，既醉而退，曾不吝情，环堵萧然，不蔽风日，短褐穿结，箪瓢屡空，晏如也，常著文章自娱，颇示己志，忘怀得失，以此自终。"

陶渊明因亲老子女多，耕种不能自给，受聘为州祭酒，不堪吏职，便辞归。彭泽距家百里，便求得彭泽令。他素清高，不私事上官郡派，都督到县，其属吏说应束带见之，他叹气说："吾不能为五斗米折腰，拳拳事卿里小人邪！"于是解职归，乃赋《归去来》，其辞开头说："归去来兮，田园将芜胡不归！"最后说："已矣乎！寓形宇内复几时，曷不委心任去留，胡为乎遑遑欲何之？富贵非吾愿，帝卿（仙卿）不可期。怀良辰以孤往，或植杖而芸籽，登东皋（田旁高地）以舒啸，临清流（清澈的清水）而赋诗。聊乘化而归尽，乐夫天命复奚疑！"

陶渊明像

陶渊明归后，以耕种，赋诗自乐。他长于诗文辞赋，有《陶渊明集》。其中的优秀作品隐喻着他对腐朽统治集团的憎恶和不愿同流合污的精神；《咏荆轲》《读山海经·精卫衔微木》等篇，则寄寓抱负，颇多悲愤慷慨之音。但也有宣扬"人生无常、乐天安命"等消极思想。

身处逆境不气馁

咸丰四年十二月二十五日，曾国藩因田家镇之胜，奉到上谕，"着赏穿黄马褂"。然而，就在这天晚上，大败于长江水面上。三更，九江林启容与小池口罗大纲的太平军，各抬数十只小船入江，乘月黑地暗，冲入湘军船帮，进行火攻。湘军大乱，纷纷挂帆上驶，"自九江以上之隆坪、武穴、田家镇，直至蕲州，处处皆有战船，且有弃船而逃者，粮台各所之船，水手尽行逃窜"。曾国藩坐上舢板督阵，号令不许开船，可是令不行、禁不止。仓促不及逃亡的战船被焚百余条，曾国藩的坐船也被俘虏，"文案全失"，连皇帝奖赏他的黄马褂、白玉四喜扳指、白玉巴图鲁翎管、玉靶小刀、火镰等件，均成了太平军的战利品。曾国藩见自己手中的赌注已失，痛心疾首，再次投水自尽，又被幕客派人救起，送入罗泽南陆军营内。他还欲效春秋时晋国先轸之例，策马赴敌以

死，被罗泽南、刘蓉等力劝乃止。事隔四年，至咸丰八年十二月，他犹余悸未定，感叹"吉凶同域，忧喜并时，殊不可解"！

正是因为这两次自杀经历，让曾国藩得出了"死生由命""吉凶同域""忧喜并时"等宿命论观点，既然一切由命，又有什么可怕的呢？所以，此后曾国藩无论遇到什么挫折，再也没有想过以一死了之。也正是由于他的这一认识，才促成了他最后的成功。

自曾国藩两次自杀以后，他接下来遇到的巨大的逆境是湘军三河之败。

1858年太平天国重整朝纲，各路军帅在枞阳大会之后，陈玉成、李秀成指挥的大军于8月收复皖北重镇庐州（今合肥市），9月25日在滁州乌衣镇歼清军江北大营三四千人，进而在浦口向江北大营进击，歼敌一万多人，使江北大营溃不成军；又乘胜克复江浦、六合、扬州、天长等重镇，使金陵与大江以北的交通得以恢复。同时，陈玉成部由潜山指向武汉，石达开大军进入湖南省境。在太平军击破江北大营前后，湘军李续宾曾率部从湖北猛攻安徽，连陷太湖、潜山、桐城、舒城等县，其势汹汹。但当他进攻太平天国的后勤基地三河镇时，陈玉成、李秀成、吴如孝会同捻军张乐行共十余万人，挥师驰援，切断了湘军的退路，被誉为"所向无敌，立于不败之地"的李续宾部六千多人于十月十日（11月5日）全部被歼，曾国藩的弟弟曾国华也被击毙。胡林翼哀叹道："三河溃败之后，元气尽伤，四年纠合之精锐，覆于一旦！"

曾国藩日夜忧伤，九月二十八日（11月3日），给在乡间的弟弟们写信说："金陵大营去冬即有克复之望，今年六七月间贼势尤极穷蹙。八月间，逆匪忽破浦口，德钦差营盘失陷。又破江浦、天长、仪征三县。扬州被围，并有失守之说。南京之贼接济已通，气势复旺。天下事诚有非意料所及者！"

与此同时，江西建昌、宁都一带由于战争仍频，千里赤地，疫病流行，传染到了兵勇。先行入闽的张运兰部三千多人便"留八百人在建昌养病"，萧启江部病者一千三百五十六人，吴国佐部病者不下八百人，刘长佑部"患病尤众，凡于十人而九，不复能以成军"，"行军数日，长夫病困，锅、帐、子弹，沿途抛弃"。这就大大减弱了江西省内湘军的战斗力。

凡此种种，使曾国藩异常郁闷。十月二十九日（12月3日），他写信给儿子说："军情变幻不测，春夏间方冀此贼指日可平，不图七月有庐州之变，八九月有江浦、六合之变，兹又有三河之大变，全局破坏，与咸丰四年冬间相似，情怀难堪！但愿尔专心读书，……则余在军中，心常常自慰"。从此，曾国藩再不唱一年内肃清太平军的高调了，而且"公愤私戚，意绪瞀乱"。他"因久住建昌，无所作为，欲跋赴湖口，又恐闽贼来窜抚、建，进退两难，寸心终日纷扰，屡次占封，亦智略不足"。

但是，曾国藩仍然是镇定的，头脑是清醒的。咸丰八年十一月二十六日，他分析了建昌东面的福建连城一带、南面江西信丰一带与北面景德镇一带的太平军的情况。三处虽均距建昌在五百里以外，但连城太平军人数少，"闽事不足深虑"，赣南太平军则"尚有畏避官兵之意"，且有开赴湘南的趋势，只有"景德

镇之贼，无论东犯广信，西犯湖口，皆为莫大之患"。患在哪里？他认为，在江北三河溃败、安庆撤围的情况下，"若使南岸彭泽、湖口复有蹉跌，则九江亦且岌岌可危"，湘军在整个战场上很可能糜烂于一旦。因此，他强调，"就大局而论，景德镇情形又较重于南路"。于是他立即将自福建折回的张运兰部调至景德镇，与统带饶防兵勇的刘于淳汇合，舍东舍南而图北，是曾国藩的很重要的一着棋，为他后来进军安徽，包围金陵开辟了前进的道路。

范仲淹拜师成美谈

北宋著名文学家范仲淹在文学上一丝不苟，十分谨慎，成为后人学习的楷模。

有一天，范仲淹饭后无事，在书桌前赋诗作文。他突然想起了一件事，前几天他刚到一位姓严的先生的祠堂里去拜念，回来路上挺有感慨的，可惜因为别的公务缠身，没能写成那篇纪念性的文章。他想若是当时写出来，肯定会更好。

反正这时他正好没有别的安排，于是他就提起笔来，一气呵成，一篇《严先生祠堂记》写出来了。

写成以后，范仲淹随手把手稿一扔，放在书桌上一个不起眼的地方搁着。

许多天以后，风和日丽，春暖花开，天气非常晴朗。他邀请他的好友南丰人李泰伯来家中饮酒赋诗闲谈。

随着一阵哈哈的笑声，李泰伯进来了，宾主寒暄过后，就上茶闲聊起来。

李泰伯问道："范仲淹范大人最近有何新作啊？"

范仲淹一笑："无甚新作。看来一大堆乱七八糟的公事把我的灵感都冲掉了，写不出来了！"

李泰伯也一笑："范大人肯定是自谦了，像你这样的大才子，一天不写肯定会手痒的！"

李泰伯一句话提醒了他，他突然想起来，那夜自己在几案前苦苦思索了半天才写成了一篇《严先生祠堂记》，自己以为是一篇妙文，不如此时拿出来请教一番。

李泰伯也是位诗文全才，范仲淹心里很清楚，自己向他请教绝对有好处。

他把那些篇《严先生祠堂记》艰难地找出来让李泰伯过目。

李泰伯接过手稿，一字一句念下去，不住地点头称赞。

看完全文，李泰伯说："妙作，妙作！范大人不愧是一代文才啊！"

"哪里，哪里，还望大人见教才是！"范仲淹客气地说，自己心里却有点自得。

想不到李泰伯果然说："范大人这篇文章是好，可是结尾四句在我看来也有些漏疵之处。"

范仲淹看着文章的最后四句："云山苍苍，江水泱泱，先生之德，山高水长。"看不出有何毛病。

　　李泰伯继续说："你这篇文章一出，一定会留名世上。我觉得如果改一个字，那就更超于完美了。"范仲淹非常谦虚地向他请教。

　　泰伯说："不如把先生之'德'改成先生之'风'。"范仲淹听后，果然钦佩得不得了。原来，"风"比"德"，不但字义上更准确贴切，声韵上也更和美，我们知道，"德"是仄声，"风"是平声，"平声平道莫低昂，上声高呼猛烈强，去声分明哀远道，入声短促急收藏"。"德"字音哑而促，"风"字音响而昂，读起来是大相径庭的。

《范文正公文集》书影

　　范仲淹凝神颔首思考了一会，突然想跪下来拜李泰伯为师。

　　李泰伯受宠若惊，慌忙说不可不可，最后，范仲淹非要请李泰伯写篇文章送给他不可。泰伯无奈，只好从命。

　　范仲淹拜师，一时传为美谈。

曾国藩的养生智慧

　　曾国藩的养身、养心说

　　曾国藩十分注重养生，虽然终日忙于军务和应酬，但他决不放弃对养生的实践与探索，无论是偏于修德的儒家，还是重于养生的道家，曾国藩都倾其心智，心向往之，身体力行。他既酷爱儒家的孟子和韩愈，也钟情道家的庄子和苏轼，由于时代的需要，环境的限制和他自身的经历，儒家文化和道家文化的影响自有轻重之分，主次之别。

　　一般说来，曾国藩首先是一个"儒者"，其次才是一个"道者"，儒家文化的影响贯穿了他的一生，而道家文化的影响则显现在他人生的某个阶段或某个方面。譬如养生，他所受到的影响就主要是道家文化。

　　养生的要旨是得道，得道的要旨需全身，全身的要旨需修炼。曾国藩虽然不是得道的圣人，也不是一个全身的高人，但他毕竟是一个修持者，他静坐，练功，不吃药，在学习古人养生经验的同时不断探索，形成一套自己的养生之道，其内容广泛，包括起居、饮食、视息，以及山水、花竹等。

　　养生的目的在于有一个健康的精神；而要想有健康的精神，则首先要有健康的身体；要想有健康的身体，就要留意养生的方法。

　　曾国藩论及养生之道时认为：养生之道，以"君逸自劳"四字为要，减少思虑，排除烦恼，都可以用来清心，这就是"君逸"；常常行步走动，动弹筋骨，便是"臣劳"（《书札》，卷十八）。

　　养生的方法，不但在于多多从事活动，以增进身体的康健；更应当减少

烦恼，以保持精神的健康。这就是我们通常所说的"身心交养"。

曾国藩在给李希庵的信中认为，养生应当以"不药"为药，治心应当以"广大"二字为药。他所说的"广大"，也是就"君逸"。养心为主、养身为附的养生哲学，使得曾国藩终生恪守他的祖父星冈公"不信医药"的训导。也许世上的好医生很少，庸医太多，传统医学尚未科学整理的缘故，曾国藩终生对医药持着谨慎的态度。

例如他在给儿子的信中说："你虽然体弱多病，但只适宜清静调养，不可以随便医治。"庄子说："闻在有天下，不闻治天下也。"苏东坡也用这两句话，作为养生的方法。你熟悉小学，试一试写"在宥"二字的训诂体味一下，就知道庄子、苏东坡都

炼丹炉

有顺其自然的意思。养生是这样，治理天下也是这样。假若服药而每天更换数个药方，没有大病就终生大补，小病就轻易服药治疗，强求发汗，就像商帝治事秦国，荆公治理宋国，完全失去了自然的奥妙。柳宗元所说的"名为爱之，其实害之"，陆务观所说的"天下本无事，庸人自扰之"，都是这个意思。苏东坡《游罗浮》诗说："小儿少年有奇志，中宵起坐存《黄庭》"，下一"存"字，正合乎庄子"在宥"二字的意思。苏氏兄弟、父子都讲养生，摘取黄、老的本意，所以说其子有奇志。以你的聪明，难道不能够看穿这层意思？我教你以睡觉吃饭两样上下功夫，看来好像粗浅，却能够得到自然的妙法。以后不吃药，自然就健壮了。（《家训》，同治五年三月十五日）

《庄子·养生主》里说"吾闻疱丁之言，得养生焉"。其要旨便在一个"顺其自然"之意。曾国藩的这封信所说的，也在于一个"自然"。由此可以看出，养生在于养心，而养心在于宜得自然之妙。

曾国藩的养生之道，大体不外乎"惩忿窒欲，少食多动"八个字，比如他在《日记》中说："养生家之方法，莫大于惩忿窒欲，少食多动八字"（辛酉正月）。

"惩忿窒欲"，在于求得精神的健康，可以叫作"心理的修养"。曾国藩对"惩忿窒欲"的说话，阐述得很详细，如在给他的儿子纪泽的信中说：我对于所有的事，都遵守"尽其在我，听其在天"这两句话，即养生之道亦然，身体强壮的如果是富人，因为戒除奢侈会更加富有；体弱的如果是穷人，因为节约便能够促使自己。节俭不仅仅是饮食男女的事，即便读书用心，也应当俭约，不便于大过。我在《八本》篇中说过"养生以少恼怒为本"，又曾教你胸中不应当太苦，须要活泼快乐地修养一段生机，放弃掉所有的恼怒，即戒恼怒，又知节俭，养生之道，便已尽其在我矣。此外，寿命的长短，有没有病，一概听其自然，不必产生很多幻想去计较它。那些多吃药，祈求神仙佑护的人，都是妄想。（《家训》，同治四年几月初一）

　　这里的"药"，不可与今天的药相提并论，旧时代的药多有糟粕迷信。曾国藩又说："古人以'惩忿窒欲'为养生要诀。'惩忿'，即吾前信所谓'少恼怒'也；'窒欲'，即吾前信'知节啬'也。固好名好胜而用心太过，亦欲之类也。"（《家训》，同治四年九月晦日）

　　将"惩忿"解释为"少恼怒"，将"窒欲"解释为"知节俭"，从中可以知道曾国藩并不是厌世悲观的人，而把人的一切欲望绝对禁止，他只是主张在纵欲当中应略存节制的意思而已。曾国藩的人生观，既不是乐天观，也不是厌世观，而是淑世观。我们从他的凡事皆守"尽其在我，听其在天"里可见之。

　　为了养生的需要，曾国藩以戒忿欲作为首要；为激励志向的需要，以存倔强为根本。由此，我们知道他也不是一个禁欲主义者，例如他在给其弟国荃的信中说："肝气发时，不惟不平和，并不恐惧，确有此境，不特弟之盛年为然，即余渐衰老，亦常有勃不可遏之候。但强自禁制，降伏此心。释迦牟尼所谓'降龙伏虎'，龙即相火也，虎即肝气也。多少英雄豪杰，打此两关不过，亦不仅余与弟为然。要在稍稍遏抑，不会过炽。降龙以养水，伏虎以养火，古圣所谓'窒欲'，即'降龙'也；所谓'惩忿'，即'伏虎也'。释迦牟尼之道不同，而其节制血气，未尝不同；总不使吾之嗜欲，戕害吾之人命而已。至于'倔强'二字，支却不可少。功业之章，皆须有此二字贯注其中。否则柔靡不能成一事。孟子所谓'至刚'，孔子所谓'贞固'，皆从'倔强'二字做出。吾兄弟皆禀母德居多，其好处亦正在倔强。若能去忿欲以养体，存倔强以励志，则日进无疆矣。"（《家书》，同治二年癸亥正月二十日）

　　曾国藩对于养生之道，曾主张"以意志统帅气"，"以静制动"。他所说的"以意志统帅气"，与"存留倔强以激励志气"相似；他所说的"以静制动"，与"去忿欲以养体"相似。

　　如他在复李雨亭的信中说：人疲惫不振，是由于气弱，而志向坚强的人，气也因此渐变。比如贪早睡，强制起来以振作。无聊赖，则正坐以集中精神。这就是以意志统帅气。久病体虚，则常常有一种怕死的思想存在心里，即使做梦也不得安静。必须把身前的名誉、身后的事情，和一切杂念，删除干净，自然就有一种平静的意味。而平静之后，活力自然产生。这就是以静制止动的办法。（《书札》卷十二）

　　无论"以意志统帅志气"，还是"以静制动"，都是重视精神修养，以保持心理的健康为目的。曾国藩在回复胡林翼的信中，有"寡思"的说法，也是重视心理的健康。其中说道："古人谓'寡言养气，寡视养神，寡思养精'。尊处胜友如云，书信如麻，难以寡视，或请寡思以资少息乎？"（《书札》卷十）

　　清心可以寡欲，饱食就会伤体。曾国藩对养生之道的理解，特别强调以睡觉吃饭两个字来细心体会，便是根据这个。他在日记里说：吃平日的饭菜，只要吃得香，就胜过珍贵药物。睡觉不在于多，只要是睡得香，即使片刻也是养生。（辛酉十一月）

　　他在回复陈松生的信里也说："睡眠可以滋阴，饮食可以补阳。睡眠贵有一

定时间，要戒除过饱。"（《书札》卷二十五）。他的意思，也即现在常说的生活要有规律性，定点吃饭，定点睡觉。暴饮暴食，连番熬夜，都不是养生的道理。

曾国藩对于养生的项目，还注意射箭，更是以作为重视运动的明证。这也是他"少食多动"的生理修养中的一个方面。他在寄给曾国潢、曾国葆两位弟弟的信中说："用六件事勖勉儿辈。一是饭后千步走，二是将睡前洗脚，三是胸中无恼怒，四是经常定时静坐，五是经常定时练习射箭，六是黎明吃白饭一碗，不沾点菜。这都是从老人那里听来的，多次试验毫无流弊"（《家书》，同治十年十月二十三日）。练习射箭不但可以增强自身的威仪，还能增强自己的筋骨。因此他认为对于养生的人来说，特别是富家子弟，可谓轻松有趣，而且雅致，还可以强身健体，不可不为之。

曾国藩的养生之悟

曾国藩在养生这学方面，颇有研究，他的养生之方法，于现世今人仍有一定的启示。现陈述如下：

首先是养生要言。

道光二十四年三月初十，曾国藩三十五岁，在去蜀国的途中，他写下了养生要言五则，积理甚厚，积学甚精，可以看作他从三十二岁至三十五岁研究程朱理学在养生方面的总结。

一、一阳初动处，万物始升时，不藏怒焉，不宿怨焉（仁所以养肝也）。

一阳初动处，万物始升时。可以说源于老子"道生一，一生二，二生三，三生万物"，也直接受到周敦颐"太极动而生阳"，"化生万物"的启迪。在这个"天地俱生，万物以荣"（《黄帝内经素问》）的时刻，不要存怒气，不要存怨气，一怒一怨，自然会伤动肝气；肝主木，木生水，一阳初动处，正是肝木滋长时。曾国藩认为肝的最好方法就是待之以仁，《说文》云："仁者，亲也。"

二、内而整齐思虑，外而敬慎威仪。泰而不骄，威而不猛（礼所以养心也）。

内存整齐的思虑，外持敬慎的威仪。泰然而不傲慢，威严而不凶猛。对自己要严格，对他人要敬和。程颐说："涵养须用敬，进学在致知。"在人与人的关系上，曾国藩强调以礼相待，对人热忱，火主心，所以礼可养心。

三、饮食有节，起居有常，做做事有恒，容止有定（信所以养脾也）。

饮食起居有规律，行为举止有准则。以诚信待人，这叫不欺。《吕氏春秋》说："地行不信，草木不大。"大地是诚实的象征。周敦颐认为，圣人模仿"太极"而立"人极"，"人极"即诚，为"五常之本，百行之源也"。土主脾，所以信能益脾。

四、扩然而大公，物来而顺应。裁之吾心而安，揆之天量而须（义所以养肺也）。

大公无私，随遇而安。顺应天理，问心无愧。心底无私天地宽。金主肺，曾国藩认为行义可养肺。

五、心欲其定，气欲其定，神欲其定，体欲其定（信所以养肾也）。

心定，气定，神定，体定，都必须以人的明达之智加以导引和控制。苏轼

说："火烈而水弱，烈生正，弱生邪。火为心，水为肾，故五藏之性，心正而肾邪。"所以人的各种欲望，源于肾邪。孔子说："智者乐水。"水主肾，保持清醒的头脑，可以养肾。

曾国藩的仁、礼、信、义、智，源于理学家程颢"仁识"，他说："仁者浑然与物同体，仪礼知信皆仁也。"在古代阴阳五行中，仁、礼、信、义、智就是五常，五常即五行，郑玄注："五常，五行也。"孔颖达说："道达人情以五常之行，谓金、木、水、火、土之性也。"曾国藩把它与人体的五脏肝、心、脾、肺、肾相对应，显示了曾国藩性命双修的思想。

其二是养生的五事。

同治五年六月初六，曾国藩五十六岁，他在一封信中写道："养生之法约有五事：一曰眠食有恒，二曰惩忿，三曰节欲，四曰每夜临睡洗脚，五曰第日两饭后各行三千步。惩忿，即余區中所谓养生以少恼怒为本也，眠食有恒及洗脚二事，星冈公行之四十年，余亦学行七年矣。饭后三千步近日试行，自矢永不间断。弟从前劳苦太久，年近五十，愿将此五事立志行之，并劝沅弟与诸侄行之。"

先说说眠食：曾国藩养生喜欢在眠食二字上下功夫，除接受祖父教训以外，他也有自己的经验存在。如他在癸亥四月的日记里说：我少年读书时，看见父亲在日落之后，上灯以前，小睡片刻，夜里则精神百倍。我近日也想效法。日落后，在竹床上小睡，上灯以后处理事务，果然觉得清爽。我对于起居饮食，按时按点，各有常度，一一都是效法我祖父、父亲所做的，希望不败坏家风。

他在给弟弟的信中也说：我现在调养的办法，饮食必须精细。蔬菜用肉物煮了，鸡鸭鱼羊猪肉，都炖得很烂，又多做些酱菜腌菜之类的，我认为是天下最有味的大补。(《家书》，卷十——同治五年十月初六)

起居饮食，既有规律，又有定时，这与现代的卫生学非常相符合。我们追求身体健康的同时，更要求要精神的愉悦，曾国藩之说无疑给我们提供了佐证。

曾国藩所谓的节欲。欲，就是欲望，在古代指五色、五音、五味。老子说："五色令人目盲，五音令人耳聋，五味令人口爽，驰骋田猎令人心发狂，难得之货令人行妨。是以圣人为腹不为目，故去彼取此也。"古人对欲望危害人身与心的论述很多，如"嗜欲伤神，财多累身"(老子)，"目妄视则淫，耳妄听则惑，口妄乱则伤"(列子)，"名利与身，若炭与冰"(严遵)。

曾国藩为欲所累主要在两个方面，一是名望欲，一是成功欲。曾国藩三十多岁时，十分好名，与人交谈总是喜好论辩，这就是好名；喜欢作诗，也是好名，他称自己为"盗名之具"，就是盗取美名的工具。对家族的名望，他也十分看重，总希望曾氏家族能表率一方，这是患得；也还担心由于家大势大，树大招风，这是患失。此外，曾国藩也非常在乎成功和失败，打了几次大败仗，三次想投河自尽，可见他对成败耿耿于怀。咸丰八年的日记中写道："心绪作恶，因无耐性，故刻刻不自安适；又心中实无所得，不能轻视外物，成败毁誉不能无所动于心，甚愧浅陋也。"

曾国藩不爱财，也不好色，但就是难过功名关。他的日记中对此有很多无情

揭露和批判。

佛教中也有关于节欲的论述。佛法讲求的是真、忍、静。其中便包含着节欲的观念。然而要真正做到无欲无求的境界，并不是人人都可以为之。因此，适度地节制自我欲望，不使欲望太过，却是人人都可以做到的。

有一天，曾国藩接到儿子纪泽的信，十分担心，纪泽说他咳吐多痰，其实这是呼吸系统出了问题，但曾国藩还是给儿子讲了一通散步的道理，他认为散步是养生的一诀窍，他太相信散步了，他说："然而不能总是服药。药能活人，亦能害人。良医则活人者十之七，害人者十之三；庸医则害人者十之七，活人者十之三。我无论在乡还是在外，眼睛所见的全是庸医。我生怕他们害人，所以近三年来，决不服医生所开的药，也不许你们吃医生所开的药。道理极为明显，所以说起来也就极为恳切，希望你敬听之遵行之。"

曾纪泽像

既然不能吃药，那怎么办呢？曾国藩想到的是散步，他说：每天饭后十数千步，是养生家的第一秘诀。你每顿饭吃完以后，可到唐家铺走一趟，或者去澄叔家走一趟，往返大约有三千多步。如果你能坚持走三个月，一定收效甚大。也许曾国藩没有对症下药，但他这剂"药"却是下到了根部。这样每天两次，每次三千多步的路程，对增强身体素质，提高疾病的抵抗力无疑是很有用的。

"饭后百步走，活到九十九。"这与曾国藩的"饭后千步走"是同一个道理。饭后散步，有助于消化，更利于血液的循环，不但可以放松紧绷的躯体，还有助于精神的松弛。虽然散步不能包治百病，但对养生，却是颇为有益的健身之法。当然，曾国藩所持的"不药"的理论，是恐庸医耽误病情，甚至误诊致命。现代的医学科技，足可以使我们对此放心。真有了病医生是要看的，药也是要吃的。

洗脚。在曾国藩看来，洗脚是一种养生之道。文人的一个习惯，坐着看书，坐着写字，坐着工作。长期坐着，使血液凝滞在脚下，睡前洗脚，尤其是用热水洗脚，可使血液流布全身，起到舒筋活血的作用。

而且，脚上有着人身上重要的穴位，洗时加以按摩，必然会起到一定疗效。唐代贤相狄仁杰也很重视洗脚。而且他主张洗完脚后，把脚掌来回揉搓三百下，更是有利于身体的养生。这些，都是同样的道理。

如果你不是文人，每天使用脚的次数则更多。起立、走路、跑步，脚每天的运动量是人身体各部位里最大的。累了一天，最累的就是脚。睡前用温水洗脚，可以解除一天的疲劳，而且有助于睡眠。

其三视息眠食。

同治九年（1871年8月），曾国藩写下了他的养生之道："养生之道，视、息、眠、食四字最为要紧。息必归海，视必垂帘，食必淡节，眠必虚恬。归海，谓藏息于丹田，气海也；垂帘，谓半视不全开，不苦用也；虚，谓心虚而无营，腹虚而不滞也。谨此四字，虽无医药丹诀，而足以却病矣。"

在曾国藩的养生之道中，这则日记很值得珍视。它表示曾国藩已具备了一定的气功经验，此时的曾国藩不仅仅接受某种功法，而且已融入了自己的很多感受和体验，这种感受和体验不仅仅是一种现象，而且具备了一些理论表达的形式。咸丰十一年他也谈过眠食，但那时的谈论还较为粗浅，更多的是一种生活经验的表达，现在曾国藩已能对日常经验作一定程度地提升了。

息必归海：所谓息，就是调息，历代养生家都非常注视调息。《西升经·圣辞章》说："喘息为宅命，身寿立息端。"可见呼吸是生命的基础，呼吸的另一种说法就是吐故纳新。在呼吸中，以胎息最为高妙，所为有胎息，就是不以口鼻呼吸，就像胎儿在胞胎中是依靠细胞进行呼吸，当然这需要很高的身体质量。曾国藩显然没有达到这一步，但他懂得呼吸应当深沉，达到并藏于丹田。

视必垂帘：所谓练过气功的人都知道，眼睛不能睁开，也不宜闭拢，经常处于曾国藩所说的半视半开之中。睁开和闭拢都会使得眼神经处于兴奋或运动状态，眼神经松弛，才有利于练功，这就是曾国藩所说的"不苦用"，也就是不用力。

食必谈节：所谓吃，一要淡，二要少。明朝陈继儒对淡食有很多论述，他说："食淡精神爽"，"食淡极有益，五味盛多能伤身"，"薄滋味，所以养气。"食不仅要淡，还要少，保持腹中虚空，才能使气在体内运行。陶弘景说："当少饮食。饮食多则气逆，百脉闭。百脉闭则气不行，气不行则生病。"说得太精要了。

眠必虚恬：所谓人在睡觉时心思应处于虚空状态，无牵无挂，无营无求。如果心事重重，则辗转难眠，夜不成寐，必然损血劳心。

吃和睡，是人最基本的生理需要，历代养生家都对此格外重视，曾国藩则尤甚。他说："养生之道，当于'眠'、'食'二字悉心体验。食，即平日饭菜，但食之甘美，即胜于珍药也；眠，变不在多寝，但实得神凝梦甜，即片刻亦足摄生矣！"他还说："养生之道，莫大于'眠'、'食'。眠不必甘寝鼾睡而后佳，但能淡然无欲，旷然无累，闭目存神，虽不成寐，亦尚足以养生。余多年不获美睡，当于此加之意而已。"可见，吃，不一定吃好，只要吃得香；睡，不一定睡久，只要睡得沉。吃，应少吃多餐，睡，应重质量（熟睡而少）。

睡眠质量高，曾国藩称之为"美睡"。陆游便每每以美睡为乐，曾国藩很是羡慕。他认为只有心中没有任何愧作，睡觉和做梦才能恬淡、安适，虽然曾国藩很想美美地睡一觉，但是繁忙的军务政事，使他很难嗜此一望。

当然，对于普通人来说，做事越多，睡眠越好。因为我们心无愧作，不怕半夜鬼叫门，所以做的事情越多，便越感到充实，越感到安慰，不教一日闲过，有了这样的心情，我们便能来个痛快的美睡。

人就怕闲着，懒洋洋无所事事，无事则生非，很多病就是闲出来的。曾国藩说："身体虽弱，却不宜过于爱惜，精神愈用则愈出，阳气愈提则愈盛。每日做事愈多，则夜间临睡愈快活。若存一爱惜精神的意思，将前将却（瞻前顾后），奄奄无气（毫无生气），决难成事。"

这也是曾国藩前述"少食多运动"理论阐述的日常化实践。运动的方法固然很多，可以散步、打球、做游戏等，都是运动。但公务在身的人往往忙得喘不过气来，难以抽出专门的时间去从事锻炼，那就把工作当作锻炼。

做家务也是一种修炼的好方法，它能使人处在不停地运动中，手动心活，脚动脑活，气和血畅，身体健康。而且家务总是做不完的，只要你想做，总可以找出一点事来，如果能无怨无艾地做，那简直就是一种幸福。白天做上一天，晚上就会睡梦香甜。

《吕氏春秋》云："流水不腐，户枢不蠹。"说的就是运动使人气血畅通，身体强健。也许曾国藩所说地做事不一定就是做家务，他人在军营，家在湘乡，大概说不上家务，即使饮食起居，也有仆人照料。他说地做事大概就是处理军务，而且这军务也大都是脑力劳动。但动脑也是一种运动，就其运动的质量而言，它所需要的营养和所花去的消费甚至比动手还大。所以劳累一天，便会头昏脑沉。

当然，这并不是说一个人应该一天到晚不停地劳作，不知疲倦，或者不怕疲倦，而是只要感到疲倦，就该休息。陶弘景说："能从朝至暮常有所为，使之不息乃快，但觉极当息，息复为之，此与导引无异也。"这就告诉人们，如果能够从早到晚总有事做，使自己不停息才感到愉快，但是感到太疲倦了就应该休息，休息之后又去做事，这样就与导引没有什么不同了。

逆水行舟，不进则退。无论是动手，还是动脑，总之要"动"。体力是用不完的，脑力是用不竭的，关键在于如何去动。

其四是处静。

曾国藩除了"少食多运动"的养生之法外，还有"处静"的养生之法，这一静一动是不矛盾的。运动是所谓的"臣劳"，在于健身；而处静则是所谓的"君逸"，在于健心。"君逸臣劳"唯有结为一体，方不失为完整的养生之术。

"树欲静而风不止"，特别是在现实社会生活中，处在当代繁杂喧闹的社会大舞台上，能保持心态的宁静，实属不易。然而心静则神静，神静则身宁，身宁则身健，由此，如何处静，使身轻心清，当为现代社会保健养生的必由之路。

老子说："治身不静则身危。"澹泊宁静，是历代养生第一要则。

曾国藩早年从师于唐鉴大师，就已经认识到"静"字功夫最要紧，程颢和王夫之都是在"静"字上有非常功力的理学大师。唐鉴说："若不静，省身也不密，见理也不明，都是浮的。"唐鉴大师还对曾国藩说："凡人皆有切身之病，刚恶柔恶，各有所偏，溺焉既深，动辄发也。"从此他力求主静，并且从练习静坐开始。

　　道光二十三年，曾国藩三十三岁，正月有一天，早上起床后，吐血数口，他把罪责归咎为"不能静养"，并且下定决心，今后"日日静养，节嗜欲，慎饮食，寡思虑"。

　　咸丰九年五月，曾国藩四十五岁，他还是这样写道："精神委顿之至，年未五十而早衰如此。盖以禀赋不厚，而又百忧摧残，历年抑郁，不无闷损。此后每日须静坐一次，庶几等于一溉于汤世也。"

　　他认为，静坐可以治疗肝病，他说："肝气旺，最易伤人。余兄弟皆禀母体，本难强制，然不可不以静坐制之。"

　　他认为，静坐可以治疗咳嗽。同治元年九月的一则日记写道："因咳嗽，勉强静坐数息，果有效验，可停一二刻不咳。静坐良久，间以偃卧，直到灯时，觉咳疾微减矣。"

　　除了癣患，曾国藩所犯的病大都以静坐保养，同治九年十二月的日记写道："吴竹如为余诊脉，渠谓余病在心肝虚火上炎（烧），宜静坐以养之，非药力所以能为也。"

　　淡泊以明志，宁静以致远。"惩忿窒欲"的目的便在于保持身心的安静。静是养生的根本，静是修身的前提。一味追名逐利，耽淫于尔虞我诈的人与人的争斗，或攀附权贵、欺凌弱小，都是养生者的禁忌。虽然我们难以成为得道高僧那样的地欲无为，但控制心绪的波澜，消除情思的焦躁，用一颗平静的心态面对任何的物与事，必将有易于我们身心的康健，必将有利于我们神魂的安恬。

　　其五是以书为乐。

　　曾国藩很喜欢南宋诗人陆游，因为他既是一个文人，又是一个军人；既精于写诗，又善于养生。陆游诗雄浑豪迈，凝重沉郁，明白流畅，清新婉丽。如"山重水复疑无路，柳暗花明又一村"，"小楼一夜听春雨，深巷明朝卖杏花"，都是世代传颂的佳句。曾国藩说：陆游胸次广大，盖与陶渊明、白乐天、邵尧夫、苏子瞻等同其旷逸。其于灭虏之意，养生之道，千言万语，造次不离，真可谓有道之士。可惜我在军队之中，不曾在娴静中探讨道义。近来夜里睡觉很好，是否因玩味探讨了陆游的诗，才获得禅益的。

　　曾国藩认为读书确能养生。早年曾国藩就说过这样的话：书味深者其面自润。在读了陆游的诗以后，他的睡眠有了很大改善。难怪左宗棠说："读书亦可养生，只要有恒无间，不在功课之多。"

　　读自己喜爱的书，本身就是一种乐趣，沉浸在书的海洋里，用自己的心智与作者的灵魂做空冥里的交流，当两者激越出相互理喻的火花，其乐融融，其情滔滔，精神的愉悦便由此而生。

　　特别是山川地理、人文景观、文学历史方面的书籍，因为书籍本身便是陶冶性情的内容，我们从中猎取知识的同时，心魂便也随之而得到了扩充与净化的愉悦，书可益智，书可熏情，书更是养生之术中不可或缺的锤炼性情之物。

找点空闲，找点时间，觅一方清幽的处所。书房也好，花园树林也好，山麓河畔更佳，融身于自然，融心于书间，从文字的排列里寻找灵魂的寄托，从心与心的碰撞里感悟人生的真谛，神清气爽之余，你的身心便也得到了一次纯净的将养。

其六是耽情于山水花竹。

宁可食无肉，不可居无竹。环境的熏染于养生来说，也是相当重要的。

曾国藩说："在家则莳（分栽）养花竹出门则饱看山水。"花竹养情，山水怡性；花竹因人而风雅，山水因人而灵秀。

中国文化非常注重山水，留下了大量游记和诗赋。信手拈来的就有郦道元的《黄山游记》、柳宗元的《永州八记》、范仲淹的《岳阳楼记》、欧阳修的《醉翁亭记》、苏东坡的《前赤壁赋》，等等。诗词更多，不可胜计。诗赋成了历代文人墨客寄情山水的绝好见证。

曾国藩称得上一个旅游家，他游历了祖国的大江南北，仅日记记载的就有近两百处。他有一个习惯，所到之处大都存有游记，这些游记多则千余字，少则十几字，记下自己所见、所闻、所感。所记之处，既有闻名天下的胜迹，也有名不见经传的小景，只要有一孔之见，一己之喜，他就欣然录之。他游历的山有：泰山、庐山、石钟山、西华山、莲花山、麻姑山；他游历的河有：大清河、运河、白沟河、永定河；他游历过的古迹有：明皇陵、孔庙、岳夫人墓、曾子庙、太白楼。他在游山玩水中，向往着一派太和生机。

他军务缠身，恶名加身，沉疴在身，山水和花竹则给了他片刻的休憩。例如他在入蜀当主考官时，在成都的东北，有一个新都县，其中有一个桂湖，是明朝杨慎建造的故居。曾国藩在那里留下了他的佳作《桂湖》五首。其二云：

> 短城三面绕，浅水篙寒。
> 鸟过穿残阳，鱼行起寸澜。
>
> 秋来楼阁静，幽处天地宽。
> 平者江湖性，真思老钓竿。

诗作勾画了一幅悠然恬静的仙世神阁，清幽宁寂里，不由使诗人想起了当年渭河畔独自垂钓的姜太公子牙。其清新恬淡之情悦心爽志，实乃悦情之佳作。

其三云：

> 十里荷花海，　　　我来迂已迟。
> 小桥通野港，　　　坏艇卧西陂。

　　曲岸能藏鹭，　　　　盘涡尚戏龟。
　　倾城游女盛，　　　　好是采莲时。

　　诗中不仅有美丽的荷花，翠叶绿茎，百色竞吐，而且龟鹭戏藏，一派俨然的生机，特别是当地的姑娘们艳丽的装扮，穿行于绿水碧荷之间，更是一幅生动的《采莲图》。

　　极目如此的佳景仙境，心神焉能不得以净化，灵魂怎么能会不受其感染？在心灵的快意里，随身于自然，融身于山川碧水，又怎不得趣于胸，而受益于身呢？

　　耽情于山水花竹。山水是天造的自然，花竹多为人工的自然。人本是大自然的产物，理当回归自然，受益于自然环境的感召，方不失为最佳的养生之道。

　　其七练功益身。

　　同治九年五月，曾国藩六十岁，他在日记中写道："阅《福寿金鉴》。午正，数息静坐，仿东坡《养生颂》之法。而心粗气浮，不特不能摄心，并摄生不少动摇而不能。酉刻，服药后行'小周天法'，静坐半时许。"

　　这篇日记中透露了这样的一些信息：一、曾国藩在研究养生典籍；二、模仿苏轼数息静坐功法；三、练小周天法功；四、静坐。

　　不管收效如何，曾国藩已在切切实实练习气功。除静坐是他常习的功法外，他也在兼习其他功法，但对练习何种功法，或者哪种功法适合于他，他还心中没有定准，更说不上切身的体验，可见他对气功还处于一种尝试和探索阶段。

　　曾国藩平凤对苏轼十分推崇，不仅对他的诗文了然于心，脱口而出，而且对他的养生之道也十分看重，尽加仿效。他对苏氏父子兄弟深谙黄老之学心驰神往，叮嘱儿子纪泽对庄子、苏轼的养生之道深加体验；甚至对苏轼的日常生活习惯也倍加赞赏。咸丰九年四月的日记写道："夜洗澡。近制一大盆，盛水极多，洗澡后至为畅适。东坡诗所谓'污槽漆斛江河倾，本来无垢洗更轻'，颇领略一二。"

　　由于时代的局限性，苏轼讲究养生，喜谈玄理，多与僧人、道士交往，在气功理论和方法上均有较高的造诣。他写过不少有影响的气功专论，如《养生诀论》《胎息法》《侍其公气术》《续养生论》《大还丹诀》和《龙虎铅汞论》等等。曾国藩所习的数息静坐其实是一种调气法，苏轼在《胎息法》中说道："和神养气之道，当得密室闭户，安床暖席，枕高二寸半，正身偃卧，瞑目，闭气于胸膈间，以鸿毛著鼻上而不动，经三百息，耳无所闻，目无所见。如此，则寒暑不能侵，蜂虿不能毒，寿三百六十岁，

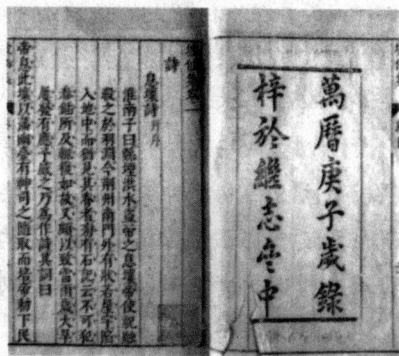

《坡仙集》内页

比邻于真人也。"这种功法并非苏轼首创，在抱朴子和陶弘景那里都有差不多的记载。(《抱朴子·释气》和陶弘景《养性延命录·服气疗病篇》)

曾国藩没有苏轼之长，却有苏轼所短，不能持之以恒；而且他也不具备研习气功的基本条件。他俗务太重，功名心切，欲急交加，心浮气躁，自然也就难以成事。但不管怎样，中国养生文化仍然在曾国藩的心里划下了深深的印痕。

华夏民族的功法可谓博大精深。修炼其任一种，都有助于身心的健康。但少年人多练外功，中老年人多练内功，这都是极为片面的。少年人在练习外功、强身健体的同时，也应积极练习内功，以气功修法为重，调息补气，方可畅通脉搏。而中老年人练习内家功夫多为气功，也要多多运动后脚，方有助于气息和匀。总之，不管练习什么功法，都要内外兼顾，才会真正有益于身心。

当然，我们练功一是要保证时间，二是要保证环境，虽然大多数人为工作应酬所累，但练功的时间断不可少。不然，就要像曾国藩一样最终无所成。环境的选择着力于一个"幽"字。在"幽"静的境界里与天地合一，方能感悟到功法的力量所在，也才真正有助于身心的合一。

其八节制嗜好。

曾国藩有两大嗜好，一是下围棋，二是读书。无论军务多么繁忙，曾国藩都忙里偷闲，乐此不疲。

同治二年，曾国藩五十三岁。这一年战事频仍，从正月到腊月，大小战事达十五起之多，曾国藩又是调兵，又是遣将，又是巡行，又是检阅，又是谋划，又是上奏，忙得不可开交。可人往往就是这样，越是忙碌，越是不想休息，于是曾国藩就下围棋，看书，导致精力困顿。有篇日记写道："细思近日所以衰颓，固由老年，精力日衰之故，亦由围棋太多，读书太久，目光昏涩，精神因之困顿也。嗣后当戒围棋，即看书，亦宜减少，每日静坐时许，以资调摄。"

任何嗜好，既可益人性情，又会累人心智；如果把握得好，就可陶冶情操，如果失去控制，就会玩物丧志。列子说："圣人不以身役物，不以欲滑（乱）和。"真正有德行的人，他不会让自身受到外物役使，不以情欲去扰乱中和的本性。曾国藩认识到了这些，却因军政要务缠身而忘我工作，终不可超然于物外，为此他常愧悔不已。

所以，一个人应该与他所喜爱的东西保持亲近，同时也保持距离；他是那件东西的主人，招之即来，挥之即去，有益则取，有害则弃，这才是明智之举。当下棋和读书都已对曾国藩的身体构成了伤害，那就不再是可取之物，曾国藩当即决定戒围棋和少读书。他后来做到了，但也有失于迟。

曾国藩的养生之方

曾国藩在他数十年的养生之道中勤恳耕耘，虽然于他自身没有起到延年益寿的功效，那也只是由于多方面的原因。但是他所总结归纳出来的许多养生之法，不但于他的弟侄、儿孙有用，而且于我们今天仍大有裨益。特别是他的医治某些

疾病的独特秘方，也会给我们以莫大的启示。

首先要让我们来看看他如何医眼。

曾国藩在日记中写道："（陆游）务观言：'养生之道，以目光为验。'又言：恣欲二字，圣贤亦有之，特能少忍，须史便不伤生。'可谓名言至论。"

五十岁以后，曾国藩得了眼病，使他读书、批文、处理军务都大受影响，他使用了很多方法来治疗眼疾。我们还是看看他的日记：

1860 年 4 月（咸丰九年）：石芸斋言养目之法，早起洗面后，以水泡目。目属肝，以水养之，以凝热之气，祛散寒翳，久必有效云。而《后汉书·方术传》曰："爱啬精神，不极视大言。"二语亦养目之法。

1860 年 2 月（咸丰九年）：近来因眼蒙，常有昏愦气象，计非静坐，别无疗法。因作一联自警云："一心履薄临渊，畏天之鉴，畏神之格；两眼沐日浴月，由静而明，由敬而强。"

1870 年 5 月（同治八年）：丁雨生力劝余不看书、不写字、不多阅公牍，以保将盲之左目，其言恳侧至深，余将遵而行之。

1870 年 12 月（同治八年）：许仙屏送有玛瑙中空识水者，与空表相类。纪泽命匠以金刚钻钻之，取不点余右目中，闭目少项，傍夕小睡。

1871 年 2 月（同治九年）：杨芋庵寄信治目方。每早黎明未起，以两手掌之根擦极热，加以舌尖之津，闭目擦八十一下，久则有效。日内试为之，而初睡时擦一次，黎明又擦一次，不知果有益否。

1871 年 8 月：有一守备马昌明，善于道家内功，云能为余治目疾。与余对从，渠（他）自运气，能移作五脏六腑等等。因之与之对坐三刻许。

1871 年 11 月：日内眼蒙益甚，或谓调息养神尚可补救，因试为之。捧土而塞孟津，深恐其无当也。

可见曾国藩做过很多努力，土方、偏术，只是不用药，但更多的是气功。气功确能治疗眼疾。隋代《养生方导引法》载：鸡鸣欲起，先屈手唼盐，指以批相摩，咒曰：西王母女，名曰益愈，赐我目，受之于口，即精摩形。常鸡鸣二七著唾，除两目茫茫，致其精光，彻视万里，遍见四方。咽二七唾之，以热指摩目二七，令人目不暝。

曾国藩的眼疾之所以没有治好，大概是他只是偶尔为之，并没有坚持下来，他恨自己做事一向无恒。再就是他的心绪始终不甚宁静，欲念无尽，而练功的第一要则就是清心寡欲。所以曾国藩并不宜于练功，或者还不没有达到练功的火候。

其二让我们看看如何医肝。

肝乃人体之重，肝病也是困扰大多人的顽疾，如何医治，曾国藩以为首先在于补。他在给父亲的信中说：儿的病尚未痊愈，二月初开始吃龙胆泻肝汤，甚为受累，才知道病根在肝虚。近来专服补肝的东西，颇觉有效。此药方以首乌为

主，加以蒺藜、山药、赤芍、兔丝诸味药。儿此时不求疥癣好得快，只求内脏没病，身体正常，就是天大的福气了。

如果肝病缠身，曾国藩认为最好的办法还在于自养自医。如他在给沅弟的信中说："腹泻及不食油荤均不足介意，惟肝脾二家全仗老弟以心治之，非阿兄所能助谋，亦非良医所能为功，弟之天君即神医也。"又说："肝病余所深知，腹疼则不知何症。屡观朗山按脉，以扶脾以主，不求速效，余深以为然。然心肝两家之病，究以自养自医为主，非药物所能为力。"

如果肝病太久，曾国藩认为元气已亏，不可轻服大黄。虽然这一良方不一定管用，也还是有他的道理。大凡肝病患者，如若不是因为传染而得，大都抑郁憋闷或怒怒甚重，皆由习火太烈所致，自己调养的方法便是处静，便是惩忿窒欲，保持心绪上的稳定，神情上的安宁。只有心畅才气须，气顺则神清。只要一个人从里到外都保持平和的安宁，则百病难侵。医肝也是如此，在当今，虽然我们不能像曾国藩那样不进医药，但要模仿曾国藩的心平神宁，唯有如此，才能及早痊愈。

其三是关于如何医皮肤病。

曾国藩的癣疾根深蒂固，他于此也有不少的心得。道光二十六年秋天他全身发热发烧，癣疾甚烈。给他看病的人疑是杨梅疮的毒气发作，而他却不愿服用药性过于猛烈的方剂。他的好友吴竹如劝他每天服食槐花一碗，结果见效不大，以后的道光二十七八两年，他更是遍身癣毒，其痛楚之状甚是惨烈，以至于他整日整夜地坐卧不宁，不停地扒搔。后来，他便在无药可治的情况下置之不理，结果反而渐渐地好了。由此，他认为"此等皮服之疾，万无送命之理，断不可因此而妄伐根本，全禁吃药，并禁敷药，不久必自痊愈。"

有关曾国藩的蛇皮癣有着各种各样神奇的传说，他所以认为的"皮肤病不必服药"，是他毅力忍耐的结果，也是受他祖父不信医药的感训，足取与不足取，因人而异，不一而足。

其四，关于如何医治失眠。

曾国藩入京后，得知他的母亲经常失眠，心中甚为不安。恰好他的妻子也患有此症，他便据此作了一帖方子，寄回家里。其中说："九弟信言母亲常睡不着。男妇亦患此病。用熟地、当归蒸母鸡食之，大有效验。九弟可常办与母亲吃。乡间鸡肉、猪肉最为养人，若常用黄芪、

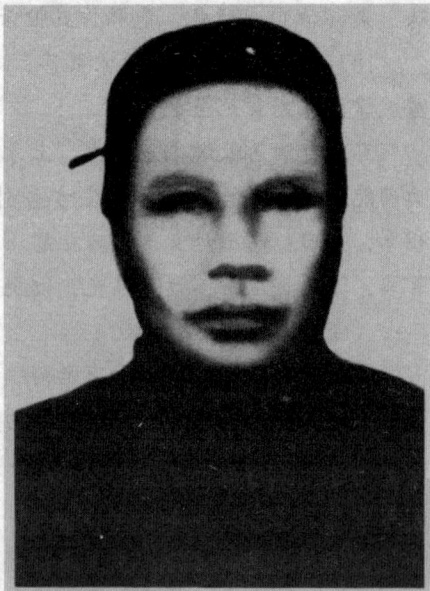

曾国藩夫人像

当归等类蒸之，略带药性而无药气，堂上五位大人食之，甚有益也，望诸弟时时留心办之。"

中医实践证明，用此中方治疗失眠确为有效，后来曾国藩自己也常常以此法医己。当为不错之方，我们不妨一试。

其五是关于如何调养。

曾国藩对服药的事，经历得很多，他感觉到，不仅是外表有病服用治标的药剂最容易出错，属利弊各半，就是根本之病，服用人参、鹿茸之类也很少有实际效用。因此，他不愿像胡林翼、李希庵那样，把参茸蒸菜当作家常便饭一样，认为最终也不会真正的补救身体。他认为最佳的养老补食在于："余现在调养之法，饭必精凿，蔬菜以肉汤煮之，鸡鸭鱼羊豕炖得极烂，又多办酱菜腌菜之属，以为天下之至味，大补莫过于此。孟子及《礼记》所载养老之法、事亲之道皆不出于此，岂古之圣贤皆愚，必如后世之好服参茸燕菜鱼翅海参而后为智耶？星冈公之家法，后世当守者极多，而其不信巫医地仙和尚，吾兄弟尤当竭力守之。"

调养的补品，不必海参鱼翅人参鹿茸等名贵的物品，就是一般菜蔬鸡鸭就行，甚至连酱菜、腌菜也可以大补。只要做得烂熟而有味，即能得将养身体。由此可见，调养身体的关键不在于补，而在于身心的愉悦。如果心情憋闷，就是吃龙肝凤冠也无味；如果神清气爽，就是一般家食也有道于身心的康健。

其六是关于如何治身、心、口。

1850年，道光三十年，道光帝驾崩，咸丰帝嗣位。曾国藩应诏陈言，得获嘉许。六月，他兼署工部左侍郎。九月，充道光帝梓宫前恭棒册宝大臣，礼毕加升三级。十月，兼著兵部左侍郎。这一年。曾国藩步入不惑之年。

1851年，咸丰元年，皇上诏令京中和地方诸大臣保举贤才，曾国藩上疏推荐浙江知县江忠源可以重用。三月，上疏陈述简练军实，以裕国用。四月，上陈圣德一疏，言事切直，皇上下诏褒答，一时称为盛事。十二月，上备陈民间疾苦一疏。

1852年（咸丰二年），曾国藩四十二岁。正月，曾国藩兼署吏部左侍郎。同年正月，曾国藩在日记中写下治心、治身、治口警言："治心之道，先去其毒，阳恶曰忿，阴恶曰欲。治身之道，必防其患，刚恶曰暴，柔恶曰慢。治口之道，二者交惕，曰慎言语，曰节饮食。凡此数端，其药维何？礼以居敬，乐以导和。阳刚之恶，和以宜之。阴柔之恶，敬以持之。饮食之过，敬以检之。言语之过，和以敛之。敬极肃肃，和极雍雍。穆穆绵绵，斯为德容。容在于外，实根于内，动静交养，啐面盎背。"

外表上，曾国藩官运亨通，指点江山，激扬文字；内心里，曾国藩诚惶诚恐，反躬自省，求全责备。在他看来，心病、身病和口病，都不是药物所能治疗的。心病不外欲和忿。为此，曾国藩曾写过一副对联：窒欲常念男儿泪，惩忿当思属纩时，治疗心病，首先要去此欲、忿二毒。身病不外刚与柔，刚强和柔弱都

无以葆身，太刚易折，太弱无骨。口病不外说话无度，饮食失节。

那么如何治疗呢？曾国藩用了八个字：以礼守敬，以乐致和。

外恣，则用礼节制；内欲，则以乐调和。外刚，调之以和；内柔，持之以敬。饮食，节之以敬；说话，导之以和。这样，庄敬和睦，温雅润泽，德布四海，仪镇山河。

曾国藩的养生实践

曾国藩入仕颇早，便已忙于政务。后来从军，更是终生为国事奔劳，他的休闲生活很是短暂。但是他也很善于利用政务间的空闲，以各种方式调节自己，以促进自我的养生，其中也颇有很多可以借鉴之处。

一是保持幽默。

在台湾的版本《曾国藩传记资料》中有这样的阐述：曾氏自咸丰二年办团练起，以后不是全军统帅便是任方面大员，除了借围棋、散步、静坐以及阅读、游历而外，他还有一副调剂身心的妙方，便是保持幽默。

李鸿章《水窗春呓》记云：在营中，我大帅要我辈大家一同吃饭，饭罢后，即围坐高谈论，他老人家又最爱讲笑话，惹得大家都笑疼了，个个东倒西歪的，他自家偏一点不笑，以一个指头作把，只管将须，穆然端坐，若无事然。

李氏的描述活跃生动，说明将曾氏讲笑话的技巧已达炉火纯青的境界，以"自家偏一点不笑"一语点出。另外李氏在《水窗春呓》中记有曾氏的一则笑话，文曰：某家家规，无论老少妇女，必须纺纱至二更后始寝，新媳来时，亦不能例外。一夕，新郎辗转床头，不能入寐，大声唤其母曰：纺纱车音嘈杂，令人不能安眠，请速将尔媳车子打碎好了。其父在邻室闻之，亦大声呼曰：我"如果要打碎，连你自己那个车子也打碎好了，我也睡不着也。"

相传这个笑话是曾氏"就地取材，现身说法"之作，确否无从查考，惟曾氏勤俭持家，妇女夜间纺纱，十足可信。故而不论是否真有其事，曾氏在创作和说出此则笑话之时，虽"若无事然，其心中之乐亦可知矣"！曾氏日课中，有日记茶余偶谈二则，惜皆失传，想其中必多风趣幽默之作，由是而知，曾氏之借幽默风趣小故事以休闲已历有年。

保持幽默不仅有助于自我的身心健康，笑对人生，而且有利于促进自己和身边人群的关系融洽。曾国藩统帅数十万军队，指挥镇静，上下同力一心，绝大多数人服从指派，这与他宽博的人格和幽默的态度不无关系。

幽默可以促笑，而"笑一笑，十年少"的理论，便是对养生最好的注解。

咸丰九年，时景德镇收复，江西军事结束，惟洪秀全踞金陵，陈玉成踞安庆，石达开进占楚粤，两淮太平军势炽，曾氏日夕忙于军务，但他从容布置，安静如恒，九月记云："君子有三乐：读书声出金石，飘飘意远，一乐也；宏奖人才，诱人日进，二乐也；勤劳而后憩息，三乐也。"又同年十月因与李申甫论时事，而成一联云："养活一团春意思，撑起两根穷骨头。"由是而知曾氏虽军务

倥偬，且处于困境，而能经久不疲，情绪平衡者，盖其所谓"君情三乐"，与"养活一团春意思"，可谓深合借休闲以提高工作情绪之理也。

曾国藩平生的竭力追求，正如梁启超所说"以研究人类现代生活的道理与法则为中心"，多侧重于"人生哲学与政治哲学"，追其原因，显然是由于学术背景及时代的学术风气所造成，至于曾国藩的三耻，他说："余和平有三耻：学问各途，皆略涉其涯矣，独天文算术，一无所知，虽恒星五纬，亦不识认，一耻也；每做一事，治一业，辄有台无终，二耻也；少时作字，不能临摹一家之体，遂致屡变而无所成，迟钝而不适于用，近岁在军，固作字太钝，废阁殊太多，三耻也。"（《家训》，咸丰八年八月二十日书于戈阳军中）

虽然曾国藩的三乐与三耻皆为治学进身的理性要求，但对其的养生生活也有着指导性的意义。就像他作的对联一样，在积极的进取与创业的路途上，曾国藩用他的两根穷骨头，养活了一团盎然的春意。

二是勤劳早起。

曾国藩还有一件持之以恒终生不渝的自律事情，便是起早。他常说："起早，尤千金妙方，长寿金丹也。吾近有二事法祖父：一曰起早，二曰勤劳洗脚，似于身体大有裨益。"其实起早不仅有益于身体，于做事方面也很有裨益。湘军之所以有战斗力，便是能吃苦，而湘军起身早吃饭早，也是比人家强的地方。

"早起三光，晚起三慌。"早起的前提是早睡，然而现代社会早睡怕难，早起则易，皆是现代氛围的喧嚷所致。晚睡而早起，睡眠不足，一天也打不起精神。早睡而晚起，则又耽搁了许多事情。早睡早起，方不失为最佳的养生规律。

早起可精神清爽，特别是现代的大都市，一般来说，一天之中，唯有清晨的空气最为清新。于此刻打开窗户，面对寂静的天空和街道，调息吐纳，适量运动，待精神倍增后再从容处理一天的工作，必然事半功倍。

曾国藩经常在家书或家信中告诫他的弟弟和儿子，"理事之中，惟早起为要。"他自己更是早起的楷模。早起不单对一天的工作做了从容的开端，而且对身体的保健，对克服慵懒的情性，也必将起到积极的作用。

曾国藩律己很是严刻，并不是口里说说，笔下劝劝，他是说得到做得到的。甚至直到他临死的前一天，他还保持着早起的良好习惯，不能不令人感叹。

三是嗜好问题。

曾国藩一生之中，除了读书外，最大的嗜好其过于抽烟和围棋。曾国藩在三十二岁以前仍抽潮烟，潮烟在那时像今日的香烟一样流行，分水、旱两种吸法，据吸过潮烟的人说，其烟味清芬，刺激不大，只是携带不便，纸烟流行后便没落了。那时京官抽烟很是普遍，不算为过，但曾国藩还是决心戒绝。壬寅十月二十日，他在日记中写道："每日昏困，由于多吃烟，因立斩烟袋，誓永不再吃，如有食言，明神殛之。"

以后虽然烟瘾时在发作，他拼命苦熬。几天之后，又记云："自戒烟以来，

心神彷徨，几若无主，遏欲之难，有如此者。不挟破釜沉舟之势，讵有济哉？"

在曾国藩坚定的意志里，这一个嗜好遂被戒绝。嗣后他以此勉家人说："余三十岁最好吃潮烟片刻难离，至道光壬寅，立志戒烟，至今不再吃。"

曾国藩一生事功，但对养生之道，讲求最力。尤其对于窒欲一项，从在京师做翰林时起，便毅然决然以最大勇气去做，而且做得相当彻底，似乎一切嗜欲都给他克制了，不料围棋的魔力实在太大，一代重臣终身给围棋围困，没有逃出重围。以他养摄身心的功夫，应该可以登上长寿，不幸六十二岁便已谢世，虽另有其他病因，但围棋之所耗损心力，对于他生命的折磨也是重要的一端。

曾国藩下围棋始自何时，不得而知，从他的日记里查考，他在京师当翰林时，一班同乡京官如何子贞、何子敬、毛寄云、邓云陔、陈海秋诸人，闲散无事，都爱此道，因此曾常和他们对弈。

道光二十二年，曾国藩三十二岁，他正和唐鉴、倭仁、吴廷栋、邵懿辰等致力程朱义理之学，互相砥砺，痛自刻责，天天检讨自己，对于窒欲也是重要项目之一。

他立志于把围棋戒除，自己时时警惕，可是一面又常犯戒，壬寅十月初一的日记中，他写道："凡人围棋，跃跃欲试，不仅如见猎之喜，口说自新，心中实全不真切。"十一月二十二日又记有："与子敬围棋一局。前日服树堂之规而戒之，今而背之，且由我倡议，全无心肝矣。十一月十六日又围一局，此事不戒，何以为人！日日说改过，日日悔前此虚度，毕竟从十月朔起改得分毫否？"反省之心，痛已之切，纸背可见。

十二月廿三日记载："子敬留围棋一局。嬉戏游荡，漫不知惧，适成为无忌惮之小人而已矣。"转年二月二十七日记到："与海秋对弈一局。自以精神不强，不敢构思，而乃凝神对弈，是何帮耶？"

这些记载是道光二十二、二十三年正在省身功夫做得最起劲之时。曾国藩一生立德，其根基实植于此。但围棋这一嗜好，他虽已用了破釜沉舟的决心，却终奈何它不得。

咸丰十年上半年。在带军回营间，每有紧急，便停弈数日，如正月间鲍照被围，六月间宁国告急，都稍亦即止，未尝为棋所围。八九月宁国失守，徽州大败，内则因参劾李元度，激起幕僚反感，外则英、法联军陷天津，咸丰北狩。十月、十一月间，景德闭塞，建德失守，祁门危殆，这时他处境极窘，愤怒难遏，唯有借助围棋，强自镇定。每日一、二、三局不等。虽然如此，他仍存戒心。十一日初二说："日内荒于奕棋，精力弥惫。"十二月说："近日围棋不止，一缘心绪焦灼，二由勤劳之心不甚坚定，故遇有事变，仍不能不怠荒散。"这时他的九弟曾荃也写信说他下棋太多。可见习惯渐成，非此不可，心虽要戒，偏戒不了，早饭后下一局已成定例。

同治元年每日一、二局从不间断，焦灼忧急之时更要多奕。如九月二十七日

早饭后围棋三局，接廷寄将江西漕折准本省悉数留用，中心焦灼，皇皇如有所失，因再与何小泉围棋一局。十一月十八日，季弟曾国葆病，十分沉重，似已万无转机，曾国藩不胜感痛，与程古舟围棋一局，合上半日与小泉对弈已三局矣。二十二日，其季弟病逝，伤感之至，不能治事，徐石泉来，勉与围棋。二十四日鲍照丁母丧，思奔回籍，鲍军纷纷逃散，曾国藩寸心如焚，夜间无聊，与程小泉围棋二局。二十九日写道："日内公私忧迫，几焉如不终日，早饭后与柯小泉围棋二局。三山繁昌粮路恐为贼断，忧灼之至，与程尚斋围棋一局，又观程尚斋围棋一局。"除了这些以外，他有时生病或牙痛，也要围棋。

这都是借此以镇定自己的心神，不让它太紧张，太纷乱而已。

如是到忧急之际，临时无人对弈，他独自也要摆摆棋势。如九月廿八日接沅弟信，忧急无已，摆列棋势以自遣。十一月初三日，洲北渡之太平军日多，他深为焦虑，牙痛殊甚，寸心如煎，因入内室摆列棋势以自娱。这可见他是将围棋当作镇静剂来用，其心良苦。

黄地粉彩云龙纹镂空帽筒　清

金陵未克之功，江西流饿之多，使他百感交集，常一日三四局，且有一日连围至三局者。而到金陵既克，大功告成，满怀欢喜，上下同乐，诸将幕友和曾国藩、国荃兄弟交互相弈，此则与开筵喝戏同为庆功之意。

转年，他忽自警惕，写道："细思近日之所以衰颓，因由年老精力日减之故；亦由围棋太多，读书太久，目光昏涩，精神因之愈困也，嗣后当戒围棋。"可惜不久又有霆营之变，怛然寡欢，仍旧每日二、三、四局不等，不能实践戒奕之愿。

同治七年十一月，曾国藩入觐留京，应酬甚繁，停奕数月。八年赴直隶任，因忙于整顿吏治，清理积案，研究河工，课儿读书，甚少闲暇。又以文债未清，此时并无军务萦心，发愤为文以垂世，所以围棋较少，或日奕一局，或十天半月不奕。

同治九年三月，他右眼失明，四月病剧，更使他不得不稍稍敛欲，略减棋兴。五月天津教案棘手，他又按捺不住了，故态复萌，纵情肆棋。嗣后在回两江途中停棋有几日，一至金陵，豪兴如故。四月初九日日记写到："近来每日围棋二局，耗损心力，日中动念之时，夜间初醒之时皆萦绕于楸枰黑白之上，心血因而愈亏，目光因而愈蒙，欲病体之渐瘥，非戒棋不为功。"

次日他果然戒棋。因为天气日热，困倦殊甚，竟日躺在床上睡。十一日、十二日白天总是睡在床上，不思治事，大概是棋瘾发作，心里难过。到十三日，他终于熬不住，犯起戒来。直到同治十一年初三，他还是每日照旧围棋两局。初四戌刻逝世。照他的老例，早饭后必围棋，而每晨则写前一日的日记，可断言他在临死的四日那天早晨必围过两局，真可算死而后已了。

曾氏戒烟成功，但戒围棋却未见效，本来围棋是我国士大夫多所喜爱的一种休闲活动，曾氏嗜此尤笃，每非此不乐。但围棋甚耗精力，如前所引，曾氏尝自记云："细思近日之所以衰颓，因于年老日衰之故，亦由于围棋太多，读书太多，目光昏涩，精神因之愈困也，嗣后当戒围棋，每日静坐时计，以资调摄。"又云："近来每日围棋一局，耗费精力，日中动念之时，夜间初醒之时，皆萦绕于黑白之上，心血因而愈亏，目光因而愈蒙，欲病体之渐瘥，非戒棋不为功。"

曾氏做任何事皆有决心，惟戒棋却不十分认真，今日戒，明日又下，薛福成云："每晨必邀余围棋。"薛氏同治四年入曾氏幕，迄至同治十一年曾氏卒时，未易居停，曾氏习惯早起，故而有时间作棋戏。曾氏临逝前日，仍下二局棋，可见曾氏嗜此道之深，有谓曾氏之下棋，是因"被围之日，决斗之时，兄弟战死沙场，谣啄频传遽迹，前进不得，后退不行。"此时不下棋又能做休事。

此说似言之成理，但好此道者则知曾氏嗜此已深，一种成为嗜好的高尚休闲活动，何必戒去，即无上术之原因，亦将常乐在其中也。曾氏日记云："至海秋家，见人围棋，跃跃欲试，不仅如见猎之喜。"由此而观，曾氏戒棋乃是一时之感慨，并非真决心将之戒绝也。

人人皆有各自的嗜好，但这种嗜好的结果却有好和坏之别。比如抽烟，其结果是对身体百害而无一利；比如饮酒，其结果利、害各半。因此，对于抽烟，养生者势必要像曾国藩那样痛下决心，力戒之。而对于饮酒，如果你不是专业的陪酒师，则要适度。戒之，不可谓不好，也不可谓甚好；不戒，也不谓好与坏。关键在于一个度字。就像曾国藩对于围棋一样，过分的沉迷耽淫，则伤神劳心，百业受阻；而力戒之，又心神难安。这样的度是很难把握的，其核心应在养生者的意志坚定与否。

卷二　治军为政谋略

经文释义

【原文】

当此时事艰难，人心涣散之秋，若非广为号召，大振声威，则未与贼遇之先，而士卒已消沮不前矣。是以与抚臣往返涵商，竭力经营，图此一举。事之成败，不暇深思，饷之有无，亦不暇熟计，但期稍振人心而作士气，即臣区区效命之微诚也。

【译文】

正在这种时事艰难、人心涣散的非常时期，如果不广泛号召，大造声势，重振威风，那么，还没有和匪徒交锋，士兵就已经消沉沮丧、不思前进了。因此，我和巡抚反复书信商议，尽力策划准备，完全是为了这一行动。事情的成败，来不及深思；粮饷的有无，也来不及仔细考虑。只希望稍稍振奋人心，鼓舞士气，这就是我为国效命的一片诚心。

曾国藩像

【原文】

不虑阁下之不善抚士，不善用奇，为谋，为勇，俱非所虑；但虑寸心稍存轻敌之见，则恐为士卒所窥，亦足长其骄气。

【译文】

我不忧虑阁下不善于抚慰士卒，不善于运用智谋。作为谋略和勇力都不必忧虑；只是忧虑你稍微存有轻敌的思想，就恐怕被士卒们看出，也就会增添他们的骄气。

【原文】

治军以勤字为先，由阅历而知其不可易。未有平日不早起，而临敌忽能早起者；未有平日不习劳，而临敌忽能习劳者；未有来日不能忍饥耐寒，面临敌忽能忍饥耐寒者。吾辈当共习勤劳，始之以愧厉，继之以痛惩。

【译文】

治军以“勤”字为先，从我的经历中就可以证明这是不变的真理。没有平

时不早起，而临敌时忽然能早起的人；没有平时不习惯劳苦，而临敌时忽然能习惯劳苦的人；没有平时不能忍饥耐寒，而临敌时忽然能够忍饥耐寒的人。我们都应当习惯勤劳，开始时要使人有惭愧之心并惕厉，继之以痛加惩戒。

【原文】

古人用兵，先明功罪赏罚。

救浮华者，莫知质。积玩之后，振之以猛。

医者之治瘠痛，甚者必剜其腐肉，而生其新肉。今日之劣弁羸兵，盖亦当为简汰，以剜其腐者，痛加训练，以生其新者。不循此二道，则武备之驰，殆不知所底止。

太史公所谓循吏者，法立令行，能识大体而已。后世专尚慈惠，或以煦煦为仁者当之，失循吏之义矣。为将之道，亦法立令行、整齐严肃为先，不贵煦妪也。

立法不难，行法为难。凡立一法，总须实际行之，且常常行之。

九弟临别，深言御下宜严，治事宜速。余亦深知驭军驭吏，皆莫先于严，特恐明不傍烛，则严不中礼耳。

吕蒙诛取铠之人，魏绛戮乱行之仆。古人处此，岂以为名，非是无以警众耳。

近年驭将失之宽厚，又与诸将相距过远，危险之际，弊端百出。然后知古人所云：作事威克厥爱，虽少必济，反是乃败道耳。

【译文】

古人用兵，必定要首先明确立功受赏、有罪受罚的原则。

救治浮华的最好措施，便是质朴。在长期的军风不整、纪律松弛之后，自然应当大刀阔斧，厉行改革，用公正、严明的重法加以纠治。

医生在治疗瘦弱的痈疮病人时，对于严重的，必定要剜去患处的腐肉，以便能长出新肉。今天的老弱残兵和劣质兵将，也应当全部予以淘汰，就像剜掉腐肉一样，割去没用的，留下有用的，并严加训练，促使新生力量的早日形成。如果不走这两条道路，则武备的废弛，不知何时才能达到尽头。

太史公司马迁所说的循吏（即良吏），只不过是法立令行、能顾全大局的人而已。后世专门推崇仁慈恩惠，有人以温和地行施仁义的官吏为循吏，已失去循吏的本义了。为将之道，也是以法立令行、整齐严肃为先，而不看重温和的妇人之慈。

立法并不难，难的是行法。每订立一项法令，总须实际在在地施行它，并且要持之以恒，不可有始无终。

九弟在临别时，特别强调治军应当严，处理事应当快。我也深知驭军驭吏，最重要的都莫过于"严"字，只是担心自己的见识太低，以致严得不合情理，不合法度。

吕蒙曾诛杀了私取铠甲的士兵，魏绛曾处死了私自乱行的仆人。古人这样

做，绝不是为了沽名钓誉，只是因为不如此，就无法立威警众。

近年来，我驭将失之于太过宽厚，又与诸将距离甚远，因而在危难之际，弊端百出。有了此段经历之后，才能理解古人所说的话：做事如果能使威胜过爱，则人数虽少也能取胜。反之，如果做事只讲慈爱而不讲立威，则必定是取败之道。

【原文】

前此泾县捉夫抢掳诸案，业经枭示数人，亦杀一警百之道。惟一味撇清，谓与贵镇营内勇夫无涉，究未免信心太过。盖统辖既多，必有耳目难周，号令不行之处。本部堂治军多年，刻刻严禁骚扰，而每遇人告我部下扰民之案，不敢护短以拒人言，不敢信我兵之皆良，不敢疑告者之皆诬也。贵镇于此类重案，事前既失于防范，事后袒庇部曲，坚拒人言，该军弁勇，从此益无忌惮，官民从此益不敢以实言相告矣。欲舆情之不怨，其可得乎？前此贵镇初驻泾时，发粥搭棚诸惠政，泾民靡不歌诵，本部堂每为之嘉慰无已。当此营规初坏，声名骤减之际，果能严于自治，实力整顿营规，保全旧日声名，在百姓最存公道，又将化怨詈为歌诵矣。不然以爱民始，以扰民终，先后判若两人，非本部堂拳拳委任之意也。凛之凛之，至嘱至嘱！

【译文】

此前泾县捉夫抢掳等案件，经枭首示众数人后，业已告结，也起到了杀一儆百的作用。只是你一味地声称自己是清白的，说此事与贵镇没有关系，这样终究是信心未免太过了。一般说来，统辖既多，一定会有耳目难以听到看到的地方，也有号令不执行的地方。我治军多年，一刻不停地严禁士兵骚扰百姓，每次遇到有人控告我的部下骚扰百姓的案件，我都不敢护短以拒绝别人的控告，不敢相信我的士兵都是善良的，也不敢怀疑控告的人都是诬陷。贵镇对于这类案件，事前既失防范，事后又袒护部下，坚决拒绝别人的控告，那么该军的士兵从此就会更加肆无忌惮，官民从此就更不敢对军队说实话，想使他们不怨恨军队，怎么能做得到呢？在此之前，贵镇最初驻扎径县时，对百姓曾施行了发粥搭棚等惠政，对此泾县的老百姓没有不歌颂的，我每想到此都感到欣慰不已。当此营规初坏、声名骤减的时候，如果真的能严于自律，着力整顿营规，保全旧日的声名，百姓心中是最为公道的，他们又将化怨詈为歌颂。不然，以爱民开始，以扰民告终，先后判若两人，并不是我委任你们的真正本意。对此话要非常严肃地对待啊！

【原文】

国藩每念今日之兵，极可伤恨者，在"败不相救"四字。彼营出队，此营张目而旁观，哆口而微笑。见其胜，则深妒之，恐其得赏银，恐其获保奏；见其败，则袖手不顾，虽全军覆没，亦无一人出而援手拯救于生死呼吸之顷者。以仆所闻，在在皆然，盖缘调兵之初，此营一百，彼营五十。征兵一千而已，抽选数营或十数营之多，其卒与卒已不相习矣，而统领之将，又非平日本营之官。一省所调若此，他省亦如之。即同一营也，或今年一次调百人赴粤，明年一次调五十

赴楚，出征有先后，赴防有远近，劳逸亦遂乖然不能以相入。"败不要救"之故，半由于此。又有主将远隔，不奉令箭不敢出救者；又有平日构隙，虽奉令箭故迟回不往救者。至于兵与勇遇，尤嫉恨刺骨，或且佯为相救，而倒戈以害勇，翼蔽以纵贼，种种情态，国藩尚得之闻问，阁下则身经百战，目所亲见者。今欲扫除而更张之，非营营互相救应不可，欲营营互相救应，非万众一心不可。

【译文】

国藩我认为现今的军队最可深痛的是"败不相救"。这个营出阵作战，那个营旁边侧立，边看边笑。见到其胜，就嫉妒它，恐他们得到赏银，恐他们得到保举；见到其败，就袖手旁观，不予相助，即使全军覆没，也没有一个军卒去援救他们出那陷围之中。我所听到的都是这种情况，只因为在调兵之初，这营一百，那营五十。如果征兵一千人，就抽选几营甚至十几个营的士兵，士兵与士兵之间都互不熟悉，况且统领将官，又不是平日本营的将官。一省是这样征调，他省也是如此。就是同一营的士兵有的今年一次调动百人去广东，明年一次调五十去湖北，出征时间有先后，出防地点有远近，劳逸不能有机结合。"败不相救"的缘由，一半出于此。又有主将远隔，没有奉到令箭无人敢去援助的；又因平日有隔阂，即使有令箭也迟迟不去救助。至于士兵和乡勇相见，尤其嫉恨入骨，有的假装相救，而临阵倒戈而杀害勇兵，保护放跑贼兵，这其间的种种情态，我还是听说，阁下你身经百战，自会亲见。现在欲废旧布新，使各营之间相互救助，除非团结一致，万众一心不可。

将官盔帽　清

【原文】

沅弟左右：

昨日寄去二缄，一交来勇，一交解洋火之舢板。夜间接蒋、毛二公信，知寿州城外苗之营垒甚多而坚，二十八日虽破贼二垒，则伤亡颇众，余垒尚多。且闻苗将另调逆党截蒋、毛之粮道，调周军门赴六安，而萧军遂仍守巢县等处，不能进剿矣。苗逆既不易破，余须分力专顾北路。其东路二浦等处，望弟稳慎图之，总不外多用活兵、少求速效二语而已。霆军饷项极绌，而勇丁间有怨言，逃亡亦多，余时时惧其败挫。弟若果至北岸，望就近察看霆军气象何如？弊病安在？有何法可以整理？诸维留心，密以告我。顺问近好，并贺节喜。

国藩手草　五月初四日巳刻

【译文】

沅弟左右：

昨天寄去两封信，一封交给前来的兵勇，一封交给押解洋火的舢板。晚上收到蒋、毛两位的来信，得知寿州城外苗军的营垒较多而且坚固，二十八日虽攻破

敌人的两个营垒，但是伤亡惨重，剩下的敌垒还有很多。同时听说苗将领另外调派逆党截断蒋、毛的粮路，调周军门赶赴六安，而萧军仍然守住巢县等地，不能前往剿敌。既然苗军不容易攻破，我必须分出兵力专门对付北路。东路的二浦等地，还希望弟弟小心对待，总的来说不外乎多用机动部队，少追求快的效果这两句话而已。霆军的军饷十分紧张，而且丁勇们已有怨言，逃跑的也很多，我时时担心霆军溃败了。弟弟如果到北岸去，希望就近察看一下霆军的士气如何？弊病在哪里？有什么整治的方法？诸事留心察看、秘密地告诉我。顺问近好，并贺节喜。

国藩手草　五月初四日巳时

【原文】

少荃宫保于吾兄弟之事极为扶助，虽于弟劾顺斋不甚谓然，然但虑此后做官之不利，非谓做人之有损也。弟于渠兄弟务须推诚相待，同心协力，以求有济。淮军诸将在鄂中者有信至少荃处，皆感弟相待之厚，刘克仁感之尤深。大约淮湘两军、曾李两家必须联为一气，然后贼匪可渐平，外侮不能侵。

【译文】

李鸿章官保对于我们兄弟的事情一向极力帮助，虽然对你弹劾他的弟弟顺斋一事不很以为然，只是担心今后做官不利，并非觉得你在做人方面有缺陷。你对他们兄弟应当推诚相待，同心协力，以求成就大业。在湖北作战的淮军将领们写给李鸿章的信中，都感激你对他们待遇的优厚，刘克仁的感激尤其深。大约淮湘两军、曾李两家，必须联为一气，然后才能逐渐平定敌寇，抵御外侮。

【原文】

古人用兵，先明功罪赏罚。

救浮华者莫如质，积玩之后，振之以猛。

【译文】

古人用兵，首先明确立功有赏、有罪受罚的原则。

挽救浮华之弊的最好措施，便是质朴，在长期的恶习积存之后，必须采取刚猛的措施予以纠正。

【原文】

居高位之道，约有三端：一曰不与，《论语》所谓"巍巍乎，舜禹之有天下也，而不与焉"者，谓若于己毫无交涉也；二曰不终，古人所谓"日慎一日，而恐其不终"，盖居高履危而能善其终者鲜矣；三曰不胜，古人所谓"懔乎若朽索之驭六马，栗栗危惧，若将殒于深渊"，盖惟恐其不胜任也。鼎折足，履公悚，其形渥凶，言不胜其任也。方望溪言汉文帝之为君，时时有谦让，若不克居之意，其有得于不胜之者乎！孟子谓周公有不合者，仰而思之，夜以继日，其有得于惟恐不胜之义者乎！

庚申六月

【译文】

身居高位的方法，大约有三条：一是不参与，《论语》所说的"舜和禹真是崇高得很呀！贵为天子，富有四海，但一点也不为自己。"是说好像与自己毫无交涉；二是不长久，古人所说的"一天比一天谨慎，唯恐高位不长久"，是因为身居高位、行走危险之地，而能够善终的人太少了；三是不胜任，古人所说的"惊心啊，就像以腐朽的绳索驾驭着六匹烈马，万分危险，就好像将要坠落在万丈深渊里。"说的是唯恐自己不能胜任。方望溪说汉文帝做皇帝，时时谦让，像有不能胜任的意思，莫非他在不胜任这方面有心得体会吗？孟子说周公遇到与自己意见不合的人，仰天而思虑事情的原委，以致夜以继日，莫非是他在唯恐不长久的道理上有心得体会吗？

庚申六月

【原文】

知足天地宽，贪得宇宙隘，岂无过人姿，多欲为患害：在约每思丰，居困常求泰，富求千乘车，贵求万钉带，未得求速赏，既得勿求坏。芬馨比椒兰，磐固方泰岱。求荣不知厌，志亢神愈忧，岁燠有时寒，日明有时晦，时来多善缘，运去生灾怪。诸福不可期，百殃纷来会。片言动招尤，举足便有碍。戚戚抱殷忧，精爽日凋瘵。矫首望八荒，乾坤一何大，安荣无遽欣，患难无遽愁。君看十人中，八九无依赖。人穷多过我，我穷犹可耐；而况处夷涂，奚事生嗟气？于世少所求，俯仰有余快，俟命堪终古，曾不愿乎外。语云：名根未拔者，纵轻千乘甘一瓢，总堕尘情；客气未融者，虽泽四海利万世，终为剩技。

【译文】

知足就会觉得心中像天地一样宽广，贪得无厌会觉得宇宙也十分狭小。对于没有超乎常人姿质的人来说，多欲多求就更招致祸害：贫困时总想到丰盛，困境时经常寻求平安，富贵时要求有千乘车，尊贵时追求万钉带，没有得到又要求迅速赏给，得到后又永久占有。芬芳的香气可比椒兰，位置稳固如同泰山。追求荣华富贵，没有知足，整日志气昂扬但精神越来越委顿，天气有寒有暖，日月有全有缺，时运好时多结善缘，时运不好会生灾患。各种福分不可期求，各种祸害往往纷至沓来。一句话会招人怨尤，一举足便会有障碍。怨尤逐渐加深，精神日渐萎靡，举首望世界，乾坤是多么大啊！得到荣誉不要立即欢欣，遇到患难也不要立即气馁。你看十个人中，八九没有依赖。别人穷困多超过我，我的穷困仍然可以忍耐；况且处于平坦夷途，还有什么事值得嗟气叹息呢？对于世界少一些索求，走路、睡觉都十分愉快，听天由命活到老，就不会四处不安，俗话说：一个名利思想不能彻底拔除的人，即使能轻视富贵荣华而甘愿过着清苦的生活，最后还是无法逃避名利世俗的诱惑；一个受外力影响而不能在内心加以化解的人，即使他的恩泽能广被四海甚至遗留给千秋万世，其结果仍然是一种多余的伎俩。

【原文】

澄弟左右：

正月初六日起行，十五日抵徐州，十九接印。近又两奉寄谕，令回金陵。文武官绅，人人劝速赴江宁。申夫自京归，备述都中舆论亦以回任为善，辞官为非。兹拟于二月移驻金陵，满三个月后，再行专疏奏请开缺。连上两疏，情辞务极恳至，不肯作恋栈无耻之徒；然亦不为悻悻小丈夫之态。允准与否，事未可知。

沅弟近日迭奉偷旨，谴责严切，令人难堪。固由劾官、胡二人激动众怒，亦因军务毫无起色，授人以口实；而沅所作奏章，有难免于讪笑者。计沅近日郁抑之怀，如坐针毡之上。

霞仙系告病引退之员，忽奉严旨革职。云仙并无降调之案，忽以两淮运使降补。二公皆不能无郁郁。大约凡作大官，处安、荣之境，即时时有可危可辱之道，古人所谓富贵常蹈危机也。纪泽腊月信言宜坚辞江督，余亦思之烂熟。平世辞荣避位，即为安身良策；乱世仅辞荣避位，尚非良策也。

二月初五日

【译文】

澄弟左右：

我正月初六日起行，十五日到徐州，十九日上任。最近又接两道令我回江宁的谕旨。文武官员和乡绅都劝我马上去江宁。申夫从京城回来，为我详细讲述京城的舆论也都是认为我应该回江宁，而不能辞职。现在我准备二月去往江宁，等满了三个月，再专门写奏章请求辞职。接连呈上两篇奏章，态度一定要表现得诚恳，不做贪恋官位、毫无廉耻的人，但也不做愤愤不平的姿态。能不能得到批准，那就不清楚了。

沅弟最近几天连连接到圣旨，受到很严厉的批评，让人难以接受。本来是因为弹劾官、胡二人，结果引起众怒，也因为军务没有什么转机，给人留下了把柄；而且沅弟写的奏章，也难免有嘲笑别人的话。我想他这些天肯定是心情忧郁、如坐针毡。

霞仙本是准备告病退休的官员，突然接到用词严厉的圣旨而被革职，云仙并没降职的原因，却忽然降职、补授两淮运使。两位都难免心情忧闷。大约做大官，处在安乐、荣耀的地位上，就随时有招来灾祸、导致败辱的可能。古人所说的，富贵往往使人走向危险，就是这个意思。纪泽腊月给我的信里说应该坚决辞去两江总督的职务，我也再三想过。太平时辞去荣誉、避开高位，就是安身的好办法；乱世时这样做还不是好办法。

二月初五日

【原文】

臣窃闻国贫不足患，惟民心涣散，则为患甚大。自古莫富于隋文之季，而忽致乱亡，民心去也；莫贫于汉昭之初，而渐致又安，能抚民也。我朝康熙元年至

十六年，中间惟一年无河患，其余岁岁河决，而新庄高堰各案，为患极巨；其时又有三藩之变，骚动九省，用兵七载，天下财赋去其大半，府藏之空虚，殆有甚于今日，卒能金瓯无缺，寰宇清谧，盖圣祖爱民如伤，民心固结而不可解也。

【译文】

我认为国家贫穷不必担忧，只有民心涣散所造成的祸患却是最大的。自古以来没有比隋文帝末年更富的时候了，可是突然之间天下大乱，直至灭亡，主要原因是丧失了民心；自古以来没有比汉昭帝初年更穷的时候了，可是渐渐走向治理安定，关键在于能安抚百姓。我朝康熙元年至十六年，只有一年没有河患，其他每年大河都要决口，而新庄高堰各地区造成的灾难最为重大；恰在当时又发生了三藩事变，惊扰了九个省，打了七年仗，天下的财物耗损了大半，仓库空虚，比现在还要严重，但最终还能够使领土完整，天下安宁，那是因为圣祖能够全心全意地关怀爱护百姓，致使民心坚定团结，不可瓦解。

【原文】

至于设法防范，殊乏良策。洋人语言不通，风俗迥异。彼以助我而来，我若猜忌太深，则无以导迎善气。若推诚相见，又恐其包藏祸心。观于汉口焚船等案，片言不合，戎事立兴。嫌衅一开，全局瓦裂。臣始终不愿与之会剿者，盖亦筹之至熟。与其合而复离，不若量而后入。倘我军屯驻之处，彼亦不约而来，实逼处此。臣当谆饬部曲，平日则言必忠信，行必笃敬；临阵则胜必相让，败必相救。但有谦退之义，更无防范之方。吾方以全力与粤匪相持，不宜再树大敌，另生枝节。庶几有容有忍，宏济艰难，愚虑所及，不审有当万一否。所有遵旨妥议缘由，理合会同浙江抚臣左宗棠、江苏抚臣李鸿章，恭摺复奏，伏乞皇上圣鉴训示。

【译文】

对于设法防范方面，实在没有好的办法。洋人与我们语言不通，风俗又大不相同。他们打着帮助我们的旗号而来，我若猜忌太重，则无法导引友善和气。若推诚相见，又恐怕其包藏祸心。考虑汉口焚船等案，片言不合，战事立生。嫌衅一开，全局瓦裂。我始终不主张与他们会剿的原因，已经考虑得非常透彻了。与其先合后离，不如先考虑成熟再联合。倘使我军屯驻之处，他们不约而至，实逼处此。我必当谆诫士卒，平日言必忠信，行必笃敬；临阵胜必相让，败必相助。只有谦退之义，却无防范之办法。我们正与粤匪相持，不宜再树大敌，另生枝节。应该容忍谦让，共济艰难，我考虑到的，不知有当万一否？所有遵旨妥议缘由，理应会同浙江抚臣左宗棠、江苏抚臣李鸿章，恭以折上奏，希望皇上圣鉴训示。

【原文】

窃臣于正月十七日请训摺内，具陈直隶劣员风气甚坏，必须大加参劾，以做官邪。荷蒙圣慈垂鉴。覆任以后，密扎藩臬两司，令将府、厅、州、县各员开列优者

一单，劣者一单，面呈商办，而清河道官直隶最久，亦令就所见所闻，开单密呈，以备参访。旋据卢定勋、张树声等先后呈送清单，分注考语，臣详加核对，与臣在途在京所采访者大致相合。足见直道之公，古今无异，秉彝之好，远近攸同。而月余以来，接见群僚贤员亦尚不少，差喜所见，胜于所闻，但令彰瘅之无私，可冀风气之渐转。兹就劣迹尤著甄劾十一人，开具清单，恭呈御览。虽鉴衡未必允当，然在臣实已博访周咨，不敢轻听浮言，不敢稍涉成见。此外尚有十余人访察未确，俟两三月后详细推求，于行据实具奏。重者仍令罢斥，不致同罪而异罚，轻者予以自新，略示大诚而小惩，其两司单开之贤员与臣所访各单相合者，亦分作两次进呈御览。

【译文】

　　我在正月十七日上奏的请训折中，将直隶官员风气败坏的情况都已经陈述明白，我认为必须大加整顿，给那些贪官予以警告。承蒙圣上明察。我到任以后，暗地里给藩臬两司书信一封，让他们将府、厅、州、县的官员分清廉、贪，各列一单当面呈上协商处理，清河道在直隶最久，也就令他把所见所闻，列单秘密呈上，用来准备整治。过了不久，根据卢定勋、张树声所列清单，分别考证，我详细地加以审核，这和我在赴任途中所调查的情况基本相符合，由此可见忠直的官员，无论何时都是极尽本分的。一个多月来，我接触的官员有很多，从他们那里所听到情况还是令人鼓舞的。希望从此风气能有所好转。现在我把所查核的罪大恶极的十一人列单呈上，恭请圣上过目。虽说不十分确实，但是我确实多方查问，不敢轻信旁人，不敢稍带个人成见。另外还有十几个未曾察明，等两三个月后，详细查清再据实上奏圣上。严重的仍罢官受斥责，不会因犯同一罪过而惩罚有所不同，案轻的责令他们改过自新，对他们应该重在劝诫而不在惩罚，藩臬两司所列的正直官员与我调查也相符合，我也分作两次呈圣上御览。

【原文】

　　仆虽浅鄙，亦尝私聆君子之风，以为国家政体，当持其大端不宜区区频施周罔，遮人于过。即清理籍贯一事，亦谓宜崇宽大未可操之壹切，使人欲归不得，欲留不许，进退获尤，非盛朝采庶士之谊。仆持此议，盖非一日，适会朱君出仆门下，外人仆持之颇坚，以为是固私有所徇，非天下之公义也。仆怀不能因足下言及此，遂尽与披。顷以为仆不欲操之壹切，乃大体宜尔，非护门生而勤私属也。中有所激，则词色稍厉；而足下乃遂谓语意见侵，无乃以凡近之言相律，而不深察所以立言之意乎？若谓曹司主议，堂上啸诺，则今日见风气滔滔已久，仆之不能障而挽之，盖亦慨然内伤。足下幸未置身其中，天下事履之而后艰耳。书不能一二，它日相见，当盛加宾敬，以崇节概，且敦雅故。

【译文】

　　我虽浅薄庸俗，但也曾在私下领受过有德君子的风范，认为国家的施政方针，应当在大的方面重点把握，不该在枝节方面过多干预周密算计，使人动辄得咎。就说清理籍贯这一件事，我也认为应该崇尚宽大，不能搞一刀切，使有

些人想回原籍回不了，想留现居之处又不允许，无论怎么做都是错，这不合我们强大兴旺之皇朝广揽人才的一贯情理。我坚持这一主张，由来已久，碰巧朱君是我的门生，他人见我主张这一点较为坚决，就认为我原来是出于私心而故意如此，不是从天下的公道出发的。我的内心隐衷无法表白，因您说到了这些，于是就全盘向您披露出来。不久前我说不想搞一刀切，乃是从大局考虑应该如此，不是袒护门生而照顾自己的亲朋故人。因为心中有所激愤，言辞上就不免稍显严厉；而您由此就说我盛气凌人，莫非您这是仅在随手写出的言辞上吹毛求疵，却没有深入体察我之所以说这番话的本来用意吗？至于说中央各曹衙门的负责人在主持议案时，各官员无不齐声附和赞同，眼下的这种风气已经泛滥很久，我不能阻止并挽救这一局面，同样也感慨万千，黯然伤神。您幸亏没有置身于官场之中，不过您要知道，天下的事情往往是在亲自做了之后才深知它的难处啊！信上不能多说，将来见到您，一定要隆重欢迎款待，既对您的节操气概表示崇敬，而且进一步加深我们的老交情。

【原文】

窃查场商运盐，须持执照先赴场官衙门挂号铃印护运出场，原以区别官私。乃泰州分司所属何垛场大使徐友庚，于各商呈照请运，并不随时印发。上年清水潭决口，该场猝遭水患，存垣之盐人人争先趋运，期保商本。徐友庚辄藉公出为名，捃搁照票，勒借各垣商经费，以致商怨沸腾，赴司控告，业经署运使程桓生将该大使撤任。

臣查场员有保卫商灶之责，徐友庚平日操守平常，办事苛刻，本属不协商情。今复必捃照阻运，藉词索借，实属任性妄为，不知自爱。相应请旨将何垛场大使徐友庚即行革职，永不叙用，以示惩儆。

【译文】

我私下查访盐场商人运盐，必须拿执照先到盐场衙门挂号、盖印办手续，方可运盐出场，原意是区别官私。可是泰州分司所属的何垛场大使徐友庚，对各盐商出示执照请求运盐，却不及时印发。去年清水潭决口，该盐场突然遭到水淹，存在仓库的盐人人争先搬运，以保商业的本钱。徐友庚就借公家支出为名，扣押运盐的照票，勒索盐商向他们借钱，以至于商人纷纷抱怨，把他控告到上司那里，已经由署过使程桓生将该大使撤职。

我认为场员有保护商人利益的责任，徐友庚平时人品才能平常，办事却十分苛刻，所领导的下属又不熟悉商情。现在竟又敢扣押运照阻碍盐运，向盐商索取贿赂，实在是胆大妄为，不知道自爱。应该请求圣上将何垛场大使徐友庚立即革职，永不再用，以示警诫。

【原文】

臣查去冬以来，巢、含失守，庐江戒严，吴燮和每禀军情，张惶失措，臣已屡批严行申饬。其办理防守，挪用正款，均经造报核销，何得藉端科派？系前此所买，二月以前，禀明存仓有案，何得于五月复行开报重价？吴燮和又于四月禀

请缓收上忙，以纾民困，何得私收亩捐钱米至二、三千串之多？种种狡诈贪鄙，实出情理之外，若不从严参办，何以励廉隅而做官邪？相应请旨将五品衔署安徽庐江县事候补知县吴燮和即行革职，永不叙用，仍勒追所收捐项，按数清缴，以为营私罔上者戒。

【译文】

据我核查，自去年冬天以来，巢、含二县失守，庐江戒严，吴燮和每次禀报军情，总是张皇失措，我已多次批文严厉告诫。他负责办理防守事宜，挪用正当款项，都已经批准报销，怎能又借此事派收捐税

棕漆皮铜镀金六节望远镜　清

呢？米是以前买的，二月以前，他还写过票明仓有存米的文书，怎能在五月又开出重价报销？吴燮和又于四月请示缓收上期田赋，以缓解百姓的穷困，又怎能私自收取亩捐钱米达二、三千串之多？种种狡诈贪鄙的行为，确实是超出情理之外，若不从严惩办，凭什么来勉励廉洁、告诫百官呢？应当请示圣旨，将五品衔代理安徽庐江县事候补知县吴燮和立即革职，永不再用，还要下令追回所收亩捐钱米，如数清理上缴，以此来告诫那些营私舞弊、欺骗上司的人。

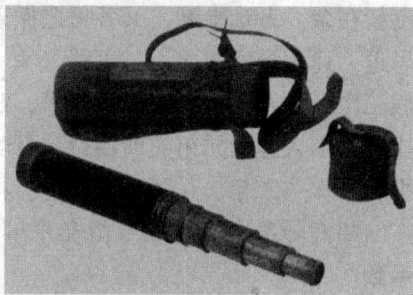

智慧通解

【原文】

廿三日接弟十八日信，欣悉甲五、科三两侄于初一、初四均得生子，先大夫于十日之内得三曾孙。余近年他无所求，惟盼家中添丁，心甚拳拳，今乃喜溢望外。弟之有功于家，不仅谋葬祖父一事，然此亦大功之昭著者，即越级超保，亦必不干部驳也。

来汝会晤一节，尽可置之缓图。顺斋排行一节，亦请暂置缓图。此等事幸而获胜，而众人眈眈环伺，必欲寻隙一泄其忿；彼不能报复，而众人若皆思代彼报复者。吾阅世最久，见此甚明。寄云一疏而参抚，黄藩又一片而保抚，郭、臬、李非不快意，当时即闻外议不平。其后小蓬果代黄报复，而云仙亦与毛水火，寄云近颇悔之。吾参竹伯时，小蓬亦代为不平，至今尚痛诋吾兄弟。去冬查办案内密片参吴少村，河南司道颇为不平，后任亦极隔阂。陈、黄非无可参之罪，余与毛之位望积累尚不足以参之，火候未到，所谓燕有可伐之罪，齐非伐燕之人也。以弟而陈顺斋排行，亦是火候未到，代渠思报复者必群起矣。苟公事不十分掣肘，何必下此辣手？汴之紫三本家于余处颇多掣肘，余顷以密片保全之，抄付弟览。吾兄弟位高功高，名望亦高，中外指目为第一家。楼高易倒，树高易折，吾与弟时时有可危之机。专讲宽平谦巽，庶几高而不危。弟谋为此举，则人指为恃武功，恃圣眷，恃门弟，而巍巍招风之象见矣。请缓图之！

再，星冈公教人常言："晓得下塘，须要晓得上岸。"又云："怕临老打扫脚

棍。"兄衰年多病，位高名重，深虑打扫脚棍，蹈陆、叶、何、黄之复辙。自金陵告克后，常思退休藏拙。三年秋冬，应让弟先归。四年夏间，僧邸殉难，中外责望在余，万难推卸，又各勇遣撤未毕，不得不排徊审慎。今年弟既复出，兄即思退。逮大暑病瘦之后，言路又有"避贼而行"之劾，决计引归，拟八九月请假二次，十月开缺；今群捻东窜，贼情大变，恐又不能遽如吾意。弟若直陈顺斋排行，则人皆疑兄弟熟商而行，百喙无以自解，而兄愈不能轻轻引退矣。望弟平平和和作一二年，送阿兄上岸上，再行轰轰烈烈做去，至嘱至嘱！

胡润帅奉朱批不准专衔奏军事，其呕气百倍于弟今日也，幸稍耐焉。兄又手致。

[又九月初二日书云:]

顺斋一案，接余函后能否中辍？悬系之至。此等大事，人人皆疑为兄弟熟商而行，不关乎会晤与否。譬如筱泉劾官，谓少泉全不知情，少泉劾余，谓筱泉全不知情，弟肯信乎？天下人皆肯信乎？异地以观，而弟有大举，兄不得诿为不知情也。审吴厚庵告病，季高调督陕甘，仲山升督闽浙，子青督漕，鹤侪抚秦，环视天下封疆，可胜两湖之任而又与弟可水乳者，殊难其选。朝廷亦左右搜索，将虽器使，良具有苦心耳。

【评述】

其实，早在安庆战役后，曾国藩部将即有劝进之说，而胡林翼、左宗棠都属于劝进派。劝进最有力的是王闿运、郭嵩焘、李元度。当安庆攻克后，湘军将领欲以盛筵相贺，但曾国藩不许，只准各贺一联，于是李元度第一个撰成，其联为"王侯无种，帝王有真"。曾国藩见后立即将其撕毁，并斥责了李元度。在《曾国藩日记》中也有多处诫勉李元度审慎的记载，虽不明记，但大体也是这件事。曾国藩死后，李元度曾哭之，并赋诗一首，其中有"雷霆与雨露，一例是春风"句，潜台词仍是这件事。

李元度联被斥，其他将领所拟也没有一联合曾意，其后"曾门四子"之一的张裕钊来安庆，以一联呈曾，联说：

> 天子预开麟阁待；
>
> 相公新破蔡州还。

曾国藩一见此联，击节赞赏，即命传示诸将佐。但有人认为"麟"字对"蔡"字不工整，曾国藩却勃然大怒说："你们只知拉我上草案树，（湖南土话，湘人俗称荆棘为草案树）以取功名，图富贵，而不读书求实用。麟对蔡，以灵对灵，还要如何工整？"蔡者为大龟，与麟同属四灵，对仗当然工整。

还有传说，曾国藩寿诞，胡林翼送曾国藩一联，联说：

> 用霹雳手段；
>
> 显菩萨心肠！

曾国藩最初对胡联大为赞赏，但胡告别时，又遗一小条在桌几上，赫然有："东南半壁无主，我公其有意乎？"曾国藩见之，惶恐无言，将纸条悄悄地撕个

粉碎。

左宗棠也曾有一联，用鹤顶格题神鼎山，联说：

神所凭依，将在德矣；

鼎之轻重，似可问焉！

左宗棠写好这一联后，便派专差送给胡林翼，并请代转曾国藩，胡林翼读到"似可问焉"四个字后，心中明白，乃一字不改，加封转给了曾国藩。曾阅后，乃将下联的"似"字用笔改为"未"字，又原封退还胡。胡见到曾的修改，乃在笺末大批八个字："一似一未，我何词费！"

安庆省城战图　清

曾国藩改了左宗棠下联的一个字，其含意就完全变了，成了"鼎之轻重，未可问焉"！所以胡林翼有"我何词费"的叹气。一问一答，一取一拒。

曾国藩的门生彭玉麟，在他署理安徽巡抚，力克安庆后，曾遣人往迎曾国藩东下。在曾国藩所乘的坐船犹未登岸之时，彭玉麟便遣一名心腹差弁，将一封口严密的信送上船来，于是曾国藩便拿着信来到了后舱。但展开信后，见信上并无上下称谓，只有彭玉麟亲笔所写的十二个字：

东南半壁无主，老师岂有意乎？

这时后舱里只有曾国藩的亲信倪人塏，他也看到了这"大逆不道"的十二个字，同时见曾国藩面色立变，并急不择言地说：

"不成话，不成话！雪琴（彭玉麟的字）他还如此试我。可恶可恶！"

接着，曾国藩便将信纸搓成一团，咽到了肚里。

当曾国藩劝石达开降清时，石达开也曾提醒他，说他是举足轻重的韩信，何不率众独立？曾国藩默然不应。

【原文】

九月初二日刘一来江西，奉父亲大人、叔父大人手谕，敬悉家中平安。而澄弟在永丰，沅弟在省，季弟居稍远，均无安信，纪泽儿亦未写信，则殊不可解。自瑞、临道梗，不通音问者已八阅月，此次刘一等回家，纪泽应惊喜异常，写详

禀以告家中之琐事，以安余之心。即今年新婚一节，亦应将喜事之首尾、新妇之贤否缕晰禀告，何竟无一字上陈耶？嗣后每次长夫来营，纪泽必写详禀一封，细述家中及亲邻之琐事，并陈己身及诸弟之学业，每次以一千字为率，即以此当问视之子职可也。

温甫病已痊愈，眠食均皆复旧，惟脚力略软，是以尚留省城再为调养。余于初三日自省起程，初五日至瑞州，见刘峙衡营务整肃，治全军如治一家，每日皆饭毕始近黎明，深堪佩服。普承尧宝勇营亦队伍整齐。吴竹庄彪勇现已分出进省，另剿东路广信之城。省兵五营在瑞者，亦尚有规矩。余驻瑞数日，即行回省，令温弟来瑞也。

沅弟在长沙招勇，不知系代南坡兄办就后即交他人管带？抑系系亲自统辖与周凤山并为一军乎？抑各树一帜乎？此间有凤新虎三营千七百人，周凤山之旧部也，益以渠在长沙所招之千五百人、王吉昌投效之八百人，已足自成一军，皆永州道，新宁，江西四属之人，即不收王吉昌之勇，亦尚有伍化蛟等营可以合并。沅弟所招之湘勇似不必与周合，如来瑞州，则与峙峙衡合可也，与宝勇合亦可以；如来吉安，则须另觅一军合之。沅弟与黄南兄、夏憩兄熟商后，望专人飞速寄信来江。安五在营浮躁，不甚守规矩，兹遣之送信回，以后不可令渠来营。余俟续布。

[又十七日与沅弟书云：]

十七日李观察处递到家信，系沅甫弟在省城所发者。黄南兄劝捐募勇规复吉安，此豪杰之举也。沅弟能随南翁以出，料理戎事，亦足增长识力。南翁能以赤手空拳干大事而不甚着声色，弟当面留心仿而效之。

[又十月初二日与沅弟书云：]

弟所部之千五百人者，兄意决望其仍来瑞州，与温并营。盖峙衡治军整肃，实超辈流，弟若与之同处一二月，观摩砥厉，弟与温合之二千人决可望成劲旅。而憩兄与南兄与我投契凤深，又为此间官绅之所属望，一至章门，则嘘枯振萎，气象一新，使我眉间忽忽有生气。望弟商之季弟、憩兄、南兄，即率此千五百人速来瑞州。兄得与憩、南两君熟商一切，大局或有转机，温弟亦得更番归省，公私实为两利。

【评述】

曾国藩共有4个弟弟。大弟叫曾国潢，字澄侯，比他小9岁；三弟曾国荃，字沅甫，比他小13岁；四弟曾国葆，字季洪，后改贞干，字事恒。

其中二弟曾国华和三弟曾国荃，都先后跟随曾国藩一起在北京读书，虽然后来科举考试失败，但却与其兄结下了很深的情谊。他们都不是安于现状的人，看见曾国藩在外带勇打仗，也总想出来一显身手，曾国藩知道军营的风险，不愿意自己的弟弟们也来受这份罪，所以，多次写信回家，要求他们安心读书，勤俭持家。他在一封家信中说到：

带勇之事，千难万难，任劳任怨，受苦受惊，一经出头，则一二三年不能离

此苦恼。我食禄有年，受国深恩，自当尽心竭力办理军务，一息尚存，此志不懈。诸弟则当伏处山林，勤俭耕读，奉亲教子，切不宜干涉军务，恐无益于世，徒损于家。至嘱至嘱。

然而，当曾国藩坐困江西，一筹莫展之时，他又常常想自己的身边要是有几个亲兄弟帮助，一定比现在的这帮人可靠。他的苦处，曾国华等在湘乡也明显地感觉到了。曾国藩几个月不通家信，便使他们心中极为不安。特别是曾国藩的父亲曾麟书更是思儿心切，一连数日，饭茶不香，明显消瘦，脸上的颧骨又突了出来。几个儿子成天围着他，不知如何是好。曾府的气氛压抑得让人有些喘不过气来。

曾国荃和曾国华终于憋不住了，去找父亲和其他的兄弟商议办法。大家计议，总觉得不能在家中干等着，应该找人帮助曾国藩一把。去找谁最合适呢？无非就是在长沙的左宗棠和在武昌的胡林翼。左宗棠虽与曾国藩有些矛盾，但毕竟是仗义之人，到了这种危急的时候，想他也不会撒手不管。至于胡林翼，曾家对他历来不错，这个人也最懂得

曾国荃像

讲究大局，自然会想方设法帮助曾国藩。他们最后商定，分两头进行联系，而将重点放在胡林翼的身上。于是，曾府给骆秉璋和左宗棠各发去一封信，请求他们组织援军以解救曾国藩和他的湘军部队。

在家人的努力下，终于组成三支救援的队伍开到江西，于是曾国藩深深感到亲族血缘的关键与珍贵。因而他也赶紧给兄弟送去温情回报，再也不反对其弟弟进入军营。

【原文】

十六日在南康府接父亲手谕及澄、沅两弟、纪泽儿之信，系刘一送来，二十日接澄弟一信，系林福秀由县送来，具悉一切。

余于十三日自吴城进扎南康，水师右营、后营、向导营于十三日进扎青山。十九日，贼带炮船五六十号、小划船五六十号前来扑营，鏖战二时，未分胜负。该匪以小划二十余号又自山后攒出，袭我老营。老营战船业已全数出队，仅坐船水手数人及所雇民船水手，皆逃上岸。各战船哨官见坐船已失，遂尔慌乱，以致败挫。幸战舟炮位毫无损伤，犹为不幸中之大幸。且左营、定湘营尚在南康，中营尚在吴城，是日未与其事，士气依然振作。现在六营三千人同泊南康，与陆勇平江营三千人相依护，或可速振军威。

现在余所统之陆军：塔公带五千人在九江，罗山带三千五百人在广信一带，次青带平江三千人在南康，业已成为三枝，人数亦极不少。赵玉班带五百湘勇来此，若独成一枝，则不足以自立；若依附塔军、依附罗军，则去我仍隔数百里之远；若依附平江营则气类不合。且近日口粮实难接济，玉班之勇可不必来。玉班一人独来，则营中需才孔亟，必有以位置之也。

蒋益澧之事，唐公如此办理甚好。密传其家人，详明开导，勒令缴出银两，足以允服人心，面面俱圆。请苹翁即行速办，但使探骊得珠，即轻轻着笔，亦可以办到矣。

此间自水师小挫后，急须多办小划以胜之，但乏能管带小划之人。若有实能带小划者，打仗时并不靠他冲阵，只要开仗之时，在江边攒出攒入，眩贼之眼，助我之势。即属大有禅益。吾弟若见有此等人，或赵玉班能荐此等人，即可招募善驾小划之水手一百余人来营。

冯玉珂所缴水勇之抢银及各银应缴营者，可酌用为途费也。余在营平安，惟癣疾未愈，精神不足，诸事未能一一照管，小心谨慎，冀尽人事以听天命。诸不详尽，统俟续布。父亲，叔父大人前恭请福安。

顷与魏荫亭谈及招小划水勇一事，渠可家与萧可卿商办。大约每划五人，五划立一哨官，每百人四哨官，十余哨即立一营官。此不难于招勇，而难于选求哨官，营官。澄弟若见有可当哨官者，或令其来营，或荐于荫亭。勇则不必招，听萧、魏办理可也。

【评述】

"塞翁失马，焉知非福"的典故就是告诫人们，失败有时也会带来意想不到的成功，或者说损失也会带来意想不到的收获。《菜根谭》中的一段话说得更加明确：

居逆境中，周身皆针砭药石，砥节砺行而不觉；处顺境中，眼前尽兵刃戈矛，销膏靡骨而不知。

这就是说，对失败与成功要有辩证的态度，失败和成功是经常可以互相转化的。因为一个人生活在艰难困苦的环境中，那身边所接触的全是犹如医疗器材般的事物，在不知不觉中会使人产生一种危机感，因而在不知不觉中就会磨炼自己的意志，由此把人带入成功；反之，一个人生活在无忧无虑的顺境中，这就等于在你的身边摆满了刀枪利器，在不知不觉中使人的身心受到腐蚀而走向失败。这就告诉人们，失败的时候，有利于奋起，下一步就是成功；成功的时候，会导致骄傲，下一步就是失败。因此，成功与失败是可以互相转化的，遇到失败不要悲观失望。

对于这一点，曾国藩深有见地，他不仅自己能够正确地面对失败挫折，而且当他的亲人遭遇挫折的时候，他也以这种深刻见的去开导他们。如他的弟弟科考不利遭遇挫折的时候，他写信说：

洪弟考试不利，一点儿小小得失，不值得在意。补发的案卷上有名，不去复

试，较为妥当。今年的院试若能考得满意，才真正是大幸；即使不被录取，去年家里既然已经考中一人，今年有点小挫折，也属自然盈虚曲折的道理，不必郁闷忧愁。植弟的书法非常好，然而按照惯例，凡未经过岁考的人是不符合选拔条件的，弟若去参考选拔，必定会受到同行的指责而被冷眼相看。及至选拔不上，旁人也不以为是不符合条件而失利，反而认为是由于你写作不好而被除名的。自己既然明知道去参考不符合惯例，又何必要去受人家一番指责呢？弟来信问我是否应该去参考，我的意见是应以科考正场为依据，如果正场能取一等补廪，则考试选拔时，就已经是作为正式的原生入场了；如果不能补为廪生，而是作为增生去考试选拔，那就全然不必去参考，以免白白招人妒忌。

曾国藩自己也是一个着眼于大局、对小的失败或挫折能淡然处之的人。攻占天京后，曾氏兄弟功成名就后也招人忌恨。尤其是锋芒毕露的曾国荃更是如此，仿佛不回籍"养病"就不能平息众怒一般。曾国藩对他说：我们兄弟已占尽天下难有的功劳，这段历史怕是要载入史册的。至于那些怨谤的话，已无足轻重，听之任之吧。曾国荃回到家乡后，他更是一天一信，千叮咛万嘱咐，主要强调的是留得青山在，不怕没柴烧。有了曾国藩的劝导、鼓励，曾国荃的心绪也好了起来，不久也就出山了。

但是，真正有远见的人，还是在挫折与失败中，保持希望与热情，不屈不挠，坚韧不拔。或者是在胜利中深谋远虑、高瞻远瞩，尽量避免失败与挫折，曾国藩可谓是一个这样的人。

【原文】

初四夜连接二十八、三十及十月初一日三次信缄，具悉一切。

初四日接奉二十日寄谕，夷务和议已成，鲍军可不北上。九月初六日派带兵入卫一疏，殆必不准，从此可一意图东南之事。

安庆所挑余亲兵两哨，若悉系上选，恐狗贼来援，打仗又少些好手，弟细心斟酌，或待击退狗援后，再令两哨南渡亦无不可。余前廿八日一缄，谓不须挑人来祁，一半是恶刘、李索钱太多，一半是恐安庆挑出好手，难当大敌也。此次商令缓来，则专来恐扯薄安庆起见，弟细酌之。

贼若有大股从练潭来集贤关，希庵若不递援，弟军足支持二三日否？千言万语都不要紧，惟此是性命关头。次青以不能战守，身败名裂，弟所争者在能守与否，若能守住四五日，则希庵之援兵必至矣。专意待希之救，万一希被桐城等处之贼牵制，不能援怀，亦事势之所时有。弟此刻与诸将约定，预为守营五日昼夜不息之计。贼初来之日，不必出队与战，但在营内静看，看其强弱虚实，看得千准万准，可打则出营打仗，不可打则始终坚守营盘，或有几分把握。闻迪庵于六年八月在武昌击石逆援贼，即坚守静待之法。每日黎明贼来扑营，坚守不动，直至申酉间始出击之，故无日不胜。希庵新援皖泉。莫令当撤委，令希查办。

【评述】

一个人无论如何伟大，相对于奔腾不息的历史而言，总是渺小的。就一个人

的一生而言，也往往是逆境多而顺境少。孟子有"天将降大任于斯人也，必先苦其心志，劳其筋骨，饿其体肤，空乏其身，行拂乱其所为，所以动心忍性，曾益其所不能。"也是说一个人要想有所作为，必须忍受住逆境的煎熬。

对待逆境，曾国藩首先是承认现实，保存自己，不做以卵击石般的无谓牺牲。他说：我在《杂著》中专门引用《周易》的"否卦"，我对这一卦的卦辞有不同常人的理解：事业得不到发展，道路闭塞不通，是因为行为不正的奸佞之徒当道而造成的。奸佞当道，道德高尚、坚守正道的人是吃不开的。这种时刻，做什么事情总是失去的多，得到的少。

奸佞当道，小人得势，不会政通人和，事业会遭受损失。正派而能干的人是不能展示才干、发挥作用的；如果直言或试图有所作为，不仅无济于事，反而会遭受陷害。大的方针政策不能变动，只好在具体工作的小地方做些补救。损失是不可避免的。曾国藩所讲的是"识时务"。

但是，如果一味顺从，人成为逆境的奴隶，也就不能改善自己的环境，更谈不到有所为了。因此，曾国藩从承认现实、识时务的角度出发，引申出逆境的第二种应对策略：练内功、求自强。他于1866年12月在一封家书中历数自己经历许多逆境而成功的例子说：困心横虑，正是磨炼英雄，玉汝于成。李申夫尝谓余怄气从不说出，一味忍耐，徐图自强，因引谚曰："好汉打脱牙，和血吞"，此二语是余生平咬牙立志之诀。余庚戌辛亥间为京师权贵所唾骂，癸丑甲寅为长沙所唾骂，乙卯丙辰为江西所唾骂，以及岳州之败，靖江之败，湖口之败，盖打脱门牙之时多矣，无一次不和血吞之。

曾国藩自谓"打脱门牙之时多矣，无一次不和血吞之。"可见其坚忍卓绝的意志，强毅不屈的气度。唯其时受挫折，经患难，故其德业也时有长进。对此，曾国藩说：

谚云："吃一堑，长一智"吾生平长进，全在受挫受辱之时。

又说：余生平吃数大堑，而癸丑六月不与焉。第一次壬辰年发佾生，学台悬牌，责其文理之浅。第二，庚戌年上日讲疏，内画一图，甚陋，九卿中无人不冷笑而薄之。第三，甲寅年岳州靖港败后，栖于高峰寺，为通省官绅所鄙夷。第四，乙卯年九江败后，赧颜走入江西，又参抚臬，丙辰被困南昌，官绅人人目笑存之。吃此四堑，无地自容，故近虽忝窃大名，而不敢自诩为有本领，不敢自以为是。俯畏人言，仰畏天命，皆从磨炼后得来。

对身处逆境时应守的道理，曾国藩说：就像《西铭》所讲的"没有地方可以躲避，只有等着被烹死，这就是晋献公世子申生的恭顺。勇敢地承认现实，又顺从命令的，只有伯奇能做得到。"这些话，太真切了。

【原文】

初二专丁到，接廿八夜之缄，具悉一切。

东流在江边，周万倬一营驻焉，向归厚庵调遣。建德在山内，去江五十里，普钦堂全军驻焉，向归江西调遣。曾得胜者，普部九营中之一营也。池州贼来东

流，则畏水师，若至建德，并不与水师相干。全调普军则可，专调曾营则不可。弟屡指调该营，不知何人所说，似不甚当于事理。兄目下实无以应弟之请，谅之。

长濠用民夫，断非陈米千石所可了，必须费银数千，此等大处，兄却不肯吝惜。

有人言莫善徽声名狼藉，既酷且贪，弟细细查明。凡养民以为民，设官亦为民也；官不爱民，余所痛恨。

宁国尚未解围。闻贼将以大队救安庆，南岸似可渐松。

南坡信大有可采，此人真有干济之才，可敬可敬！

家信四件附还。

【评述】

曾国藩在修身、求才、治军、治政的方面深有心得，为了达到礼治的目的，他"以礼自治"，"以礼治人"。为此，先正己，以正人。

曾国藩制胜之由，首先得助于他有一股强大的精神力量。他昭告天下说："本人德薄能少，独仗'忠信'二字为行军之本。"这是实在的。他就是凭着对封建王朝的耿耿忠心而百折不回，最后达到了他的反动事业的"光辉"顶点。

但"忠信"是封建时代大部分臣下的共同思想，除此之外，曾国藩的政治思想中还有更深层次的东西，这便是礼治。

礼治，是儒家的传统学说，曾国藩完整地继承了这一学说，并有所发展，使之成了他的政治思想的核心。

礼是随着人类社会的诞生而诞生的。原始社会中，人类对图腾的崇拜，对天地的祭祀，便大有一种"礼"存在其中；中国封建社会初期出现的《仪礼》《周官》，是孔子及其后学将他之前的礼仪、礼节和典章制度加以整理而成的。《礼记·礼器》说："经礼三百，曲礼三千。"这都是繁文缛节，但通过这些繁文缛节所体现出来的，却是上下尊卑的等级制度。"于《仪礼》用力甚深"，且任过礼部侍郎的曾国藩，根据自己的理解，对礼的内容做过详尽的叙述，他认为礼包括两方面的内容：一是洒扫沃盥等等生活方面的"常仪""定位"或"常度"；一是"辅世长民""治国平天下"之术。自然后者是礼的最基本的最本质的内容。

封建社会的"礼"，也是一个不断发展的概念；它的具体内容，常因时而变革。《说文》："礼，履也，所以事神致福也。"礼，本是用以祭祀神灵的。后来，才逐渐用于政事和人事。孔子说："殷朝沿用夏朝之'礼'，并有所增补，这可得知。周朝沿用殷'礼'，并有增补，这也可得知。那些继承周礼的，即使百年，还可得知。"经过长时间的演变、补充和完善，到了曾国藩生活的时代，礼的内容已大大扩充。"虽极军旅战争食货凌杂，皆礼所应讨论之事。"

曾国藩相当推崇清初秦蕙田的《五礼通考》，原因之一是，他认为这本书除介绍吉、嘉、宾、军、凶五礼外，"自天文、地理、军政、官、制，都荟萃其中，

并综九流，细破无内"，而且"举天下古今幽明万事，而一经之以礼，可谓体大思精矣。"所以他感慨地说："先圣制礼之体之无所不包，本来如是也！"在曾国藩看来，礼是"无所不赅"的，包括为人治世的一切具体内容："先王之道，所谓修己治人，经纬万汇者，怎么汇聚？亦曰礼罢了。"这样，他便把礼和他的经世致用之学沟通了起来。这就无怪乎他极力推崇那本各种制度沿革史的《通典》，说："杜君卿《通典》，言礼者十有其六，其识已跨越八代矣。"又说："欲全览经世大法，必自杜氏《通典》始矣。"并且自己"尝欲集盐漕、赋税、国用之经，分别为一遍，傅于秦书之后"，以补秦书之缺，而消弥"其食货稍缺"之憾。

正因为礼无所不赅，所以，声称要效法"尧、舜、禹、汤、文、武、周公之学"的曾国藩，便强调礼为治政之本。他说："昔孔子好语求仁，而雅言执礼，孟子亦仁礼并称，盖圣王所以平物我之情而息天下之争，本质之莫大于仁，外表之莫急于礼。""船山先生注《正蒙》数万言，注《礼记》数十万言，少以究民物之同目源，显以纲维万事，灭世乱于未形。"他把礼的作用看得如此之宏大，以致可以究民物之同原，可以纲维万事，平物我之情，可以息天下之争，弭世乱于未形。礼，简直成了曾国藩治国平天下的不二法门。

当然，这样阐述礼与政治的关系，并不是曾国藩的发明。《孟子》说："见其礼而知其政。"《荀子》说："礼者，政之輓也。为政不以礼，政不行矣。"《左传》中说："礼以体现政。""礼，国之干也。""礼，政之舆也。""夫礼，所以整民也。""礼，经国家，定社会，安定人民，利于后嗣者也。"《国语》说："夫礼，所以正民也。""夫礼，国之纪也。"《礼记·礼运》说："礼者，君之大柄也，所以别嫌明微，傧鬼神，考制度，别仁义，所以治政安民也。"《中庸》说："明乎郊社之礼，细尝之义，治国其如示诸掌乎！"在中国封建社会的三千多年的历史长河中，儒家关于礼与国政的这种至大又至纤的关系的学说，被历代统治者所接受。作为湘军的总头目、两江总督的曾国藩也认为，"古之君子""修身、齐家、治国、平天下"，则一秉乎礼。从深处说，舍礼无所谓道德；从表面说，舍礼无所谓政事。礼不仅是修身、齐家的道德规范，更是一切社会行

清朝的礼节

为的正宗标准。曾国藩进一步直截了当地说："古之学者，无所谓经世之术也，学礼焉而已。"从正面说，学经世之术，就得学礼，或者干脆一点说，经世之术就是礼；从反面说，维护"三纲九法"，就得隆礼。他说："将欲黜废邪恶而反经，果操何道哉？夫亦曰：隆礼而已矣！"总之，学习礼，尊崇礼、遵循礼，是治政的根本方针。故李鸿章概括曾国藩说："其学问宗旨，以礼为归。"郭嵩焘也概括说："曾氏以为圣人经世宰物，纲维万事，无他，礼而已矣。"

【原文】

二十四早接二十二酉刻之信，闳论伟议，足以自豪，然中有必须发回核减者，意诚若在此，亦必批云："该道惯造谣言也。"

苏州阊门外民房十余里，繁华甲于天下。此时乃系金陵大营之逃兵溃勇，先行焚烧劫抢，而贼乃后至。兵犹火也，弗戢自焚，古人洵不余欺。弟在军中，望常以爱民诚恳之意、理学迂阔之语时时与弁兵说及，庶胜则可以立功，败亦不至造孽。当此大乱之世吾辈立身行间，最易造孽，亦最易积德。吾自三年初招勇时，即以爱民为第一义。历年以来，纵未必行得到，而寸心总不敢忘爱民两个字，尤悔颇寡。家事承沅弟料理，绰有余裕，此时若死，除文章未成之外，实已毫发无憾，但怕畀以大任，一筹莫展耳，沅弟为我熟思之。吉左营及马队不往发矣。王中丞信抄去，可抄寄希、多一阅。

再，余有信、银寄吴子序、刘星房，望传知嘉字营帮办吴嘉仪，令其派二妥当人来此接银、信，送江省并南丰为要。

【评述】

任何时代能够建功立业的人，都有一个较为普遍的特点，即通过顺应时代——乘势而起——造势而雄的三段式作为人生成长的基本轨迹。

一个人无论多么伟大，他成功的第一步都首先需要将自己融入社会，并且要适应社会。这一时期，他必须深入地观察社会，认识社会，接受社会大熔炉的磨炼，形成自己的"思想"并发挥自我、改造社会的潜在技能。

第一时期的关键是，一个人不能只作社会的附庸，在他的个体生命熔铸社会后，就当很快走入第二阶段——乘势而起。这一阶段是最艰难的阶段，能否跨越这一阶段，可以说是成功的关键。一种情况是，许多人运气很好，个人天赋也有成就大事的条件，但随时俯仰，与世沉浮，让个体销蚀在社会与时代之中。另一种情况是，因为在走向成功的成长期，挫折颇多，几乎没有平坦之路可走。孟子所说的"天将降大任于斯人"，"必先如何如何"，显然孟子是把这些作为一个成功者必要的和先决的条件提出来的。孟子的话包括三层意思：一是必然经历精神磨砺，也即意志考验；二是肉体的折磨。三是你不胜任的东西要由你来完成（增益其所不能）。成功者经过诸般艰苦卓绝的过程后，他走完了脱颖而出、鹤立鸡群的过程。曾国藩做事情，讲究自胜自强，不随时浮沉。咸丰九年（1859）六月的一则日记由写字联系到成功，他说：

余近日常写大字，渐有长进，而不甚贯气，盖缘结体之际不能字字一律。如或上松下紧，或上紧下松，或左大右小，或右大左小。均须始终一律，乃成体段。余字取势，本系左大右小，而不能一律，故恒无所成。推之作古文辞，亦自有体势，须篇篇一律，乃为成章。办事亦自有体势，须事事一律，乃为成材。言语动作亦自有体势，须日日一律，乃为成德。否则，载沉载浮，终无所成矣。

曾国藩这里讲的是他一贯倡导的成功要义之一法，即有恒法。同治五年

（1866），曾国藩在一封家书中历数自己经历许多逆境而成功的例子说：困心横虑，正是磨炼英雄、玉汝于成。李申夫尝谓余怄气从不说出，一味忍耐，徐图自强，因引谚曰："好汉打脱牙，和血吞"，此二语是余生平咬牙立志之诀。余庚戌辛亥间为京师权贵所唾骂，癸丑甲寅为长沙所唾骂，乙卯丙辰为江西所唾骂，以及岳州之败、靖江之败、湖口之败，盖打脱门牙之时多矣，无一次不和血吞之。

曾国藩还说：

"吃一堑、长一智"吾生平长进，全在受挫受辱之时。

他历数早年经受的四大耻辱，使自己猛然警醒时说：

余生平吃数大堑，而癸丑六月不与焉。第一次壬辰年佾生，学台悬牌，责其文理之浅。第二，庚戌年上日讲疏，内画一图，甚陋，九卿中无人不冷笑而薄之。第三，甲寅年岳州靖港败后，栖于高峰寺，为通省官绅所鄙夷。第四，乙卯年九江败后，赧颜走入江西，又参抚臬，丙辰被困南昌，官绅人人笑存之。吃此四堑，无地自容，故近虽忝窃大名，而不敢自诩为有本领，不敢自以为是。俯畏人言，仰畏天命，皆从磨炼中得来。

曾国藩总结度过困境的经验，说"余于凡事皆用困知勉行功夫，困时切莫间断，熬过此关，便可少进，再进再困，再熬再奋，自有亨通精进之日。"

正由于曾国藩经受了艰难、耻辱、危急等多重考验，打通了"极困极难之境"，所以才成为"好汉"。

成功者的第三阶段是事业的发展和辉煌时期。这一时期用造势而雄来形容十分恰当。因为这一时期已经没有太大的阻力，用势如破竹来形容可以，用排山倒海来说明也不是不可。因为他个体的生命已发生裂变，裂变成能够左右时局的"原子体"。他个人已经走过"借势"之时，开始造势、造新势，造有利于时代发展的另一种势。

走过第二阶段的标志是人已达到了一定的位置，有了一个足以施展个人才能的舞台。在走向第三阶段后，关键是个人的才能是否足以驾驭一个大小不等的环境。为什么同样的舞台，同样的位置，但结局却大不相同甚至截然相反呢？这可以归结为个人的差别。这种差别既有"硬件"方面的如才能，也有"软件"方面的，如素质等。

回过头来看曾国藩，他考中进士是个体融入社会的第一步，他跟随唐鉴、倭仁从事理学是融入时代的第二步。因为清朝崇尚理学，这是取悦于君、取悦于世的一个重要条件。但曾国藩没有停留在传统理学上，他又加入了实学的内含，这就是人世的根本，他后来的成就，在此奠定了许多。

咸丰二年（1852）开始，他开始步入艰难的成长期。这一阶段十分漫长，大体经过了十五年左右的时间，直到他担任两江总督为止。在此期间他多次自杀，又为京师、地方权贵所笑骂，为当局者所折抑，他自己说此期间"打脱牙之日多矣"，就是最好的证明。同时，他是文人带兵，自将必败，但他最终打败了十几倍、几十倍于己的太平军，这就是"增益其所不能"的过程。曾国藩经历了孟

子所说的多重考验，才有"花团锦簇"之后来。因此，当江南大营再次溃败时，左宗棠敏感地意识到"天意其有转乎"，这就是机运。时代的变革已不可能在极短的时间内再组织成江南大营，历史选择了湘军。而当时曾国藩是湘军的创始人之一，是湘军这个团体的灵魂，因此选择湘军作为镇压太平天国的同时，也选择了曾国藩。难怪胡林翼等人说：以江南事付曾公，乱不足平。意思是让曾国藩收拾乱摊子，没有问题。这就是说，曾国藩的成功又有某种必然性。

【原文】

吾自服官及近年办理军事，心中常多郁屈不平之端。每效母亲大人指腹示儿女曰："此中蓄积多少闲气，无处发泄。"其往年诸事不及尽知，今年二月在省城河下，凡我所带之兵勇扑从人等，每次上城，必遭毒骂痛打，此四弟、季弟所亲见者。谤怨沸腾，万口嘲讥，此四弟、季弟所亲闻者。自四月以后两弟不在此，景况更有令人难堪者。吾惟忍辱包羞，屈心抑志，以求军事之万一有济。现虽屡获大胜，而愈办愈难，动辄招尤，倘赖圣主如天之福，歼灭此贼，吾实不愿久居宦场，自取烦恼。四弟自去冬以来，亦屡遭求全之毁、蜚来之谤，几乎身无完肤。想宦途风味，亦深知之而深畏之矣。而温弟、季弟来书，常以保举一事疑我之有吝于四弟者，是亦不谅兄之苦衷也。

甲三从师一事，吾接九弟信，辞气甚坚。即请研生兄，以书聘之。今尚未接回信，然业令其世兄两次以家信催之，断不可更有变局。学堂以古老坪为妥。研兄居马圮铺乡中，亦山林寒苦之士，绝无官场习气，尽可放心。至甲三读书，天分本低，若再以全力学八股、试贴，则他项学业必全荒废，吾决计不令其学作八股也。

【评述】

古往今来，那些成就大事业的人，都是积累有素，厚积而薄发，一旦机会到来，乘势而上。除非动乱之世，社会处于无序状态，人的发展往往打破既定程序，就一般性而言，都从日积月累中成就。曾国藩历来将眼界宏大与小处入手相提并论，认为二者缺一不可。他还特别从历代有作为的帝王和宰相身上，印证他的结论。他曾有过这样的精彩之论：

古之成大业者，多自克勤小物而来。百尺之楼基于平地，千丈之帛，一尺一寸之所积也。万石之钟，一铢一两之所累也。周文王是中国难得的圣人，但自早晨至中午连吃饭的时间都没有。周公夜以继日，处理政务直到天亮。这些圣贤勤劳若此，则无小无大，何事敢台慢！诸葛亮为相，自杖罪以上，皆亲自临决。杜慧度为政，纤密一如治家。陶侃综理密微，虽竹头木屑皆保存起来作为有用之物。朱熹曾说为学须铢积寸累，为政者亦未有不由铢积寸累而能够有所作为的。秦始皇用石来量书，不处理完毕不入睡；魏明帝自己代行尚书事，隋文帝批文件无暇吃饭，令卫士送餐，这些皆为后世所讥笑，以为天子不当亲理细事。我认为天子或可以不亲细事，若为大臣者，则断不可不亲。汉帝向陈平问钱谷的事，不知，问刑狱的事，尚不知，未可以为人臣效法也。大凡建功立业，一定以亲眼所

见者为有效。如有车必见其车具，如有衣必见其襟袖，若为广见博闻的君子，必见其著述满家，手稿累筐。若为躬行实践的君子，必见其面色之兴奋，徒党对他的感慕。如果善于治民，必见其所居之地百姓高兴的地方，离任时老百姓会十分眷恋他。假如善于治军，必见其有战则胜，有攻则取。若不以目所共见者为根据，而但凭心所揣度者为高，则将以空虚浅薄为哲理，而轻视务实，以崇尚空泛为贤能，而耻笑勤奋谦谨，何异于邓扬之徒，流风相煽，高心而空腹，尊己而傲物，大事细事，皆堕坏于稀里糊涂之中。亲者贤者，皆被拒于千里之外。以此而希望大业之成，不亦荒谬吗！孔子许诺仲弓为重要人才，而雍正以居敬为奉行简约之本，都一定是因为能够勤敬才无废事的。

事事从小处做起，则大事可成。曾国藩说："泰山之高以其不弃粪壤，沧海之大，以其不拒浊流。"就是这个意思。

曾国藩善于体察人情世故，他认为人常有两种积习：或者好高骛远，眼高手低，这种人大事做不成，小事不愿做。他形象地称这种人其实是瞽者，即看不到方向的人。还有一种人整日陷于琐事中，只见树木不见森林，缺乏远见卓识。在此基础上，他提出"成大事者，目光远大与考虑细密二者缺一不可"的处世韬略。没有远大的目标，就会迷失方向，但必须按目标一步一步走下去，方有成功的可能。

曾国藩在给他弟弟的信中曾说："古代能办成大事的人有两条，目光远大和考虑细密二者缺一不可。弟在考虑细密方面，精力比我强。军队中的器械，稍微精良的，应该另立一册，亲自登记，交代给一个可靠的人。古人用铠甲武装的鲜明作用，具有威震敌人显示威风的重要性，常可取胜。刘峄衡对于火器经常维修保养，对刀矛就全不讲究。我曾经派褚景明去河南采购白蜡杆子，又置办腰刀，分别赏给各将领和头目，他们很是喜爱和重视。弟一定留心这件事，这也是综理细微的一项内容。至于规模宜大，弟也是要讲求的。但讲究宏大的人最容易混入散漫的一路，遇事颠顶，毫无条理，就是再大，那又有什么可宝贵的？等级不乱，可以长久，器量宏大，就没有流弊了。"

就军事来说，军事计划最好是规模远大；整理军营内务最好是综理细密。不但要从"大处着眼"，还必须从"小处下手"。他曾经说治军应当"认真对待小事"，意义就在这里。他还说："治军必须脚踏实地，注意小事，才可以每日有功。"

在给吴竹如的信中，曾国藩也说："近年在军队里的经验多了，更知道天下的事应当从大处着眼，小处下手。陆氏强调说：'首先立下大志向的人'，如果不辅之以朱子所说的'铢积寸累'的功夫，那么下梢就会完全没有把握。所以国藩治军，摒去一切高深神奇的说教，专在粗浅纤悉处下功夫。虽然遵守这一条不会取得大的功效，但从自己钝拙考虑，那么还像遵守约法那样去做。"

曾国藩在军事调度方面，常从大处着眼。他对于军事计划，虽然讲究规模远大，但仍然以稳妥可行为主，不至于流入散漫的那一路。如他在给左宗棠的回信中说："我们凡是进行军事调度，都要考虑我们的力量够不够，同时也要考虑我

们的智慧够不够。"

在给李元度的回信中说："对于大的调度，在危急的情况下，特别要注意保住全军的士气为主。孤军无援，粮食和物资都供应不上，奔波疲惫，都会造成散乱，这是必然导致失败的道理。"

正因为曾国藩"规模远大"，他率先设立水师，并坚守长江中游，与太平军打阵地战，寸土不让，寸土必争。也正因为如此，他敢于抗圣旨，不派鲍超入援京师，因为鲍军一撤，对太平军的多年持久战可能流于失败。这些都是大的方面。从综理密微而言，曾国藩做得更多，幕僚们赞叹他细微，任何小事都瞒不过他。

【原文】

春二，维王来营，接奉父亲大人手谕并诸弟信函，敬悉一切。

此间自五月十三日水战获胜后，三十日该逆七十余舟上犯至青山一带，我军出队迎敌，又获胜仗，夺回余去年所坐之拖罟船外，又夺贼战船五只，军心为之一振。六月初七日、初九夜两次风暴，营中坏船十余号，应修整者二十余号。

十三日派人至南康对岸之徐家埠，水陆搜剿。其地去湖口县七十里，贼匪督率土匪在该处收粮，诛求无度，民不聊生，因派水陆六百人前往搜剿。真贼十余率土匪三百人与我军接仗，仅放两排枪，该匪即败窜。追奔十余里，焚贼营十余所，焚辎重船百余只，击毙十余人，生擒七人。十四日收队回南康。十五日水师至湖口探看贼营情形，该匪坚匿不出，迨我军疲乏将归，逆船突出大战。我军未约定开仗，人心忙乱，遂致挫败，被该匪围去长龙一号，舢板船二号，三船共阵亡五十余人，受伤二十余人，军士之气为之一减。今年内湖水师共开四仗，两胜两败，湖口一关竟难遽、行打出，不胜焦灼！塔军门在九江十三日打一胜仗，杀贼三百余人，亦无益于大局也。自义宁州失守，不特江西省城戒严，而湖南亦有东顾之忧。盖义宁与平江、浏阳接壤，贼思由此路窥伺长沙。罗山现回江西省，拟即日进攻义宁，以绝两省腹心之患。若能急急克复，则桑梓有安枕之日，否则三面受敌，湖南亦万难支持。大乱之弭，岂尽由人力？亦苍苍者有以主之耳！

余癣疾未愈，用心尤甚，夜不成寐。常恐耿耿微忱，终无补于国事。然办一日事，尽一日心，不敢片刻疏懈也。陈竹伯中丞办理军务，不惬人心，与余诸事，亦多龃龉，凡共事和衷，最不易易也。澄弟近日尚在外办公事否？宜以余为戒，步门不出，谢绝一切。余食禄已久，不能以国家之忧为忧，诸弟则尽可理乱不闻也。

子侄辈总宜教之以勤，勤则百弊皆除，望贤弟留心。即问四位老弟近好。

并请四弟将此呈父亲大人前跪请福安，叔父大人均此问安。

【评述】

和平时代的人们，做事情的敢与不敢主要体现在有没有承担风险的勇气以及抗拒风险的能力，换句话说，敢不敢承担大的风险，往往这种敢并不直接威胁身家性命。而战争时代的敢则不一样了，他直接面对的是生死的抉择。曾国藩就是

在关键时刻具备这种敢的人。

咸丰四年四月初二日（1854年4月27日）凌晨，曾国藩指挥湘军水陆，沿湘江北上，浩浩荡荡向靖港进发。顺流疾进，刚至中午，湘军水师和陆师都到了靖港镇外。

陆师过了浮桥，曾国藩即下了进攻的号令。然而，一进靖港镇，只听一声炮响，埋伏在港外的太平军一齐杀出。湘军初战受挫，这次又遭遇伏兵，一下子乱了阵脚，纷纷后退。李续宾、王鑫等人想督军迎战，谁也不听指挥。一片喊杀声震山荡水，"活捉曾国藩"的吼声更让中计的曾国藩心惊胆战。然而，他心知不能一败再败，必须誓死抵抗。面对溃逃如潮的湘军，他怒火中烧，令护卫把将军旗插在江边，自己执剑立于旗下，高声断喝："过旗者斩！"

溃兵涌来，曾国藩大吼一声，挥剑砍翻一个，余者呆立瞬刻，绕过军旗，继续狂奔。后面的败兵如排山倒海，曾国藩一把长剑再也不知刺向何人了！

这时，太平军大队冲入湘军队伍中，一片砍杀之声，湘军完全失败了。卫兵一把拉过曾国藩，护入座船，仓皇向长沙败逃。

曾国藩呆坐舱内，五内俱焚。衡州出师后，与太平军交锋，两仗两败，落了个狼奔豕突的结局，自己惨淡经营，苦练了将近一年的湘军，竟是如此无用。他想如此下去，原先的豪言壮语将全部落空。再回长沙，官绅们的冷眼将不堪入目。何况，这次是否能逃得回长沙，也很难说。耳畔，响起一片败兵的嚎叫，一片"活捉曾妖头"的怒吼！他左思右想，决定不如趁早一死，免得自讨其辱。这时，幕僚陈士杰、李元度看到曾国藩神情有异，命令章寿麟驾一舢板，随护座船左右。

岂料座船随员稍未注意，曾国藩猛然起身，推开舱门，纵身跃入江心。"曾大人跳水了！"章寿麟一面大叫，一面由舢板跳入江中，很快救出曾国藩，扶进船舱中。大家七手八脚为他换衣、推腹，好在他并未呛水，尚无大碍。大家一路解劝，狼狈退回长沙。

曾国藩的勇敢与倔强，后来在他兵困祁门时也有充分的表现。1860年，曾国藩驻扎在祁门。当时安徽南北十室九空，从金陵到徽州八百余里，遍地都是太平军，没有哪一天没有战斗。徽州刚失陷时，休、祁一带大为震惊。有的人劝曾国藩将军营移到别的地方，他说："我初次进兵，遇到危险就退却，以后的事情怎么说呢？我离这里一步，就没有死的地方了。"何等的勇敢与倔强！敌军到后，四面围攻。他亲笔写下遗嘱，营帐上悬挂佩刀，从容布置迎敌，没有改变平常的态度。死守了二十来天后，征召鲍超一军大战一场，将敌军驱赶到岭外。他的幕僚曾总结说：以十余年来共同诛杀未果的狂妄"敌军"，曾国藩领军四年，就依次予以荡平，都是因为祁门刚开始时的倔强和不胆怯，才能够使敌军胆寒而振作士气。

曾国藩在艰危的形势下敢于"誓死如归"。别人不怕的，他怕，别人都怕的，他却不怕，这往往是一种大智大勇。

人生的戏，不同于舞台的戏。舞台的戏，演错了可以重演，不会有什么

生命之虞。而人生的戏，在表演生与死的"艺术"时，则很可能弄假成真，因此他更需要表演者有一种超乎常人的大智大勇。人生许多峰回路转的佳境，都是靠这一"表演"艺术再现的。因此，更多的时候就看芸芸众生敢不敢在这一舞台上一试身手。

【原文】

初六日俊四等至，接廿八夜来缄，具悉廿五日业经拔营，军容整肃，至以为慰。

吉安殷富甲于江西，又得诸绅倾诚输助，军饷自可充裕。周梧冈一军同行，如有银钱，宜分多润寡，无令己肥而人独瘠。梧冈暗于大局，不能受风浪，若扎营放哨，巡更发探，开仗分枝，究系宿将，不可多得。

主事匡汝谐在吉安招勇起团，冀图袭攻郡城，闻湖南援吉之师，将别出一枝，起而相应，若与弟军会合，宜善待之。

袁州既克，刘、萧等军当可进攻临江。六弟与普、刘在瑞声威亦可日振。弟与夏、黄诸兄到吉安时，或宜速行抽动，或宜久顿不移，亦当相机办理。若周军与桂、茶诸军足以自立，弟率湘人雕剿来江，兄弟年内相见，则余之所欣慰者也。

军事变幻无常，每当危疑震撼之际，愈当澄心定虑，不可发之太骤，至要至嘱！

【评述】

在人生的搏击场上，败要败得明白，胜亦不应胜得糊涂。胜要知其所以胜，败要知其所以败。只有这样，才能败中求胜，胜中防败。比较起来，知其所以败对很多人是比较容易的，失败的残酷现实常常逼迫你从睡梦中清醒过来，从中查找原因，吸取教训。而知其所以胜，不为胜利冲昏头脑，则是比较困难的。有的人一旦胜利，便忘乎所以，或者认为是天机所助而轻视了自己的进取，或者因看重自己的作用而贬低了机遇或他人的价值与作用。前者成了守株待兔之人，后者成了夜郎自大之辈。都是于成功所不可持久的。

曾国藩则是一个在胜败之间都能保持一个清醒头脑的人，他常说，凡成大事，天力居半，人力居半。切不可小觑这种认识，有了这种认识，才能知道哪些地方应尽人力，哪些地方应知天命，才能做到胜不骄，败不馁，才能在胜败之际保持清醒的头脑。

失败之际，曾国藩这样说："困心横虑，正是磨炼英雄，玉汝于成。""唯有一字不说，咬定牙根，徐图自强而已""每怪运气不好，便不似好汉声口。""吃一堑、长一智，吾生平长进，全在受挫受辱之时。"

攻克天京后，对曾国藩的第一个打击莫过于剿捻无功，厚着脸皮回两江总督任了。曾国藩虽然围剿捻军没有成功，但平定捻军最终是由于曾国藩防守两河的策略，这件事在王定安的《湘军记》中曾经提到，其中说："夏、商、周三代时中国没有骑兵，行军作战都靠战车。到战国才知道使用骑兵，大概是仿效北方沙

太平天国天京陷落图　清

漠民族的做法。当时诸侯王国方圆千里，差不多相当于现在的一个行省，动则号称几十万铁骑，纵横驰骋，几天就能到达别人的国都。因此，韩、赵、魏、燕、齐都修筑长城自卫。这些都出于《战国策》，可以查证。秦始皇统一天下，中国没有了战乱，于是修筑万里长城抵御匈奴骑兵。从中可以看出，墙长可以抵御骑兵，由来已久。从捻军强大以来，剽悍的骑兵何止五六万？僧格林沁率领蒙古骑兵追赶，经常被落在后面。曾国藩奉命北征，开始苦于无马，屡次派人出去购买，买到的马不多，但是反贼却日益强大，于是才改变主意修筑长城，守住运河和沙鲁等河，听说的人都笑他迂腐。其后李鸿章又实行这种战略，坚守住胶莱河、北运河。城墙和马一般高，反贼害怕，于是最终取得成功。筑成千里长墙，聚集几个省的兵力坚守，反贼或许不能自保，这是最笨拙的计策。然而天下最巧妙的事物，只有笨拙的事物才能克制，坚守其拙，巧者必然失败。"

所以总体上看，曾国藩围剿捻军，虽然没有立下赫赫战功，但是他的深谋远虑，是很值得称道的。曾国藩也始终认为自己的剿捻策略是正确的，所以才有后来朝廷让李鸿章接替他的剿捻大任时，曾国藩开始时拒交关防一事。

王定安在《湘军记》中还说，当时人们责怪曾国藩过于迂腐，曾国藩领兵作战时间长了，指挥更加谨慎。当初主张驻扎军队四处镇守，继而扼守运河，都很得要领。在临淮搜捕根除蒙城、亳州的反贼，以绝后患。在徐州处理了"湖团"大案，杜绝了反贼合拢。大小几十仗，遏制了反贼的气焰，捻军势力因此大为削弱。

但当时言论几次弹劾曾国藩，曾国藩又因为以运河作为防线没有成功，上奏请求让李鸿章作为两江总督驻扎在徐州，和山东巡抚一同治理东路。曾国荃以湖北巡抚的身份驻扎在襄阳，与河南巡抚一同围剿西路，自己驻守在周家口策应。

有人弹劾曾国藩狂妄自大，曾国藩畏惧谗言，请了几个月的病假，继而请求辞官，留下其他人在军中效力，另请大臣接管军务，又上奏围剿捻军无功，请求注销封爵，以表示自责，清廷不允。

同治五年（1866）冬天，曾国藩奉旨回到两江总督住所，李鸿章代替他总揽军权。当时张总愚进入陕西，赖文光进入湖北，捻军分为东西两部分，从此没有再合并。同治六年（1867）六月，曾国藩补授大学士，仍然治理两江。任柱、赖文光再次进入河南，流窜到山东，渡过运河，侵扰登州、莱州、青州。李鸿章建议，集合四省的兵力，一起堵住运河。英瀚请求合兵守住胶莱河，把反贼固在海角，都是按照当初曾国藩防守黄河的建议行事，反贼再次引兵向西，越过淮河进入海州，官军在战斗中杀死任柱，在寿先得尔河大破反贼。赖文光逃至扬州战死，东部捻军平复。清廷下诏加封曾国藩为云骑尉世职。张总愚后来被刘松山打败，渡过黄河，窜入山西，进入河北，进犯保定、天津、河间，京师戒严，刘松山绕道出现在反贼面前，大破捻军，丁宝桢前来支援，驻守固安，左宗棠驻守天津，李鸿章驻守大名，英瀚、李鹤年防守黄河的南北两岸。反贼绕过运河窜至东昌武定，李鸿章移师德州。当时黄河水涨，官军扼守黄河围困反贼。曾国藩命令黄翼升、欧阳利见率领水师协助围剿，会合各路军队，在荏平大破捻军，张总愚投水而死，西部捻军平定，可以说，凡是防守黄河的计策，都出自曾国藩的计策。

因此，直至曾国藩卸直隶总督之任，由李鸿章接其剿捻，他也不承认自己是"失败"，只是无功而已。可以说曾国藩对自己剿捻的失败是败得明白的。

而当曾国藩取得成功之时，他也是那种"知其所以胜"的明白之人。面对成功成名，他则说"虽忝窃大名，而不敢自诩为有本领，不敢自以为是。俯畏人言，仰畏天命，皆从磨炼后得来。"他在给朝廷的上书中还曾说："臣不敢以一次作战的功劳，就忘掉了自己的丑陋。"足以证明曾国藩在胜利之际的清醒头脑。

【原文】

十月十五日接来缄并季公、筱公信，具悉一切。

攻吉攻瑞，二者俱无把握。瑞则纵筑长围，环攻数月，仍不能下，亦属意中之事；吉则初锐后顿，仍蹈袁、瑞之辙。守吉安者为周业春，绰号"豆皮春"，贼中颇有名迹，必谓我师能一至而举之，余则未敢深信。惟此军初起，劝捐皆以援吉为名，湘省官绅皆以援吉为念，势之所在，余何能违众而独成其说？纵余欲违众，弟与梧冈之三千人者，岂敢违上而自定所向，无口粮而直赴瑞州乎？弟可从憩、南两兄，一听骆中丞、左季兄之命，救东则东，救西则西。其周梧冈一军，刻有禀来，余亦拟其听候南抚院调度。周歧山败挫之营，余亦饬其回湘，归并梧冈一军，同赴吉安，以符湘省官绅之初议，而开江西上游之生面。

至沅弟之所处，则当自为审度。辱南翁青睐，代为整理营务，送至吉安，无论战之胜败，城之克否，则可敬谢速行，或来章门与余相见，或归里门侍奉老亲，无为仆仆久淹于外也。此事登场甚易，收身甚难。锋镝至危，家庭至乐，何

必与兵事为缘？李次青上年发愤带勇，历尽千辛万苦，日昨抚州一败，身辱名裂，不特官绅啧有烦言，即其本邑平江之勇亦怨詈交加。兵犹火也，易于见过，难于见功。弟之才能不逮次青，而所处之位，尚不如次青得行其志，若顿兵吉安城下，久不自决，以小战小胜为功，以劝捐办团为能，内乘脊令之义，外成骑虎之势，私情公谊，两无所取。弟之自计不可不审，与憩兄、南兄约不可不明也。日内平江等勇，因口粮久缺拥闹衙署，兄情绪督乱，不克详陈，季翁、筠公两处，并不克作答，弟可婉告颠末，或即将信一呈，亦足以稍见余之郁郁。余俟续布，不尽不尽。

【评述】

被动，是一种暂时的不利或轻量级的失败。在剿捻不利的艰难时期，曾国荃不识时务，不知事情利害，参劾官文给曾氏兄弟带来了极大的被动。

曾国荃为什么会参劾势力强大的满族贵族官文呢？起因由曾国荃出山任湖北巡抚开始。

官文坐镇湖广，是清政府插在长江上游的一颗钉子。湘、淮军在长江流域的崛起，清朝满族权贵是不放心的，利用官文控扼长江，是清政府对付湘、淮的一个筹码。胡林翼做湖北巡抚时，知道其中缘由，一直对官文采取笼络政策，督抚同城，关系融洽，官文对胡林翼也是有求必应。胡林翼死后，官文与湘军的矛盾暴露，湘军进攻安庆时他不发兵，不供饷，曾国荃兵驻雨花台，在急需救援时他奏调多隆阿去陕甘"剿回"。但当时清廷用得着

湘军，曾氏兄弟与他亦无多大干系，所以矛盾也没有公开爆发。可是，如今曾国荃做了湖北巡抚，又在那里组建"新湘军"，加上曾老九其人锋芒毕露，目空一切，不把他这个满洲贵族看在眼里，他就决心想法整整这个不可一世的曾国荃。

官文与湖北按察使唐际盛商量对策，唐为官出谋划策，让官文出面给皇帝上奏折，保奏曾国荃为"帮办军务"，让他率军去鄂北"剿捻"，离开武昌，驻兵襄阳，拔去这个眼中钉。官文依计而行，谕旨很快批复，正如官文所请。

曾国荃不知是计，一直带兵打仗也不知"帮办军务"的官衔有多大，应不应该专折谢恩，只好写信给大哥。曾国藩回信说，帮办军务属毫无实权的空名，如李昭寿、陈国瑞等降将，刘典、吴棠等微品职衔时，都曾得到过"帮办军务"之名目。故此不必谢恩，但也不可推辞或气恼，权当没有此事，以后公牍上也别署这个头衔，不然会惹人笑话。

恰在此时，湖北粮道丁守存向曾国荃拨弄是非，说湖北"新湘军"组建，所需粮草由粮台筹集，但官文却不让给"新湘军"供粮。原来这个丁守存曾因贪污公款被官文发现，敲诈他大部家产才没有参劾他，他这次想借曾氏兄弟之手报复官文。曾国荃把这两事合起来考虑，大为恼火，决定向皇帝告发官文。

曾国荃幕中无文吏，恰在此时曾国藩的长子曾纪泽来湖北，遂同侄子商量拟稿。曾纪泽时年已27岁，由于父亲的熏陶，已知官场之险恶，叔父之鲁莽。所

以当即提出官文是满洲贵族，为太后和皇上所宠信，要弹劾他实非小事，最好先同父亲商量后再定。然而曾国荃却认为自咸丰八年复出后，哥哥的胆子越来越小，反而办不成大事，这次弹劾官文不该让哥哥知道，免被阻挠。曾纪泽只好按九叔提供的内容拟稿，最终稿成，列举了官文贪庸骄蹇、欺罔徇私、宠任家丁、贻误军政、笼络军机处、肃顺党孽等多款罪状，此折在襄阳郭松林营中发出。

曾氏叔侄不甚明了弹劾官文的利害，写奏折的水平也无法与曾国藩相比，因此奏折过于草率，文字虽洋洋数千言，但语言欠斟酌，参劾内容尽管多是事实，但疏奏多不中肯。曾国藩闻到九弟具疏弹劾官文，深恐此举会遭大祸，赶紧从曾国荃手中要来底稿，看看奏言是否立得住脚，或可设法补救。看罢底稿，曾国藩认为所奏虽是事实，但言辞涉及军机处和“肃党”，怕是要引出更多麻烦。于是，立即写信给九弟，让他忍隐、克己、修身而自保自强，不要“在胜人处求强”，不要“因强而大败”，信中对儿子反复责怪，不该做出此等招非惹患之举。

曾国荃读罢哥哥来信，方知事情的利害，但后悔已迟，只能等着事态发展。曾纪泽受责，赶紧离开武昌，避开是非圈子。

正如曾国藩预料，曾国荃的奏折在清廷中引起了轩然大波，尤其折中牵连军机处，说官文笼络军机处，军机处“故意与鄂抚为难”等，立即引起军机处的不满。军机大臣胡家玉面禀慈禧太后，说曾国荃诬告官文，指责军机，存心不良，所奏情事亦多不合，要求拟旨驳之。还说曾国荃指官文为“肃顺党孽”，更是凶险之词，要求照例反坐，治其诬陷之罪。这一参劾，给曾氏兄弟带来了极大的被动。

慈禧只得让军机处派人去湖北调查，并给调查者一个钦差头衔。调查湖北督抚纠纷的钦差回到北京回奏时，把奏折所列各条全部驳回，要求朝廷下旨治曾国荃之罪。慈禧对此颇感为难，她一见奏折，就知事出有因，表面上是曾、官督抚相争，实则满洲权贵与湘、淮头领发生矛盾。曾国荃背后有一大批湘、淮军阀，官文背后有一大批仇视汉官的满洲贵族。她既不愿惩处官文，也不想在需要湘、淮军为她打仗之时开罪这些军阀。

在慈禧犹疑之际，曾国藩为解救被动局面，来了一个弟弟唱黑脸，哥哥唱白脸的策略，上密折保官文。

正在慈禧太后思考如何处理之际，忽然接到曾国藩和左宗棠的两个奏折：一折密保官文，是曾国藩所上；一折说曾国荃弹劾官文一疏，是当今第一篇好文章，以自己在湖广多年所见为证，指责官文种种劣迹，要求太后、皇上对官文惩处，以昭朝廷公正。原来曾国荃折劾官文之后，湘、淮诸大员频繁交换意见，大多认为曾国荃鲁莽，不该得罪权贵。李鸿章为曾国藩出一策，让他在此时拟折密保官文，请求清廷不要深究官文之罪，这样做可以挽回满贵对湘淮的仇恨，或可息事宁人。曾国藩本也痛恨官文，但迫于形势，只好照此办理了。但远在西北镇压回民起义的左宗棠，手握兵权，处于清廷不得不重视之地位，听到曾国荃疏劾庸劣卑鄙的官文，大感乘心，于是在西北战场给朝廷上了那篇词气充厉的奏疏。

慈禧见湘、淮大将都表了态，只好从中维持“和局”，按照督抚同城不和的

成例处理：把官文内调京师，以大学士掌管刑部，兼正白旗蒙古都统。官文调走，未加任何惩处。曾国荃仍为湖北巡抚，未加指责，使此事宣告结案。官文调走后，湖广总督由李鸿章担任，因苏抚一职暂不能脱离，调其兄李瀚章暂署湖督，让淮军首领李氏兄弟从中拣了大便宜。经曾国藩这一举动，暂时地渡过了这一危机。

【原文】

四月初五得一等归，接弟信，得悉一切。兄回忆往事，时形悔艾，想六弟必备述之。弟所劝譬之语，深中机要，"素位而行"一章，比亦常以自警。只以阴分素亏，血不养肝，即一无所思，已觉心慌，肠空如极饿思食之状。再加以憧扰之思，益觉心无主宰，怔悸不安。

慈禧太后便服像 清

今年有得意之事两端。一则弟在吉安声名极好，两省大府及各营员弁、江省绅民交口称颂，不绝于吾之耳；各处寄弟书及弟与各处禀牍信缄俱详实妥善，犁然有当，不绝于吾之目。一则家中所请邓、葛二师品学俱优，勤严并著。邓师终日端坐，有威可畏，文有根柢而又曲合时趋，讲书极明正义而又易于听受。葛师志趣方正，学规谨严，小儿等畏之如神明，而代管琐事亦甚妥协。此二者皆余所深慰，虽愁闷之际，足以自宽解者也。弟声闻之美，可恃而不可恃。兄昔在京中颇著清望，近在军营亦获虚誉。善始者不必善终，行百里者半九十里，誉望一损，远近滋凝。弟目下名望正隆，务宜力持不懈，有始有卒。

治军之道，总以能战为第一义。倘围攻半岁，一旦被贼冲突，不克抵御，或致小挫，则令望隳于一朝。故探骊之法，以善战为得珠，能爱民为第二义，能和协上下官绅为第三义。愿吾弟兢兢业业，日慎一日，到底不懈，则不特为兄补救前非，亦可为吾父增光于泉壤矣。精神愈用而愈出，不可因身体素弱过于保惜；智慧愈苦而愈明，不可因境遇偶拂遽尔摧沮。此次军务，如杨、彭、二李、次青辈皆系磨炼出来，即润翁、罗翁亦大有长进，几于一日千里，独余素有微抱，此次殊乏长进。弟当趁此增番识见，力求长进也。

求人自辅，时时不可忘此意。人才至难，往时在余幕府者，余亦平等相看，不甚钦敬，洎今思之，何可多得！弟常常以求才为急，其阘冗者虽至亲密友不宜久留，恐贤者不愿共事一方也。

澄侯弟初九日晋县，系刘月槎、牛尧阶等约去清算往年公账。亦山先生近日小疾，服黄芪两余，尚未全愈，请甲五在曾家凹帮同背书。如再数日不愈，拟令科四来从邓先生读，科六则仍从甲五读；若渐愈，则不必耳。纪泽近亦小疾，初

八日两人皆停课未作。纪泽出疹咳嗽，亦难遽期全瘳。余自四月来眠兴较好，近读杜佑《通典》，每日二卷，薄者三卷。惟目力极劣，馀尚足支持。四宅大小眷口平安。王福初十赴吉安，另有信，兹不详。

再：弟前请兄与季高通信，兹写一信，弟试观之尚可用否？可用则便中寄省，不可用则下次再写寄可也。又行。

迪安嘱六弟不必进京，厚意可感。弟于迪、厚、润、雪、次青五处，宜常常通问。恽廉访处，弟亦可寄信数次，为释前怨。

《欧阳文忠集》，吉安若能觅得，望先寄回。

【评述】

人的一生时常处于一种选择当中，而每种不同的选择往往对以后的人生轨迹带来不同的凡响。有时甚至迈出一小步都关系着以后人生的大方向、大结局，更何况面临大抉择和大跨步的重要关口。因此，要想给人生导航，必须把握那些足以决定社会发展潮流和天下大势的事物的状态与动向，由此来正确地决断自己的进退隐显。

曾国藩在自己走的每一步之前，都把他的这一行动和时代脉搏联系起来考虑。而曾国藩所把握的天下大势的主要方面之一就是清王朝的命运以及朝廷内的变故。

咸丰十一年（1861）湘军攻下安庆立下大功之后，曾国藩在面临新的进退抉择关头时，便对清朝的情况倍加关注。其实曾国藩以及像胡林翼等高明之士虽然身在疆场，但却一贯对朝廷大事非常关注，并且从来都反应非常敏感，因为朝廷上的任何变化都有可能影响到他们个人以及湘军这个集团的利益与未来。

胡林翼和曾国藩是在八月初，也就是湘军攻占安庆后大约一个星期之后，得知咸丰皇帝驾崩消息的，但这消息来源于友人之间的私人通信。

胡林翼在获知此情之后，当即写信向曾国藩表示：

朝廷七月十七之事，主少国危，又鲜哲辅，殊堪忧惧。

由于肃顺等人久久隐丧不报，胡林翼和曾国藩天天在军营中等待进一步的消息，却长时间未接奉国丧明诏，愈发让他们忧心忡忡。胡林翼竟至半夜惊起，仰望上苍，哀声长叹："京师必有大事发生，不知是祸是福。"

专制统治易于保守政治机密，加上通信和交通条件的落后，信息的传递也就非常的慢。

慈禧太后在北京发动政变一个多月的时间里，身居安庆的曾国藩等人竟然一无所知。直到12月15日，曾国藩才首次得知其初步消息。这一天，他一共接奉廷寄四件，中有谕旨一道，又有军机处转抄的不知上奏人姓名的奏折一件。他先扫了一眼抄示的奏折，发现咸丰皇帝所立赞襄政务八大臣的名字都在上面，便立刻引起了他的高度警觉。仔细读来，只见奏折中写道："载垣、肃顺、端华明正刑典，人心欣悦。"但奏折并未说明赞襄政务大臣们是哪一天被逮被杀的，也未说他们犯了何罪。曾国藩看后，真是吓了一大跳。

他赶紧拿起谕旨看个究竟，以为谕旨会对此事做出解释。更让他惊异的是，谕旨却一字未提赞襄政务八大臣的事，而是公布了有关他自己的新的职务任命，其中写道：

钦差大臣两江总督曾国藩统辖着江苏、安徽、江西三省，并浙江全省军务，所有四省巡抚、提督以下各官，悉归节制。

曾国藩通过对朝廷内的大势的把握与深入细致地分析，得出这即是重用又是警告、鞭策自己，认为自己权太重，位太高，虚名太隆，因此必须辞谢大权的结论。这一决定无疑是正确的。不仅使自己进一步摸清了清政府的意图，为自己下一步决策提供了参考，而且也使清政府心甘情愿得更为放心地将大权交给曾国藩。清廷让曾国藩节制四省军务的决定具有非凡的象征意义。曾国藩作为湘军的创始人和统帅，曾长期受清廷的猜忌和压抑，自从 1860 年摆脱这种状况以来，其权势日渐增大，在清朝政治军事权力格局中的地位稳步上升。现在，清廷不但对他已完全表示信任，而且还为了能让他更好地发挥作用，竟然不惜打破祖制旧规。清廷此时也并不是不知道地方督抚权力过大，会有尾大不掉的危险，最终结果就有如慢性自杀，但为了打败最大的敌人，他们已顾不得那么多了。

在一个王朝的末期，最高统治者对军政大权的下放，往往需要先经历一个较长的痛苦过程，但当他一旦迈出第一步，以后的行动便会变得惊人的勇敢。一方面是因为被时势逼得无奈，另一方面也是因为在前一阶段的放权行动中尝到了甜头。其实这只是一种本能的求生反应。这种对于地方官员先是持权不予，继则又滥施滥予，是中央集权条件下君主专制统治的必然行为模式。但无论是前者还是后者，都是非正常现象，都意味着将王朝的统治进入坟墓，只是速度和方式不同而已。

曾国藩在把握了朝廷的这些内情与动态后，根据自己的推断，找出了自己思考的重点以及行动的方向。他认为，以现在的形势推断，最应担忧的，不再是朝廷内部的矛盾问题，因为对于清廷中央来说，他们现在最大的敌人仍然还是太平天国，为了打败这个你死我活的对手，是可以暂时将权力下放给湘军将领的，即使做出一些超越体制和常规的做法，也是能够接受的。慈禧太后和奕訢将政变的消息以一种婉转的方式告诉曾国藩等人，虽然有敲打湘军将领的意思，但并不希望他们就此裹足不前，他们更主要地还是要鼓励他们更好地为朝廷办事，赶紧将太平天国彻底打垮。

而随着湘军实力的扩展、地位的提高，真正需要曾国藩担忧的则是集团内部的维系问题。曾国藩已经很明确地意识到了这一点。

因此曾国藩在把握了这样的"天下大势"之后，采取了一系列的果断行动，如为湘军集团的长远利益及维护他的个人权威，将有深厚交情被他称为"三不忘"的朋友李元度参劾革职；为出一口积之已久的恶气，拖延救援危在旦夕的政敌王有龄的时间，终于使王有龄没有得到及时救援陷城而死，以及让李鸿章办淮军援攻上海等等理性或有远见的安排。为后来湘军攻下天京作了有力的准备。

这些，都是在把握天下大势的情况下才具有的远见和胆识。

【原文】

河间途次，奏稿箱到，接尔禀函，顷又由良乡送到十二月初二日一禀，具悉尔母目疾日剧，不知尚可医否？

尔母性急而好体面，如其失明，即难久于存活。余尝谓享名太盛，必多缺憾，我实近之；聪明太过，常鲜福泽，尔颇近之；顺境太久，必生波灾，尔母近之。余每以此三者为虑，计惟力行孝友，多吃辛苦，少享清福，庶几挽回万一。家中妇女近年好享福而全不辛劳，余深以为虑也。

洋人电气线之说断不宜信，目光非他物可比。所恶于智者，为其凿也。不如服药，专治本病，目光则听其自然，穆相一生患目疾，尝语余云："治目宜补阳分，不可滋阴，尤不可服凉药。"如彼之说，则熟地大有碍于目矣，试详参之。

余十三日进京，十四五六日召见，应酬纷烦，尚能耐劳，拟正月灯节前后出京。兹将初一至十六日记寄南，尔可将十四五六日另出交子密转与各契好一看，但不可传播耳。

此次日记，余另钞一分寄澄、沅叔矣，尔不转寄亦可。此嘱。

【评述】

官场外面的人只知羡慕当官者前呼后拥，号令一方的荣耀，却看不到一入仕途，人生失去很多滋味、全无自由的苦恼。尤其是做大官的人，要免于失败，可以说无时不处于高度紧张状态。尤其是进退都不自由的时候，当官的兴致也就减去许多。康熙皇帝说：大臣们头发白了，还不让你们退休回家，我有所不忍啊！可是朕哪有退休的时候？想到这里，你们就该多体谅啊。曾国藩于同治初年写给他弟弟的信中说：诸事棘手，焦灼之际，未尝不想干脆躺在棺材里算了，也许比活在世上更快乐。越这样想，焦虑越多，公事越繁，而长眠快乐之期更是杳无音信。可是在这种时候，曾国藩又被升为大学士，责任越重，事务越多，被人指责也就越多。

曾国藩说：世人都以官至极品为荣，而我现在真是把它当作苦恼的处境。然而时势如此，决不能置身事处，他只有当一天和尚撞一天钟了。宦海真是令人无奈！

当曾国荃打下天京却回家暂时休息时，曾国藩像算卦先生一样，为其卜算是出去做官还是继续在家好。他还说：在家应占六分，出去应占四分。但曾国荃耐不住了，总想早点出去。不久，清廷果真任命曾国荃为山西巡抚，曾国藩立即去信一封，千叮咛万嘱咐，核心是让老九"宦海之途当知畏"。曾国藩说：

我的情况如此，沅弟你的处境也不妙。你在山西，虽然清静，但麻烦也不少。山西号称天下富国，然而京城的银饷，大部分来自山西。厘金还没有改动，收入款项与道光年间相差无几，而开支款项则比以前大为增加。山西离京城又近，银钱账目的一丝一毫户部都清清楚楚。沅弟有开销太大的名声，现在既然担任没有战乱的平静省份的巡抚，那么在正务、杂务的各项款项就不能不谨慎节俭，账目上丝丝入扣。

外界正在拟议让老弟再次出山，赴任之处一定是军务棘手的地方。现在山西虽然还没有贼寇活动，但是圣上担心捻军进入山西，逼近京城一带。老弟此番上任，似乎应多带得力的将军，勇丁则就近在山西招募。南方人吃不惯面食，山西尤其买不到稻米，不像直隶、山东两省，还可以由大海或河运设法转运。弟弟来京，可以从安庆登陆，到徐州与为兄相会，畅谈一番。听说钦差大臣到达山西，实际上是到陕西查办霞仙（刘蓉）一案，真是一波未平，一波又起，宦海真是可畏啊！

曾国藩比曾国荃年长十四岁，当他四十多岁时曾国荃也才三十，当他五十多岁曾国荃方逾四十，所以曾国荃总是比哥哥血气更旺，斗志更强。曾国藩看在眼里急在心上，血气一旺，遇事就欠冷静，就往最高处想，就不计后果，总以为自己是对的，别人是错的。于是麻烦也就接连不断。

当弟弟率兵收复了两个省之后，曾国藩便给弟弟写了一封信警醒他：

"你收复了两省，功绩绝对不能磨灭，根基也极为深固。他只担心不能飞黄腾达，不担心不能安命立身；只担心日子不稳适，不担心岁月不峥嵘。从此以后，你只从波平浪静处安身，莫从掀天揭地处着想。"但这是不是说，曾国藩是一个自甘平庸的人呢？他将心比心地说：

"我也是一个不甘心于庸庸碌碌，无所作为的人，近来阅世千变万化。所以我一味在平实处用功夫，不是萎靡不振，而是因为地位太高，名声太重，如果不这样，那么处处是危途。"又说：我们兄弟位高、功高、名望也高，朝野上下都将我家视为第一家。楼高易倒，树高易折，我们兄弟时时都处于危险之中。所以应该专心讲究宽和、谦逊，也许这样可以处高位而无危险。

过去祖父星冈公常常教导人说："晓得下塘，须要晓得上岸。"所以我们应在大功告成后，位高权重时，常常想到退引藏拙，我准备先行引退。我希望你平平和和干一二年，等我上岸以后，你再去轰轰烈烈地大干一番。

【原文】

前月寄信，想已接到。余蒙祖宗遗泽、祖父教训，幸得科名，内顾无所忧，名遇无不如意，一无所觖矣。所望者再得诸弟强立，同心一力，何患令名之不显？何患家运之不兴？欲别立课程，多讲规条，使诸弟遵而行之，又恐诸弟习见而生厌心；欲默默而言，又非长兄督责之道。是以往年常示诸弟以课程，近来则只教以"有恒"二字。所望于诸弟者，但将诸弟每月功课写明告我，则我心大慰矣。

乃诸弟每次写信，从不将自己之业写明，乃好言家事及京中诸事。此时家中重庆，外事又有我料理，诸弟一概不管可也。以后写信，但将每月作诗几首，作文几首，看书几卷，详细告我，则我欢喜无量。诸弟或能为科名中人，或能为学问中人，其为父母之令子一也，我之欢喜一也。慎弗以科名稍迟，而遂谓无可自立也。如霞仙今日之身份，则比等闲之秀才高矣。若学问愈进，身份愈高，则等闲之举人、进士又不足论矣。

学问之道穷，而总以有恒为主，兄往年极无恒，近年略好，而犹未纯熟。自七月初一起，至今则无一日间断。每日临帖百字，抄书百字，看书少亦须满二十页，多则不论。自七月起，至今已看过《王荆公文集》百卷，《归震》乃有进步也。

【评述】

当今人类的智慧可以说发展到了一个前所未有的高度。也许由于人类太聪明了，所以凡事"急于求成"应该说已成为时代的通病。对此我们似乎应从曾国藩的成功学中汲取点有价值的东西。

对于欲速则不达的认知，曾国藩有一段极为精彩的论述他说：

天下之事，有其功必有其效。功未至而求效之遽臻，则妄矣。未施敬于民，而欲民之敬我，未施信于民，而欲民之信我；鲁莽而耕，灭裂而耘，而欲收丰穰十倍之利，此必不得之数也。在《易》恒之初六曰：浚恒，贞凶，无攸利。胡瑷释之曰：天下之事，必皆有渐。在乎积日累久，而后能成其功。是故为学既久，则道业可成，圣贤可至。为治既久，则教化可行，尧舜可至。若是之类，莫不由积日累久而后至，固非骤而及也。初六居下卦之初，为事之始，责其长久之道，永远之效，是尤为学之始，欲亟至于周孔。为治之始，欲化及于尧舜，不能积久其事，而求常道之深，故于贞正之道，见其凶也。无攸利者，以此而往，必无所利。孔子曰：欲速则不达也。是故君子之用功也，如鸡伏卵不舍而生气渐充，如燕营巢不息而结构渐牢。如滋培之木，不见其长，有时而大。如有本之泉，不舍昼夜，盈科而后进，放乎四海。但知所谓功，不知所谓效，而效亦徐徐而至也。

嵇康曰：夫为嫁于汤之世，偏有一溉之功者，虽终归于焦烂，必一溉者后枯。然则一溉之益，固不可诬也。此言有一分之功，必有一分之效也。程子曰："修养之所以引年，国祚之所以祈天永命，常人之至于圣贤，皆工夫到这里，则自有此应。此言有真积力久之功，而后有高厚悠远之效也。孟子曰：宋人有悯其苗之不长而揠之者。谓其人曰：予助苗长矣。其子趋而往视，则苗槁矣。此言不俟功候之至，而遽期速效，反以害之也。苏轼曰：南方多没（潜入水中）人，日与水居也。七岁而能涉，十岁而能浮，十五而能没矣。北方之勇者，生不识水，问于没人而求所以没。以其言试之河，未有不溺者也。此言不知致功之方，而但求速效，亦反以害之也。"

曾国藩主张"缓字取胜"，通俗地说就是"慢功夫"。政治家的功业不是一天建立起来的，同样，成就大事业、大学问，获得大成功都不是一蹴而就的。肤浅的人谈论他人成功，只看其一、二件惊天动地、不同凡响的事就以为他的成功原来就是因为如此，那就大错特错了。农夫收获庄稼，士人积累学业都是积之数年而有成的。如同鸟类伏在卵上，昼夜不舍，用体温使卵内的胚胎发育成雏鸟，像燕子营造巢穴，日积月累方才坚固一样，强调的都是慢功夫。

曾国藩由事物的生长道理，联系到治学，练习书法也当如此，他以练字须下

苦功，不可求速效为例，教训他的弟弟说：

你临柳帖《琅邪碑》如果学其骨力，就会失其结构，有其间架结构，就会掌握不住它刮摩的功力。古帖本来就不好学，而你学习不过半月时间，怎么能各方面都掌握住，收效那么快呢？

我以前学颜柳帖，每一次临摹就是数百张纸，可仍是一点也不像。我四十岁以前在北京所写的字、骨力和间架都不好看，自己都感到太不好而自觉惭愧。四十八岁以后，练习李北海《岳麓寺碑》，经过八年之久，数千张纸的临摹，才有了一些进步。今天你用功不满一个月，哪能一步登上神妙的境地呢？对于一切事情都要下一番困知勉行的功夫，你不可求很快出名，很快就见成效。以后每日练习柳字百个，单日用生纸临，双日用油纸摹。临帖要慢，摹帖要快，专门在学其间架结构上下功夫。数月之后，手会变得越笨，字会变得越丑，兴趣也会越低，这就是所谓的困。困时切记不要间断，熬过这一关，就可有些进步了。再进再困，再熬过这一关，就会大有进步了，就会有亨通掌握之日。不仅是练字，做什么事都有极困难的时候，只要克服困难坚持下去，就是好汉。我给你布置的功课并不多，每日练习一百个字，读五页《通鉴》，背诵熟书一千字（或经书或古文、古诗，或八股试帖，总是高声朗诵），逢三日作一篇文章，逢八日作一首诗。这些课非常简单，每日用不了两个时辰就可做到，将看、读、写、作四方面的任务都完成。余下的时间你可自己进行安排。

金陵湘军陆师昭忠祠记　清　曾国藩

进而，曾国藩更深刻地体会到，古圣贤豪杰，多由强作而臻绝诣，他说，昔人云："善吾生者，乃所以善吾死也。"若非精诚积于毕生，神志宁于夙昔，岂能取办于临时哉。

曾国藩并引古代的事体来谈自己的体会。魏安厘王问天下之高士于子顺，子顺以鲁仲连对。王曰："鲁仲连强作之者，非体自然也。"子顺曰："人皆作之，作之不止，乃成君子。作必不变，习与体成，则自然也。"余观自古圣贤豪杰，多由强作而臻绝诣。然而，这种"强作"，绝不是急于求成的揠苗助长，而是大功之前的奋力营造。

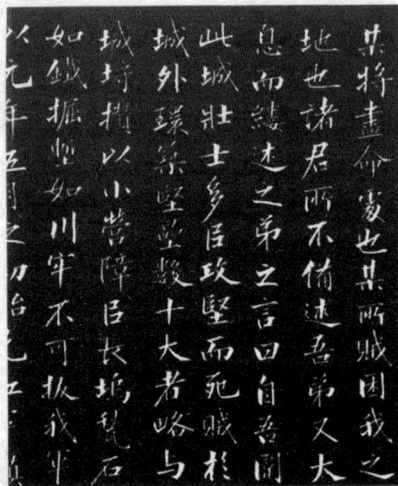

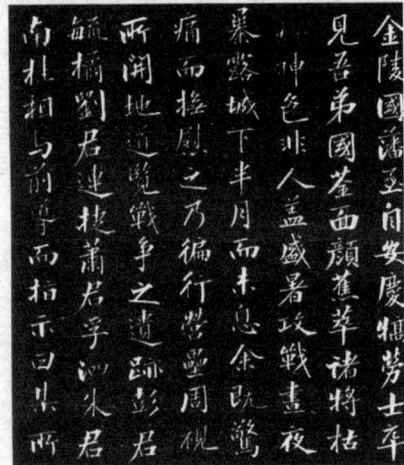

【原文】

初七、初八连接弟由便足寄回及由胡二、安七送回两信，具悉一切。

亮一去时，信中记封有报销折稿，来信未经提及，或未见得耶？二十六早地孔轰倒城垣数丈，而未克成功，此亦如人之生死早迟，此刻自有一定，不可强也。

总理既已接札，凡则承上起下之公文，自不得不照申照行，切不可似我疏懒，置之不理也。余生平之失，在志大而才疏，有实心而乏实力，坐是百无一成。李云麟之长短，亦颇与我相似，如将赴湖北，可先至余家一叙再往。润公近颇综核名实，恐亦未必投洽无间也。

初八日祖父大人八十四冥诞，共二十席，彭寿七、曾题五等皆来，留萧丕八之龙午饭。初九日温弟妇来曾家坳住，二妹子亦同在彼。七十侄女则回老屋。纪泽随易芝生至罗、李、峙衡三家拜年，即至沅堂先生家，吊其师母之丧。温弟十一日至永丰等处拜年。澄弟拟节后至城一次。王福、韩升均不在此。余甚不方便。

近日身体略好，惟回思历年在外办事，愆咎甚多，内省增疚。饮食起居，一切如常，无劳廑虑。今年若能为母亲大人另觅一善地，教子侄略有长进，则此中豁然畅适矣。弟年纪较轻，精力略胜于我，此际正宜提起全力，早夜整刷。昔贤谓宜用猛火煮、漫火温，弟今正用猛火之时也。

李次青之才，实不可及。吾在外数年，独觉惭对此人。弟可与之常通书信，一则少表余歉忱，一则凡事可以请益。玉班兄送弟《二十二史》甚好。余京中书籍承漱六专人取出，带至江苏松江府署中，此后或易搬回。书虽不可不看，弟此时以营务为重，则不宜常看书。凡人为一事，以专而精。荀子称耳不两听而聪，目不两视而明，庄子称用志不纷，乃凝于神，皆至言也。

家中四宅大小平安。甲五目疾，右目尚未好，略有光，能辨对联字耳，左目已将全好。因谷四胡子仙逝，今日自往一吊，余亦未出门也。诸不详尽，顺问近好。

【评述】

曾国藩于道光十八年（1838）成进士以后，终于尝到了读书的甜头，从而更加勤读苦学，在科举仕途一帆风顺，平步青云至礼部左侍郎。洪秀全却府考连试不第，人都病疯了，终于尝到了读书的苦果，从而心灰意冷气懒，直至科第入仕的愿望破灭，再不肯读圣贤之书，并在时代因素的刺激下萌生"造反"的念头。当然，曾国藩走的是一条中国封建社会一般士子的正统道路。这条道路，就是穷经、守道，用封建的一整套伦理纲常来规范自己、育化自己；用儒家的经典和程朱理学武装自己，充实自己；用立功、立德、立言的人生追求目标来督促自己、鞭策自己；用修身齐家治国平天下的抱负来约束自己，激奋自己。而这一切必须将读书贯彻始终，须臾不可离。这确是一条传统的路，是一条稳妥的路，无论时代如何变化，社会如何嬗递，朝代如何更迭，走这条路都不会有太多风险，只需

毅力、意志、坚忍不拔地苦学而已。曾国藩走过来了，而且是成功者，他读书的兴味一直未改；洪秀全没有走通，是失败者，对读书则产生强烈的厌恶。

曾国藩素有经世之志，入翰林院后，刻苦治学，坚持不懈。他从宋明理学、乾嘉汉学和顾炎武、王夫之、魏源等的"经世致用"之学吸取营养，又与当时著名理学家唐鉴、倭仁和汉学家刘传莹等交往请教，从而形成了他借姚鼐之语称之为"义理、考据、辞章三者不可偏废"，而又特别重视现实政治研究和实践的所谓"经济之学"。

曾国藩在仕途上的发展是颇为一帆风顺的，其实他得以迅速发迹的重要原因之一，还是在于他能够充分利用在翰林院这一难得的条件，刻苦、认真、努力读书治学。他出生于湖南一个偏僻的农村，一切都全靠自己的读书与奋斗；而他也一再声称自己没有什么天分，全靠"挺经"拼搏出来的。与他一起参加朝考的人，排在他前面有一批，但那些人没有几个人在中国历史上留下什么影响，而曾国藩却成了近代中国史上叱咤风云的人物，这并非时势造英雄，而是时代造就了他成为政治家，拒绝他成为学问家。

曾国藩封侯拜相后，仍苦读不辍，直到临终前一天，仍在读书，读儒家的经典之书，他从书中找到了"黄金屋"，找到功名利禄，更重要的是，他从书中吸取了古人的智慧，正是由于先人的成败得失，才教育曾国藩成为一个"得者、成者"，而避免走向败者、失者的道路。

对于这一点，曾国藩自己在诗中也有所流露：

山县寒儒守一经，出山姓氏各芬馨。
要令天下销兵气，争说湘军聚德星。
旧雨三年精化碧，孤镫五夜眼常青。
书生自有平成量，地脉何曾独效灵。

洪秀全因为读书科考而贻误了人生的宝贵时光，他痛恨书、痛恨中国的传统儒学之家，连最高贵的孔孟他也要"反"。他因为没有从中国传统文化中吸取到营养，因而一旦金陵称帝后，就总以真天王自居，彻底远离了现实，把自己封闭起来，用虚幻的人生毁弃美好的一切。

【原文】

廿八日由瑞州营递到父大人手谕并弟与泽儿等信，具悉一切。

六弟在瑞州，办理一应事宜，尚属妥善；识见本好，气质近亦和平。九弟治军严明，名望极振。吾得两弟为帮手，大局或有转机。次青在贵溪尚平安，惟久缺口粮，又败挫之后，至今尚未克整顿完好。雪芹在吴城名声尚好，惟水浅不宜舟战。时时可虑。

余身体平安，癣疾虽发，较之往在京师则已大减。幕府乏好帮后，凡奏折、书信、批禀均须亲手为之，以是未免有延阁耳。余性喜读书，每日仍看数十页，亦不免抛荒军务，然非此更无以自怡也。

纪泽看《汉书》，须以勤敏行之，每日至少亦须看二十页，不必惑于在

精不在多之说，今日半页，明日数页，又明日耽阁间断，或数年而不能毕一部。如煮饭然，歇火则冷，小火则不熟，须用大柴大火乃易成也。甲五经书已读毕否？须速点速读，不必一一求熟，恐因求熟之一字，而终身未能读完经书。吾乡子弟未读完经书者甚多，此后当力戒之。诸外甥如未读毕经书，当速补之，至嘱至嘱。

再：余往年在京，曾寄银回家，每年或百金或二百金不等。一以奉堂上之甘旨，一以济族戚之穷乏。自行军以来，仅甲寅冬寄百五十金。今年三月，澄弟在省城李家兑用二百金。此际实不能再寄。盖凡带勇之人，皆不免稍肥私囊。余不能禁人之不苟取，但求我身不苟取。以此风示僚属，即以此仰答圣主。今年江西艰困异常，省中官员有穷窘而不能自存者，即抚藩各衙门亦不能寄银赡家，余何敢妄取丝毫。兹寄银三十两，以二十两奉父亲大人甘旨之需，以十两奉叔父大人含饴之佐；此外家用，及亲族常例，概不能寄。

澄弟与我湘潭一别之后，已若漠然不复相关，而前年买衡阳之田，今年兑李家之银，余皆不以为然。以后余之儿女婚嫁等事，弟尽可不必代管，千万千万！再候近好。

【评述】

曾国藩一生勤勉，从无虚掷光阴。从名位而言，几乎每年都有加官晋爵之事，从事功而言，他在晚清成为支撑大厦的一个柱石人物。从学术而言，他先以理学家自居，后来又专习散文、古文，他创立了湘乡学派，成为著作等身又能流传后世的高产人物。但这一切的一切，都源于他铢积寸累，把有限的生涯付诸于无限的事业中去。

曾国藩大功告成后又经历若干年，他已步入垂暮之年。一次，他的机要幕僚赵烈文总结老师的成功时说了一番意味深长的话，他说：老师的"功劳"绝不限于"擒渠扫穴"，镇压太平天国之事上，一般人都知道老师用人、治军、筹饷、整饬吏治等诸方面很有成就，实则皮相之论。我跟随老师这么多年，认为有两项"功夫"为常人不及，这也是老师能成功的地方。一是"横逆之来，凝然不动"，二是"饮食起居，皆有时节，数十年不变"，"此二者烈辈毕生不可仰企"。赵烈文又横加发挥，认为老师之成功，在于精神力量坚卓，并说这是他多年观察的结果，"非谀语也"。曾国藩一方面肯定赵烈文"体察入微"，一方面又谦逊地表示："此胡足道"！

曾国藩自道光二十年至二十七年，一直在翰林院供职。翰林院是"读书养望"的地方，既不必为实际政务所劳扰，又可以凭考试不断获得升迁的机会，而读书又是考试的必经之途，因而，在这七年时间里，曾国藩得以从容阅读翰林院丰富的典籍，尽量在经史、文学、经世之学、军事等方面充实自己的学问。

在家书中，他多次写到自己在翰院的读书生活。如"每日发奋用功。早起，温经；早饭后，读《二十三史》；下半日，阅诗、古文。每日共可看书八十页。""日以读书为业"。这些话，正是曾国藩翰林院生活的写照。

在进京之前，曾国藩的读书是以科场应试为中心，所谓"为考试而学问"。他的学识根底既浅而窄，也无专攻方向，同时学业上的师友，可称者极少。这一切，进京后都有很大的变化。

首先，他意识到自己学问不够，下的功夫不深。决心按照朱熹的教导，用猛火煮，在读书上痛下功夫。

其次是师友，这时远不是从前的"庸鄙者"所能比拟了。"现在朋友愈多：讲躬行心得者，则有镜海先生、艮峰前辈、吴竹如、窦兰泉、冯树堂；穷经知道者，则有吴子序、邵蕙西；讲诗、文、字而艺通于道者，则有何子贞；才气奔放，则有汤海秋；英气逼人、志大神静，则有黄子寿。又有王少鹤、朱廉甫、吴莘畲、庞做人。"

再次是读书习惯。进翰林院后，他认识到"学问之道无穷，而总以有恒为主"。读书在于有恒心，这一点倭仁对他的影响很大。比如，他模仿倭仁日课之法，将每日一念一事，皆书之于册。从前他写日记用草书，只因倭仁用楷书，所以他也改用一丝不苟的正楷。每日必记，从不间断。他还将日记送呈倭仁，求其针砭。倭仁则勉励他去掉一切杂念，务必换一个人来。他发誓道："从前种种，譬如昨日死；以后种种，譬如今日生。"

为严格约束自己，他还定下课程十二条。如此严格要求，发奋攻读，再加上与同道师友往复讨论，互相砥砺，因而在学业上日日有所长进，翰林院读书七年，正如梁启超所说的，"不求近效，铢积寸累，受之以虚，将之以勤，植之以刚，贞之以恒，帅之以诚，勇猛精进，卓绝坚苦"，为今后成就事业，奠定了坚实的志行与学问基础。

从某种意义上说，曾国藩的成功，有其学术背景，在他身上，有很深刻的中国文化内涵。

【原文】

辞谢之说，余亦熟思之。谓才不胜任，则现在并不履浙江任；谓请改武职，则廪生优贡出身，岂有改武之理？且过谦则近于伪，过让则近于矫。谓请改京卿，则以巡抚而兼头品顶戴，必改为侍郎，断无改三品卿之理。三者均难着笔，只得于谢摺之中，极自明其惴栗之意。其改武一层，弟以后不宜形诸笔墨，恐人疑为矫伪不情也。

[又十六日书云]

昨接弟咨，已换署新衔，则不必再行辞谢。吾辈所最宜"畏惧敬慎"者，第一则以方寸为严师，其次则左右近习之人：如巡捕、戈什、幕府文案及部下营哨官之属，又其次乃畏清议。今业已换称新衔，一切公文体制为之一变，而又具疏辞官，已知其不出于至诚矣。欺方寸乎？欺朝廷乎？余已决计不辞。弟应奏之事，暂不必忙。左季帅奉专衔奏事之旨，厥后三个月始行拜疏。雪琴得巡抚及侍郎后，除疏辞复奏二次后，至今未另奏事。弟非有要紧事件，不必专衔另奏，寻常报仗仍由余办可也。

【评述】

在一个充满竞争的社会里，人人都不希望失败，希望平平安安。但社会节奏越快，人们却越不自安，而"飞来之祸"又每每发生。曾国藩通过观察，得出祸福之间并没有一成不变的道理，二者间也没有不可逾越的鸿沟。他认为"骗、暗、诡"这三种人最容易招来祸端。他具体解释说：采用不正当手段骗取名誉的人，会有预测不到的祸患。窝藏隐埋暗昧之事的人，会有预测不到的祸害。经常忖度他人，诡计多端的人，有预测不到的祸患。

如何避祸呢？曾国藩提出反其道而行之：诚、明、仁。诚，是诚实不欺，尽管世间充满尔虞我诈，但不能"以牙还牙"，以骗待不诚。曾国藩说：如果那样，人世间就无可信懒，人生一世也兴致索然。如以诚相待，欺骗人的人也会终究醒悟，走向诚信的。但诚不是一切都信，二者有严格的界限。在此基础上他提出"明"。"明"是心胸坦荡、开阔，用今天的话说，是有良好的心态，心理素质好；明的另一含义是洞察事物。

和田白玉云纹鸡心佩　清

因此，暗也指愚昧、愚蠢。他具体阐释"明"可避祸时说：古往今来，那些才能出众的人，常称之为英雄。英就是明啊。所谓"明"有两种：他人只看到近前东西，我则可以看到极远的东西，这叫高明。他人只看到粗大的东西，我则可以看到精细的东西，这叫精明。所说的高明，好比是身在一室，所能看到的距离毕竟有限，登上高楼所能看到的就远了，登上高山的话，看得就更远了。所说的精明，好比是极为细微之物，用显微镜来观察它，它就会放大一倍、十倍、百倍了。又比好是粗糙的米，捣两遍的话，就可以把粗糠全部除去，捣上三遍、四遍，那么它就精细白净至极了。人是否高明取决于天赋，精明则有赖于后天方面的学问。我曾氏兄弟如今侥幸居高位，天赋方面算不上十分高明，全全靠学问来求得精明。好问如同购置显微镜观察事物，好学如同捣击熟透了的米。总而言之，必须心里了如指掌，然后才能说出自己的决断。心里明白再做决断这叫英断，心里不明白就做出决断，这叫武断。对自己武断的事情，产生的危害还不大；对他人武断的事情，招致怨恨实在太深了。只有谦虚退让而不肯轻易决断，才能保住自己的福分。

第三是仁，仁是与人为善的意思，不是用阴暗的心理揣度别人。俗话说：以小人之心度君子之腹，这就是诡、是诈，是过于精明。如果处处与人为善，成全他人，自己也就欣欣向善了。在这一点上，他最崇拜提出"仁"这一学说的孟子。他说：读《养气》这章，好像对其要义有所领会，希望这一生都敬慕仿效

孟子。即使仓促苟且之时，颠沛流离之际，都会有孟夫子的教诲在前，时刻不离身，或许到死的时候，可能有希望学到他的万分之一。

曾国藩从《易经》阴阳变化的道理，引申出人一定要为后世着想。他开出了避祸的第一个药方是："窒塞私欲，经常念及男儿有泪之日；惩禁愤怒，当思考人到绝气之时。"他痛加反省，五十岁时说：精神萎靡不振到了极点，我年纪还不到五十岁而早衰到如此地步。这都是由于天赋资质不足所致，并又百般忧愁催催老和多年精神抑郁得不到快乐而使身体受到损伤，从今以后每天坚持静坐一次，或许能等于服一剂汤药的疗效。

他还把养生之道与祸福联系在一起，说：养生之道，视、息、眠、食四个字是最为要紧。调息一定要归海，眼视一定要垂帘，饮食一定要清淡节制，睡眠一定要除去杂念而且恬静。归海，也就是说将气息藏人丹田。海，指气海。垂帘，也就是说眼睛半睁半闭，不全睁开眼睛。虚，是说心中保持虚静，没有思考，腹中虚静而不停滞。牢记这四个字，虽然没有医药丹方秘诀，也完全可以祛除疾病的。这是说健身也可以避祸。

【原文】

二十日接弟十三四及十六日两信，比即复信，想可先到。

日来贼窜何处？由孝感而东南，则黄陂新洲及黄州各属，处处可虑。此贼故智，有时疾驰狂奔，日行百馀里，连数日不少停歇；有时盘于百馀里之内，如蚁旋磨，忽左忽右。贼中相传秘诀曰："多打几个圈圈，官兵之追者自疲矣。"僧王曹县之败，系贼以打圈圈之法疲之也。

吾观捻之长技约有四端：一曰步贼长竿，于枪子如雨之中，冒烟冲进；二曰马贼周围包裹速而且匀；三曰善战而不轻试其锋，必待官兵找他，他不先找官兵，得粤匪初起之诀；四曰行走剽疾，时而数日千里，时而旋磨打圈。捻之短处亦有三端：一曰全无火器，不善攻坚，只要官吏能守城池，乡民能守堡寨，贼即无粮可掳；二曰夜不扎营，散住村庄，若得善偷营者乘夜劫之，胁从者最易逃溃；三曰辎重妇女骡驴极多，若善战者与之相持而别出奇兵袭其辎重，必大受创。此吾所阅历而得之者。

弟素有知兵之名，此次于星使在鄂之际，军事甚不得手，名望必为减损，仍当在选将练兵切实用功。一以维持大局，扫净中原贼氛；一以挽回令名，间执谗慝之口。

【评述】

功！是一个什么玩意？功，可以理解为军功；也可以宽泛地理解为世俗的名誉。除军功外，如名声、才情都是类此的东西。当你功高业隆、名倾天下之时你就要格外小心了。人君之侧，位高禄厚，人所垂涎，这是其一。其二"盖世功劳，当不得一个矜字"，沉浸在名誉的花环中，容易摆不正自己的位置，居功自傲。因为君是至高无上的。从权力的角度来看，他们不希望受到威胁；从人的嫉贤妒能的心性来看，他们也不乐意有出其右者。更何况这时你可能已经由良友功

臣变成了潜在的最可怕、最有力的敌人了。因此，当你大功显赫时，你可想到功成退身？当你声名鹊起时，你可想到你正是众矢之的？当你才高过人时，你可想到要韬光养晦？春秋时的文种、范蠡，他们含辛茹苦，备受艰难，为越王勾践光复了社稷江山，报了大仇，雪了大耻。本来当可安享富贵了，范蠡却慧眼慧心，急遁江湖，并劝文种亦遁去。文种不信蠡言，后被越王赐剑自刎。而范蠡免了大祸加身。"狡兔死，走狗烹；敌国破，谋臣亡。"这真是至理名言啊！

清代中兴名臣曾国藩是位最能参悟保身之道的明眼人。

攻下金陵之后，曾氏兄弟的声望，可说是如日中天，达于极盛，曾国藩被封为一等侯爵，世袭罔替；曾国荃一等伯爵。所有湘军大小将领及有功人员，莫不论功封赏。时湘军人物官居督抚位子的便有十人，长江流域的水师，全在湘军将领控制之下，曾国藩所保奏的人物，无不如奏所授。

但树大招风，朝廷的猜忌与朝臣的妒忌随之而来。曾国藩说："长江三千里，几无一船不张鄙人之旗帜，外间疑散处兵权过重，权力过大，盖谓四省厘金，络绎输送，各处兵将，一呼百诺，其相疑者良非无因。"

颇有心计的曾国藩应对从容，马上就采取了一个裁军之计。不待朝廷的防范措施下来，就先来了一个自我裁军。

曾国藩的计谋手法，自是超人一等。他在战事尚未结束之际，即计划裁撤湘军。他在两江总督任内，便已拼命筹钱，两年之间，已筹到550万两白银。钱筹好了，办法拟好了，战事一结束，便即宣告裁兵。不要朝廷一文，裁兵费早已筹妥了。

同治三年六月攻下南京，取得胜利，七月初旬开始裁兵，一月之间，首先裁去25000人，随后亦略有裁遣。人说招兵容易裁兵难，以曾国藩看来，因为事事有计划、有准备，也就变成招兵容易裁兵更容易了。

曾国藩是熟知老子的哲学的。他对清朝政治形势有明了的把握，对自己的仕途也有一套实用的哲学理念。他在给其弟的一封信中表露说：

"余家目下鼎盛之际，沅（曾国荃字沅辅）所统近二万人，季（指曾贞干）所统四五千人，近世似弟者，曾有几家？日中则昃，月盈则亏。吾家盈时矣。管子云：斗斛满则人概之，人满则天概之。余谓天之概无形，仍假手于人以概之。等他人之来概，而后悔之，则已晚矣。"

俗语说：位盛危至，德高谤兴。历史上像韩信这样的在开国大臣因功高而遭杀戮的不乏其有。汉初三杰的命运各不同，萧何系狱、韩信诛夷、子房托于神仙，生出后人多少感慨。张良是一个伟大的智者，他未必相信神仙、长生之类虚妄之说，但他知道自己曾一言而退百万之师，刘邦岂能容他？他及早抽身退步，司马光盛赞他"明哲保身"。另外像晋之谢安，汉之周亚夫，勾践杀文种更是尽人皆知的，三国时的杨修也是因为恃才直言、唐突君王而被杀掉的，这种教训太多了。为官处世，知进退是大道理、大本领。一个人的功劳只能代表过去，未来的一切还必须重新开始。老子说："成功，名遂，身退，天之道。"纵观历史官场，功成不恃重，名成不恋位，不可为则不为，能为也能不为，见机而作适可而

止，无所羁绊，才是官场人生的最佳境界。为人臣，不可不更居安思危。如果身在局中，既想从容，又想保身，该如何办呢？洪应明的《菜根谭》中有一则处世良策，值得玩味："完名美节，不宜独任，分些与人可以远害全身；辱行污名，不宜全推，引些归己，可以韬光养德。"

【原文】

自十八日一战后，廿一日陆路开仗，小有挫衄。廿六日，贼从湖北颁集悍贼二万人，由临湘陆路前来，意欲扑塔、周、罗山等之营盘。陆路既得，水军自然失势。拚死攻扑，满山满坑，无非黄旗红巾，比三月初十人数更多。幸罗山之湘勇得力，将头起杀退，以后如周凤山之营、杨名声之营亦俱奋勇，杀贼共七八百名。此股贼来甚多，必有屡次血战，东南大局，在此数日内可定。如天之福，陆路得获大胜，水路亦可渐次壮盛也。带水师者，有战阵之险，有风波之苦，又有偷营放火之虑，时时提防，殊不放心，幸精神尚好，照料能周耳。

霞仙定于本月内还家，渠在省实不肯来，兄强之使来。兵凶战危之地，无人不趋而避之，平日至交如冯树堂、郭云仙等尚不肯来，则其他更何论焉！现除李次青外，诸事皆兄一人经手，无人肯相助者，想诸弟亦深知之也。甄甫先生去年在湖北时，身旁仅一旧仆，官亲、幕友、家丁、书差、戈什哈一概走尽，此亦无足怪之事。兄现在局势犹是有为之秋，不致如甄师处之萧条已甚；然以此为乐地，而谓人人肯欣然相从，则大不然也。

【评述】

咸丰五年（1855），自从罗泽南等离开江西以后，曾国藩在江西的处境更是一天比一天坏。在这种危急时刻，曾国藩认为首先要"自救"，那就是加强自身建设，苦练自身的硬功。在内湖水师缺乏一位得力的统领，几位营官也都是平平之才的情况下，曾国藩只好让李元度兼辖水师事。

曾国藩不断地给李元度写信，教他如何带勇、如何列阵打仗。在8月28日的信函中，曾国藩写道：

兹特有数事叮嘱，千万不能忘记：

第一，扎营宜深沟高垒。虽仅一宿，亦须为坚不可拔之主计，但能使我垒安如泰山，纵不能进攻，亦无损于大局。

第二，哨探严明。离贼既近，时时作敌来扑营之想。敌来之路、应敌之路、埋伏之路、胜仗追击之路，一一探明，切勿孟浪。

第三，禀报翔实。不可专好吉祥话，遇有小事不如意，辄讳言之。

第四，痛除客气。未经战阵之勇，每好言战，带兵之人也是如此。如果有了一些阅历，便自然觉得我军处处都是漏洞，无一可恃，也就不轻言战了。

写了这些，曾国藩仍然是不放心。他想起上年写的《水师得胜歌》在军中影响很好，既通俗又实用，便再花几天的功夫，写出了一首《陆军得胜歌》。歌中讲到了湘军陆师在扎营、打仗、行军、法纪、装备和训练等6个方面所应注意的事项。

尽管曾国藩如此苦口婆心，但李元度仍然不能将他的陆师部队训练成能战敢战之师。曾国藩吃不香、睡不熟，他预感到有一天会出大事。

在陆师方面，湘军在江西的两支主力的统领也都不很出色。周凤山马马虎虎，只能说还算过得去。至于李元度，真是一个书呆子，而且不可教。曾国藩花在他身上的心血最多，他也让曾国藩最不放心。因此，曾国藩在自救的同时，还必须求救。

曾国藩首先写信给湖北的胡林翼和罗泽南，请求罗泽南率部重回江西救援，以解他及其驻江西湘军的坐困之危。同胡林翼函商，则是打算将彭玉麟调到江西来充内湖水师统领。胡林翼知道彭玉麟与杨载福矛盾甚深，尽管经过他的苦心调解，但仍不能尽释前嫌，也正愁如何安置他们，所以便非常痛快地同意了曾国藩的要求。可这个彭玉麟是个极重乡情、特重孝道的人，他提出在去江西之前要先回一趟湖南衡

箭 清

阳老家省亲，来回折腾，直到1856年初才赶到江西南康。曾国藩总算是身边又有一位可以依赖的水师将领。

但湘军在江西樟树镇很快遭到太平军袭击大败。樟树镇位于吉安与南昌之间，是赣南重镇，南昌南路的重要屏障。1856年2月，周凤山见石达开率部来攻，早已吓得魂飞魄散，全部营盘竟在一天之内丢失无遗，大量的官弁和勇丁溃向南昌。

曾国藩闻讯之下，惊骇不已。从南康乘坐一艘小舟，急速赶到南昌，收拾残局。他过去曾立下一条规矩，凡是溃散的勇丁，一律不准重新招募入营，但这一次他看太平军来势凶猛，而自己手下又再无可战之军，回湖南重新招募更是远水不解近渴，最后只得违背定制，将溃勇重新招集起来，编组成军。然而，他仍决定将统领革职，另委黄虎臣和毕金科为统领。

在这个时候，曾国藩一面写奏折请求咸丰帝同意将从自己身边调走的罗泽南、刘蓉的那支能征善战之师重新调回江西，但却遭到了咸丰帝的拒绝。同时还一面分别写信给胡林翼和罗泽南，希望他们能够同情他的处境，救他于危难之中。

罗泽南回信给曾国藩，谈了自己的想法，表示一旦武汉攻克，即率部东下，与曾国藩等会师于九江。

胡林翼也不愿意罗泽南离开湖北。他在给清廷的奏折中则表示，武汉即将攻克，希望罗泽南一军再在湖北停留十天半月，他保证到时候就一定可以占领武

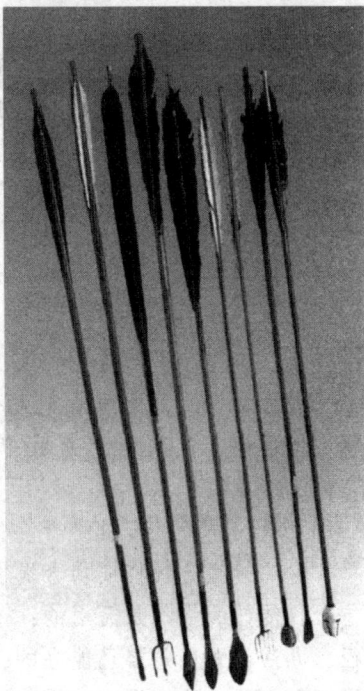

昌。因此，十天半月之后，他就派出得力部队东下救援江西。

但不久罗泽南战死，太平军在江西节节进军，曾国藩更加困难重重。当年五月，曾国华等从武昌出发，经湖北咸宁、蒲圻、崇阳入江西义宁，于8月抵达瑞州城下。

同时，曾国藩的另一个弟弟曾国荃也在骆秉章和左宗棠等人的授意之下，募勇2000人，配以樟树镇败将周凤山回湖南所募道州勇2000，合共4000人，组成一军，由湖南东攻江西吉安，称之为吉字营。

这样，至1856年9月，湖南、湖北两省先后组织了三支部队共计13000余人援赣。这些湘军部队的到来，使奄奄一息的曾国藩又抓住了几根救命草。

心力交瘁的曾国藩看见太平军从江西战场上大量撤出，一开始感到迷惑不解。但很快，他派到天京城中的密探就发来了消息，将天京内讧的情况告诉了他。

求救、自救、天机终于使曾国藩渡过了灾难。

这一过程给我们成功者提供了这样一个启示：一是在艰难时刻一定不要失去信心，徒然的抱怨是无用的；二是在困难时刻最重要的还是要寻求解决困难的途径、办法，哪些是自己能办的，哪些是需借助他人的，在此前提下去努力经营，或可有"山穷水复"的一日。至于天机则是不可企及的。

【经典实例】

曹操挟天子以令诸侯

曹操是东汉末年的一个大能人。但他在"移驾幸许都"之前并没有建成什么大事业。而他"移驾幸许都"以后，他的王霸之业便有了大发展。关键无它，因在于此时曹操已实现了他"挟天子以令诸侯"的谋略了。

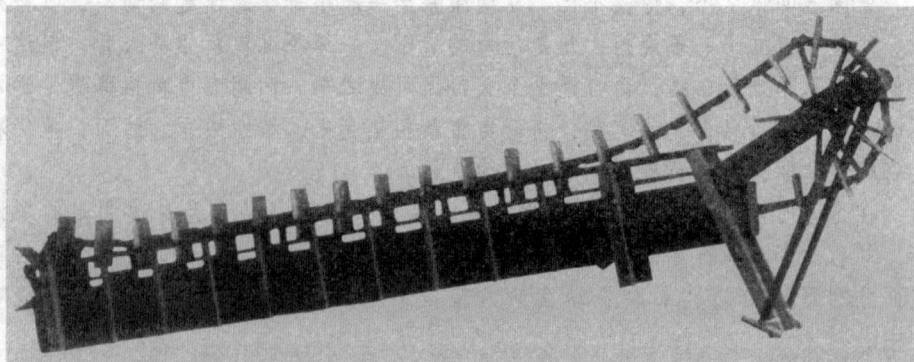

龙骨水车模型　东汉

早在晋文公时，便是以周天子的名义号令诸侯，而使诸侯服从的。春秋五霸

也都是这样做的。他们不废除周天子，而是以周皇室的名义指挥众诸侯，让他们都服从自己。汉高祖为义帝发丧，表示他是义帝的继承人，也是以此自重，指挥各路统领。这一挟天子以令诸侯的谋略，要算曹操运用得最熟练、最成功。

曹操在山东，闻知车驾已还洛阳后，聚谋士们商议。荀彧提出了一条建议："昔晋文公纳周襄王，而诸侯服从；汉高祖为义帝发丧，而天下归心；今天子蒙尘，将军诚因此时首倡义兵，奉天子以从众望，不世之略也。若不早图，人将先我而为之矣。"曹操听了大喜。正好这时朝廷降旨，要曹操入朝，以辅王室。

在宣名曹操入朝后，李傕、郭汜领兵进逼洛阳，大有夺取洛阳之势，于是，汉献帝听从董承的建议，往山东曹操处"避之"。半路上与曹操会合，击败了李傕、郭汜的军队，还洛阳故宫。汉献帝封曹操领司隶校尉、假节钺、录尚书事，曹操获得了军政大权。其后，董昭又向曹操提出建议："明公光义兵以除暴乱，入朝辅佐天子，此王霸之功也。但诸将人殊意异，未必服从。今若留此，恐有不便。惟移驾幸许都为上策。然朝廷播越，新还京师，远近仰望，以翼一朝之安；今复徒驾，不厌众心。夫行非常之事，乃有非常之功，愿将军决计之。"曹操采纳了董昭这一决策，与众谋士密议迁都之事，最后由曹操做出了决定："移驾幸许都"。他向汉献帝上奏移都之事，献帝不敢不从，群臣皆惧操势，亦莫敢有异议，遂移驾幸许都，把许昌作了东汉末代王朝的首都。

从此后，曹操挟天子以令诸侯，几年间统一了中国北方。他的儿子曹丕能在后来称帝，基础是曹操打下来的。

"挟天子以令诸侯"这一谋略思想之所以重要，是因为它具有如下为别的谋略所不可能获得的好处：

第一，可以天子的名义发出各种各样的诏书和旨意。例如，曹操在迁都许昌以后，就接受了荀彧的"二虎竞食之计"，让刘备与吕布火并。曹操从其计，即时奏请诏命，遣使斋往徐州，封刘备为征东将军宜城亭侯，领徐州牧；同时附密书一封，教杀吕布。其后，曹操又假天子诏，令徐州牧刘备起兵讨袁术，以遂其"驱虎吞狼之计"。糜竺虽知道这是曹操之计，但刘备认为"王命不可违也"，还是从命讨伐袁术。而吕布则乘机攻下了徐州，达到了曹操预定的目的。可见，掌握中央政权是何等重要！

第二，可以以抗命天子之罪惩治不听号令的诸侯，使他在道义上处于劣势。袁绍当年占有青州、冀州、幽州、并州，力量大于曹操，发兵七十余万，攻取许昌。曹操起军七万，前往迎敌。兵力之比为十比一，曹操操无疑处于劣势。两军对垒时，曹操以鞭指袁绍道："吾于天子之前，保奏你为大将，今何故谋反？"又说："吾今奉诏讨汝！"袁绍虽然骂曹操"托名汉相，实为汉贼"，但在道义上还是处于下风。因为他进攻许昌，就是向汉王朝进攻，就是"谋反"，而曹操讨伐他却名正言顺。再加上其他因素，曹操后来果然消灭了袁绍。孙策死后，孙权当了继承人。

土耳其以和谈缓兵

英国一直将控制黑海海峡看作是使英国称霸近东，保持同远东联系的一个重要战略目标。1808 年，英国借口土耳其同英国的盟国俄国作战，对土耳其采取了军事行动。1809 年 2 月，英国海军上将达库埃尔特率领一支十二艘军舰的舰队进入达达尼尔海峡。英国舰队压制敌方海岸炮台，击毁土耳其防护海峡的六艘军舰中的五艘，然后进入马尔马拉海域，直逼土耳其首都伊斯坦布尔。达库埃尔特上将向土耳其苏丹发出最后通牒，要求停止对俄国的军事行动，将达达尼尔海峡炮台交由英国军官控制等。

土耳其苏丹知道他所面临的险境，土耳其舰队遭受重创，已无抵抗能力，海峡炮台也急需加固，驻守人员也应增加。但是这些都需要时间。因此，土耳其人决定用施延战术对付英国人。一方面，土耳其不拒绝英国的无理要求，同其谈判哪些要求可答应，哪些还应做些修改。另一方面，土耳其人利用谈判赢得的时间，请来了法国教官，为其训练士兵。他们加固了首都和达达尼尔海峡、博斯普鲁斯海峡的防御工事，并从外地调来了一批军队，加强首都和海峡的防守力量。两个星期过去了，土耳其人在谈判中的态度逐渐变硬，英国海军上将达库埃尔特此时深感不妙。3 月 2 日，担心舰队陷于封锁，英国舰队开始撤出马尔马拉，土耳其的海岸炮台突然发动炮击，英国舰队损失很大，二艘轻巡航舰被击沉，还有几艘遭重创，英军被打死近二百人，打伤四百人。土耳其以拖延战术终于逼走了英国舰队，消除了危机。

荀息假途灭虢国

春秋时，有两个小国：虞国和虢国。这两国相互毗邻，唇齿相依，又都和晋国相邻。

虢王骄傲自满，经常挑起事端侵扰晋国的南部边界。晋献公想讨伐虢国，大夫荀息劝阻说："虞国和虢国关系密切，我们要攻打虢国的话，虞国必定出兵相救。如果移兵攻打虞国。虢国也会帮他，虽然我国兵力稍强，但以一敌二，恐怕也未必会赢。"

晋献公问："那该怎么办呢？"

荀息说："我听说虢王十分好色，咱们不妨送给他一些美女，让他沉湎于酒色之中，疏远忠良，再贿赂犬戎，让他们侵扰虢国。找着机会再攻打虢国。"

晋献公便依计行事。果然虢国与犬戎征战不休，两国军队在桑田相持不下。

晋献公又问荀息："现在虢国与太戎两军对峙，我们可以攻打他了吗？"

荀息说："但是虢国和虞国的关系仍然很好，不过，我有一计，可以今天拿下虢国，明天拿下虞国。"

晋献公喜出望外，问："是什么计？"

　　荀息说："大王您可以先贿赂虞国，表示希望能借虞国的道路去讨伐虢国。"

　　晋献公问："该用什么去贿赂虞王呢？"

　　荀息回答说："虞王生性贪婪，但是如果不是非常珍贵的宝物，是无法打动他的。可以用两件宝物，但就怕大王您不肯拿出来。"

　　晋献公说："哪两件，你说说看？"

　　荀息说："虞王最喜欢的是玉璧和良马，您不是有垂棘之璧和屈产之马吗？用这两种宝物去借路，虞王一定会答应，这样就会落入我们的圈套！"

　　但晋献公却有点舍不得，说："这两件东西是我国的至宝，怎么忍心给别人呢？"

　　荀息说："我知道你肯定会舍不得的。但是，我们借道讨伐虢国，如果虞国不救，那虢国肯定会被灭掉，虢国一灭掉，那虞国还能存在吗？咱们的玉璧和良马只不过是暂时寄放在那儿一样，只要把虞国一灭，不就取回来了吗？"

　　晋献公这才同意，把玉璧和良马都交给荀息让他去虞国游说。

栾书缶　春秋

　　虞王一开始听说荀息要借道伐虢，十分愤怒，但见到玉璧和良马后却转怒为喜，问荀息："这是贵国的国宝，天下罕有，为什么愿意送给我？"

　　荀息说："我们国君一方面钦慕您的贤明，另一方面畏惧您的强大，便不敢私自保存这宝物，愿意献上宝物，以求两国的睦邻友好！"

　　虞王说："说是这么说，但你一定是有求于我，对吗？"

　　荀息说："大王您果真是料事如神。现在虢国军队经常侵犯我国南疆，违反两国和约。因此，我国国君想借贵国之路讨伐虢国，倘若有幸能战胜虢国，那所有劫获的东西，全都归您，以此来与贵国结成万代友好之约。"

　　虞王一听，十分高兴，便答应了。这时，虞国贤大夫宫之奇说："大王，千万不能答应。俗话说：'唇亡齿寒'。晋国吞并别的小国并非一次了，为什么单单没有对付虞国和虢国，就因为虞、虢能够唇齿相依。虢国要是被灭掉了，那明天就会轮到虞国。"

　　虞公说："住嘴。人家晋王不惜重宝，来同我国结盟，我难道一点小路都不肯借吗？而且晋国强于虢国十倍，失去虢国却得晋国，这有什么不对？你下去，不要再参与此事！"于是就和荀息达成了协议。

　　后来，荀息还劝服虞国也出兵伐虢，结果在晋、虞、犬戎三国的夹击下，虢军很快就被击溃了，虢国国君也逃到了国外。晋军将虢国的宝库搜刮一空，只将其中的十分之三及全部美女献给虞国，虞王一见，十分高兴。

　　灭虢后晋国大将假称有病，待在虞国都城不回去。一天，晋献公带着军队

来，邀请虞王出城打猎，一会儿，有人来报："城中有火"。晋献公说："那肯定是百姓不小心失火了。没关系，咱们继续打猎。"等他们回到城里，都城已经被留在城里的晋军攻下，这里晋献公又从背后杀来，虞国也被灭了。晋献公不仅收回了玉璧和良马，而且把虞国的宝库也掠夺一空。

韩信背水破赵

公元前204年，韩信带领汉军数万攻打赵国，赵王歇与主将陈余以数倍于汉军的兵力，屯集二十万赵军于井陉（今河北井陉西北）。当时赵的谋士李左车，向陈余献计："将军，依我之见，井陉、道路狭窄，车马不便前行列阵，行数百里，粮饷必在其后。请将军借我奇兵三万人，从间道绝其辎重（行军时由运输部队携带的物资），然后将军高垒深沟，坚守营中不出战。这样一来，汉军必困在其中，进退两难，到时，我的奇兵断绝其后路，使汉军什么都得不到，不出十天，便叫他韩信人头落地。"陈余回答说："广武君（李左军的衔头），我乃仁义之师，岂能用诈谋奇计。想那韩信这次号称领兵数万，其实最多不过数千而已。又怎能千里来攻打我军，就算他来，现在也不能回避不迎战，这样一来，岂不被诸侯笑话我军胆怯，认为可以轻而易举地来讨伐我国。"李左车献计，遭到了固执己见的陈余的拒绝。

韩信探听到李左车为陈余献计被拒绝，心中有说不出的高兴。于是领兵直奔井陉，在距离井陉口三十里处安营扎寨。韩信心生一计，选派了轻骑二千，各带一面汉军旗帜，半夜悄悄潜伏在赵营附近。并叮嘱带领轻骑兵的将领：到时赵军见我军退走，赵军必然全军出营追击，你们便乘虚而入赵营，拔掉赵军旗帜换上我军旗帜。又通知部属："今日破赵会食！"韩信料定陈余不会攻击汉军先头部队，立即派万人通过井陉隘路，渡过锦蔓江，在赵营西面摆开背水阵。

天亮后，万名汉兵打着旗鼓出井陉口，越过背水阵而进，赵军见势立即出击，双方展开了一场激烈战斗，韩信带兵假装败阵而逃，丢下旗鼓退入背水阵。果然，赵军空营出击，争抢旗鼓，追击汉军。这时，埋伏在赵营附近的两千汉军，趁机突入起营，换掉赵军旗帜，插上汉军旗帜。激战一阵。赵军见攻不下背水阵，急忙收兵回营，一看赵营尽插汉军旗帜，陈余大为吃惊，以为赵军将帅已被俘，这时军心已大乱，汉军乘势夹击，赵军溃败如山倒，赵王歇、李左车被擒，陈余被杀，取得了全胜。

韩信背水破赵，是我国历史上以少胜多、以弱胜强的著名战例。韩信是创造性地运用了"陷之死地而后生，置之亡地而后存"的军事谋略。正如这场战役胜利后，诸将士在庆功完毕后问："韩大将军，兵法说：右背山陵，前左水泽。而这次战役，大将军却命令我们布背水阵，说什么'破赵会食'，先前我们都不服，但毕竟这次战役取得了全胜。不知大将军是用的什么兵法？"韩信解释道："这就是兵法所说的'陷之死地而后生，置之亡地而后存'。尽管我的威望和恩信都不够，加之部队又是临时收编和征调来的，也来不及很好地训练，这就好比

把市民赶上战场上去作战一样。在这种形势下，不置之于死地，是不能使人人各自为战的。"

曾国藩居官处变不惊

曾国藩仕途可谓一帆风顺，但并非功到垂成，他居官以处变不惊，以礼治为本。

做官就是要处理很多麻烦事。有的人处理一件麻烦事可以，处理两件麻烦事也还能行，但遇到三件或三件以上的麻烦事就耐不住了；有的人遇到一件小的麻烦还可以，一旦遇到大的麻烦就挺不住了；有的人处理别人的麻烦事可以，一旦自己遇到麻烦就受不了了。

当官之所以烦人，就是因为麻烦事往往一件跟着一件，推也推不脱；躲也躲不掉，难得清静，难得自在，难得潇洒，为什么说："无官一身轻"呢？就因为没有那么多的麻烦事情。

所以做官要修养心性，第一件事就是训练自己不烦，不急不躁，无怨，清醒。头脑清醒才能做出决断。不然的话，心急似火，性烈如马，只会使事态的发展更加混乱。

耿恭简告诫曾国藩："居官以耐烦为第一要义。"曾国藩以为做官如此，带兵亦然。有一天，曾国藩接到曾国荃的一封信，信中说："仰鼻息于傀儡膻腥之辈，又岂吾心之所乐。"曾国藩谆谆告诫弟弟说，这已经露出了不耐烦的苗头了，将来恐怕难以与人相处。能耐烦的好处就是从容平静，从容平静方能产生智慧，方能处变不惊，才能安稳如山。

同治三年（1864），曾国藩率部队追击捻军。一天夜晚，兵驻周家口（今江西万载县），湘军护卫仅千余人，捻军突然来袭，湘军开始不耐烦了，惊惧不已。幕府文书钱应溥急忙向曾国藩说："现已半夜，力战肯定不行，突围恐怕危险重重。但若我按兵不动，佯为不知，彼必生疑，或许不战自退。"曾国藩于是高卧不起，钱应博也镇静若常，守护曾国藩的

捻军使用过的兵器　清

卫兵见主帅若无其事，于是也都平静下来，恢复常态。捻军见状，果然怀疑曾国藩布有疑兵，徘徊不定，不敢冒进，最终匆匆而撤去。

曾国藩说，我愧居高位，也想忠贞报国，不敢唯唯诺诺，阿谀奉承，以求容

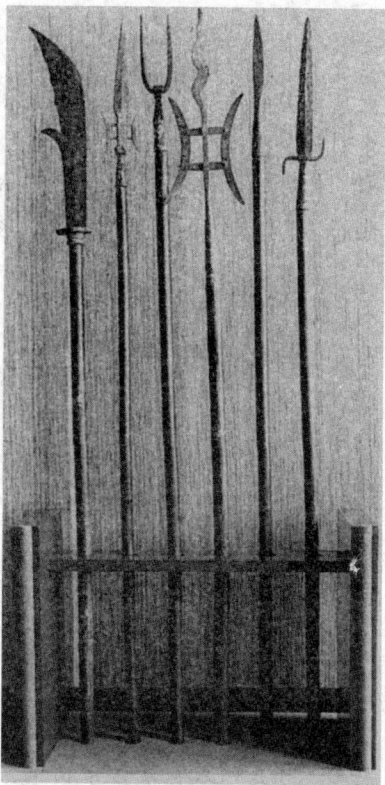

身，唯恐这样做会玷污宗族，辜负了大家的一片期望。

在晚清大臣中，曾国藩的直谏是出了名的。他并不想出风头，甚至觉得这样做十分危险，但作为臣子，他认为这就是忠诚，就是尽自己的本分。荀子说，忠诚有三个等级，大忠、次忠和下忠，无论是哪一种忠诚，都要有利于君主；但忠诚并不是一味地随声附和，如果君主的政策和行为发生错误，就应该大胆陈言，加以规劝。

但大胆进言具有很大危险性，一语不慎，轻易导致皇上疏远，重则导致杀身之祸，历史上由于大胆直言而触犯龙颜遭罹杀身之祸的人和事太多了，所以曾国藩每次出于忠心上谏，但仍心有余悸。

咸丰元年五月二十六日，曾国藩上一谏疏，敬陈皇上发火，栽进了身家性命。

勾践卧薪尝胆

春秋末期，越国君主勾践举兵攻打吴国，结果大败于吴军。勾践带领残兵败将五千人只好退居会稽山（今浙江绍兴南），不料又被吴军围困。眼看就要遭到灭顶之灾的危险，勾践急忙召见大臣范蠡商议救国之策。范蠡对勾践说："大王，事到如今，不必太忧虑。有道是'虚怀若谷的人顺乎天意，转危为安的人可得民心，处事廉洁的人可得地利。'而今只有暂时屈服求和，等到来日方可东山再起。"勾践采纳了范蠡的意见，委曲求全，向吴王夫差求和。

自此以后，越国便成了吴国的属国，自然越王勾践成了"罪臣"，他手下的人也成了夫差的奴仆。夫差让勾践夫妇住在简陋的石屋里，每天在马厩中切草喂马，打扫粪便和洗车。夫差凡是要坐车外出，就让勾践充当马夫。面对夫差对他的百般羞辱，勾践只好忍气吞声，但却越来越激发起他复仇的强烈欲望。他通过暗中收买吴国将吏，从中探听吴国的军情，逐渐对吴国的地理形势、防守要塞等情况有所了解。

勾践强压心中的仇恨，无声无息地过了三年。尽管时有夫差派的暗探，但没有发现任何异常情况。夫差便开始放松了警惕，认为勾践已断绝复国的信心。有一天，夫差突然患病，卧床不起。勾践便主动前去探望夫差的病情，正好这时夫差解完了大便，勾践心生一计，急忙跪下对夫差说："大王，罪臣年轻时候曾经跟名师学过医术，教我品尝人的粪便从中可推测凶吉。请大王恩准罪臣试一试此法。"夫差一听感到十分惊讶，心想世间竟有这样的妙法，但一想到粪便不由得恶心，于是叫人把便盆拿出来，并对勾践说："好吧，你就试一试！"只见勾践走便倒盆前，用手指把粪便抹在嘴里，装出一副品尝细辨的样子。老实说，这滋味真不好受！可是勾践强忍着这非人的痛苦，上前叩见夫差说："大王的粪便味苦而酸，这是顺应时节的变化，没有大病，只是小病而已，几天后定能痊愈。"夫差见此情此景，深受感动，连连点头称赞道："你真是难得的忠臣，待朕的病好后一定要设宴答谢。"

不几天，夫差的病好了，果真设宴答谢勾践。宴罢，等勾践夫妇和范蠡走后，吴国大将伍子胥急忙上前劝吴王夫差说："大王，这样做，岂不是一日纵敌，招来数世之患，吴国危险呀！"夫差一听，大为不快地说："朕所做的事，自有主张。你身为下臣怎能如此无礼。"

吴王夫差放虎归山，让勾践返回了越国。残破的家园更激起了勾践心中的亡国之恨。他决心忍辱负重，伺机东山再起，死灰复燃。从此以后，勾践以身作则，激发百姓雪耻的信心。他每日早起晚睡，勤于国事，为了磨炼自己的坚强意志和毅力，睡卧在柴草上，并悬挂一只苦胆，每当坐卧和饮食之前，必先舔一口苦涩的胆汁。如此日复一日，年复一年，卧薪尝胆，以此提醒自己不要忘记亡国之耻。同时，他把治理国家的大事交给文仲，把兵权交给范蠡，共谋复国大计。他秘密重建军队，铸造兵器，储备粮饷，重用人才，不论贵贱，严格制度，赏罚分明，联络邻国，谋求同盟，等待时机，发兵征吴。为了迷惑吴王夫差，每年勾践都要挑选美女、珍宝特产向吴王进贡，让吴王毫无戒备之心。经过七年的休养生息，越国逐渐恢复了元气，并愈加强大。

由于吴王夫差昏愦，忠奸不分，害死忠臣伍子胥，重用奸臣伯嚭，弄得举国上下对他大为不满，矛盾日益激化。公元前483年，趁吴王夫差率领精兵北上黄池（今河南封丘西南）与诸侯会盟时，勾践率兵乘虚而入，烧毁了吴王的姑苏台。夫差得知后，急忙派使臣向勾践求和。十二年后，越军攻破了吴国。不久，夫差自杀，吴国灭亡。越国不仅灭了吴国，而且成为霸主。

越王勾践卧薪尝胆、发愤图强的精神，不仅说明一个国家当其处在危难之急，应当不屈不挠，艰苦奋斗，全力光复，而且对于一个人来说，如果处在艰难困苦的环境中，不应自暴自弃，应当努力去改变环境，振奋精神，百折不挠，勇于拼搏，最终是会取得成功的。

曾国藩治军严明

曾国藩治军严明主要表现在对队伍的严加约束上，在这方面，曾国藩可谓六亲不认，如湘军初建时，纪律涣散，尤其是靖港之败，练勇大批溃散，即使在湘潭之役中获得胜利的水陆勇也到处抢劫，携私潜逃。曾国藩于咸丰四年四月二十日（1854年5月16日）在家书就这点做过较为详细的记述："水勇自二十四五日成章诏营内逃去百余人，胡维峰营内逃去数十人。二十七日，何南青营内逃去一哨，将战船炮位弃之东阳港，尽抢船中之钱米帆布等件以行。二十八日，各营逃至三四百人之多。不待初二靖江战败，而后有此一溃也。其在湘潭打胜仗之五营，亦但知抢分贼赃，全不回省，即行逃回县城。甚至将战船送入湘乡河内，各勇登岸逃归，听战船漂流河中，丢失货物。彭雪琴发功牌与水手，水手见忽有顶戴，遂自言名册上姓名全是假的，应募之时乱捏姓名，以备将来稍不整齐，不能执册以相索云云。鄙意欲预为逃走之地，先设捏名之计。湘勇之丧心昧良，已可概见！"他们应募入伍，本来就是为了发财，所以不少人隐名埋姓，另捏假号。

这些人的战斗力自然不可能很强。曾国藩对这点是看得很清楚的："若将已散者复行召回，则断难得力。"因此，他自岳州、靖港、湘潭之役后，立即着手整顿湘军，凡溃散之勇不再收回，溃散营哨的营官哨长也一律裁去不用，连他自己的弟弟曾国葆也在被裁者之列。经过整顿，水陆各勇仅留五千多人。与此同时，他调罗泽南、李续宾带所部湘勇回长沙，又令在战斗中英勇可靠的塔齐布、杨载福、彭玉麟等大量招募新勇，新增数营、湘勇很快又扩大到一万来人。他还向广东、广西奏调水师兵勇，广东派山东登州镇总兵陈辉龙带水兵四百名、炮一百尊，广西派升用道员李孟群带水师一千名，来湘会战。又在衡阳、湘潭分设船厂，新造战船六十多只。

湘军经过这次整顿之后，更加兵精械足，"规模重整，军容复壮"，水陆两师达二万之众。

而在当时的湘军中，以治军严明著称的当数彭玉麟，可以说是得曾国藩峻法之真传，以至民间有"彭打铁"之雅号。

彭玉麟归隐后，以查江旧居已坏，在郡城东岸买小楼自居，题名曰"退省庵"。常住母亲墓地及查江家庙，布衣青鞋，不设侍从，补制满，仍不出任官。种树灌园，有终老之志。但自彭玉麟归隐，长江水师规制渐坏，弁勇横行抢掠，朝野有人认为水师可废。清廷下诏彭玉麟再出视师。彭玉麟出山后即劾罢营哨官百八十二人，于是江湖肃然。尤其是不顾情面，劾退了名将黄翼升。彭玉麟勇于负责，有功不贪。常轻舟小艇，往来倏忽，不独将佐畏之如神，即地方官也望风震慑，民间不轨之徒及作奸犯科者辄互相惊吓曰："彭官保来！"立即奔逃不敢出。威声震动数千里。朝廷对他倚任更重，凡有大事交他处置，如两江总督左宗棠、刘坤一，湖广总督涂宗瀛、两广总督张树声，皆朝廷倚重大臣，经言官劾奏，皆命彭玉麟查核。

彭玉麟刚介绝俗，颇有豪气，尤善饮，经常咯血而酒不废。中年黜妻屏子，没有姬侍，只有一两个老兵供事其旁。对待部下旧将如同布衣子弟，而纪律极严。他的弟弟久客州县，服食鸦片成瘾，正巧军中严禁食烟，旁人将此事告知，彭玉麟大怒，立杖四十，并斥出曰："不断烟瘾，死不相见。"他的弟弟感愧自恨，卧三日已濒死，竟绝不再服，复为兄弟如初，以旧习商业，令行盐，致赀巨万，一无所取，其弟亦豪迈挥霍，恤贫笃义。家人流落江淮的，全部收养，岁散万金。

彭玉麟尤恶浮华，厌绝请送之类官场旧习。治军广东时，民士恐饷粮不继，共募银十七万送军中，彭拒而不受。辞官之日，众以金排万人姓名于二伞上，价值万金，彭谕令各还其主，且戒其奢。断案严肃，恒得法外意，所杀必可以正民俗。安庆候补副将胡开泰，召娼女饮酒作乐，而使妻行酒，其妻不从，遂抽刀割其腹。街巷汹汹，事情闹到院司，正聚议所以处置。彭赶至后，说："此易耳。"遣人召来，但询名姓居址，即令牵出斩之，民众大欢。忠义前营营官、总兵衔副将谭祖纶诱劫其友张清胜妻，清胜知悉后，秘密留居密室，出伪券要偿债，但逃走，升营将。州县官因为在谭祖纶管辖地方，置之不问，因诉于彭玉麟。彭玉麟

先离黄州汉阳道路藉藉，欲治之无端，得清胜词，为移总督，先奏劾谭祖纶，且遣清胜赴武昌对质。朝廷下诏，令彭玉麟与总督即讯，谭祖纶令人将张清胜从轮船上挤下溺死。又行贿张妻、父母及妾刘氏反其狱，忠义营统将方贵重用事，总督言诱奸无死罪，谋杀无据。彭玉麟知谭祖纶根据盘固，不可究诘。适总督监临乡闱，立即至武昌，檄府司提祖纶至行辕，亲讯，忠义营军倾营往观。祖纶至，若无其事的样子。等到公开他的罪行，支离狡诈，及谋杀踪迹，祖纶伏罪，立即令就岸上正法，一军大惊。

江宁有个秀才，妻有美姿，当时李鸿章督两江，他的远亲弟弟称"四大人"者喜爱她，假传太夫人命，诱人署中，逾月不令归。秀才侦知其情，请之不能得，上控到县也不理，控到府也不理。秀才知无诉，于是得痴病，终日喃喃不绝口，讲的就是妻子被霸占的事。彭玉麟一日停舟水西门，在茶馆遇见秀才，问他原因，并说："你没有听到老彭来了吗，何不告诉他？"秀才问老彭在哪里，彭玉麟指示停舟的地方，并代为他写告状词。第二天，秀才果真前去呼冤，彭玉麟令侍从召秀才入见，

李鸿章像

秀才抬头仰视，见彭玉麟是昨日茶馆中的饮客，大喜过望，彭玉麟见状也笑，把他的诉状拿过来，并安慰他说："明天在家等候你的妻子回来吧。"秀才言谢而出。

彭玉麟立即拿着呈状词拜见李鸿章，纵论巡江大事，言谈之间，好像不懂法律的样子。故意问："假使有人诱奸百姓的妻子，应当如何处置？"李鸿章说："当杀！"。彭玉麟又问："假使有官吏诱占百姓的妻子，法律应当如何处置？"李鸿章也说："当杀"。彭玉麟又问："今天假如有封疆大吏的子弟诱占百姓的妻子，法律又如何裁处？"李鸿章似有所悟，勉强答应"当斩"。这时彭玉麟从怀中拿出诉状，呈给李鸿章，并说："公能执行法律，今天的事就算罢了，否则当上奏朝廷。"李鸿章看完诉词，脸色大变，走下案桌来对彭玉麟说："这件事我确实不知，但劣弟为母亲宠爱，请用私人的礼节，稍微宽大处理可否？"彭玉麟说："你刚刚说完当斩，如果不上奏朝廷，是不是私情太重了？！"李鸿章又说："既然如此，请用家法如何？"彭玉麟说："可以。"李鸿章说："缓其死可以吗？"彭玉麟答道："其他都遵命，这件事不敢答应。"李鸿章不得已，招呼他的弟弟出来，将呈状扔给他，他的弟弟读完呈状，异常害怕，叩头请求不要处死。李鸿章勃然大怒道："已经为你求情了，不能活，立即自裁吧。"他的弟弟说："请拜别老母可以吗？"李鸿章转请彭玉麟，彭玉麟

应允，但在庭中等待。过了好久，也不见李鸿章的弟弟出来，彭玉麟逼迫李鸿章立即处死他的弟弟。李鸿章对身旁的人说："去见四大人，让他把我的箱子揭开，摘取朝珠上的东西（即鹤顶红，沾舌即死，凡一二品则有之），舐之即可，不要想活下去。"侍从进到内室，不久里面哭声大作，四大人已经死了。彭玉麟于是谢罪而去。第二天，秘密前往秀才的宅院，他的妻子已经归来，秀才的痴病也痊愈了。

彭玉麟所到之处，访知文武贪官，非杀即参，人们称他为"彭打铁"。因此，凡听到他来的人，无不头痛。但彭玉麟来往无常，没有一人能事先知道。自从接受巡江大臣的任命后，不但水师赖以整顿，即使东南数省大小官吏，也不敢过于贪酷，真是国家不可缺少之人！

湘军正因为诸将在曾国藩的严格教诲下，"虽离曾国藩远去，皆遵守约束不变"，这也符合曾国藩的特点。因为曾国藩在湘军中把封建伦理观念同尊卑等级观念结合起来，将军法、军规同家法、家规结合起来，用父子、兄弟、师生、朋友等亲友关系来掩饰、调剂、补充上下尊卑关系，以减少内部的摩擦及抵触，使下级与士兵乐于尊重官长、服从官长、为官长卖命。

实战家孙武

孙武是春秋时期有名的军事家，也是《孙子兵法》的作者，同时他也是一个实战家。

孙武经伍子胥推荐，在吴国阖闾手下做大将。吴王看了《孙子兵法》后大为赞赏，立即要求召见孙武。吴王说："我看了你的兵法，真是受益匪浅。你能不能当场给我演示一下，让我开开眼界。"

孙武说："这个不难，您可以随便找些人来，我马上操练给您看。"

吴王一听，便生好奇心，随便找些人来都可以？吴王存心为难一下孙武，说道："我的宫中有好多美女，先生您能不能操练她们一下？"

孙武一笑说："可以，没问题，您让她们来！"

吴王立即召来宫女三百，令孙武操演。孙武说："还需要大王的两个爱姬做队长，这样号令起来才比较方便。"

吴王又令两个宠姬，左姬、右姬到前面来，然后对孙武说："这两人是我最宠爱的，可以充当队长吗？"

孙武回答道："可以！"于是开始操练。

孙武将宫女分为两队，右姬管右队，左姬管左队，又宣布军法：一不许混乱队伍，二不许言语喧哗，三不许故违约束。

众宫女来到校场，只见旌旗招展，战鼓排列，十分好奇。她们嘻嘻哈哈，东瞅西瞧，漫不经心。两个爱姬也觉得好笑好玩，根本不去管自己的手下人在干什么，孙武好不容易才把稀稀拉拉、吵吵闹闹的宫女排成了两列。

孙武十分耐心地给这些宫女们讲解操练要领。交代完毕，命令在校场上摆下

刑具，然后威严地说："练兵可不同儿戏，你们一定要听从命令，不得马马虎虎、嬉笑打闹。违者，按军法处置！"可是这帮宫女根本不把这当回事。

于是，孙武命令擂起战鼓，开始操练。只见孙武一声令下："两队起立！"这些宫女个个都掩口嬉笑，有的站着，有的坐着。孙武并不生气，又向她们解释了一下动作要领，然后又下令："全体起立！"这时，倒都站起来了，只是个个东倒西歪，不成体统，继续嬉笑。孙武一见这种情况，又大喝一声："全体起立！"这时，她们笑得更厉害了，有的都笑得直不起腰了。

吴王看了，也觉得挺有趣的，心想：你孙武再大的本领，也无法让这些美女听你的调动。

孙武沉下脸来，说道："动作要领没有交代清楚是将军的过错，交代清楚了，而士兵不服从命令，就是士兵的过错了。按军法，违犯军令者斩，队长带队不力，应先受罚。"然后又问军法官："该当何罪？"

军法官喝道："当斩！"

孙武立即道："来人，将两个队长推出去斩首！"左右见孙武发怒，不敢违令，便将左右二姬绑了。

左右二姬一看，吓得直哆嗦，赶紧向吴王求情说："吴王救我们！"

吴王一见，也慌了手脚，连忙对孙武说："将军确实善于用兵，军令严明，我十分佩服，只是这次，请放过我的两个爱姬吧！下不为例。"

可孙武斩钉截铁地回答说："您既然要我演习兵阵，我就一定要按军法规定来操练，决不徇情枉法。"然后大喝一声："斩！"顿时，两个美头落地。

这一来，吓得众宫女魂飞魄散，再也不敢嘻嘻哈哈了。孙武又命令排头两美女做队长，全场顿时鸦雀无声。众美女精神集中，处处按规定动作，一丝不苟，顺利地完成了操练的任务。

吴王见孙武斩了自己的爱姬，心中十分不高兴，但仍然佩服孙武治兵的才能。后来吴王拜孙武为大将，在孙武的带领下，吴国最终也挤入了春秋强国之列。

陈毅、彭德怀自谦照人

抗日战争时期，一天，饲养战马的一名战士把陈毅的战马气呼呼地打了一顿。陈毅一见马被打成这样，立即发了火，对打马的战士大声喊道："你简直是乱弹琴！这是革命的马，你怎么能这样打呢？"打马的战士从来没见过陈总发这么大的火，心里很害怕，不知如何是好。陈总见状，立即感到自己的话说重了，就对那个战士说："是我不好，是我不好，你打马不对，我也不该发火，向你道歉！"那个战士听了很受感动，也立即承认了自己打马的错误。

1954年2月，陈毅在党的七届四中全会上谈到饶漱石事件时说：为什么有的多年在一起工作的老同志，受饶漱石的利用来反对我呢？因为我对这些同志平时帮助有缺点，过分严厉批评人，搞得人家难受。这一点也被饶漱石利用了，这都

是我要引以为戒的。"陈毅同意就是这样严以律己。彭德怀同志也是如此。抗日战争时期的一天，彭德怀同志火急地到阵地前沿看地形，见有个战士拦路，彭总火了，便对他大声喝了几句，这个战士不认识彭总，朝着彭总就打了两拳。彭总让过了他，又匆匆往前赶路。这件事让秦参谋看见了，走过来说："这还了得，打起总指挥来了！传令排，把他捆起来！"传令排捆着这个战士，追上了彭总说："这是刚才打骂你的那个战士。"彭总笑着说："谁叫你们捆来的，小事情，快放回去！"又说："这也怪我当时对战士的态度不好！"这个战士开始怕得不行，没想到彭总毫不在意，非常感动，以后逢人就说："总指挥真是度量宽宏！"

1947 年 8 月的一天夜里，彭德怀率领部队从陕北榆林地区主动向乌龙铺以北一带转移，到达驻地已是凌晨 3 点钟了。大家考虑到彭总昼夜工作，已经三天三夜没合眼，催他打个盹儿。

彭总刚入睡，电台就收到王震司令员请示第二天行动的报告。机要秘书想让他多睡一会儿，一直等待在他的身边，看着表，等到 4 点半才叫醒他，把电报送给他。彭总一看电报收到时间和机要科译出时间，马上脸一沉，问："为什么晚送了一个小时？"机要秘书赶紧回答："您身体不好，胃病又犯了，打榆林三天三夜没合眼。再说与王司令员的联系时间……"没等说完，彭总便电闪雷鸣般发起火来："胡宗南 10 万大军压境，误了战机谁负责？"机要秘书从来未见彭总发这么大的火，沉重地说："我错了。"彭总也马上感觉到自己的态度太严厉了，立即缓和了态度，说道："党中央和毛主席把这样重的担子交给我们，指挥不好，犯了错误，就辜负了党中央和毛主席的重托，那就是对人民的犯罪啊！"经彭总这样语重心长的批评后，被批评的秘书感到心服口服。

陈毅和彭德怀都能在发火后很快冷静下来，表示一种真诚的自谦，使得被批评者既能理解他们发火的理由，又能痛悔自己的过失。这种品德称为"自谦照人"。而要做到自谦，特别是发火后的自谦，那是需要有崇高的精神境界的。而对同志的极端热忱，又使他们对失职的同志表示出一种自谦。这两方面的有机结合，就达到了教育同志的目的。光发火而无自谦，容易使被批评者感到生硬，难以接受意见，甚至于能将被批评者推到自己的对立面。而只"自谦"没有必要的批评，则不能使被批评者猛醒，久而久之，也会贻害同志。

刘邓大军严慈相济

著名军事家刘伯承是运用"严慈相济"谋略成功的典范。1947 年刘邓大军千里跃进大别山后，有一段时间，军中缺粮、少盐、没油，常是吃了上顿没下顿，定量逐渐减少。刘伯承和战士一样，一天两餐从未吃饱。司令部人员看他身体一天天虚弱了，不忍心让他挨饿，便想方设法从地方弄些好吃的给他。他却从来不肯收，当实在不好退回时，就送给野司机关里身体不好的老同志和伤病员。1949 年 11 月 11 日，刘邓在关于隔断敌宋希濂、罗广文七个军之退却道给第五兵团和第十军的指示中，最后特别写了这样一条："近半月来，我各部队天雨行军、

作战，必感疲劳，望注意鼓励士气。使用现洋，保证战士的给养和健康，千万不要以小失大。每人每天的五钱油盐和一斤蔬菜绝不可少。至要！至要！1949年12月6日，刘邓给兵团的电报中又说："各部队当前最大困难是鞋子问题，望自行设法就地购买，勿靠后方运送。落伍人员好好设站收容。"刘伯承总是对部下官兵无微不至地关怀。但是，刘伯承在作战训练、作战纪律、战斗作风方面，对部队严格要求，一丝不苟，军令如山倒。1946年6月，刘伯承带领纵队和旅领导带头打靶，亲自检查成绩记录单，一丝不苟地严格训练部队。1947年，刘邓大军千里跃进大别山，8月23日第一纵队和第二纵队渡过汝河，继续向前挺进。但是刘邓指挥部和六纵于25日夜才抵汝河北岸，南岸已被蒋军吴绍周的八十五师占领。敌用排炮打碎民船，并向我军轰击。此时，尾追我军之敌尚有三师之众，距北岸仅五六十里，情况十万危急。刘邓不顾部队疲惫，严令部队不惜任何代价于午夜十二时渡河向南岸之敌猛攻，将敌击溃，大军转危为安。进入大别山后，司令部里一个管理员在业已宣布我军纪律之后，竟然乘主人逃走之机私自撬开一家铺子，拿了一刀有光纸，几支毛笔，以及几斤粉条和白糖。刘邓忍痛坚决执行纪律军法，将其枪决，召开全军大会示众，以儆效尤，号令全军坚决遵守纪律。刘伯承用兵就是这样严格，坚决执行命令纪律，不怕困难疲惫，不怕伤亡减员，连续作战。刘邓大军之所以战无不胜，攻无不克，运用严慈相济谋略是重要原因之一。

曾国藩稳慎用兵

咸丰七年，曾国荃刚刚组建吉字营攻打吉安时，曾国藩针对他的心境，一再劝告他："到吉安后，专为自守之计，不为攻城之计"，"无好小利，无求速效"，"不求近功速效"。同治元年三、四月间，业已攻占了安庆的湘军，夹江而下，连克数城。刚刚获得浙江按察使衔的曾国荃率部渡过长江，于五月初进抵周村，距金陵只四十里。太平军在天京上游，可说已是兵败如山倒。曾国藩接到这一连串战报，又喜又惧，连连写信给曾贞干说："沅弟进兵，究嫌太速。余深以为虑。"根据曾国藩当时设想，围攻金陵，须多路进击，方可收南北夹击之效。但北岸多隆阿部不愿与曾国荃合作，长江中的水师统领彭雪琴又与曾国荃"嫌隙已深，难遽期其水乳"。曾国荃孤军深入，自置于危地，曾国藩的忧虑是有根据的。他告诉曾国荃说："弟此次进兵太快，不特余不放心，外间亦人人代为危虑。"后来曾国荃打退了李秀成赴援天京的大军，在雨花台立定了脚跟，并且已经合围金陵，取得一些重大突破，甚至连向朝廷报告攻克金陵的奏稿款式，曾国藩也已为曾国荃设计好了，写信通知了他。就是在这种情况下，曾国藩还于同治二年十一月起至同治三年四月初五日中，五次告诫曾国荃道："望弟无贪功之速成，但求事之稳适。""专在'稳慎'二字上用心。""务望老弟不求奇功，但求稳着。至嘱！至嘱！"其实，只过了一个多月，金陵就被湘军占领。曾国藩在临胜前的这些叮咛，固是针对急功贪利的曾国荃的一剂攻心药，同时也说明，"稳慎"在

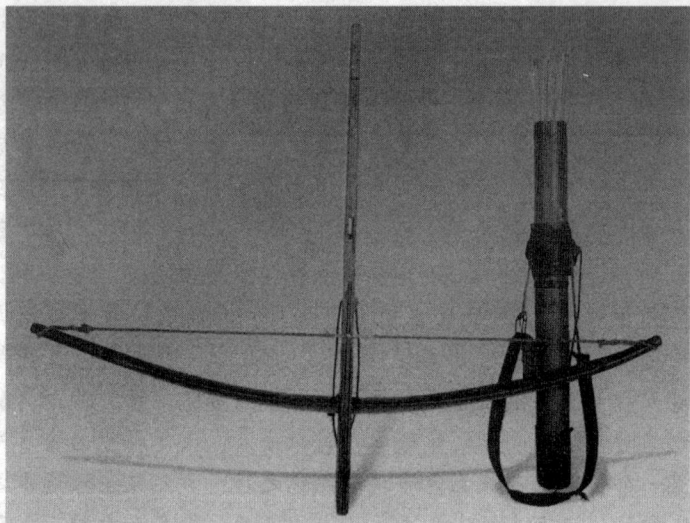

弓弩　清

曾国藩的战略思想中是一以贯之的。他称赞萧启江道："阁下一军，向以'坚稳'二字著名。"咸丰十年正月，当湘军正在迅速进军时，他写信给胡林翼说："十一日金军获胜后，罗溪河实已无虞。山内一军，其妙无穷；脑后一针，百病皆除。但此后仍当以'稳'字为主，不可过求速效。"

可以说，曾国藩是非常反对速战速决的。尹杏农曾两次写信给正在"剿捻"前线的曾国藩，借指责周亚夫委弃梁孝王的故事，力陈"兵贵神速"之义。公元前154年，周亚夫平定七国之乱时，接受一个幕客的建议，让梁国与精锐的吴楚大军接战，而自己于昌邑，深沟亮垒，只出轻兵至淮泗口，绝吴饷道。吴楚军经过与梁国之战后，锐气大挫，且饥饿不堪，勉力向周亚夫军挑战时，周亚夫又坚壁不出，只得引军而去。这时，周亚夫立发精兵追击，一举而破吴楚大军。曾国藩在回信中盛赞周亚夫这种深沟高垒，后发制人的战术。并说："国藩久处兵间，虽薄立功绩，而自问所办，皆极拙极钝之事，与'神速'二字几乎相背，即于古人论兵成法，亦于千百中而无什一之合私心。"为什么他作"极拙极钝之事"？因为他认为，"兵，犹火也，易于见过，难于见功，与其因求神速而立即见过，不如但求稳慎而渐缓见功"。他称赞曾国荃说的两句话为"良为至论""稳扎稳打，机动则发。"然后马上补充说："然'机'字殊不易审，'稳'字尤不易到。"故须亟力追求，处处用心。正因为稳慎，曾国藩极力反对浪战，极力反对不知敌我，不知深浅的轻浮举措。他说："未经战阵之勇，每好言战，带者亦然。若稍有阅历，但觉我军处处瑕隙，无一可恃，不轻言战矣。"不轻言战，即不打无准备之仗。他称赞李续宾，说他"用兵得一'暇'字诀，不特其平日从容整理，即其临阵，亦回翔审慎，定静安虑。"又说："迪安善战，其得诀在'不轻进，不轻退'六字。"曾国荃统兵在吉安前线时，他叮咛说："凡与贼相持

日久，最戒浪战。兵勇以浪战而玩，玩则疲；贼匪以浪战而猾，猾则巧。在我之疲敌贼之巧，终不免有受害之一日。故余昔在营中诫诸将曰：'宁可数月不开一仗，不可开仗而毫无安排算计。'"曾国荃在金陵前线时，他又嘱咐说："总以'不出壕浪战'五字为主。"曾国藩所说的浪战，指胜负不分的情况下的战争，即或有小胜，或仅小挫，浪战都带来严重恶果，士卒不但因浪战而疲困，且因浪战而对战事玩忽。与其如此，不如坚而守之，弁勇身心强健，斗志昂扬，一战可胜。这就涉及战争中求胜的快与慢的问题。不浪战，或坚守不战，似乎胜之甚慢，实际上，养足精力，看准时机，战而必胜，虽慢实快；否则，欲速则不达。曾国藩这个于稳慎中求进取的战略，可说是他的战略思想的核心。

正因为稳慎，曾国藩强调"扎营宜深沟高垒，虽仅一宿，亦须为坚不可拔之计，但使我真能守垒安如泰山，纵不能进攻，亦无损于大局"。关于进军，他说："用兵之道，可进而不可退，算成必兼算败"，因此须"先清后路，脚跟已稳而后进"。关于战役，他主张"宜先守后战，脚跟站定，庶免震撼之虞。"他常采用围城打援之法，静待城中敌人的疲弊，然后一战克之，如攻太湖、攻安庆、攻金陵，均用此法。

正因为稳慎，曾国藩提出了"以静制动"的原则。他说："守城尤贵于静，务思沉几渺虑。"他评述双方将领的特点道："林启容之守九江，黄文金之守湖口，乃以悄寂无声为贵。江岷樵守江西省城，亦禁止击柝列矩。己无声而后可听人之声，己无形而后可伺人之形。"曾国荃围攻安庆时，曾国藩反复开导他"慎以图之"，"总作一坚守不战之计"，"不分心攻城，专主坚守后濠"。为什么要如此呢？他的理由是，"贼以积劳之后远来攻扑，我军若专守一'静'字法，可期方稳。"故围城者必须"神不外散，力不旁分"。他甚至认为，在挂车河一带的多隆阿部也应作"坚守之计，任贼诱敌搦战，总不出队与之交仗，待其晒过数日之后，相机打之"。因为援军"军行太速，气太锐，其中必有不整不齐之处，唯有一'静'字可以胜之。"

毛泽东的"敌进我退"之谋

语出毛泽东1928年5月提出的"敌进我退，敌驻我扰，敌疲我打，敌退我追"的十六字诀。这是毛泽东关于中国革命战争战术运用的第一个理论表述，是我军在土地革命战争初期游击战争的基本原则。

孙子说："少则能逃之，不若则能避之。故小敌之坚，大敌之擒也。"（《孙子兵法·谋攻第二》）意思是说：兵力比敌人少就要避让退却，战斗力不如敌人就要避免与敌人决战。弱小的军队如果坚守硬拼，就会被强大的敌人击败。敌进我退，待机出击，无疑是保存实力，以实现最后消灭敌人目的的良谋妙计。

1947年3月初，国民党军依据"重点进攻"的方针，集中了34个旅23万人，分由南、西、北三面向陕甘宁解放区发动进攻，妄图消灭我党中央、人民解放军总部和陕甘宁边区部队，或将我军驱逐到黄河以东，首先解决西北问题，然后调动兵

力进攻华北，达到其各个击破之目的。其中，由胡宗南指挥的20个旅，除了五个旅担任守备之外，其余15个旅14万人，于3月13日，自洛川、宜川之线，分两路北进，直取延安。当时，西北人民解放军在陕甘宁边区的部队为两个纵队又两个旅共25000多人。为了掩护中央机关和群众转移，西北我军决定以教导旅另一个团位于延安以南地区，以运动防御阻击敌人；17日，第一纵队加入战斗；依托有利阵地，交替掩护，轮番抗击，节节退却，并利用夜色掩护灵活地进行反冲击和袭扰，激战3昼夜，给敌以重大杀伤，阻滞其进攻。19日上午，我军主动撤出延安，随后又陆续放弃陕甘宁边区所有县城。我军主力分别于3月25日、4月14日、5月2日至4日，先后发起了青化砭、羊马河、蟠龙三个战役三战皆捷，歼敌14000余人，奠定了粉碎敌人进攻的基础。敌军非但没有消灭或驱逐我党中央和解放军总部，反而受我多次沉重打击，损失兵力约达十万，最后不得不狼狈逃出边区，而我军不但恢复了延安和陕甘宁边区所有县城，而且胜利地展开进攻，转入解放大西北的战略反攻。

在《中国革命战争的战略问题》一文中，毛泽东对"敌进我退"之谋有精妙的论述："战略退却，是劣势军队处在优势军队进攻面前，因为顾及到不能迅速击破其进攻，为了保存军力，待机破敌，而采取的一个有计划的战略步骤……谁人不知，两个拳师放对，聪明的拳师往往退让一步，而蠢人则其势汹汹，劈头就使出全副本领，结果往往被退让者打倒。《水浒传》上的林教头，在柴进家中要打林冲，连唤几个'来'、'来'、'来'，结果是退让的林冲看出洪教头的破绽，一脚踢翻了洪教头……楚汉成皋之战、新汉昆阳之战、袁曹官渡之战、吴魏赤壁之战、吴蜀彝陵之战、秦晋淝水之战等等有名的大战，都是双方强弱不同，弱者先让一步，后发制人，因而战胜的。"据载，蒋介石败退台湾后，痛定思痛，深刻反省失败原因。他叫人找来毛泽东《中国革命战争的战略问题》一文，把自己关在屋子里仔细研读，一边品味一边反思。尤其对上述精论沉吟颇久，感触良多。他让人将这篇文章打印出来，作为参考材料分发国民党其他要员阅读，总结国军在大陆彻底失败的经验教训。在"敌进我退"的具体运用与实践方面，毛泽东根据中国革命中"敌强我弱"的特点提出的，"以农村包围城市，最后夺取城市"的军事思想，无疑是"敌进我退"、以退为进在战略上的具体体现。而毛泽东在战术上运用"敌进我退"伺机破敌之谋而获胜的战例，则不胜枚举。

吝啬鬼葛朗台

1789年，葛朗台老头还仅是一个富裕的箍桶匠，由于娶了有钱的老板的女儿，得到一笔可观的陪嫁，从此开始他的投机生涯。他用重金贿赂标卖监督官，便三钱不值二钱地买下县里最好的葡萄园、一座老修道院和几块田地。他还搞政治投机。在保守的小市民看来，他似乎是一个激进分子、共和党人、关注新潮流的人物，他因而顺顺当当地当上了"县行政委员""市长"。他在任期间，不仅把地方上的公事应付得很好，而且自己也捞不少实惠，他把县城的几条公路修到

他各处的产业。他在房产与地产登记的时候，也大做手脚，只完很轻的税。

后来，他涉足金融业，金融活动比农业、买卖资金周转得更快，利润更厚，而且，没有捐税，没有修理费，不怕冰雹，不怕冻，不怕涨潮，一切跟年成捣乱的玩意儿全没有，他从开始"小做"，很快便大做了。

1819 年 11 月的某一天，是欧也妮 23 岁生日，葛朗台的侄儿夏尔从巴黎到索漠，带来他父亲纪尧姆的诀别信，信中说，由于经商失败负债累累，只能自杀。恳请葛朗台收留夏尔，当夏尔的监护人，做夏尔"慈爱的父亲"，给夏尔一笔资金去印度发财。可是在葛朗台的心目中，既没有侄儿也没有上帝，因此，他不但没有给侄儿去印度提供资金，而且还趁机给侄儿玩弄花招，把夏尔的金首饰压价到"989 法郎 75 生丁"。欧也妮爱上了落难的堂弟，把自己长年积蓄的 6000 法郎赠给夏尔。夏尔也将嵌有父母肖像的纯金梳妆匣交给欧也妮保管。临别前夕，两人山盟海誓，订了终身之约。葛朗台得知欧也妮赠金的事情，大怒之下，将欧也妮幽禁起来，只准她喝冷水，吃干面包。葛朗台太太又惊又怕便一病不起。

葛朗台从公证人处得知女儿可根据法律继承母亲财产，因而被迫同女儿和解。1822 年，太太死后，葛朗台就诱使欧也妮同意放弃继承权。

82 岁的可怜的葛朗台老头终于带着他的财富梦死去了。他的吝啬本性，到弥留时刻也没有改变，当神父把镀金的十字架放到他唇边，让他亲吻圣象时，他却用一个骇人的姿态想把十字架抓在手里。他不择手段积攒起来的巨额财富，自己没有享用，却成了累赘。他成日忙于计算，绞尽了脑汁，临终前还一再叮嘱女儿，好好代他保管，到阴间向他交账。他没有朋友也没有信赖的人，虽然有女儿，然而自私自利像无形的绳锁，牢牢锁住了他，使他一直过着寂寞、孤独的节俭生活，他爱钱胜过了生命。他只有可怜的一点点的快乐，他的一生是个守财奴悲惨的一生，值得人们为戒。

夏尔在海外发财了，但也堕落了，他早已忘记曾经信誓旦旦的堂姐，在回国途中，他结识了德·奥勃里翁侯爵。侯爵很想借此嫁出奇丑而又没有陪嫁的女儿，夏尔则想因此攀附贵侯。于是，他写信给欧也妮说，出于前途的考虑，准备和奥勃里翁小姐订婚，随函寄去 8 千法郎的汇票，说是欧也妮借给他 6000 法郎的本息，并要欧也妮退还金梳妆匣。

这就是一群贪婪金钱丧失良知的小丑们。

高山铺战役

1929 年 6 月间，贺龙为建立革命根据地，率领红二军团转战于湖南桑植地区。在这里，他发动群众，打土豪，分田地，扩大红军队伍，使革命烈火越烧越旺。

7 月间，永顺城"防匪"司令向子云命令他的副手周寒知等带兵五百前去"讨伐"，结果刚到桑植县南的赤溪河，就被红军打得落花流水，大败而归。

向子云得知，亲自带人马，杀气腾腾，直奔桑植而来。红军一小队在赤溪河畔阻击了一阵后，佯装败逃。向子云不知是计，率部紧紧追杀。红军撤退到桑植

县城时，并未进城，而是继续向城东"败退"。向子云占领了这座空城，连忙向他的上司报捷，但是他哪里知道，此时他已是瓮中之鳖。

这桑植城一面靠水，三面环山，地势极其险要。贺龙将军见敌人全部进了空城，一声令下，早已埋伏在各山头上的红军，从四面八方冲向县城。敌人猝不及防，混乱不堪。向子云集结残部，企图从南门突围，抢渡赤溪河逃命。这时，向东"败退"的红军早已候在河畔，敌人走投无路，纷纷举手投降。向子云驱马逃向河边，连人带马跃入河中，被淹死。

1947年10月，为了控制局势、争夺中原战场主动权，国民党正加紧进行对晋冀鲁豫野战军主力再次进攻的作战部署。

野战军采用避实击虚的战术，除以第一纵队第二十旅、第二纵队第五旅留商城、潢川地区，伪装主力、迷惑敌人，坚持开展地方工作外，野战军总部率第一纵队、第二纵队主力跳出包围圈，向敌兵力空虚的鄂东、皖西出击，会同已在鄂东的第六纵队沿长江北岸展开，第三纵队在皖西展开。主力各纵队以积极的行动调动敌人，以便寻机各个歼灭。敌重兵对大别山根据地的主力集结点合围扑空后，调整部署，重新分兵多路，欲再寻野战军主力决战。

10月24日，野战军获悉：现有敌整编第四十师辖第三十九旅第一〇六旅纠合敌整编第五十二师第八十二旅共五个团的兵力由黄安、麻城一直在第一纵队背后尾随不放，并兼程追击。这股敌人仗着美械装备的优势骄横自傲、孤军冒进。

10月25日，敌进至蕲春东北的漕河镇地区。野战军分遣在长江北岸的部队奉命立即作向心集结，准备伏击。

10月26日拂晓，中原独立旅一个连和旅侦察队着便衣装成游击队，在蕲南便衣队的引导下，开始伪装诱敌。他们在大路铺地区与敌遭遇开火后，沿公路边打边退，迟滞、引诱敌人。敌果然确信系小股游击队，以为有便宜可占，遂继续沿公路猛追不放。当日上午，敌前卫部队抵高山铺，与第一纵队警戒部队接触。该部趁当时大雾弥漫、观察困难，撤退至马骑山。敌又误以为野战军兵力不多，意在阻其前进，以掩护主力转移，因而仅以少数兵力进行侦察并控制沿公路的小山，主力仍继续向广济推进。就这样，在野战军伴装和诱使下，敌人对伏击部署毫无察觉，一天之内放心大胆、趾高气扬地前进了三十公里。进至洪武垴山时，遭第一纵队顽强阻击，被卡住了前进道路，但仍不知野战军虚实。野战军从引诱转为拦截，打退了敌人一次又一次进攻，牢牢地控制着洪武垴、界岭及公路两侧制高点，完全将敌人截住；在敌后尾，野战军第六纵队以三个营组成的先遣支队跟踪而至，于当日黄昏占领了马骑山、李家寨山，适时地堵住了敌人退路。于是，敌整编第四十师及五十二师第八十二旅已全部陷入野战军在高山铺地区设置的口袋之中。

敌于27日发觉已被野战军包围，即就地抢修工事，并向洪武垴、蚂蚁山等高地猛烈攻击，企图抢占有利地形；固守待援，但终未能得逞。被击退的敌人溃不成军，野战军乘势发起总攻，各部队以勇猛的动作扑向敌人，将其大部就地歼灭。残敌向高山铺西南逃窜，在多路追击和预设部队的阻击下，被迫投降。当日

14 时，战役胜利结束。野战军仅以八百余人的伤亡，迅速彻底地歼灭了敌人一个师部、三个旅部、五个整团共一万二千六百余人，其中俘敌九千五百余人。

以防待守的北京第一通用机械厂

北京第一通用机械厂，过去在全国 16 家重点压缩机生产厂中，排在老三老四的位置上，压缩机是皇帝的女儿不愁嫁。那时，他们不知啥是愁滋味。

1987 年，国有完全取消了指令性计划，"一通"就像一个孩子突然不会走路了。就在一愣神的工夫，别的厂家开始起跑了。全国压缩机生产厂冒出 200 多家，产值过亿的就有六七家，有的厂还是当年"一通"扶植起来的。他们形成了"兵临城下"的逼人攻势，使"一通"的市场纷纷"失陷"，到 1990 年，80% 的市场"失陷"，连山西、河北的老根据地也丢了六七成，几乎出现亏损。

别人没有好产品打败仗，自己产品有四大系列，有的产品多次获奖，为什么也打败仗呢？1991 年，新上任的厂长云庆华和领导班子一起"会诊"，认为症结就在于思想僵化，市场神经迟钝，在销售和服务这个企业与市场接轨的重要环节上受阻。于是，他们在推出分配和机构调整等多项改革措施的同时，把强化销售和服务作为重点，抽调一批懂技术的精兵强将到销售部门，人员从十几人增加到 70 多人，其中工程技术人员占一半以上。制订措施，让全厂的市场神经敏锐起来，围绕快字实施收、守、占、夺经销战略。

收，就是收复"失地"。山西省某局原是"一通"的老用户，因嫌"一通"服务不好，配件跟不上，曾下发文件令所属单位不准买"一通"的产品。1992年 5 月，云厂长亲自带队，登门走访。决心在哪儿跌跟头，就在哪儿爬起来。他们深入机房，连夜抢修设备，该局的同志很受感动，表示今后还要买"一通"的产品。太原一家公司要购 12 台煤气压缩机，但当地一家压缩机厂却搬出政府部门干涉。"一通"请公司负责人来厂参观。让他们了解"一通"的技术实力和产品质量。这个公司提出修改设计，并在一个月内交出图纸的要求。"一通"人快速突击，仅用 20 天就完成通常 3 个月才能完成的工作。对方很满意，决定全部采用"一通"产品，价值 700 多万元。

守，就是守住老用户。大庆、辽河、等油田是"一通"的老用户。75% 的压缩机是"一通"的产品。1992 年，"一通"在这些油田建立了服务站，提供方便快捷的服务。接到他们要配件的电报，一不谈过不过保修期，二不谈价钱，汽车、火车、飞机，哪路能赶上走哪路。1993 年上半年，仅大庆、辽河油田订货就近 1000 万元。

曾国藩不计名禄

曾国藩在京城不适意时，虽多次向友人表白过归隐山林的意愿，但真正回到田园时，实际上却是个不甘寂寞的人。因为当时农村闹"土匪"，人心惶恐，曾

国藩虽然热孝在身，却写了三首《保守平安歌》，第一首是劝诫乡民《莫逃走》，第二首是鼓励乡民《要齐心》，第三首是号召乡民《操武艺》。他给刘蓉的信中也表示："国藩居湘之土，为湘乡之民，义不可不同心合力保护桑梓，拟于百日之后前赴县门，一则叩谢石樵先生枉吊敝庐之劳，一则到局与诸子商榷，以明同身共济之义。"并且提出了"壮勇贵精而贵多，设［练］局宜合而不宜分"的建议。在出仕与归隐的矛盾中，显然出仕始终是他的主导思想，而归隐只不过是一时牢骚。恰恰在他写信给欧阳秉铨的同一天晚上，接二连三的事发生了。首先是巡抚张亮基派人送来两封信，说太平军攻长沙城不下，已绕道北上，经宁乡，过洞庭，于11月攻克岳州，翌年元月（农历十二月）占领了武汉三镇，巡抚常大淳死难。他催促曾氏立即出山。午夜，翰林院庶吉士郭嵩焘也风尘仆仆，赶来曾家吊唁。他知道曾国藩心中犹豫，力劝他出保桑梓，说："公本有澄清天下之志。今不乘时而出，拘守古礼，何益于君父？且墨经从戎，古之制也。"他父亲曾麟书也说："以嵩焘之言为正。"于是曾国藩立即以遵父命为由"由回所具疏，定计赴省"。十天之后，已经到达了长沙省城的曾国藩，回忆起这一过程又写信给欧阳秉铨道："前信写就，下拟专人送省城，请张抚台代为发折，十五夜接张抚台来信二件，知武昌失守，不胜骇叹。郭云仙亦于十五夜来我家，劝我到省帮办团练等事。弟以湖北失守，关系甚大，又恐长沙人心惶惧，理宜出而保护桑梓，即于十七日由家起行，二十一日抵省。"但是，他抵省后，在《附陈办团稍有头绪即乞守制片》中，仍然向皇帝做了一个姿态："再三思维，以墨经而保护桑梓则可，若遂因此而夺情出仕，或因此而仰邀恩叙则万不可。"

曾国藩从十二月十三日奉谕旨到阅决定于十七日动身赴省，即从墨经从戎的反对者转变为墨经从戎的践履者，其间仅仅四天！要求他人，"斯关大节，计之宜豫"；对于自己，则"理宜出而保护桑梓"，为何如此改计迅速？对于江忠源的那些叨叨说教，竟然完全置之脑后，别人的劝进，父亲的首肯。固为客观因素，主观因素又如何呢？"理宜出而保护桑梓"和"义不敢潜身顾私"，也许是他此时的真实思想；但江忠源出保桑梓，他为什么却一而再、再而三地劝阻呢？而且，他一反以往的论调，谓"江岷樵所带壮勇二千，其为可恃，即留于长沙防守"，又是为什么呢？这中间，必定不曾国藩对个人的进退出处的更深层的思考，在"因此而仰邀恩叙则万不可"一句中，已经透露了个中信息。但曾国藩毕竟是聪明人，在忠孝问题上这么出尔反尔毕竟做得太过，所以他在这个问题上采取了一个特殊的姿态，出来为朝廷做事，但不受官职。但是曾国藩的本意如何，就不得而知了。

咸丰四年八月十九日，湘军会师之后，曾国藩知道胜利在即，特向咸丰帝作了一姿态，上了一个恭谢天恩折，说自己丁忧在籍，墨经从戎，"常负疚于神明"，不敢仰邀议叙，仍荷温纶宠锡，惭悚交增。"嗣后湖南一军或者克昨城池，再立功绩，无论何项褒荣，何项议叙，微臣概不接受。"在此时此地发出此折，分明是在伸手邀荣求官，怎奈咸丰帝也很聪明，一下子洞察了曾国藩的心思，朱批道："知道了！殊不必如此固执。汝能国而忘家，鞠躬尽瘁，正可慰汝亡亲之

志。尽孝之道，莫大于是。酬庸褒绩，国家政令所在，断不能因汝请稍有参差。汝之隐衷，朕知之，天下无不知也。"除讲了一些"忠孝"的道理，咸丰帝分明向曾国藩许下了"酬庸褒绩"的愿。而从"汝之隐衷，朕知之，天下无不知也"三句，即使千载百年之后，也令人似乎看到了曾国藩奉旨日的狼狈相。

在曾国藩上谢恩折后仅四天，即八月二十三日（10月14日）湘军登上了武昌城头，太平军守城将领黄再兴、石凤魁于先天夜已带领精壮仓性逃往武昌下游的田家镇去了。此时，杨霈的军队尚在汉阳以北，但他抢先向廷报捷。咸丰帝看了他的奏报，批道："曾国藩等攻剿武汉情形尚未奏到。塔齐布陆路官兵，此时谅已与曾国藩水陆合为一军，着俟杨霈抵省

《淮军平捻记》书影　清

后，商榷挑选精兵，水陆进剿。朕日盼捷音之至也。"咸丰帝当时情况不明，指令也模糊不清。等湘军攻占武昌十二天后，即九月初五日（10月26日）咸丰帝才看到曾国藩的《官军水陆大捷，武昌、汉阳两城同日克复折》，他兴奋至极，批道："览奏欣慰。"并立即嘉奖攻克武昌、汉阳有功人员，其中"曾国藩着赏给二品顶戴，署理湖北巡抚，并加恩赏顶戴花翎。"在这以前，朝廷任命团练大员为巡抚，已有先例，这就是诏授楚能头目江忠源为安徽巡抚。九月十二日（11月2日）咸丰帝又批道："览奏感慰实深。获此大胜，殊非意料所及。朕将就业自持，叩天速赦民劫也。"在胜利喜悦的气氛中，君臣似乎是融洽的。

但是，在九月初五日（10月26日）同一天的廷寄中，咸丰帝却埋下了一个伏笔："曾国藩虽系署任巡抚，而剿贼之事重于地方。"聪明绝顶的曾国藩接到署湖北巡抚的任命后，立即于九月十三日（10月3日）上折，细述了一通署湖北巡抚"于公事毫无所益""于私心万难自安"的道理，说自己将率水师却日启行，转瞬出鄂入皖，"鄂垣善后事宜，既不能一为兼顾"，因此恳请另"简派贤员接任湖北巡抚，以重疆寄"。他在同一天给诸弟的信中说："史意母丧未除，断不敢爱官职。若一经爱职，则二年来之苦心孤诣，似全为博取高官美职。何以对吾母于地下？何以对宗族乡党？方寸之地，何以自安？"又说："兄以在籍之官，慕勇造船，成此一番副业，其名震一时，自不待言。人之好名，谁不如我？我有美名，则人必有受不美之名与虽美而远不能及之名者。相形之际，盖难为情。他一点也不掩盖自己的"好名"，也津津乐道自己的"名震一时"，然而他却想到，一旦成名，将得罪于名教，受讥于乡党，见嫉于友僚，因而深痛"功名之地，自古难居"。他的心境何等矛盾！

曾国藩成为长久不败的"不倒翁"，确有他的处世哲学。曾国藩总结古代高

官失位的原因时，归结为主要的四个方面，即昏、傲、贪、诈。他在给家人的信中说：

> 过去曾把居官四败、居家四败写在日记中来自警。现在怕时间久而遗忘，再次写在这里。与前次稍有不同。居官四败是昏、傲、贪、诈："昏惰任下的人败，傲狠妄为的人败，贪鄙无忌的人败，反复多诈的人败。"居家四败是："妇女奢淫之家败，子弟骄怠之家败，兄弟不和之家败，侮师慢客之家败。"认为走向"仕途的人家不违反这八败，就会长久。"

曾国藩认为要居官有成，必须力戒此四败。欲不昏惰任下，必须做到"明"，尤其是知人之明。他在1853年给吴文镕的信中说：您说的"选择贤人委以重任，听其言而察其理"这两句话，因我阅历尚浅，实行起来难免把握不准备而失去良才。不过，今年我在省里，在下辖的武职官员中特别赏识塔齐布这个人，实在是因为目前军营风气不好，官兵们遇事退缩，行为虚浮，漫不经心，无所作为，骄纵涣散，如用撮合起来的泥沙不能当饭吃，令人又是叹气又是痛恨，求得一个像塔齐布这样热血澎湃、立志杀敌的人，实在很难，因此我才倍加器重屡加赞许。除他之外，我也缺乏可信赖的心腹。至于那些不受我肯定的人，则是人人对之斥骂唾弃。有些人想要混淆黑白、颠倒善恶，将大才、小才各种人才混为一谈，那么依着我这不够宽大的胸怀，对此实在不能容忍。造成今天整个社会的动乱，只因为人们混淆是非，万事漠不关心，才使得志士贤人灰心丧气，偷奸耍滑之徒得意扬扬。

知人之明，才能做到人尽其才；人尽其才，才能事业兴旺。因此曾国藩在军命将，说某人可为营官；某人可为大帅；某人福薄，当以死难著名；某人福寿，当成功久终。皆一一验证。如他保举塔齐布说"将来如打仗不力，臣甘同罪"。后来，塔齐布果然屡立功勋，战死沙场。还如说左宗棠"才可独当一面"，李鸿章"才大心细劲气内敛"，沈葆桢"器识才略，应堪大用"，皆无不有所应验。知人之明，部下就不敢胡作非为，一意孤行。曾国藩对陈国瑞问题的处理，充分说明了这一点。

在曾国藩看来，曹操敢易九鼎，后世方有"奸雄"之称，李斯受秦始皇重用，颐指气使，不可一世，但落得身首异处的下场。董卓、杨素也是如此。他得出结论说：骄傲是最可恶的一种德行，凡是担任大官职的，都是在这个字上垮台的。指挥用兵的人，最应警惕骄傲和懒惰的习气。在做人的道理上，也是骄、惰这两个字误事最多、最大。总结古往今来失败者的教训，是为了不犯同样错误，避免失败。曾国藩说，身居高位的规律，大约有三端：一是不参与，就像是于自己没有丝毫的交涉；二是没有结局，古人所说的"一天比一天谨慎，唯恐高位不长久"，身居高位、行走危险之地，而能够善终的人太少了；三是不胜任，古人所说的"惊心啊，就像以腐朽的缰绳驾驭着六匹烈马，万分危惧，就好像将要坠落在深渊里。"唯恐自己不能胜任。《周易·鼎》上说："鼎折断足，鼎中的食物便倾倒出来，这种情形很可怕。"说的就是不胜其任。

文苞说汉文帝做皇帝，时时谦让，像有不能居其位的意思，难道不是在有胜任这方面有体会吗？孟子说周公与自己不合的人，仰天而思虑事情的原倭，以致夜以继日，难道不是在唯恐没有结局的道理上有体会吗？

曾国藩说：越走向高位，失败的可能性越大，而惨败的结局就越多。因为"高处不胜寒"啊！那么，每升迁一次，就要以十倍于以前的谨慎心理来处理各种事务。他借用烈马驾车，绳索已朽，形容随时有翻车的可能。做官何尝不是如此？

他详细阐发说：国君把生杀予夺之权授给督抚将帅，如东家把银钱货物授给店中众位伙计。如果保举太滥，对国君的名器不甚爱惜，好比低价出售浪费财物，对东家的货财不甚爱惜一样。介之推说："偷人家的钱财，还说成是盗；何况是贪天之功以为是自己的力量。"曾国藩说，我略微加以改动："偷人家钱财，还说成是盗，何况是借国君之名器获取私利呢！"曾国藩认为利用职权谋取私利，这就是违背了不干预之道，是注定要自食恶果的。一事想贪，则可能事事想贪；一时想贪，则可能时时想贪。在这个方面应视手中的权势于虚无，因而也会少生无妄之想。

至于不终、不胜，曾国藩则更深有体会，他说：陆游说能长寿就像得到富贵一样。开始我不知道他的意思，就挤进老年人的行列中了。我近来混了个虚浮的名誉，也不清楚是什么原因就得到了这个美好的声名了。古代的人获得大的名声的时候正是艰苦卓绝的时候，通常不能顺利地度过晚年！想到这些不禁害怕。想要准备写奏折把这些权利辞掉，不要再管辖这四省吧，害怕背上不胜其任、以小人居君子的罪名。

积聚心力，放眼红尘，是圣人所为。曾国藩自从"特开生面，赤地新立"，拉起一支从团练改编而成的军队——湘军时，便汹汹然地冲在对抗太平天国革命的最前列，此时他完全被维护皇朝的义务感和炫耀自己的功业心交融在一起。但在以后的征战生涯中，不仅战事棘手，屡屡受挫，而且也时常受到来自清政府内部的多方掣肘，真可谓身陷炼狱，艰难备尝，但他都竭蹶经营，"咬牙立志"地坚持下来。在咸丰七年（1857）回家守制时，他深深地反省了自己率湘军出征以来的经验教训。因此，当他在次年再次出山时，则变得十分注意自我克制，特别注意调整自己和清廷之间的关系，尤其注意历史上那些顾命大臣功高震主的结局。有鉴于此，他将周公旦视为自己的楷模，时常提醒自己以李德裕、霍光等人专横跋扈而不得善终为戒，由此不难理解他为什么在出任两江总督兼节制四省军务以后，对如此高位重权却显得喜不胜忧。曾国藩在日记中曾披露了他的真实心迹：

> 古之得虚名而值时艰者，往往不克保其终。思此不胜大惧。将具奏折，辞谢大权，不敢节制四省，恐蹈覆辙之咎也。

曾国藩时常提醒自己要注意"富贵常蹈危"这一残酷的历史教训，因为他十分清楚，"日中则昃，月盈则蚀，五行生克，四序递迁，休旺乘除，天地阴阳，一定之理，况国家乎？况一省乎？况一门乎"这种古朴的变易观；他更清楚

"狡兔死，走狗烹，高鸟尽，良弓藏，敌国破，谋臣亡"的封建统治术，因而，只有推美让功，才能持泰保盈。

当天京合围之后，李鸿章、左宗棠先后攻下了苏、杭；可五万大军陈兵于天京城外，却难以将天京攻下；来自朝廷上下的各种议论纷起，这不能不引起曾国藩的注意和思考。尤其是在与沈葆桢争夺江西厘金问题上，更引起他的警觉，他已十分清楚地意识到，朝廷有意偏袒沈葆桢而压抑自己，使之处于极难的处境之中。曾国藩在写给曾国荃的信中表露了对这一问题的看法：

> 去年三、四月间，吾兄弟正方万分艰窘，户部尤将江西厘金拨去，金陵围师几将决裂，共事诸公易致龃龉，稍露声色，群讥以为恃功骄蹇。

在这里，曾国藩并非教条地固守畏盈之心，亦非完全杞人忧天，因为他已清醒地认识到自己是清朝二百年来权势最大的汉人，一举一动都将引来众人的瞩目与猜忌。他在写给李鸿章的信中道：

> 长江三千里，几无一船不张鄙人之旗帜，外间疑蔽处兵权过重，利权过大，盖谓四省厘金络绎输送，各处兵将一呼百诺，其相疑良非无因。

曾国藩十分了解其弟曾国荃的秉性：精力充沛，有谋有勇，敢作敢为，愿为人先。同时又不失骄纵、蛮横，随其势力逐渐扩大，曾国藩愈益为他担心，唯恐其稍有不慎，而酿出祸患。因此，在天下瞩目的天京战役上，曾国藩苦口婆心，提醒曾国荃要慎而又慎：

> 声名之美，可恃而不恃。兄昔在京中颇著清望。近年军营亦获虚誉，善始者不必善终，行百里者半九十誉望一损，远近滋疑。弟目下名显正隆，务宜力持不懈，有始有卒。

> 处大位大权而震享大名，自古能有几人能善其末路矣？总须设法将权位二字，推让少许，灭去几成，则晚节渐可收场耳。来信"乱世功名之际尤为难处"十字，实获我心。本日余有一片，亦请将钦篆督篆二者分出一席，另简一员。吾兄弟常存此兢兢业业之心，将来还有机缘，即使抽身引退，庶几善始善终，免蹈大戾乎？

然而，好大喜功的曾国荃，却无论如何也接受不了曾国藩为他安排的稍让功于李鸿章的良苦用心，偏偏要抢到淮军到达天京之前将其攻陷。最后，城终于破了，首功也拿到了，可接下来的"杀威棒"却实在是让他难以接受。还是曾国藩看得明白：沅浦之攻金陵，幸而成功，皆归功于己。余常言："汝虽才能，亦须让一半与天。"彼恒不喟然。

在攻克天京前，曾国藩对于如何处理大功后他所面临的政治危机，已有了充分的思想准备。当天京陷落的消息传至安庆以后，他更是绕室彷徨，彻夜思考，对于可能出现的种种情况进行预测并做出相应的处理办法。这也就是曾国藩常说的"盛时常作衰时想，上场当念下场时，富贵人家，不可不牢记此二语也。"

　　世人都说神仙好，唯有功名忘不了。人人都想活得潇洒一点，轻松一点，快乐一点，但终其一生也潇洒不了、轻松不了、快乐不了。他们被什么东西拴住了、缠住了、卡住了，这东西就是功名利禄。功名利禄成了人生的目标，似乎功名愈厚，人生也就愈美妙滋润。其实，功名利禄是一副用花环编织的罗网，只要你进去了，你就没法自在与逍遥。没有功名利禄，于是乎想得到功名利禄。得到了小的功名利禄，又想得到更大的功名利禄。得到功名利禄，又害怕失去功名利禄。人生就在这患得患失中度过，哪里品尝得到人生的甘美清纯的滋味呢？

　　曾国藩身处功名，又善处功名，但他那位九弟曾国荃就不同了。尤其是攻下天京这一大功名，曾国荃不愿别人分一杯羹，作为兄长，曾国藩只好善言相劝。

　　有难同当，有功独享，是事业的大忌。曾国藩提出"有难先由己当，有功先让人享"的观点，认为"此乃事业之基"。他还把与别人分享功劳是减祸之道，是加福添寿之药方。他的弟弟曾国荃围攻金陵久攻不下，曾国藩就以此开导曾老九：近日来非常担心老弟的病，十一日收到初七日弟交袁差官带来的信以及给纪泽、纪鸿两儿的信，字迹有精神、有光泽，又有安静之气，言语之间也不显得急迫匆足，由此预测老弟病体一定会痊愈，因此感到很宽慰。只是金陵城相持时间很久却还没有攻下，按我兄弟平日里的性情，恐怕肝病会越来越重。我和昌歧长谈，得知李少荃实际上有和我兄弟互相亲近、互相卫护的意思。我的意思是奏上朝廷请求准许少荃亲自带领开花炮队、洋枪队前来金陵城会同剿灭敌军。等到老弟对我这封信的回信（不过十八九日回信就能到），我就一面上奏朝廷，一面给少荃去咨文一道，请他立即西进。如果苏州李军齐到而大功告成，则老弟承受其辛劳，而少荃坐享其名。既可以一同接受大奖赏，又可以暗中为自己培养大福。大约单独享受大功名乃是折损福气的办法，和别人分享功名也算是接受福分的途径了。如果苏州李军虽然到达，而金陵守城敌军仍然像过去那样坚守，金陵还是攻不下来，则对我们的责难也可以分散一些，我们的责任也可以稍微轻一些。昨天我已经给少荃发咨文，让他派炸炮到金陵会同剿敌。细想起来，老弟的肝病在身，不宜再忧伤两个月，而饷项也断然难以支撑到三四个月之久，所以决定奏报朝廷，请求派少荃前来金陵。苏州李军近来也仅能够开五成的军饷，并不是供给十分充足，来金陵也不担心会有夸耀富裕的问题，想来老弟能体察我的苦衷。

　　为了劝曾国荃，他还将父母从"地下"请出，在一封信中说："请少荃助攻这件事我犹豫了好久，仔细思量我们的父母今天如果还健在，我拿这件疑虑的事请示双亲意见，他们一定会说：立即请李中丞来会同剿敌，不要让你沅弟长时间忧闷呀。因此我就决定了。但李鸿章也深知曾国藩的脾气，他不愿做摘桃子的人，他要保全老师的脸面。这时朝廷又下令李鸿章速率军助攻金陵。李的麾下也跃跃欲试，认为有一个立大功加官晋爵、封赐子孙的机会。有的说："湘军百战之绩，垂成之功，岂甘为人夺？若往，鲍军遇于东坝必战。"也有的说："湘军之中疾疫大作，鲍军十病六七，岂能挡我巨炮？"李鸿章终不为所动。但李鸿章如果抗旨不出兵也不行，他想了一个两全其美的办法，一是上奏朝廷，说曾国藩

完全能够平此大乱，金陵即日可克。二是请派他的弟弟携大炮到曾国藩处听其指挥、助攻。正当曾、李为此大费脑筋时，金陵城终于攻下。据说，大功告成之日，李鸿章亲往祝贺，曾国藩带曾国荃迎于下关，亲执李鸿章之手，说："曾家兄弟的脸面薄，全赖你了！"李鸿章自然谦逊一番。红旗报捷时，曾国藩将自己的名字列于湖广总督官文之下，并一再声称，大功之成，实赖朝廷的指挥和诸官将的同心协力，至于他们曾家兄弟是仰赖天恩，得享其名，实是侥幸而来。只字不提一个"功"字。对李鸿章当然要多多美言。

曾国藩谈到收复安庆的事，他总是归功于胡林翼的筹谋进策，多隆阿的艰苦战斗。谈到后来攻下金陵，则又归功于各位将领，而没一句话提及他弟弟曾国荃。谈到僧格林沁进攻捻军的时候，赞扬他能吃苦耐劳，说自己比不上他的十分之一二；谈到李鸿章、左宗棠，称他们是一代名流，不是说自愧不如，就是说谋略莫及。

曾国藩镇压捻军没有达到速效。捻军进入湖北时，曾国荃'为湖北督抚，派遣将领追剿他们，这些为贼的骑兵飘忽不定，不可以和广东的太平军之匪凭城据守相比，湘军初逢劲敌，屡占失利。李鸿章闻之不免讥笑讽刺。当时曾国藩上疏中有这样的话："臣不敢以一战之功遂自忘其丑陋。"疑有所指。他日刘秉璋见李鸿章而告之，李鸿章惊恐地说："有是哉？"刘秉璋曰："是则然矣。"命取邸钞视之，果也。是后，李鸿章谈湖北的事情，亦稍稍谨慎了。此事等于曾国藩又足足的给李鸿章上了一课，其疏既有不要以一时一事看人，不要以己之长攻人之短之意，又寓有功过不应由己任之深意。

曾国藩以忠治军，以法治国

曾氏原是一位清闲的京官，官至侍郎，如果没有太平天国农民起义的爆发，他可能会永远做一个文官，并可能有大量著述留给后世，成为清朝后期中国著名的文学家和理学家。但如火如荼的农民起义改变了他的人生。1852年秋，他回湖南湘乡的老家吊母丧，1853年1月21日，接到咸丰帝谕旨，要他"帮同办理本省团练乡民，搜查土匪诸事务"，这道寄谕打破了曾国藩宁静的生活，从此曾氏走上了"以杀人为业"的带兵打仗的征途。与太平天国的战斗初期基本上是败多胜少，曾氏给咸丰帝的奏折中说是"屡败屡战"。"屡败屡战"不同于"屡战屡败"，前者虽是屡败，但仍屡战，可表明斗志之坚强，意志之顽强；后者则未免令人读之泄气，纯为无能的表现。这期间曾氏因兵败，痛心疾首，两次投水自尽，又有一次欲仿效春秋时晋国大将先轸之先例，策马赴敌而死，均被同僚救起或劝止。从这几次动真格的自杀举动中，曾氏的忠心可见一斑！曾氏在军事上渐渐得手，还是在1856年夏秋之交太平天国领导层发生内讧之后。正如曾氏所说："群丑不合，官军之福矣"。内讧使太平天国失去了许多优秀的军事人才，不得不起用第二代军事将领，如李秀成、陈玉成等；一代名将翼王石达开率部出走，走上了"流寇"之路。最终太平天国的各路人马均被以曾氏所率的湘军、

左宗棠的楚军、李鸿章的淮军分割包围，各个击破。曾氏的胜利，固然有许多原因，诸如以太平天国方面论，初期雄师百万，势如破竹，攻下南京后，竟不挥师北上，却先建都立国，即给清廷以喘息的机会，又给敌人指明了围攻的中心。中期群王内讧，元气大伤。洪秀全沉迷于迷信之中，不问军政大事，城破之前竟不组织突围，致使三万将士同归浩劫。以湘军方面论：曾氏建军、治军、统将、用兵俱有建树，坚韧不拔，事事谨慎，稳扎稳打，终使湘军由弱到强。曾氏的"忠心"也是一个重要因素。不仅曾氏自己忠于君王，他也以此影响部属，在全军范围内，所重"唯忠恕而已"。当然他部下的忠心，具体到实际问题上，则是士兵忠于哨长，哨长忠于营官，营官忠于统领，统领忠于大帅。上级对下级不越级指挥，而兵勇和将领只听命于他们的顶头上司，只忠于他们的"第一个"上级。这种情形为清廷在十九世纪中叶以后军权旁落，渐归督抚埋下了祸根，更为民国时期军阀蜂起，连年混战埋下了祸根。但这在当时，仍然彻底地改变了原来清军主力——绿营所存在的"卒与卒不相习，将与将不相和"的弊病，增强了军队的凝聚力，形成了一定程度的战斗力。

清军大炮

曾国藩在他的《读书录·汉书·董仲舒传》中写道："汉武帝时期，以为作乐即可天下太平，为什么汉代后期乐器虽在，而盛世没有出现呢？董仲舒以为欲作乐必先兴教化，欲兴教化必先强勉行道，能行道则治可复，教化可兴，而乐可作。皆自人力主之，非天命所能主也。从这段话中，可以明确地看出曾国藩对法治、礼治教化与盛世关系的精到见识。

曾国藩以历史和现实的事例，论证说明了有法必行、不能任意赦免的道理。他举例说：诸葛亮治蜀，有人言其惜赦。诸葛亮就回答：治世以大德，不以小惠。西汉匡衡、东汉吴汉都不愿为赦。先帝刘备也言，他与陈元方、郑康是好朋友，每次遇见，经常谈起如何治天下，但从来没有说起赦免之事。而若刘景升、季玉父子，每年下赦令，实际并无作用。所以，当时的蜀人称诸葛亮为贤相。曾国藩自己对赦免也很有感触。他曾经这样说："国藩尝见家有不肖之子，其父曲宥其过，众子相率而日流于不肖。又见军士有失律者，主者鞭责不及数，又故轻

赏之。厥后众士傲慢，常戏侮其管辖之官。故知小仁者，大仁之贼。多赦不可以治民，溺爱不可以治家，宽纵不可以治军。"曾国藩观点鲜明，意见明确，力主不能随意赦免，否则既治不好民，又治不好军，也治不好国。

曾国藩以法治国，其中包括严法与慎用的平衡之道。

在咸丰二年（1852）二月写给同僚的信中，曾国藩袒露了自己施用严法的理由与苦衷，认为非常之时为了震慑住不安分的民众，只能施用严刑峻法，实在是为形势所迫。信中说："国藩以前月下旬，于寓中设审案局，十日内已戮五人。世风既薄，人各挟不靖之志，平居造作谣言，幸四方有事而欲为乱，稍待之以宽仁愈嚣然恣肆，白昼劫掠都市，视官长蔑如也。不治以严刑峻法，则鼠子纷起，将来无复措手之处。是以壹意残忍，冀回颓风于万一。书生岂能好杀，要以时势所迫，非是则无以锄强暴而安我孱弱之民。盖与阁下为政凤心，颇相符契也。"

康熙帝治国有方

清康熙皇帝，是我国有作为的皇帝之一，其政绩可比美唐宗宋祖，他治国有方，成就突出，究其原因，是因他勤学勤政。

康熙自幼失去父母，在祖母太皇太后的抚育下受到了良好的教育。他自幼就勤于学习，八岁时登上皇位后，乃勤学不懈，多种经书、古代兵法无不精读。十七八岁时读书过劳，吐血了还不罢休。在他亲政后十六年，即二十四岁时设立南书房，他在这里看书写字，研究学问，并选博学和善书的各一人常侍左右，提供咨询，讲究经义，研究观摩。他经常请有关专家到南书房，虚心向他们请教，有汉人，也有外国人。他不只在宫里时学习，到外边巡察时也手不释卷。如有一次，他从明陵致奠回宫时，船停泊于燕子矶，读书到三鼓。侍臣高士奇劝说："圣躬过劳，宜少节养。"康熙说："朕自五龄爱书，通读恒至夜分，乐此不为疲也。"（《清史稿·圣祖本纪》后引康熙的话，均出此）

康熙学习兴趣广泛，学中国的也学西洋的，涉及政治、军事、经济、文化诸领域，尤其爱好科学、数学、医学、农学以至天文、地理、无所不学。作为皇帝，且是个勤于国事的皇帝，日理万机，而还能学此之多，说明他的空余时间大都用在学习上了，且又往往读至三更，他睡觉时间也就不多，其勤如此。

但是，康熙学习是有目的的，即学以致用，用于治国治民：

由于康熙熟读经史和古代兵法，故明于治乱，善于指挥，在平定"三藩"，攻灭台湾郑氏政权、驱逐盘踞黑龙江流域雅克萨沙俄侵略军，以及平定准噶尔首领里通沙俄发动的叛乱，都起了决定性的作用。如对"三藩"的平定，他是以汉景帝错误处理"七国之乱"的历史教训为借鉴的。"三藩"是降清的原三个明将，即吴三桂、耿精忠、尚之信，他们为清灭明有功，吴三桂被封为平西王，镇守云南；耿精忠被封靖南王，镇守福建；尚之信被封为平南王，镇守广东。这"三藩"势力日益扩大，已形成割据一方，削弱了清中央集权威胁着清的统治。康熙主张撤藩，交大臣讨论，撤藩与反对撤藩争论十分激烈，康熙最后断然做出

结论：坚决撤藩。他指出：吴三桂蓄谋已久，撤亦反，不撤亦反，与其养痛成患，不如及早除掉。在他亲自指挥下，终于平定"三藩"。在平定准噶尔部的叛乱中，康熙先后三次亲自率兵征伐，深入沙漠之地，保障了我国西北边疆的安全。康熙勤于国事可见一斑。正如他所说："朕自幼读书，寻求治乱。年力胜时，挽强决拾。削平三藩，绥辑漠北，悉由一心运筹，未妄杀一人。"

康熙治国并不只是坐在朝堂下圣旨，将具体问题全交由下面去解决，当有些问题朝臣不懂如何办，自己又不明其理，他就自己去学，弄通了才去解决。不同于帝王只管大事不管小事，他说："昔人每云帝王当举大纲，不必兼综细务。朕不喟然，一事不谨，即贻四海之忧，一念不谨，即贻百年之患。朕从来莅事无论巨细，莫不慎之又慎。"他自知帝王责任之大，每事都要谨慎小心，一点马虎不得。如在历法问题上，过去钦天监汉官与西洋人不睦，互相攻击告讦，死了不少人。而西洋历法准确还是旧历法准确，朝官都说不清，康熙对此以为可耻，他亲政后，指示用实验方法检验新旧历法的是非，结果总是旧历法不准，新法则比较准确。康熙决定恢复新历法。他因自己不懂，便学习天文历法达二十余年之久，而学天文要学数学，因此，他先后学习过欧几里德的《几何原本》和巴蒂斯的《实用和理论几何学》。晚年，还在北京设立"算术馆"。

康熙将其所学到的间接知识用于实践，在实践中不了解的再学习，懂了再用于实践；在实践中发现新的问题，深入研究，加以总结提高，再推广于实践。即从认识——实践——再认识——再实践，这是符合一个知识分子认识客观世界的规律的，也是解决问题的科学方法。如他对河务是极其重视的，因为黄河为患，严重威胁人民生命财产，故他解决"三藩"问题后，将治河列入其头等工作。

要治河首先要了解黄河为患的情况及历代前人治河的经验教训，据他说："朕于河务之书，罔不披阅，大约坐言行为，实行就难。河性无定，岂可执一法以绳之。"这就是说，他对河务之书无不阅览，但河性不定，对前人治河方法只能参改，吸收对于今仍可用之法，不能都依样照办。为了治黄河，他六次巡阅河工，所坐大船过不去，他亲乘小船，冒着风险进行观察，亲自测量水位。但尤其注意治理经常改道泛滥而靠近北京的浑河，浑河工程竣工，他将之改为"永定河"，并将治这小黄河作为重点经验总结，指示在治黄工程中加以推广。结果收到良好效果。康熙经常关心发展农业生产，为取得经验，在中南海种几块御稻田，有一年他发现有一颗早熟而高出众稻的特殊稻子，便摘下来决定明年再种。试种结果确是比别的稻种早熟，他便先指示在北京、承德试种

清圣祖康熙书法

若干年，再向江南推广试点。这稻一年可种两次，增产五成左右，被称为"御稻种"。康熙还研究蝗虫，调查灭蝗的方法，并亲自指导一些地区的灭蝗工作。

康熙学习领域广泛，他学贯中西，文武全才；其成就也是多方面的。当政六十年中，由于他勤学勤政，在统一国家、保卫主权、发展生产、提倡文化等方面，尤其做出突出的贡献。康熙是康乾盛世的奠基者。他病逝前三年曾总结其工作说："朕八岁践诈，在位五十余年，年近七旬矣"，"齿登耆寿，子也众多。天下和乐，四海又安。虽未敢谓家给人足，欲易风移，而欲使民安物阜之心，始终如一。殚竭思虑，耗敝精力，殆非芳苦二字所能尽也。"

《清史稿·圣祖本纪》作者对康熙评价颇高，论曰："早承大业，勤政爱民。经文纬武，寰宇一统，虽曰守成，实同开创焉。圣学高深，崇儒重道。凡暇格物，豁绩天人，尤为古今所未觏。而久道化成，风俗俗易，天下和乐，克致太平。其雍熙景象，使后世想望流远，至於今不能已。《传》曰：'为人君，止於仁。'又曰：'道盛德至善，民之不能忘。'於戏，何其盛欤！"

曾国藩为官坚忍

得失是一生难过的大关口。古今中外，看透得失的方是真正的英雄。曾国藩对得失自有高见。他认为为国家、为公事以及开创事业之"得"，要全力争取。至于享乐守成、争逐名利就应淡然处之。

既然人生之事有得也有失，或无得也有失，或无失也有得，因而所得到的可能是别人所奢望的东西，也就无足珍惜了。因此胡林翼对所谓"名声"看得微不足道。

那是咸丰十年（1860），八国联军逼近京畿，皇帝下诏令各地军队入京"勤王"，曾、胡两人颇费脑汁。胡林翼说：

勤王之事，涤帅奏请派二人中一人，昨夜已寄稿矣。涤帅愿居其名，林翼并名亦不居。若如涤奏，必指派林翼无疑；林翼之志义不容辞。汝霖渡河，连呼于属纩之时；武侯北伐，正当食少事烦之日，彼岂不知其事功之必不可成哉！自古有死，效命之地，惟义所在耳。

曾国藩初任帮办团练大臣时，凡事雷厉风行，此时的他并不想去忍耐什么，但是接下来面临的事实则让他不忍也得忍。

有天，湘勇试枪，误伤绿营中一长夫，绿营借机吹角执旗，列队进攻湘勇，在城墙上的守兵实弹在膛，几乎酿成大变。曾国藩忍气吞声，把试枪的湘勇鞭打了一顿，才算把绿营兵的哗变平息下来。后来，绿营的永顺兵与塔齐布率领的辰勇之间因赌博而发生械斗，提督鲍起豹、长沙协副将清德纵容绿营兵于初六日夜带着兵器，鸣锣击鼓，包围参将府，捣毁塔齐布住房并列队进攻辰勇，又冲入巡抚射圃中的曾国藩私宅，杀伤他的随丁，直向曾国藩冲去。只因有属员护驾，曾国藩才幸免于难。与曾国藩私宅仅一墙之隔的巡抚骆秉章，历来认为曾国藩所行，异于罗绕典及诸团练大臣，心诽之，然见其所奏辄得褒答，受主知，未有以

难也。所以，他对绿营兵冲击团练大臣的重大政治事件，故意不闻不问，听之任之。曾国藩连夜去叩骆秉章的门，诉说此事，骆秉章故作惊讶，说一点不知道。事后他不仅不惩治乱兵，甚至亲自释放了肇事者，使曾国藩进一步受辱于众人之前。于是抚台衙门内外，多说曾国藩咎由自取，同情者寥寥。

鲍起豹自六月初到长沙任职后，便到处扬言曾国藩不应操练兵士，且将以军棍施之塔将。鲍起豹"以清副将为梯附，而屏斥塔游击，大以其操兵为非是，言有敢复操兵者，即以军棍从事"。鲍起豹还说："防堵不宜操兵，盛暑不宜过劳。"他"切责塔将，而右护清将"。对于这种种非难与掣肘，曾国藩愤慨已极。当时，连骆秉章也认为曾国藩"不宜干预兵事"，曾国藩遂在给张亮基的信中愤愤地说："岂可以使清浊混淆，是非颠倒，遂以忍默者为调停耶！"他以"恶夫黑白之易位"的"血诚"，与鲍起豹对着干。因此，文武不和，兵勇不睦，集中体现为曾轨湎民偏袒绿营兵的湖南地方官的矛盾。这个矛盾如箭在弦上，蓄之既久，其发必骤。曾国藩是清楚这场矛盾冲突的根源的，因此，他最终也只好一忍到底，愤走衡阳。

骆秉章画像　清

然而，有时候曾国藩的忍则是出于一种策略或战略的考虑，如他在湖南练勇的时候，虽然一而再、再而三地提出了自己练勇、别人统军的主张，但是，真的叫他派勇驰援的时候，他却强调困难，按兵不动。咸丰三年秋冬，因湖北和安徽告急，朝廷曾八次令他援鄂援皖，他却始终找出各种借口，没有派出一将一勇。咸丰三年八月二十七日，太平军西征尚未抵达时，曾国藩等就收到上谕："长江上游，武昌最为扼要，若稍有疏虞，则全楚震动。着骆秉章、曾国藩选派兵勇，并酌派炮船，委派得力镇将，驰赴下游。"十月初二日又接到上谕："曾国藩团练乡勇甚为得力，剿平土匪，业经卓有成效，着即酌带练勇，驰赴湖北，合力围攻，以助兵力之不足。"十月初五日又接到上谕："武昌省垣情形万分危急，……着曾国藩遵前旨，赶紧督带兵勇船，驶赴下游会剿，以为武昌策应。"当时，曾国藩正在衡阳训练他的水陆两师，他与骆秉章商量，拟叫张丞实招募湘勇三千人赴鄂，表示一点意思。正在这时，清军江南大营猖狂反扑，天京危急，西征军受命东援，武昌形势缓解。其后，太平军踞有安庆，分兵陷桐城、舒城，逼近庐州，皖北将再次成为太平军的重要根据地。新授安徽巡抚江忠源，行至六安，病倒了。工部侍郎吕贤基在籍办理团练，被太平军打死于舒城。清军在皖北甚为空虚。咸丰三年十一月十二日，宋晋奏称："曾国藩乡望素孚，人皆乐为效用。请

饬挑选练勇，雇觅船只，顺流东下，与江忠源水陆夹击。"这正中咸丰帝的下怀，当天就下令曾国藩统带楚勇六千。"自洞庭驶入大江，顺流东下，直赴安徽、江西与江忠源会合，水陆夹击，以期收复安庆及桐、舒等城，并可牵制贼匪北窜之路。"咸丰帝在手谕末尾加了几句，以表示自己的愿望："该侍郎忠诚素著，兼有胆识，朕所素知，谅必能统筹全局，不负委任也。"按理，曾国藩受命于危难之秋，正是沙场效忠之时。岂料他在十一月二十六日的复奏中说了一通"重以新命委任，天语褒嘉，尤臣子竭忠效命之秋，敢不捐糜顶踵，急图报称于万一"的陈词以后，又数了许多困难，"统计船、炮、水勇三者，皆非一月所能办就"，必须待广东的炮解到湖南，"明春乃可成行"。他并在奏折中大谈安徽、江西、湖北、湖南合防之道，及以堵为剿之策。咸丰帝看了这份奏章，火了，严厉地斥责道："现在安徽待援甚急，若必偏持己见，则太觉迟缓。朕知汝尚能激发天良，故特命汝赴援，以济燃眉。今观汝奏，直以数省军务，一身克当，试以汝之才力，能乎？否乎？平时漫自矜诩，以为无出己之右者，及至临事，果能尽符其言甚好，若稍涉张皇，岂不贻笑于天下？着设法赶紧赴援，能早一步即得一步之益，汝能自担重任，迥非畏葸者比。言既出诸汝口，必须尽如所言办与朕看！"这段长长的批语，既有褒奖，也有谴责，既有期望，也有怀疑。曾国藩之所以如此迟迟不出省援皖，固有兵力方面的实际困难，也与他的座师被崇伦参劾，不得不出守黄州时给他的信有关。信中说："吾意坚守，待君东下，自是正办。今为人所逼，以一死报国，无复他望。君所练水陆各军，必俟稍有把握，而后可以出而应敌，不可以吾故，率尔东下。东南大局，恃君一人，务以持重为意，恐此后无有继者。吾与君相处，固不同也。"曾国藩于十一月二十六日复信说："吾师两次谕言，不可草率一出。皆极确当。"他不率尔东下，显然是遵循了座师的教诲。此时，曾国藩虽已上干天怒，但他仍"以持重为意"。对"赶紧赴援"的谕旨置之不顾，只在十二月二十一日，再次陈述各种各样的困难，开脱自己迟缓不援的过失。咸丰三年十二月十七日，江忠源庐州捕败自尽，曾国藩的亲家、侯补知府陈源究及知县邹汉勋等同时死事。虽然曾国藩出兵不一定可以挽救与太平军为敌的这些人的命运，于鄂皖危急之时，曾国藩不派出一兵一卒，在道义上实在难辞其咎。

羽毛不丰满者不足以高飞。曾国藩确"能自担重任，迥非畏葸者相比"；他羽毛不丰，也确难远援鄂皖。所以他宁担抗旨之罪，宁负见危不救之名，竭力积蓄力量，以求一逞。他在衡阳扯起了招军旗，又广徕所谓"智浑沉勇之士，文经武纬之才"，加意训练。同时，兴造战船，筹集炮位，截留饷银，提用槽米，行动果敢迅速。但他几乎是白手起家，楚勇固已赴鄂赴皖，即使罗、王的湘勇也不听他的节制，使得他不得不另起炉灶，艰苦经营。

从曾国藩的经历中，我们发现，在同一件事情上，有这么两种忍，一种是忍受别的压力，努力让事情成功；一种则是宁可贬屈自抑，急流勇退，让别人去成功。这两种忍孰高孰下呢？从曾国藩晚年剿捻军的事实中，可以看出，后一种忍往往会付出更大的代价，或者说，除非万不得已，后一种是不可取的。

曾国藩联姻固势，以礼治人

在曾国藩成大事的诸多方略中，通过联姻的方式以厚结死力、扩张固势是很重要的一条。本来，这在传统社会中是司空见惯的事，甚至连皇帝家族也通过联姻来达到巩固统治的目的。

传统中国最讲究裙带关系，这是文明不发达的表现。曾国藩虽然处于从传统向近代的转化时期，但他通过联姻来扩张、巩固自己的阵地，仍不失为有效的手段。早年同曾国藩换过帖子的至交好友，像刘蓉、罗泽南等人，后来都结为亲家。

刘蓉是曾国藩的老乡，是诸生出身，年少时，就曾同曾国藩、罗泽南一起讲求程朱理学。稍长，与曾国藩共读于湘乡涟滨书院。随后，又与曾国藩、郭嵩焘同在长沙切磋学术，关系极为密切，三人曾换帖订交。他同曾国藩的气质尤为相近，立志要做建功立业的人物。据郭嵩焘在《临终枕上诗》记述说："及见曾刘岁丙，笑谈都与圣贤邻"。1838 年曾国藩考中进士做官京城之后，还常常与刘蓉书信往返，反复讨论学术上的问题。曾国藩承认，自己学业的进步，离不开好友刘蓉的启发帮助。1852 年，曾国藩丁母忧在籍守制之时，清廷命他帮同湖南巡抚张亮基办理本省团练事务，但他并不打算应命出山，又是在好友刘蓉和郭嵩焘的反复劝说之下才毅然毁弃前疏，出而视事。在此之前，刘蓉曾致书曾国藩说："既已达而在上矣，则当行道于天下，以宏济艰难为心。"如果仅以"托文采以庇身"，则有华无实，舍本求末，人生的意义也就不复存在了。作为一个文人士子，应以"救于治乱"为己任，以"以身殉国"为最终目的。在曾国藩应命出山之际，刘、郭二人也应其请出而助一臂之力，但与曾约定："服劳不辞，惟不乐仕宦，不专任事，不求保举"。曾国藩对刘、郭二人的人生情趣非常钦佩，至交之情有时超过兄弟之情。刘蓉后来将自己的诗文辑录成册，取名为《养晦堂诗文集》，请曾国藩写篇序跋之类的文字。曾国藩欣然应允，其中明确指出："吾友刘君孟蓉，湛然而严恭，好道而寡欲。自其壮岁，则已泊然而外富贵矣。既而察物观变，又能外乎名誉。"曾国藩在这里对刘蓉的道德文章给予了高度评价。两人这种相同的志趣，深厚的友情，自然是他们成为儿女亲家的牢固基础之一。

曾纪泽的原配夫人贺氏因难产死去整整一年之后，曾国藩亲自托彭玉麟、唐训方这两位湖南老乡为媒人，想把刘蓉的女儿继配给曾纪泽为妻。他在给曾国潢的家书中，蛮有把握肯定此事一定能够成功。过了一年多时间，即 1859 年 11 月，在曾国潢的主持之下，曾纪泽与刘蓉之女的婚事在家乡高高兴兴地举行。至此，刘蓉与曾国藩在朋友的基础上又加进了儿女亲家这一层关系。

《清史稿》评价刘蓉是"抱负非常"，"优于谋略"，这是很准确的。曾国藩刚出山时，刘蓉写信给他说：一个身居高位的人不仅仅在于自身做到"其廉可师""以身殉国"，而应站在更高更远处考虑问题。也就是做到以程朱理学那套大道理去身体力行，发扬光大于世，扭转一代风气，创造出丰功伟业。曾国藩对

于刘蓉的忠告，对于治军、治国谋略之论，表示接受采纳，并在后来的实践中收到了较好的效果。后来曾国藩权势日张，湘人以从军获取功名为捷径，刘蓉写信忠告：此风不可长。并请曾国藩能从大局着眼，挽回此种风气。当清王朝"中兴"无望时，刘蓉又劝曾国藩急流勇退。曾国藩回信承认"人在江湖，身不由己"，但对官场却很厌倦了。这说明刘蓉确实"优于谋略"。

曾国藩的另一个至交兼亲家郭嵩焘是湖南湘阴县人（今属汨罗县）。他十八岁的时候就读于长沙岳麓书院，结识了刘蓉。因刘蓉是曾国藩的同乡旧友，所以经刘介绍郭与从京城回到长沙的曾国藩相见，"欣然联欢为昆弟交，以问学相切劘"。如前所述，曾、刘都是"笑谈都与圣贤邻"、立志要做建功立业的人物，但郭的志向与他们有所不同。他的兴趣专注于词翰之美，也就是说一心做一个真正的学者。刘蓉在一封信中说：曾国藩将来必定是一位建功立业的大人物，不是一般读书人所能比拟的。而你郭嵩焘尽管学问不错，有可能成为"文苑传人"，但我对你所期望者不仅仅于此。刘蓉的规劝之词，并未能改变郭嵩焘的个人志趣所向，郭终生明显地体现出文人固有的气质。尽管他在中进士、点翰林之后，也曾担任过苏松粮储道、两淮盐运使、广东巡抚、兵部左侍郎、礼部左侍郎、出使英法公使和兵部侍郎等重要官职，但他在仕途生涯中充满着险阻，最终遭革职罢官，忧郁老死于故乡。作为郭嵩焘的好朋友，曾国藩对郭的特长也了解得清清楚楚，认为他只能当一个学者，而不能胜任封疆大吏之责。二十二年之后的1861年，当李鸿章着意保奏郭嵩焘到江苏做官时，曾国藩明确指出："筠公芬芳悱恻，然著述之才，非繁剧之才也。"这就是说，郭嵩焘是屈原之类人才，他的气质喜议论，好批评，容易不满现实，近似于屈原、贾谊式的不得志而又不为当道所欢迎的人物，不是能够替封建朝廷担当匡扶社稷的"繁剧"之任的材料。曾国藩无愧为"知人之明"，郭嵩焘后来的遭遇的确证实了这一点。

尽管郭嵩焘与曾国藩志趣不同、个性特征有异，但并不影响他们之间至交好友的关系。1844年和1845年，郭嵩焘曾两度赴京会试于礼部，吃住均在曾国藩处。发榜之后，郭却名落孙山，不无忧郁之情，曾国藩"力劝之，共酌酒数杯"。1847年3月，郭嵩焘又赴京会试，仍吃住在曾国藩那里达数月之久，这次他终于金榜高中，授翰林院庶吉士。由此可见，郭嵩焘之所以最终跻身科举考试的最高阶梯，与好友曾国藩对他在学业上和生活上的帮助、关照是分不开的。他从内心感激曾国藩；曾国藩也不时流露出对郭嵩焘才识的钦敬之情。正因为他们两人之间有着这样一种亲如兄弟般的交情，所以曾国藩的"夺情"出山，实是郭嵩焘、刘蓉两位好友苦劝的结果。当曾国藩在出山之后，感到经费紧张而又无从筹集之际，郭嵩焘则提出立厘捐之议，规盐厘之法，解决了湘军的第一大困难。此外，湘军水师的创建，也与郭嵩焘有一定的关系。这些建议和主张，对于曾国藩能够造就出一支有别于八旗、绿营兵的新式地主阶级武装，具有十分重大的影响。

由于有着上述这样坚实的友情基础，曾国藩的四女曾纪纯成为郭嵩焘长子郭刚基之妻；郭嵩焘与曾国藩结为儿女亲家的事也就无须媒人说合，全由他们二人

做主，于 1858 年正式定下这门亲事。曾纪纯与郭刚基完婚日期，先是定于 1865 年，后因郭嵩焘被人劾参而推迟至 1866 年举行。然而，郭刚基虽人品好，学识广博，但天命有限，与曾纪纯结婚不到三年就病亡了。后来，曾国藩还为失去这个贤婿而感到悲伤，特地写了《郭依永墓志铭》以作纪念。

类似的例子还不少。如文武兼治有成的罗泽南，是曾国藩早年从学问道的朋友。在罗泽南驰骋疆场身亡之后，他的次子成了曾国藩的三女婿。再如李元度，是曾国藩患难相依的忘年交，几次舍死护从曾国藩，曾国藩本想促成他与九弟曾国荃联姻，后来却成了曾纪泽兄弟的儿女亲家。

曾国藩与李鸿章两家，也有姻缘。李鸿章和他的弟弟李鹤章同人曾国藩幕府。曾与李的父亲李文安是"同年"，加之李瀚章、李鸿章均正式拜曾国藩为师，属于曾的得意门生，曾国藩从内心深处感到这位同年好友指出他的三个缺点真是一语中的，"皆药石也"。以致发出"直哉，岱云克敦友谊"的感叹。这样的朋友才是真朋友，当然，曾国藩对陈源衮也是真心相与，如亲兄弟一样。陈源衮在 1843 年的时候大病一场，曾国藩几乎天天去看望，有时甚至通宵达旦守护在他的身旁，日记中有这样的记载："是日全未离身。夜住陈寓。观其症险，极惶急无计，一夜不寐。"次年，陈妻病逝，曾国藩为之操办一切丧事。后来又为陈氏撰写墓志铭、为其母撰写生日宴集宾僚诗序等充满情意的文章。

曾国藩对于陈源衮的不足之处也直言批评。陈源衮有时心地高傲，言行不周，常常引起别人的误解。曾国藩一针见血地指出："见人随时须养气，好留为他日相见地也。你的母亲去世之后，不少朋友送了奠帐之类礼物，一般人都得到你的回谢，但阁下于雷鹤皋处独无谢书，想他于公悼称谓略傲然。此等处最不要紧，必须消融净尽，乃可为人德之方，亦即养生之道也。至要至要，务求三思"。

陈源衮有时脾气不好，对妻子的思念之情往往影响到为官处事。对此，曾国藩在去信中提出了严厉批评："前面与岱云谈时，曾称尊嫂为陈氏功臣。近闻又夺还铁券一次，吾不信也。果尔，则国藩临别曾嘱老岱惩忿，又忘之耶？自彼此次病后，不啻一家骨肉，故敢道及，谅不见罪。"

俩人间情同手足的关系，使得曾国藩感到他早年在京城时生活异常充实愉快。当陈源衮于 1845 年奉旨赴任吉安太守时，曾国藩生活好像缺少点什么。在惆怅之余，他撰写了一篇《送陈岱云出守吉安序》，勉励陈"丈夫要努力，无为苦惆怅"。当他接到陈从江西寄来的书信后，欣喜之情无法言表，深深恋念他们同在京城友好相处的日子："计与阁下相处八年，忧戚爱憎，无一不相告问，每有称意之言，与不可于心之事，辄先走白阁下。今遽乖分，如何可任。"但人世间悲欢离合的事是经常发生的，曾国藩唯有勉励好友洁身自好，清正廉明为官。

在当时一般人的眼里，地方官比做京官好处多。陈源衮在吉安府任之后，又调广信知府，命运不谓不佳。因此，曾国藩在书信中提醒他，绝对不要锋芒毕露，以免引起别人的忌恨："岱云在外间历练，能韬锋敛锐否？胡以世态生光，君以气节生芒。其源不同，而其为人所忌一也。尚祈慎旃！"事实上，你陈源衮"比移广信，士友啧啧以肥缺相慕，眼光如豆，世态类然"，对此不可不引起

注意。

1854年，庐州城被太平军攻破，陈源衮自杀身亡。

早在1844年陈源衮的妻子易氏病逝之后，曾国藩为其幼子陈远济雇请了一个乳妈，吃住在他家中达数年之久。陈源衮"杀身成仁"后，曾国藩更把这位未来的女婿视为亲子，在学业和生活等方面予以多方关照，并于1862年3月托付曾国潢主持操办曾纪耀与陈远济的婚礼，以慰挚友陈源衮于九泉之下。

曾国藩制胜之由，首先得益于他有一股强大的精神力量。他昭示天下说："本人德薄能少，独仗'忠信'二字为行军之本。"这是实在的。他就是凭着对封建王朝的耿耿忠心而百折不回，最后达到了他的反动事业的"光辉"顶点。

但"忠信"是封建时代大部分臣下的共同思想，除此之外，曾国藩的政治思想中还有更深层次的东西，这便是礼治。

礼治，是儒家的传统学说，曾国藩完整地继承了这一学说，并有所发展，使之成了他的政治思想的核心。

礼是随着人类社会的诞生而诞生的。原始社会中，人类对图腾的崇拜，对天地的祭祀，便大有一种"礼"存在其中；中国封建社会初期出现的《仪礼》《周官》，是孔子及其后学将他之前的礼仪、礼节和典章制度加以整理而成的。《礼记·礼器》说："经礼三百，曲礼三千。"这虽是繁文缛节，但通过这些繁文缛节所体现出来的，却是上下尊卑的等级制度。"于《仪礼》用力甚深"，且任过礼部侍郎的曾国藩，根据自己的理解，对礼的内容做过详尽的叙述，他认为礼包括两方面的内容：一是洒扫沃盥等等生活方面的"常仪""定位"或"常度"；一是"辅世长民""治国平天下"之术。自然后者是礼的最基本、最本质的内容。

封建社会的"礼"，也是一个不断发展的概念，它的具体内容，常因时而变革。《说文》："礼，履也，所以事神致福也。"礼，本是用以祭祀神灵的。后来，才逐渐用于政事和人事。孔子说："殷朝沿用夏朝之'礼'，并有所增补，这可得知。周朝沿用殷'礼'，并有增补，这也可得知。那些继承周礼的，即使百年，还可得知。"经过长时间的演变、补充和完善，到了曾国藩生活的时代，礼的内容已大大扩充。"虽极军旅战争食货凌杂，皆礼所应讨论之事。"

曾国藩相当推崇清初秦蕙田的《五礼通考》，原因之一是，他认为这本书除介绍吉、嘉、宾、军、凶五礼外，"自天文、地理、军政、官制，都荟萃其中，并综九流，细破无内"，而且"举天下古今幽明万事，而一经之以礼，可谓体大思精矣。"所以他感慨地说："先圣制礼之体之无所不包，本来如是也！"在曾国藩看来，礼是"无所不赅"的，包括为人治世的一切具体内容："先王之道，所谓修己治人，经纬万汇者，怎么汇聚？亦曰礼罢了。"这样，他便把礼和他的经世致用之学沟通了起来。这就无怪乎他极力推崇那本各种制度沿革的《通典》，说："杜君卿《通典》，言礼者十有其六，其识已跨越古今矣。"又说："欲全览经世大法，必自杜氏《通典》始矣。"

正因为礼无所不赅，所以，声称要效法"尧、舜、禹、汤、文、武、周公之

学"的曾国藩，便强调礼为治政之本。他说："昔孔子好语求仁，而雅言执礼，孟子亦仁礼并称，盖圣王所以平物我之情而息天下之争，本质之莫大于仁，外表之莫急于礼。"船山先生注《正蒙》数万言，注《礼记》数十万言，少以究民物之同目源，显以纲维万事，灭世乱于未形。"他把礼的作用看得如此之大，以致可以究民物之同原，可以纲维万事，平物我之情，可以息天下之争，弭世乱于未形。礼，简直成了曾国藩治国平天下的不二法门。

当然，这样阐述礼与政治的关系，并不是曾国藩的发明。《孟子》说："见其礼而知其政。"《荀子》说："礼者，政之鉏也。为政不以礼，政不行矣。"《左传》中说："礼以体现政。""礼，国之干也。""礼，政之舆也。""夫礼，所以整民也。""礼，经国家，定社会，安定民人，利于后嗣者也。"《国语》说："夫礼，所以正民也。""夫礼，国之纪也。"《礼记·礼运》说："礼者，君之大柄也，所以别嫌明微，傧鬼神，考制度，别仁义，所以治政安民也。"《中庸》说："明乎郊社之礼，细尝之义，治国其如示诸掌乎！"在中国封建社会的三千多年的历史长河中，儒家关于礼与国政的这种至大又至纤的关系的学说，被历代统治者所接受。作为湘军的总头目、两江总督的曾国藩也认为，"古之君子""修身、齐家、治国、平天下，则一秉乎礼。从深处说，舍礼无所谓道德；从表面说，舍礼无所谓政事。"礼不仅是修身、齐家的道德规范，更是一切社会行为的标准。曾国藩进一步直截了当地说："古之学者，无所谓经世之术也，学礼焉而已。"从正面说，学经世之术，就得学礼，或者干脆一点说，经世之术就是礼；从反面说，维护"三纲九法"，就得隆礼。他说："将欲刬废邪恶而反经，果操何道哉？夫亦曰：隆礼而已矣！"总之，学习礼、尊崇礼、遵循礼，是治政的根本方针。故李鸿章概括曾国藩说："其学问宗旨，以礼为归。"郭嵩焘也概括说：曾氏"以为圣人经世宰物，纲维万事，无他，礼而已矣。"

"以礼自治，以礼治人"，实现"礼"的最高境界，是曾国藩的政治理想，而"仁"和"刑"则是他实现这一理想的两个手段。"仁"是怀柔，"刑"是镇压，两手交替使用，互为补充，构成了曾国藩的统治术的基本内容。

曾国藩常常把"仁"挂在口头，形于笔端。他说："君子无终食之间违仁，造次必如是，颠沛必如是；一不如是，则流入小人而不自觉矣。"这是为什么呢？因为根据孔子的观点，礼是仁的外部表现，仁是礼的归宿；如果人不仁，那么礼又为何呢？"克己复礼为仁。一日克己复礼，天下归仁焉。"仁，就是要求人们的一切行为规范复于礼、合于礼。

曾国藩承袭这一思想，根据"仁者，爱人"的训条，声称"用兵之道，以保民为第一义"，又自号其家曰八本堂，八本之一是"行军以不扰民为根本"。他作《劝诫州县》说："惟农夫则无一人不苦，无一处不苦。农夫受苦太久，则必荒田不耕；军无粮，则必扰民；民无粮，则必从贼；贼无粮，则必变流贼，而大乱无了日矣！"所以，必须"重农以厚生"。又作《劝诫营官》说："所恶乎贼匪者，以其淫掳焚杀，扰民害民也。所贵乎官兵者，以其救民安民也。若官兵扰

害百姓，则与贼匪没有区别了。"所以，必须"禁骚扰以安民。"甚至在咸丰八年那个战火纷飞的岁月，他还于十一月初六日在建昌前线作《爱民歌》，共八十句，给湘勇规定了许多不许扰民害民的事。

咸丰十一年，他又在安徽祁门大营作《解散歌》共六十八句，正确地规定了对待太平军俘虏的"八不杀"政策：

> 第一不杀老和少，登时释放给护照。
> 第二不杀老长发，一尺二尺皆遣发。
> 第三不杀面刺字，劝他用药洗几次。
> 第四不杀打过仗，丢了军器便释放。
> 第五不杀做伪官，被胁受职也可宽。
> 第六不杀旧官兵，被贼围捉也原情。
> 第七不杀贼探子，也有愚民被驱使。
> 第八不杀捆送人，也防乡团捆难民。
> 人人不杀都胆壮，各各逃生寻去向。
> 贼要聚来我要散，贼要掳来我要放。
> 每人给张免死牌，保你千妥又万当。
> 往年在家犯大罪，从今再不算前账。
> 不许县官问陈案，不许仇人告旧状。
> 一家骨肉再团圆，九重皇宫真浩荡。

后来曾国藩自叙道："吾自〔咸丰〕三年初招勇时，即以爱民为第一义。历年以来，纵未必行得到，而寸心总不敢忘'爱民'二字，尤侮颇寡。"

可见，"仁"作为曾国藩这类统治者的政治思想的一项重要内容，确是一部分开明的统治者的主观愿望（或称理想），也确是约束统治者的无穷奢求与专制言行的一种道德限制。

曾国藩是在咸丰三年（1853年）8月奉命帮办本省团务的。他一共训练了陆军十三营，分别以塔齐布、周凤山、储政躬、林源恩、邵兴琦、杨名声、曾国葆等人统领；水师十营，分别以成名标、诸殿元、杨载福、彭玉麟、邵汉章、庞献深等人统领。当咸丰四年正月间，太平军西征，打下了黄州（今湖北黄冈），乘胜溯江而上，占领了岳州（今湖南岳阳）、湘阴。清廷急诏曾国藩出兵进剿。曾国藩也毅然出征，随即派塔齐布为先锋，由衡州（今衡阳）北上迎战。

曾国藩手札

在出兵之前，曾国藩发表了一篇《讨粤贼檄》：

为传檄事，逆贼洪秀全、杨秀清称乱以来，于今五年矣。荼毒生灵数百余万，蹂躏州县五千余里。所过之境，船只无论大小，人民无论贫富，一概抢掠罄尽，寸草不留。其掳入贼中者，剥取衣服，搜括银钱，银满五两而不献贼者，即行斩首。男子日给米一合，驱之临阵向前，驱之筑城浚濠；妇人日给米一合，驱之登陴守夜，驱之运米挑煤。妇女而不肯解脚者，则立斩其足，以示众妇；船户而阴谋逃归者，则倒抬其尸，以示众船。粤匪自处于安富尊荣，而视我两湖三江被胁之人，曾犬豕牛马之不若！此其残忍残酷，凡有血气者，未有闻之而不痛憾者也。自唐虞三代以来，历世圣人，扶持名教，敦叙人伦，君臣父子，上下尊卑，秩然如冠履之不可倒置。粤匪窃外夷之绪，崇天主之教，自其伪君伪相，下逮兵卒贱役，皆以兄弟称之，谓惟天可称父，此外凡民之父，皆兄弟也，凡民之母，皆姊妹也。农不能自耕以纳赋，而谓田皆天王之田；商不能自贾以取息，而谓货皆天王之货；士不能诵孔子之经，而别有所谓耶稣之说，新约之书，举中国数千年礼义人伦，诗书典则，一起扫地荡尽。此岂独我大清之变，乃开辟以来，名教之奇变！我孔子孟子之所痛哭于九泉，凡读书识字者，又乌可袖手安坐，不思一为之所也！自古生有功德，没则为神。王道治明，神道治幽，虽乱臣贼子，穷凶极丑，亦往往敬畏神祇：李自成至曲阜，不犯圣庙，张献忠至梓潼，亦祭文昌。粤匪焚郴州之学宫，毁宣圣之木主。十哲两庑，狼藉满地，嗣是所过郡县，先毁庙宇，即忠臣义士，如关帝岳王之凛凛，亦皆污其宫室，残其身首；以至佛寺道院，城隍社坛，无庙不焚，无像不灭，斯又鬼神所共愤怒，欲一雪此憾于冥冥之中者也。本部堂奉天子之命，统师二万，水陆并进，誓将卧薪尝胆，殄此凶逆，救我被掳之船只，拔出被胁之民人，不特绎君父宵旰之勤劳，而且慰孔孟人伦之隐痛！不特为百万生灵报枉杀之仇，而且为上下神祇雪被辱之憾！是用传檄远近，咸使闻知。倘有血性男子，号召义旅，助我征剿者，本部堂引为心腹，酌给口粮；倘有抱道君子，痛天主教之横行中原，赫然奋怒，以卫吾道者，本部堂礼之幕府，待以宾师；倘有仗义仁人，捐银助饷者，千金以内，给予实收部照，千金以上，专折奏请优叙；有人陷贼中，自拔来归，杀其头目，以城来降者，本部堂收之帐下，奏授官爵；倘有被胁经年，发长数寸，临阵弃械，徒手归诚者，一概免死，资道回籍。在昔汉唐元明之末，群盗如毛，皆由主昏政乱，莫能削平，今天子忧勤惕厉，敬天恤民，田不加赋，户不抽丁，以列圣深厚之仁，计暴虐无赖之藏，无论迟速，终归灭亡，不待智者而明矣。若尔被胁之，甘心从逆，抗拒天诛，大兵一压，玉石俱焚，亦不能更为分别也。本部堂德薄能鲜，独仗忠信二字，为行军之本，上有日月，下有鬼神，明有浩浩长江之水，幽有前此殉难各忠臣烈士之魂，实鉴吾心，咸听吾言，檄到如律令，无忽！

曾国藩这篇檄文，共有四段。

第一段暴露洪杨的"残忍残酷"，贻祸人民；

第二段揭发他们背弃名教，毁灭人伦；

第三段指责他们侮慢神祗，污蔑圣贤忠义之士，野蛮无理，假借异端邪说，摧毁固有文化；

第四段劝人作"顺逆"的辩解，一致奋起保国救家。

军队鼓动工作，最主要的是心战。振奋士气，靠心战；瓦解敌人，靠心战；争取民心，靠心战。曾国藩便是一个心战圣手，湘军的宣传品在当时发生了意想不到的效力。太平军以上帝教相号召，曾国藩则搬出孔子、孟子、关帝、岳飞、城隍土地、和尚道士，一切的中国神来抵抗这一外来的西洋神。因为上帝教要破坏中国的传统文化，曾国藩就搬出这些神以与之抗争。其中孔子、孟子、关帝、岳飞，对于中国读书人和农民，影响力极大。因此，这一篇《讨粤贼檄》，收功至大，其重要性实较爱民歌犹有过之。

曾国藩读通经史百家之书，常将《讨粤贼檄》，向将领详加剖析，必令背诵讲解而后已。因此湘军将领，无形中也做了宣传员。

这是一篇很有力量的宣传文字，凡是邻近湖南的各省州县，无不传诵。湖南的读书人，首先脱掉长衫，率领许多黑脚杆的农夫，跑到湘军旗帜之下，从抵抗太平天国运动。

所以有人说曾国藩这一纸檄文，可抵得十万雄兵。

曾国藩一生中，总是两副面孔交替出现。一时候，"备陈民间疾苦"，满纸仁义道德，到处示恩示德，一腔脉脉温情；一时候，又磨牙吮血，狰狞狠毒，执刑唯恐不严，杀人唯恐不多。为什么会如此？有人评述说："文正在京官时，以程朱为归依；至出而办团练军务，又变为申韩。"这一评论是不准确的，只看到曾国藩的变，却没有看到他的不变。程朱以理学杀人，申韩以刑法杀人，都是统治者手法的交替使用；而且，那些道貌岸然的理学家，常常同时是刽子手，这在历史上是有案可稽的，如朱竟在湖南血腥镇压萍末式起义，王守仁先后在江西和广西血腥镇压农民和少数民族起义，被时人誉为理学家的曾国藩忠实地继承了这一衣钵，并且公开说明："威惠并施，刚柔互用，或一张一弛，有相反而相成。"他认为，用刑以逞威，用仁以示惠，是实行礼治的两个相反而相成的方面。他说："除莠去草，所以爱苗；打蛇杀虎，所以爱人；募兵剿贼，所以爱百姓。"——他就是这样地把自己的杀人与爱人统一了起来。有时，他甚至对自己杀人不眨眼表示出一种无可奈何的心境，以为自己开脱："吾辈不幸生当乱世，又不幸而带兵，日以杀人为事，可为寒心，惟时时存一爱民之念，几乎留心田以赡养子孙。"他似乎有一种"良心"被发现，在杀人屠城时要存一点"爱民之念"，于冥冥之中生怕子孙后代得到报应，故要"留心田以饭子孙。"这种矛盾心态，使曾国藩极易接受孔子的"不教而杀谓之虐"的思想。他批评说："今天下郡县牧民之吏，大抵以刑强齐之耳。任无知的人自为啄息喜怒，一不顾问。至其犯法，小、者桎梏，大者弃市，豪强者漏网，弱者靡烂，苟以掩耳目而已。原

国家所以立法之意，只是如此哉！"接着，他说："大概欲守土者，日教民以孝悌仁义之经，不率而再对他使用刑罚。"

曾国藩甚至把这种一手硬、一手软的统治术提高到宇宙观的高度，说什么"天地温厚之气始于东北，而盛于东南，此天地之盛德气也，此天地之仁气也；天地严凝之气始于西南，而盛于西北，此天地之尊严气也，此天地之义气也。斯二气者，自其后而言之，因仁以育物，则庆赏之事起，因义以正物，则刑罚之事起。中则治，偏则乱。"他把"育物"与"正物"分为二途，认为统治者必须既有"盛德"，又有"尊严"，必须视庆赏与刑罚为同等大事。这是对几千年来的统治术的高度概括。董仲舒《春秋繁露·四时之制》说："庆赏刑罚而同功，皆王者所以成德也。"曾国藩也说："中则治，偏则乱。"中，指二者并举；偏，指重一轻一。一切以礼以德，一切优柔，则民无所畏忌，积弊丛生，政令不行；一切以刑以法，一切刚暴，则民无所爱暖，积怨充溢，揭竿起义。故曰："偏则乱"。当然，"中则治"的统治术，不始于曾国藩。青春秋时，郑国大叔为政甚宽，结果群盗聚于山湖之泽，不得不兴兵全部杀掉，盗贼就少了。大叔这时才对自己的"不忍猛而宽"后悔，因为子产生前曾开导过他："火烈，民望而畏之，故鲜死焉；水懦弱，民狎而玩之，则多死焉。故宽难。《左传·昭公十二年》叙述这个故事后，引用孔子的话说："政宽而民慢，慢则纠之以猛。猛则民残，残则施之以宽。宽以济猛，猛以济宽，政是以和。"法家韩非子等人的老师荀卿说："不道礼宪，以《诗》《书》为之譬之犹以指测河也，以戈春黍也。以锥食壶也，不可以得之矣。"《尔雅·释诂》："宪，法也。"荀卿是我国第一个以礼法并提的思想家。他在另一处说："所以学习他的礼法思想"。孔子的宽猛相济的政治思想，荀卿发展为"礼宪并道"，董仲舒称之为庆赏与刑罚"同功"，曾国藩则叫作"威惠并施，刚柔互用"，实质都是相同的，后先相承。

卷三　家教齐家谋略

经文释义

【原文】

凡子之孝父母，必作人有规矩，办事有条理，亲族赖之，远近服之，然后父母愈爱之，此孝之大者也。若作人毫不讲究，办事毫无道理，为亲族所唾骂，远近所鄙弃，则贻父母以羞辱，纵使常奉甘旨，常亲定省，亦不得谓之孝矣。敬神者之烧香酬愿，亦犹事亲者之甘旨定省，实无大益。若作人不苟，办事不错，百姓赖之，远近服之，则神必鉴之佑之！胜于烧香酬愿多矣。

孝经图　清

【译文】

凡是子女孝顺父母，一定是做人有规矩，办事有条理，亲戚们都依赖他，远近之人都佩服他，父母也因此更爱他，这就是大孝。如果做人没有档次，办事毫无道理，为亲族所唾骂，远近之人都鄙弃他，从而给父母带来了羞辱，这样的人即使常常用美食供奉父母，并常常探视父母，也称不上是孝。敬神的人在那儿烧

香还愿，也与子女常常以美食供奉父母一样，没有什么实际的好处。如果做人一丝不苟，办事有规矩，百姓信赖他，远近的人佩服他，那么神一定会保佑他。这样做比烧香还愿强多了。

【原文】

澄弟左右：

八月初一接弟在长沙排单一信。知已得见科一，并在胡宅演戏三日。初二日又接弟十三在家所发之信，具悉一切。

余在金陵二十日起行，二十八日至庆，内外小大平安。门第太盛，余教儿女辈惟以勤俭谦三字为主。自安庆以至金陵，治江六百里大小城隘皆沅弟所攻取。余之幸得大名高爵，皆沅弟之所赠送也，皆高曾祖父之所留贻也。余欲上不愧先人，下不愧沅弟，惟以力教家中勤俭为主。余于俭字做到六七分，勤字则尚无五分工夫。弟与沅弟于勤字做到六七分，俭字则尚欠工夫。以后各勉其所长。各戒其所短。弟每用一钱，均须三思，至嘱。

李宅二万金，上年十一月曾由东征局解去二千，此次应行扣除，顷已补札东局矣。余详日记中。即问近好。

【译文】

澄弟左右：

八月初一日收到弟在长沙发出的信，知道弟已见过科一，并且在胡宅上演戏三天。初二又接到弟十三日在家中发出的信，获悉一切。

我于二十日从金陵出发，二十八日到安庆，内外孩子大人都平安。曾家一门太过兴盛，我教诲儿女辈让他们以勤、俭、谦三字为主。从安庆到金陵，沿江六百里内大大小小的城池关隘都是沅弟所攻占夺取。我有幸得享大名气和高爵位，都是沅弟赠送给我，都是高祖、曾祖、祖父、父亲遗留的福泽。我要上不愧对先人，下不愧对沅弟，唯有尽力教导家人以勤奋俭朴为主。俭朴这方面我大概只做到六七分，而勤勉方面我可能还做不到五成。老弟与沅弟在勤勉上能做到六七分，俭朴方面则努力不足。以后我们各人在自己的长处上继续下功夫，让自己的短处尽量少有或没有表现的机会。弟每花一文钱，都要反复思索。至嘱。

为李家凑的两万两银子，去年十一月曾经通过东征局解送去两千两了，此次应扣除这一部分，刚已给东征局补发札文。其余详见日记中。即问近好。

【原文】

学问之事，以日知月无亡为吃紧语；文章之事，以读书多积理富为要。

读书之志，须以困勉之功，志大人之学。

【译文】

学问，以每日增长新知而不忘记为关键；文章，以多读书多懂道理为关键。

读书的志向，一定要困而勉之，奋发向上。

【原文】

家中遇祭，酒菜必须夫人率妇女亲自经手。祭礼之器皿，另作一箱收之，平

日不可动用。内而纺绩做小菜，外而蔬菜养鱼、款待人客，夫人均须留心。吾夫妇居心行事，各房及子孙皆依以为榜样，不可不劳苦，不可不谨慎。

【译文】

家中遇到祭祀时，酒菜必须由夫人率领妇女们亲自经手。祭祀所用的器皿，需要另外用一个箱子收藏，平日不可动用。家里的纺织、做小菜，外面的种菜、养鱼、款待客人等事，夫人都必须留心。我们夫妇居心行事，各房及子孙都要视为学习的榜样，不可不劳苦，不可不谨慎。

【原文】

连接尔十四、二十二日在省城所发禀，知二女在陈家，门庭雍睦，衣食有资，不胜欣慰。

尔累月奔驰酬应，犹能不失常课，当可日进无已。人生惟有常是第一美德，余早年于作字一道，亦尝苦思力索，终无所成。近日朝朝摹写，久不间断，遂觉月异而岁不同。可见年无分老少，事无分难易，但行之有恒，自如种树蓄养，日见其大而不觉耳。耳在短处在言语欠钝讷，举止欠端重，看书能深入而作文不能峥嵘。若能从此三事上下一番苦工，进之以猛，持之经恒，不过一二年，自尔精进而不觉。言语迟钝，举止端重，则德进矣。作文有峥嵘雄快之气，则业进矣。尔前作诗，差有端绪，近亦常作否？李、杜、韩、苏四家之七古，惊心动魄，普涉猎及之否？

此间军事，近日极得手。鲍军连克青阳、古埭、太平、泾县四城。沅叔连克巢县、和州、含山三城暨铜城闸、雍家镇、裕溪口、西梁山四隘。满叔连克繁昌、南陵二城暨鲁港一隘。现仍稳慎图之，不敢骄矜。

余近日疮癣大发，与去年九十月相等。公事业集。竟日忙冗，尚多积阁之件。所幸饮食如常，每夜安眠或二更三更之久，不似往昔彻底不寐，家中可以放心。此信并呈澄叔一阅，不别致也。

【译文】

连续收到你十四日、二十二日在省城所发的信，得二女儿在陈家，全家和睦，有衣有食，十分欣慰。

你数月来奔波应酬，还能不放弃功课，应该每天进步不止。人生中只有恒常是第一美德。我早年对于写字的方法，也曾经苦思冥想，终无所成。我近来天天摹写，长久不中断，终于感到日新月异，每年都有不同。可见，年龄不分老少，事情不分难易，只要有恒心做，自然如同种树蓄养，每天不觉见到它长大，你的缺点在于说话不钝讷，举止不庄重，看书能深入进去但作文却不能峥嵘。若能从这三方面再下一番苦功夫，勇猛精进，持之以恒，不过一两年，你自然会精进而不察觉，言语钝讷了，举止庄重了，德行也就精进了。作文有了峥嵘雄快之气，你的学业也就上进了。你前些日子作诗，已经入门，近来也经常作吗？李、杜、韩、苏四家的七言古诗，惊心动魄，你涉猎到了吗？

这段时间的军事，十分顺利。鲍军连克青阳、古埭、太平、径县四城。你沅

叔连克巢县、和州、含山三城及铜城闸、雍家镇、裕溪口、西梁山四处要地。满叔连克繁昌、南陵两座城及鲁港一处险关。现在仍然稳慎把守，不敢骄狂。

我近来疮癣大发作，与去年九、十月相似。公事堆积，终日繁忙，还有许多积压的事件。幸好饮食如常，每天晚上安睡到二更或三更，不像从前整夜难眠，家中尽可以放心。这封信你送给澄叔看看，不另给他写了。

【原文】

吾家门第鼎盛，而居家规模礼节，未能认真讲求。历观古来世家长久者，男子须讲求耕读二事，妇女须讲求纺织酒食二事。斯干之诗，言帝王居室之事，而女子重在酒食是议。家人卦以二爻为主，重在中馈。内则一篇，言酒食者居半。故吾屡教儿妇诸女亲主中馈，后辈视之若不要紧。此后还乡居家，妇女从不能精于烹调，必须常至厨房，必须讲求作酒，作醯醢小菜之类。尔等必须留心于莳蔬养鱼，此一家兴旺气馁，断不可忽。纺织虽不能多，亦不可间断。大房唱之，四房皆和之，家风自厚矣。至嘱！至嘱！

【译文】

我们家的门第鼎盛，但对于家庭的礼节之类的事，却没有认真注意。纵观历史上那些长久的世家，男子要注意耕读这两件事，妇女要注重纺织和酒食这两件事。斯干诗中说帝王居室的事，认为女子的重要任务是处理好酒食之事。家人卦中以二爻为主，注重的也是中馈。"内则"一篇，其中谈论酒食的占了一半篇幅，所以我多次教育儿媳妇和女儿亲自料理中馈，后辈们却对此并不看重。以后还乡家居，那些不能精于烹调的妇女，必须常常到厨房去，要注重酿酒，制作牺牲小菜之类。你们必须注意时鲜蔬菜和养鱼，这关系到一家的兴旺之气，千万不能忽视。纺织虽然不用多，但也不能间断。大房主张的东西，四房都赞同，家风自然就淳厚了。

曾国藩在这里主要讲了妇女应该注意的事情，认为这关系到家庭的兴衰，这实则上与曾家人丁兴旺、需要家规加以约束有很大关系。

【原文】

《记》云：君子庄敬日强。我日日安肆，日日衰尔，欲其强，得乎？譬诸草木，志之不立，本则拔矣，是知千言万语，莫先于立志也。癸卯二月。

【译文】

《礼记》中说：君子庄敬日强。我天天安逸于此，放纵自己，一天天衰颓下来。要想自强不息，怎么可能呢？正像那些草木，如果志向没有树立，就相当于草木的根被拔掉了。由此可知，千言万语，首先是要树立志向。道光二十三年二月。

【原文】

因忧日内以金陵、宁国危险之状，忧灼过度。又以江西诸事掣肘，闷损不堪。皆由平日于养气上欠工夫，故不能不动心。欲求养气，不外"自反而

缩行慊于心"两句；欲求行慊于心，不外"清、慎、勤"三字。因将此三字多缀数语，为之疏解。"清"字曰名利两淡，寡欲清心，一介不苟，鬼伏神钦；"慎"字曰战战兢兢，死而后已，行有不得，反求诸己；"勤"字曰手眼俱到，心力交瘁，困知勉行，夜以继日。此十二语者，吾当守之终身。遇大忧患、大拂逆之时，庶几免于尤悔耳。

【译文】

因思虑金陵、宁国的军情危急，忧愁焦虑过度。又因为江西诸事遇人掣肘，气塞不畅。这些都是平时养气功夫不到家所造成的，而遇到事情又不能不忧心。要想修行养气之功，不外乎"自省于心无愧，做事都于心无愧"两句话；要想使自己的行为问心无愧，不外乎"清、慎、勤"三字。因而我将这三个字发挥成几句话，作为疏解。"清"字就是淡泊名利，清心寡欲，不做一点苟且之事，鬼敬神钦；"慎"

粉彩过枝瓜蝶纹碗　清

字就是战战兢兢，死而后已，行为有不合乎礼义的，反省于己心；"勤"字就是手眼都到，身心俱用，克服困难以求获得知识，努力而行以求德业有成，夜以继日，从不间断。对于这十二句话，我要终身坚持。这样遇到大的患难、大的困难时，大概可以免去忧郁羞辱。

【原文】

余平生科名，极为顺遂，惟小考七次始售。然每次不进，未尝敢出一怨言，但深愧自己试场之诗文太丛而已。至今思之，如芒在背。当时之不敢怨言，诸弟问父亲，叔父，及朱尧阶便知。盖场屋之中，只有文丛而侥幸者，断无丈佳而埋没者，此一定之理也。三房十四叔非不勤读，只为傲气太胜，自满自足，遂不能有所成。

【译文】

我平生于科名之事上极为顺利，只是小考时考了七次才中。然而每次不中，未曾说过一句怨言，只是为自己在考场上写的诗文太差惭愧而已。至今想起来，仍有如芒刺在背的感觉。当时我不敢口出怨言，这件事你们问父亲、叔父、朱尧阶就可以知道。因为考场之中，只有因为文章太差而侥幸得中的人，绝对没有文章写得好而被埋没的，这是理所当然。三房十四叔并不是读书不勤，只是因为太傲气，自满自足，所以没有能中。

【原文】

夫家和则福自生。若一家之中，兄有言弟无不从，弟有请兄无不应，和气蒸

蒸而家不兴者，未之有也；反是而不败者，亦未之有也！

【译文】

家庭和睦自然就会带来福气。如果一家之中，对兄说的话做弟弟的无不听从，对弟弟的请求兄无不答应，如此和气蒸腾而家庭仍不兴旺的，还没有见过；与此相反而家庭不衰败的，还没有过。

【原文】

人多望子孙为大官，余不愿为大官，但愿为读书明理之君子。勤字自持，习劳习苦；可以处乐，可以处约，此君子也。余服官二十年，不敢稍染官宦气习，饮食起居，尚守寒素家风，极俭也可，略丰典可，太丰则吾不敢也。

凡仕宦之家，由俭入奢易，由奢返俭难。尔年尚幼，切不可贪爱奢华，不可惯习懒惰。无论大家小家、士农工商，勤苦俭约，未有不兴；骄奢倦怠，未有不败。

凡富贵功名，皆有命定，半由人力，半由天事，惟学作圣贤，全由自己作主，不与天命相干涉。吾有志学为圣贤，少时欠居敬工夫，至今犹不免偶有戏言戏动。尔宜举止端庄，言不妄发，则入德之基也。

【译文】

一般人都希望自己的子孙担任大官，我不愿意做大官，但想成为读书明理的君子，坚持一个勤字，习惯于劳苦，既可以享受快乐，又可以过节俭的生活，这样的人就是君子。我做官二十年，一点儿也不敢沾染官宦习气，饮食起居，还保持艰苦朴素的家风，极俭朴也可以，略丰厚些也可以，太丰厚我是不敢享受了。

凡是仕宦家庭，由俭朴到奢侈容易，由奢侈再恢复俭朴就很困难了。你年纪不大，千万不可贪图奢侈豪华，不可养成懒惰的习惯。无论大家小家、士农工商，凡是勤苦节俭的，没有不兴旺的，凡是骄奢倦怠的，就没有不衰败的。

凡是富贵功名，都属命定，一半取决于人的努力，一半取决于天意。只有学做圣贤，全部由自己主宰，与天命没有关系，我有学做圣贤的志向，年轻时缺乏居敬的功夫，到今天仍免不了偶尔有不严肃的言行。你应该举止端庄，不乱说话，这是修德的根基。

【原文】

孝友为家庭之祥瑞，凡所称因果报应，他事或不尽验，独孝友则立获吉庆，反是则立获殃祸，无不验者。吾早岁久宦京师，于存养之道多疏，后来辗转兵间，多获诸弟之助，而吾毫无裨益于诸弟。余兄弟姐妹各家，均有田宅之安，大抵皆九弟扶助之力。我身残之后，尔等事两叔如父，事叔母如母，视堂兄弟如手足。凡事皆从省啬，独待诸叔之家，则处处从厚。待堂兄弟以德业相劝，过失相规，期于彼

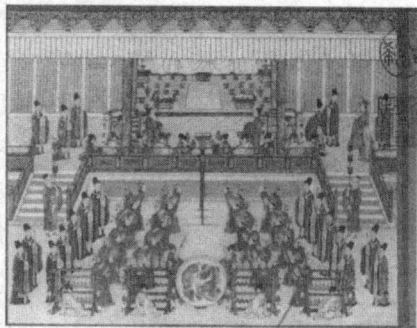

孝经图　清

此有成，为第一要义。其次则亲之欲其贵，爱之欲其富。常常以吉祥善事代诸昆季默为祷祝，自当神人共钦。

【译文】

孝悌友爱是家庭的祥瑞，人们常说的因果报应，在其他事情上未必全部能应验，只有在只要孝悌友爱就立即获得吉庆，不孝悌友爱就立即招来灾祸这个问题上，没有不应验的，我早年长期在京城任官，常常荒废修养之道，后来从事军务，得到各位弟弟的帮助很多，而自己对各位弟弟却无丝毫帮助。我的兄弟姐妹的家庭，所以都能有田有宅，大概都是九弟的功劳。我身体残疾之后，你们服侍两位叔叔像服侍父亲一样，服侍叔母像服侍母亲一样，把堂兄弟看成是自己的手足之亲。凡事都很节俭，只有对待各位叔叔的家庭，则处处都要大方。对待堂兄弟应该以德业相劝戒，纠正他们的过失，希望他们有所成就，这是最重要的。其次就是要亲近爱惜他们，希望他们富贵。常常替他们祈祷吉祥之事，这样神人都会钦服。

【原文】

余精力日衰，总难多见人客。算命者常言十一月交癸去，即不吉利，余亦不愿久居此官，不欲再接家眷东来。夫人率儿妇辈在家，须事事立一个定章程。居官不过偶然之事，居家乃是长久之计，能从勤俭耕读上做出好规模，加一旦罢官，尚不失为兴旺气象。若贪图衙门之热闹，不立家乡之基业，则罢官之后，便觉气象萧索。凡有盛必有衰，不可不预为之计。望大教训儿孙妇女，常常作家中无官之想，时时有谦恭省俭之意，则福泽悠久，余心大慰矣。余身体安好如常，惟眼蒙日甚，说话多则知头蹇涩，左牙疼甚，而不甚动摇，不至遽脱，堪以告慰。顺问近好。

【译文】

我的精力一天比一天差，总是难免多见人见客。算命先生常说今年十一月交癸运，这是不吉利的兆头，我也不想长久做这个官了，所以也不准备再接家眷东来。夫人率领儿妇辈在家，必须事事都立个规矩。居官不过是偶然的事，居家才是长久之计，能从勤俭耕读上做出好成绩来，即使一旦被罢官，还不失为一个幸福家庭。如果贪图衙门的热闹，不建立家庭稳固基业，那么罢官以后，便会感到气象冷落凄凉，缺乏生机。凡事有盛必有衰，不能不提前为它做些筹划。希望妇人教训儿孙妇女，常常作家中没有做官的打算，时刻都有谦虚、恭敬、节省、勤俭的意识，那么我家大富大贵就会持续长见了，我心中则感到莫大安慰。我的身体安好与往常一样。只有眼病一天比一天厉害，说话多了舌头就迟钝发涩，左边牙很疼，而不很活动，大约还不至于脱落，可以感到安慰了。顺问近好。

【原文】

古来言凶德致败者约有二端：曰长傲；曰多言。历观名公巨卿多以此二端败家丧身。余生平颇病执拗，德之傲也。不甚多言，而笔下亦略近乎讼。静中默省

愆尤，我之处处获戾，其源不外此二者。

温弟性格略与我相似，而发言尤为尖刻。凡傲之凌物，不必定以言语加人，有以神气凌之者矣，有以面色凌之者矣。温弟之神气，稍有英发之姿，面色间有蛮狠之象，最易凌人。凡中心不可有所恃，心有所恃，则达于面貌。以门地言，我之物望大减，方且恐为子弟之累；以才识言，近今军中炼出人才颇多，弟等亦无过人之处，皆不可恃。只宜抑然自下，一味言忠信，行笃敬，庶几可以遮护旧失，整顿新气，否则人皆厌薄之矣。

【译文】

自古以来称因为凶德而导致失败的大概有两个方面；一是傲气，二是多话。……历观许多有名的公卿都是因为这两点而最终家败身死的。我这个人平时办事的毛病就是太执拗，这是德的傲。话说得不多，但笔下的毛病与多话一样。静下心来默想自己的过失，发现我之所以处处不顺利，根源还在于这两个方面。

温弟的性格与我较为相似，但说出话来尤其尖刻。以傲凌物，不一定非要用言语刺激别人，还有用神气显示傲的，有用面色显示傲的。温弟的神气，稍带一些英气勃发的姿态，脸色上又有蛮狠的样子，最容易凌人。大凡心中不要有什么依仗，一旦心里有所依仗，就会在面貌上反映。从门弟来说，现在我的声望大减，尚且怕被子弟们负累；从才识而言，眼下军中锻炼出来的人才很多，你们也没有什么过人之处，所以没有什么可依靠的。只应该自谦自抑，一味说忠信，行笃敬，大概才可以遮护过去的失误，整顿起新的气象，否则要人人都厌恶，鄙薄了。

【原文】

历览有国有家之兴，皆由克勤克俭所致；其衰也，则反是。余生平亦颇以"勤"字自励，而实不能勤。故读书无手抄之册，居官无可存之牍。生平亦好以"俭"字教人，而自问实不能俭。今署中内外服役之人，厨房日用之数，亦云奢矣。其故由于前在军营规模宏阔，相沿未改。近因多病，医药之资，漫无限制。由俭入奢，易于下水；由奢反俭，难于登天。在两江交卸时，尚存养廉二万金，在余初意，不料有此。然似此放手用去，转瞬即已立尽。尔辈以后居家，须学陆俊山之法，每月用银若干两，限一成数，另封秤出。本月用毕，只准赢余，不准亏欠。衙门奢侈之习不能不彻底痛改。余初带兵之时，立志不取军营之钱以自肥其私，今其差幸不负始愿。然亦不愿子孙过于贫困，低颜求人；惟在尔辈力崇俭德，善持其后而已。

【译文】

看历史上国和家的兴旺，都是由克勤克俭带来的；当国和家衰败时，则是由于不能克勤克俭。我一直想以"勤"字自我勉励，而实际上却做不到，所以读书时没有手抄本，做官时的文牍也没有保存。我一直也以"俭"字教育别人，但自己感到自己并没有做到。现在衙署中服役的人数很多，厨房中每天的花费，也可以称得上是奢侈了。这其中的原因是以前身在军营，规模较大，这种习惯沿

袭下来，一直未改，近来因为身体多病，所用的医药费，没有什么节制。从俭到奢，像水往下流那么容易；从奢侈再到节俭，就会像登天一样难。我在两江总督任上卸任时，还存留两万两的养廉金，我起初并没想到这一点。然而如果像现在这样放手去花，很快就会花光。以后你们在家过日子，一定要学习陆俊山的方法，每月用多少银两，限定一个数，称出后另行封存，本月的花费只能有盈余，不准多花，衙门中的奢侈习惯一定要改变。我当初带兵时，下决心不损公肥私，现在看来是基本上做到了。但我也不希望子孙过于贫困，以致被迫低声下气去求人；只是希望你们努力俭朴，善加坚持。

【原文】

治家之变，推陈出新。

【译文】

治理家事的变术，在于消除陈旧的东西，而创造新的东西。

【原文】

生当乱世，居家之道，不可有余财，多财则终为患害。又不可过于安逸偷惰。如由新宅至老宅，必宜常常走路，不可坐轿骑马。又常常登山，亦可以练习筋骸。仕宦之家，不蓄积银钱，使子弟自觉一无可恃，一日不勤，则将有饥寒之患，则子弟渐渐勤劳，知谋所以自立矣。

【译文】

生逢乱世，居家之道，不要有多余的钱财，钱财多则终究会带来祸患。又不能过于安逸懒惰。如果要从新屋到老屋，一定要走着去，不要坐轿骑马，而且要常常去爬山，也可以锻炼筋骨。官宦人家，如果不积聚钱财，就会让子女们觉得没有什么可依托的，一天不勤劳，就会有饥寒之患，这样，子女们就会渐渐懂得勤劳，知道通过什么可以自立。

【原文】

士大夫之家不旋踵而败，往往不如乡里耕读人家之耐久。所以致败之由大约不出数端。家败之道有四，曰：礼仪全废者败；兄弟欺诈者败；妇女淫乱者败；子弟傲慢者败。身败之道有四，曰：骄盈凌物者败；昏惰任下者败；贪刻兼至者败；反复无信者败。未有八者全无一失而无故倾覆者也。

【译文】

士大夫之家有的很快衰败，往往还不如乡里耕读人家家运持久。造成衰败的原因，大约不出这样几个方面。家庭衰败的原因有四：彻底废弃礼仪之家衰败，兄弟相互欺诈之家衰败，妇女淫荡秽乱之家衰败，子弟骄傲轻慢别人之家衰败。一个人衰败的原因也有四方面：骄傲自满、欺凌别人的人衰败；昏暗懒惰、轻信下人的人衰败；贪婪刻薄的人衰败；反复无常不讲信义的人衰败。从来没有见过没有这些弊病而无故败家覆身的事情。

智慧通解

【原文】

接尔十九、二十九日两禀，知喜事完毕，新妇能得尔母之欢，是即家庭之福。

我朝列圣相承，总是寅正即起，至今二百年不改。我家高曾祖考相传早起，吾得见竟希公、星冈公皆未明即起，冬寒起坐约一个时辰，始见天亮。吾父竹亭公亦甫黎明即起，有事则不待黎明，每夜必起看一二次不等，此尔所及见者也。余近亦黎明即起，思有以绍先人之家风。尔既冠授室，当以早起为第一先务，自力行之，亦率新妇力行之。

余生平坐无恒之弊，万事无成，德无成，业无成，已可深耻矣。逮办理军事，自失靡他，中间本志变化，尤无恒之大者，用为内耻。尔欲稍有成就，须从有恒二字下手。

余尝细观星冈公仪表绝人，全在一重字。余行路容止亦颇重厚，盖取法于星冈公。尔之容止甚轻，是一大弊病，以后宜时时留心，无论行坐，均须重厚。早起也，有恒也，重也，三者皆尔最要之务。早起是先人之家法，无恒是吾身之大耻，不重是尔身之短处，故特谆谆戒之。

吾前一信答尔所问者三条，一字中换笔，一"敢告马走"，一注疏得失，言之颇详，尔来禀何以并未提及？以后凡接我教尔之言，宜条条禀复，不可疏略。此外教尔之事，则详于寄寅皆先生看读写作一缄中矣。此谕。

【评述】

做曾国藩难，做曾国藩的儿子更难。他是这样的一位父亲：学问广博，见识广远，阅历丰富，位高权重，要求严格，他把所有的经验、智慧、理想、兴趣、已成之志、未竟之业全部压来。做曾国藩幸运，做曾国藩的儿子更幸运。他把自己的全部知识、经验和智慧毫无保留地传授给儿子，他为儿子提供了远比一般人优越的生活条件和学习环境，他为儿子提供了一个又一个挑战困难和失败的机会，他把儿子看作他的躯体和心灵的新的延续。

曾国藩写给儿子曾纪泽的家书中说：

"我家先祖世代相承，一直是寅正（凌晨四点）即起，至今两百年未改。从高祖、曾祖时代就代代早起。我曾见过曾祖父竟希公、祖父星冈公都是天未亮就起床，寒冬起坐约一个时辰，才见天亮。我的父亲竹亭公也是黎明即起，如果有事则不待黎明，每天夜里必定起来查看一两次不等。这是你们亲眼见过的。我近来也是黎明即起，想努力继承先人的家风。如今你已年过二十，娶妻成家，当以早起为第一要务。除了自己身体力行，还要带领媳妇身体力行。

我平生因为缺乏恒心的毛病，以至万事无成。德行无所成，学业无所成，这足以使人深以为耻。等到办理军务，本来发誓不再做别的事情，可是其间又改变了初衷。这是极为严重的缺乏恒心！我感到深深的耻辱。你如果想有点成就，就必须从'有恒'二字上着手。

我曾经仔细观察过，祖父星冈公仪表超人，全在一个'重'字。我的举止容貌也很稳重、厚道，就是效法星冈公。你的举止轻浮，是一大弊病，以后应时时留心。无论是坐还是行，均须重厚。早起床，有恒心，举止厚重，这三点对你来说都是最紧要的事情。早起是先人之家法，无恒是吾身之大耻，不重是尔身之短处，所以我特意谆谆告诫你。"

粉彩人物斗杯　清

这三点看似平常，实则思虑至深，切中肯綮，寄望甚殷。这不是从书本中可以学到的，也不是他人能够直言的，只有父亲对儿子才会说出这样的话。早起说的是生活习惯，无恒说的是意志品格，不重说的是生活作风，这三点可以说谈到了生活的方方面面，够曾纪泽努力一辈子的。

【原文】

六月廿三日发第七号信交摺差，七月初一日发第八号信交王仁四手，不知已收到否？六月廿日接六弟五月十二日书，七月十六日接四弟九弟五月廿九日书，皆言忙迫之至，寥寥数语，字迹潦草，即县试案首前列皆不写出。同乡有同时接信者，即考古考老生皆已详载。同一摺差也，各家发信，迟十馀日而从容，诸弟发信，早十馀日而忙迫，何也？且次次忙迫，无一次稍从容者，又何也？

男等在京大小平安。同乡诸家皆好，惟汤海秋于七月八日得病，初九未刻即逝。六月廿八考教习，冯树堂、郭筠仙、朱啸山皆取。湖南今年考差，仅何子贞得差，馀皆未放。惟陈岱云光景最苦，男因去年之病，反以不放乐为。

五仕四已善为遣回。率五大约在粮船回，现尚未定。渠身体平安，二妹不必挂心。叔父之病，男累求详信直告，至今未得，实不放心。甲三读《尔雅》，每日二十馀字，颇肯率教。

六弟今年正月信，欲从罗罗山处附课，男甚喜之，后来信绝不得及，不知何故？所付来京之文，殊不甚好，在省读书二年，不见长进，男心实忧之，而无如何，只恨男不善教诲而已。大抵第一要除骄傲气习，中无所有，而夜郎自大，此最坏事。四弟九弟虽不长进，亦不自满，求大人教六弟，总期不自满足为要。

【评述】

曾国藩认为，傲气太盛，说话太多，这两条是历代官场导致灾祸的原因。

官宦之家，一有权，二有势，有权有势就少有顾忌，多有优越感。人一旦有了优越感，那灾祸也就为期不远了。有了优越感往往不太在意他人，言谈举止总有不可一世的感觉。时时处处都会自觉不自觉地显示高人一等、更胜一筹的做派。有时他并不想显示，可是在关键场合他还是不自觉地显示了。久而久之，也

就霸气逼人、盛气凌人、傲气欺人了。

也许别人并不在意你的优越，但就在乎你的优越的感觉；也许别人可以容忍你的一次傲气，但不能永远容忍你的傲气；也许某一个人可以长久容忍你的傲慢，但不是所有的人都可以长久容忍你的傲慢。

有优越感的人，总喜欢对他人颐指气使，指手画脚，评头论足。常言道，言多必失。也许你并非有意，也许你并无恶意，也许真理真的在自己这一边，但别人还是受不了，还有比这更不明智的吗？话多的人，心中必有燥气，《周易》中就说过："吉人之辞寡，躁人之辞多。"所以苏东坡说："慎言语，节饮食。"《菜根谭》中说得更是战战兢兢："口乃心之门，守口不密，泄尽真机。"人的脑袋上长了一张口，但长了两只眼和两口耳，那意思是要人们多看多听少说话呀！

"绝大学问，即在家庭日用之间。"此种见识，诚非普通人所能及。曾国藩有鉴于此，不但躬行实践，而且要传给他的后代人。

普天之下的父母，都希望自己的子女成龙变凤。可是人世间父母的爱，并不能使自己的子女如同种瓜得瓜、种豆得豆一样，但教子成功的例子也是举不胜举的。曾国藩就是一例。

从道光十八年（1828年）曾国藩被点为翰林以后，他鲜有回家的机会。教育子女全依赖他在家书中殷殷教诲。从咸丰二年（1852年）到同治十年（1871年）的二十年中，他写给两个儿子近二百封信，包括其教子如何读书、作文、做人。在家书中曾国藩不厌其烦地教育儿子，只求读书明理，不求做官发财。

如果说在此以前曾国藩还只不过是一个二品侍郎、团练大臣，并无实权，算不上是名贵，可在咸丰十年（1860年）以后，他身为总督，权缩四省，俨然是清王朝封疆大吏，而教子则更为严格：

凡世家子弟，衣食起居无一不与寒士相同，庶可以成大器；若沾染富贵习气，则难望有成。吾忝为将相，而所有衣服不值五百金。愿尔等常守此俭朴之风，亦惜福之道也。其照例应用之钱，不宜过啬。

尔在外以谦谨二字为主。世家子弟、门第过盛，万目所属。临行前，教以三戒之首末二条及力去傲惰二弊，当已牢记之矣。场前不可与州县来往，不可送条子。进身之始，务知自重。

读书乃寒士本来，切不可有官家风味。吾于书箱及文房器具，但求为寒士所能备者，不求珍异也。家中新居富托，一切须存此意，莫做代代做官之想，须作代代做士民之想。门外挂匾不可写"侯府""相府"字样，天下多难，此等均未必可靠，但挂"宫太保弟"一匾而已。

在赴天津议结教案之前，曾国藩料定此行凶多吉少，因此他在遗嘱中谆谆教诲儿子，时至今日读之，仍令人感伤：

余生严略涉儒先之书，见圣贤教人修身，千言万语，而要以不忮不求为重。忮者，嫉贤害能，妒功争宠。所谓"忌者不能令，忌者谓人修"之类也。求者，贪利贪名，怀士怀惠，所谓"未得患得，既得患失之类也"。忮不常见，每发露于名业相伴、势位相峙之人；求不常见，每发露于货财相接、仕进相妨之际。将

欲造福，先去忮心，所谓人能充无欲害人之心，而仁不可胜用也。将欲立品，先去求心。所谓人能充无穿窬之心，而义不可胜用也。忮不去，满怀皆是荆棘；求不去，满腔口即卑污。余于此二者常加恢治，恨尚未能扫除净尽。尔等欲心地干净；宜于此二者痛下功夫，并愿子孙世代戒之。附作《忮求诗》二首录后。

善莫大于恕，德莫凶于妒。妒者妾妇行，琐琐奚比数。己拙忌人能，己塞忌人遇。己若无事功，忌人得成功。己苦无党援，忌人得多助。势位敬相敌，畏逼又相恶。己无好闻望，忌人文名著。己无贤子孙，忌人后嗣裕。争名日夜奔，争利东西鹜。但期一身荣，不惜他人污。闻灾或欣幸，闻祸或悦豫。问渠何以然，不自知其故，尔室神来格，高明鬼所顾。天道常好还，嫉人还自误。幽明丛谤忌，乖气相回互。重灾老汝躬，轻亦减汝祚。我今告后生，依然大觉悟。终身让人道，曾不失寸步。终身祝人善，曾不损尺布。消除嫉妒心，曾天雨甘露。家家获吉祥，我亦无恐怖。

知足天地宽，贪得宇宙隘。岂无过人姿，多欲为患害。在约每思丰，居困常求泰。富求千乘车，贵求万顶带。未得求速赏，既得求勿坏。芬馨比椒兰，磐固方泰岱。求荣不知厌，志亢神愈忕，岁燠有时寒，日明有时晦。时来多善缘，运去生灾怪。诸福不可期，百殃纷来会。片言动招尤，举足便有碍。戚戚抱殷忧，精爽日凋瘵。矫首望八荒，乾坤一何大。安荣无遂欣，患难无迟憝。君看十人中，八九无依赖。人穷多过我，我穷犹可耐。而况处夷途，奚事生嗟忾？子世少所求，俯仰有余快。侯命堪终古，曾不愿乎外。

在家书中，曾国藩教育子女不许有"特权"思想。他十分清楚，沉湎于权贵之中的子女，往往骄纵，且甘居下游。因此，曾国藩身体力行，戒奢、戒多。他曾说：

世家子弟，最易犯一奢字、傲字。不必锦衣玉食而后谓奢也，但任皮袍呢褂俯拾即是，舆马仆从习惯为常，此即日趋于奢矣。见乡人则嗤其朴陋，见雇工则颐指气使，此即日飞于傲矣。《书》称："世禄之家，鲜克由礼"。《传》称："骄奢淫佚，宠禄过也"。京师子弟之坏，未有不由于骄奢二字者。

曾国藩对于古训"身教重于言教"的理解十分深刻。他虽十分重视读书、做人的教育，可他却避免了高高在上、夸夸其谈的督责。他从自己学习的亲身体会出发，以商量的口吻，研究的态度，中肯地指出儿子在学习中的进步与不足，因此收效十分显著。

他教育儿子学习、做事贵在有恒：

余生平有三耻：学问各途皆略涉其涯矣，独天文算学，毫无所知，虽恒星五纬亦不识认，一耻也；每做一事治一业，辄有始无终，二耻也；少时作字，不能监摹一家之体，遂致屡变而无所成，迟钝而不适于用，近岁在军，因作字太钝，废阁殊多，三耻也。尔若为克家之子，当思此三耻。推步算学，纵难通晓，恒星五纬，观认尚易。家中言天文之书，有《十七史》中各天文志，及《五礼通教》中所辑《观象授时》一种。每在认明恒星二三座，不过数月，可毕识矣。凡作一事，无论大小难易，皆宜有始有终。作字时，先求圆匀，次求敏捷。若一日能做楷书一方，少或七八千，愈多愈熟，则手腕毫不费力。将来以之为学，则手钞

群书；以之从政，书案无留牍。无穷受用，皆自写字之匀且极生出，三者皆能弥吾之缺憾矣。

余生平坐无恒之弊，万事无成，德无成，业无成，已可深耻矣。逮办理军事，自矢靡他，中间本志变化，尤无恒之大者，用为内耻。尔欲稍有成就，须从有恒二字下手。

人生唯有常是第一美德。余早年于作字一道，亦尝苦思力索，终无所成。近日朝朝暮写，久不间断，遂觉月异而岁不同。可见年无分老少，事无分难易，但行之有恒，自如种种人生之气质，由于天生，本难改变，唯读书则可变化气质。古之精相法老，并言读书可以变换骨相。

【原文】

五月十一接到四月十三自省城所发信，具悉一切。母亲齿痛，不知比从前略松否？现服何药？下次望四弟寄方来看。叔父之病，至今未愈，想甚沉重，望将药方病症书明寄京。刘东屏医道甚精，然高云亭犹嫌其过于胆大，不知近日精进何如？务宜慎之又慎。

王率五荒唐如此，何以善其后？若使到京，男当严以束之，婉以劝之。明年会试后，偕公车南归，自然安置妥当，家中尽可放心，特恐其不到京耳。

本家受恬之银，男当写信去催。江西抚台系男戊戌座师，男可写信提及，亦不能言调剂之说。

手摇计算器

常南陔之世兄，闻其宦家习气太重。孙男孙女尚幼，不必急于联婚。且男之意，儿女联姻，但求勤俭孝友之家，不愿与宦家结契联婚，不使子弟长奢情之习。不知大人意见何如？望即日将常家女庚退去，托阳九婉言以谢。

前男送各戚族家银两，不知祖父、父亲、叔父之意云何？男之浅见，不送则家家不送，要送则家家全送；要减则每家减去一半，不减则家家不减。不然，口惠而实不至，亲族之间，嫌怨丛生，将来衅生不测，反成仇雠，伏乞堂上审慎施行，百叩百叩。男谨禀。

【评述】

明清用八股试士，八股文是读书人敲开官府大门的一块砖。曾国藩也是从八

股文走上仕途的。然而，曾国藩却相当讨厌八股文。他对儿子提出："八股文、试帖诗皆非今日之急务，尽可不看不做。至要至要！""纪鸿儿亦不必读八股文，徒费时日，实无益也。"岂止无益？而且有害。他说："万不可徒看考墨卷，汩没性灵。"曾国藩认为，八股文桎梏思想、汩没性灵，这是相当深刻的。还不止于此，他认为，孜孜于八股文之中，终会使一个人学业无成，误了终身。他对六弟温甫说："年过二十，已非年少，如果再挖空心思，耗费精力于八股考试之中，将来时过学业仍不精，必有悔恨的一天，不可不早图谋改变。"他回忆自己走过的道路说："说实话，我从前也没看到这一点。幸亏科举早得功名，没受到损害。假如现在还没有中举，花几十年的时间去研摹写八股文，仍然一无所得，岂不让人羞惭？八股取士误人终身不胜枚举"。在他看来，举子之业，并不是大者远者，大者远者是道德文章。这种见解，比起那些死盯考卷、追逐名利之徒，实在是眼界高明得多，心境宽广得多。他进而认为，汲汲于科举的人，常常命意不高，不能写出好文章，不能吟成好诗。曾国藩生活在科举取士的时代，虽然自己并未把科名视为身外物，但他能对科举作如此彻底的揭露与批判，不能不令人佩服他的慧眼与胆识。

　　子弟没有做官时，曾国藩如此教育他们正确对待八股文和科举；子弟既做官之后，曾国藩又常常教育他们正确对待权位和富贵。他对那位有几分傲气又有几分贪财的九弟的反复开导，最为突出。同治元年（1862年）五月，湘军既得安庆，正包围金陵，他警告两个弟弟说："若一面建功立业，外享大名，一面求田问舍，内图厚实，二者皆有盈满之象，全无谦退之意，则断不能久。此余所深信，而弟宜默默体验者也。"金陵即将攻破之时，他又告诫两个弟弟说："古来成大功大名者，除千载一郭汾阳［子仪］外，恒有多少风波，多少灾难，谈何容易！愿与吾弟就兢兢业业，各怀临深履薄之惧，以冀免于大戾。"他害怕功败垂成，勉励弟弟须有极强的敬业精神；又怕成大功大名时，飞来无名横祸，勉励弟弟须有临深履薄的畏惧之情。同时，他时时刻刻考虑后路，写信给在乡间的澄侯，嘱咐他"莫买田产，莫管公事。吾所属者，二语而已，"及至金陵攻克，兄弟封侯封伯之后，他又多次写信给颇有抑郁之气的九弟，劝他"功成身退，愈急愈好。"教他要兢兢业业，临深履薄，看透"万事浮云过太虚"的现实，放眼未来，经过千锤百炼，将自己再铸全人。

　　总之，曾国藩从自身自家免祸保泰的角度出发，虽封官封爵，全家鼎盛，仍慎重告诫子弟，千万"不可忘寒士家风味，……吾则不忘蒋市街卖菜篮情景，弟则不忘竹山拗施牌车风景。昔日苦况，安知异日不再尝之？自知谨慎矣。"富不忘贫，贵不忘贱，这是避祸保泰的一个基本立足点。故曾国藩"教诸弟及儿辈，但愿其为耕读孝友之家，不愿其为仕宦之家。"他指出，耕读孝友之家，可以绵延五代十代而不破败，"天下官宦家庭，大多是荣华富贵享用一代就完了。子孙开始骄奢淫逸，接着是贫而到处流荡，最后死无葬身之所，庆幸能延长荣华一二代的已很少了。"这是何等深刻的阅历语！这是对千古历史现象的准确地概括！

　　即已做了仕宦之家，曾国藩便力戒子弟不要习染官气。他教导说："吾家子

侄半耕半读，以守先人之旧，慎无存半点官气。不许坐轿，不许唤人取水添茶等事。其拾柴、收粪等事须一一为之；插田、莳禾等事，亦时时学之，庶渐渐务本而不习于淫佚矣。至要至要，千嘱万嘱！"

【原文】

余送叔父母生日礼目，鱼翅二斤太大，不好带，改送洋带一根。此带颇奇，可松可紧，可大可小，大而星冈公之腹可用也，小而鼎二、三之腰亦可用也。此二根皆送轩叔，春罗送叔母。尔作时文，宜先讲辞藻，欲求辞藻富丽，不可不分类钞撮体面话头。近世文人，如袁简斋、赵瓯北、吴毅人，皆有手钞辞藻小本，此众人所共知者。阮文达公为学政时，搜出生童夹带，必自加细阅。如系亲手所钞，略有条理者，即予进学；如系请人所钞，概录陈文者，照假罪斥。阮公一代闳儒，则知文人不可无手钞夹带小本矣。昌黎之记事提要，纂言钩玄，亦系分类手钞小册也。尔去年乡试之文，太无辞藻，飕不能敷衍成篇，此时下手工夫，以分类手钞辞藻为第一义。

尔此次复信，即将所分之类开列目录，附禀寄来。分大纲子目，如伦纪类为大纲，则君臣、父子、兄弟为子目；王道类为大纲，则井田、学校为子目。此外各门，可以类推。尔曾看过《说文》《经义迷闻》，二书中可钞者多。此外如江慎修之《类腋》及《子史精华》《渊鉴类函》，则可钞者尤多矣。尔试为之，此科名之要道，亦即学问之捷径也，此谕。父涤生字。

【评述】

情是诗之魂；诗是情之本。情、理、事（包括景），是诗的三大支柱。但它们不是鼎足而立，惟情为主柱，即使是以叙事为主的叙事诗，也须融之以情，以说理为主的说理诗，也应动之以情，故曰诗与情俱在。《诗大序》"情动于中，而形于言；言之不足，故嗟叹之；嗟叹之不足，故永歌之；永歌之不足，不知手之舞之，足之蹈之也"，正是说的情在诗中的中心地位。

曾国藩是重视诗情的，他说："诗文以积久勃发为佳，无取乎强索。"积久者何？勃发者何？可能是理，也可能是情。以理胜者与以情胜者各有优长，也各有缺陷，这是历代诗文所表现出的事实。然而，含理既富、情感又深的诗文，也代代有之。理与情，从来不处于互不相容的地步。

但是，人们在诗文中，尤其是在诗中处理好理与情的关系，常是颇费周章的。曾国藩写道：

凡做诗文，有情极真挚，不得不一倾吐之时。然必须平日积理既富，不假思索，左右逢源，其所言之理，足以达其胸中至真至正之情。作文时无镂刻字句之苦，文成之后无郁塞不吐之情，皆平日读书积理之功也。若平日酝酿不深，则虽有真情欲吐，而理不足以适之，不得不临时寻思义理；义理非一时所可取办，则不得不求工于字句，至于雕饰字句，则巧言取悦，作伪日拙。所谓修辞立诚者，荡然失其本旨矣。以后真情激发之时，则必视胸中义理何如，如取如携，倾而出之可也。不然，而须临时取办，则不如不做，作则必巧伪媚人矣。

这段话的重点是要求诗人“平日读书积理”，只有积理富，才能抒发“胸中至真至正之情”；否则，便可能失其本旨。概括地说，写诗，须以义理驾驭诗情，求诗情吻合义理。这正是北宋道学家邵雍要求作诗发乎情而止于礼义的观点的翻版。平心而论，曾国藩所讲求的义理之学，陈腐无用，已为时代所弃。然而，以理驭情，求情合理的作诗（也包括作文）准则，中外古今，谁曰不然？关键是，理指的是什么理。在曾国藩看来，符合统治者意志的理，称为正道；违背统治者意志的理，称为逆理，如此而已。

以理驭情，求情合理，是问题的一个方面。另一方面，写诗，不能以理代情，更不能有理无情。曾国藩对这“另一方面”似乎没有认识到，至少是在实践中没有处理好。他的诗作，特别是五古，十之七八是叙事说理，缺乏“至真至正之情”的倾泻，味若嚼蜡。至于以议论人诗的《忮求诗》，类似格言，类似家训，更无足论。但集中亦偶有情韵较佳之作，如“冉冉南山竹，柯叶互檀栾。上有一片云，下有九畹兰。清风相戛击，虚碧鸣秋寒”之类。

关于情和文的关系，曾国藩认为，情文可以互生：有某种激情，便应该也可能找到表现这种激情的语言文字；而语言文字形于妙笔之下，又可能引发出某种新的激情。这种“循环互发”的过程，便是诗人的艰苦创作过程，也是诗作妙笔生花的过程。

“情文互生”说，可以破那些情不由衷，而矻矻于章句的愚蠢作法。“情文互生”说，几乎在向人们宣布，无油然而生之情，而求字句之工，此路不通！当然，这不意味着曾国藩不讲求辞丽句工。他同时也要求诗文的字句珠圆玉润、雅洁藻丽。曾国藩不但讲求诗的句法，而且讲求诗的章法。如评论杜诗句法说：“阅杜诗五古。古人妙处，只是造句之法变幻无穷，故终身无一复句，犹之《毛诗》无相袭之调也。”“温杜诗五古，爱其句法瘦劲变化，通于古文造句之法。”又评论杜诗的章法说：“温杜诗五古，观其笔阵，伸缩吐茹之际，绝似《史记》。”他自己写的一些组诗，最多的达十六首，也章法俨然，既有总体构思，浑然一体，又分别独立成章，各有特色。

【原文】

三月初二日接尔二月二十日安禀，得知一切。内有贺丹麓先生墓志，字势流美，天骨开张，览之忻慰。惟间架间有太松之处，尚当加功。大抵写字只有用笔、结体两端。学用笔，须多看古人墨迹；学结体，须用油纸摹古帖。此二者，皆决不可易之理。小儿写影本，肯用心者，不过数月，必与其摹本字相肖。吾自三十时，已解古人用笔之意，只为欠却间架工夫，便尔作字不成体段。生平欲将柳诚悬、赵子昂两家合为一炉，亦为间架欠工夫，有志莫遂。尔以后当从间架用一番苦功，每日用油纸摹帖，或百字，或二百字，不过数月，间架与古人逼肖而不自觉，能合柳、赵为一，此吾之素愿也。不能，则随尔自择一家，但不可见异思迁耳。

不特写字宜摹仿古人间架，即作文亦宜摹仿古人间架。《诗经》造句之法，

无一句无所本。《左传》之文，多现成句调。扬子云为汉代文宗，而其《太玄》摹《易》，《法言》摹《论语》，《方言》摹《尔雅》，《十二箴》摹《虞箴》，《长杨赋》摹《难蜀父老》，《解嘲》摹《客难》，《甘泉赋》摹《大人赋》，《剧秦美新》摹《封禅文》，《谏不许单于朝书》摹《国策·信陵君谏伐韩》，几于无篇不摹。即韩、欧、曾、苏诸巨公之文，亦皆有所摹拟，以成体段。尔以后作文作诗赋，均宜心有摹仿。而后间架可立，其收效较速，其取径较便。

前信教尔暂不必看《经义述闻》，今尔此信言业看三本，如看得有些滋味，即一直看下去，不为或作或辍，亦是好事。惟《周礼》《仪礼》《大戴礼》《公》《谷》《尔雅》《国语》《太岁考》等卷，尔向来未读过正文者，则王氏《述闻》亦暂可不观也。

尔思来营省觐，甚好，余亦思尔来一见。婚期既定五月二十六日，三四月间自不能来，或七月晋省乡试，八月底来营省觐亦可。身体虽弱，处多难之世，若能风霜磨炼，苦心劳神，亦自足坚筋骨而长识见。沅甫叔向最羸弱，近日从军，反得壮健，亦其证也。赠伍嵩生之君臣画像乃俗本，不可为典要。奏摺稿当钞一目录付归，余详诸叔信中。

【评述】

书法艺术，常常体现着书写者的精神素质与个性特征。关于书法的美学观，曾国藩与论文论诗一样，分为阳刚、阴柔两象。二者的主要分野，在"着力"

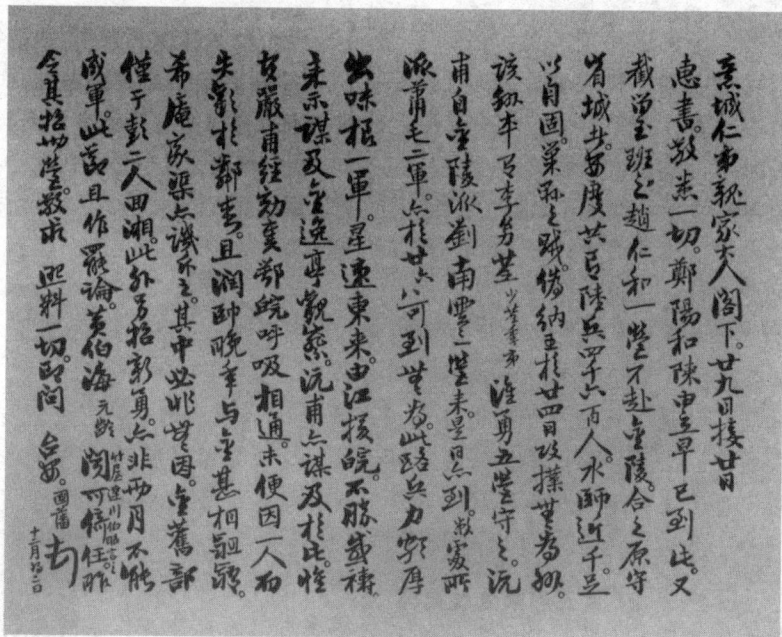

曾国藩手札

与"不着力"。他说："作字之道，二者并进：有着力而取险劲之势，有不着力

而得自然之味。着力如昌黎之文，不着力如渊明之诗；着力则右军所称如锥画沙也，不着力则右军所称如印印泥也。二者缺一不可，犹文家所为阳刚之美，阴柔之美矣。"

比较起来，曾国藩不太喜欢纤弱阴柔的字，较喜强劲阳刚的字，他说："杜陵言'书贵瘦硬'，乃千古不刊之论，东坡驳之，非也。"硬而瘦，正是阳刚风格的一种表现。他最厌恶那种"存求知见好之心"的"乡愿字"。他发问道："如果一向介意于浮名和一时的声誉，难道对吗？"因此，他认为作字时"胸中须有一段奇气盘结于中而达之笔墨"。并且说："'雄'字须有长剑快戟、龙盘虎踞之象，锋芒森森不可逼视者为正宗。不得以'剑拔弩张'四字相鄙"。他从李白、杜甫的诗篇中，感悟到书法之道，必须先有惊心动魄的地方，才能渐渐进入正道。如果一向追求灵妙，最终免不了描头画角之小伎。这就是他希望的"体如鹰，势如龙"。"体"指的是"一字之结构"，"势"指的是"数字数行的机势"。有如鹰如龙的体势，字当然刚健雄奇了。故他明确指出，"凡作字总须得势，务使一笔可以走千里。"走笔能否得势，全在做书者胸中有无"奇气"。他根据《周易》的原理，论述字的"体"和"势"说：

天下万事万理皆出于乾坤二卦。即以作字论之，纯以神行。大气鼓荡，脉络周通，潜心内转，此乾道也。结构精巧，向背有法，修短合度，此坤道也。凡乾以神气言，凡坤以形质言。礼乐不可斯须去身，却此道也。乐本于乾，礼本于坤。作字而优游自得，真力弥满者，既乐之意也；丝丝入扣，转折合法者，即礼之意也。

把作书与伦理道德范畴的"礼乐"糅合在一起，实在太牵强附会。但"纯以神行"的话，却是极有见地的。在北京时，何绍基曾与他论字，称赞他的书法论是"真知大源，断不可暴弃"；谈及上述这段议论时，又"深以为然"。他认为自己一生所得成果，都在这方面。

曾国藩有所谓"笔阵"的说法，认为自古以来的诗家、文学家和书法家，都有笔阵之说。作字的道理和奥妙，都以笔阵为主，如果直能有气、势，横能见力，则很好。可见他说的"笔阵"是体、势、气三者的融合和巧妙地运用。曾国藩关于"得势""气盛""神行"的见解，是他论书法的核心，也是他论书法的最精彩处。

但他同时主张雄奇之气须藏而不露，"寓沉雄于静穆之中，乃有深味"；达之于笔墨的字，必须抑势掩蔽，锋芒不可太露。这也是深得底里的见解。

当然，曾国藩并不一味主张雄奇，他还看到雄奇之外的另一种风格。他看刘文清公《清香堂帖》后，认为他略微得到自然之趣。才悟出文人技艺的最佳境界有两点，一是雄奇，一是淡远。作文是这样，作诗也如此，写字也是这样。他主张，写字最先要有挺拔俊逸之气韵，其次得有自然之走势。作字的要领，须险和相生，缺一不可。他始终认为："如果能够寓雄奇于淡远之中，是再好不过了。"

概而言之，雄奇和淡远，或刚健和婀娜两种不同风格，曾国藩极想糅而为

一，而以雄奇刚健为骨，淡远婀娜为表，做到七韵无声、五和常谈。——这就是他自己所说"珠圆玉润"的艺术效果。"珠圆玉润"，当然不仅指侧勒掠磔等用笔方法，更指字的体和势。曾国藩于书法的艺术观，概括了八句话：

点如珠，画如玉；体如鹰，势如龙；内跌宕，外拙直；鹅转颈，屋漏痕。

"内跌宕，外拙直"，当是内刚外柔、内雄外淡的意思。这与曾国藩的性格和人品完全相通。

书写的技能技巧，大抵只有结体、运笔两端。对于字的结体，曾国藩可说是终身揣摩不懈。曾国藩的书写，就是在这样不断摸索、不断总结中不断前进的。他批评儿子纪泽学柳字《琅邪碑》未满一月，就月遽跻神妙的错误思想，并用自己的经历教导他困知勉行。四十八岁以后，习李北海《岳麓寺碑》，略有进境，然"业历八年之久，临摹已过千纸。"经过一段艰难困苦之后，曾国藩才比较舒坦地述说了自己的收获："余往年在京，深以学书为意，苦思力索，几于困心横虑，但胸中有字，手下无字。近岁在军，不甚思索，但每日笔不停挥，除写字及办公事外，尚习字一张，不甚间断，专从间架上用心，而笔意笔力与之俱进，十年前胸中之字，今竟能达之腕下，可见思与学不可偏废。"这正是，功夫不负有心人。所以他谆谆告诫儿子从临摹入手，多"从间架用一番苦功。"

至于运笔，曾国藩论说过中锋与偏锋的两种不同取势："写字之中锋者，用笔尖着纸，古人谓之蹲锋，如狮蹲虎蹲犬蹲之象。偏锋者，则笔毫之腹着纸，不倒于左，则倒于右，当将倒未倒之际，一提笔则为偏锋。是用偏锋者，亦有中锋时也。"中锋，称之为抽笔；偏锋，称之为偃笔。二者有不同的用途。偏锋多用于横，中锋多用于竖。汉字的基本结构，均是横竖撇点四种笔画的组合，善于写横写竖，汉字书法也就过半了。他主张糅合蹲笔和偃笔等各种笔法，使一字之中的笔锋不断变化，从而显示出它的艺术效果来。通过笔锋的互用并见，一个字若既有破空而下之势，又有骱蹴蹁跹之象。

所以，于一字之中贯彻"互用并见"，重在善于换笔。古人八法也好，换笔也好，其功夫统可名之曰笔力。但笔力不是终点。笔力中更贵在体现出一种萧然物外、又风韵犹存的笔意，方不致流为世俗的"乡愿字"。有无笔意，是作字的一条重要"楚河"。曾国藩说："古代的书法家，字里行间别有一番情韵，如美人的眉目可以画出，而她的精神意态不能画出。意韵超乎常人的，古人称之为以韵取胜。"例如换笔，在此笔换至彼笔之间，不仅要渺无痕迹，而且要贯入势，贯入神。用曾国藩的话说，要"绵绵如蚕之吐丝，穆穆如玉之成璧"，似断而非断，白璧而无瑕。

曾国藩把笔法和笔意，概括为八个字，再归结到他的阳刚阴柔的美学观上，他还作诗一首，词曰：

侧势远从天下落，

横波杂向弩端涵。

刷如丹漆轻轻抹，

换似龙蛇节节衔。

在曾国藩看来，字若有如鹰之体，又有似龙之势，再从"侧、横、刷、换"四字上致力，笔意超脱，庶几可以达到珠圆玉润的境界了。

【原文】

腊月二十九日接尔一禀，系十一月十四日送家信之人带回，又由沅叔处送到尔初归时二信，慰悉。尔以十四日到家，而鸿儿十八日禀中言尔总在日内可到，何也？岂鸿信十三四写就而朱金权于十八日始署封面耶？霞仙先生之令弟仙逝，余于近日当写唁信，并寄奠仪，尔当先去吊唁。

尔问文中雄奇之道。雄奇以行气为上，造句次之，选字又次之。然未有字不古雅而句能古雅，句不古雅而气能古雅者；亦未有字不雄奇而句能雄奇，句不雄奇而气能雄奇者。是文章之雄奇，其精处在行气，其粗处全在造句选字也。余好古人雄奇之文，以昌黎为第一，扬子云次之。二公之行气，本之天援。至于人事之精能，昌黎则造句之工夫居多，子云则选字之功夫居多。

尔问叙事志传之文雅于行气，是殊不然。如昌黎《曹成王碑》《韩许公碑》，固属千奇万变，不可方物，即卢夫人之铭、女拐之志，寥寥短篇，亦复雄奇崛强。尔试将此四篇熟看，则知二大二小，各极其妙矣。

尔所作《雪赋》，词意颇古雅，惟气势不畅，对仗不工。两汉不尚对仗，潘、陆则对矣，江、鲍、庾、徐则工对矣，尔宜从对仗上用工夫，此嘱。

【评述】

在阳刚与阴柔两种文章风格之间，曾国藩本人更倾慕于阳刚之美。他自称"平生好雄奇瑰玮之文"，他主张文章最以气象光明俊伟为贵。好比雨后初晴，登上高山远望旷野；如在楼上俯视长江，坐在明窗净几下，悠然而远眺；又好比英雄俊杰，没有卑鄙龌龊的狭隘志向。文章有这样的雄伟气象，可谓上佳。他评论古人的文章，认为雄奇俊迈，以扬雄文章为最；恢宏恣肆，以庄生为最。他自己的作文实践，以学庄子、杨雄、司马迁、韩愈为主，其《原才》《湘乡昭忠祠记》等，在逝世前便以文雄气盛而被传颂。

关于诗，他也钟情于那种气势磅礴之作。他认为："五言古诗有二种最高之境：一种比兴之体，始终不说出正意。……一种盛气喷薄而出，跌宕淋漓，曲折如意，不复知为有韵之文。曹〔植〕、鲍〔照〕、杜〔甫〕、韩〔愈〕往往有之。余解此二境，而未曾一做此等诗，自愧亦自惜也。"

曾国藩之所以好雄奇瑰玮之诗文，首先是他的个性使然。他秉性刚强，不屈不挠，年富时且有几分傲骨。咸丰四年在湖南，咸丰六年在江西，颇不为当道所容，与他的性傲气励不无关系。后来他屡次受挫，"打掉牙齿和血吞"，仍不失其刚强之气。其次是政治上的需要。曾国藩既决心建功立业，与太平天国在军事上、精神上决一死战，成为"末世扶危救难之英雄"，自然须要有一种雄奇阳刚之气来支撑。他总结道："未有无阳刚之气，而能大有立于世者。"曾国藩正是这样努力修养自己的。政治上的刚正无畏，发为文章，必然归于瑰玮雄奇一路；曾国藩正是要以瑰玮雄奇之文，以写"经国

体野"那样的重大政治题材。第三是文学上的需要。曾国藩既推崇望溪先生，又赞美姚鼐古文"雄伟而劲直"，可以说他前有师承。

但阳刚与阴柔不是对立的。曾国藩指出风格阳刚之文，须揉以阴柔之气；风格阴柔之文，须运乎阳刚之气。这是曾国藩的一个重要的美学主张。道光二十三年正月，他在日记中写道："车中看义山诗，似有所得。"又作《读李义山诗集》五绝一首：

> 渺绵出声响，奥缓先光莹。
> 太息涪翁去，无人会此情。

唐李商隐，在中国诗史上历来被人称为纤巧柔和风格的代表者。对宋诗人黄庭坚（字鲁直，晚号涪翁），曾国藩很赏识和提倡他的诗风。黄诗历来以风格奇崛著称，而曾国藩认为，只有黄庭坚才最能领会李商隐诗的渺绵奥缓的风格，可见曾国藩坚决反对阳刚与阴柔"画然不谋"的做法。曾国藩提倡阳刚之美，却亦不废阴柔之美。

至于阳刚之美的主要体现，曾国藩认为是气势。他说："古文之法，全在'气'字上用功夫。"又说："为文全在气盛。"

如何才能气盛？他认为，必须具体落实到章法和句法上，其中的关键在布局。而"布局须有千岩万壑、重峦复峰之观，不可一览而尽，又不可杂乱无纪。"杂乱无纪，则不能体现出气势；只有直道而无曲径，则气势不能蓄；气不能蓄，则其发也必不盛。这也如蓄流水一样，蓄之愈久，积之愈厚，一旦开闸，则势必澎湃，故气势存在于峰回路转之中，发泄于一唱三吟之时。曾国藩说："古文之道，谋篇布势是一段最大功夫。"他具体地谈到自己的读书体会说："《书经》《左传》，每一篇空处较多，实处较少；旁面较多，正面较少。精神注于眉宇目光，不可周身皆眉，到处皆目也；线索要如蛛丝马迹，丝不可过粗，迹不可太密也。"写文章，须注意详略疏密，该详者详，该略者略，所谓密处不能插针，疏处可以走马。详处密处，即文章的眉宇目光，亦即文章的精神之所由体现。写文章，又须注意正反中傍之法，做到正反相衬，中傍互用，正话反说，反话正说，中心用周边扶持，周边围中心转动。至于贯通正反、中傍、起承、开合的线索，曾国藩说得极深切："欲气盛，全在段落清。每段分束之际，似断非断，似咽非咽，似吞非吞，似吐非吐，古人无限妙境难于领取。每段张起之际，似承非承，似提非提，似突非突，似纡非纡，古人无限妙用亦难领取。"他的意思是，文章的开合伸缩之间的线索，要如蛛丝可见，如马迹可寻。而线索必以气贯之，线索就是气在文章中的运行，线索混则气难张，线索清则气必顺。

曾国藩还认为，文章的气势与遣词、造句密切相关。雄奇以行文的气势为上，造句次之，选字又次之。然而字不古雅则句必不古雅，句不古雅则气势也不会古雅。同时，字不雄奇则句子也不会雄奇，句不雄奇则气势也不会雄奇。文章的雄奇之妙，从内看全在于行文的气势，从外看全在于选字造句的精当。用心在精处，着笔在粗处，这大概是曾国藩古文作法的中心之点。

曾国藩根据自己的读书心得，强调选字造句须做到"珠圆玉润"。所谓珠圆

玉润，就是要求遣词造句既雅且洁。所以，他告诫儿子说："作文章，应该先讲究辞藻，如果想使辞藻丰富华丽，不能不分类抄记妙语佳词。"

【原文】

顷接尔禀及澄叔信，知余二月初四在芜湖下所发二信同日到家，季叔与伯姑母葬事皆已办妥。尔自楮山归来，俗务应稍减少。

此间近日军事最急者，惟石涧埠毛竹丹、刘南云营盘被围，自初三至初十，昼夜环攻，水泄不通。次则黄文金大股由建德窜犯景德镇。余本檄鲍军救援景德镇，因石涧埠危急，又令鲍改援北岸。沅叔亦拔七营援救石涧埠。只要守住十日，两路授兵皆到，必可解围。又有捻匪由湖北下窜，安庆必须安排守城事宜。各路交警，应接不暇，幸身体平安，尚可支持。

《闻人赋》圈批发还。尔能抗心希古，大慰余怀。纪鸿颇好学否？尔说话走路，比往年较迟重否？

付去高丽参一斤，备家中不时之需。又付银十两，尔托楮山为我买好茶叶若干斤。去年寄来之茶，不甚好也。此信送与澄叔一看，不另寄。奏章谕旨一本查收。

【评述】

大概人的眼界、胸襟与人的经历有极大关系。在一个传统农业社会里，虽然有足不出户也可以知天下的事，但并非每个人都能如此。如果见不多、识不广，就只能做井底之蛙。

曾国藩二十四岁以前，他的足迹从未踏过湖南，二十四岁以后到过的地方也只有长沙、衡阳等地。他也像所有读书人一样，把科举考试看作改变自己命运的唯一途径。在湖南家乡，除郭嵩焘、刘蓉等外，也没有结识几个对他以后人生有特别重要影响的人。曾国藩在 1843 年 2 月 17 日从北京写给弟弟的一封信中说："四弟上次来信，说想找个书馆外出教书。我的意见是教书馆废功误事，比在家中私塾还要厉害。与其出去教馆，不如待在家塾中。如果说一出家塾，就会有名师益友，而我们那儿的所谓明师益友，我都知道，并且已在深夜认真计算了一下。只有汪觉庵老师和欧阳沧溟先生，是我认为确实可以作为明师的。同学又都是些平庸、卑微、胸无大志的人，又最喜欢取笑人，家乡没有朋友，实在是第一等的恨事。不但没有好处，且很有坏处。习俗感化人，所说鲍鱼共处，也变得和它一样了。我曾和九弟说过，说衡阳不可以读书，涟滨不可以读书，因为有害的朋友太多的缘故。现在四弟你的意愿，一定要跟从觉庵老师学习，那么千万听我嘱咐，只获取明师的益处，别受恶友危害！？

又说："我少时天分不算低，后来整日与平庸鄙俗的人相处，根本学不到什么东西，心窍被堵塞太久了。等到乙未年到京后，才开始有志于学习诗、古文和书法。"

从这里可以看出曾国藩对于当时的友人，感到很不满。最相信而有作为的老师，只有汪觉庵和欧阳沧溟先生罢了。他所说的衡阳的风俗，和轻浮浅薄相近，

虽然有些近似武断，但也是确有所见才这样说的。

见多方可识广。如果曾国藩仍然隔于湖南，后来的情况可能大不相同。从1834 年进入京师，1835 年留在京师，1836 年出京，到江南游历，沿清江、扬州、南京逆江而上，就是湖北、河南、河北、山东、江苏、江西、安徽等省，都有他的遗迹。这时他见闻的广博，应当远远超过从前了。至 1838 年 2 月两次进京，9月请假离京，路经襄樊，12 月到家，他游历的范围，虽然和以前相同，但所见所闻的深刻，又和以前不同。至于"船到安陆，遇到大风，附近的十几只小船，很少得以保全，而曾国藩的船却单单未受损害。"让人怀疑有老天相助。这给予曾国藩旅途中的阅历，又可以想见。

在竞争激烈的社会，交往便成为获取信息，相互扶助的重要手段。由于曾国藩到了京城，结交了一批新的师友，开阔了眼界，也认识到取得功名仅是人生之一端，而人生还有其他更重要的事可以做。尤其是晚清时代已不同以往，大清江山更青睐那些对国家有用的人。1844 年 5 月 12 日，他写给弟弟的一封信中说："我觉得六弟今年考中当然好，万一考不中，就应该把以前的东西彻底放弃，一心一意地学习前辈们的文章。年纪已过了二十，不算小了。如果还似摸墙走路一般，为考试卜题忙碌，等到将来时间付出了而学业仍不是精通，一定会悔恨失策的，不能不早做打算啊。我以前确实也没看到这一点，幸亏早早得到了功名，而没受到损害。假如到现在还未考中，那么几十年都为了考取功名奔忙，仍然一无所得，怎能不羞愧呢？这里误了多少人的一生啊！国华是世家子弟，具备天资又聪明过人，即使考不中，也不会到挨饿的地步，又何必为科举耽误了一生呢！"

所说的"我以前确实没看到这一点"，恰是当年见识狭隘的自我表白。那时的他，认为人生的唯一出路是考取功名，所以第一次进京，意志非常坚决，并且很有自信力。1845 年在北京，曾国藩曾写过一首诗说：

去年此际赋长征，豪气思屠大海鲸。

湖上三更邀月饮，天边万岭挟舟行。

竟将云梦吞如芥，未信君山铲不平。

偏是东皇来去易，又吹草绿满蓬瀛。

等到会试不考取时，就在京师读书，深入钻研经书史书，尤其喜欢韩愈的文章，立志学习韩文。所以曾国藩说过："1835 年到京后，我才开始立志学习写诗作文的方法。"他所以会这样，就是因为环境的改变。曾国藩以前，只局限在一个地方，见闻不广，只知考取功名。等到进京以后，变得见多识广，知道在八股和命题律诗外，还有诗歌古文，因而"立志学习"。照这样的话，那么西洋人说的"游历能增长人智慧"，不是很有道理的吗。

【原文】

新妇始至吾家，教以勤俭：纺绩以事缝纫，下厨以议酒食，此二者，妇职之最要者也；孝敬以奉长上，温和以待同辈，此二者，妇道之最要者也。但须教之以渐，渠系富贵子女，未习劳苦，由渐而习，则日变月化，而迁善不知，若改之

太骤，则难期有恒。凡此祈诸弟一一告之。

【评述】

曾国藩教训儿子纪泽、纪鸿要勤俭持家，要和睦、要体孝道、要勤俭恭。他在为官时还让女儿和儿媳总是每年给他做鞋一双，以考察她们的"女工"。在这一点上，作为一人之下、万人之上的曾国藩，实可谓"前无古人，后无来者"。

孝经图　清

曾国藩说，"吾家累世以来，孝悌勤俭，辅臣公以上吾不及见，竟希公、星冈公皆未明即起，竟日无片刻暇逸。竟希公少时在陈氏宗祠读书、正月上学，辅臣公给钱一百，为零用之需。五月归时，仅用去二文，尚余九十八文还其你。其俭如此。"

曾星冈从中年起也接受了父亲竟希公的这种自教。道光十九年（1839）正月，曾国藩已点翰林，正式步入仕途，曾星冈仍然训诫儿子竹亭说："宽一虽点翰林，我家仍靠作田为业，不靠他吃饭。"后来，曾国藩把父亲的这种家风一而再、再而三地在家书中提出来，用以教育子侄。他把祖父遗教概括为"八字诀"，并"拟写屏上"，赠送给诸弟。他认为只有如此，"庶不改祖父以来之家风。"

对于"勤、俭"二字，曾国藩是这样说的："子姓半耕半读，以守先人之旧，慎无存半点官气；不许坐轿，不许唤人取水添茶等事。其拾柴、收粪等事，须一一为之，插田莳禾等事，亦时时学之。庶渐渐务本，而不习淫佚矣。宜令谨慎，无作欠伸懒慢样子，至要！至要！吾兄弟中惟澄弟较勤，吾近日亦勉为勤

敬。即令世运艰屯，而一家之中，勤则兴，懒则败。"

曾国藩还善于将家规具体到生活中的细枝末节之处，务必使规矩落到实处，他曾耐心地解释说："家中种蔬一事，千万不可怠惰。屋门首塘养鱼，亦有一种生机；养猪亦内政之要者。""家中养鱼、养猪、种蔬四事，（包括读书）皆不可忽。一则上接祖父家风，二则望其外而有一种生气，登其庭而有一种旺气。"

诚如曾国藩所言，由俭入奢并不可怕，可怕的是由奢入俭；由俭入奢人人都可承受，但由奢入俭却不是人人都可以承受的。一个人很少有这种幸运，从生到死不为生计发愁，一辈子发达、亨通、一帆风顺；相反，总会有拮据的时候，会有艰难和困苦的时候，因此，人们应该居安思危，从长计议，常将有日思无日。

曾国藩还提出了"遗产不可太多"的主张，这也主要是针对子嗣后人的。一般人想在世时多积攒些家当，以备后世之人不时之需，即使后人笨拙懒惰，也不会有饿肚之忧，这自然是"可怜天下父母心"；不过他们没有想过，如果偏巧遇上个"败家子"后代，家拥金山银山也是会坐吃山空的。

曾国藩对这一点看得十分清楚。曾国藩没有多少遗产，而且很早就已经考虑如何处置遗产的问题。这种想法仍然得益于祖父星冈公。曾星冈在世时，常常讥笑那些喜欢积攒私财的人家，他认为积攒私财乃是败家之光。所谓穷则思俭，俭以善德，俭以养廉，有德有廉可谓君子，于此外又何所求耶？对此，曾国藩十分信服，他认为，与其给子孙留下大笔遗产，不如教子孙走入正道。他说，如果子孙误入卑鄙自私的歧途，将来必定计较锱铢，心胸日益狭隘。到了那时就难以挽回了。他还说：子孙之贫富，各有命定。命果应富，虽无私产亦必自有饭吃；命果应贫，虽有家财千万亩，亦仍归于无饭可吃。我闯荡了数十年，于人世的穷通得失思之烂熟。相信生死有命，富贵在天，非人力所能为之，人所能做的是庄敬自强，走正大光明之路。

正是基于这种认识，他请弟弟国潢将自己在家乡的一马冲的田产设法出手，或捐作曾祖元吉公的祭田，或议做祖父星冈公的祭田，或转售他人，所得的钱银供家中日用之需。

应该说，曾国藩的两个儿子：曾纪泽与曾纪鸿同属"高干子弟"，门庭显耀，却都未变成"衙内"和"大少爷"之类的角色，实在有些令人出乎意料。考究起曾氏的后人，我们可以看到：先有曾纪泽诗文书画俱佳，又以自学通英文，成为清末著名的外交家；曾纪鸿不幸早亡，研究古算学也已取得相当的成就。除此之外，曾家的孙辈还出了曾广钧这样的诗人，曾孙辈又出现了曾宝荪和曾约农这样的教育家和学者，足够叫人艳羡了。

【原文】

余于初四日自邵伯开行后，初八日至清江浦。闻捻匪张、任、牛三股并至蒙、亳一带，英方伯雉河集营被围，易开俊在蒙城亦两面皆贼，粮路难通。余商易岐带水师由洪泽湖至临淮，而自留此待罗、刘旱队至，乃赴徐州。

尔等奉母在寓，总以勤俭二字自惕，而接物出以谦慎。凡世家之不勤俭者，

验之于内眷而毕露。余在家深以妇女之奢逸为虑，尔二人立志撑持门户，亦宜自端内教始也。余身尚安，癣略甚耳。

【评述】

曾国藩秉性节俭，不时不衣帛，他三十初度时，曾制天青锻马褂一件，家居不轻着，惟遇庆贺及新年穿一下，其藏之五十年，犹如新衣。他曾说："古语云：'衣不如新，人不如故'，然以吾观之，衣亦不如故也。试观今日之衣料，有如当年之精者乎？"

曾国藩之女——崇德老人曾说：在江南督署时，李鸿章请曾夫人和小姐吃饭，姊妹二人，仅一绸裤，相争至于哭泣。曾国藩闻之安慰曰："明年若继续任总督，必为尔填制绸裤一条。"时崇德老人年幼，一闻此言，便破涕而笑。

住：湘乡白杨坪曾家老屋，已百余年，曾九帅以家中人口增多，另建新屋一栋，费资三千余串。曾国藩闻之，大不高兴，去函责弟，说新屋落成之后，搬进容易搬出难，我此生决不住新屋。两兄弟任总督、巡抚花了三千多串钱，便发誓不住新屋，并谓搬进容易搬出难，所见至为深刻，即曾国藩尝谓"花未全开月未圆"之意，至可玩味。

曾国藩每日自晨至晚，不断工作，不稍歇息。主要公文，均自批自拟，很少假手他人。晚年右目失明，仍然阅公文，写作诗文日记。他所写日记，直至临死之前一日才停止。

他自己工作，他的夫人、媳妇住在总督署内，也要绩麻纺纱，做针线工作，直至起更后，始能休息。《水窗春呓》所记一个笑话，就是曾国藩家庭工作的自白：儿子新婚未久，睡在床上，辗转反侧，心甚焦急，乃大呼曰："妈，你那不懂事的媳妇，吱吱呀呀，纺车不停，闹得我睡不着，请将他那部纺车打碎好了。"公公在隔屋听到了，也高声大叫道："太太，如果要打，最好先将你那部车子打碎，我也睡不着呢！"这一笑话，是曾国藩每日晚饭后照例与幕僚轮流闲聊笑话之一。这个笑话一出，大家笑得眼泪也掉下来了，可是曾国藩却以五指抚摸胡须，一笑也不笑。

曾国藩任直隶总督时，一意清理狱讼，重大案件均亲自鞫讯，半年之间结案四万一千余件，多年尘牍，为之一清。举此一例，即可知其工作之勤。

【原文】

初一日接尔十六日禀，澄叔已移寓新居，则黄金堂老宅，尔为一家之主矣。昔吾祖星冈公最讲求治家之法：第一起早；第二打扫洁净；第三诚修祭祀；第四善待亲族邻里。凡亲族邻里来家，无不恭敬款接，有急必周济之，有讼必排解之，有喜必庆贺之，有疾必问，有丧必吊。此四事之外，于读书、种菜等事尤为刻刻留心。故余近写家信，常常提及书、蔬、鱼、猪四端者，盖祖父相传之家法也。尔现读书无暇，此八事纵不能一一亲自经理，而不可不识得此意，请朱运四先生细心经理，八者缺一不可。其诚修祭祀一端，则必须尔母随时留心，凡器皿第一等好者留作祭祀之用，饮食第一等好者亦备祭祀之需。凡人家不讲究祭祀，

纵然兴旺，亦不久长，至要至要！

尔所论看《文选》之法，不为无见。吾观汉魏文人，有二端最不可及：一曰训诂精确，二曰声调铿锵。《说文》训诂之学，自中唐以后人多不讲，宋以后说经尤不明故训，及至我朝巨儒，始通小学，段茂堂、王怀祖两家，遂精研乎古人文字声音之本，乃知《文选》中古赋所用之字，无不典雅精当。尔若能熟读段、王两家之书，则知眼前常见之字，凡唐宋文人误用者，惟《六经》不误，《文选》中汉赋亦不误也。即以尔禀中所论《三都赋》言之，如"蔚若相如，皭若君平"，以一蔚字概括相如之文章，以一蔚字概括君平之道德，此虽不尽关乎训诂，亦足见其下字之不苟矣。至声调之铿锵，如"开高轩以临山，列绮窗而瞰江"，"碧出苌弘之血，鸟生杜宇之魄"，"洗兵海岛，刷马江洲"，"数军实乎桂林之苑，飨戎旅乎落星之楼"等句，音响节奏，皆后世所不能及。尔看《文选》，能从此二者用心，则渐有入理处矣。

作梅先生想已到家，尔宜恭敬款接。沅叔既已来营，则无人陪往益阳，闻胡宅专人至吾乡迎接，即请作梅独去可也。尔舅父牧云先生身体不甚耐劳，即请其无庸来营。吾此次无信，尔先致吾意，下次再行寄信。此嘱。

【评述】

曾国藩将其家规编为"书蔬鱼猪，早扫考宝"八字。后人常戏称八字家规为治家的八宝饭。一个家庭有了这个八宝饭，真是吃不完用不完的聚宝盒，可以传之世世子孙以至无穷也。

曾国藩家训说：

　　近将星冈公之家规，编成八句云：书蔬鱼猪，早扫考宝；常说常行，八者都好。地命医理，僧巫祈祷；留客久住，六者俱恼。盖星冈公于地命医僧巫五项人，进门便恼；即亲友远客，久住亦恼。此八好六恼者。我家世世守之，永为家训，子孙虽愚，亦必略有范围也。

书：就是读书。我国的家庭，必有一个祀奉祖宗的神龛，设于堂屋的正中。神龛两侧，必然张贴一副对联：

　　祀祖宗一炷清香，必诚必敬；

　　教子孙两条正路，宜读宜耕。

耕读之家，最能维持长久。耕，代表生产基业；读，代表基本教育。在过去的家庭中，除极少数的例外，每个青年子弟，总要读三年五年的书，即一般女子，也至少要读一二年的书，俗称三代不读书，一屋都是猪。因为我国历代讲究读书，所以中国文化，在过去历史上，总是站在领导的地位。

蔬：就是蔬菜。曾星冈常言："凡是自己亲手种的亲手采的蔬菜，味道也特别甜。"这不仅是心理作用，而且也是一个事实。市面买菜，多于先晚摘好，洗净灌水，次晨出卖。至于家园菜蔬，当时摘洗，当时炒煮，正如吃活鲜鲜的鱼虾，总比已死的鱼虾好吃，就是同一道理。一个耕读之家，田有谷米，园有蔬菜，关于食的方面，除盐以外，可以说无所多求于他人了。

鱼：鸢飞戾天，鱼跃于渊，天机活泼，正是一种兴旺气象。曾国藩常说："家中养鱼养猪种竹种蔬菜，都不可疏忽，一则上接祖父相承以来之家风；二则望其外有一种生气，登其庭有一种旺气。"足见养鱼，不仅供应口福，而且可以增加生气，生气勃勃，则家道兴矣。湖南素称鱼米之乡，洞庭湖产鱼，湘资沅沣产鱼，还有千千万万的池塘，无不产鱼，因此鱼的生产量至大，在湖南的出产中，与米并驾齐驱，曾国藩提倡养鱼，自有道理。

猪：湖南农业的副产品，猪实占着一个极重要的地位。湖广熟，天下足。湖南有的是米，湖南的猪，是吃米糠长大的，因为池塘多，水沟多，猪吃饱了米糠，又加上一些水边植物，每只猪都是长得肥肥胖胖的，味道之佳，实各省所不及。因此湖南猪、猪肉、猪鬃，以及腊肉，销行至远，曾国藩提倡养猪，自有道理。

早：就是早起，日出而作，日入而息，乡下的农民，老老少少，男男女女，几乎与太阳同起同落。因为起得早，必然睡得早，因为睡得早，也必然起得早，二者是有相互关系的。一个农业家庭，除疾病或特殊情形外，事实上没有一个不早起的人。提倡早起，就是奖励勤劳，增加生气，最合卫生。因为农民早起，商人也不得不早起，工人士子，也不得不早起。许多外省人，初到湖南，吃不惯三餐干饭，后来早起惯了，才知道非吃三餐干饭不可。

扫：就是扫除，包括洒洗。这一工作，大多由妇女为之。妇女早起之后，第一件事，就是洒扫工作。庭阶秽物，桌几灰尘，要洒扫干净，虽至贫至苦人家，也不会例外，年终的时候，屋前屋后，还要来一次大扫除。我国自古即重视小子洒扫应对进退之礼，将洒扫之事与应对进退之礼并为一谈，谁说中国人不讲究卫生呢？

考：就是祭祀。就是为人子孙者，不要忘记祖考祭祀。曾国藩家训：从前我祖父星冈公最讲求治家之法：第一早起；第二打扫清洁；第三修诚祭祀；第四善待亲族邻里。曾子说："慎终追远，民德归厚矣。"中国人对于祖先的祭祀，素极重视，因为追念远祖，自然不敢为非作歹，民德自然归于纯厚，这与孝顺父母是一样的道理。

宝：就是善待亲族邻里。曾星冈说："人待人，无价之宝。"这就是说，一个人不能独善其身，一个家也不能独善其家。你一家虽好，必须亲族邻里大家都好。人与人的关系，是息息相关的，牡丹虽好，绿叶扶持。假若与亲族邻里不能好好相处，这一家庭，便成怨府，迟早是要毁败的。曾星冈一面操持家庭，一面善待亲戚邻里，这是一个居家的至宝，曾星冈知之，曾国藩亦知之。

曾国藩的家庭教育，以八本堂的八句话为经，以八宝饭的八字为纬，经纬连贯，脉络相通，便形成一套治家的理论体系。千百年来，中国谈家庭教育者，未能出其畴范。因此，曾国藩的家书家训，流行民间，至为广泛，等于一部家庭教科书。

除八本八宝之外，还有三不信：不信医药、不信僧巫、不信地仙。这也是曾星冈的垂教，曾星冈对于医药、僧巫、地仙，一见即恼，斥之唯恐不远，因此曾

国藩也一生不爱和这些人往来。

在过去乡村中，医药不发达，不信医药，也是一种自然的趋势。至于僧巫、地仙，民间信之者众，而曾家独不相信，大概曾星冈受了朱柏庐先生《治家格言》的影响极深，而曾国藩又笃信其祖父曾星冈所致。

至于勤俭孝友四字，曾国藩于家书中，亦常提及之："历览有国有家之兴，皆由克勤克俭所至，其衰也则反是。"又云："孝友为家庭之详瑞，凡所称因果报应，他事或不灵验，独孝友则立获吉庆，反是则立获殃祸，无不验者。"书蔬鱼猪，是一家生产力的表现；勤俭孝友，是一家精神力的表现。二者相辅相成，相感相召，则家道立。

【原文】

昨见尔所作《说文分韵解字凡例》，喜尔今年甚有长进，因请莫君指示错处。莫君名友芝，字子偲，号郘亭，贵州辛卯举人，学问淹雅，丁未年在琉璃厂与余相见，心敬其人。七月来营，复得畅谈。其学于考据、辞章二者皆有本原，义理亦践修不苟。兹将渠批订尔所作之凡例寄去，余亦批示数处。

又寄银百五十两，合前寄之百金，均为大女儿于归之用。以二百金办奁具，以五十金为程仪，家中切不可另筹银钱，过于奢侈。遭此乱世，虽大富大贵，亦靠不住，惟勤俭二字可以持久。

又寄丸药二小瓶，与尔母服食。尔在家常能早起否？诸弟妹早起否？说话迟钝、行路厚重否？宜时时省记也。

【评述】

为了做到俭而不奢，曾国藩对子弟做了许多具体规定，例如：

弟每用一钱，均须三思。至嘱。

居家之道，不可有余财，多财则终为患害。

后辈子侄，总宜教之以礼。出门宜常走路，不可动用舆马，长其骄惰之气。一次姑息，二次、三次姑息，以后骄惯则难改，不可不慎。

四轿［指四人抬的轿子］一事，家中坐者太多，闻纪泽亦坐四轿，此断不可。……即弟亦只可偶一坐之，常坐则不可。茇结轿而远行，四抬则不可。呢轿而四抬则不可入县城、衡城，省城则尤不可。

可珍之物固应爱惜，即寻常器件亦当汇集品分，有条有理。竹头木屑，皆为有用，则随处皆取携不穷也。

"俭"字工夫，第一莫着华丽衣服，第二莫多用仆婢雇工。

衣服不宜多制，尤不宜大镶大缘，过于

胭脂红彩龙凤穿牡丹纹罐　清

绚烂。

如此等等，不尽列举。

俭朴同勤劳是分不开的。只知道俭朴还不行，还要勤劳，勤劳才能致富。

劳而神钦的伟论，他说：

凡人之情，莫不好逸而恶劳，无论贵贱智愚老少，皆贪于逸而惮于劳，古今之所同也。人一日所着之衣、所进之食，与一日所行之事、所用之力相称，则旁人题之，鬼神许之，以为彼自食其力也。若农夫织妇，终岁勤动，以成数石之粟、数尺之布，而富贵之家，终岁逸乐，不营一业，而食必珍馐，衣必锦绣，酣豢高眠，一呼百诺，此天下最不平之事，鬼神所不许也，其能久乎？

古之圣君贤相，若汤之昧旦丕显，文王日昃不遑，周公夜以继日、坐以待旦，盖无时不以勤劳自励。《无逸》一篇，推之于勤则寿考，逸则夭亡，历历不爽。为一身计，则必操习技艺，磨炼筋骨，困知勉行，操心危虑，而后可以增智慧而长才识；为天下计，则必己饥己溺，一夫不获，引为余辜。大禹之舟乘四载，过门不入，墨子摩顶放踵，以利天下，皆极俭以奉身，而极勤以救民。故荀子好称大禹、墨翟之行，以其勤劳也。

军兴以来，每见人有一才一技，能耐艰苦者，无不见用于人，见称于时；其绝无才技，不惯作劳者，皆见弃于时，饥冻就毙。故勤则寿，逸则夭；勤则有才而见用，逸则无能而见弃；勤则博济斯民，而神祇钦仰，逸则无补于人，而神鬼不歆。是以君子欲为人神所凭依，莫大于习劳也。

这四百余字，简直可视为天下第一文章。它谈到了劳逸不均、贫富悬殊的问题，认为"此天下最不平等之事"；谈到了"勤则寿，逸则夭"的养身之法；谈到了"勤则兴，逸则败"的齐家治国之理。全文无一浮言大语，字字皆是珠玑。

这篇文字，是他写给两个儿子的四条格言中的一条。其他三条为"慎独则心安""主敬则身强""求仁则人悦"。他写道："今写此四条，我老年时自我警惕，以弥补从前的过错；并让两个儿子各自勉励，每夜以此四条来考课，每月终以此四条来稽查，仍寄希望于各子侄共同遵守，有所成就。

曾国藩不但在理论上启发子弟，而且在具体实践上教导子弟。他的家书写道：

戒惰莫如早起。

学射最足保养，起早尤千金妙方、长寿金丹也。

工作欠伸懒漫样子。

子侄除读书外，教之扫屋、抹桌凳、收粪、锄草，是极好之事，切不可以为有损架子而不为也。

家中养鱼、养猪、种竹、种蔬四事，皆不可疏。一则上接祖父以来相承之家风，二则望其外有一种生气，登其庭有一种旺气。

对于内眷、女儿、儿媳等，曾国藩也从不姑息，同样严饬勤劳。他规定："新妇始至吾家，教以勤俭。纺织以事缝纫，下厨以议酒食。此二者，妇职之最

要者也。孝敬以奉长上，温和以待同辈。此二者，妇道之要者也。"同治七年（1868）在金陵节署，他的女儿等早已是贵不可言的"千金小姐"了，但曾国藩却给她们制定了每天习劳的繁重功课单，并写了四句话：

家勤则兴，人勤则俭。

能勤能俭，永不贫贱。

他亲笔书写的功课单如下：

早饭后　做小菜点心酒酱之类		食事
巳午刻　纺花或绩麻		衣事
中饭后　做针黹刺绣之类		细工
酉刻（过二更后）做男鞋女鞋或缝衣		粗工

吾家男子于"看、读、写、作"四字缺一不可，妇女于"衣、食、粗、细"四字缺一不可。吾已教训数年，总未做出一定规矩。自后每日立定功课，吾亲自验功。食事则每日验一次，衣事则三日验一次，细工则五日验一次，粗工则每月验一次。每月须做成男鞋一双，女鞋不验。

上验功课单，渝儿妇、侄妇、满女知之。甥妇到〔金陵〕日，亦照此遵行。

【原文】

正月八日，恭庆祖父母双寿。男去腊做寿屏二架，今年同乡送寿对者五人，拜寿来客四十人。早面四席，晚酒三席；未吃晚酒者，于十七日廿日补请二席。又请人画椿萱重荫图，观者无不叹美。

男身体如常，新年应酬太繁，几至日不暇给。媳妇及孙儿女俱平安。正月十五接到四弟、六弟信，四弟欲偕季弟从汪觉庵师游，六弟欲偕九弟至省城读书。男思大人家事日烦，必不能常在家塾照管诸弟；且四弟天分平常，断不可一日无师讲书改诗文，断不可一课耽搁。伏望堂上大人俯从男等之请，即命四弟、季弟从觉庵师，其束修银男于八月付回，两弟自必加倍发奋矣。

六弟实不羁之才，乡间孤陋寡闻，断不足以启其见识而坚其心志。且少年英锐之气，不可久挫。六弟不得入学，既挫之矣；欲进京而男阻之，再挫之矣；若又不许肄业省城，则毋乃太挫其锐气乎？伏望堂上大人俯从男等之情，即命六弟、九弟下省读书，其费用，男于二月间付银廿两至金竺虔家。

夫家和则福自生，若一家之中，兄有言弟无不从，弟有请兄无不应，和气蒸蒸而家不兴者，未之有也；反是而不败者，亦未之有也。伏望大人察男之志，即此敬禀叔父大人，恕不另具。六弟将来必为叔父克家之子，即为吾族光大门第，可喜也。谨述一二，徐俟续禀。

【评述】

曾国藩说：家和则福自生。如果在一个家庭中，哥哥所说的话弟弟没有不听从的、弟弟所求的事哥哥没有不应承的，一家人融洽相处，和气蒸蒸，像这样的家庭不兴旺发达，从没有过。相反，兄弟之间相互争斗，婆媳之间彼此扯皮，夫妻之间两相计较，像这样的家庭不衰败，也从没有过。

曾国藩为了家庭和睦，在处理家庭成员的关系上起了核心作用。

首先，他虚心接受父亲的教诲和勉励。在长沙军事失利的那段时间里，曾国藩灰心丧气，几天不吃不喝，弄得满城风雨。

正在心灰意冷之时，曾国藩接到了父亲曾麟书的手谕，训导他"公而忘私，国而忘家，国事维艰，只能进不能退"。在其父的勉励下，曾国藩提高了勇气，他命幕僚向朝廷写奏折，禀报在籍率湘军与太平军作战的情况。其幕僚对岳州、湘潭几战，如实地写成"屡战屡败"。曾国藩阅得比禀报，似乎说自己太无能了，便接过笔去，改为"屡败屡战"。一字之改，被动变主动，消极转为积极，"败不馁"之气魄跃然纸上。皇上看了，对曾国藩虽未获胜，但仍表示满意，督令再战。

曾国藩说："事亲以得欢心为本。子夏问孝，子曰色难。色难者，就是永远和颜悦色、承顺父母的旨意，而不专在饮食的供奉。曾国藩夫妇侍奉父母，均以得欢心为本，故一家融融洽洽，上下欢愉，养成一团和气。所以说，事亲以得欢心为本。

五彩凤穿花纹梅瓶　清

其次，他也非常关心弟兄，经常进行问候、勉励、劝诫，如勉励诸弟在孝悌上用功的家书中说道：

今人都将学字看错了。若细读《贤贤易色》一章，则绝大学问即在家庭日用之间。于孝弟两字上尽一分便是一分学，尽十分便是十分学。今人读书皆为科名起见，于孝弟伦纪之大，反似与书不相关。殊不知书上所载的，作文时所代圣贤说的，无非要明白这个道理。若果事事做得，即笔下说不出何妨！若事事不能做，并有亏于伦纪之大，即文章说得好，亦只算个名教中之罪人。贤弟性情真势，而短于诗文，何不日日在孝弟两字上用功？务使祖父母、父母、叔父母无一时不安乐，无一时不顺适；下而兄弟妻子皆蔼然有恩，秩然有序，此真大学问也。

对待兄弟中因未能考中科名而放弃学业的做法，曾国藩循循善诱，讲科名之外的意义，他说：科名之所以可贵者，谓其足以承堂上之欢也，谓禄仕可以亲也。今吾已得之矣，即使诸弟不得，亦可以承欢，可以养亲，何必兄弟尽得哉？贤弟若细思此理，但于孝弟上用功，不于诗文上用功，则诗文不期进而自进矣。

他还通过评论诸弟文章之优劣，令他们健康长进：

像六弟这样天资不凡的人，这时候写文章，应当力求议论纵横，才气奔放，写成一篇如火如荼的文章，将来才可能有成就。不然一挑半剔，意浅调卑，即使得了功名，亦当自渐自己的文章浅薄不堪。若得不了功名，那真是功名、学问两

头都没落下。今年你跟随罗山（罗泽南）学习，不知罗山意见如何？我觉得六弟今年入学固然好，万一人不了，则当尽弃前功，一心一意学习先辈大家的文章。六弟年龄已过二十，也不小了，若再扶墙摩壁，一天到晚埋头读些科举考卷一类的东西，将来年龄大了而业仍不精，肯定要悔恨当初失策的，不可不早做打算。我当年其实也看不到这一点，幸而早早得了科名，未受其害。假如我至今还未入学，数十年做一些没有效果的空功夫，一无所得，岂不汗颜！此中误人终身的多了。六弟是世家子弟，又聪明过人，即使终生入不了学，也不至于挨饿，何必亦要一辈子读考卷奔科举呢？九弟要我详细批改他写的文章，我实在不善于批改小考文章，当请曹西垣代改，下次由折差带回。季弟文笔清爽异常，令人喜出望外，文意亦层出不穷。以后务求才情横溢，气势充畅，写文章切不可挑剔敷衍，安于平庸寡陋。勉之勉之，最初的基础不可不打宽一点。季弟的书法亦有诸体字的意思，尤为让人高兴。总之，我所期望于诸弟的，不在有没有科举功名，第一是以孝悌的标准端正自己的行为，其次是文章能够成为传世之作。诸弟若果真能自立，应当致力于远大的目标，不要只是一心想科举功名。

曾国藩还勉励实干，安慰挫折。

所谓"实干精神"，不仅在得意时埋头苦干，尤其在失意时绝不灰心。有一次曾国荃连吃两次大败仗，曾国藩写信去安慰他说：

袁了凡所谓"从前种种譬如昨日死，从后种种譬如今日生。"另起炉灶，重开世界，安知此两番之大败，非天之磨炼英雄，使弟大有长进乎？谚云："吃一堑，长一智。"吾生平长进，全在受挫辱之时。务须咬牙励志，蓄其气而长其智，切不可徒然自馁也。

曾国荃听了他的话，后来果然有所成就。可见不灰心是一切事业成功的基础。

【原文】

二月十六日接到家信第一号，系新正初三交彭山岷者，敬悉一切。去年十二月十一，祖父大人忽患肠风，赖神灵默佑，得以速痊，然游子闻之，尚觉心悸。六弟生女，自是大喜。初八日恭逢寿诞，男不克在家庆祝，心尤依依。

诸弟在家不听教训，不甚发奋，男观诸来信，即已知之。盖诸弟之意，总不愿在家塾读书。自己亥年男在家时，诸弟即有此意，牢不可破。六弟欲从男进京，男因散馆去留未定，故此时未许；庚子年接家眷，即请弟等送，意欲弟等来京读书也。特以祖父母、父母在上，男不敢专擅，故但写诸弟，而不指定何人。迨九弟来京，其意颇遂，而四弟六弟之意尚未遂也。年年株守家园，时有耽搁，大人又不能常在家教子，近地又无良友，考试又不利，兼此数者，佛郁难申，故四弟六弟不免怨男。

其所以怨男者有故：丁酉在家教弟，威克厥爱，可怨一矣；已亥在家，未尝教弟一字，可怨二矣；临进京不肯带六弟，可怨三矣；不为弟另择外傅，仅延丹阁叔教之，拂厥本意，可怨四矣；明知两弟不愿家居，而屡次信回，劝弟寂守家

塾，可怨五矣。惟男有可怨者五端，故四弟六弟难免内怀隐衷，前此含意不申，故从不写信与男，去腊来信甚长，则尽情吐露矣。

男接信时，又喜又惧。喜者，喜弟志气勃勃，不可遏也；惧者，惧男再拂弟意，将伤和气矣。兄弟和，虽穷氓小户必兴；兄弟不和，虽世家宦族必败。男深知此理，故禀堂上各位大人，俯从男等兄弟之情。

男之意实以和睦兄弟为第一。九弟前年欲归，男百般苦留，至去年则不复强留，亦恐拂弟意也。临别时，彼此恋恋，情深似海。故男自九弟去后，思之尤切，信之尤深，谓九弟纵不为科目中人，亦当为孝弟中人。兄弟人人如此，可以终身互相依倚，则虽不得禄位，亦何伤哉！

伏读手谕，谓男教弟宜明言责之，不宜琐琐告以阅历工夫。男自忆连年教弟之信，不下数万字，或明责，或婉劝，或博称，或约指，知无不言，总之尽心竭力而已。

男妇孙男女身体皆平安，伏乞放心。男谨禀。

【评述】

曾国藩治家有方，兄弟多有建树，子孙也人才辈出，家中一团和气，尊老扶幼，子孝妻贤，世世代代广为流传。

曾国藩说：家和则福自生。如果在一个家庭中，哥哥所说的话弟弟没有不听从的，弟弟所求的事哥哥没有不应承的，一家人融洽相处，和气蒸蒸，像这样的家庭不兴旺发达，从没有过。相反，兄弟之间相互争斗，婆媳之间彼此扯皮，夫妻之间两相计较，像这样的家庭不衰败，也从没有过。

现在的家庭大都是三口之家，因此家庭关系远比曾国藩那个时代的家庭关系单纯，一般说来，家庭关系越单纯，彼此之间也就越好相处；但这并不意味着家庭矛盾随之消隐。相反，这种矛盾以一种更精细、更微妙的形式存在着，只要人与人之间存在着一种关系，那么就不可避免地存在着矛盾；况且，现代家庭关系始终保持着人类家庭关系的基本结构：婆媳关系，夫妻关系和父子关系。家庭的矛盾和冲突就基本存在于这几种结构之中。

家庭矛盾并不可怕；产生一点家庭矛盾也很正常。即使是一个人，也有自己跟自己过不去的时候，唇齿之间，也有不睦的时刻，更何况是年年月月生活在一起的另外一个或几个人呢？每个人都有自己的性格、兴趣、观念和独立性，这是矛盾产生的根源；解决家庭矛盾的唯一办法就是和，当然，或许有人会说，我可以不理，去躲或逃，然而那矛盾仍然存在着。夫妻之间之所以离婚，就是因为那矛盾已无法解决了，或者不愿意解决，谁都不愿意放弃自己的观点和独立性；即便如此，那矛盾也仍然存在着，甚至以一种更尖锐的方式存在着。

所以说，解决矛盾的唯一办法就是和。左宗棠讲，"家庭之间，以和顺为贵。"这个和，就是看你是否尊重他人的独立性，是否理解并宽容他人的性格、兴趣和观念。这个和，不是说你应在矛盾产生时才讲，而是在你平常的生活中就自然而然这样做。

夫妻关系，在家庭关系中是最核心的关系，这种关系处理得好与不好，直接影响到家庭的其他关系，夫妻不睦，往往导致婆媳不和，父子反目。那么该如何对待夫妻关系呢？当然你首先得爱她、关心她、体贴她，不要计较她的爱，爱情是最脆弱的，你越计较，爱情就越稀少；在家庭中，你创造的爱越多，你获得的爱也将愈多；你越吝啬你的爱，你获得的爱就越少。

其次在矛盾产生后，应该冷静，尽量减少过激行为的发生，不要动不动就喊离婚。在世界上，谁怕谁呀！当然这也可能是愤极之辞，正因为如此，它才最刺痛人心。有人离婚，不是不爱对方，甚至她找不到他以外的更爱的人，但由于出言伤人，酿成苦果。他呢？也应反省自己，即使道理在自己一边，也不妨给她一个台阶，也许她就因为你有这等气量而更加爱你。

还有一个小办法，但很灵，那就是当天的矛盾当天解决。荀子讲，无宿问，说的是学习碰到疑难，当天解决，不要过夜。解决夫妻矛盾这个办法也很好，有什么纠纷，当天解决，不要等它过夜。有人喜欢打"冷战"，耗它十天半月，然而问题并没有解决，一有新矛盾，旧的问题就会风助火势，激化矛盾。

有人生活了一辈子，也找到了一些适合他们的解决方式，但无论哪一种方式都应"和为贵"。

【原文】

久未寄信，想弟望之殷殷。承寄腊肉等件，极多且佳，谢谢！

沅弟挈家移居长沙，不知即试馆旁之公馆否？住乡住城，各有好处，各有坏处。将来一二年后，仍望撤回廿四都，无轻去桑梓之邦为要。省城之湘乡昭忠祠索余匾字，自当写就寄去。惟目光昏蒙，字比往年更劣，徒供人讪笑耳。澄弟目光亦坏，申酉至卯刻直是废人，不知两目同病乎？一目独苦乎？沅弟亦近五十，迩来目光何如？牙齿有落者否？夜间能坐至四五更不倦否？能竟夜熟睡不醒否？刘同坡翁恤典一事，即日当查明，行知湖南本籍。刘文恪公之后，至今尚有男丁若干？光景尚不甚窘否？

吾乡显宦之家，世泽绵延者本少。吾兄弟忝叨爵赏，亦望后嗣子孙读书敦品，略有成立，乃不负祖宗培植之德。吾自问服官三十馀年，无一毫德泽及人，且愆咎丛积，恐罚及于后裔。老年痛自惩责，思盖前愆，望两弟于吾之过失，时寄箴言。并望互相切磋，以勤俭自持，以忠恕教子，要令后辈洗净骄惰之气，各敦恭谨之风，庶几不坠家声耳。顺问近好。

【评述】

曾国藩的一生处世哲学的形成、功德的成就是与其"耕读之家"的家风熏染密不可分的。

曾家世代务农，自祖父曾玉屏向上推溯，至少有五六百年，未曾出现过秀才。

曾玉屏年轻的时候，对读书以求取功名不感兴趣，日常喜欢到湘潭同富家子弟鬼混，或酒食征逐，或日高酣睡，整日游手好闲。后来父亲死了，祖孙三代的

生活重担落在他的肩上，倍感责任的重大。乡里的长辈，见其整日游惰，不务正业，讥讽他将来必为败家之子。这倒激起他痛改前非的决心，卖掉马匹，徒步回家，决心脚踏实地，开创祖业。从此，终生天未亮而起，苦心治理自己的家业，开沟辟地，耕田种菜，养鱼喂猪，精耕细作，无一不亲自动手。经过十几年的努力，省吃俭用，他不仅守住了基业，家境还逐渐走向兴旺。

曾玉屏虽然读书不多，但为人耿直，富于正义感，颇受到乡里人士的尊崇。邻里间如若发生纠纷，他常居间进行排解、说和，充当仲裁人。倘若有人不服，他便"厉辞诘责，势若霆摧"，往往使那些"悍夫"神气沮丧，就此作罢，甚至有人慑于他的威望，置酒登门道歉，方可了结。

曾玉屏治家极严，一家大小，包括长他七岁的妻子王氏在内，见了他没有不恭恭敬敬的。曾玉屏对于麟书、骥云兄弟，管教极严，尤其对长子麟书责求尤苛，"往往稠人广坐，壮声呵斥。或有所不快于他人，诘责愆尤，间作激宕之词"。而曾麟书则事亲至孝，面对父亲的责骂，总是"起敬起孝，屏气负墙，踧踖徐进，愉色如初"。

曾玉屏还创立了一些家规，要求家人必须遵守，其中有的是普遍见之于中国农村家庭的。如"男子耕读，女必纺织"。男耕女织是旧时代典型的自给自足的生活方式，读书是发展的阶梯，进可求取功名，退可凭借男耕女织维持生计。有的则是曾玉屏独特的创意。如，他要求家人谨行八件事：读书、种菜、饲鱼、养猪、早起、洒扫、祭祖、敦亲睦邻；疏远六种人：看风水的、算命的、医生、和尚、巫道及做客赖着不走的。

读书，是中国封建社会的基本教育，督促子孙读书，同要求发展农业一样，被称为教子的两条正路。

种菜，要求尽量精耕细作，做到田有谷米，园有蔬菜，勤俭持家，自给自足。

饲鱼，湖南省是鱼米之乡，池塘密布，无不产鱼。养鱼既可增加副食，又可以增加生气，体现一种家业兴旺的气氛。

养猪，猪是湖南的主要副业，猪食米糠及丰富的水边植物，长得都很好，提倡养猪，可以满足家庭的食用。

早起，日出而作，日落而息，是中国农民的一种美德。提倡早起，就是奖励勤劳，增加生气。

洒扫，就是搞清洁工作。妇女早起的第一件事就是打扫卫生。年末，还要进行一次大扫除。我国自古就重视小子洒扫应对进退之礼，将洒扫之事与应对进退之礼相提并论，可见重视洒扫是一项优良的传统。

祭祀，中国人对于祖先的祭祀，极为重视，体现了人们对于祖先的崇敬。

敦亲睦邻，人是处于社会中，一个人不能独善其身，一个家也不能独善其家。人与人的关系，是紧密相连的。善待亲戚邻里，是居家至宝。

过去乡村医药不发达，不信医药，也是一种惯例，可是僧巫、地仙民间信者很多，而独曾玉屏教家人不信，反映了他的个性所在。曾国藩沐其家风，传其家

风。后来，曾国藩将祖父的家规总结为：书蔬鱼猪，早扫考宝；常说常行，八者都好。地命医理，僧巫祈祷；留客久住，六者惧脑。

早：就是早起。早起三朝，可当一工。

扫：就是扫除。清洁卫生，不可忽略。

考：就是祭祀。慎终追远，民德归厚。

宝：就是睦邻。患难相顾，惟善为宝。

书：就是教育。读书明理，普及知识。

蔬：就是种蔬。园有蔬菜，四季常新。

鱼：就是养鱼。鱼跃于池，活泼泼地。

猪：就是喂猪。庖有肥肉，养老待客。

良好的家风，在于适时教诲和勉励。当 1838 年秋，曾国藩在参加朝考被点了翰林后踌躇满志地回到家里时，其祖父曾玉屏就有一番谆谆教诲。

年底新翰林荣耀还乡，亲友都来道贺，自然煞是热闹。这时曾国藩的祖父玉屏先生已六十五岁，多年辛苦的愿望，虽是儿子没有成就，究竟在长孙身上实现了，自觉欢喜异常，就告诉麟书说："我们是务农的人家，即令富贵也不要忘本呵！大孙子当了翰林，让他安心去做他的事业吧！家中的食用，千万不要累赘他！"所以曾国藩从此进京做官，家中还靠耕种过活。有时寄些俸银回来，大都赈济戚族。

这样一个耕读之家，充满了生气，充满了喜忧，充满了生产能力，充满了孝友精神，这便是一种模范家庭。曾国藩从小生长在这种家庭里，眼目所接触的是尊辈勤俭素朴的生活，耳朵所听到的是礼义廉耻一类的训诲，书上所讲的是忠君爱国的思想。以这样的家世，这样的环境，终于造成了曾国藩这样的人物。曾国藩的耕读之家风，可说是源远流长。今人观其女儿曾纪芬——崇德老人民国时所写追忆其父的回忆录，字体极为端庄秀美，一个女儿家八十多岁尚能写得那样一手好字，足见其耕读之家风范的泽流。

曾国藩的一生事业，是和他的家世息息相关的。从大处说，他所领导的湘军和对太平军的战争，也类似于一幕宗教战争。因为太平军信奉的是类似天主教的一种宗教，这在儒家看来是违反孔、孟之道的所谓"异端"。曾国藩的家世是世代宗儒，言必孔、孟，对于太平天国那种"异端"，无疑是要深恶而痛绝的了。从小处说，曾国藩的一生，没有一时忘记他祖先的遗训，在他的日记和书信里，都可以看出来。他信奉祖父的遗训，黎明即起，克勤克俭，周济贫穷，疏医远巫，甚至把祖父的家规，编成口诀，令自己和家人遵奉。直到后来官封一等侯爵，做了两江、直隶总督等，对于勤俭家训，还不敢丝毫逾闲。曾国藩一生的品性实在是他的家世促成的。

【原文】

十一月二十二日接尔十月二十七在长沙发禀，二十三日接十一月初二在湘潭发禀，二十六日接十一日在富墺发禀得悉平安回家，大小清吉，至为欣慰。

此间军事，任、赖由固始窜至鄂境，郭子美二十三日在德安获胜。该逆不得逞志于鄂，势必仍回河南。张逆入秦，已奏派春霆援秦，本月当可起程。惟该逆有至汉中过年，明年入蜀之说，不知鲍军追赶得及否？

本日折差回营，十三日又有满御史参劾，奉有明发谕旨，兹钞回一阅。十月二十六日寄信令尔来营随侍进京，厥后又有三信止尔勿来，计尔到家后不过数日即接来营之手谕。余拟再具数疏婉辞，必期尽开各缺而后已。将来或再奉入觐之旨，亦未可知。尔在家料理家政，不复召尔来营随侍矣。

李申夫之母尝有二语云，"有钱有酒款远亲，火烧盗抢喊四邻"，或富贵之家不可敬远亲而慢近邻也。我家初移富坨，不可轻慢近邻，酒饭宜松，礼貌宜恭。建四爷如不在我家，或另请一人款侍宾客亦可。除不管闲事，不帮官司外，有可行方便之处，亦无吝也。

尔信于郭家及长沙事太略，下次详述一二，此谕。

【评述】

与人为善，语出《孟子·公孙丑上》："取诸人以为善，是与人为善者也，故君子莫大乎与人为善。"杨伯峻译为，吸引别人的优点来自己行善，这就是偕同别人一道行善。所以君子的最高德行就是偕同别人一道行善。孟子说的是与别人一起做好事。

曾国藩自有他的理解，他说：

"古圣人之道没有比给人行善为大了。用言教诲人，这是以善来教人；用品德来熏陶人，这是以善来养人。都是与人为善之事。"孟子强调的是"与人"，曾国藩强调的是"为善"，既取人，又取于人。若要"为"，首先得"善"，那么"善"是什么？张履祥说："非善不存于心，非善不出口，非善不付诸行动"，就是好品德，好思想，好学问，好语言，好行为。那么"善"又是如何得到的呢？一靠教，二靠养。

曾国藩说："然徒与人则我之善有限，故又贵取诸人以为善。人有善，则以益我；我有善，则与以益人。连环相生，故善端无穷；彼此挹注（补充通融），故善源不竭。"每个个体都是有不完善的，只有不断吸取他人的长处，才能得到充实。别人有长处，则加以借鉴；我有长处，不要怕别人借鉴。

曾国藩还说："仲尼之学无常师（固定的老师），即取人为善也；无行不与，即与人为善也。为之不厌（满足），即取人为善也；诲人不倦，即与人为善也。"孔子之所以成为万世师表，一个重要的原因，就在于他比别人更善于吸收他人的优长，他没有老师，但天下所有的人都是他的老师；而他自己也是没有什么可以保留的，没有什么是不可以给予他人的；他把自己的善给别人，别人也就拥有了一份共同的善了。

所以，无论是取以益我，学而不厌，还是与以益人，诲而不倦，都是与人为善。我们现代人在说与人为善时，实际上是说以友好和善意的态度对待他人，并没有包括古人那么丰富的内涵，我们是否可以从曾国藩对孟子的理解中获得一点

为人处世的启示呢？

【原文】

尔信极以袁婿为虑，余亦不料其遽尔学坏至此，余即日当作信教之，尔等在家却不宜过露痕迹。人所以稍顾体面者，冀人之敬重也。若人之傲惰鄙弃业已露出，则索性荡然无耻，拚弃不顾，甘与正人为仇，而以后不可救药矣。我家内外大小于袁婿外礼貌均不可疏忽。若久不悛改，将来或接至皖营，延师教之亦可。大约世家子弟，钱不可多，衣不可多。事虽至小，所关颇大。

【评述】

怎样保持家道的兴盛呢？曾国藩认为，首先的一条，就是不给子孙留下大笔遗产。

一个人拥有了大笔钱财，他的处理方式不外以下三种：一是自己用度；二是赠送给亲人——他关心或爱的人；三是捐赠社会公益事业。一个人死了以后，他的财产流向就主要是后两种形式。至于他的遗产会产生什么结果或效益，他是完全无能为力的。他所能做的，就是在临死前处理好这笔遗产。很多拥有大笔财产的人在临终前煞费苦心，不为别的，就为遗产。

曾国藩不是一个拥有大笔财产的人，但绝不是一位没有财产的人，还远远没有到临终前，他就在思考如何处理遗产的问题。

曾家先祖星冈公在世时，常常讥笑那些喜欢积攒私财的人家，他认为积攒私财是败家之兆。对此，曾国藩十分信服。他以为，与其给子孙留下大笔遗产，不如教子孙走入正道。他说，如果子孙误入卑鄙自私的歧途，将来必定计较锱铢，心胸日益狭隘，到了那时就难以挽回了。明人钱琦说："处贵而骄，败之端也；处富而奢，衰之始也。"说的就是品德不正，即使身处富贵，也要注定败亡的道理。

与曾国藩同时的清代名将左宗棠在教子上和曾国藩不谋而合，也以德性为本，他说："尔曹能谨慎齐家，不至困饿。若任意花销，以豪华为体面；恣情流荡，以沈（同沉）溺为欢娱，则吾多积金，尔曹但多积过，所损不已大哉！"如果你们品行不正，我积的钱越多，你们犯的错就越大。这确有一点警世恒言的意味。曾国藩没有左宗棠的咄咄逼人的气势，他说得很平和：

子孙之贫富，各有命定。命果应富，虽无私家产亦必自有饭吃；命果应贫，虽有田产千万亩，亦仍归于无饭可吃。我闯荡了数十年，于人世的穷通得失思之烂熟。

他相信生死有命，富贵在天，非人力所能为之，人所能做的是庄敬自强，走正大光明之路。

正是基于这种认识，他请弟弟国潢将自己在家乡的五马冲的田产设法出手，或捐作元吉公的祭田，或议作星冈公的祭田，或转售他人，所得的钱银供家中日用之需。

仕宦之家不蓄积银钱，使子弟自觉一无可恃，一日不勤则将有饥寒之患，则

子弟渐渐勤劳，知谋所以自立矣。

曾国藩说：银钱田产，最易长骄气惰气。我家中断不可积钱，断不可买田，尔兄弟努力读书，决不怕没饭吃，至嘱。

1854年2月上旬，曾国藩的父亲命曾国藩书一联悬之厅中，写道：

有子孙有田园家风半读半耕，

但以箕裘承祖泽；

无官守无言责世事不闻不问，

且将艰巨付儿曹。

曾国藩对此十分推崇。他说："身居京官，总以钱少产薄为妙"。他还在1866年7月6日《致澄弟》中说：

我觉得我们弟兄身处这样的时代，名声远扬，应以钱少、产业少为好。一则可以平日里避免别人看了抱着掠取的期望，有动荡的时候也可避免遭抢掠。二是子弟之辈看到家中窘迫的状况，也不至于一味讲究奢侈了。纪泽母子八月间就能回湘乡，各方面请老弟费心照料。早、扫、考、宝、书、蔬、鱼、猪八个字，是我们曾家历代的立家气象、格局，我从嘉庆末年到1839年，见到祖父星冈公每天生活守常规，不改这个规矩。不相信医药、堪舆、和尚、巫师、祷祝等事，这也是老弟都曾经亲眼见过的，我辈若能认真遵守家风，则家道便可多支撑些年，望老弟率纪泽及各位侄儿切实做好。家中木器还不齐备，请老弟帮兄购置一些，不要超过三百两银子，家具只求结实耐用，不图雕花楼图，但油漆要好一点，这样能经久耐用。房屋不求华美，周围要多种竹木松柏，多留些地做菜园，即使占去一些田地也不要紧。清贫俭朴就像穷苦人家，所领的养廉银全部充公使用。没有购置一廛房地、一区田亩，吃饭不过四簋，男女婚嫁，不过两百两银子。

【原文】

四月十一日，由摺差发第六号家信。十六日，摺弁又到。

孙男等平安如常，孙妇亦起居维慎。曾孙数日内添吃粥一顿，因母乳日少，饭食难喂，每日两饭一粥。

今年散馆，湖南三人皆留。全单内共留五十二人，仅三人改部属，三人改知县。翰林衙门现已多至百四五十人，可谓极盛。

琦善已于十四日押解到京，奉上谕派亲王三人、郡王一人、军机大臣、大学士、六部尚书会同审讯，现未定案。

梅霖生同年因去岁咳嗽未愈，日内颇患咯血。同乡各京宅皆如故。

澄侯弟三月初四在县城发信，已经收到；正月廿五信，至今未接。

兰姊以何时分娩？是男是女，伏望下次示知。

楚善八叔事，不知去冬是何光景？如绝无解危之处，则二伯母将穷迫难堪，竟希公之后人将见笑于乡里矣。孙国藩去冬已写信求东阳叔祖兄弟，不知有补益否？此事全求祖父大人作主，如能救焚拯溺，何难嘘枯回生。伏念祖父平日积德累仁，求难济急，孙所知者，已难指数。如廖品一之孤，上莲叔之妻，彭定五之

子，福益叔祖之母，及小罗巷、樟树堂各庵，皆代为筹画，曲加矜恤。凡他人所束手无策，计无复之者，得祖父善为调停，旋乾转坤，无不立即解危，而况楚善八叔同胞之亲、万难之时乎？

【评述】

敬悯族亲姻党，是曾国藩在道德上口碑甚好的一个重要根由，从而也是他深得众人爱戴、理解或支持的一个有利"资本"，进而成了他获得成功的一种"势"力和导致成功的无形"资产"。

曾国藩对待家庭，主张孝悌，对待族人亲戚，则主张敬爱。他认为，如果把孝敬父母的那份爱用到兄弟身上，那就是友爱；而把孝敬父母的情意用到亲戚身上，对他们则不会不敬不爱。

孝经图

至于对待族亲的道理，曾国藩在家书中曾说："至于家族姻党，无论他与我家有隙无隙，在弟辈中只宜一概爱之敬之。孔子曰：'泛爱众，而亲仁。'孟子曰：'爱人不亲反其仁，礼人不答反其敬。'此刻未理家事，若便多生嫌怨，将来当家立业，岂不个个都是仇人？古来无与宗族乡党为仇之圣贤，弟辈万不可专责他人也！"

曾国藩还曾说：昔吾祖星冈公最讲治家之法：第一要起早；第二要打扫洁净；第三诚修祭祀；第四善待亲族邻里，凡亲族邻里来家无不恭敬款接，有急必周济之，有讼必排解之，有喜必庆贺之，有疾必问，有丧必吊之。

早年曾国藩在京任职，派往四川办完公事后，曾把一千两银子的俸禄寄回家中，其中的四百两用于馈族人和亲戚，此事详细地记载在道光二十四年（1844）三月初十他给弟弟的信中。信中说："所寄银两，以四百为馈赠族戚之用，……所以为此者，盖族戚中有断不可不一援手之人，面其余则牵连而及。兄已亥年至外家，见大舅陶穴而居，种菜而食，为侧侧者久之"。

在给祖父的信中，他详细说明为什么要将寄给家中的一千银两拿出一半周济族戚的理由：

孙所以汲汲馈赠者，盖有二故。一则我家气运太盛，不可不格外小心，以为持盈保泰之道。旧债尽清，则好处太全，恐盈极生亏；留债不清，则好中不足，亦处乐之法也。二则各亲戚家皆贫，而年老者，今不略为支助，则他日不知如何。自孙入都后，如彭满舅曾祖、彭王姑母、欧阳岳祖母、江通十舅，已死数人矣，再过数年，则意中所欲馈赠之人，正不保何若矣！家中之债，今虽不还，后尚可还；赠人之举，今若不为，后必悔之。此二者，孙之愚见如此。然孙少不更事，未能远谋，一切求祖父、叔父做主，孙断不敢擅自专权。

曾国藩是个很细心的人，他又写信告诉家人，切不可说这些赠送是他的主

意，而要说是父母及祖父大人的主张，这才符合"恩出自上"的情理。一个多月后，他又写信说：

男之浅见，不送则家家不送，要送则家家全送；要减则每家减去一半，不减则家家不减。不然，口惠而实不至，亲族之间嫌怨从生，将来衅生不测，反成仇雠，伏乞堂上审慎施行，日叩百叩。

家人收到银两后，父亲称赞"其周旋族戚，极是做官的美举"，表示"照单行之，决不有失"。

当时，曾国藩的十舅江通送他进京的时候，说："外甥在外地做官时，舅舅来做烧火夫。"他的五舅江南把曾国藩送到长沙，握着他的手说：明年我送你媳妇到京师。曾国藩说：京城很苦，舅舅不要来了。江南听了后说：是啊，但我一定要找到你当官的地方！说完，眼泪簌簌而下。后来曾国藩在给弟弟的信中说：

"兄念母舅皆已年高，饥寒之况可想，而十舅且死矣。及今不一援手，则大舅、五舅者，又能沾我辈之余润乎？十舅虽死，兄意犹当恤其妻子，且从俗为之延僧，如所谓道场者，以慰逝者之魂，而尽吾不忍死其舅之心。我弟我弟，以为可乎？兰姊蕙妹，家运皆舛，兄好为识微之妄谈，谓姊犹可支撑，蕙妹再过数年则不能自存活矣。同胞之爱，纵彼无觖望，吾能不视如一家一身乎？"

"丹阁叔与窦田表叔，昔与同砚席十年，岂意今日云泥隔绝至此？知其窘迫难堪之时，必有饮恨子实命之不佳者矣。丹阁叔戊戌年曾以钱八千贺我。贤弟谅其景况，岂易办八千者乎？以为喜极，固可感也；以为钓饵，则亦可怜也。"

"贤弟试设身处地，而知其如救水火也。彭五姑待我甚厚，晚年家贫见我辄泣。兹五姑已没，故赠宜仁五姑丈，亦不忍以死视五姑之意也。腾七则姑之子，与我同孩提长养。各舅祖，则推祖母之爱而及也；彭舅曾祖，则推祖父之爱而及也。陈本七、邓升六二先生，则因觉庵师而牵连及之者也。其余馈赠之人，非实有不忍于心者，同皆因人而及。……诸弟生我十年以后，见诸戚族皆穷，而我家尚好，以为本分如此耳，而不知其初皆与我家同盛者也，兄悉见其盛时气象，而今日零落如此，则尤难为情矣！"

类似这种情况，在曾国藩的家信中还有很多。

我们看了这些，不但会了解曾国藩对亲戚族人情谊的深厚，还能认识到当时农村经济的破弊，民间生活已经到了什么程度。作为耕读世家的子嗣，曾国藩既然来自乡间，深知那里的艰苦，一旦经济稍为宽裕，就尽力帮助族人亲戚，原本是人之常理。曾国藩说："敬悯族亲固然不同于孝敬父母，无须时时处处资助他们。但事事处处挂记他们，不忘他们则是正道。一旦条件允许即伸出'援手'，拉扶一把。

第一个人都有多重身份，都有自己的生活环境，在家族这个环境里，族亲是除了本家庭以外的与己最为密切的关系网络，故有人言"宁失一友，不丢一亲"之语。在这个环境里，一个人品行的优劣，德操的高低，最易被人透识。从另一个方面看，一个人连父母都不敬悯的人，很难相信，他会敬悯族亲；而不敬悯族

亲的人，很难相信他会兼济天下，此所谓仁德也。

【原文】

初三辰刻接初二巳正来书，俱悉一切。

昨日雨小而风大，今日风小而雨大，鲍军勇夫万馀人，纵难渡江，想初二尚未渡毕，初三则断不能渡。凡办大事，半由人力，半由天事。如此次安庆之守，濠深而墙坚，稳静而不懈，此人力也；其是否不至以一蚁溃堤，以一蝇玷圭，则天事也。各路之赴援，以多、鲍为正援集贤之师，以成、胡为后路缠护之兵，以朱、韦为助守墙濠之军，此人事也；其临阵果否得手，能否不为狗酋所算，能否不令狗酋逃遁，此天事也。吾辈但当尽人力之所能为，而天事则听之彼苍，而无所容心。弟于人力颇能尽职，而每称"擒杀狗酋"云云，则好代天作主张矣。

至催鲍进兵，亦不宜太急。鲍之队伍由景镇至下隅坂，仅行五日，冒雨遄征，亦可谓极速矣。其锅帐则至今尚未到齐，以泥太深，小车难动也。弟自抚州拔营至景镇，曾经数日遇雨，试一回思，能如鲍公此次之迅速乎？润帅力劝鲍公进兵不必太急，待狗酋求战气竭力疲而后徐起应之云云，与弟见正相反。余意不必催鲍急进，亦不必嘱鲍缓战，听鲍公自行斟酌可也。多公调度远胜于鲍，其马队亦数倍于鲍，待多击退黄文金后，再与鲍军会剿集贤关，更有把握。

至狗酋虽凶悍，然屡败于多、李、鲍之手，未必此次忽较平日更狠。黄文金于洋塘、小麦铺两败，军器丢弃已尽。多、鲍之足以制陈、黄二贼，理也。人力之可知者也。其临阵果否得手，则数也，天事之不可知者也。来书谓狗部有马贼二千五六百，似亦未确。系临阵细数乎？抑系投诚贼供乎？闻贼探多假称投诚者，弟宜慎之。

［又初四日辰刻书云：］

初三酉刻接初三辰刻来信并古文二本，嘱以改错字，明句读，此"若株"不易得也。春霆处人来，言初三日午后渡河业已渡毕，今日虽雨泥，吾当催其速进。

［又初四日未刻书云：］

专人至，接初三酉刻一函，殊嫌其慢，不如托水营专送较快，此间托万营，弟托王营可也。古文三天圈完，较之鲍军五日到皖更难，拟以银一万解弟处，捐免此差。

［又初四日戌正书云：］

接初四巳正三刻来信，藉悉一切。前后皆贼，置万馀人累卵之危，为主将者，断无不思急援之理。惟鲍公最无主意，润劝之缓战，弟劝之急进，渠正疑惑之际，故余不再提及。渠昨日冒雨将万人渡毕，尚非迟滞者，待天稍开霁，兄必连函催之矣。

【评述】

人的境遇实际是成功必不可少的机缘。对此，古往今来有人常用"运气好"来解释。无独有偶，曾国藩也是一个信运气的人。

关于曾国藩的命运，有这样一段记载：

都城的人曾有关于翰林大考的口诀，其句说："金顶朝珠挂紫貂，群仙终日任逍遥。勿闻大考魂皆落，告退神仙也不饶。"通过这个口诀也可看出翰林大考的难度了。有一届大考，总负责人为许乃溥，一个老翰林请求许给予关照，说道："只求无过，不求有功"。许告诉他答完卷后，在卷上轻轻洒几点墨水，好容易辨认。听了这话，老翰林高兴地离去了。曾国藩当时为检讨，答完卷后，因盖笔帽时，溅出了一些墨水，恰好滴在了试卷上。许看到了这张卷，以为是老翰林的，就列在了二等的最后一个。事情结束后，交给皇上亲自阅览，宣宗详细地进行了披阅，看到二等时，用手翻腾，碰见曾国藩的卷子时，还没有来得及过目的时候，赶巧侍臣请示其他的事情。皇上就匆匆地发出这些考卷，这样曾国藩的考卷已经排在了二等的最前面了。于是曾国藩能够很顺利地升为待讲。

以上所记，如为属实，足可见曾国藩运气非凡了。

还有的记载说："曾文正公尝语吴敏树郭嵩焘曰：我身后碑铭，必属两君。他任捃饰，铭辞结句，吾自有之。曰：不信书，信运气。公之言，告万世。"

这所谓"不信书，信运气"之说，并非空言泛论，而确实系有感而发。综观曾国藩之一生，如果不是命运之神有意要成全他的话，即使他终生砥砺品德，笃实履践，始终不懈，恐怕充其量也只能成为一个谦谦自守的君子，决不能领袖群伦，创下大事业。凡此种种，在他的一生之中，都有明显的事迹可以稽考，不能斥之为无稽谰言。

曾国藩是湖南湘乡县人。他家世代务农，到他父亲曾麟书时，方才因读书而成为县学中的一名"生员"——秀才。曾国藩在六岁时开始从师入学，十四岁开始到长沙省城应童子试，先后考过七次，直到1833年，亦即曾国藩二十三岁的那一年，方才进学成为生员。翌年，中式湖南乡试第三十六名举人。1838年，亦即曾国藩二十八岁的那一年，会试中第三甲第四十二名进士。照一般情形来说，读书人能够在一连串的科举考试中先后登科，已经取得了做官人士的资格，从此功名得遂，衣食无忧，应该算得上是踌躇满志的了。但若就事实而言，则又不尽然。因为在进士之上，还有更高一层，即俗语所说的"点翰林"。中了进士，不一定能做大官；点了翰林，那才真正具备了做大官的资格——不但是资格好，而且升迁也快。

曾国藩在取中进士之后参加朝考，成绩非常好，列一等第三名。试卷进呈御览之后，道光皇帝又特别将他拔置为一等第二名。就这样，曾国藩才幸运地被点中了庶吉士。到了1840年庶吉士散馆，曾国藩考列二等第十九名，名次仍然很高。因此他被授职检讨，留在翰林院供职。曾国藩能够先中进士再成翰林，对于他的一生事业前途，关系甚大。1844年5月12日，他致弟书云：

"吾谓六弟今年入泮固佳，万一不入，则当尽弃前功，一志从事于先辈大家之文。年过二十，不为少矣，若再扶墙摩壁，役役于考卷截搭卜题之中，将来时过而业仍不精，必有悔恨于失计者，不可不早图也。余当日实见不到此，幸而早得科名，未受其害。向使至今未尝入泮，则数十年从事于吊渡映带之间，岂不觊

颜也哉？此中误人终身多矣！"

　　所谓"入泮"，即是中秀才之意。而由秀才至翰林，路还远得很。由他所说"幸而早得科名，未受其害"，及"此中误人终身多矣"的话，可以知道曾国藩假如不是早中进士入翰林，此时必然仍在无用的八股时艺之中奋斗挣扎，绝无如许间暇可以容他读有用之书，储备学问，以为他日救时匡难之用。这是他自己所说："不信书，信运气"的第一步征验。至于第二步的征验，则是他在做了翰林院检讨之后的历次考试情形。

　　清代的翰林院官，有所谓不定时举行的"大考"，到时由皇帝命题考试诗文策论，以为升迁降黜的依据。大考成绩好的，升迁特别快，否则立予降黜，绝不容情。故而清代俗语，有所谓"秀才怕岁考，翰林怕大考"的话，正是针对那些侥幸得售而不肯努力上进的读书人而说的。曾国藩在翰林七年，由于他向来用功不懈，历次考试的成绩都很好，因此屡蒙超擢，不过七年的功夫，就由从七品的翰林院检讨一直升到从二品的内阁学士，具备了他此后出当大任的官阶与资格。若非命运的安排，他怎能有如此良好的机遇呢？

　　如果将曾国藩与同为翰林出身的胡林翼相比，更可见曾的运气之佳了。

　　胡林翼是1836年的二甲进士；科第要比曾国藩早二年，名次也比曾国藩高。朝考入选之后，改翰林院庶吉士，散馆授编修。1839年大考翰詹，列二等。在这一段经历上，他的资格与成绩和曾国藩一样。只是他在1840年的江南乡试副主考任内出了毛病，被降一级外调，从此仕途坎坷，直到1853年，曾国藩已经做到了正二品的侍郎，胡林翼还在贵州黎平府做从四品的知府。后来虽然由于胡林翼自己的干练，声誉日起，也还需要曾国藩的全力推荐，才能使他有机会到湖北战场上去大展身手，由按察使、布政使，而一直升到巡抚，官位与曾国藩相等。在这一段经历上，胡林翼的升迁，足足比曾国藩迟了七年。而论到出身，胡林翼还是曾国藩的翰林前辈呢！

胡林翼官服像

曾国藩的宦途得意，对于太平天国的成败的失及满清皇朝的存亡，关系甚大。假如曾国藩在咸丰初年还只是一个没有功名的读书人，纵使他有通天的本领，他也没有出头的机会。又假如曾国藩与胡林翼一样，在那时还只是一个地位不高的中级官员，那也轮不到由他出来领导群伦，成就他此后的"回天"事业。所以说，曾国藩的崛起，其中实在杂在很多机缘巧合的因素。曾国藩平生，不信书而信运气，在这里就有了很明显的征验。

　　当然这些运气的背后，也不能不说和人力的平时运作有关。那么，曾国藩在

京期间的机遇是什么？一是在翰林院中读书进修的机遇，一是京师十三年广交益友的机遇。这两个机遇他都把握住了。

在以后的岁月中，曾国藩也不是没有深得命运女神垂青的时候，如后来他在带兵打仗时，自己所率湘军靖港大败，正当他痛不欲生、万念俱灰之际，却传来另部湘军湘潭全胜的消息，于是，使他转忧为喜，否极泰来。这也都是"命运"的征验。

【原文】

求业之精，别无他法，曰专而已矣。谚曰，"艺多不养身"，谓不专也。吾掘井多而无泉可饮，不专之咎也。诸弟总须力图专业，如九弟志在习字，亦不必尽废他业，但每日习字工夫，断不可不提起精神，随时随事，皆可触悟。四弟六弟吾不知其心有专嗜否？若志在穷经，则须专守一经；志在作制义，则须专看一家文稿；志在作古文，则须专看一家文集；作各体诗亦然；作试贴亦然；万不可以兼营并骛，兼营则必一无所能矣，切嘱切嘱，千万千万。此后写信来，诸弟各有专守之业，务须写明，且须详问极言，长篇累牍，使我读其手书，即可知其志向识见。凡专一业之人，必有心得，亦必有疑义。诸弟有心得，可以告我共赏之；有疑义，可以问我共析之。且书信既详，则四千里外之兄弟步趋晤言一室，乐何如乎？

【评述】

曾国藩说，君子之立志也，有民胞物与之量，有内圣外王之业，而后不忝于父母之所生，不愧为天地之完人。也就是说要志当存远。曾国藩的高远志向，就是要匡时救世，澄清天下，成为国家的藩篱。

曾国藩朝考一等，改为翰林院庶吉士，从此置身词林，抱有澄清天下之志，因改名国藩，为国家藩篱之意。

读书做官，升官发财，在当时几乎弥漫在所有读书人的心目中，牢不可破，可是曾国藩是一个例外。

他在做京官的时候，年龄不过三十多岁，他便立誓不发财。道光二十九年，他致书九弟说：

> 予自三十岁以来，即以做官发财为可耻，以宦囊积金遗子孙为可羞可恨，故私心立誓，总不靠做官发财以遗后人。章明鉴临，予不食言。

曾国藩一生立誓不发财，几十年节俭自守，不逾越一寸一分。因此他虽官至总督，每日吃饭，以一荤为主，有客始略略增之。时人号为"一品宰相"，布袍鞋袜，均由夫人媳妇为之。他三十岁时，曾制一件缎马褂，惟遇新年及庆贺时着之，藏之三十年，不再另制，他曾说："古语言衣不如新，人不如故，以吾观之，衣亦不如故也"。

怎样才能树立一种"民胞物与""内圣外王"的君子之志呢，曾国藩认为君子应广其识，他说，"夜郎自大，此最坏事"，并说：

> 井底之蛙，所窥几何，而自以为绝伦之学；辽东之豕，所异几何，

而自以为盖世之勋。此皆识浅而易以自足者也。

《后汉书》中说，"志不求易，事不避难"。有大抱负，才有大动力，大毅力，大魄力，也才会有"会当凌绝顶，一览众山小"的大境界。所谓大抱负不是好大喜功，不是好高骛远，而是放眼天下，志在四方，"先天下之忧而忧，后天下之乐而乐"。有这样的胸怀和气度你才能看轻自己所重的，看重天下所轻的。

道光二十二年，曾国藩的六弟在一次考试中受到挫折，于是就抱怨自己时乖命蹇，牢骚满腹，曾国藩知晓后对他立志之小感到很可笑，以为六弟所忧虑的事情太不值得一提了！劝告他人生境界各有不同，何必以科名为胜败定评！六弟收到信后果然振作起来，不再循人故辙，而另辟人生溪境。

【原文】

九月十七日接读家信，喜堂上各老人安康，家事顺遂，无任欢慰。男今年不得差，六弟乡试不售，想堂上大人不免内忧，然男则正以不得为喜。盖天下之理，满则招损，亢则有悔，日中则昃，月盈则亏，至当不易之理也。男毫无学识，而官到学士，频邀非分之荣，祖父母、父母皆康健，可谓极盛矣。

现在京官翰林中无重庆下者，惟我家独享难得之福，是以男恐惧，不敢求非分之荣，但求堂上大人眠食如常，阖家平安，即为至幸。万望祖父母、父母、叔父母无以男不得差、六弟不中为虑，则大慰矣。况男三次考差，两次已得；六弟初次下场，年纪尚轻，尤不必挂必也。

同县黄正斋，乡试当外帘差，出闱即患痰病，时明时昏，近日略愈。男癣疾近日大好，头面全看不见，身上亦好了九分。在京一切，男自知谨慎。男谨禀。

【评述】

1862 年，曾氏家族处于鼎盛时期。曾国藩身居将相之位，曾国荃统领的人马达二万之众，曾国华统领的人马也达五千之多；曾国荃在半年之内，七次拜受君恩。尽管这还不是曾氏家族最为辉煌的时期。但面对如此浩荡皇恩，曾国藩早已心满意足，甚至有点喜出望外，他禁不住骄然慨叹：近世似此者曾有几家？近世似弟者曾有几人？

他把自己的感觉和心情告知家人，又以自己的学识、阅历和权威规劝家人："日中则昃（太阳偏西），月满则亏。我们家现在到了满盈的时候了！"管子云："斗斛满则人概（削平）之，人满则天概之。"曾国藩以为，天之平人原本无形，必然要假手于人。比如霍光氏盈满，魏相来平灭他，宣帝也来平灭他；诸葛恪盈满，孙峻来平灭他，吴主也来平灭他。待到他人来平灭而后才悔悟，就已经晚了。我们家正处于丰盈的时期，不必等到天来平、人来平，我与诸位弟弟应当设法自己来平。

自己平自己不是说自己消灭自己，而是自我限制、自我克制、自我钳制，收敛锋芒，韬光养晦，以劳代逸，以静制动。自己平自己的方法有哪些呢？曾国藩以为不外乎三个字：清、慎、勤。

清。曾国藩将"清"字改为"廉"字。比如他说，沅弟（曾国荃）过去在金钱的取与予方面不太斟酌，遭到朋辈的讥议和菲薄，其根源就在于此。再比如，去年冬天买犁头嘴、栗子山两片地，我就非常不以为然。我一再叮嘱家里，不要买地，不要造屋，就是怕引起猜疑、嫉妒和非议。今后应该不乱花一分钱，不寄钱回家，不多赠亲友，这就是："廉"字功夫。

慎。曾国藩又将"慎"字改为"谦"字。曾国藩以为，内在的谦虚是看不见的，而其外在的表现主要有四个方面，这就是"脸色、言语、信函、仆从属员。"以后兄弟们应该在这四个方面下大力气，痛加纠正，这就是"谦"字功夫。

勤。曾国藩再将"勤"字改为"劳"字。一是劳心，二是劳力。每天临睡之前，默想一下今天劳心的事情有几件，劳力的事情有几件，就会觉得为国家做的事情还不多，今后应当更加竭诚为国效劳，这就是"劳"字功夫。

在名利问题上，曾国藩大概可以与最能体现"全生保真"精神的历史人物范蠡相比了，范蠡在助越王勾践灭吴之后，"以为大名之下，难以久居，且勾践为人可与同患，难以处安"，就急流勇退，放弃了上将军之大名和"分国而有之"的大利，退隐于齐，改名换姓，耕于海畔，手足胼胝，父子共力，后居然"致产十万"，受齐人之尊敬。范蠡虽居相安荣，但又以为"久受尊名乃不祥，"乃归相印，尽散其财，"闲行以去，止于陶"，从事耕畜，经营商贾，又致货累矩万，直至老死于陶。这就是历史上有名的"范蠡三徙"。范蠡之所以辞官退隐，就是考虑到不要让尊名大利给自己带来身家性命之忧。事实上他的考虑是有道理的。与他共扶勾践的文种就因不听范蠡的规劝接受了越国的尊荣大名，结果死在勾践手下，说到底，像范蠡这样的处理各位的方式，都是为了在形式上的放弃之后，更永久地保有它。

"功成身退"的思想在今天对许多人来讲已经不太灵验。它会使人失去积极的进取心，从而满足于现状，当一天和尚撞一天钟。这是其糟粕之处。事实上，这里提出的"功成身退"仅是一种退守策略，是指一个人能把握住机会，获得一定成功后，见好就收。

老子的知足哲学也包括了"功成身退"的思想。所谓"持而盈之，不如其已；揣而锐之，不可长保。金玉满堂，莫之能过分自满，不如适可而止；锋芒太露，势难保长久；金玉满堂，往往无法永远拥有；富贵而骄奢，必定自取灭亡。而功成名就，急流勇退，将一切名利都抛开，这样才合乎自然法则。因为无论名或利，在达到顶峰之后，都会走向其反面。

中国历史上这种例子不胜枚举。汉高祖刘邦的军师张良在辅佐刘邦获得天下之后，便毅然知荣隐退，他向刘邦请求："我是你成为帝王的三寸不烂之舌的军师，蒙恩拜领万户封地，名列公侯。我的任务至此已经完成，从今以后，我要舍弃世俗，漫游仙界。"刘邦应允了他的请求，所以，张良才得以功成身退，安享晚年。

可见，这种"进退有节"的做法是很有传统的。

【原文】

八月十九曾象王来营，二十一日蒋得胜来，接两弟初一、二、三等日之信，具悉家中四宅平安，不胜欣慰。

余于八月初八日至河口，本拟即日入闽，由铅山进捣崇安，十二日已拜折矣，其折移寄吉安转寄至家。因闽贼出窜江西，连破泸溪、金溪、安仁三县，不得派张凯章回剿。十八日抵安仁。十九日大战获胜，克复县城，杀贼约四千余，追至万年、乐平等县，尚未收队。待张军归来，余即率以入闽也。

刘星槎尚未到营。以后家信不可交投效之人带来，渠或中途率计忽归，或投别处军营；即果到，亦迟而又迟。莫如交省城左季高处最为便捷。

家中养鱼、养猪、种竹、种蔬四事，皆不可忽。一则上接祖父以来相承之家风，二则望其外有一种生气，登其庭有一种旺气。虽多花几个钱，多请几个工，但用在此四事上总是无妨。

澄弟在家教科一、厚七、旺十习字极好，不特学生有益，亦可教学相长。弟近年书法远逊于昔，在家无事，每日可仍临帖一百字，将浮躁处大加收敛。心以收敛而细，气以收敛而静，于字也有益，于身于家皆有益。

明年请师，仍请邓寅皆先生，人品学问，皆为吾邑第一流人，若在我家教得十年，则子侄皆有成矣。

葛睾山先生前言愿来余营，不知其计已决否？若果不来，可仍请之教科四、科六。若渠决来军，则科四、六亦可请邓先生教之。

左头横屋配房二间甚好，但嫌其不甚光亮，又嫌由阶基至账房（即韩升等住房）须由地坪绕入耳。思去馆之外，染坊架之下尚须添种五瓜竹，夏月思云馆中可生凉风。牛路之内须筑墙一道。田塘上田一丘，秋冬可作菜园。此皆余在家时与澄弟熟商者，望即行之。

季弟远隔紫旬，余总不放心。汤家屋场之业及各处田业，余皆不愿受。若季弟能在近处居住，或在老屋之上新屋之下中间择买一屋与季弟安居，我则愿寄钱文至家办成此事。否则，余守旧规不敢少改也。

后辈子侄，总宜教之以礼。出门宜常走路，不可动用舆马，长其骄惰之气。一次姑息，二次三次姑息，以后骄惯则难改，不可不慎，顺问近好。

【评述】

一句"古人以居上位而不骄为极难"，道出了中国封建社会千百年来的寻常现象：达官贵人从来都是以居高临下的姿态而傲视一切，总是以为自己一贯正确，而别人则一贯错误。官位愈高则其骄愈盛，这一点，除了古圣先贤之外，鲜有例外。这种现象甚至早已成了老百姓耳熟能详、眼开可见的常识，自然无须多言。"天下古今之才人，皆以一傲字致败"，曾国藩所发此言，确有大量的史学依据。

他说："弟于世事阅历渐深，而信中不免有一种骄气。天地唯谦谨是载福之道，骄则满，满则倾矣。凡动口动笔，厌人之俗，嫌人之鄙，议人之短，发人之

覆，皆骄也。无论所指未必果当，即使一一切当，已为天道所不许。吾家子弟满腔骄傲之气，开口便道人短长，笑人鄙陋，均非好气象。贤弟欲戒子侄之骄，先须将自己好议人短，好发人覆之习气痛改一番，然后令后辈事事警改。欲去骄字，总以不轻非笑人为第一义。

《书》称"世禄之家，鲜克由礼"，《传》称"骄奢淫逸，宠禄过也"，京师子弟之坏，未有不由于骄、奢二字者，尔与诸弟其戒之。

意思是："老弟对于世事阅历渐深，而来信中仍不免有一种骄气。天地之间只有谦虚谨慎是致福的方法，骄傲就会盈满，盈满就会倾倒。凡是说话、写文章，憎厌别人的习俗，嫌恶人家的鄙陋，议论他人的短处，揭发他人的隐私，都是骄傲的表现。不论所指的事是否确实恰当，即使一一都确切可靠，已被天理所不允许。我们家的子弟满腔骄傲之气，开口就说家人的长短是非，讥笑他人鄙陋，都不是好现象。贤弟要想戒除子侄辈的骄气，一定要先把自己好议论他人短处、好揭发他人隐私的习气痛加改正一番，然后让后辈事事警觉改正。要想去掉骄气，总要以不轻易非议讥笑他人为第一应当做的事。

【经典实例】

曾国藩的修身之道

曾国藩十分重视子弟的教育，尤其在戒骄气方面，他更为重视，曾在给诸弟、子侄辈的许多家书中反复提及。同时，正如这篇日记中所说的那样，他时时省惕、力戒"吾心之自骄自满"。

他之所以对骄字有如此深刻的体验，是从"吃一堑长一智"中，从惨痛的教训中得来的。在军事方面，湘军的几大败仗，如靖港之败、九江湖口之败、祁门之围，都是曾国藩直接指挥的。这除了曾国藩本为文人、不懂打仗之外，骄气太盛而听不进别人的意见，也是其致败的重要原因。

在祁门之围中，由于他只考虑到地理位置的优越，而未加考虑仗打起来时的出路，就定下以祁门作为指挥部的决定。当时，李鸿章曾极力劝谏把指挥部移到别处，而曾国藩就是一点儿都听不进去。结果导致指挥部最终被围，他自己也差一点儿被俘，险遭杀身之祸。

诚如曾国藩认为的那样，古往今来由骄傲而奢侈，而淫逸，而放荡，以至于无恶不作，终致败家的事例数不胜数。其中许多是父兄骄，子弟也骄；也有父兄并不骄，而是疏于管教子弟，致使其因骄横而倒行逆施而丧生灭族。

至于"劳谦"这两个字，他说："'劳谦'二字，让人受用无穷。'劳'可以戒除懒惰。'谦'可以戒除骄傲。能做到这两点，什么样的邪恶不能去掉？什么样的善事不能成就？"

至于接物的方法，曾国藩认为"廉"字十分重要。他《家书》中就有所说的"不肯轻易接受别人的恩惠"，这就是"廉"字的一个方面。他说："我自从

己亥年在外面受人恩惠后，至今仍十分后悔，将来万一做了官，成了督抚，或当了学政，以前有恩情于我的人，要么数百要么数千，这都是钓饵啊。如果他们来找我，不答应他们的要求，那我显得过于刻薄，而答应他们的要求，即使做十倍的报偿，他们也不会满意的。所以我从庚子年入京以来，到现在已八年了，不肯轻易接受别人的恩惠，情愿别人占我的便宜，我断然不肯占别人的便宜。将来如果作了外官，京城以内，就不会有求报于我的人了。"

曾国藩为人处世，接物待人的原则，不外乎"勤俭谨信"四个字，他在回彭杏南的信中说："表弟你两次得到奖励，并且得到任用，其实都是靠不断的勤劳得来的，但尚且觉得这不足以报偿自己的功劳。以后应该在'勤俭谨信'四个字上更下些功夫。'勤'就像大地之间的阳气，立身居家、做官治军，都依靠阳气支持。勤劳就会兴旺，懒惰就会衰败颓废，'俭'可以端正风气，可以带来后福。'谨'也就是谦虚恭敬，谦虚就不会遭人忌妒，恭正就不会受人羞辱，'信'就是诚实，不说一句骗人的话，不做一件骗人的事，这样做得久了，人人都会信任你，鬼神也会钦佩你。"

粉彩桃树幅纹笔筒　清

曾国藩在《日记》中又说："修养自己管理别人的方法，不外乎'勤于邦、俭于家、言忠信，行笃敬'四句话，这是终身也实践不完的，不在于多，也不在于深。"

曾国藩谈论做人之道，在给陈作梅的信中说："君子立身，在于仔细体会他的位置和状识。如果真能于内心弄清自己的情况，消灭自己的不足，那上对天理，下对世事，则心中泰然。治长之所以无愧于他的老师，孟子之所以无愧于他的母亲，是因为他们能使自身得到充分的修养。"

在给鲍春霆的信中说："阁下现在是威望最盛的时候，得到朝廷很多的恩宠；所以应当小心谨慎，谦虚再谦虚，只有谦虚才是保持福气的方法，在此以前，我曾用'花未全开月未圆'七个字来劝诫你，希望你牢记千万别忘了！"

那些谋求大业的人，有时往往也因不能立即收效或产生理想的效果而懊丧，事情的发展确实需要他们有更大的耐心和更长的等待。他们播下的种子有时深埋在冬日的积雪之下，春天还未来临，冬雪还没融化，那辛勤播种的人也许就已长眠地下。因此，这就需要一种非凡的耐心，曾国藩就是一个为人、居官、带兵都称得上能够"耐烦"的人。

做官都会遇到很多麻烦事，也必须要处理很多麻烦事，有的人处理一件麻烦事可以，处理两件麻烦事也还能行，但遇到三件或三件以上的麻烦事就耐不住了；有的人遇到一件小的麻烦还可以，一旦遇到大的麻烦就挺不住了；有的人处

理别人的麻烦事还可以，一旦自己遇到麻烦就受不了了。

当官之所以烦人，就是因为麻烦事往往一件跟着一件，推也推不脱，躲也躲不掉，难得清静，难得自在，难得潇洒，为什么说"无官一身轻"呢？就因为没有那么多的麻烦事情。

所以做官要修养心性，第一件事就是训练自己处事不烦，不急不躁，无怨以及头脑清醒。头脑清醒才能保持安静，保持安静才能稳住部下，稳住部下才能做出决断。不然的话，心急似火，性烈如马，只会使事态的发展更加混乱。

曾国藩对耿恭简所说的"居官以耐烦为第一要义"有更深一层的理解，他以为做官如此，带兵亦然。有一天，曾国藩接到曾国荃的一封信，信中说："仰鼻息于傀儡膻腥之辈，又岂吾心之所乐。"曾国藩谆谆告诫弟弟说，这已经露出了不耐烦的苗头了，将来恐怕难以与人相处。能耐烦的好处就是从容平静，从容平静方能产生智慧，方可处变不惊，才能安稳如山。

1862 年，曾国藩率部追击捻军。一天夜晚，兵驻周家口（今江西万载县），湘军护卫仅千余人，捻军突然来袭，湘军开始不耐烦了，惊惧不已。幕府文书钱应溥急忙向曾国藩说："现已半夜，力战肯定不行，突围恐怕危险重重。但若我按兵不动，佯为不知，彼必生疑，或许不战自退。"曾国藩于是高卧不起，钱应溥也镇静若常。守护曾国藩的卫兵见主帅若无其事，于是也都平静下来，恢复常态。捻军见状，果然怀疑曾国藩布有疑兵，徘徊不定，不敢冒进，最终匆匆撤去。

由于曾国藩是在中国传统文化中熏染陶冶、经过严格科举考试而产生的一个典型的封建知识分子，所以他对儒家那一套"修身、齐家、治国、平天下"的封建人生信条看得非常重要，视为平生待人接物、处世治事的基本准则。然而，在曾国藩的心目中，自宋明以来，一般正统士大夫往往把修身同治国、平天下相对立，割裂开来，强调各自的重要性，到头来不是治国、平天下缺乏精神支柱和远大目标，乃至完不成救世大业；就是满腹文章，而不能任天下大事。也就是把"传教"与"办事"对立起来。究其原因，他认为主要的问题就是人们把"修身"二字看得太简单、太孤立了，从而缺乏实际，难以使"修身"同"治国、平天下"有机地结合。因此，曾国藩主张，修身必须首先结合实际去进行。不管是读书做学问，还是待人接物；不管是带兵打仗，还是为官从政，都有修身的大学问体现其中。要做到这样，曾氏认为重要的问题就是立足于精神修养。

众所周知，精神是人生的本源。有什么样的精神状态，就会有什么样的人生观。曾国藩认为，精神的修养，全是内心所要做的功夫。所谓治心之道，如惩忿窒欲、静坐养心、平淡自守、改过迁善等等，都属于精神方面的修养。因而，在他的遗著中，尤其是在他的日记和家书中，关于这方面的言论颇多。

曾国藩的人生观

曾国藩的人生哲学，不但采撷了儒家、道家的学说，而且采撷了墨家的学

说，墨子以苦为乐，光头赤足，做有利于天下的事，经常称赞大禹的勤劳。曾国藩曾经说过："立身的重点，在于有禹、墨的勤俭，加上老、庄的静虚，差不多修养自己、统治别人的方法都有了。"所以曾国藩采撷墨家思想的，主要是勤俭。

他说：治生之勤应像墨子、大禹那样，大禹治水四年，三过家门而不入；墨子光头赤脚，是为天下的利益。他们都非常节俭并有献身精神，都以非常的勤劳来拯救百姓。所以荀子喜欢赞扬大禹、墨子的行为，是因为他们勤劳。自古以来，但凡有一些技能、才华、又吃苦耐劳的，都得到重用，并且受世人称赞。而没有什么技能才华，又不惯于劳作的人，没有不被世人唾弃的，受饥寒交迫而死。所以勤劳可以长寿，而懒惰可使人夭亡。勤劳而有才干就会得到任用，懒惰而无能就会被遗弃。勤劳而能为百姓谋得幸福就是连神鬼也会钦佩他，懒惰对别人没有任何益处，那么神鬼也不愿理会他。所以一个人如得到神仙百姓的信赖，没有比习惯于勤劳更重要的品质了。

曾国藩对于周秦诸子的思想，都是取其可以学习的地方，去掉不适宜的地方，最后统一在孔子的学说上面。曾国藩说："周朝末年诸子的学说都有非常精辟的地方，但是所以不如孔子，是因为他们不是这里有偏颇，就是那里有缺漏，尤其是不如孔子的学说柔和。如果能使心境像老子、庄子那般虚静，修身能像墨子那样勤俭，治理百姓能像管仲、商鞅那样严整，并且有不自以为是的心态，有偏颇的就去掉，有缺漏的就补充，那诸子都有可学之处，而不能轻易抛弃。"

看到这里，就可以知道在曾国藩人生观里，渊源大多是周、秦时期的诸子百家。

曾国藩的孝道

向来做老师的有经师、人师的区别，教育也有言教和身教的差异，星冈公讲理透彻，说的许多话成为曾门家规，多属于言教。竹亭对父亲十分孝顺，时间虽长却更加用心，属于身教。他们对后世的教育方法虽然不同，但对于感化家人，成为乡人的榜样，可谓殊途同归。在这样的家庭氛围的熏染之下，曾国藩确也成就了他为一代孝子的美誉。

曾国藩的孝道，主要表现在他的日记和家书里，由于他终生居家时日颇短，但其一颗殷殷孝子之心，却昭然可表。

曾国藩但凡给父母的家书总有一个格式，开头总是"男国藩跪禀父亲母亲膝下"或"男国藩跪禀父亲母亲万福金安"，结尾则多用"男谨票"或"男谨呈"等。虽然这是一种格式用语，但也足

粉彩过枝瓜蝶纹碗　清

见远在千里之外的儿子，孝心殷切，至孝至诚了。

其次，曾国藩远在他方时，总是不时地向父亲禀呈自己的现状，以缓父母对己的怀念。又嘱托兄弟、子侄多多来信呈报父母的身体状况，也是他孝顺的一个方面。如在家书中他说："敬悉祖父大人病体未好，且日加剧。父、叔率诸兄弟服侍已逾三年，无须臾之懈，独男一人远离膝下，未得一日尽孙子之职，罪责甚深。"

又如："母亲齿痛，不知比从前略松否？现服何药？下次望季弟寄方来看，叔父之病至今未愈，想甚沉重，望将药方病症书明寄京。刘东屏医道甚精，然高云亭犹嫌其过于胆大，不知近日精进何如？务宜慎之又慎。"

似这类关切父母、孝顺双亲的家书甚多。有时候，曾国藩要做一件事，父母不同意或想不开，他便去信开导，实在开导不成，事情便放下作罢。

曾国藩在京为官时曾写过这样一封家书："余自去岁以来，日日想归家省亲。所以不能者，一则京城欠账将近一千，归家则途费接礼又须数百，甚是难以措办；二则二品归籍，必须自己具折，折中难于措辞，私心所愿者，颇想得一学差，三年任满，即归家省亲上也。若其不能，则或明年得一外省主考，能办途费，则后年必归次也。若二者不能，则只得望六弟、九弟明年得中一人，后年得一京官，支持门面，余则归家告养，他日再定行止耳。如三者皆不得，则直待六年之后，至甲寅年母亲七十之年，余誓具折告养，虽负债累万，归无储粟，余亦断断不顾矣。然此实不得已之计。若能于前三得中其一者，则后年可见堂上各大人，乃如天之福也，不审祖宗能默佑否？"

在这封信里，我们从言词诚挚的字里行间，可以窥见一位思家迫切、盼归甚殷的孝子，在京城繁杂、匆忙的官场奔忙里，望乡而兴叹，把眷眷思家省亲、奉孝床前的炽热情感，深深隐匿在剪不断的思念里。

他在京里得知母亲欲买一丫头，马上去信表示支持，即刻从自己窘迫的收入里拼凑起五十金给母亲寄回。甚至于给他祖父母、父母的四口寿具上漆之类的小事，他也亲自过问，并叮嘱每年同时上漆一次，花费由他自己专项报销。他曾经给星冈公买了一副黑狸皮褂，以尽孝孙之心，并去信再三叮嘱，说："闻狸皮在南边易于回潮，黑色变为黄色，不知信否？若果尔，则回潮天气须勤勤俭视，又凡收皮货，须在省城买'潮老'（指防潮剂），其色如白淮盐，微带黄色，其气如樟木。用皮纸包好，每包约寸大，每衣内置三四包。收衣时，仍将此包置衣内。又每年晒皮货晒衣之日，不必折收，须过两天。特热气退尽乃收。"细致的叮咛中，曾国藩的孝心殷殷可见。

当他得知父亲因过多地躬亲家事而累坏了身体时，马上去信说："大人之身，上奉高堂，下荫儿孙，外为族邻乡里所模范，千金之躯，诚宜珍重。男忝窃卿贰，服役已兼数人，而大人以家务劳苦如是，男实不安于心。"并再三嘱托诸弟代父劳苦，以宽解父亲的疲累。

年轻时曾国藩性格敦厚，远离家乡，家乡的山川白云、亲人房舍，自然无不难以忘怀，因此有思念父母的诗句：

> 莽莽寒山匝四周，眼穿望不到庭闱。
>
> 絮飘江浦无人管，草绿湖南有梦归。
>
> 乡思怕听残漏转，逸情欲逐乱云飞。
>
> 敬从九烈神君许，游子于今要换衣。

"要换衣"而父母不在，其思念双亲之情跃然纸上。

在他的《三十三生日三首》中，也有思亲之句：

> 三十余龄似转车，吾生泛泛信天涯。
>
> 白云远望千山隔，黄叶催人两鬓华。

自己都已"两鬓华"，到了秋季，那么年值霜冬的父老就更是"银霜满头"了。其孝心可见。

当然，曾国藩不仅让兄弟孩子们养成一种孝道，他自己是只说不做，相反，他在事关孝悌的重大关头，也是挺身向前，勇于担当。如在咸丰七年（1857）他听说他的父亲去世的消息，竟不经允许就匆忙回家委军奔丧。虽然也有向清廷发泄不满之意，但也足见他的孝悌之心。

曾国藩从祖、父辈传承下来的孝敬，反映在家庭伦理中，他主张对待长辈应时时存一"敬"字，由"敬"而生出"孝"来就十分自然。

无论哪个时代，哪个阶段，无论出自何种理由，人们都不能不承认曾国藩的学问和能力。他集严父、慈父于一身，时时注意教子的方式方法，"爱之以其道"。其教子成功的经验，时至今日也颇具借鉴意义。

曾国藩讲求的家范，是国人传统中的一个典型。他曾告诫家人：家范有着极其重要的作用，与治国相关联。家范是治国的基石。

我国民间有句旧谚："百善孝为先，万恶淫为首"。重视家庭伦理建设是中华文化的一个传统。"尧舜之道，孝悌而已。""孝"是子女对父母的尊敬与服从；"悌"是弟弟对兄长的尊敬与服从。据传我国夏朝就有不孝之罪，商朝沿用。西周文王时规定了一条法律，将"不孝不友"定为"无恶大憝"之罪，应用文王的法律从重从快严加惩处，"刑兹无赦"。《孝经》说："夫孝，天之经也，地之义也，民之行也。"这真把孝抬到了无以复加的地步了。在儒家看来，王道政治的"修齐治平"中，"修""齐"的核心问题是个"孝"字，"修身"以孝，"齐家"亦以孝，身修了，家齐，何患国不治天下不平?! 故《孝经》又说："明王之以孝治天下也。"在我国古代社会，宗法制度根深蒂固，血缘纽带结实韧长，家庭是社会的细胞，是政治和经济、生产和生活的最基本单位，农业的生产与再生产、人类自身的生产与再生产，都依托家庭而进行。可以说，古代社会是宗法的社会，古代经济是家庭的经济。"孝"是家庭和谐、经济发展、政治安定的调节器。

曾国藩曾在给他的儿子曾纪泽的信中写道：

> 你应当体会我的心意，在叔祖及各位叔父、叔母前多尽些敬爱心。要心存全家同为一体的概念，不怀彼此歧视的见解，那么老辈内外亲长必须器重喜爱你。后辈兄弟姐妹以你为榜样，越来越亲密。如果能使宗

族、乡党都说，纪泽的气量大于他父亲的气量，我就非常高兴。

曾国藩念念不忘治理家庭，要家人讲求忠孝二字，认为"忠孝"是种道德风范，在家可盛家，在朝可治国，好的家范可以造就忠臣。他谆谆教诲家人说，我们家现在门第显赫鼎盛，而居家过日子的气象、礼节等方面总是没有能够认真讲究一番。遍览古往今来名门世家得以久长的，男子要讲求农耕、读书两件事，妇女要讲求纺织、酒食这两件事。《斯干》一诗，讲的是帝王贵族建筑宫室等事，而妇女重在"酒食是议"一句，就是妇女只需讲究酿酒做饭等家事。所以我总是教导儿媳妇、女儿们要亲自主持烹饪，后辈看来好像不是什么要紧事。以后回到家乡，在家闲居，妇女们纵使不能精通烹调技术，也一定要常到厨房去，一定要讲求制作酒、醋、肉酱、小菜及换茶之类的事务。你等也要留心种菜养鱼，这是一家兴旺的气象，决不能忽视。纺织虽然不能数量很多，也不能间断。为兄的大房首倡之，其余四房都响应，家风从此也就淳厚了。

曾国藩真可谓是在朝忠、在家孝的模范代表。在家中，他竭力缔造一个"父慈子孝、兄友弟恭、敦亲睦邻"的理想环境。从某一方面来讲，他们曾获得了一定的成功。在政治力量只着重维系统治者利益而忽略大众利益的专制时代，社会的秩序就靠着他们的影响，而得到相当维持。

从曾国藩的家信里，我们可以看到一位典型的中国士大夫，如何处理他与家族邻里亲戚之间的关系，怎样追求孝、悌、慈爱、温厚的完美人格。在骨肉亲情日渐淡薄，邻里亲戚几同陌路的现代社会里，曾国藩的家信，实在具有劝世化俗的价值。曾国藩家信中，虽然也谈些家务琐事，但有关军国大事、做人做事的原则、训勉子弟敦品砺学等记录，也不在少数，值得所有人一读。

亲人之间应当和气，怎样和气？并不是你好我好的"和气"，而应当在坦诚、忍让，在互相关怀帮助，相互砥砺的基础上的和气，尤其是能够真诚善良地指出对方的过错、不足。被指出错误的人则是闻过则喜，不吝嗇改过。这样才能使大家不断完美，相互协调，家业兴旺。

有一次，曾国荃与曾国藩谈心，其中大有不平之气。曾国荃一下子给哥哥提了很多意见。最大的意见是说哥哥在兄弟骨肉之间，不能造成一种生动活泼的气氛，不能使他们心情舒畅。曾国藩虽然稍稍劝止，但还是让曾国荃把话说完了，一直说到夜至二更。在此期间，他还给哥哥提了许多别的意见，这些意见大都切中事理，曾国藩在一边倾耳而听。

金无足赤，人无完人。既然是人，就会有缺点，有错误，曾国藩也不例外。曾国藩最大的毛病或许还不是曾国荃说的那一条，而是喜欢教训人，就是好为人师。这一点是曾国藩自己也承认的。

曾国藩是一个对自己要求十分严格的人，对兄弟子女也要求十分严格。要求

一严，就难免提意见的时候多，表扬的时候少。曾国藩还是一个责任心和道德感十分强的人，凡是看不惯的，有违家法的，他都会直言不讳地给予批评。曾国荃给他提的意见实际上是说哥哥太严肃了。

曾国藩的可贵之处在于，他不理论，也不辩解，而是让弟弟把话说完。既然人家有意见，你能堵住他的嘴，但堵不住他的心。有意见你就让他把话说出来，说出来了心中就没有了不平之气了，如果你把他的话卡回去，这只能使他的不平之气更添一分，于人于己都没有好处。更何况曾国荃也说得在理呢？

曾国藩的另一个可贵之处在于，虚心接受他人的批评，并不因为自己是兄长，是大官，就以势压人。只要他人说得入情入理，就没有不能接受之道理。曾国藩这样做，无损于他做兄长的尊严，反而使曾国荃产生一种亲切之感，在尊严和亲切之外，更有一种大度与大气。

正是因为曾国藩有这样的胸怀与气度，所以曾氏家族才能老有所尊，幼有所爱，兄弟和睦，邻里相亲。

提到家训，曾国藩言必称星冈公，星冈公是曾国藩的祖父，原名兴，字玉屏，中年改名星冈。他继承祖业，占有一百多亩水田和多处山林、屋宇。家中"自道光元年即处顺境，历三十余年均报平安"。正因为如此，他青年时放荡游冶，酒食征逐。直到父亲死后，已过而立之年的曾星冈，挑起了一家重担，才收心治产业。他曾有一段很坦率的自述：

　　吾少耽游惰，往还湘潭市肆，与裘马少年相逐，或日高酣寝。长老有讥以浮薄，将覆其家者。余闻而立起自责，货马徒行。自是终身未明而起。余年三十五，始讲求农事。居枕高嵋山下，垄峻如梯，田小如瓦。吾凿石决壤，开十数畛而通为一，然后耕夫易于从事。吾昕宵行水，听虫鸟鸣声以知节候，观露上禾颠以为乐。种蔬半畦，晨而耘，吾任之；夕而粪，庸保任之。人而饲豕，出而养鱼，彼此杂职之。

他是一个既管有山林田产，又雇有佣工，自己只参加辅助劳动的财主。他的儿子曾竹亭则以读书、教书终其身。这样的家庭当然已算不了"农家"，他们的子孙当然也就算不了"农家子弟"了。

曾星冈还常常插手地方事务，武断乡曲，"声如洪钟，见者惮慑"。他自述道："邻里讼争，吾尝居间以解两家之纷，其尤无状者，历辞诘责，势若霆催，而理如的破，悍夫往往神沮，或具樽酒通殷勤，一笑散去。"从这篇明显地带有美化痕迹的《大界墓表》看，从曾星冈的儿子曾竹亭后来担任湘乡全县团练总头目，"僻在穷乡，志在军国"的情况看，曾星冈、曾竹亭两代都是地方上的绅士。

曾国藩就是出生在这样的家庭中，受祖父曾星冈、父亲曾竹亭的影响很深。

曾星冈性格暴烈，言行专横，即使对于妻子王氏也是如此。王氏"虔事夫子，卑诎已甚，时逢愠怒，则辣息减食，甘受折辱，以回眷睐"。曾星冈"对子孙诸侄，则严肃异常，遇佳时令节，尤为凛不可犯"。他"气象尊严，凛然难犯"，对儿子曾竹亭尤其严峻，"往往稠人广坐，壮声呵斥；或有所不快于他

人，亦痛绳长子，竟日，诘数愆尤。间作激宕之辞，以为岂少我耶？举家耸惧。"儿子竹亭则"起敬起孝，屏气扶墙，蹜徐进，愉色如初"。曾星冈是这个封建家庭中威严的最高统治者。

然而，他对子孙们的严格与严厉，在另一方面却有助于子孙的成长。道光十九年（1839）十一月初一日，曾国藩动身进京散馆，在这之前的十月二十日早晨，他站在阶前向祖父说："此次进京，求公教训。"曾星冈说："尔的官是做不尽的，尔的才是好的，但不可傲。满招损，谦受益，尔若不傲，更好全了。"祖父的言传身教，对曾国藩极有影响，他写道："遗训不远，至今尚如耳提面命。"他有意重提此事，用以与诸弟共勉。在另一处，曾国藩写道："余尝细观星冈公仪表绝人，全在一'重'字。余行路容止亦颇重厚，盖取法于星冈公。"甚至对于祖父的那种粗暴、凛不可犯，曾国藩也理解为："盖亦具有一种收啬之气，不使家中欢乐过节，流于放肆也。"曾国藩还写道："吾家祖父教人，亦以'懦弱无刚'四字为大耻，故男儿自立，必须有倔强之气。"曾星冈的言行，对曾国藩的性格的形成，是起了很大的影响的。所以，曾国藩对于祖父终身敬服。他获得高官厚禄以后，仍然说："国藩与国荃遂以微功列封疆而膺高爵，而高年及见吾祖者，咸谓吾兄弟咸重智略，不逮府君远甚也。"他甚至为祖父深抱委屈，认为"王考府君群威仪言论，实有雄伟非常之慨，而终老山林，曾无奇遇重事，一发其意。"

孟母教子

孟子名轲，是继孔子之后的儒家代表人物，是战国时期著名的思想家和文学家。先世是鲁国公族，他受业于子思的门人。他将孔子的"仁"发展成为"仁政"，宣传"仁者无敌"的思想。被后人称为"亚圣"。

少年时期的孟子贪玩不好学习，他经常跑到一个离家不远的墓地玩耍，学着挖坑埋死人，有时连饭都忘记吃。对此，孟母心里非常焦急，苦苦思索如何为孟子挑一个良好的学习环境，免得他四处乱跑。想来想去，她决定把家搬到街市附近去住。但是没想到，繁华的街市和来往这里的商人，也很分散孟子的注意力；出于好奇，孟子甚至常跟随商人学着在街上叫卖，把读书学习的事完全抛在脑后。

不久，孟母得知了这种情况，并

孟子像

从中得到启发：原来小孩子都有一个特性，接近什么就学什么。她觉得此地也不是教育儿子的好环境，于是又产生了第二次搬家的想法。过了一段时间，孟母把家迁到了一所学堂旁边。此后孟子果然体会出母亲二次搬家的良苦用心，开始进学堂用心读书。

孟母不仅懂得客观环境对培养学习兴趣和钻研精神的重要，也懂得只有经过千锤百炼、不断努力和反复教育才能造就刻苦好学、坚持不懈的精神。因此，孟母除了注意选择良好的客观环境，进行必要的督促外，还注意启发孟子主观上的自觉性，使他明白要努力学习的道理。

孟子上了学堂，虽然比从前用功，但仍然经常贪玩好要，并不十分努力专心对待学业，孟母仍很担忧。一天，孟母正在堂前织布，又见孟子早早就从学堂跑回家，就马上放下手中的活，问孟子是何原因。孟子是因不愿读书，背着老师逃学的，但看见母亲严肃的样子，就撒谎说："我是和平时一样放学回来的呀！"孟母听了很痛心。她沉思片刻，拿起剪刀把织布机上的纱线统统一剪两断，而且不再说什么，只坐在一边流泪。孟子见状，心里非常紧张、害怕，小心地走上前，问母亲是什么原因使她这样难过。这时，孟母语重心长地对他说："要你好好读书，增长知识，使你成才，像你现在这样经常中途废学，不求上进，这不就等于用剪刀剪断纱线，使我织不成布一样吗？"孟子听了母亲的教诲，感动得痛哭流涕，暗下决心要努力学习。

从此，孟子懂得了学习必须持之以恒的道理，并且经过他长期坚持不懈的努力，终于在学业上取得了突出的成就，被称为"亚圣"。

曾国藩博览群书

曾国藩一生最辉煌的成就虽是军事，但他的好学与勤于写作也是较为突出的。从曾国藩一生读书的经历来看，他在道光十五年入京参加会试前，读的是"诗云子曰"，习的贴括制艺，眼界不广，学识不宽。十五年会试报罢，暂留京师，开始涉猎诗、古文，尤好韩愈的文章。第二年会试又报罢，他买回一套二十三史，孜孜细读，将近一年。这才使他的学识逐渐开拓。道光十八年入翰苑后，清闲少事，他更励志学习，广泛阅览，且勤做笔记，分"茶余偶谈、过隙影、馈贫粮、诗文抄、诗文草"等五门，手抄笔摘：加上他在京都有不少师友益友，切磋扶持，不间时日，因而学识大进。可以说，京官十二年，是曾国藩后来成为一代大儒的坚实的奠基期。

十二年中，曾国藩博览经、史、子、集。道光二十二年，他"定刚日读经，柔日读史"，所订"课程"十二项中，也有"读史"一项。他读得最细的，是《左传》《国语》《史记》《汉书》《易知录》等。

曾国藩的晚年也是在读书中度过的，同治十一年（1872），是曾国藩在世的最后一个年头，当时他衰病已多年。这年正月二十三日，他忽右足麻木，中医称为"肝风"。回到内室，对二女纪曜说："吾适以大限将至，不自意义能

复常也。"二十六日，前河道总督苏廷魁路过金陵，他出城迎接，在轿中还背诵《四书》。忽然间，颤抖的手指着旁边的戈什哈，似欲说点什么，却口噤不能出声，"似将动风抽掣者"，只得急回署中。延医服药，医者均谓他"心血过亏"。随后，病情旋发旋止，旋止旋发，但他依然不辍公事，不废阅读，《理学宗传》数本，日不释手。

二月初三日他还阅看了《理学宗传》中的《张子》一卷，写了日记。而这天的日记，竟是他从道光十九年以来极少间断的日记册中的最后一页，他在上面留下了他生平写的最后一个字。第二天午后，他由长子曾纪泽陪同，在总督府后的西花园散步时，屡向前蹶，忽喊足麻，即已抽搐，儿子急扶他至花厅，他已不能言语。乃更衣端坐，家人环集左右。三刻钟后，即目瞑气息。

这位十九世纪五六十年代在中国政治和军事舞台上叱咤风云而又温文尔雅的曾国藩，只活到六十二岁，就带着"学业一无所成，德行一无所许"的自艾自责而过早地谢世了。可见，曾国藩确实可以称得上活到老，学到老的典型。

曾国藩家训说：

近将星冈公之家规，编成八句云：书蔬鱼猪，早扫考宝；常说常行，八者都好。地命医理，僧巫祈祷；留客久住，六者俱恼。盖星冈公于地命医僧巫五项人，进门便恼；即亲友远客，久住亦恼。此八好六恼者，我家世世守之，永为家训，子孙虽愚，亦必略有范围也。

书：就是读书。我国的家庭有一个祀奉祖宗的神龛，设于堂屋的正中。神龛两侧，必然张贴一副对联：

祀祖宗一炷清香，必诚必敬；

教子孙两条正路，宜读宜耕。

耕读之家，最能维持长久。耕，意为生产基业；读，指基本教育。在过去的家庭中，除极少数的例外，每个青年子弟，总要读三年五年的书，即使一般女子，也至少要读一二年的书，俗称三代不读书，一屋都是猪。因为我国历代注重读书，所以中国文化，在过去历史上，总是站在领先的地位。

蔬：就是蔬菜。曾星冈常说："凡是自己亲手种的亲手采的蔬菜，味道也特别甜。"这不仅是心理作用，而且也是事实。市面买菜，大多前摘好，洗净灌水，次晨去卖。至于家园菜蔬，立时摘洗，立时炒煮，正如吃活鲜鲜的鱼虾，总比已死的鱼虾好吃，就是同一道理。一个耕读之家，田有谷米，园有蔬菜，关于食的方面，除盐以外，可以无所多求于他人了。

鱼：鸢飞戾天，鱼跃于渊，天机活泼，正是一种兴旺气象。曾国藩常说："家中养鱼养猪种竹种蔬菜，都不可疏忽，一则上接祖父相承以来之家风；二则望其外有一种生气，登其庭有一种旺气。"足见养鱼，不仅可以有口福，而且可以增加生气，生机勃勃，则家道兴矣。湖南素称鱼米之乡，洞庭湖产鱼，湘资沅沣产鱼，还有千千万万的池塘，无不产鱼，因此鱼的生产量至大，在湖南的出产中，与米并驾齐驱，曾国藩提倡养鱼，自有道理。

猪：湖南农业的副产品，猪实占着一个极重要的地位。湖广熟，天下足。

湖南有的是米，湖南的猪，是吃米糠长大的，因为池塘多，水沟多，猪吃饱了米糠，又加上一些水边植物，每只猪都是长得肥肥胖胖的，味道之佳，实各省所不及。因此湖南猪、猪肉、猪鬃以及腊肉，销行至远。曾国藩提倡养猪，自有道理。

早：就是早起，日出而作，日入而息，乡下的农民，老老少少，男男女女，几乎与太阳同起同落。因为起得早，必然睡得早，因为睡得早，也必然起得早，二者是有相互关系的。一个农业家庭，除疾病或特殊情形外，事实上没有一个不早起的。提倡早起，就是奖励勤劳，增加生气，因为农民早起，商人也不得不早起，工人士子，也不得不早起。许多外省人，初到湖南，开始时吃不惯三餐干饭，后来早起了，才知道非吃三餐干饭不可。

扫：就是扫除，包括洒洗。这一工作，大多由妇女做。妇女早起之后，第一件事，就是洒扫工作。家庭秽物，桌几灰尘，要洒扫干净，虽至贫至苦人家，也不例外，年终的时候，屋前屋后，还要来一次大扫除。我国自古即重视小子洒扫应对进退之礼，将洒扫之事与应对进退之礼并为一谈，故有"一屋不扫，何以扫天下"的言辞。

考：就是祭祀。就是为人子孙者，不要忘记祖考祭祀。曾国藩家训：从前我祖父星冈公最讲求治家之法：第一早起；第二打扫清洁；第三修诚祭祀；第四善待亲族邻里。曾子说："慎终追远，民德归厚矣。"中国人对于祖先的祭祀，素极重视，因为追念远祖，自然不敢为非作歹，继承家训美德民德自然归于纯厚，这与孝顺父母是一样的道理。

宝：就是善待亲族邻里。曾星冈说："人待人，无价之宝。"这就是说，一个人不能独善其身，一个家也不能独善其家。你一家虽好，必须亲族邻里大家都好。人与人的关系，是息息相关的，牡丹虽好，绿叶扶持。假若与亲族邻里不能好好相处，这一家庭，便成怨府，迟早是要毁败的。曾星冈一面操持家庭，一面善待亲戚邻里，这是一个居家的至宝，曾星冈知之，曾国藩亦知之。

曾国藩的家训对儿女产生了深远的影响。

同治四年（1885）秋，曾纪泽为修葺富厚堂，奉其父命回到老家。据其长孙女曾宝苏回忆："我们的住宅，名叫富厚堂，据说是惠敏公照《议书》功臣表中关于《列侯记》有'富厚如之'一语，故以'富厚'为堂名。"（见《曾宝苏回忆录》）同治五年（1866）九月，富厚堂建成，纪泽偕母亲及弟妹住进新屋。新屋前大门后还有三重大门，曾纪泽将中门进中厅取名"八本堂"，亲自把曾国藩所谕"八本"用隶书写在正墙上，以迪后人。是年，湘乡倡修县志，各界人士荐举曾纪泽纂修。曾国藩知道这一事情后，立即修书告诫纪泽："尔学未成就，文甚迟钝，自不宜承认，然亦不可全辞。一则通县公事，吾家为物望所归，不得不竭力赞助；二则尔惮于作文，正可借此逼出几篇。天下事无所为而成者极少；有所贪有所利而成者居其半；有所激有所逼而成者居其半。尔纂韵钞毕，宜从古文上用功。余不能文，而微有文名，深以为耻，尔文更浅，而亦获虚名，尤不可也。或请本县及外县之高手为撰修，而尔为协修。"同治十一年（1872）春，曾

国藩病逝于两江总督任上，曾纪泽扶灵枢回籍安葬于善化（今长沙）平塘。其时，他在长沙购房一栋，取名"长沙曾寓"。大门外悬挂的"岳云在望；礼器成图"一联，即为曾纪泽所书。光绪二年（1876）冬，他离开长沙复入京。翌年被袭封一等毅勇侯爵。光绪四年（1878）六月，奉旨赏戴花翎，派充英国、法国钦差大臣。赴任前，西太后召见他于养心殿东间。西太后说："办洋务甚不容易，闻福建又有焚教堂房屋之案，将来必又淘气。"曾纪泽答："办洋务难处，在外国人不讲理，中国人不明事势。中国臣民常恨洋人，不消说了，但须徐图自强，乃能为济，断非毁一教堂、杀一洋人，便称报仇雪耻。"西太后说："这些人明白这道理的少。你奉国家办这点事，将来这些人必有骂你的时候，你都要任劳任怨。"曾纪泽说："臣从前读到'事君能致其县'一语，以为人臣忠则尽命，是到了极处。观近来时势，见得中外交涉事件，有时须看得性命尚在第二层，竟须拼得将声名看得不要紧，方能替国家保全大局。即如前天津一案，臣的父亲先臣曾国藩，在保定动身，正是卧病之时，即写了遗嘱吩咐家里人，安排将性命不要了。及至到了天津，又见事务重大，非一死所能了事，于是委曲求全，以保和局。其时京城士大夫骂者颇多，臣父亲引咎自责。寄朋友的信常写'外惭清议，内疚神明'八个字，正是拼却声名以顾大局。其实当时事势，舍臣父之所为，更无办法。"西太后问："你现在在总理衙门居住？"曾纪泽答："总理衙门事务势不能不秘密，臣等从前未敢与闻。现因奉旨出使，须将英国、法国前后案件查考一番，并须摘要抄录一点。其全案虽在郭嵩焘处，然臣在路上必有外国人交接应酬，若言谈之际全然不知原委，未免不便。"西太后听了非常满意，说："你办事倒很细心。"

是年的九月初四，曾纪泽携眷离京，转沪起程赴法，出任常驻英、法大臣。在出使任内，他刻苦攻读英语、法语，深入了解各国历史、国情，研究国际公法，考究西欧各国工、商业及社会情况。他还将使馆由租赁改为自建，亲自负责图书、器物的购置，务使使馆规模不失大国风度，亦不流于奢靡。使馆落成，他还亲书一联悬挂大门两侧：

濡耳染目，靡丽纷华，慎勿忘先父俭以养廉之训；

参前倚衡，忠信笃敬，庶可行圣人存而不论之邦。

上联警策自己，要不忘其先父"俭以养廉"的家训，能在西方的花花世界立于不败之地；下联则阐明其外交宗旨，要尊孔子所说的"言忠信，行笃敬，虽蛮貊之邦行矣"和《庄子·齐物论》六合之外圣人"存而不论"的教言。这种谦虚谨慎和为政清廉的作风，深为外国人所敬重。在曾纪泽出使任内，巴西于光绪五年（1879），通过驻英公使与曾纪泽联系，谋求与中国建交、通商，并招募华工垦荒。曾纪泽审时度势，积极建议清廷予以同意。唯对招募华工一事，因美洲各国虐待"苦力"，他请予拒绝。可见中巴建交，曾纪泽做出了开创性的贡献。

光绪六年（1880）正月，曾纪泽被补授大理寺少卿，除任驻英、法大臣以外，还兼任驻俄大臣，赴俄谈判收复伊犁地区问题。曾纪泽赴俄之前，崇厚已在

赴俄谈判中擅自签订了《里瓦几亚条约》，丧权辱国，朝野哗然。曾纪泽这次出使举国瞩目。六月，他行抵俄京，前后谈判达十个月，正式会谈辩论，有记录可稽者五十一次，反复争辩达数十万言。经他的据理力争，于光绪七年（1881）正月二十六日，终于达成《中俄改订条约》（即《中俄伊犁条约》），与崇厚原订条约比较，虽然伊犁西境霍尔果斯河以西地区，仍被沙俄强行割去，但乌宗岛山及伊犁南境特克斯河一带，均收回，并取消了俄人可到天津、汉口、西安等地进行经济活动诸条款，废除俄人在松花江行船、贸易，侵犯中国内河主权等规定。

光绪九年（1883）中法战争爆发后，曾纪泽坚决反对外国侵略者，极力抗议法政府的无端挑衅。主张"坚持不让""一战不胜，则谋再战；再战不胜，则谋屡战"。他与法人争辩，始终不屈不挠，并疏筹"备御六策"。

光绪十年（1884）三月，曾纪泽卸驻法大臣职，旋晋兵部右侍郎，仍为驻英俄大臣，与英国议定《洋烟税厘并征条约》。几经周折，终于为清政府争回每年增加烟税白银200多万两。

从曾国藩关于"三不信"的论述来看，曾国藩有时确实迂的可以。不信医药在现在看来是愚昧落后的表现，即使在曾国藩自己，因为身体不好，只能信医药，却又想努力把它戒掉，未免荒唐。

曾国藩一生好学，同时也总结出了许多很有价值的学习方法，对后人具有很大的启发价值。这一点，我们可以从青年毛泽东的书信中看出来。1915年6月25日毛泽东在致湘生信中，曾这样谈到治学方法：

戗金彩漆云龙鼓式盒　清

为学之道，先博而后约，先中而后西，先普通而后专门。质之吾兄，以为何如？前者已矣，今日为始。昔吾好独立蹊径，今乃知其非。学校分数奖励之虚荣，尤所鄙弃。今乃知其不是。尝见曾文正公家书有云："吾阅性理书时，又好做文章；做文章时，又参以他务，以致百不一成。此言岂非金玉！吾今日舍治科学，求分数，尚有何事？别人或谓退化，吾自谓进化也"。

毛泽东在这里所说的，是曾国藩于咸丰七年（1857）十二月十四日致曾国荃信中的一段话："凡人做一事，便须全副精神注在此一事。首尾不懈，不可见异思迁，做这样想那样，坐这山望那山。人而无恒，终身一无所成。我生平坐犯无恒的弊病，实在受害不小。当翰林时，应留心诗字，则好涉猎他书，以纷其志。读性理书时，则杂以诗文各集，以歧其趋。在六部时，又不甚实力讲求公事。在外带兵，又不能竭力专治军事，或读书写字以乱其意志。坐是垂老而百无一成。"而在曾国藩的日记、家书中，这一类的至理名言是很多很多的。

孙权劝勉臣下治学修身

好学深思并注意检点每日得失。语概括于《荀子·劝学》"博学而日参省乎己"句。从历史的成功经验看，勤于治学修身，就会使自己从目光短浅的事务主义中解脱出来而立志高远，有所作为。

吕蒙因为从小家贫，没有读过书，领兵作战，处理政务碰到不少困难，每当有大事需要禀报时，只能口述自己的意见，由文吏代笔。

孙权像

有一次，孙权与吕蒙、蒋钦等一班不通文墨的将领闲谈，孙权语重心长地教导说："卿今当涂掌事，宜学问以自开益。"孙权的意思是，你们现在都是身负重任的将军，应该好好读书，以增长自己的知识。开始，吕蒙对读书的重要性认识不够，强调军务繁忙，没有时间读书。孙权又进一步开导他们，说，军务繁忙是事实，但你们难道比我还繁忙吗？我年轻时读过《诗》《书》《礼记》《左传》和《国语》。自从掌握国政以来，又挤时间读了《史记》《汉书》《东观汉记》（合称三史）和各家的兵书，自己感到大有益处。我并不是要你们成为精通书经的博士，而只是要你们读些书，了解一些历史上发生过的大事，丰富自己的知识。你们秉性聪明，思想开朗，只要多读一些书，必定会有收获。为什么借故推托，不愿意读书呢？孙权又引用孔子的话："吾尝终日不食，终夜不寝，以思，无益，不如学也。"（《论语·卫灵公》）以及汉光武、曹操坚持读书的事迹，鼓励吕蒙、蒋钦多读书，并要他们先读《孙子》《六韬》等兵书及《左传》《国语》和"三史"。

孙权的开导和劝勉，使吕蒙深受教育和启迪。从此，他自强不息，以上阵厮杀的勇气和决心，在戎马倥偬的生活中，手不释卷，刻苦学习。他读书范围之广，数量之多，连当时饱学的儒生也自叹弗如！

吕蒙坚持读书，思想水平和领导水平都有很大提高。孙权称赞说："人长而进益，为吕蒙、蒋钦盖不可及也。"东吴名将鲁肃原以为吕蒙不过是一名勇将而已，"意尚轻蒙"。周瑜死后，鲁肃执掌兵权。建安十五年，鲁肃到吕蒙部队驻地视察，谈及敌我军事形势，发现吕蒙的见解十分精辟。鲁肃很惊奇，拍着吕蒙的背说："吕子明，吾不知卿才略所及乃至于此也。"遂拜其母，结友而别（《三国志·吴志·吕蒙传》）。

孙权对其他臣下也是如此，督促他们读书学习，增长知识，提高素质。因此，东吴不少文臣武将都是博览群书的饱学之士，仅见于《三国志·吴志》的就有十多人。孙权勉励臣下多读书，是具有远见的措施，为巩固东吴政权起了很好的作用。陈寿评论说："孙权屈身忍辱，任才尚计，有勾践之奇英，人之杰矣。"（《三国志·吴志·孙权传》）

苏东坡恃才傲物被屈

北宋文学家苏东坡，天资高妙，过目成诵，出口成章，有李太白之风流，胜曹子建之敏捷。官拜翰林学士，在宰相王安石门下从事，王安石很器重他的才能。然而苏轼自恃聪明，常多讥诮的言辞。一次王安石与他作解字游戏，论及坡字，坡字从"土"从"皮"，于是王安石认为坡乃土之皮。苏东坡笑道："如相公所言，滑字乃水之骨也。"王安石心中不悦。又一次，王安石与苏东坡谈及鲵字，鲵字从"鱼"从"儿"，合起来便是鱼的儿子的意思。苏东坡又调侃说："鸠可作九鸟解，毛诗上说：'鸣鸠在桑，其子七兮。'就是说鸠有七个孩子，加上父母两个，不就是九只鸟吗。"王安石听了不再发话，但心中对苏东坡的轻薄非常反感。不久把他贬为湖州刺史。苏东坡因言词巧诈而被贬，实为遗憾。

竹石图卷　北宋　苏轼

苏东坡在湖州做了三年官，任满回京。想当年因得罪王安石，落得被贬的结局，这次回来应投门拜见才是。于是，便往宰相府来。此时，王安石正在午睡，书童便将苏轼迎入东书房等候。苏轼闲坐无事，见砚下有一方素笺，原来是王安石两句未完诗稿，题是咏菊。苏东坡不由笑道："想当年我在京为官时，此老笔数千言，不加思索。三年后，正是江郎才尽，起了两句头便续不下去了。"把这两句念了一遍，不由叫道："呀，原来连这两句诗都是不通的。"诗是这样写的："西风昨夜过园林，吹落黄花满地金。"在苏东坡看来，西风盛行于秋，而菊花在深秋盛开，最能耐久，随你焦干枯烂，却不会落瓣。一念及

此，苏东坡按捺不住，依韵添了两句："秋花不比春花落，说与诗人仔细吟。"待写下后，又想如此抢白宰相，只怕又会惹来麻烦，若把诗稿撕了，不成体统，左思右想，都觉不妥，便将诗稿放回原处，告辞回去了。第二天，皇上降诏，贬苏轼为黄州团练副使。

苏东坡在黄州任职将近一年，转眼便已深秋，这几日忽然起了大风。风息之后，后园菊花棚下，满地铺金，枝上全无一朵。东坡一时目瞪口呆，半晌无语。此时方知黄州菊花果然落瓣！不由对友人道："小弟被贬，只以为宰相是公报私仇。谁知是我的错了。切记啊，不可轻易讥笑人，正所谓经一失长一智呀。"

苏东坡心中含愧，便想找个机会向王安石赔罪。想起临出京时，王安石曾托自己取三峡中峡之水用来冲阳羡茶，由于心中一直不服气，早把取水一事抛在脑后。现在便想趁冬至节送贺表到京的机会，带着中峡水给宰相赔罪。

此时已近冬至，苏轼告了假，带着因病返乡的夫人经四川进发了。在夔州与夫人分手后，苏轼独自顺江而下，不想因连日鞍马劳顿，意睡着了，及至醒来，已是下峡，再回船取中峡水又怕误了上京时辰，听当地老人道："三峡相连，并无阻隔。一般样水，难分好歹。"便装了一瓷坛下峡水，带着上京去了。

上京来先到相府拜见宰相。王安石命门官带苏轼到东书房。苏轼想到去年在此改诗，心下愧然。又见柱上所贴诗稿，更是羞惭，倒头便跪下谢罪。王安石原谅苏轼以前没见过菊花落瓣。待苏轼献上瓷坛，童儿取水煮了阳羡茶。王安石问水从何来，苏东坡道："巫峡。"王安石笑道："又来欺瞒我了，此明明是下峡之水，怎么冒充中峡。"苏东坡大惊，急忙辩解道误听当地人言，三峡相连，一般江水，但不如宰相何以能辨别。王安石语重心长地说道："读书人不可轻举妄动，定要细心察理，我若不是到过黄州，亲见菊花落瓣，怎敢在诗中乱道？三峡水性之说，出于《水经补注》，上峡水太急，下峡水太缓，惟中峡缓急相伴，如果用来冲阳羡茶，则上峡味浓，下峡味淡，中峡浓淡之间，今见茶色半晌方见，故知是下峡。"苏东坡敬服。王安石又把书橱尽数打开，对苏东坡言道："你只管从这二十四厨中取书一册，念上文一句，我答不上下句，就算我是无学之辈。"苏东坡专拣那些积灰较多，显然久不观看的书来考王安石，谁知王安石竟对答如流。苏东坡不禁折服："老太师学问渊深，非我晚辈浅学可及！"

苏东坡乃一代文豪，诗词歌赋，都有佳作传世，只因恃才傲物，口出妄言，竟三次被王安石所屈，从此再也不敢轻易讥诮他人。东坡如此，而才不及东坡者，更应谨言慎行，谦虚好学。读不尽者，天下之书；参不尽者，天下之理。宁可懵懂而聪明，不可聪明而懵懂。恃才夸己，轻视他人，最终会被人看轻，落得个羞愧满面的收场。

曾国藩学无止境

曾国藩十分注重"恒"的重要性。学无止境，若不持之以恒，必定半途而

废。因此，"作事有恒，容止有定"，成为他一生生活行为的准则之一。他认为："学问之道无穷，而总以有恒为主。"他每日无论公务多么繁忙，只要是定下的日课与月课，一定坚持，从不将昨日的课程改为今天补做，也不因明日有事，而将功课今日预做。他认为：只有坚持不懈的人才会取得事业上的成功。

同倭仁一样，曾国藩每天将自己的意念和行事，以楷书写在日记上，以便随时检点和克制。

曾国藩将所写的日记，定期送与倭仁审阅，并请他在上面作眉批，提出不客气的批评。虽然这种楷书日记还没有写满一年，因道光十三年（1843 年）七月，他出任四川乡试正考官，旅途匆忙，日记遂改用行书。此后的日记也没有再请倭仁批阅；但在日记中时时自讼自责的精神，却一直维持终生不变。他天天要求自己以理学的道德自省和经邦治国的要求监视自己，教训自己，也就因为这个缘故，使他在封建的伦理道德方面和他所献身的事业中，一天天地进步。

曾国藩当初读书只想在学问与仕途上求发展，的确无意在军功上求出路，更不想做了京官后回到湖南又走出湖南去打太平军。可是后来的事实发展，却一步步驱使他身不由己地走上军事统帅的道路。曾国藩是生平以儒者自许的一个老翰林，胡子粗粗的，指甲长长的，腰背弯弯的，走路拖拖的，平生不会骑马，不善刀矛，走起路来，连蚂蚁也怕踩死一只，但统兵打仗，已置身于生死之地，对于练兵、带兵，他本是十足的外行，只有凭着读书、修养的一套"明理"治心工夫，来练就湘军这支武装，去扑灭太平天国。

曾国藩早年对先辈乡贤王船山（王夫之）十分钦服，尤服其"经世致用"的一套理论。当他需要用武功平定太平天国时，又到王夫之那里寻找借鉴。从曾氏《日记》中可看到，他在军事斗争中的艰苦岁月——同治元年（1862）闰八月，开始研读船山的《庄子解》，十月开始研读船山的重要哲学著作《张子正蒙注》，并写了这样的心得体会："阅王而农所注张子《正蒙》，于尽性知命之旨，略有所会。盖尽其所可知者，于己，性也；听其不可知者，于天，命也。《易·系辞》'尺蠖之屈'八句，尽性也；'过此以往'四句，知命也。农夫之服田力稼，勤者有秋，随（惰）者歉收，性也；为稼汤世，终归樵烂，命也。爱人、治人、礼人，性也；爱之而不亲，治之而不治，礼之而不答，命也。圣人之不可及处，在尽性以至于命……若于性分当尽之事，百倍其功以赴之，而俟命之学，则以淡如泊如为宗，庶几其近道乎。"这说明，他在阅读船山著作中从其哲学思想中吸取了丰富的精神食粮，来为其"不问收获，但问耕耘"的军政实践服务，高度强调尽自身之性，即主观能动性的发挥，而把个人的进退、荣辱、安危、成败置之度外。这就是他对船山"尽性知命"之说的正确理解和吸收。

在戎马倥偬中研读船山著作，这与曾国藩当时指挥作战每天进行着军事战略战术思维有着更密切的关系。当湘军取得了攻克安庆的重大胜利后，但战争仍在紧张激烈地进行。在当时曾国藩看来，战争仍遥遥无期，前途未卜。他在同治元年（1862）十月十四日《谕经泽》的家书中说："仰观天时，默察人事，此贼竟无能平之理。但求全局不遽决裂，余能速死，而不为万世所痛骂，则幸矣。"曾

国藩正是在这种危急的战争形势驱使下，开始认真钻研王夫之的《读通鉴论》的。现录几段《日记》如下：

十月二十七日："阅王而农先生《通鉴论》数首，论先主、武侯、鲁子敬诸人者。"

十月二十八日："阅王而农《通鉴论》杨仪、孙资诸篇。是日接李世忠咨，九洑洲贼势浩大，深以为虑。"

十月二十九日："阅《通鉴论》何晏等篇。是日闻贼窜江北之信，又闻季弟病重、宁国粮路未通，为之忧灼，不能成寐。"

十一月初一日："阅《通鉴论》数首。"五日，"阅《通鉴论》数首。"六日，"二更末阅《通鉴论》。"七日："二更三点阅《通鉴论》三首。"八日："阅《通鉴论》。本日未接沅弟信，不知下游事势。又夜接贼人黔县之信，寸心忧灼。"……二十八日："阅《通鉴论》汉武、李陵等数篇。"二十九日："阅《通鉴论》赵充国、贡禹、匡衡数篇。"

曾国藩在战争激烈的环境中如此认真地研读船山的《读通鉴论》，显然不是为了消遣，不是打发军中孤夜难熬的时光，而是希望从中得到启发，找到克敌制胜之方。从《日记》所记的内容来看，也多与军事研究有关。船山与曾国藩都主张，学习历史必须联系自身的实际，从中寻找借鉴。曾国藩说："读史之法，莫妙于设身处地。"即把自己摆进去，从中寻找自己为人处事、治国用兵的良方。有时似乎要从中找到直接的经验良方。如十月二十七日记的几个人物，这正是有关三国赤壁之战前后，及三国鼎立、互相角逐的战略战术问题。从地形来看，人物所处的地点及与曾国藩现处之地点相关，均在长江东南沿线。曾国藩当时每天军务十分繁忙，不可能详细写下自己的心得体会，但从以上我们摘录几则日记简要记录的内容中，大多都与战争问题有关，即不难看出他攻读的兴趣所在。从他同一时期的《家书》，特别是《致沅弟（曾国荃）》的信中可看到，曾国藩很多精彩的军事思想，如"以全军破敌为上，不以占城池土地为意""多用活兵""少用呆兵""隔而不围""围而不打"等，也正是在阅读船山著作这个时期提出的。

同治五年（1866），曾国藩在围剿捻军的过程中，当他又一次陷入"流寇纵横，制敌无术"的"深为忧灼之境"时，又开始认真地向船山求教，再次从船山著作中寻找答案，解决疑难。从同治五年五月初开始，曾国藩又一次把主要精力放在研究《读通鉴论》等王夫之的著作上面来。从这年七月六日的《日记》开始，每天都有"阅《读通鉴论》"数十页的记载。到八月初三日"凡三十卷阅毕"，并马上接着"阅《宋论》十二叶。陆续看至未初毕"。初四日又回头重温"《读通鉴论》五十二页，陆续看至未初止"。以后每天又都有"阅《宋论》"数十页的记载。到八月初十日："阅《宋论》二十八叶，《宋论》十五卷阅毕。"曾国藩在八月三日看完《读通鉴论》时，意犹未尽，立刻写信给他的儿子纪泽、纪鸿，指示他们说："尔拟于《明史》看毕，重看《通鉴》，即可便看王船山之《读通鉴论》，尔或间作史论或作咏史诗。唯有所作，

则心自易人，史亦易熟，否则难记也。"显然，曾国藩在研读《读通鉴论》的过程中，联系自己从前熟读过的《史记》《汉书》《资治通鉴》等史书，以及

佩文韵府 清

自己二三十年军政实践的切身经验，融会贯通，感触良深，因此读完之后，立即写信教育自己的儿子。曾国藩在读完《宋论》之后，自己也开始重温《明史》《汉书》，特别是认真钻研了《明史》中的熊廷弼、杨嗣昌、李自成等人的传记，其中尤以熊廷弼、杨嗣昌两人的军事生涯，切合他当时的身份和处境，因为老友刘蓉曾来信指责曾，把曾比作杨嗣昌，曾国藩自然要把这个人物读透。而《明史》中可从另一个侧面来说明李自成的丰富的农民战争经验，对曾国藩认识自己的对手捻军也是有助益的。曾国藩当时面临的主要敌人是采取骑兵奔袭、奇袭等游击战术的捻军，完全不同于以往太平天国那种大兵团的阵地战、攻城战、正规战，捻军的战术确实打得湘、淮军晕头转向，穷于应付，疲于奔命。但后来曾国藩之所以很快认识捻军"如蚁旋磨，忽左忽右"，"多打几个圈圈"的游击战术，并从理论上总结出捻军作战的"四长三短"，这固然是直接来自战争实践经验教训的总结，同时也与他这时用心熟读船山的《读通鉴论》《宋论》不无关系。船山在这两本书中就深刻总结了历代农民战争这种"败亦走，胜亦走，无所不走"的灵活机动的游击战术。我们只要把曾国藩研读《船山遗书》的时间，以及他当时的现实处境和需要解决的迫切问题，结

合曾国藩当时的《家书》《日记》与船山史论中所谈的各种政治、军事问题加以综合考察，即不难发现他在繁忙、紧张、激烈的军事生涯中仍坚持认真研读船山著作的奥秘所在。

正由于曾国藩从船山著作中吸取了许多经验，因此他希望有更多的统帅们阅读这部经典著作。同治元年开始，曾国藩着手刊刻《船山遗书》。四年冬刊刻完毕，这也是曾国藩从头至尾认真阅读该书的过程。为了出版这部卷帙浩繁的、涉及经、史、子、集各个门类的个人专集，曾国藩花了大量的时间和精力亲自"细看"原稿。为了"校对讹字，以便修板再行印刷，乃复查全书，辩论经义者半，校出错讹者半"。从曾国藩撰的《船山遗书·序》看，这部洋洋大书他反复看过，而逐字逐句亲自校阅过的《遗书》有：一百一十七卷，占全书三分之一强。在曾国藩的读书生涯中，如此下功夫为出版的书籍校读而定稿，而卷帙之多，又在紧张、激烈的军事生活中进行，确实非常人所能比。

为了尽量全面地出齐《船山遗书》，曾氏兄弟想尽办法，从各种渠道搜集散失在各地的《遗书》，一般从不动用关系的曾国藩，此时不得不利用一切关系搜求遗书，他还派人远赴北京等地手抄船山著述。

当《船山遗书》各卷陆续刊刻出来后，曾国藩每卷又要认真读过，然后立刻分赠亲朋好友，其中多为湘军将领及幕僚。

孔子不与世俗相异

生活需要真实的人，真实的我。人们常常会遇到这样一种人，他们的面容严肃正经，神态庄严，摆出一副不屑与人为伍的样子，假作高傲的贵人的身份，其做派令人可笑。这往往是一群身份卑微的人，他们打心里认为高贵是一种特权，所以竭力向这个团体靠拢。只要遇到了可以称贵的人，即在社会上有身份、地位、贵族血统等等的社会名流，他们便卑躬屈膝，点头哈腰，百般奉承讨好。遇到了与自己同等身份或不及自己的人，他们马上换上另一副面孔，正襟危坐，不苟言笑，巍然不可冒犯的姿态，对尊和卑的严格的划分，到了令人无法忍受的地步。这是地地道道的伪君子，品格卑劣的小人物。

孔子的政治目的是恢复周礼，所以他平时穿衣服时，宽衣，博带、高冠，颇与时俗相异。柳下跖是春秋时的大盗，很瞧不起孔子这种举动，他的哥哥柳下惠位居大臣，是孔子的朋友。孔子如此穿戴一番，前去劝说柳下跖。

然而，特别讨厌孔子的柳下跖，说孔子"冠枝木之冠，带死牛之胁，多辞谬说，摇唇鼓舌，擅生是非。"他表示不愿意见孔老二。孔子必求一见。柳下跖只得答应。

孔子讲了柳下跖一大堆好话，说他只要弃恶从善，便可分城裂地，宰制一方。而柳下跖很不以为然，反驳了一通，最后又指着孔子骂道："今子修文武之道，尊天下之辩，以教后世。缝衣浅带，矫音伪行，以迷惑天下之人，而欲求富贵焉。盗莫大于子。天下何故不谓子为盗丘，而乃谓我为盗跖?"

其实，孔子与柳下跖不是同时代的人，无由相见。《庄子》无非是反映了人们对孔子的时俗相异、道貌岸然的衣着举止，颇不喜欢。而孔子曲解"直八"的故事，不能不说是圣人的花边"旧闻"。

孔子在周游列国的时候，和诸弟子困于陈、蔡之间，饿得前心贴后心，附近正好有一家饭店，孔子便叫仲由去讨饭，老板说："我写一个字，你如果认识，饭免费招待。仲由心中窃喜，心想：有万八千的也能对付。老板写了一个"真"字，仲由说：连小孩都认识，一个"真"字罢了。老板闻言大怒，说：明明是个白痴，还说大话，伙计们，乱棒把他打出去。仲由挨了打，回去委屈地向孔子票报，孔子叹道："难怪你挨打，真是太笨了，看我的吧。于是来到饭店，老板还是拿出那个字，孔子说：这不是直八吗？老板果然大惊，说：您老真是名不虚传。于是设宴款待。酒足饭饱之时，仲由悄悄问孔子：老师，明明是个真字，什么时候变成直八了？孔子感慨道：你小毛孩子懂个啥？现在是认不得"真"的时代，你偏偏认"真"，只好活活饿死了。大圣人为了一顿饭便不认"真"了，不负责任了。

在现代社会里，人与人之间的交往，都是鄙视那些满口仁义道德，活在虚假的礼法上，心里却是肮脏阴险的不义之人的。借着高尚、严肃的名分，伪装出关心、爱护、正直、无私、严词说教，不仅严重地刺伤了人类的感情，也伤害了人们应有的尊严。古人提倡风流人生，"宁为真学士，不为假道学"，是指有才学而又不拘礼法。"真风流"，一个人是不能活得太虚伪，太不真实的。真实一点，自然一点，也许这会使你感觉更好呢！

曾国藩重恕诚之道

咸丰初年，曾国藩父与几个兄弟还未分居的时候，家中为建新宅黄金堂，与邻居为一墙之隔的地界发生争执，几至要打官司到湘乡县府。曾国潢在家将这一情况写信告诉了在京师做官的兄长曾国藩。曾国藩收到此信后，联想起古人的这首诗便写了一封长信，并将这首诗附上。曾家父子兄弟读过曾国藩的信和此诗后，胸襟豁然开朗。"让他三尺又何妨"！用这一思想，将地退缩了三尺。

据说，曾家的这一举动，深深地感动了邻居，其邻居不仅未与曾家争执，见自家的地很方便曾家，也秉着"让他三尺又何妨"的见解，转让给了曾家扩建黄金堂新宅。

这件趣事代代相传，简直成了曾族的"传家宝"。1988年，年过"古稀"的曾德培老人还在台湾著文说，记得1939年我走上抗战前线时，慈祥和蔼的妈妈坐在美孚煤油灯下，拿着我的双手说了曾国藩"让他几尺又何妨"这首七绝诗。现在虽然已时隔半个世纪，我还不忘当年慈母赐儿的曾国藩教弟的这首诗。终身受用，乐趣无穷。

与人相处，包括朋友、邻里、同事等等，以宽忍为怀，是曾国藩以退为进处世不败的一个秘法。

曾国藩强调"恕"。他说："做人之道，圣贤千言万语，大抵不外'敬'、'恕'二字。"又说："'敬'、'恕'二字，细加体认，实觉刻不可离。"所以，他认为"须从'恕'字痛下夫功。"

何谓"恕"？曾国藩说："《中庸》之十三章，《论语》之告子贡、告仲弓，皆以'恕'字为开宗要义。"他的意思是，"恕"的内涵不外乎孔子讲的两句话："己所不欲，勿施于人"；"己欲立而立人，己欲达而达人"。

对于"己所不欲，勿施于人"，后来《大学》有所阐发。它说："所恶于上，毋以使下；所恶于下，毋以事上；所恶于前，毋以先后；所恶于后，毋以从前；所恶于右，毋以交于左；所恶于左，毋以交于右。此之谓挈矩之道。"曾国藩承袭这一传统文化思想，在《书诫仲弟六则》中，要求"常以'恕'字自惕"并分析了这样一种人情世态："曰富，曰贵，曰成，曰荣，曰誉，曰顺，此数者，我之所喜，人亦皆喜之。曰贫，曰贱，曰败，曰辱，曰毁，曰逆，此数者，我之所恶，人亦皆恶之。"

什么是"恕"的下手处，孔子说："能近取譬。"这就是中国的谚语中"推己及人""将心比心"的意思。曾国藩则称之为"能设几身以地"。他认为设身处地，可以"于见得他人不是、极怒之际"，"意气顿平"。"意见、意气，亦惟强恕者足以平之"这仅是从消极方面说。从积极方面说，设身处地，可以产生如孟子所说的"恻隐之心""羞恶之心""辞让之心""是非之心"，扩而充之，便可以事父母，保四海。所以曾国藩说："'恕'则不蔽于私。""'恕'字为求仁极捷之径。"又说："'恕'致祥。"所以，在曾国藩看来，"恕"是一项重大的道德修养。然而，当把恕道移到政治上，它的内涵和作用就远不止这么一点点。曾国藩看到了这一层，故说"恕"既是"立德之基"，又是"临时应事之道"。他说："圣门教人，不外'敬、恕'二字，天德王道，彻始彻终，性功事功，俱可包括。"

曾国藩运用恕道于政治，最突出的成功之处在于他从此出发建立了自己的克己之学。他在写给弟弟的诫语中说："今日我处顺境，预想他日也有处逆境之时；今日我以盛气凌人，预想他日人亦以盛气凌我之身，或凌我之子孙。常以'恕'字自惕，常留余地处人，则艰难少矣！"又开导曾国荃说："极盛之时，每虞磋跌，弟当格外小心。当于极盛之时预作衰时设想，当盛时百事平顺之际，预为衰时百事不顺心地步。"

他曾作一联道：

> 战战兢兢，即生时不忘地狱；
>
> 坦坦荡荡，虽逆境亦畅天怀。

"常留余地"这一中国传统文化思想，在曾国藩这里，成了他治政治军过程中处事的一条原则，他在攻克金陵前对曾国荃强调说："老氏所谓'不敢为天下先'者，即不敢居第一等大名之意。"这种"功不独占"的思想，以及攻克金陵后由裁军、减饷等事所体现出来的"功成身退"的思想，都是"常留余地"的具体化。他对下属，也常劝诫他们"常留余地"。例如，当鲍超"指日荣晋提

国学经典文库

军，勋位并隆"之际，他写信给鲍超说："务宜敬以持躬，恕以待人。敬则小心翼翼，事无巨细皆不敢忽；恕则凡事留余地以处人，功不独居，过不推诿。常常记此二字，则长履大任，福祥无量矣。"盛衰消息，"日中则昃，月盈则食"，本是自然规律。曾国藩对人事政事的这些深沉的思考，是具有辩证因素的。他告诫诸弟说："吾家方丰盈之际，不待天之来概，人之来概，吾与诸弟当设法先自概之。"自概，或者叫自我节制，便是一种恕道。

曾国藩一生，顺境时少，逆境时多，来自官场内部的忌刻、疑谤与攻击，多于来自敌对阶级的真枪实弹。这使他养成了一种"忍"字当头的性格和韧性战斗的精神。同治五年十二月，他总结自己走过的路程说："困心横虑，正是磨炼英雄，玉汝于成。李申夫谓余恓气从不说出，一味忍耐，徐图自强，因引谚曰：'好汉打脱牙，和血吞。'此二语是余生平咬牙立志之诀，不料被申夫看破。余庚戌、辛亥[道光三十年、咸丰元年]为京师权贵所唾骂。癸丑、甲寅[咸丰三年、四年]为长沙所唾骂，乙卯、丙辰[咸丰五年、六年]为江西所唾骂，以及岳州之败、靖江之败、湖口之败，盖打掉牙之时多矣，无一次不和血吞之。""好汉打脱牙，和血吞"，是就克己说的；"恕"，是就待人说的。没有恕，就不可能有忍；唯其忍，才能造就自己的恕道。忍实是从恕中生发出来的，可以说，又包含在恕中。咸丰八年五月，曾国藩自省说："近年在外，恶人以白眼藐视京官，又因本性倔强，渐近于愎，不知不觉做出许多不恕之事，说出许多不恕之话，至今愧耻不已。"不恕，是因为他性近刚愎，不能忍。恕和忍，实是一件事的两个方面，互为表里，是礼的精华。

曾氏主张要做到"诚恕"，先得"忘机"，心中不存巧诈之心，然后可以以诚换诚，先得设身处地为别人着想，从对方的立场看问题，这样才会有宽容的情怀；要用长远的眼光看待问题，做事不太绝对，留有余地。

要使人生发亮，须如曾公所言："先与人为诚，后防人之恶。"

曾国藩认为应以诚待人，以心换心，若奸来诈去，必两败俱伤，永无休止。

有一则曾国藩教李鸿章为人要"诚"的故事：

曾国藩总是每早六点开饭，且要求幕友同吃。李鸿章刚入幕，不习惯这种生活方式。一天，他以头痛为由未来用餐，曾国藩不断派人催请，自己则停筷等待，李鸿章只好起床就食。曾国藩正色告诫道："少荃（李的号），你既来我幕，我有言相告：此处所尚，唯一'诚'字而已。"席间再无多话，李鸿章深受触动。

"恕"，有宽恕、谅解、宽以待人之意。曾国藩所提供的"恕"，中心内容是《伦语》所说的"己欲立而立人，己欲达而达人"。自己如果想要得到什么，就要考虑到别人也会得到什么，设身处地为别人着想，推己及人。曾国藩说："人孰不欲己立己达？若能推以立人达人，则与物同春矣！"既考虑到自己，又要考虑到别人，自己好，大家都好；"己所欲，则思人所欲"，反过来说应是"己所不欲，勿施于人"。设身处地为别人着想，是曾氏"恕"的主要内容，由此可以

引申出宽容、谅解、做事留余地等。曾氏认为怎样在"恕"字上下功夫呢？他说："我之所喜，人亦皆喜之……我之所恶，人亦皆恶之。……吾兄弟须从'恕'字上痛下功夫，随在皆设身处地。我要步步站得稳，须知他人也要站得稳，所谓立也。我要处处行得通，须知他人也要行得通，所谓达也。今日我处顺境，预想他日也有处逆境之时；今日我以盛气凌人，预想他人亦有以盛气凌我之身，或凌我之子孙。常以'恕'字自惕，常留余地处人，则荆棘少矣。"设身处地为别人着想，设身处地为将来着想，宽以待人，做事留有余地，是曾氏"恕道"的要旨。

曾国藩初办团练时，手无一兵一卒，而他却能成为江忠源的楚勇、罗泽南的湘勇、王鑫的湘勇这些势力的精神领袖，并且在湘军的逐渐发展过程中，大批湘籍非湘籍的人才为曾氏所用。湘军将领，除极少数如塔齐布等出身行伍外，绝大多数是原先不甚得志，僻居乡间的士人，他们不团结于此，不团结于彼，独尊曾国藩，除了志向相同、思想相通之外，曾国藩确实有过人的人格力量。这一人格力量产生于他极力提倡并躬行实践的"诚、恕"两字，即"待人以诚，待人以恕"两条。这可以用他与左宗棠的关系作为例证。

清代官员出行图

曾国藩为人拙诚，语言迟纳，而左宗棠恃才傲物，语言尖锐，锋芒毕露。左科场失意，当过师父，43岁进入湖南巡抚骆秉章幕中，达6年之久。曾、左虽非同僚，却同在湖南，常有摩擦。有次曾幽默地对左说："季子才高，与吾意见常相左"把"左季高"（"季高"为左的字）三字巧妙地嵌了进去。左不示弱，说："藩侯当国，问他经济又何曾！"语涉鄙夷。左宗棠颇有胆识，又好直言不

讳。1858 年 2 月，曾国藩在江西瑞州营中闻父丧，立即返乡。左认为他不待君命，舍军奔丧，是不义的，湖南官绅也哗然应和，使曾声望大减。第二年曾率军援浙，路过长沙时，特登门拜访，求左宗棠写篆书，表达慕左才学之意，使两人一度紧张的关系趋向缓和。

人们常爱谈曾、左二人交恶，这是有根据的。1868 年（同治元年）3 月 28 日曾国藩给纪泽的信中写道："余于左、沈（即沈葆桢，截留粮饷之江西巡抚也）二公以怨报德，此忠诚不能无芥蒂，然老年笃畏天命，力求克去褊心歧心。尔辈少年，尤不宜妄生意气，于二公但不通闻问而已，此外着不得丝毫意见。"将左与沈葆桢并提，说他们"以怨报德"，已令曾心存"芥蒂"。可见曾、左的矛盾还不少，绝不仅仅是左的个性冲撞了曾。但是，曾对左的才华从来都是击节赞赏的，在举荐、任用左方面，曾从来都是宽宏大度，不计前嫌的，颇有点"唯才是举"，"举贤不避仇"的味道。

治心的要点，曾国藩最重一个"诚"字。诚则明，明则诚，内心如果真的能够诚实光明，那么用兵行军自然也就稳当顺利。所以"诚"字与"稳"字很有关系。曾国藩曾经说过："驾驭将领的方法最重要的是拿出诚意"。又说"君子的行为没有比用忠诚倡导天下人更大的事了。"他曾给李申夫一封信，谈到用兵应当以诚实为根本时尤为恳切，他说："用兵的时间长了就会产生骄傲和怠惰的情绪，有了骄傲和怠惰的军队没有不败的。'勤'字所以能医治怠惰，'慎'字所以能医治骄傲，因为在这两个字之前，须有一个'诚'字作为成立的根本。立志要把这件事了解得透彻，办得彻底，精诚所至，金石为开，鬼神也要回避，这些就在自己的诚心了。人生来正直，与行伍交往尤其珍贵。文人的心多弯曲，多不坦白，往往与行伍水乳不相融，必须完全去掉歪曲私心，事事推心置腹，使武人粗人坦然无疑，这就是接物的真诚。以'诚'字作为根本，以'勤'字'慎'字作为手段和工具，也许会免于大罪，免于大败。"

曾国藩的《笔记》中有《居业》一条，意思说立诚就可以立业，也就是可以自立自强，对于"诚"字与"稳"字的关系，阐述无遗，尤其能够看出治心与治兵的关系。他说："古时代英雄的事迹必定有基础。如汉高祖刘邦在关中，光武帝在河内，魏在兖州，唐在晋阳，都是先占据根据地，然后进可以战，退可以守。君子学习道，也必须有所说的基业，总体是规模宏大，言辞诚信是根本。就像居室那样宏大，那么它占的宅地就广阔，能够庇护的人就多。诚信如果站得很稳固，结构就会很牢靠。《易》说：'宽大居之'，说的是宏大，修辞立在诚字上，可以居业，说的是诚信。大程子说：'道之浩浩，从那里下手呢？只有立下诚，才有可能居住的场所。诚就是忠信，修省言辞，便是要立得这忠信。如果口不择言，逢事就说，那么忠信也就被埋没动摇站不住了。'国藩我认为立得住，就是所说'居业'；现在俗话说的'兴家立业'就是这个意思。子张说：'掌握的德不宏大，信的道不专一，还能叫有吗？还能叫无吗？'也就是说如果不能宏大诚信，那么我的知识浮泛动荡，说我有不行，说我无也不行，这样终身没有可居之业，这就是程子所说的'立不住'了。"

诚的延伸意义是没有欺骗。曾国藩在给李希庵的回信中说："我们位高望重，别人不敢挑毛病，只有把我们自己的心摆在严师面前，怕不守天理就像怕刑罚那样，也许能够做到时时刻刻有敬畏之感。"

曾国藩好用"平实"二字教育人，他曾在《批管带义字营吴主簿国佐禀》中说："凡用一小部分兵力试探故寇，用假退却来诱使贼寇的说法，这两种策略都要求士兵懂得将领的用意非常透彻熟悉时才能这么做，这不是新建的营可以学的。这位主簿一再称此贼不足平，自告奋勇请剿办英夷以尽自己的力量。本部堂常常用'平实'二字来告诫自己。想来这一次必能虚心求善，谋划周全以后再去打，不会是像以前那样草率从事了。官阶有尊卑，阅历有深浅，这位主簿一概置诸不问，本来是个生手，但自充是熟手，没有学问自夸有学问，志向很高但不去实践，自己不虚心又不能察觉，让他去办的事情肯定都不行，更何况于打恶仗那样的危险呢？现根据禀请把他们撤销遣散，准许他们先后回原籍。"

平实还要向平和、和气转化、升华，曾国藩在给李申夫的回信中说："凡是两部分军队相处，将领有一分矛盾，那么营哨就一定有三分，兵勇就一定有六、七分。因此，要能够和衷共济，必须先从将领有一副平恕的心开始。人是好名的，谁都如此？同是打仗就不能讥笑别人的退缩，同是走路就不能怀疑别人会骚扰你。处处严格要求自己，宽以待人，那么口舌争吵自然就没有了。"

他曾以"笃实""平恕"勉励部下，"读书人的通病约有二条：一是崇尚文字而不注重实际，一是责备别人而不责怪自己。崇尚文字的毛病是，连篇累牍，说起来头头是道，到亲身办事的时候，就手忙脚乱，毫无条理。责备别人的毛病是，无论对什么人，一概用又高又难的标准苛求，韩公所说的'用普通人的标准对待自己，而用圣人的标准要求别人'的人，往往就是这样。"

他总是用砥砺志气的话勉励下属："自古圣贤立德，豪杰立功，成功还是不成功，一开始是难以预料的，只是日积月累，全在你自己了。孔子所说的'谁敢侮'，孟子所说的'强为善'都是这个意思。"因此，"凡是做一件事，无论艰险还是平易，都必须埋头去做。掘井只要不停地去挖，终究会有一天出水的。……如果观望犹豫，半途而废，不仅对于用兵会一无所成，就是干别的事也是因自己停止而完不成。"

"天下世人，都迷醉在一个利字当中。只有靠文武大员，有领导众人责任的人，在屋漏独处的时候，也能够洁身清廉，少取一分就会使民困缓解一分，也就挽回了一分的天地良心。"

又说："天下断送大事业多从'不忍'二字做出，天下追求永无止境多从'不自足'三字做出。"

上述言论虽然多是做人的道理，实际上是治心的方法。曾国藩曾说："带兵的方法就是'勤恕廉明'四个字，缺一不可。"治心的方法也就是带兵的方法，明明白白的要领，仍然不外乎是"择善固执"。所以他治心的要点，"诚"字实在是它的中心内容。

诸葛亮以信义行事

诸葛亮一生，以信义为其做人行事的准则。由于刘备三顾草庐，他有感于刘备兴汉救民的诚意，便答应为之效力。当时刘备无立锥之地，不久，曹操大军南下荆州，刘备败逃，处此危险处境，诸葛亮毫不动摇，奉命到吴联合孙权，正如他所说："受命于败军之际，奉命于危难之间。"刘孙合力终打败曹操。刘备临危托孤，诸葛亮信誓旦旦地说："臣敢竭股肱之力，效忠贞之节，继之而死。"尔后，二十多年间，他都信守其誓言，辅佐庸主刘禅，做到"鞠躬尽瘁，死而后已。"

诸葛亮对信义身体力行，其治军也如此，因而得军心，才能以五万兵力抗击魏国二十万大军，使魏主将司马懿畏蜀如虎，且也曾取得了惊人的战绩。如他在祁山打败魏军杀其名将张郃，也因其能以信治军。张郃率领雍凉锐卒，潜师密进，规向剑阁。时诸葛亮在祁山，而蜀军轮换将士之令已发出，而新来的将兵未到，参佐认为敌军势盛，建议轮换回蜀的将兵权宜再留一月，否则很难抗击来犯敌军。诸葛亮不同意说："吾统武行师，以大信为本，得原失信，古人所惜；去者束装以待期，妻子鹤望而计日，虽临战难，义所不废。"于是，将应轮换回蜀的将士全部遣返。这使全军去留的都非常感激诸葛亮的守信和关怀，应去者自动要求愿留一战，留者也表示效死击敌，都说："诸葛公之恩，死犹未报也。"临战之日，莫不拔刃争先，以一当士，大败魏军，杀张郃（《三国志·蜀书·诸葛亮传》裴注）。显然，这是由于诸葛亮以信治军，所引发出的无穷威力。

谦逊是君子自爱的态度

曾国藩认为载福之道，即在于谦虚和谨慎。他在回吴竹如的信中说："我以为在当今这个世界上，说话要谦逊才对。有过人的行为，而自己不说；有盖世的功劳，而心中不自满。这才是君子自爱的态度。"

在回欧阳定果的信中说："立志努力学习做好人，第一在于勤奋，于公方面要早早地工作直到晚上也不断思考，对于自己则要看书写字。第二在于谦恭，外貌肃慕则不会招人羞辱，内心谦虚则可以使人受益，第三在于信实，不要说半句荒唐的话，不要做半点架空的事，做到这三点，即使走遍天下，也会处处顺利。"

在给李希阉的信中又说："志节轩昂，情致缠绵，二者不可以偏废。"

曾国藩善练"内功"，修养的功夫很了不得。这也是他胸襟开阔，虽万死而不辞，最后终于成功的重要原因。

孔子到周庙参观时看到一种歪倒一边的器物，问守庙的人知是座右铭的祭器，他早就知道这器物"满招覆，中则正，虚则敧。"试之确如此。他说："呜

呼！恶有满而不覆哉!"子路问有否保持满的方法，孔子说："抑而损之。"这便是"满招损，谦受益"的道理。

《老子》一书对"谦"的意义和作用做了解释："江海所以能为百谷王者，以其善下之，故能为百谷王。是以圣人上，以其言下之；欲先人，以其身后之。是以处上而不重，处前而不能害，是以天下乐，推而不厌。以其不争，故天下莫能与之争。"大意是说：'大海广阔无比，是因处于低下，所以能使百川归之。圣人居人之上，因其对人谦下；要在人前，自己应在人之后。所以，圣人居于之上而人不以为累，处于人之前而人不感其危害。因此，天下人爱戴和乐于拥护他。由于他不争，天下没有谁能和他相争。

谦虚是处世的根本。这是因为个人之所知是有限的，只有相对的真理，而没有绝对的真理，即使经过人类世世代代的探索，也只能接近绝对真理。因此，要始终持谦虚的态度，不断探索、学习，有事和群众商量和请教，才能有所成就。如果自以为是，故步自封，未有不栽筋斗的。

古之有伟大成就的人，无不因谦虚之故。孔子是个最谦虚的人，他从不自满，他一生"学而不厌"，"学无止境"，老是怕"学如不及尤恐失之"，以至"发愤忘食，乐以忘忧，不知老之将至。"他到处学，不耻下问，他认为自己所知有限，不满于自己学到的学问。因孔子在做人和求学上如此谦虚，所以他的学问渊博精深、道德品格高尚，才成为万世师表和学问上的伟人。唐太宗也是个最谦虚的人，他曾对侍臣说："人言作天子则得自尊，无所畏惧，朕则以为正合守谦恭，常怀畏惧。昔舜诫禹曰：'汝惟不矜，天下莫与汝争能；汝惟不伐，天下莫与汝争功。'又《易》曰：'人道盈而谦。'凡为天子，若惟自尊崇，不守谦恭者，正身傥有不足之事，谁肯犯颜谏奏？朕每出一口，行一言，必上畏皇天，下惧群臣。天高听卑，何得不畏？群公卿士，皆见瞻仰，何得不惧？以此思之，但知常谦常惧，犹恐不称天心与百姓意也。"因此，唐太宗能勉励群臣进谏，而他能纳谏，故他在位时，进谏成风，他从纳谏中避免了许多错误，因而做出正确的决策。

有功而不居功的人，更受到尊重。冯异在刘秀麾下，他战功卓著，但从不夸功。每次战斗后，在休息时，诸将座谈战功，冯异都不参与，常默默地独坐在大树下，故军中号为"大树将军"。及破王郎，敌军归降，重整编部队时，因冯异谦下待士，将士都争着要求编入"大树将军"冯异的麾下，也因此刘秀更器重他，委以军事重任。唐宗室河间王李孝恭在唐宗室中，除唐太宗外，其功最大，史称："自大业末，群雄竞起，皆为太宗所平，谋臣猛将并在麾下，罕有别立勋庸者，唯孝恭著方面之功，声名甚威。"但孝恭"宽恕退让，无骄矜自伐之意也。"也正因此"太宗甚加亲待，诸宗室中莫与之比。"晏子为相，谦虚待人，而其车夫却自以为了不起。有一次车夫的妻子从门缝窥看：见她的丈夫给丞相驾驶盖有大罗伞的车，鞭着拉车的四匹骏马，显得神气得很。及她的丈夫驾车回家，她对他说要离开他，他问其故，他说："晏子长不满六尺，相齐国，名显诸侯，今者妾观其出，志念深矣，常有以自助下者。今子长八尺，乃为人仆御，然

子之意，自以为足，妾是以求去也。"从车夫妻子的眼中，看出晏子为丞相而"常有以自下者"谦虚态度，令她肃然起敬，而其夫为人驾车而"自以为足"，更加令她反感。

功名遂抑而损之，结果得保身安。张良就是急流勇退的典型人物之一。张良与萧何、韩信被称"汉初二杰"。刘邦的谋略多出张良，故论功行赏，封他三万户，这是当时最高封赏。可是张良坚辞，只要留侯空衔而已。而韩信、英布、彭越相继被杀，这给他敲响了警钟，他对功名更淡薄了，于是公开宣称："愿弃人间事，欲从赤松子游。"萧何为刘邦守关中，保证供粮供兵，刘邦才能屡败屡战，坚持到最后胜利，论功行赏，以萧何为第一。因刘邦疑心，他乃污己以释疑，强买民间田亩。刘邦知道了，认为萧何贪财无大志，因而感到高兴，也就放心了。李泌曾为唐肃宗多献智计，甚得信任。因受到枢臣疑忌，乃向肃宗辞退说："臣遇陛下太早，陛下任臣太重，宠臣太深，臣功太高，迹太奇，此所以不可久留也。"肃宗准其请，于是，隐于衡岳。以上三人，都以不同方式抑而损之，得以免祸。

而骄傲者往往取败招祸，历史不乏其人。陈胜揭竿起义，四方响应，其势大振，而陈胜称王仅六个月，即从胜利走向失败，其故安在？一是斩戮己的旧时佣耕的同伙，因而亲故离去；二是胜利冲昏头脑，拒不听谏，独断专行，对于诸将，不是关即杀，加上陈胜傲而无备，秦军一击即溃，终被叛徒所杀。关羽威武超群，具有"万人敌"，称"当世杰"，因其刚愎自用，骄傲自大，经不起陆逊卑辞恭维，撤大部精兵北上，使吴国袭取荆州，回时，魏吴两国夹击，兵败身亡。吴国诸葛恪虽有才智，但目空一切，不听全国舆论劝告，坚持伐魏，结果以败告终。吴人不满，猝死于孙峻手下。李自成起义军功败垂成，也因胜利冲昏头脑。他出动大兵反击吴三桂时，却不知吴三桂已降清，结果被夹攻，大败而归，而兵败如山倒，终以失败告终。

在我国古代，古人对谦和满有精辟的评论，这对于今人仍有启发和鉴戒意义，现将其中名言综述如下：

《尚书·大禹谟》说："满招损，谦受益，时乃天道。"意是说，自满招来损失，谦虚得到益处，这是自然界运行的规律。《大禹谟》一文出于《孔传古文尚》它是在西晋永晋之乱（公元311年）以后，今、古文《尚书》相继失传，在东晋初年由豫章内史梅颐向朝廷献出的，经宋代和清代学者考证是伪作，那么《大禹谟》一文是在西晋以后才作的，其有关谦、满之论就在《易经》之后了。不过这寥寥几字确是把易经谦卦的意义既概括而明确。而在这以前，孔子早就论及，并提出保持"持满之道"。据《韩诗外传》卷三关于"孔子观敧器"的记载：孔子到周庙参观时见到一种歪倒一边的器物，问守庙人知是座右铭的祭器，他早就听说这种器物"满则覆，中则正，虚则敧"，试之确是如此，他说："呜呼！恶有满而不覆者哉！"子路问保持满的方法，孔子说："抑而损之"，子路又问如何"损之"，孔子说："德行宽裕者，守之以恭；土地广大者，守之以俭；

禄仁尊盛者，守之以卑；人众兵强者，守之以畏；聪明睿智者，守之以愚；博闻强记者，守之以浅。夫是之谓'抑而损之'。"孔子针对六种有成就的人，提出了六种压抑和亏损自满的方法，认为能如此就可避免满招损，保持其成就。概而言之，要取得和保持其成就，只有"抑而损之"，即谦虚。

《老子》一书对"谦"的意义和作用做了辩证的论述："不自见，故明；不自是，故彰；不自伐，故有功；不自矜，故长。夫唯不争，故天下莫能与之争。"意是说，不自我表现，所以明智；不自以为是，所以彰著；不自我夸耀，所以成功；不自我尊大，所以长进。因为不与人相争，所以天下没有谁能争过他（二十二章）。又说："江海所以能为百谷王者，以其善下之，故能为百谷王。是以圣人上，以其言下之；欲先人，以其身后之。是以处上而人不重，处前而人不能害，是以天下乐推而不厌。以其不争，故天下莫能与之争。"（六十六章）大意是：江海之广阔无比，是因处于低下，所以能使百川归之。圣人能居人之上，因其对人谦下；要在人前，自己应在人之后。所以，圣人居于人之上而人不以为累，处于人之前而人不感到危害。因此，天下人爱戴和乐于拥护他。由于他不争，天下没有谁能和他相争。

《管子·法法》论及骄傲的人不能成事，是渺小的小人。它说："矜物之人，无大士焉。彼矜者，满也；满者，虚也。满虚在物，在物为制也。矜者，细之属也。"大意是说，骄傲的人，不能成为伟大人物。骄傲就是自满，而自满的人脑中是空虚无物的。做事而自满和空虚，事情就被限制将无所作为。因此，骄傲是渺小的。

王阳明认为骄傲是罪恶之源说："今人病痛，大段只是傲千罪百恶，皆从傲上来，'傲'之反为'谦'，'谦'字便是对症下药。"（见《王阳明全集》）

历史上，功成名遂的人，大都与其人谦虚有关。在这一节里，将以各种典型人物，以各个角度，阐述这个道理。

前一节引用管仲的话有说骄傲无伟人，那么反过来是否可以这样说，谦虚造就伟人呢？回答当然是肯定的。因为这不只是推理，而是已为历史事实所证实，并从中总结出的结论，也必然是成立的。所谓伟人，无非指两种人，在事业上有伟大成就和在学问上有伟大贡献，且兼有崇高道德的人。孔子和唐太宗就是古代这样的两种伟人的代表，他俩都是谦虚的人，说他俩功成名遂是因其谦虚，这里有充分根据的。

说孔子是最谦虚的人，是说他做人从不骄傲自大，在学问上从不满足夸耀。有人称赞他是"天生圣人"，这是当时最高的荣誉，如果孔子是个盲目自大的人的话，也许在歌颂面前昏头昏脑，而自以为是"天生圣人"。既然是"天生圣人"，当然就不用再学习了，也就不成为其圣人了。但孔子是个实事求是的人，他老老实实地承认自己是"学而知之"。他不只是一般学，而是一生"学而不厌"，他说"吾十有五而志于学"，从此到老，不论是求学阶段，或招徒讲学，以至周游列国时，都不废学，他就是这样学习永不满足，"学无止境"，老是怕"学如不及，犹恐失之。"以至"发愤忘食，乐以忘忧，不知老之将至。"（《论语

·述而》) 他学习态度之谦虚另一突出的表现
是：到处学，不耻下问。他认为"疑思问"，
所以，他到鲁国的祖庙参观，见到不知的事都
问。当他周游列国时，已经是个大学问家了，
他还是认为自己所知有限，不满足于已学到的
学问，到处虚心学习，向人请教，这是因为他
认为到处有可师的，他说："三人行，必有我师
焉。择其善者而从之，其不善者而改之。"
（《论语·述而》）又说："见贤思齐焉，见不
贤而内自省也。"（《论语·里仁》）这是说，
他向善者学习，向贤者向齐，对于不善、不贤
的，要自我反省，不要学习他们的样。他为了
学习，还远到千里之外的洛邑去拜老子为师，
衷心向他请教。他要学习的多种多样，所以学
识很渊博，精通"六艺"即礼、乐、射、御、
书、数，这都是因他勤学博学之故。如他之所
以精通音乐，是因他到处向人学习：向鲁人师
襄子学弹琴，问乐于长弘，跟别人一起唱歌，
别人唱得好，就请他再唱一次，向他学习。他
对于不懂的事，别人请教他，就老老实实地说

先师孔子行教像　唐　吴道子

不懂，待以后弄通了再说，并以此教其学生子路说："由，诲女（汝）知之乎！
知之为知之，不知为不知，是知也。"为什么他这么说呢？因为不知而说知，对
不知的就不再去求知，将永远不知；不知而承认不知，认真去学习，就会从不知
到知。这也是孔子学识渊博精深的原因之一。正因孔子在做人和求学上如此谦虚
求实，所以他的学问渊博精深、道德品格高尚，才能成为万世师表和学问上的
伟人。

　　唐太宗能创建唐王朝和贞观之治，也与他为人谦虚大有关系。因他谦虚待
下，故能团结广大将士，为之奋战沙场，打天下；因他谦虚待下，故群臣敢说
话，而他能纳谏，改正错误，做出正确决策，因而国治民安。唐太宗谦虚是自觉
的，这是因他对谦虚的意义和作用有正确的认识。他即位后的第二年，曾对侍臣
说："人言作天子则得自尊，无所畏惧，朕则以为正合守谦恭、常怀畏惧。昔舜
诫禹曰：'汝惟不矜，天下莫与汝争能；汝惟不伐，天下莫与汝争功。'又《易》
曰：'人道恶盈而好谦。'凡为天子，若惟自尊崇，不守谦恭者，在身傥有不足
之事，谁肯犯颜谏奏？朕每出一言，行一事，必上畏皇天，下惧群臣。天高听
卑，何得不畏？群公卿士，皆见瞻仰，何得不惧？以此思之，但知常谦常惧，犹
恐不称天心及百姓意也。"魏征赞同太宗所言，并希望他慎始终说："古人云：
'靡不有初，鲜克有终。'愿陛下守此常谦常惧之道，日慎一日，则宗社永固，
无倾覆矣。尧舜所以太平，实用此法。"唐太宗读到《论语》关于谦虚下问的

话，不明的还与臣下讨论，他问给事中孔颖达说："《论语》云：'以能问于不能，以多问于寡；有若无，实若虚。'何谓也？"这是《论语·泰伯》中曾子说的话，意是说，有才能请教不如己的人，知识多的请教比自己知识少的人；有才学却像没有才学一样，知识丰富却像缺乏知识一样。孔颖达对曾子的话解释后，认为谦虚就能使人更聪明更有才能，百姓以至皇帝都应该如此，反之其害甚大，他说："若其位居尊极，炫耀聪明，以才凌人，饰非拒谏，则上下情隔，君臣道乖。自古灭亡莫不由此也。"太宗赞同说："《易》云：'劳谦，君子有终，吉。'诚如卿所说。"

古代智者早就告诫人们，要慎言慎行。《周易·系辞上》有说："言行，君子之枢机，枢机之发，荣辱主也。言行，君子之所以动天地也，可不慎乎！"这是说，言行至为关键，说出的话，做出的事，将决定自己的荣与辱。言行对自己影响很大，能够不谨慎吗？

西晋时羊祜告诫其子处世要谨慎说："恭为德首，慎为行基。"这二话可作为人们处世的座右铭。鲁莽轻忽成事之大敌，要成事必须慎言慎行。

孔子提出"人生三戒"，对于人们自律很有教育意义，他说："君子有三戒：少之时，血气未定，戒之在色；及其壮也，血气方刚，戒之在斗；及其老也，血气既衰，戒之在得。"孔子三戒，确是千古名言。人们是很容易犯这三种错误的，少年时因热衷于谈爱而影响学业，壮年时好斗而招祸，老年时因其有权而贪使身败名裂。可见，好色，好斗，贪婪易使人走上歧途犯错误，人们不可不谨慎。

事物发展是辩证的，利害、荣辱、祸福、成败并非绝对，在一定条件下，是互相转化的。所以得利时要防其害，荣时要防其辱，福时要防其祸，成时要防其败。晋国卿赵简子，位极人臣，富可比诸侯，他所乘坐破车瘦马，穿黑羊皮衣，他主管家臣劝谏说："车新则安，马肥则往来疾，狐白之裘温且轻。"简子说："吾非不知也。吾闻之：君子服善则益恭，细人服善则益倨。我以自备，恐有细人之心。传曰：'周公位尊益卑，胜敌益惧，家富益俭。'故周氏八百余年，此之谓也。"

俗话说："千里之堤溃于蚁穴。"故做事要小心谨慎，对小事也疏忽不得，误了小事，往往出大问题。所以，理事要从大处着眼，也要从小事着手。因此，刘备临危时曾写下遗嘱戒其子刘禅说："莫以善小而不为，莫以恶小而为之。"

《诗经·小雅·小旻》说："战战兢兢，如临深渊，如履薄冰。"历史上有些英明之主，为了巩固其家天下，确是小心谨慎，有如临深渊，如履薄冰，认真总结和接受前人的经验教训，故能不踏上前人的覆辙。如汉高祖、唐太宗、宋太祖、清康熙等就是如此。

做事要看前顾后。俗语有说："螳螂捕蝉，黄雀在后。"这话出于《吴越春秋》："螳螂捕蝉，志在有利，不知黄雀在后啄之。"在动物界，确是弱肉强食的世界。其实这种现象也出现在人间上，而且其手段更阴毒，手法更隐蔽而巧妙，如不小心谨慎，就将上当受骗，以至命将不保。

"三缄其口"典故，告诫人们处世要慎言。这典故《说苑·敬慎》有记载：孔子到东周游时，前往太庙参观，右边台阶前站立的铜人，被"三缄其口"，即它的口被封了三层，背上刻着铭文说："古之慎言人也。戒之哉！戒之哉！无多言，多言多败；无多事，多事多患。安乐必戒，无行所悔。"孔子看了铭文，回头对弟子们说："记之，此言虽鄙，而中事情。"

多言招祸，古不乏人。贺若弼父贺郭被宇文护所忌而害之，临刑，叫若弼叮嘱说："吾必欲平江南，然此心不果，汝当成吾志。且吾以舌死，汝不可不忍。"因用锥刺弼舌出血，戒以慎口。后贺若弼果平江南，而继其志，但贺若弼以多言而为炀帝所杀。《贺若弼传》作者评论说："贺若弼功成名立，矜伐不已，竟颠殒于非命，亦不密以失身。若念父临终之言，必不及于斯祸矣。"

言语可以兴邦，亦可以丧邦。《论语·子路》记载孔子与鲁定公谈话。定公问："一言而可兴邦有诸？"孔子答道："言不可若是而其儿也。人之言曰：'为君难，为君不易。'如知为君之难，不几乎一言而兴邦乎？"定公又问："一言而丧邦，有诸？"孔子答道："言不可若是而其几也。人之言曰："'予无乐为君，唯其言而莫为违也。'如其善而莫之为违也，不亦善乎？如其不善而莫之违也，不几乎一言而丧邦乎？"

交友好坏对人影响也极大。孔子曾将好坏朋友划清界限："益有三友，损者三友。友直，友谅，友多闻，益矣。友便辟，友善柔，友便佞，损。"由于交友不慎，交错了朋友，不是上当受骗，就是受其牵累，或被引入歧途，故交友不可不慎。孔子曾因见一事而想及告诫其弟子要慎交朋友。事见《说苑·敬慎》：有一天，孔子看见用网捕鸟的人，所捕的鸟，全是黄口小鸟，孔子说："黄鸟尽得，大爵（大鸟）独不得，何也？"捕鸟的人回答道："黄口从大爵者，不得；大爵从黄口者，可得。"孔子回头对其弟子说："君子所从，不得其人，则有罗网之患。"

曾国藩拜师交友

古人择友，如同求师。贾岛诗云："君子忌苟合，择友如求师。"曾国藩择友，注重的是对己身有所裨益，结交的大都是高明之人，博雅之士。他反复嘱咐兄弟："但取明师之益，无受损友之损。"

曾国藩说："凡人必有师，若无师，则严惮之心不生。"的确，在人的一生成长过程中，谁是生而知之的呢？谁又能离开师长的启蒙与教诲！谁又能事事无师自通呢！即使圣明如孔子，他的学问与识见的获得主要是二点，一是敏而好学，一是不耻下问，这不耻下问也就是拜人为师。

拜什么人为师呢？在孔子看来，人人都可以为师，他说："三人行，必有我师焉；择其善者而从之，其不善者而改之。"见到别人的优点我学习，见到别人的缺点我改正，可见孔子具有很高的学习积极性、主动性和辨析力，一般人很难做到这点。

曾国藩拜师交友自有他的原则和标准，他说："若果威仪可测，淳实宏通，师之可也；若仅博雅能文，友之可也。"就是说一个人若举止威仪，诚实通达，可以尊之为师；一个人若博学典雅，擅长诗文，可以待之为友。前者如唐镜海先生，后者如赵烈文。曾国藩还说，无论是尊为师，还是结为友，都应当常存敬畏之心，不能视为与自己平等的人，渐渐地怠慢不敬，如果这样就再也不会从他身上获得教益了。

然而结为师友之谊并非一厢情愿的事情，你拜人家为师，还得人家视你为友。你拜人而人不受，碰到这种情况怎么办？曾国藩曾引用过韩愈的话："善不吾与，吾强与之附。"就是说，好人不愿与我交往，我要尽力向他靠拢。只要有心向学，相信精诚所至，金石为开。

程门立雪，虽然讲的是游酢和杨时恭敬好学，但也可以看作是"心诚所至，程门为开"。一个是名重一时的大学者，另外两个是初出茅庐的小后生，如果来访的是周敦颐或者张载呢？恐怕不会有"程门立雪"的故事了吧！

曾国藩深知学问事业受师友的影响很大，所以他平生对于访师择友，极为留心。他曾说过："凡做好人，做好官，做名将，都要好师好友好榜样。"

过去在湖南家乡，与曾国藩交往较亲密的一班朋友，如江忠源、胡林翼、郭嵩焘、郭昆焘、罗泽南、彭玉麟、王鑫……等，后来都成为他在事业上最得力的伙伴或助手。

从1839年到1852年，曾国藩在十几年的京官生活中，结交了好几位影响终身思想与治学的师友。其中最重要的是太常寺卿唐鉴（字镜海）和大学士倭仁（字艮峰）。

唐鉴服膺程朱之学，是当时义理学派的巨擘之一。史称他"生平学宗朱子，笃信谨守，无稍依违"。曾国藩经常向他请教。唐鉴教曾国藩敦品治学，当以《朱子全书》为依据。这书不仅要熟读熟记，而且要照着书中所说，去身体力行。学问有三途：义理、考据、辞章，其中以义理最是首要。只要能在义理上痛下功夫，其余文章词曲，都是末流小技，毫无难处。而义理工夫最切要处，乃在于"不自欺"。时贤在这方面用功最笃实的，首推河南人倭仁。他每天从早到晚，饮食言行，都有礼礼；凡自己思想行为有不合于义理的，全都记载下来，以期自我纠正。曾国藩认为古人有所谓"经济之学"，似乎不是上述三种学问所能涵括。唐鉴说："经济之学，即在义理之内，不必他求。至于用功着力，应该从读史下手。因为历代治迹，典章昭然俱在；取法前贤以治当世，已经足够了。"

唐鉴与曾国藩这次谈话，时间是1841年7月14日。曾国藩听了很受感动，他自己说："听了唐先生这番话，使我宛如瞎子重见光明一样。"他曾致信给同乡前辈贺长龄说，"我最初治学，不知根本，寻声逐响而已。自从认识了唐镜海先生，才从他那里窥见一点学问的门径。"

由于唐鉴诸于义理之学，亦即宋史所谓之道学，曾国藩常向请益，肆力于宋儒之学。这对于他的伦理道德思想及克己省复功夫影响尤大。

曾国藩后来从事于对太平天国的战争，经常在困难拂逆的环境中艰苦支撑，

若不是靠着坚忍强毅的意志力量周旋到底，恐怕也不能得到最后的胜利。而这种坚忍强毅的意志力量，就得力于他此一时期的陶冶范畴。至于他在做翰林时期内因致力于经世实用之学而对政治、军事、经济等等方面的学问都大有所得，而在此后的对太平天国之战中发挥了作用。

那位在同治年间以反对"同文馆"著名的倭仁，也是京师出名的理学大师。曾国藩对他的倾倒，仅次于唐鉴。为了学习倭仁"诚意"和"慎独"的功夫，曾国藩从 1842 年 10 月 1 日起，便立志"自新"：

（一）和倭仁一样，将自己的意念和行事，逐日以楷书写在日记上，以便随时检点克制。

（二）为自己规定十二条课程，照此努力实行。

（三）将所写日记，定期送与倭仁审阅，并请他在上面作眉批，提出不客气的批评。

虽然这种楷书日记还没有写满一年，次年七月，便因为出任四川乡试正考官，旅次无暇而改用行书。此后的日记，也没有再请倭仁批阅；但在日记中时时严峻地自讼自责的精神，却一直维持终身不变。

同时在京朋友当中，如何绍基、吴嘉宾、邵懿辰、窦堷、刘传莹、冯卓怀，或学有专长，或性行足法；他们对曾国藩的学问修养，都发生了深切的砥砺作用。吴嘉宾告诉曾国藩："用功就像挖井，与其浅挖许多井而不见水，倒不如专挖一口深井而力求及水。"曾国藩十分佩服他这一见解。所以后来写信告诉他几位弟弟说："读经要专守一经，读史则专熟一代。……诸子百家，但当读一人专集，不应该东翻西阅。一集没有读完。决不换读他集。"

曾国藩居京十年，吏户礼兵刑工六部，他做过吏礼兵刑工五部侍郎，也可算作侍郎专家。清之侍郎，可以"帷幄上奏"，地位甚是崇高，做侍郎实际上无事可做。而且碍上碍下，也不便多做，因此，曾国藩乐得专心读书，写写奏议。此外便是结交名师益人，曾国藩有了这些师友，研讨切磋，德业益进，后来在事业上得到这些师友们的助力亦甚多。因此有人推论：即令没有太平天国之变，曾国藩在学术上、政治上，仍有不可埋没的成就。

张伯行居官清政

张伯行，字孝先，号恕斋，河南仪封（今河南兰考县）人。张伯行出生在书香门第，他的祖父和父亲都是儒士。在家庭的熏陶下，张伯行自幼就很好学，康熙二十四年（1685）考中进士，康熙三十一年（1692）入京补内阁中书，开始步入仕途。在此后的四十年官海生涯中，张伯行以居官清正闻名于朝野，老百姓称他为"天下第一清官。"

康熙四十二年（1703），张伯行赴任山东济宁道。当时正逢荒年，老百姓流离满路。张伯行在上任途中，赈济给灾民不少钱粮。到任后，他立即决定开仓赈济，仅汶水和阳谷两县就动用仓谷二万余石。事后，藩司指控他擅动仓谷，应于

革职处分。张伯行以"仓谷为轻，民为重"，慷慨陈词。藩司无奈，最后免去了给予张伯行的处分。

康熙四十五年（1706），张伯行调任江苏按察使。按当时惯例，新任官员要向总督、巡抚馈送币礼，约合四千两银子，对这一腐败现象，张伯行严加杜绝。他说："我为官，誓不取民一文一钱，怎能这么办呢？"

在按察使任上，张伯行力革地方弊端，对总督、巡抚多有冒犯。于是他们便联合压制和排挤张伯行。张伯行就任按察使次年，康熙帝南巡，到江苏后命令督抚举荐贤能的官员，但督抚并没把张伯行列在举荐之列。

康熙帝在举荐的名单中没有发现张伯行的

掐丝珐琅八狮纹三环尊　清

名字，便对左右侍臣和督抚们说："我听说张伯行居官甚清，最不易得，你们意见如何？"

众人连连附和皇上意见。后康熙帝亲自定张伯行为"江南第一清官"，升他为福建巡抚。

张伯行到福建任职后，对当地的不良习俗，严加革除。他看到当地人视瘟神为"五帝"，庙祀遍布城乡，"祷祀昼夜不绝"，这样做不仅毒化了社会风气，而且消耗了大量的人力、财力，便下令将所有的瘟神祠改为义塾，供贫苦人家的孩子在里面念书，这一举动使"群情大快"。

康熙四十八年（1709），张伯行调任江苏巡抚，"士民留攀不及，皆呼号如失恃"。其时朝野行贿、舞弊之风渐盛，张伯行公布了"禁止馈送檄"，以杜绝官场的不正之风。檄文内容是：

一丝一粒，我之名节。一厘一毫，民之脂膏。宽一分，民即受一分之赠；要一文，身即受一文之污。谁云交际之常？廉耻实伤！倘靠不义之财，此物何来？

张伯行不仅是这样说的，的确也是这样做的。他还虚心延访地方利弊，要求所属人民，对于一切利弊，勿隐相告。正因为如此，他才能取信于民。

康熙四十九年（1710），张伯行因与总督有矛盾，郁郁不得志，告病乞退，为此，康熙帝降旨："张伯行操守清洁，立志不移，朕深悉。江苏重地，正资料理，不得以衰病求罢。"

面对皇帝的极度信任，张伯行很受感动，他终以国事为重，从大局出发，强起视事。

康熙五十年（1711），江苏省乡试时大肆舞弊，总督噶礼也收受了贿赂。发榜的结果自然是很不公正的。江苏的士子们不甘受愚弄，一千余人抬着财神塑像沿街游行，最后放到文庙孔夫子牌位的对面，他们用这种形式来抗议和讽刺乡试

"唯财是举"。

这件事在全国震动很大，康熙帝特遣户部尚书会同总督噶礼、巡抚张伯行、安徽巡抚梁世勋共审此案。此事牵涉噶礼从中受贿索银五十万两，审讯官员因惧怕噶礼权势，致使案情趋于复杂，真情不得大白，审讯了一个多月还没有定案。

张伯行对此感到异常愤慨，他置身家性命于不顾，上章弹劾噶礼的不法行径，力主彻底清查科场案。没想到噶礼将张伯行的上疏花重金买了回来，反而上章反咬一口。康熙无奈，降旨将科场案交由审事大臣审明，噶礼和张伯行全部解职，听候结果。

扬州百姓听说张伯行被解职后，纷纷罢市，数千人围着公馆，哭声传遍了扬州。第二天，扬州百姓来到公馆，拿着水果蔬菜献给张伯行，张伯行不肯接受。百姓们便哭着说：

"大人在任，只饮江南一杯水；大人要走了，这是乡亲们的一点心意。"

张伯行不得已，只收下了一块豆腐和一束蔬菜。

三个月后，案审结果出来了，张伯行应革职治罪，噶礼免议，康熙帝御批时，将结果改为张伯行留任，噶礼免职。其实康熙帝早已暗中派人查清了事情的原委。

江苏士民听说结果后，欢声如雷，在门上纷纷写上"天子圣明，还我天下一清官"。

康熙五十四年（1715），一钦差大人以莫须有的"狂妄自矜"的罪名弹劾张伯行。连劾六疏，四请革职。康熙帝迫不得已，暂且应允了。尔后，钦差大人对张伯行又多方摧折，并让人代书供词，然后将案审报上，要求治张伯行以重罪。

康熙帝不同意对张伯行的治罪方案，下令让张伯行到京面见。张伯行抵达京师后，未等皇上召见，那位钦差大人又上奏说张伯行死不认罪。于是康熙帝大怒，他一拍龙书案，气冲冲地说道：

"他原本无罪可认，此人朕还要使用，而且还要重用。"

第二天，康熙帝召见张伯行，任命他为南书房行走。后来他又任过户部右侍郎、仓场总督、会试总裁等职，在这些职位上他干得都很出色，康熙帝称赞他是"真能以百姓为心者"。

安天下必先正其身

七情六欲，人皆有之，唐太宗李世民也是人，人因情欲而犯的错误，唐太宗都曾犯过，为何他能正身率民取得贞观之治，成为一代名君？其中主要原因之一，是因他有正身之法，即能对照和纳谏。所谓对照，是他常以前人为镜，用以对照自己，与贤王对照，以之为鉴，学其长处，向他看齐，用以治民理国；与暴君对照，以之为诫，去己有类似的错误，以免重踏其亡国覆辙。另是，善于纳

谏，凡属已错的就改之，凡正确的意见就采纳，因能改过故无过，因能纳正确意见，故所行多对。《贞观政要》有关这方面的材料记载很多：

唐太宗认识到："若安天下，必须先正其身。未有身正而影曲，上理而下乱者。"故他常以此警惕自己。他曾说："朕闻周秦初得天下，其事不异。然周则惟善是务，积功累德，所以能保七百年之基。秦乃恣其淫奢，好行刑罚，不过二世而灭。岂非为善者福祚延长，为恶者降年不永？"因此，唐太宗在位期间，学周善以治国，即"唯善是务，积功累德"；去秦之恶，即诫奢淫，慎刑罚。由于诫奢淫，拟纳一绝色美人，因知曾已许嫁，下诏不要；所居宫室纸湿，已备材拟建新宫室也作罢。由于慎刑罚，没有冤狱，"遂令图圄空虚。"

隋炀帝之亡，是他亲眼所睹，他常以其暴虐为诫。他认为隋之速亡，隋炀帝饰非拒谏是重要原因之一，他指出："隋炀帝暴虐，臣下钳口，卒令不闻其过，遂至灭亡。"因此，他经常鼓励群臣"进直言"，而勉励自己"纳忠谏"，正因他带头纳谏，群臣也就敢进谏，在贞观之世，朝野上下和皇宫内外进谏成风。由于唐太宗能纳谏，也就少犯错误，所作所为大都符合国情民情，才出现贞观之治。

陆陇其是清朝初年的学者，当过知县、御史一类的小官。

催缴赋税，是朝廷赋予各级官员的一项极其重要的政务，也是一件阻力很大的工作。一般的县令在催缴赋税时，总是指挥大批衙役下乡督促，稍有缓慢不是惩罚肉体，便是罚粮罚款，搞得官民对立情绪很大，有时还会激成民变。陆陇其却不这样。他当嘉定县令时，每当缴粮纳赋的日子临近了，常把乡亲父老召集起来，给大家讲一番按时纳赋的道理。他说："向大家收缴的钱粮，全是朝廷的国课，并不是县官的私蓄。如果百姓们能急朝廷之所急，按时上缴钱粮，不仅自家心安理得，而且给当官的减去好多麻烦，以便有更多的工夫为民办事。我与大家没有任何宿怨，不想为收钱粮而杖责任何人。何况一旦受到杖责不仅要花许多冤枉钱，还要落得欠粮受责的名声。倒不如及早凑齐应纳之款，使你我都相安无事地办完这件事。"乡民们听了之后，觉得陆陇其的话说得很实在，很透彻，乐于接受。所以他在任时，很少发生欠粮受责的事。

对于因禁在监狱中的犯人，他也好言相劝，进行开导。他曾经写过一篇《劝盗文》，派人给犯人们宣讲，大意是："人的本性原来都是善的，你们这些犯了罪的人也不例外。只是由于一念之差，不安分守己，做出犯法的事来，并在这里受尽痛苦。这些都是由于人心中的杂念蒙蔽了善性造成的结果。然而人心是可以改变的，只要你们能够深刻地悔过，去掉心中的杂念，就能重新做一个好人，依旧可以成家立业。"读到这里，在场的许多犯人都情不自禁地哭了起来。

刘邦重用人杰

公元前202年，即汉军消灭项羽后的第二年，刘邦在汜水之阳宣布称帝，并

置酒雒阳南宫，赐宴有功之臣。席间，他说："通侯诸将毋敢隐朕，皆言其精。吾所以有天下者何，项羽之所以失天下者何？"意思是，今天，你们都要畅所欲言，说说我为什么能得天下，项羽为什么会失天下？高起、王陵回答说："陛下使人攻城略地，所降下者，因以与之，与天下同利也。项羽妒贤嫉能，有功者害之，贤者疑之，战胜而不与人功，得地而不与人利，此其所以失天下也。"刘邦说："公知其一，未知其二。夫运筹帷幄之中，决胜千里之外，吾不如子房；填国家，抚百姓，给饷馈，不绝粮道，吾不如萧何；连百万之众，战必胜，攻必取，吾不如韩信。三人皆人杰，吾能用之，此吾所以取天下者也。项羽有一范增而不能用，此所以为我禽也。"（《汉书·高帝纪》）刘邦这席话，以实事求是的态度，阐明了汉胜楚败的基本原因。在楚汉战争中，刘邦以少击多，以劣势对优势，经过艰苦奋战，终于打败项羽，平定群雄，统一全国，建立西汉王朝。除其他因素外，最主要的是人才政策正确，重用了一批具有文韬武略的将领和谋士，如陈平、郦食其、娄敬、陆贾、樊哙、曹参、周勃、王陵等。这些人为刘邦运筹帷幄，冲锋陷阵，在楚汉战争中做出了重要贡献。张良、萧何、韩信就是他们的代表。

张良，出身"五世相韩"的韩国贵族，富有政治经验，善于总揽全局。秦二世二年（公元前210年），聚众归刘邦，为其重要谋士。在楚汉战争中的紧要关头，为刘邦出谋定计，往往左右全局，每次都能化险为夷，变不利为有利。秦二世三年九月，刘邦领兵攻至峣关，为秦军所阻。根据张良的建议，设疑兵，贿赂秦驻峣关守将，大败秦军，顺利地进入咸阳。刘邦率起义军进入咸阳后，便留恋宫廷生活，张良和樊哙力劝刘邦封闭宫室，还兵霸上，并与关中"父老约法三章"，赢得了民心，"秦民大喜"，"唯恐沛公不为秦王"。项羽既定河北，转兵西向，与刘邦相持于函谷关；项羽根据范增的建议，摆下鸿门宴，欲除刘邦。经张良说服项伯保护刘邦，自己又在宴席间巧妙周旋，使刘邦摆脱了困境。项羽攻占咸阳后，自立为西楚霸王，封刘邦为汉王，管辖巴、蜀和汉中。刘邦很不满意，准备攻打项羽。萧何、周勃、灌婴、樊哙、张良鉴于敌强我弱的形势，都极力劝阻，张良还劝说刘邦"烧绝所过栈道"，既防止了诸侯偷袭，又"示项羽无东意"，麻痹了项羽，刘邦因此得以在汉中养精蓄锐。刘邦彭城战败后，张良建议以韩信独当一面，以彭越为游军，联合与项羽有矛盾的楚方大将英布，形成对项羽的包围圈，很快扭转了战局。在楚军多次侵夺汉军甬道，汉军乏食的情况下，刘邦听信郦食其的建议，准备"复立六国后"，以改变被动局面。张良得知后，提出"六不可"，陈述利害，及时制止，避免了重现封建割据的历史。当汉军追楚军至固陵时，韩信、彭越按兵不动，楚军反击，汉军失利，刘邦非常发愁，张良献计：答应韩信、彭越的封地，才使"韩信、彭越皆引兵来"，汉军反败为胜，促成了垓下之围。

萧何，沛丰（今江苏沛县）人，曾为沛主吏掾。秦二世元年（公元前209年），佐刘邦起义，常为丞督事。刘邦率起义军"西入咸阳，诸将皆争走金帛财物之府分之。萧何独入收秦丞相府图籍藏之，以此沛公得具知天下

阸塞、户口多少、强弱之处"(《资治通鉴·汉纪一》)。萧何极力推荐韩信，为刘邦选择了一个卓越的三军统帅，在统一全国的战争中起了决定作用。刘邦引兵东定三秦，萧何以丞相身份留守关中，侍太子，治栎阳，负责兵源、军需供应。在四年的楚汉战争中，刘邦经常失军亡众，逃身遁者很多，"萧何常从关中遣军补其处"；军中没有了粮食，"萧何转漕关中，给食不乏。"萧何以关中为根据地，足食足兵，有力地支持刘邦击败项羽，平定群雄。汉王朝建立后，萧何辅佐刘邦开展政治、经济建设，又协助刘邦、吕后消灭了韩信、陈豨、英布等人的叛乱。太史公评论说："何之勋烂焉。位冠群臣，声施后世，与闳夭、散宜生等争烈矣。"(《史记·萧相国世家》)

韩信，淮阴(今江苏清江)人，是西汉初年的军事家。经萧何力荐，始得刘邦重用，任大将军。在刘邦平定群雄的战争中，他率军开辟侧面战场，定三秦、禽魏、取代、仆赵、胁燕、击齐，把附楚的各诸侯国平定为汉郡，形成三分天下汉有其二的有利局面。刘邦危困之际，多次得到韩信的援助，得以复振汉军。汉高祖五年，垓下之战，韩信率领三十万大军参加会战，消灭了项羽残部，项羽本人自刎乌江，楚汉战争以项羽失败而告终。司马光评论说："汉之所以得天下者，大抵皆信之功也。"(《资治通鉴·汉纪四》)

坚贞不屈的民族气节

坚贞不屈是中华民族的一种可贵气节。古代忠贞之士，把国家人民和民族的利益置于个人利益之上，当公私两种利益发生矛盾时，能牺牲私人利益，即使受尽苦难以至杀头，也在所不顾。田卑拒绝封邑、愿跳油锅；苏武甘受苦难拒降匈奴；洪皓愿就鼎镬不降金人；左光斗受炮烙酷刑而不屈，都是这种民族气节的具体表现。他们的事迹，感人至深，成为后人学习的榜样，使之一代代递传下来。正是这种可贵的民族气节，使中华民族能永远昂然屹立于世界民族之林。

田卑，春秋时中牟邑人。中牟在今河北省邢台与邯郸之间，是晋国属地，范氏的家臣佛肸是中牟地方长官，他支持范氏、中行氏反对赵氏，因而发动叛乱，并以威吓利诱的手段胁其所属从之。他先置一大油锅于庭上，将油烧得滚滚的，告诉大夫们说："与我者受邑，不吾者烹。"大夫们惊都听从他，轮到田卑，他拒不受邑，愿跳油锅说："义死，不避斧钺之罪；义穷，不受轩冕之服。无义而生，不仁而富，不如烹。"说了，撩起衣襟就要往油锅里跳，佛肸忙摇手制止止了他。

赵氏知中牟佛肸叛乱，起兵将之镇压了，听说田卑不肯附和叛变，找到他要予以赏赐。田卑说："不可也，一人举而万夫俯首，智者不为也。赏一人而惭万夫，义者不取也。我受赏，使中牟之士怀耻，不义。"他辞了赏赐，说："以行临人，不道，吾去矣。"于是就搬家到南方的楚国(以上故事见《新序·义勇》)。

田卑可说是坚贞不屈的义士，在生死关头，他舍生而取义，不受封邑，勇跳

油锅。更可贵的是，他的义行为赵氏所赏识，要厚赏他，他也坚决拒绝，认为："以行临人，不道，吾去矣。"意即以自己的德行而使自己凌驾于他人之上，也是不道德的。所说凌驾于他人之上，即使被胁从的"中牟之士怀耻"。所以他决定要离开，搬家到南方的楚国。《说苑·立节》也记此事，但加上楚王待之以礼事："楚王高其义，待以司马。"

田卑确是个志行纯洁的高士，他既保持自己的节操，也不愿炫己而使人难堪。正因此，他的事迹广为转载，除《新序》《说苑》外，也见《水经注》《太平御览》《资治通鉴》等书。

古之有志之士，把节操看得高于一切，凡损害节操之士，坚决不干；即使是穷得没有饭食，宁饿死也不苟取。如列子饥而拒非知者的赠粮，曾参虽穷不受鲁君采邑以免受制于人，齐士宁饿死不吃"嗟来食"，虞集贫而不卖文给为富不仁者，都是士人具有崇高品格的具体表现。

列子，即列御寇，战国时著名学者，他客居于郑国，饥寒交迫，有宾客将之告知郑相子阳说："列御寇，盖有道之士也，居君之国而穷，君无乃不好士乎？"子阳就派人送给列子一百六十多斛粮食。列子出见来使，再三表示谢意而不受赠粮。使者走了，妻子拍着胸无限惋惜和怨恨说："闻为有道者妻子，皆得逸乐。今妻子有饥色矣，君过而遗先生食，先生又弗受也，岂非命也哉！"列子笑对妻子说："君非自知我也，以人之言而遗我粟也，至己而罪我也，有罪且以人言，此吾所以不受也。"（《吕氏春秋·观世》）列子全家处于饥饿状态，郑相赠粮是出于好意，列子为何宁饿而不受粮？从他说的话分析，其原因有二：一是郑相子阳并不了解他，既能听人言而送粮给他，将来也可听人言而施罪于他；二是郑相子阳既不是了解自己的人，就不能接受其粮而与相交。

子阳无道，百姓愤恨而发难，将他杀了。这说明列子因子阳不知己不受粮而拒与相交是对的。如果收粮，即受人供养，而受人供养不同死于难是不义；同死于难是为无道而死是无价值的，也蒙不义之名。说明个人坚持节操和慎于交往是多么重要。

曾参，春秋末年鲁国人，孔子的学生。他拒绝鲁君赠采邑事见《说苑·立节》：

曾参生活很穷苦，衣着破烂，为了生活，他亲自耕种。鲁国国君派使送给他采邑封地，说："请以此修衣。"曾参不肯接受，使者回去后，鲁君又派使者来重申赠邑之意，曾参还是不接受，使者说："先生非求于人，人则献之，奚为不受？"曾参说："臣闻之，受人者畏人，予人者骄人。纵君有赐，不我骄也，我能勿畏乎？"曾参终不接受采邑封地。

孔子知道此事后说："参之言，足以全其

曾参像

节也。"

采邑，是古代以土地和城内的奴隶或租税作为礼物送人，鲁君送给曾参采邑，如曾参接受就不用穿破衣和亲自耕种了，生活也就可以改善了，如果是一般人，当看作喜从天降，而欢天喜地，必深感鲁君的恩赐，再拜而受之，但是具有崇高气节的曾参却拒绝了，为什么？这是因曾参认为："受人者畏人，予人者骄人。"如果他接受鲁君的采邑，他就要畏惧之，感其恩而受其驱使，鲁君也恃恩而随意指使他，这就丧失了自己独立的人格，就不能保持自己崇高的节操。所以孔子赞曾参拒采邑，"足以全其节"。

战国时期，有一年，齐国大饥荒，黔敖备食赈饥，他在路旁预备饮食，等待饥饿的人来吃。有一士人用袖子遮着脸，有气无力的拖着鞋，饥得两眼昏花地踉跄走来。黔敖左手拿着饭，右手端着汤水，说："嗟！来食！"饿者抬起眼睛看看他说："予唯不食嗟来之食，以至于此也。"黔敖上前向他道歉，那士人也终不肯食，结果饿死了（《新序·节士》）

"人穷志短"，"饥不择食"，这是一般人的行为，当人饥饿无食，乞也乞，求也求，挨骂也不会计较；而这位贫士宁饿死也不失其志，当黔敖以傲慢口气叫他来吃时，大大损伤了他的自尊心，虽然自己已饿得有气无力，两眼昏花，走路也踉跄了，也不肯吃"嗟来食"。有人认为：既然施赈的已经道歉了，又何必计较。这是因为不食"嗟来食"的贫士，把自己尊严看得比饿死还重要。

虞集，元朝学者，字伯生，祖籍仁寿（今属四川），后迁崇仁（今属江西）。他出生于书香世家，幼时聪明，在父亲教导下，学《论语》《孟子》《左传》及欧阳修、苏东坡等人的文章。及长，读尽诸经书，通其大义。成宗大德初年到大都（今北京），任国学助教。仁宗时为集贤修撰。文宗时与赵世延专修《经世大典》，凡八百帙。

晚年告病回江西。他为官清廉，无储蓄，而家贫，人口众多，生活困难。虽来求其写碑铭文的甚多，但从不随便答应，也未尝苟作。南昌富民伍真父，财富甲一方，又娶诸王女为妻，有财有势，作威作福，及死，其子请虞集代其写文以刻碑，颂扬其父，故送上中统钞五锭作为润笔费。送礼虽厚，虞集因其父为富不仁而拒绝卖文。这显示了儒者的节操，即"君子固穷"，"非义不取"。

曾氏家法

曾国藩是在家法中长大的，他深受裨益，他不仅自己身体力行，而且督促子女遵照实行。

曾氏家法从曾国藩的祖父星冈公那里就流传下来，星冈公是一个最讲家法的人，这对曾国藩产生了深远的影响。曾氏家法共计四点，每一点都不难，难的是年年月月天天都要去做。这四点是：

第一，起早。

起早床，对养成了这种习惯的人，可以说不费吹灰之力；但对没有养成这种

习惯的人，那可比登天还难。起早床，意味着你必须理智地去生活，有规律地生活，合理地安排作息时间。对有的人而言，做一两天还可以，甚至几个星期也不难，但要他成年累月这样做，那无异于要他的命。现在的家庭，由于夜生活丰富了，人们更是难以做到这一点。电视放得很晚，甚至是通宵，除非眍睡得不行，人们总是信马由缰地看下去。还有麻将，那实在比电视更厉害。结果必须在第二天弥补，到了晚上又是如此，既损害身体，也影响工作和学习。起早床，对现代家庭简直是一个大问题，那要放弃很多诱惑和娱乐。

第二，打扫清洁。

恐怕这是家庭中最不起眼的家务活了，它太小了，以至都算不得一件家务活，但如果要使它成为一种习惯，就不那么容易了。很多家庭做清洁，实在是脏得不像样子了，如果没那么脏，你还会做吗？一个家庭的清洁与否，反映出这个家庭的精神风貌和生活态度，甚至能反映出这个家庭爱情的多少。如果你感到生活幸福，那做做清洁也是幸福的；如果你爱这个家庭，你就不会容忍它沾染灰尘。

第三，做祭祀。

不仅要做，还要诚心诚意。心不诚，就不必做，做了也白做。祭祀不是做给别人看的，完全是为了自己。为了祭祀而祭祀，神灵大概也不会高兴的。当然，现在讲信仰自由，对不信神，不信教的人家，就大可不必了。

第四善待亲邻。

这一点，曾国藩印象很深：凡是亲戚邻里到家来，星冈公无不恭敬款待。有急事的，必定设法周济；有争吵的，必定帮助排解；有喜事的，必定表示祝贺；有疾病的，必定慰问；有丧事的，必定吊唁。

从这四点上可以看出，"礼"占了重要地位。注意卫生，是对家人之礼，祭祀是对祖宗之礼，"善待亲邻"是对外人之礼。

《礼记》有云："礼尚往来。往而不来，非礼也；来而不往，非礼也。"这已不是一种语言，而是世世代代流淌在我们身体中的血液，并且它仍将世世代代流淌下去。它不仅蕴含着对他人的尊重，也蕴含着对自己的尊重。

曾国藩在评价他祖父时说，星冈公对祖宗、对后代、对宗族、对乡里的最大贡献，就在于讲求礼仪，讲求庆吊。星冈公常常说："人待人友善，便是无价之宝。"在与亲族邻里交往时，有喜贺喜，有丧吊丧，有病探病，有难相帮。曾国藩的父亲完全继承了他先父的传统，曾国藩的叔父在祭祀方面也十分诚恳、恭敬。曾国藩不仅身体力行，谨守家道，还希望他的各位弟弟都能在"礼"字上下大功夫，以医治平常的粗率之气，从而成为先父的孝子。如果能在宗族庆吊方面时时留心，那就可以表率一方了。

不过讲究礼仪，要量力而行，不要为了礼仪而礼仪，不要为了面子而礼仪，也不要为了利害关系而礼仪，这样你才能轻松起来，才能坦然地面对别人与自己。讲究礼仪最重要的是一个"情"字，情到意到，心中有一个他人。为什么有人给人送了一大堆礼品，而别人并不买账，或者并不在意呢？这就是因为他的

"礼"中无情无义，而只剩下赤裸裸的利害与交换关系。

曾国藩治家有方

曾国藩治家有方，在于兴家和为贵，和为先。

曾国藩治家有方，兄弟多有建树，子孙也人才辈出，家中一团和气，尊老扶幼，子孝妻贤，世世代代广为流传。

曾国藩说，"家和则福自生。"如果在一个家庭中，哥哥所说的话弟弟没有不听从的，弟弟所求的事哥哥没有不应承的，一家人融洽相处，和气蒸蒸，像这样的家庭不兴旺发达，从没有过。相反，兄弟之间相互争斗，婆媳之间彼此扯皮，夫妻之间两相计较，像这样的家庭不衰败，也从没有过。

现在的家庭大都是三口之家，因此家庭关系远比曾国藩那个时代的家庭关系单纯，一般说来，家庭关系越单纯，彼此之间也就越好相处；但这并不意味着家庭矛盾随之消隐。相反，这种矛盾以一种更精细、更微妙的形式存在着，只要人与人之间存在着一种关系，那么就不可避免地存在着矛盾；况且，现代家庭关系始终保持着人类家庭关系的基本结构：婆媳关系，夫妻关系和父子关系。家庭的矛盾和冲突基本存在于这三种结构之中。

家庭矛盾并不可怕；产生一点家庭矛盾也很正常。即使是一个人，也有自己跟自己过不去的时候，唇齿之间，也有不睦的时刻，更何况是年年月月生活在一起的另外一个或几个人呢？每个人都有自己的性格、兴趣、观念和独立性，这是矛盾产生的根源；解决家庭矛盾的唯一办法就是和，当然，或许有人会说，我可以不理，去躲或逃，然而那矛盾仍然存在着。夫妻之间之所以离婚，就是因为那矛盾已无法解决了，或者不愿意解决，谁都不愿意放弃自己的观点和独立性；即便如此，那矛盾也仍然存在着，甚至以一种更尖锐的方式存在着。

所以说，解决矛盾的唯一办法就是和。左宗棠讲，"家庭之间，以和顺为贵。"这个和，就是看你是否尊重他人的独立性，是否理解并宽容他人的性格、兴趣和观念。这个和，不是说你应在矛盾产生时才讲，而是在你平常的生活中就自然而然这样做。

夫妻关系，在家庭关系中是最核心的关系，这种关系处理得好与不好，直接影响到家庭的其他关系，夫妻不睦，往往导致婆媳不和，父子反目。那么该如何对待夫妻关系呢？当然你首先得爱她、关心她、体贴她，不要计较她的爱，爱情是最脆弱的，你越计较，爱情就越稀少；在家庭中，你创造的爱越多，你获得的爱也将愈多；你越吝啬你的爱，你获得的爱就越少。

其次在矛盾产生后，应该冷静，尽量减少过激行为的发生，不要动不动就喊离婚。在世界上，谁怕谁呀！当然这也可能是愤极之辞，正因为如此，这才最刺痛人心。有人离婚，不是不爱对方，甚至她找不到他以外的更爱的人，但由于出言伤人，酿成苦果。他呢？也应反省自己，即使道理在自己一边，也不妨给她一个台阶，也许她就因为你有这等气量而更加爱你。

还有一个小办法，但很灵，那就是当天的矛盾当天解决。荀子讲，无宿问，说的是学习碰到疑难，当天解决，不要过夜。解决夫妻矛盾这个办法也很好，有什么纠纷，当天解决，不要等它过夜。有人喜欢打"冷战"，耗它十天半月，然而问题并没有解决，一有新矛盾，旧的问题就会风助火势，激化矛盾。

有人生活了一辈子，也找到了一些适合他们的解决方式，但无论哪一种方式都是"和为贵"，尤其是在处理家政时，相信家和万事兴。

家兴贵在和，家败源于傲气，傲气乃官官之家大忌。曾国藩认为，傲气太盛，说话太多，这两条是历代大夫和近世官场导致灾祸的原因。

曾国藩以忠代孝

作为一个传统的士大夫，曾国藩对孝十分重视，这是理所当然的，但需要强调指出的是，曾国藩的孝不仅仅体现在日常生活中对家里老人的照应上，更重要的是当忠孝发生矛盾时，往往以忠代孝做出正确的选择。在这一方面，似乎跟家传有很大的关系。如曾国藩的父亲曾麟书，在太平天国农民起义爆发后，先后送出四个儿子参军赴前线与太平军作战，并勉励其尽忠报国。太平军自咸丰元年（1851）揭举义旗于广西金田村之后，势如破竹，所向无敌，于次年入湘过道县，又占郴县、攻长沙，而湘乡境内的会党在太平天国的影响下亦揭竿而起，封建统治秩序受到了严重冲击。对此，曾麟书心急如焚，坐卧不安。为此，他在与本县知县朱孙治、乡绅刘东屏等组织乡勇前往镇压农民起义之外，还多次写信给在京做官的曾国藩，向他介绍"匪情"，表示要继续招募乡勇，以"卫吾道"，希望他"赞襄庶政，矢慎矢勤，以报皇恩于万一"，官阶愈高，"接人宜谦，一切应酬，不可自恃。见各位老师，当安门生之分。待各位同寅，当尽协恭之谊。"

早在道光二十九年（1849）曾星冈病故之时，曾国藩意欲回家奔丧，

搯丝珐琅花奔纹螭耳炉　清

曾麟书便去信要他安心做官，不必南归故里："努力图报，即为至孝，何必作归家之想"；"祖父生前爱尔特甚，以尔受国厚恩，必能尽心报效。尔今日闻讣信，能体祖父此意，即所以孝祖父，毋以感伤之故而更系念于予夫妇也。"太平军进入湖南后，曾国藩念及家人安危，遂有请假归家之念，曾麟书便又去信叮嘱他不

要顾及家中小事，应以国家安危为重、为急务。他告诫曾国藩说："官秩是朝廷所颁，职分是己躬所尽。尔今所任礼部侍郎兼署刑部侍郎，礼部位清贵，刑部事繁重，君恩厚矣。唯日孜孜尽力供职，以报恩于万一，即是尽孝之道，何必以予夫妇为念而有归省之辞也。"他还教导曾国藩须明白这样一个道理：

> 做官者，不问官秩加不加，只问职分之尽不尽，庶外可以对吾君，内可以对吾亲。……盖官秩愈高，则职分愈重。念兹在兹。格供尔职，乃可以对吾君而无愧于为臣尔。尔在信中谈到，今冬有省亲之举，希三思而行，不可只顾私念而置国家安危于不顾。《孝经》中以忠事君，谓中年时竭力做好官，即是为孝。尔年四十一岁，正是做官之时。为朝廷出力，以尽己职，以答皇恩，扬名显亲，不啻曰倚吾夫妇之侧，何必更念南旋孜孜焉。现今各地匪患昌炽，尤其"发匪"横行桂、湘、鄂诸省，国家正在用人之际，切莫有思亲之情，想家之念。当此时事维艰，宜为君上分其忧于万一。进言可有益于时事，皇上圣明采用之，亦未可知。又，劝同寅各抒所见，以呈奏皇上集群谋而用，教匪不难除矣。所以，关于南归不南归的问题，要视时势之可不可。我在家中本无定见，觉得全力组织团练，保全一方，亦草野之臣思报君恩于万一耳。

忠孝不能两全，往往是封建官员常常面临的一个问题，在这个问题上，曾国藩的观念曾经是主张孝大于忠，并以此去要求别人。可是，当问题落到自己头上时，他又转而认为孝要服从于忠。

1853年1月21日，正当曾国藩权厝母亲于居室后山，"拟另觅葬地，稍尽孝思"之时，巡抚张亮基转来了咸丰帝的寄谕："前任丁忧侍郎曾国藩籍隶湘乡，闻其在籍，其于湖南地方人情自必熟悉，着该抚传旨，令其帮同办理本省团练乡民、搜查土匪诸事务，伊必尽力，不负委任。"这项寄谕立即打破了曾国藩的宁静生活。清依古制，父母死，官吏均得在家守制三年后始得复官。曾国藩正是这样打算，谁料，仅三个多月，皇帝便叫他墨绖从戎。墨绖从戎，他是坚决反对的，一年多以前，即咸丰元年，当他在京城听说江忠源黑绖从戎时，他曾振振有词，力加阻止。江忠源字常孺，号岷樵，湖南新宁人，道光十七年举人。道光二十七年曾在家乡办团练，镇压瑶民起义。接着，历任浙江省秀水、丽水知县。大学士赛尚阿至广西围歼太平军之前，在左景桥上书言事，其中有一条提及江忠源善带兵，疏调他至军前效力。曾国藩闻此事，"欲行阻止，而赛公已祸牙成行矣"。此时江忠源正在家守制，得谕旨，即与其弟江忠浚募乡勇五百人，奔赴在广西的副都统乌兰泰帐下。曾国藩立即写信给正在粤中为大军筹粮饷的友人严正基说："岷樵读礼山中，谊为乡里御寇，然墨绖从戎，则非所宜。弟比有书，告其不必远出。君子爱人以德，似应如此。阁下以为然焉否也？"他以"爱人以德"的姿态，动员友人来劝阻江忠源。他还直接给江忠源写信说："粤西盗贼方炽，足下所居，逼迫烽火，团练防守，未可以已。或有企慕谋勇，招之从军，则苫块之余，不宜轻往。斯关大节，计之宜豫。"不久，再次写信给江忠源说："吾子在忧戚之中，宜托疾以辞，庶上不违君命，下不废丧礼。"又说："顷闻吾

弟被命即行，虽军旅墨衰，自古所有。然国朝唯以施之武弁，而文员则皆听其尽制，无夺情之召。"他还为江忠源出谋划策说："所可幸者，闻尚在乌公幕府，未尝署一官，领一职，犹为无害于义。将来功成之后，凡有保奏议叙，一概辞去，且预将此意禀明乌公转达赛公，再三恳告；如不保奏，则仍效力行间，终始其事；如不允从，则托疾归去。""若略得奖叙，则似为利而出，大节一亏，终身不得为完人矣。"在曾国藩看来，最好不要墨经从戎，去了，也要只效力不当官，只有这样，才叫忠孝两全，即"从戎以全忠，辞荣以全孝"。他再次警告说："君子大节，当为世所取法，未可苟焉已也。"

到咸丰二年十月，曾国藩在家守制，犹写信给友人刘蓉说："岷樵去年墨经从戎，国藩曾以书责之，谓其大节已亏。"

然而，言犹在耳，只过去一个月，有亏大节的墨经从戎的事又临到自己头上来了。因此他草写了一份奏稿，请求在家终制。并在接到谕旨后的第三天，即十二月十五日（1853年1月23日），写信给住在京中的内兄欧阳秉铨（字牧云），申述自己不能墨经从戎的原因："弟闻讣到家，仅满四月，葬母之事，草草权厝，尚思寻地改葬，家中诸事尚未料理，此时若遽出而办理官事，则不孝之罪滋大。且所办之事，号召绅者，劝其捐资集事，恐为益仅十之二，而扰累者十之八；若不甚认真，不过安坐省城，使军需局内多一项供应，各官多一处应酬而已。"这是他在申明"大节"之外，多道出了一层"难寻头绪"、心无把握的理由。

曾国藩严于律己

人的职位越高、功名越大，越容易颐指气使、得意忘形。而此时的失败也越多。曾国藩之所以受到一个多世纪的许多伟人、名人之崇拜，成为封建时代最后一尊精神偶像，与他善收晚场有很大关系。

"声名之美，可恃而不可恃"，"善始者不必善终"，这也是曾国藩对功名的看法。

曾国藩曾宽慰、告诫弟弟说：我们现在处于极好之时，家事有我一个人担当，你们就一心一意做个光明磊落、鬼服神钦的人。待到名声既出，信义既著，即使随便答言，也会无事不成。所以不必贪财，不必占便宜。

可见，曾国藩是把名誉和贪婪相联系的，贪婪的人，恶名加身；大度的人，清誉在外。一旦名声远扬，就可以不拘小节了。曾国藩的见识可谓高拔，甚至可以说有点狡猾，他把好名声看成人的立身之本，本应正，源要清，不可本末倒置。

曾国藩对家族的名望或声誉十分看重，为了保持这个家庭的名望和声誉，曾国藩可以说殚思竭虑，鞠躬尽瘁。

常言道，树大招风。由于家大业大势大，兄弟几人都在朝廷做大官，于是乎外面就有不少关于他们兄弟的传闻。

曾国藩就不止一次地听说过对他们兄弟恶行的指责，曾国藩听了以后，不想

秘而不宣，而是一一转告各位兄弟：或者直接责备，或者委婉相劝，希望他们有则改之，无则加勉。

因为名望所在，是非由此而分，赏罚由此而定。有一年冬天，朝廷中有一个叫金眉生的官员就被好几个人弹劾，结果家产被抄，被没收，妻子儿女半夜站在露天下，饱受风寒冰冻之苦。曾国藩说，难道这个金眉生果真万恶不赦吗？其实不过是名声不好，惩罚随之而来罢了。

所以说，人言可畏，众口铄金，积毁销骨。那些议论不知道在什么地方兴起，也不知道什么时候结束。众口悠悠，沸沸扬扬，防不胜防。那些有才华的人，因为那些怀疑与诽谤无根无据，虽然恼怒，但还是悍然不顾，结果诽谤一天比一天严重。那些有德行的人，因为这些诽谤无根无据而深感恐惧，于是收敛下来认真反省，并对自己今后的一言一行，一举一动都十分谨慎，结果诽谤不攻自破，谣言一天天平息下去。

曾国藩说：我身居高位，又获得了极高的虚名，时时刻刻都有颠覆的危险。通观古今人物，像我这样名大权重的人，能够保全善终的人极为少见。因此我深深担忧在我全盛之时，不能庇护你们，到了我颠覆之时，或许还会连累你们。所以我只有在没事的时候，时常用危词苦语来劝诫你们，这样或许能够避免大灾大难啊！

曾国藩不停地反省自己：孟子说："我爱别人，别人却不亲近我，自己要反躬自省，自己的仁爱是否有不到的地方；我们以礼待别人，别人却不理睬我，自己要反躬自省，自己的礼仪是不是不周到。"……我的声望越来越高，就是我自己也不知道这是从何说起，只恐怕名望超过了实际……这全部责任在于做哥哥的提倡、做表率……

大凡功成名就之人，名望欲高，愈是珍重这份荣誉。曾国藩过人之处在于，他对自己的名望始终抱有怀疑的态度，甚至根本就认为没有什么名望。他从自己至爱的兄弟们身上，看到了名望遮掩下的裂痕和隐患，由此及彼，别人会怎样就可想而知了。

怀着这种深沉的认识和忧惧，曾国藩把这一感触不时传送到兄弟们身上。他鼓励、劝勉他们为百姓多干实事，勿为名望二字所累，他说："那才是我曾家门户的光荣，阿兄的幸运。"

当曾国荃打下天京却回家暂时休息时，曾国藩像算卦先生一样，为其卜算是出去做官还是继续在家好。他还说：在家应占六分，出去应占四分。但曾国荃耐不住了，总想早点出去。不久，清廷果真任命曾国荃为山西巡抚，曾国藩立即去信一封，千叮咛万嘱咐，核心是让老九"宦海之途当知畏"。曾国藩说：

我的情况如此，沅弟你的处境也不妙。你在山西，虽然清静，但麻烦也不少。山西号称天下富国，然而京城的银饷，大部分来自山西。厘金还没有改动，收入款项与道光年间相差无几，而开支款项则比以前大为增加。山西离京城又近，银钱账目的一丝一毫户部都清清楚楚。沅弟有开销太大的名声，现在既然担任没有战乱的平静省份的巡抚，那么在正务、杂务的各项款项就不能不谨慎节

俭，账目上丝丝入扣。

外界正在拟议让老弟再次出山，赴任之处一定是军务棘手的地方。现在山西虽然还没有贼寇活动，但是圣上担心捻军进入山西，逼近京城一带。老弟此番上任，似乎应多带得力的将军，勇丁则就近在山西招募。南方人吃不惯面食，山西尤其买不到稻米，不像直隶、山东两省，还可以由大海或河运设法转运。弟弟来京，可以从安庆登陆，到徐州与为兄相会，畅谈一番。听说钦差大臣到达山西，实际上是到陕西查办霞仙（刘蓉）一案，真是一波未平，一波又起，宦海真是可畏啊！

曾国藩比曾国荃年长十四岁，当他四十多岁时曾国荃也才三十，当他五十多岁曾国荃方逾四十，所以曾国荃总是比哥哥血气更旺，斗志更强。曾国藩看在眼里急在心上，血气一旺，遇事就欠冷静，就往最高处想，就不计后果，总以为自己是对的，别人是错的。于是麻烦也就接连不断。

当弟弟率兵收复了两个省之后，曾国藩便给弟弟写了一封信警醒他：

"你收复了两省，功绩绝对不能磨灭，根基也极为深固。你只担心不能飞黄腾达，不担心不能安命立身；只担心日子不稳适，不担心岁月不峥嵘。从此以后，你只从波平浪静处安身，莫从掀天揭地处着想。"但这是不是说，曾国藩是一个自甘平庸的人呢？他将心比心地说：

"我也是一个不甘心于庸庸碌碌，无所作为的人，近来阅世千变万化。所以我一味在平实处用功夫，不是萎靡不振，而是因为地位太高，名声太重，如果不这样，那么处处是危途。"又说：我们兄弟位高、功高、名望也高，朝野上下都将我家视为第一家。楼高易倒，树高易折，我们兄弟时时都处于危险之中。所以应该专心讲究宽和、谦逊，也许这样可以处高位而无危险。

过去祖父星冈公常常教导人说："晓得下塘，须要晓得上岸。"所以我们应在大功告成后，位高权重时，常常想到退引藏拙，我准备先行引退。我希望你平平和和干一二年，等我上岸以后，你再去轰轰烈烈地大干一番。

随着曾国藩位高权重，他对自己的要求也越加严格，这是他晚场善收的主要原因。同时，曾国藩深切地意识到：位高权重，就要多做些事，才能名实相符，不枉国家重用之意。

同治初年，曾国藩的身体状况每况愈下，往往一与幕僚、下属多谈，就会感到疲倦。同治二年三月三十日的日记中写道："日内应酬繁多，神昏气乏，若不克支持者。然后知高官巨职足以损人之智而长人之傲也。"

做了两江总督后，曾国藩感到人才缺乏，"部委各务，往往悬缺待人"，因此他制订了一个严格的"造就办法"，决定"每天接见州县佐杂三人，与之坐谈而教诲之"。自六月初二日开始，曾国藩接见、考察各州县人才，据日记载：当天传候补人员言南、金茹晋、周甫文三人。

初三日，传见候补班杨明顺、桂中行及江苏知县赵秉溶三人。

初四日，见候补班刘星炳、赵光缙、陈泳三人。

初五日，传见州县刘兆彭、沈懋德、宋尧金三人。

初六日，传见州县龙舜臣、陈德明、王寿棋三人。

初七日，传见州县禄廉、徐树钊等三人。

初八日，传见储赓芸、程燠、胡锦三人。

初九日，传见佐杂董海清、杨光祖等三人。

初十日，传见佐杂陈正常、周溶、谢持谷三人。

十一日，传见佐杂周庆熊、杨葆翼等三人。

十二日，传见佐杂金大荣、胡绍文、朱云龙三人。

十四日，传见宋阶和、邓瑞品等三人。

十五日，传见佐杂贺宏勋、张更新、庞怀典三人。

十六日，传见高列三、查宝信、廖宇庆三人。

十七日，传见姚光国、邵钧、陈珂三人。

十八日，传见张燧、许景隆、曾秀莹三人。

十九日，传见吴振声、韦运煌、程远三人。

二十日，传见倪人在、靳学洙、沈道万三人。

二十一日，传见张锺澍、郝同变、刘溶三人。

二十二日，传见张葆、黄丽中、延龄三人。

二十三日，传见忠义局陈艾、汪瀚、柯华辅三人。

二十四日，传见方觐宸、徐子苓、曹翰田三人。

二十五日，传见王恩锡、赵世暹、周成三人。

二十六日，传见许恩培、江有兰、杨文粹三人。

二十七日，传见查贵辅、章邦元、汪士珍三人。

二十八日，传见陈达、吴彬等三人。

二十九日，传见程光国、戴鸿恩、章遇鸿三人。

二十九日日记载："自六月初二日传见州县、佐杂、教官、绅士，本日见毕"。可见曾国藩是一个十分讲究效率的人，这里倒没有"迟缓"的影子，而是按时间表进行日常安排。

八月十九日开始，他又对每天的时间做出具体安排。"大约吏事、军事、饷事、文事，每日须以精心殚力，独造幽奥，直凑单微，以求进境。一日无进境，则日日渐退矣。以后每日留心吏事，须从勤见僚属、多问外事下手；留心军事，须从教训将领、屡阅操练下手；留心饷事，须从慎择卡员、比较人数下手；留心文事，须从恬吟声调、广徵古训下手。每日午前于吏事、军事加意；午后于饷事加意；灯后，于文事加意。以一缕精心，运用于幽微之境，纵不日进，或可免于退乎？"这是成大名之后的曾国藩对自己的要求，这是晚年的曾国藩对自己的"虐待"，这是一个老病侵寻的人对自己的日常要求。他写下这样的时间安排：

上半日：见客，审貌听言　　　作折核保单　　　点名看操

　　　　写亲笔信　　　看书　　　习字

下半日：阅本日文件　　　改信稿　　　核批札稿　　　查记银钱

账目

夜　间：温诗、古文　　核批札稿　　查应奏事目

到了同治四年，曾国藩的身体大不如前，这年十一月十三日，《日记》中写下很有价值、耐人寻味的一段话：

阅汪辉祖所为《佐治药言》《学治臆说》《梦痕录》等书，直至二更。其《庸训》则教子孙之言也，语语切实，可为师法。吾近月诸事废弛，每日除下棋看书之外，一味懒散，于公事多所延阁，读汪公书，不觉悚然！酉刻，幼泉来谈，阅本日文件。夜阅批札各稿，二更后温《古文·气势之属》。四点睡。因将分内职事定一堂课，作口诀曰："午前治已事，午后治公文；有客随时见，查阅勤出门；二更诵诗书，高吟动鬼神。"因忆余昔年求观人之法，作一口诀曰："邪正看眼鼻，真假看嘴唇；功名看气概，富贵看精神；主意看指爪，风波看脚筋；若要看条理，全在语言中。"二诀相近，聊附记之。

此处诙谐中透出一个政治老人的洒脱。

曾国藩曰：

名者，造物所珍重爱惜，不轻以予人者。余德薄能鲜，而享天下之大名，虽由高曾祖父累世积德所致，而自问总觉不称，故不敢稍涉骄奢。家中自父亲、叔父奉养宜隆外，凡诸弟及吾妻吾子吾侄吾诸女侄女辈，概愿俭于自奉，不可倚势骄人。古人谓无实而享大名者，必有奇祸。吾常常以此敬惧。

古来言凶德致败者的有二端：曰长傲；曰多言。历观名公巨卿，多以此二端败家丧生。余生平颇病执拗，德之傲也；不甚多言，而笔下亦略近于嚣喧。凡傲之凌物，不必定以言语加入，有以神气凌之者矣，有以面色凌之者也。凡心中不可有所恃，心中有所恃则达于面貌，以门弟言，我之物望大减，方且恐为子弟之累；以才识言，近今军中练出人才颇多，弟等亦无过人之处。皆不可恃。

余家后辈子弟，全未见过艰苦模样，眼孔大，口气大，呼奴喝婢，习惯自然，骄傲之气入于膏肓而不自觉，吾深以为虑。

从上面几则文字中，可以看出曾氏十分谦虚，他认为自己享有大名，是因祖宗积德所致，且总觉名誉太大，因此教育家人不可依势骄人；他认为傲气是致败的原因之一，并指出傲气的表现形式在言语、神气、面色三个方面；他谆谆告诫弟弟们要谦虚，对于没有经历过艰苦的后辈子弟，他更担心，怕他们不知不觉地染上骄傲的习气，"谦"是曾氏家教的一个重要内容。

（1）为官戒傲。"天道忌盈"，是曾国藩颇欣赏的一句古话，他认为"有福不可享尽，有势不可使尽"。他"势不多使"的内容是"多管闲事，少断是非，无感者也无怕者，自然悠久矣"。他也很喜欢古人"花未全开月未圆"七个字，认为"惜福之道，保泰之法莫精于此"。他主张"总须将权位二字推让少许，减去几成"，则"晚节渐渐可以收场"。他于1845年5月25日给弟弟们的信中教弟

弟们应"常存敬畏，勿谓家有人做官，而遂敢于侮人；勿谓己有文学，而遂敢于恃才傲人"。后在军中，军务繁忙，他仍写信告诫沅弟说："天下古今之庸人，皆以一'惰'字致败，天下古今之才人，皆以一'傲'字致败。"不仅对军事而言如此，且"凡事皆然"。1863年6月，曾国荃进军雨花台，立下战功，然其兄要求他"此等无形之功，吾辈不宜形诸奏牍，并不必腾诸口说，见诸书牍"。叫他不要表功，认为这是"谦字真功夫"。

曾氏为官不傲，与他深受祖父星冈公的熏陶有关。1839年曾氏离家进京之前，10月28日早晨他侍奉祖父于阶前，向祖父请示："此次进京，求公教训。"星冈公说："你的官是做不尽的，你的才是好的，但不可傲。'满招损，谦受益'，你若不傲，更好全了。"这段话对曾氏影响很深，多年以后，他回想到这些，仍然如同"耳提面命"。

曾氏为官不傲，也与磨炼有关。道光年间，他在京做官，年轻气盛，时有傲气，"好与诸有大名大位者为仇"；咸丰初年，他在长沙办团练，也动辄指摘别人，与巡抚等人结怨甚深；咸丰年五、六年间，在江西战场上，又与地方官员有隔阂。咸丰七、八年在家守制经过一年多的反省，他开始认识到自己办事常不顺手的原因。他自述道："近岁在外，恶（即憎恶）人以白眼蔑视京官，又因本性倔强，渐进于愎，不知不觉做出许多不恕之事，说出许多不恕之话，至今愧耻无已。"又反省自己"生平颇病执拗，德之傲也"。

画珐琅海棠花式瓶　清

他进一步悟出了一些为官之道："长傲、多言二弊，历观前世卿大夫兴衰及近日官场所以致祸之由，未尝不视此二者为枢机。"因此，他自勉"只宜抑然自下"。在官场的磨砺之下，曾国藩日趋老成，到了晚年，他的"谦"守功夫实在了得。他不只对同僚下属相当谦让，就是对手中的权势，也常常辞让。自从咸丰十年（1861年）六月实授两江总督、钦差大臣之后，曾位高名重，多次上疏奏请减少自己的职权，或请求朝廷另派大臣来江南协助他。他的谦让是出于真心，特别是后年身体状况日趋恶化，他更认为："居官不能视事，实属有玷此官"，多次恳请朝廷削减他的官职，使自己肩负的责任小些，以图保全晚节。总之，曾国藩一生功名卓著，但他善于从"名利两淡"的"淡"字上下功夫，讲求谦让退让之术。而被一些人颂为"古今完人"。

（2）居家戒傲。曾氏认为"傲为凶德，惰为衰气，二者皆败家之道……戒傲莫如多走路，少坐轿"。他不仅自律甚严，对自己的兄弟子侄也严戒其傲。1861年3月14日，他曾对专在家中主持家务的澄弟写信，要他加强对在家子弟的教育，并对骄傲的几种表现形式做了阐述："凡畏人，不敢妄议论者，谦谨者

也，凡好讥评人短者，骄傲者也……谚云：'富家子弟多骄，贵家子弟多傲。'非必锦衣玉食，动手打人而后谓之骄傲，但使志得意满毫无畏忌，开口议人短长，即是极骄极傲耳。"并说自己以不轻易讥笑人为第一要义。对澄弟表现出来的骄傲，进行了尖锐的批评，说他对军营中的"诸君子""讥评其短，且有讥到两三次者"。由此可推知澄弟对乡间熟识之人，更是鄙夷之至了！他认为傲气可表现在言语、神气和脸色上，所以要做到"谦退"，须时时检点自己的言行。

曾氏告诫子弟，千万"不可忘寒士家风味……吾不忘蒋市街卖菜篮的情景，（澄）弟则不忘竹山坳拖牌车的风景"。并认为"昔日苦况，安知异日不再尝之？"富不忘贫，贵不忘贱。既已做了仕宦之家，他便力戒子弟不染官气，他说："吾家子侄半耕半读，以守先人之旧，慎无存半点官气。不许坐轿，不许唤人取水添茶等事。其拾柴，收粪等事项一一为之；插田、蒔禾等事，亦时时学之。"他对家人坐轿一事都严加规范，指出四抬大轿"纪泽断不可坐，（澄）弟只可偶一坐之"，这种大轿不可入湘乡县城、衡阳府城，更不可入省城。并嘱咐澄弟对轿夫、挑夫要"有减无增"，随时留心此事。

曾国藩也力戒家人在家乡干预地方行政。他给家中写信说："我家既为乡绅，万不可入署说公事，致为官长所鄙薄。即本家有事，情愿吃亏，万不可与人构讼，令长官疑为仗势凌人。"又告诫诸弟："宜常存敬畏，勿谓家中有人做官，而遂敢于侮人。"

他力戒子弟不要递条子、走后门。儿子曾纪鸿中秀才后，数次到府城参加岁考科考，都不顺利。1865 年 7 月，已是大学士的曾国藩，特地写信告诫纪鸿："场前不可与州县来往，不可送条子。进身之始，务知自重。"纪鸿没有中举，曾国藩就把儿子接到金陵衙署中亲自教学，始终未去走后门。1864 年 1 月，纪鸿由长沙前往金陵，其父要他沿途不可惊动地方长官，能避开的尽量避开。事无巨细，均考虑到一个"谦"字，可谓用心良苦。

（3）为学戒傲。千古以来，文人相轻，已成为一老毛病。以前有则笑话，说有人作了首诗自吹道："天下文章有三江，三江文章唯我乡，我乡文章数舍弟，舍弟跟我学文章。"转了一个大弯，还是自己的文章好。曾氏对此有清醒认识，力倡以"戒傲"医文人之短。1844 年 11 月 20 日他给家中的四位弟弟写信说："吾人为学最要虚心。尝见朋友中有美材者，往往恃才傲物，动谓人不如己，见乡墨则骂乡墨不通，见会墨则骂会墨不通，既骂房官，又骂主考，未入学者则骂学院。平心而论，己之所作诗文，实无胜人之处；不特无胜人之处，而且有不堪对人之处。只为不肯反求诸己，便都见得人家不是，既骂考官，又骂同考而先得者。傲气既长，终不进功，所以潦倒一生而无寸进也。"告诫弟弟们不要恃才傲物，不见人家一点是处。傲气一旦增长，则终生难有进步。在信中他又以自己的求学经历劝勉弟弟们。他写道："余平生科名极为顺遂，惟小考七次始售。然每次不进，未尝敢出一怨言，但深愧自己试场之诗文太丑而已。至今思之，如芒在背……盖场屋之中，只有文丑而侥幸者，断无文佳而埋没者，此一定之理也。"他还用其他人因傲气而不能有所成就或被人冷笑的例子来告诫弟弟们，他写道：

"三房十四叔非不勤读，只为傲气太胜，自满自足，遂不能有所成。京城之中，亦多有自满之人。识者见之，发一冷笑而已。又有当名士者，鄙科名为粪土，或好作诗古，或好讲考据，或好谈理学，嚣嚣然自以为压倒一切矣。自识者观之，彼其所造，曾无几何，亦足发一冷笑而已。"为此他总结道："吾人用功，力除傲气，力戒自满，毋为人所冷笑，乃有进步也。"谦虚是中华民族的美德，中国有句古话说："谦受益，满招损。"曾国藩的事例证明这点。

诚信，是人立身之本。俗话说，大丈夫一言既出，驷马难追，说的就是做人要诚实无欺。孔子说："人而无信，不知其可也。"苏轼也说："天不容伪。"可见，诚信，是人赖以生存的灵魂。不，它就是生命本身。也许你能欺骗一个人，但你不能欺骗所有的人；即使你诡计多端，欺骗了所有的人，但你能欺骗自己吗？人做到了诚信，然后才谈得到恭敬；做到了恭敬，才能取悦于人，受惠于己。

然而，做到诚信，并不是不说假话，假话太容易被识破了。如果你的第一句假话被人识破了，那么你的第二句真话也将被人怀疑，所以人不到迫不得已是不会说假话的。曾国藩在日记中反复谴责和归咎自己的也不是说假话，而是比假话更隐秘，又以更冠冕堂皇的面目出现的不诚实。

有一天，好友窦兰泉来拜访曾国藩，两位学人相见，自然商讨理学，然而曾国藩并未能真正理解窦兰泉所说的意思，便开始妄自发表见解。事后曾国藩就指责自己，这就是心有不诚；不仅自欺，伪强辩，谈文说理，往往文饰浅陋，以表示自己学理精湛，这不过是表演而已。这难道有什么好处吗？

曾国藩虽然意识到了自己的毛病，表示悔改，可事到临头，又身不由己了。没过几日，朱廉甫前辈偕同邵惠西来访，这两个人都是孔子所说的正直、信实、见闻广博的人。尤其是朱廉甫前辈屈尊来访，不就是把曾国藩视为志同道合的人吗？没想到曾国藩故技重演，说了许多大言不惭、沽名钓誉的话。

还有一次，好友陈岱云来访，想看曾国藩的《馈贫粮》，结果曾国藩以雕虫小技，不值一看为由深闭而固拒。一时掩饰笨拙，文饰浅陋，巧言令色，种种复杂的情形交织在一起，难以言表。事后曾国藩反省，这都是虚荣好名的心理在作怪啊！这些都是不诚实表现。

经历了内心的这几次折磨与争斗，曾国藩开始给自己约法三章：大凡往日游戏随和的人，性格不能马上变得孤僻严厉，只能减少往来，相见必敬，才能渐改征逐的恶习；平日夸夸其谈的人，不能很快变得聋哑，只能逐渐低卑，开口必诚，才能力除狂妄的恶习。曾国藩就是这样逐渐成熟起来的。

卷四 交友处世谋略

经文释义

【原文】

京师为人文渊薮，不求则无之，愈求则愈出。近来闻好友甚多，予不欲先去拜别人，恐待标榜虚声。盖求友以匡己之不逮，此大益也；标榜以盗虚名，是大损也。天下有益之事，即有足损者寓乎其中，不可不辨。

【译文】

京城是文人聚集之地，不去求就没有人，越求则人才越多。近来听说好友很多，我不想先去拜访别人，恐怕标榜虚名，求友的目的是匡正自己所不及的东西，这是最有益的；自我标榜以获取虚名，这是最有损害的，天下有益的事情中，便会有足可造成损害的东西包括在其中，不可不辨。

【原文】

观人论事，因勋名已立而信之，诚所不免，然亦未尝不博采众论。

【译文】

在评价一个人、论述一件事情时，因为某人早已勋名卓著而相信他，这实在是在所难免的，但是，也绝不可以因此而不博采众说，集思广益。

【原文】

古圣人之道莫大乎与人为善。以言诲人，是以善教人也；以德熏人，是以善养人也；皆与人为善之事也。然徒与人则我之善有限，故又贵取诗人以为善。人有善，则取

曾国藩像

以益我；我有善，则与以益人。连环相生，故善端无穷；彼此把注，故善源不竭。君相之道，莫大乎此；师儒之道，莫大乎此。仲尼之学无常师，即取人为善

也；无行不与，即与人为善也。为之不厌，即取人为善也；诲人不倦，即与人为善也。念吾忝窃高位，剧寇方张，大难莫平，惟有就吾之所见多教数人，因取人之所长还攻吾短，或者鼓荡斯世之善机，因以挽回天地之生机乎！癸亥正月。

【译文】

古代圣人之道，没有比与人为善更大的。用语言来教诲人，是用善教育人；以品德来熏陶人，是用善培养人；这都是与人为善的事情。然而，若仅仅是将我的善给予别人，那么我的善又有限，所以，又贵在学习其他人的善来作为自己的善。别人有善，那么就取来增益我；我有善，那么就付出以增益他人。这样连环相互促进，那么美好善良的产生就无穷无尽了；彼此相互补充相互促进，那么美好善良的源泉就永不枯竭了。帝王、宰相的遇合，没有比这更大的；老师、学生的关系，没有比这更大的。孔子的学习没有固定的老师，也就是吸取别人的善作为自己的善；没有什么高尚不可以给予他人的，这就是把自己的善给别人作为别人的善。这样去做从不厌倦，这就是吸取别人的善；教诲别人从不厌倦，这就是将自己的善给予别人。想我身居高位，猖狂的"反寇"正活动剧烈，国家的大难还没有平定，只有把自己的思想多教育一些人，并吸取他人的长处，回头来消除我的短处，或许可以找到鼓舞激荡社会风气的契机，用来挽回天地间的勃勃生机。同治二年正月。

【原文】

求仁则人悦。凡人之生，皆得天地之理以成性，得天地之气以成形。我与民物，尤大本同出一源，若但知私己，而不知仁民爱物，是于大本一源之道，已悖而失之矣。至于尊官厚禄，高居人上，则有拯民溺救民饥之责。读书学古，粗知大义，即有觉后知觉后觉之责。若但知自了，而不知教养庶汇，是于天之所以厚我者，辜负甚大矣。

孔门教人，莫大于求仁，而其最切者，莫要于欲立立人、欲达达人数语，立者自立不惧，如富人百物有余，不假外求，达者自达不悖，如贵人登高一呼，群山四应。人孰不己立己达，若能推以立人达人，则与物同春矣，后世论求仁者，莫精于张子之西铭，彼其视民胞物与，宏济群伦，皆事天者性分当然之事。必如此，乃可谓之人，不如此，则曰悖德，曰贼。诚如其说，则虽尽立天下之人，尽达天下之人，而曾无善劳之足言，人有不悦而归之者乎？

【译文】

如果追求仁，人们就会感到愉快。大凡人的出生，都是禀赋天地之理而成性，得到天地的气而成形体。我与百姓及世间万物，从根本上说是同出一源，如果只知道爱惜自己而不知道为百姓万物着想，那么，就违背这同一的根本。至于做大官，享受优厚的俸禄，高居于众人之上，则有拯救百姓于痛苦饥寒之中的职责。读圣贤的书，学习古人，粗略知道了其中的大义，就有启蒙还不知大义的人的责任。如果只知道自我完善，而不知道教养百姓，就大大地辜负了上天厚待我的本心。

孔门教人，最重要的就是教育人们要追求仁，而其中最急切的就是自己若想成就事业，首先就要帮助别人成就事业，自己要若想显达，首先就要帮助别人显达这几句话。已经成就事业的人对自己能否成功是不用担心的，如同富人东西本来就很富裕，并不需要向别人借；已显达的人，继续显达的途径很多，好比是身份尊贵的人，登高一呼，四面响应的人就很多。人哪有不想自己成就事业让自己显达的呢？如果能够推己及人，让别人也能成就事业，能够显达，那么，就像万物回春一样，美满了。后世谈论追求仁的人，没有超过张载的《西铭》的，他认为推仁于百姓与世间万物，广济天下苍生，都是敬事上天的人理所应当的事。只有这样做，才算是人，否则，就违背了做人的准则，只能算贼。如果人们真的如张载所说的那样，那么使天下的人都能成就事业，都能够显达，自己却任劳任怨，天下还有谁能不心悦诚服地拥戴他呢？

【原文】

文士之自命过高，立论过亢，几成通病。吾所批其硬在嘴、其劲在笔，此也。……大抵天下无完全无间之人才，亦无完全无隙之交情。大者得正，而小者包荒，斯可耳。

养心莫善于寡欲印及印文　清

【译文】

文人自命过高，立论过于偏激，几乎已经成为通病。我所批评的他们硬在嘴上，劲在笔下，就是指此而言。……大抵天下没有完全无缺点的人才，也没有完全无缝隙的交情。只要能将大的缺点改正，小的缺点予以包涵，也就可以了。

【原文】

是夜，思人之见信于朋友，见信于君父，见信于外人，皆丝毫不可勉强。犹四时之运，渐推渐移，而成岁功，自是不可欲速，不可助长。辛亥十一月。

【译文】

今夜，思考一个人被朋友信任，被君父信任，被外人信任，都是丝毫不能勉强的，就像一年四季的运行，逐渐推进，逐渐变化，不知不觉中就过了一年。这自然不可以性急，因为欲速则不达；也不可以助长，因为拔苗助长会适得其反。咸丰元年十一月。

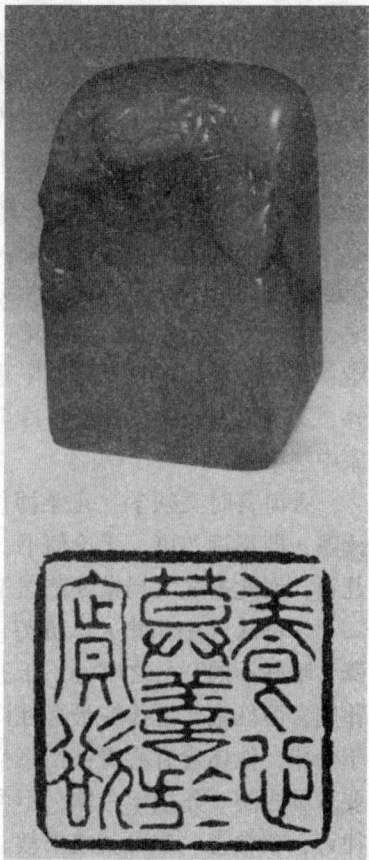

【原文】

香海为人最好，吾虽未与久居，而相知颇深，尔以兄事之可也。丁秩臣、王衡臣两君，吾皆未见，大约可为尔之师。或师之，或友之，在弟自为审择。若果成仪可测、淳实宏通，师之可也；若仅博雅能文，友之可也。或师或友，皆宜常存敬畏之心，不宜视为等夷，渐至慢亵，则不复能受其益矣。

尔三月之信所定功课太多，多则必不能专，万万不可。后信言已向陈季牧借《史记》，此不可不熟看之书。尔既看《史记》，则断不可看他书。功课无一定呆法，但须专耳。余从前教诸弟，常限以功课。近来觉限人以课程，往往强人以所难，苟其不愿，虽日日遵照限程，亦复无益，故近来教弟但有一专字耳。专字之外，又有数语教弟，兹特将冷金笺写出。弟可贴之座右，时时省览，并抄一付寄家中三弟。

香海言时文须学《东莱博仪》，甚是。尔先须过笔圈点一遍，然后自选几篇读熟，即不读亦可。无论何书，总须从首至尾通看一遍。不然，乱翻几页，摘抄几篇，而此书之大局精处茫然不知也。

学诗从《中州集》入亦好。然吾意读总集，不如读专集。此事人人意见各殊，嗜好不同。吾之嗜好，于五古则喜读《文选》，于七古则喜读昌黎集，于五律则喜读杜集，七律亦最喜杜诗，而苦不能步趋，故兼读元遗山集。吾作诗最短于七律，他体皆有心得；惜京都无人可与畅语者。尔要学诗，先须看一家集，不要东翻西阅。先须学一体，不可各体同学。盖明一体，则皆明也。凌笛舟最善为律诗，若在省，尔可就之求教。

习字临《千字文》亦可，但须有恒。每日临贴一百字，万万无间断，则数年必成书家矣。陈季牧最喜谈字，且深思善悟。吾见其寄岱云信，实能知写字之法，可爱可畏。尔可从之切磋。此等好学之友，愈多愈好。

【译文】

香海为人最好，我虽然没有与他长期相处，但是彼此有着很深的了解，你可以把他当作兄长看待。丁秩臣、王衡臣两人，我都没有见过，大概可以作为你的老师。无论从师还是交友，都全靠弟弟自行审视选择。如果容貌庄重威严，学问淳朴切实，见解高深宏达，就可以尊为老师；如果仅限于爱好博雅，善书能文，就可以引为朋友。不论待师交友，都应该始终保持敬畏的心理，而不应该把他们看作和自己一样的人，以防渐渐轻慢，不尊重他们，也就不能再从他们那里得到教益了。

你三月的来信中给自己规定的功课太多，过多了必定难以集中专一，万万使不得。后来的信中说你已向陈季牧借来了《史记》，这是不能不熟读的书。你既然读《史记》，就断然不可同时看其他的书。学功课没有固定不变的方法，但必须专一。我从前教育各位弟弟，常常规定出功课。近来感觉到给人规定出具体课程，往往会强人所难，假如人家不是心甘情愿，虽然天天按照规定做功课，也不会得到什么益处，所以近来我教导弟弟只强调一个"专"字。"专"字以外，又

有几句话教给弟弟，现在用特制的纸张写出来，弟弟可贴在自己的座位附近，作为座右铭，时常反省浏览，并誊抄一副寄家里三位弟弟。

香海说现在写文章必须学习《东莱博议》，此话说得极是。你先要用笔把书圈点一遍，然后自选几篇加以熟读。即使不熟读也可以。无论读什么书，都必须从头到尾通看一遍。否则，乱翻几页，摘抄几篇，而该书的全部精华和基本思想却仍是茫然无知。

学诗从《中州集》着手也是可以的。然而我以为读全集不如读专集。在这里，不同的人有不同的意见、不同的志趣爱好。我的爱好，在五言古体诗方面喜欢读《文选》，在七言古体诗方面喜欢读昌黎集，在五言律诗方面喜欢读杜集，在七言律诗方面也最喜欢杜诗，然而在习作中却不能达到他们的水平，所以也兼读元遗山集。我作诗最不擅长作七言律诗，其他的古体诗都有些心得体会；可惜京城之中没有与我一起畅谈诗律的人。你要想学诗，必须先看一家的诗集，不要东翻西阅。也必须先学习一种诗体，不要各种诗体都同时学习。因为只要懂得了一种诗体，其他诗体也就都能融会贯通了。凌笛舟最善于作律诗，如果在省城，你可以向他求教。

习字临摹《千字文》也是可以的，但必须持有恒心。每天临摹字帖一百字，千万不要间断，那样，几年以后必定能成为书法家。陈季牧最喜欢谈论习字，并且能深思善悟。我看了他寄给岱云的信，实在能看出他写字有法，可敬可畏。你可以同他切磋学习。这样的好同学，越多越好。

【原文】

吾辈总以诚心求之，虚心处之。心诚则志专而气足，千磨百折而不改其常度，终有顺理成章之一日。心虚则不客气，不挟私见，终可为人共谅。

【译文】

我们应当永远诚心待人，虚心处世。心诚则志专而气足，千磨百折而不改变其初衷，最终必定会有顺理成章的那一天。心虚则不矫揉造作，不挟私见，最终必定可以为众人所理解。

【原文】

容貌者，骨之余，常佐神骨之不足。情态者，神之余，常佐之不足。久注观人精神，乍见观人情态。大家举止，羞涩亦佳；小儿行藏，跳叫愈失。大旨亦辨清浊，细处兼论取舍。

【译文】

一个人的容貌是其骨骼状态的余韵，常常能够弥补骨骼的缺陷。情态是精神的流韵，常常能够弥补精神的不足。久久注目，要着重看人的精神；乍一放眼，则要首先看人的情态。凡属大家——如高官显宦、硕儒高僧的举止动作，即使是羞涩之态，也不失为一种佳相；而凡属小儿举动，如市井小民的哭哭笑笑、又跳又叫，愈是矫揉造作，反而愈是显得幼稚粗俗。看人的情态，对于大处当然也要

分辨清浊，而对细外则不但要分辨清浊，而且还要分辨主次方可做出取舍。

【原文】

弟读邵子诗，领得恬淡冲融之趣，此自是襟怀长进处。自古圣贤豪杰、文人才士，其志事不同，而其豁达光明之胸大略相同。以诗言之，必先有豁达光明之识，而后有恬淡冲融之趣。如李白、韩愈、杜牧之则豁达处多，陶渊明、孟浩然、白香山则冲淡处多。杜、苏二公无美不备，而杜之五律最冲淡，苏之七古最豁达，邵尧夫虽非诗之正宗，而豁达、冲淡二者兼全。吾好读《庄子》，以其豁达足益人胸襟也。去年所讲生而美者，若知之，若不知之，若闻之，若不闻之一段，最为豁达。推之即舜禹之有天下而不与，亦同此襟怀也。

这是光道年间广州一位行商的写真像，其人家道殷富，且为朝廷赐六品顶戴

【译文】

我读邵子的诗，领会了恬淡冲融的情趣，这自然是胸怀有长进的地方。自古以来的圣贤豪杰、文人才士，他们的志向不同，但他们豁达光明磊落的胸怀却基本相同。用诗来讲，必须首先具备豁达光明的见识，而后才能有恬淡冲融的情趣。例如李白、韩愈、杜牧的诗就有许多豁达之处，陶渊明、孟浩然、白香山则以冲淡诗居多。杜、苏二位的诗无美不备，而杜的五言律诗最为冲淡，苏的七言古诗最为豁达。邵尧夫虽然不是正宗诗人，但是豁达、冲淡兼而有之。我喜欢读《庄子》，其中的豁达足以使人的胸襟受益。去年所讲的生而美一段，仿佛知道，又仿佛不知道，好像听说又好像没听说一段，最为豁达。由此推论，就连舜禹有天下而不与，也同样是这种襟怀。

【原文】

知天之长，而吾所历者短，则遇忧患横逆之来，当少忍以待其定；知地之大，而吾所居者小，则遇荣利争夺之境，当退让以守其雌；知书籍之多，而吾所见者寡，则不敢以一得自喜，而当思择善而守约之；知事变之多，而吾所办者少，则不敢以功名自矜，而当思举贤而共图之。夫如是则自私自满之见可渐渐蠲除矣。

【译文】

知晓宇宙漫长无限，而我所经历的很短暂，那么遇到忧患不顺的事就应当稍加忍耐而等待时机；懂得大地的广博而我所居住的狭小，那么遇到荣誉、利益等争夺的场合，就应当忍让而守其拙；知晓书籍著述很多而我所阅读的很少，那么

就不敢以一得而自喜，应当想到择善而从；通晓古今事变很多，而自己所办的很少，就不敢以功名自夸，而应当想到举荐贤能与他们共同治理。如果做到了以上这些，自私自满的想法就会逐渐放弃了。

【原文】

凡成就绝大事业者，应适时求变。古人绝大事业，恒以精心敬慎出之。以区区蜀汉一隅，而欲出师关中，北伐曹魏，其志愿之宏大，事势之艰危，亦古今所罕见。而此文不言其艰巨，但言志气宜恢宏，刑赏宜平允，君宜以亲贤纳言为务，臣宜以讨贼进谏为职而已。故知不朽之文，必自襟度远大思虑精微始也。前汉宫禁，尚参用士人。后汉宫中，如中常侍小黄门之属，则悉用阉人，不复杂调他士，与府中有内外之分，大乱朝政。诸葛公鉴于桓、灵之失，痛憾阉官，故力陈宫中府中宜为一体，盖恐宦官日亲、贤臣日疏、内外隔阂也。公以丞相而兼元帅，凡宫中府中以及营中之事，无不兼综，举郭、费祎、董三人治宫中之事，举向宠治营中之事，殆皆指留守成都者言之。其府中之事，则公所自治，百司庶政，皆公在军中亲为裁决焉。

【译文】

凡是成就伟大事业的人，都应该学会适时求变。古人的伟大事业，经常靠精心谨慎来完成。以区区蜀汉一隅之地，而想出师关中，北伐曹魏，诸葛亮的志愿之宏大，当时形势的艰难困苦，都称得起古今罕见。然而《出师表》这篇文章并不谈事情的艰巨，只讲应该志向远大，气度恢宏，赏罚公平，君主应该以亲近贤臣、接纳忠言为首务，臣子应该以讨伐汉贼、进谏正直之言为己任。因此而知不朽的文章，必出于胸怀远大、思虑精深。西汉宫禁之中，还杂用士人。东汉宫禁之中，像中常侍、小黄门之类，全部任用宦官，不再杂用士人，和朝廷有内外之分，致使朝政紊乱。诸葛亮鉴于汉桓帝、汉灵帝的教训，非常痛恨宦官，所以力讲宫禁之中、丞相府之中应该一体对待，因为他担心宦官日益受到皇帝的亲近，贤臣日益受到皇帝的疏远，内外产生矛盾。诸葛亮以丞相兼任大将军，凡是宫禁之中，相府之中，军营之。

【原文】

趋事赴公则当强矫，争名逐利则当谦退；开创家业则当强矫，守成安乐则当谦退；出与人物应接则当强矫，入与妻孥享受则当谦退。天下事一一责报，则必有大失所望之时，佛氏因果之说，不可尽信，亦有有因而无果者，忆苏子瞻诗云："治生不求富，读书不求官，譬如饮不醉，陶然有余欢。"吾更为添数句云："治生不求富，读书不求官，修德不求报，为文不求传，譬如饮不醉，陶然有余欢，中含不尽意，欲辩已忘言。"

【译文】

为国为公应当奋勉去做，争名逐利应当谦退；开创家业应当全力以赴，守成安乐应当谦退；出外与人相交往应当勉励去做；回家与妻子儿女享受应当谦退。

天下的事情每件都要求回报，那一定会有大失所望的时候。佛教的因果报应的说法不能全部相信，也有有了原因但没有结果的事情。回忆苏轼的词有"治生不求富，读书不求官。譬如饮不醉，陶然有余欢。"我更添了几句说："治生不求富，读书不求官。修德不求报，为文不求传。譬如饮不醉，陶然有余欢。中含不尽意，欲辩已忘言。"

【原文】

凡事当有远谋，有深识。坚忍于一时，则保全必多；一渐之不忍，而终身渐乎！为小将须立功以争胜，为大将戒一胜之功而误大局。盖侥幸而图一胜之功，不如坚忍以规远大之谋。人情耽于逸乐，当无事之时，觉眼前无可复虑，耳目口体之欲日盛，而德慧术智日即消亡，冥然顽然。遇不如意事，见不如意人，斯可以验平素之道力。至成败利钝，在我者不能不明辨深思，在天者不敢参也。

【译文】

所有事情都应该有长远考虑，有深刻认识。如果坚忍一时，那么就会保全很多；如果有一不顺就不能忍耐，那么一生都不会顺畅。作为下级军官必须争胜立功，但作为统筹全局的将帅应该力戒争一胜之功而贻误大局。因为侥幸而谋一胜之功，不如按兵不动，以坚忍而规划全局的胜利。人的习惯总是沉溺于安乐，当事情未发生之前，觉得没有可以忧虑的，耳目口体的欲求日益旺盛，而德存在术智却日渐消失，但人还没有感觉，麻木不仁。遇不如意事，见不如意人，这正是检验人平常的制约能力的时候。至于成败利害，对于我们而言必须明辨深思，因为上天不会给我们办法。

【原文】

居盈满者，如水之将溢未溢，切忌再加一滴；处危急者，如木之将折未折，切忌再加一搦。处兹乱世，凡高位、大名、重权，三者皆在忧危之中。吾兄弟高爵显官，为天下第一指目之家，总须处处检点，不求获福，但求免祸。而祸咎之来，本难逆料，然惟不贪财，不取巧，不沽名，不骄盈，四者究可弥缝一二。古称郭子仪功高望重，招之未尝不来，麾之未尝不去，余兄弟所处，亦不能如此。

【译文】

生活在幸福美满的环境中，就像是已经装满了水的水缸将要溢出，千万不能再增加一点一滴，以免流出来；生活在危险急迫的环境中，就像快要折断的树木，千万不能再施加一点压力，以免会立刻折断。我们身处乱世，凡属高位、大名、权重，这三者都应当忧惧。我们兄弟高官厚禄，是天下第一注目的人家，总须处处收敛，不求得福，但求免祸。而祸害之到来，本难以预料，但不贪财、不取巧、不沽名、不骄盈，这四个原则似乎可以防止祸端。古人称郭子仪功高望重，招之即来，挥之即去，我们兄弟也应像他那样啊！

【原文】

稍论时事，余谓当竖起骨头，竭力撑持。三更不眠，因作一联云："养活一

团春意思，撑起两根穷骨头”，用自警也。余生平作自箴联句颇多，惜皆未写出，丁未年在家作一联云："不怨不尤，但反身争个一壁清，匆忘匆助，看平地长得

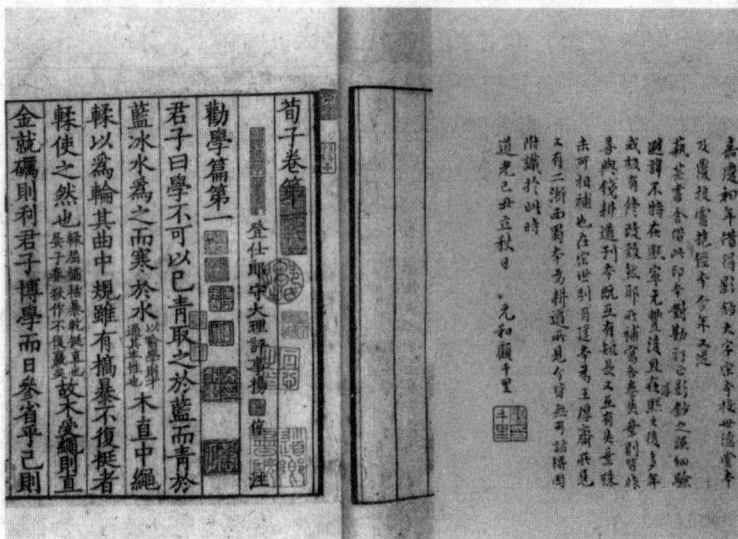

《荀子》书影

万丈高"，曾用木板刻出，与此联略相近，只附识之。

　　夜阅《荀子》三篇，三更尽睡，四时即醒，又作一联云："天下无易境天下无难境，终身有乐处终身有忧处"。至五更，又改作二联，一云："取人为善与人为善，乐以终身忧以终身"；一云："天下断无易处之境遇，人间那有空闲的光阴"。

【译文】

　　在泛论时事时，我说应当挺起骨头，尽力支撑。三更时睡不着，于是作一联："养活一团春意思，撑起两根穷骨头"，用以自警。我一生也做过很多的联句自箴，可惜没有写下来。丁未年在家写有一联："不怨不尤，但反身争个一壁清；勿忘勿助，看平地长得万丈高。"曾经用木板刻写出来，与这个联较近似，就附记在这里。

　　夜里读《荀子》三篇，三更过了才睡，四更时醒来，又作一联："天下无易境，天下无难境，终身有乐处，终身有忧处。"到五更时，又修改了两联，一联是："取人为善与人为善，乐以终身忧以终身"；另一联是："天下断无易处之境遇，人间哪有空闲的光阴"。

【原文】

　　变有法度，当以仁义为准。

【译文】

变化中应该遵循法度，其中应该以仁义为标准。

【原文】

一味浑厚，绝不发露，将来养得纯熟，身体也健旺，子孙也受用。无惯习机械变诈，恐愈久而愈厚耳。余复胡中丞信中有云："惟忘机可以消众机，惟懵懂可以被不祥。"似颇有意义，而愧未能自体行之。胸包清浊，口不臧否者，圣哲之用心也；强分黑白，过事激扬者，文士轻薄之习、优伶风切之态也。而吾辈不察而效之，动辄区别善恶，品第高下，使优者未必加劝，而劣者几无以自处，此凉德之端也。

【译文】

一味讲求含糊厚重，绝不轻易暴露自己，将来修炼得十分成熟，身体也健康，子孙也会受用无穷。如果不习惯于机巧变术，那么时间越久，人越觉得你厚重。我在答复胡林翼的信中说："只有忘掉机谋诈术，才能消解众人的机谋诈术，只有懵懵懂懂，才能去掉不祥之事"。觉得这句话很有些道理，只愧自己未能身体力行。胸中自有清浊泾渭，但不用语言来评头品足、毁誉人物，这是圣哲们的良苦用心；如果一定要分辨黑白，遇到任何事都要求真，这是士大夫轻薄的陋习、戏家优伶卖弄风情的姿态。如果我们认识不到而效仿他们，动辄区别善恶，品评高下，使优秀的人才未必激动，而庸劣的人几乎无地自容，这是轻薄之德习。

智慧通解

【原文】

十一日接泽儿初六日排单一函，十七日午刻接专兵杨锦荣送到尔二人信函。泽儿信面注十一日，则杨弁七日即到，已照格赏钱千八百文矣。《广雅》、邵铭收到。郭家韩文既缺四卷，即不必带来。尔母之信欲令泽儿夫妇先归，而自带鸿儿留金陵，以便去余稍近，声息易通。余明年正月即移驻周家口，该处距汉口八百四十里，距长沙一千六百余里，距金陵亦一千三百余里，两边皆系陆路，通信于金陵，与通信于长沙，其难一也。泽儿来此省觐，送余移营起程即回金陵，全眷仍以三月回湘为妥。吴育泉正月上学，教满两月，如果师弟相得，或请之赴湖南，或令纪鸿、陈婿随吴师来余营读书亦无不可。家中人少，不宜分作两处住也。

余日来核改水师章程，将次完竣。惟提镇以下至千把，每年各领养廉若干，此间无书可查，泽儿可翻《会典》，查出寄来（难钞许多，将书数本折角寄）。凡经制之现行者查典，凡因革之有由者查事例。武职养廉，记始于乾隆四十七年补足名粮案内。文职养廉，记始于雍正五年耗羡归公案内。尔细查武养廉数目，即日先寄。又提督之官，见《明史·职官志》都察院务内，本与总督、巡抚等官皆系文职而带兵者，不知何时改为武职？尔试翻寻《会典》，或询之凌晓岗、

张啸山等，速行禀复。向伯常十一日得病，十八日午时去世。笃行好学，极可悯也。余不悉。

【评述】

在天底下，难得看见兄弟之间那样披肝沥胆，那样情真意切，那样彼此关照。曾国藩对兄弟之间倾注的深情厚谊，恐怕只有父母对子女的那种情感才能比拟；但那种坦诚，那分直率，又不是父母之情所能比拟的。这是人间之至情，它是构成曾国藩人性魅力的动人篇章。我把这种情感称之为"曾国藩式"的情感。

曾国藩共有兄弟姊妹九人，一姊、三妹、四弟。曾国藩在兄弟五人中排行居长。

二弟，曾国潢，字澄侯，比曾国藩小九岁，虽然一直潜心钻研《四书》《五经》，但没有太大的成就。后来以监生候选县丞，这也是曾国藩出钱替他捐的。曾国藩在京为官十年，后又编练湘军、镇压太平天国、"剿"捻等，一直很难回家，对家庭的关心常常体现在家书上。父亲曾麟书在世时，曾家大事由其决断，父亲去世以后，家里的事情主要由曾国潢操持。或许是仰仗曾国藩的权势，在曾国藩治军其间他在家乡办团练，常常借势杀人，为患乡里。县官对他也毫无办法。曾国藩回去后，知其所为，遂用锥刺其股。曾国潢大声唤痛。曾国藩回敬道："你杀人就不痛吗？"这次的教训，他铭记在心，在其后未见有滥杀无辜的记载。

三弟，曾国华，字温甫，比曾国藩小十一岁，从小过继给其叔父曾骥云。曾国藩一直认为三弟资质较聪，但读书期间并未有过人的表现。曾国藩为其"纳贡人监"，乡试也未中。咸丰五年（1866年），曾国藩坐困江西，时有被石达开生擒的可能。曾国华与其父曾麟书赶至武昌，向胡林翼讨救兵。胡林翼拨5000人由其带领，随罗泽南攻文，但一直没有长进。曾国藩时常在家书中，告诫其"有恒"的道理。

但无论其兄对曾国荃期望有多高，他在科举上却一直不甚得意。24岁人县学、25岁补廪、29岁选为优贡。

曾国荃虽然科举不甚得志，但在军旅上却颇有建树，自随曾国藩治军以后，便不负期望，围攻安庆，荣获首功，一时间名声大噪。随后又顺江东下，驻军雨花台，包围天京，二年中披肝沥胆，终于独获首功。又以酝酿造反未成，军队被裁，乃负气不辞返家，不问世事。曾国藩先以兄弟功名太盛，极力压抑曾国荃，保升诸将；后以曾国荃受谤返家，又极力劝导曾国荃持盈保泰。曾国藩一片苦心，卒能化干戈为玉帛。

曾国藩的五弟名曾国葆，字季洪，后改名贞干，字事恒，比曾国藩小十七岁，也是一个了不起的人。他幼年就有些超人的见解，23岁入县学后，即不肯做举子业。最初随曾国藩练湘军，识僚佐杨载福、彭玉麟，以为非常器，已愿下之，后杨、彭果成名将。他避居紫田山，谢绝人事。及曾国华战殁，才出来带兵，投效胡林翼，与曾国荃会师安庆、南京，以功晋知府。后为疫疠所染，病死

于军中。曾国藩说他"智足以安危乱，而名誉不并于时贤"。这一群如狼如虎的昆仲，际会风云，驰骋战场，名满天下，不特改换了曾家几百年的门楣，而且左右中国的大局，为近代风云人物。

【原文】

初四夜接尔二十六号禀。所刻《心经》，微有《西安圣教》笔意。总要养得胸次博大活泼，此后更当有长进也。

尔去年看《诗经注疏》已毕否？若未毕，自当补看，不可无恒耳。

讲《通鉴》，即以我过笔者讲之亦可。将来另购一部，尔照我之样，过笔一次可也。

【评述】

金陵攻克后，曾国藩的处境，恰似唐代的中兴名臣郭子仪一样。郭子仪晚年声色自娱，府中的奇花异木，不禁游人人内观赏，且用"府门大开"表明"无所隐讳"，借此远祸。

曾国藩的忠心引起众多的猜疑、不理解，只好刊行家书，来表明心迹，剖白于慈禧太后及朝中大臣之前，以示无隐，求取谅取，不但有韬光养晦，洁身自保的意思，也可以澄清朝臣的猜疑，这确实是煞费苦心的。

据说当湘军克复武汉时，咸丰皇帝曾仰天长叹道："去了半个洪秀全，来了一个曾国藩。"当时洪秀全的太平天国，已是走下坡路，而曾国藩的声威，正是如日中天，俩人又都是汉人，无怪咸丰帝有此慨叹。所以当清廷委署曾国藩为湖北巡抚，曾国藩照例要谦辞一番，奏章尚未出门，"收回成命"的诏谕，已经下达。仅嘱咐他以"礼部侍郎"的身份，统兵作战。这些明来暗去的猜忌，曾国藩岂能不知。

清军江南大营被再度摧毁之后，清朝绿营武装基本垮台，黄河以南再没有什么军事力量足以与太平军抗衡，因而不得不任命曾国藩为两江总督，依靠他镇压太平天国革命。

所以，清政府就采取了两方面的措施：一方面迅速提拔和积极扶植曾国藩部下的湘军将领，使之与曾国藩地位相当，感情疏远，渐渐打破其从属关系；清政府对曾国藩的部下将领和幕僚，如已经死去的塔齐布、罗泽南、江忠源、胡林翼、李续宾、李续宜和当时尚在的左宗棠、李鸿章、沈葆桢、杨载福、刘长佑等都实行拉拢和扶植政策，使他们渐渐与曾国藩分庭抗礼，甚至互相不和，以便于控制和利用。而对于曾国藩的胞弟曾国荃则恰恰相反。同治二年（1863）五月曾国荃升任浙江巡抚之后，虽仍在雨花台办理军务，未去杭州赴任，亦本属清政府的意旨，照例是可以单折奏事的。曾国藩遂让曾国荃自己上奏军情，以便攻陷天京后抢先报功。不料，奏折刚到立遭批驳。清政府以其尚未赴巡抚任，不准单折奏事，以后如有军务要事，仍报告曾国藩，由曾国藩奏报。曾国藩恐曾国荃心情抑郁，言词不逊，在奏折中惹出祸来，特派颇有见识的心腹幕僚赵烈文迅速赶赴雨花台大营，专门负责草拟章奏咨票事项。

曾国荃攻陷天京后，当天夜里就上奏报捷，满心以为会受大赞扬，不料又挨当头一棒。上谕指责曾国荃破城之日晚间，不应立即返回雨花台大营，以致让千余太平军突围，语气相当严厉。事情发生后，曾国荃部下各将都埋怨赵烈文，以为是他起草的奏折中有不当言词引起的。赵烈文则认为，这与奏折言词无关，而完全是清政府猜疑，有意吹求，否则，杭州城破时陈炳文等十余万人突围而去，左宗棠为何不受指责？幸好有人将李秀成捆缚送营，否则曾国荃更无法下台。

但是，清政府并不就此了结，而是步步进逼，揪住不放。数日之后，清政府又追查天京金银下落，令曾国藩迅速查清，报明户部，以备拨用。尤其严重的是，上谕中直接点了曾国荃的名，对他提出严重警告。上谕说："曾国藩以儒臣从戎，历

1864年7月，湘军攻破天京，天京守军誓死抵抗，伤亡殆尽，图为当时街巷血战的情形

年最久，战功最多、自能慎终如始，永保勋名。惟所部诸将，自曾国荃以下，均应由该大臣随时申儆，勿使骤胜而骄，庶可长承恩眷。"这无疑是说，曾国藩兄弟如不知禁忌，就难以"永保勋名"，"长承恩眷"了，真是寥寥数语，暗伏杀机。

曾国藩具有丰富政治经验和历史知识，熟悉历代掌故，当然能品出这些话的味道，掂出它的分量。何况，曾国荃确实非常骄傲，以为攻陷天京全是他一人的功劳。后来曾国藩对赵烈文说："沅浦之攻金陵，幸而成功，皆归功于己。余常言：'汝虽才能，亦须让一半与天。'彼恒不喟然。"因而，攻陷天京前后，就成为曾国藩思想上最紧张的时期。他心里很明白，如何处理好同清政府的关系，已成为能否保持其权力和地位的关键，而正确认识并摆脱自己目前的这种政治处境，则是他面临的迫切问题。于是他下令裁去湘军。

虽然如此，清廷对湘军将领们的疑忌是无时或释的，因此，俞曲园曾在一个偶然的机会里，向彭玉麟进言说："在同治五、六年间，因为湘军已多被资遣，你又辞高官不就，朝中官吏多说你矫情，目中无人，因此清廷早已暗中派人监视你的行动，时刻没有放松。一旦抓到你的小纰漏，便是'小题大做'，会给你颜色看的，到那里，你再分辨，也是白搭，我劝你何妨现在'为文训子'，立碑在祠堂，表示忠君忧国，并无二心，不妨对朝廷多方歌功颂德，自可买静求安，博取慈禧的欢心，减不少必要麻烦。"彭玉麟从善如流，马上照办。因此彭玉麟有了刻石。

《曾国藩家书》也正是基于上述需求，刊行世间，借此表明他忠心为清廷效命，以塞弄臣之口。不然，以曾之功业修养，训子之家书，存于家祠宗庙即可，何必小题大做刊刻行世，岂不是沽名钓誉来自我标榜，与他平生的行为大相

径庭?!

朱秦时四大公子各养门客数千人，以应付各种事务。曾国藩的麾下也集中了许多优秀的人才，薛福成说曾门幕府是"播种之区"，"从流之汇"，"故其得才尤盛"。曾国藩和谋士之间首先有合作的愿望，可以说是一种相互倾慕、相互追求的关系。曾国藩认为，远而言之则天下之兴亡、国家之强弱，近而言之则兵事、饷事、吏事、文事之成败利钝，无不以是否得人为转移。故多年爱才如命，求才若渴，为吸引和聘请更多更好的幕僚尽了很大努力，做了大量的工作。他于是率军"东征"之始，即号召广大封建知识分子奋起捍卫孔孟之道，反对太平天国，盛情邀请"抱道君子"参加他的幕府。其后行军打仗，每至一地必广为访察。凡具一技之长者，必设法延至，收为已用。闻有德才并称者，更是不惜重金，驰书礼聘。若其流离失所，不明去向，则辄具折奏请，要求各省督抚代为查明，遣送来营。曾国藩与人通信、交谈，亦殷殷以人才相询，恳恳以荐才相托，闻人得一才羡慕不已，自己得一才喜不自胜，遂有爱才之名闻于全国。由于曾国藩粗研百家，兼取众长，早在青年时代即已"道德文章"名满京师，称誉士林；加以其后出办团练，创建湘军，"战功"赫赫，威震天下，遂被封建统治阶级视为救星，受到不少知识分子的崇拜。由于清王朝政治腐败，等级森严，满汉藩篱未除；加以取士不公，仕途拥塞，遂使一大批中小地主出身的知识分子空有一片"血诚"，满腹才华，而报国无门，升发无望，不得不千方百计地为自己另外寻求政治上的出路。有的知识分子非但升发无望，且身遭乱离之苦，徒无定居，衣食俱困，亟须庇护之所，衣食之源。还有一部分知识分子，既无升官发财之念，亦无饥寒交迫之感，甚或已是学问渊博，名满士林，但却仰慕曾国藩的大名，以一与相识为幸，一与交游为荣。所有这各类人物，他们闻曾国藩能以诚心待士，破格用人，便纷纷投其麾下，入其幕府。

同时，曾国藩同幕僚之间也是一种相辅相成的关系，幕僚们助曾国藩功成名就，曾国藩使幕僚们升官发财。多年来，幕僚们为曾国藩出谋划策、筹办粮饷、办理文案、处理军务、办理善后、兴办军工科技等等，真是出尽了力，效尽了劳。可以说，曾国藩每走一步，每做一事，都离不开幕僚的支持和帮助。即如镇压太平天国一事，他之所以获得成功，并非靠他一人之力，而是依靠一支有组织的力量，其中他的幕僚尤占有一定比重，起了相当大的作用。现仅以曾国藩直接指挥的一个湘军支派"曾湘军"为例。它连下安庆、江宁两座省城，为清王朝镇压太平天国革命立下第一功，是湘淮军中最为突出的一支。如果把它比喻为一个人的话，曾国藩及其幕府恰如它的头和躯干，作战部队则恰如它的四肢。四肢不仅靠头脑支配其每个行动，还要靠躯干供应其营养。西汉初年刘邦在向诸将解释为什么张良足不出户而封赏最高时，曾把战争比为狩猎，以猎人喻张良，以猎犬喻诸将，称指示之功胜于奔走之劳，诸将为之悦服。而在安庆、江宁两役中，曾国藩的幕僚则不仅有指示之功，尤有筹饷之劳，可谓功兼张（良）、萧（何）。自1860年6月至1864年6月，四年之中曾国藩报销军费一千六百多万两，其中绝大多数来自厘金与盐税。这笔巨款主要靠幕僚筹集，没有它湘军早已饥溃，何

成功之有？曾国藩所谓"论功不在前敌猛将之后"，绝非夸大之词，至于曾国藩刊行《王船山遗书》和《几何原本》等重要书籍，引进西方科学技术、兴办军事工业等，更是离不开幕僚的努力。否则，他很难挣得洋务派首领的地位。

曾国藩对幕僚的酬报亦为不薄。众幕僚入幕之初，官阶最高的是候补道员，且只是个别人，知府一级亦为数极少，绝大多数在六品以下。他们有的刚被革职，有的只是一般生员，还有的连秀才都不是。而数年、十数年间，红、蓝顶子纷纷飞到他们头上，若非曾国藩为他们直接间接地一保再保，是根本不可能的。李鸿章的经历就最能说明这个问题。他于1858年末入曾国藩幕，后又因故离去。郭嵩焘劝他说："此时崛起草莽必有因依。试念今日之天下，舍曾公谁可因依者？即有拂意，终须赖之以立功名。"李鸿章听其劝告，重返曾幕。果然，青云直上，步步高升，一、二年间位至巡抚，五、六年间位至钦差大臣、湖广总督，同曾国藩之间已是双峰对峙，高下难分了。试想，如果李鸿章不回曾幕，能够如此顺利吗？恐怕要谋得按察使实缺亦并非易事，虽然他此时已是未上任的按察使衔福建延建邵道道员。

当然，曾国藩同幕僚之间这种关系的维持是有条件的。那就是曾国藩要尊重幕僚，以礼相待；而幕僚也必须忠于曾国藩，绝不许中间"跳槽"，改投新主。说明这种情况的最为典型的事例，是冯卓怀的拂袖而去和李元度的被劾革职。冯卓怀是曾国藩的老朋友，一向对曾国藩非常崇拜，为了能朝夕受教，曾放弃条件优越的工作去当曾国藩的家庭老师。曾国藩兵困祁门之时，冯卓怀又放弃四川万县县令职位，投其麾下，充任幕僚。后因一事不合，受到曾国藩的当众斥责。冯卓怀不能堪，决心离去，虽经曾国藩几次劝留皆不为所动，最后还是回家闲住，宁可丢掉官职也不能忍受曾国藩对自己的无礼举动。李元度是曾国藩最困难时期的少数幕僚之一，数年间患难与共，情逾家人，致有"三不能忘"之说。不意其后曾国藩两次参劾李元度，冷热之间悬若霄壤。究其缘由则不外"改换门庭"四字。人们由此不难看出，曾国藩同幕僚的关系，归根到底还是主从关系，其维系纽带全在私谊。私谊对他们双方来说，都是神圣的，高于一切的，任何一方如有违背，这种关系即会解除，甚至结成私怨。

曾国藩对于个人在集体中的地位和作用，有着明确的认识。他说：细想古往今来，亿万年无有终期，人们生活在这中间，数十年只是须臾瞬息。大地数万里，不能穷极，人在其中休息游玩，白天犹如一间房子，晚上犹如一张卧榻。古人的书籍，近人的著述，浩如烟海，人们一生所能读的不过九牛一毛。事情复杂多样，可以获得美名的道路也有千万条，人们一生中力所能及之事，不过如沧海一粟。知道上天悠悠无穷期，自己的生命非常短，那么遇到忧患和非常不顺心之事，应当稍稍忍耐以待其自消；知道大地的宽广，而自己在大地中占据的位置非常小，那么遇到荣耀名利相争之时，应当退让三分，以柔道处之。知道古今人们的著述非常丰富，而自己的见识非常浅陋，那么就不敢以己之见而自喜，应当择善而从。并以谦虚的美德而保持它。知道事情复杂多样，而自己所办的事情非常少，那么就不敢以功名自矜，应当思考推举贤才而一起去完成伟大功业。如果这

样，那么自私自满的观念就可渐渐消除了。

曾国藩认为，一个人不论是智慧绝顶者，还是大仁大智者，都是有缺欠的，不可能完美无缺。相反，愚笨至极的人也有可爱之处。本着这样的想法，尤其是他认为自己属于"中材"，或接近于"笨"的一类，因而更注意吸取他人之长，以补己之短。他的幕府就像一个智囊团，有什么疑难问题，都让他们出高招，献良策。

【原文】

发卷所走各家，一半系余旧友。惟屡次扰人，心殊不安。我自从己亥年在外把戏，至今以为恨事。将来万一作外官，或督抚或学政，从前施情于我者，或数百，或数千，皆钓饵也。渠若到任上来，不应则失之刻薄，应之则施一报十，尚不足以满其欲。故兄自庚子到京以来，于今八年，不肯轻受人惠，情愿人占我的便益，断不肯我占人的便益。将来若作外官，京城以内无责报于我者。澄弟在京年馀，亦得略见其概矣。此次澄弟所受各家之情，成事不说。以后凡事不可占人半点便益，不可轻取人财，切记切记。

彭十九家姻事，兄意彭家发泄将尽，不能久于蕴蓄。此时以女对渠家，亦若从前之以蕙妹定王家也，目前非不华丽，而十年之外，局面亦必一变。澄弟一男二女，不知何以急急定婚若此？岂少缓须臾，即恐无亲家耶？贤弟行事，多躁而少静，以后尚期三思。儿女姻缘前生注定，我不敢阻，亦不敢劝，但嘱贤弟少安毋躁而已。

【评述】

中国古代有一则寓言，说一位年轻人到海边看垂钓，见老者不时就有鱼上网，一时羡慕不已。老者告诉年轻人，这样看下去，不如回家织个网，就会有鱼上钩了。这就是"临渊羡鱼，不如退而结网"。在现代社会，交往是必不可少的条件。但结交什么样的人，尤其是当自己未发迹之时如何结交关系，就所关匪轻了。

由于曾国藩靠着平时的苦读及学业上的深厚功底，不仅使他能够金榜题名，而且在仕途上获得了超乎常人的升迁。而他的升迁与善交人有直接关系。

曾国藩被点中庶吉士以后，在1840年庶吉士散馆，他的考试成绩列二等第十九名，名次仍很高。因此，他被授职为检讨，留在翰林院供职。当时仅是七品官。

七年后，他升至从二品的内阁学士。

从此他步步高升、一帆风顺。

清代末年，仕途冗滥，升迁很难。而出身"寒门"的曾国藩却十年七迁，连跃十级。这在当时是极为罕见的，连他自己都感到十分的意外。他在升任内阁学士兼礼部侍郎时，给祖父写信说："六月初二日孙儿荷蒙皇上破格天恩，升授内阁学士兼礼部侍郎衔，由从四品骤升二品，超越四级，迁擢不次。"在当时清政府内，湖南人中由科举取士而获得阁学者只有季九师、张小浦和曾国藩三人，

而在三十七岁即被升二品的，仅曾国藩一人。

曾国藩升迁如此之快，究其原因不外有二：

第一，是他自己养之有素。他在翰林期间，向来苦读积学，用功不懈、历次考试成绩皆很突出，也就是说确实掌握了真才实学。

第二，是他在京期间，把握住了有利的时机，广泛交际。清代的京城，不仅是政治、经济中心，而且是文化中心。京都人物渊薮，十三年的京官生活，使他结交了许多志同道合的朋友。他与朋友相互切磋，不仅在学业上有所长进，而且，他们中的许多人都成为日后曾国藩事业上的帮手。

曾国藩在京师的发迹，就得力于师友穆彰阿相助的机遇。

穆彰阿，字鹤舫，姓郭佳氏，是满洲镶兰旗人，1805 年进士。道光时期甚为重用，1828 年加任为太子少保，既而被任命为军机大臣，后又兼任翰林院掌院学士，历任兵部、户部尚书。1834 年，任协办大学士，后升太子太保。1836 年，穆彰阿担任上书房总师傅、武英殿大学士，负责管理工部。1838 年，穆彰阿晋拜为文华殿大学士。后来有人评论他说："在位二十年，亦爱才，亦不大贪，惟性巧佞，以欺罔蒙蔽为务。"这个说法比较适合他的实际。

道光继位以后，忧虑大权旁落，选择官员十分谨慎，时时防之。而唯独与曹振镛、穆彰阿"有水乳之合"。

曹振镛性情模棱两可，善于阿谀奉承，又最为嫉贤妒能。他的做官妙诀是"多磕头，少说话"。曹振镛死后，穆彰阿继之。他最善于窥测道光皇帝的意向，进而施加自己的影响，党同伐异。鸦片战争前，道光皇帝决心查禁鸦片，任命林则徐为钦差大臣，赴广东禁烟。穆彰阿不赞成林则徐的禁烟爱国行为，当鸦片战争爆发，他窥知道光皇帝已改变了禁烟的主意，于是怂恿道光皇帝与英国人妥和议。遂使道光皇帝罢免了林则徐。道光皇帝厌战，而穆彰阿则顺其意，竭力主和。终道光一朝，穆彰阿受宠不衰。穆彰阿自嘉庆以来，典乡试三次、典会试五次。大凡复试、殿试、朝考、教习庶吉士散馆考差、大考翰詹，没有一年不参与衡文之役的。他的门生、旧吏遍布朝廷内外，知名之士多被他援引，一时人们号称"穆党"。

曾国藩戊戌年会考得中，总裁即为穆彰阿，于是二人便有了师生之谊，曾国藩抓此机遇遂经常与之往来。由于他勤奋好学，颇有几分才干，对穆彰阿经常以求学的身份向其请教，实际是以此接近穆彰阿。因此，他也甚得穆彰阿的器重和赏识，处处得到穆彰阿的关照。1843 年曾国藩参加大考翰詹，穆彰阿为总考官。交卷之后，穆彰阿便向曾国藩索要应试诗赋。曾国藩随即回住处将诗赋誊清，亲自送往穆府。这一次拜访似乎成为曾国藩迅速升迁的契机。在此之前，曾国藩的品位一直滞留未动。从此以后，则几乎是年年升迁，岁岁加衔，五年之内由从七品跃为二品。其前后的变化十分明显。

徐珂在《清稗类钞》中，对曾国藩官运的转机做过生动的描述：一天，曾国藩忽然接到次日召见的谕旨，遂连夜到穆彰阿家暂歇。第二天被带到皇宫某处，环顾四周，发现并非平日等候召见的地方，无奈白白地等了半天，只好又回

到穆府，准备次日再去。晚上，穆彰阿问曾国藩说："汝见壁间（白天被带去的地方）所悬字幅否？"曾国藩答不上来，穆怅然曰："机缘可惜。"踌躇久之，招来自己的仆从对他说："你立即用银四百两交给某内监，嘱他将某处壁间字幅秉烛代录，此金为酬也。"当天夜里，仆从将太监抄录的壁间字幅送给穆彰阿。穆彰阿令曾国藩熟记于胸。次日入觐，则皇帝所问皆壁间所悬历朝圣训。因为奏对称旨，曾国藩大受赏识，道光帝还谕穆曰："汝言曾某遇事留心，诚然。"从此，曾国藩便"骎骎向用矣"。

【原文】

初七日接初二夜一缄，并抄寄润帅一缄，具悉一切。

此间徽州、休宁之贼，日内纷纷应调从下游波江救援安庆、桐城，祁门以北，少可偷安。惟东有伪忠王一股，南有朱衣点、彭大顺一股，鞭长莫及，兹可虑耳。

日相先生之事，听润帅自为主持，余不怂恿，亦不挽回。自古君子好与小人为缘，其终无不受其累者。如日相暨胡某、彭某，虽欲不谓之邪不可得。借鬼打鬼，或恐引鬼入室；用毒攻毒，或恐引毒入心，不可不慎也。弟于周之翰疾之已甚，而于日相反多宽假之词，亦未公允。

季弟信亦阅悉，明正节后，怀、桐又有大战，宜预为筹之。

家信二件寄阅。

【评述】

人的一生如果结交了好朋友，就可以患难与共，相互砥砺，不仅可以成为情感的慰藉，也可以成为事业成功的基石。1864年7月20日，曾国藩在写给他的次子曾纪鸿的信中说：选择朋友是人生第一要事，必须选择志趣远大的人。

曾国藩的处世经可以说是他广交朋友的处世经。他的立功、立言、立德三并不朽也可说是在朋友的相互砥砺和影响下取得的。因此，他深刻地领会到了人生择友的重要性。所以无论是在生活、为学，还是在事业上都时时注意广交益友。这一点他在京城的十三年生活中，就有充分体现。

他在写给家里的书信中，曾介绍过当时所结交的部分朋友：现在朋友愈多，讲躬行心得者则有唐镜海先生，倭仁前辈，以及吴竹如、窦兰泉、冯树堂数人；穷经学理者，则有吴子序、邵惠西；讲习文字而艺通于道者，则有何子贞；才气奔放，则有汤海秋；英气逼人，志大神静，则有黄子寿。又有王少鹤、朱廉甫、吴莘畬、庞作人。此四君者，皆闻余名而先来拜；虽所造有深浅，要结有志之士不甘居于庸碌者也！京师为人文渊薮，不求则无之，愈求则愈出，近来闻好友甚多，予不欲先去拜人，恐徒标榜虚声；盖求反以匡己之不逮，此大益也！标榜以盗虚名是大损也！

曾国藩所交之友对他个人的影响和事业的发展产生了重大的作用。

刘传莹湖北汉阳人，专攻古文经学，精通考据。曾国藩通过与刘传莹的交往，大大弥补了自己古文字上的不足。1846年，曾国藩在城南报国寺养病，于

是便向他请教古文经学与考据。刘传莹也正因为自己只在古文经学方面有造诣，遂向曾国藩请教理学。于是，二人互相切磋，取长补短，成为挚友。曾国藩通过与刘传莹的交往，拓展了学识，在学术领域走上全面发展的道路。他在给同乡好友刘蓉的信中，表达自己在学术上的见解和志向时说：于汉、宋二家"欲兼取二者之长，见道既深且博，为文复臻于无累"。不计门户，取长补短向来是成功的方向。

何绍基，字子贞，精通书法，擅长吟咏。曾国藩与其交往中，觉得何绍基所长，正是自己的不足。从此以后，他非常重视写作和赋诗。

另外，他还经常与吴廷栋、何桂珍等人讨论理学，向邵懿辰请教今文经学。

这些朋友，在京城都颇有名气。同他们的交往不仅增长了学识，也大大提高了曾国藩在京城的个人声望。他在家书中称自己"昔在京颇著清望"。这也是他在京城迅速发迹的原因。

曾国藩在交新友的同时，也十分注意联络旧时志向相投的朋友。这一时期的学术观点和思想上比较相近的人主要有刘蓉、郭嵩焘、江忠源、欧阳兆熊、罗泽南。

刘蓉，字孟蓉，号霞仙，湖南湘乡人。郭嵩焘字筠仙，湖南湘阴人。曾国藩在赴京科考途中在长沙认识了"少有志节"的刘蓉，又通过刘蓉认识了正在长沙参加乡试的郭嵩焘，于是三人"欣然联欢为昆弟交"。

江忠源，字岷樵，湖南新宁举人。在北京，经由郭嵩焘的引见，与曾国藩相识。交谈过后，江忠源告辞，曾国藩对郭嵩焘说："是人必立功名于天下，然当以节义死。"当时承平日久，众人都十分惊疑。刘蓉称赞江忠源，"交友有信，与士卒同甘苦，临阵常居人先，死生患难，实可仗倚"。在与曾国藩的交往中，以有血性、有胆有识，被引为益友。曾国藩称赞他"儒文侠武"。日后江忠源果真成为湘军的主要干将。

罗泽南，字仲岳，号罗山，与曾国藩是同县人。他家境十分贫寒，却能"溺苦于学，夜无油炷灯，则把卷读月下，倦即露宿达旦"。他的道德学问，时人称他为有数人物。他研究程朱理学，标榜自己为宋儒。年轻时，他连遭不幸，丧母、丧兄嫂相伴而来，继而长子、次子、三子连丧，其妻连哭三子之丧，双目失明。罗泽南并未因如此沉痛的打击而一蹶不振，反而"益自刻厉，不忧门庭多故，而忧所学不能拔俗而入圣；不忧无术以资生，而忧无术以济天下"。因此，曾国藩十分敬重他。常在书信中表示敬慕之意，称他为家乡的颜渊。后以儒生的身份带兵征战，立勋名于天下。颜渊，即颜回，孔子的学生，家境贫寒，一生没有做官，住在简陋的小巷里，用竹简吃饭，用瓜瓢喝水，却自得其乐。

欧阳兆熊，字晓岑，湖南湘潭人。1840年，曾国藩病在果子巷万顺客店中，病情严重，卧床不起，幸遇欧阳兆熊，在他的精心护理下，才没有死去。从此，二人成为好朋友。

曾国藩所交益友，对他的人生及事业起了重要作用。其中有给他出谋划策者，有赏识提拔者，有危难之时，两肋插刀者。从各个角度烘托着他的事业。因

此，他比别人更深刻地体会到："择友为人生第一要义。"

【原文】

军事愈办愈坏，郭松林十二月初六日大败，淮军在德安附近挫败，统领张树珊阵亡，此东股任、赖一股也。其西路张逆一股，十二月十八日秦军在灞桥大败，几于全军覆没。捻匪凶悍如此，深可忧灼。

余廿一日奏明，正初暂回徐州，仍接督篆。正月初三接奉寄谕。现定于正月初六日自周家口起行，节前后可到徐州。身体尚好，但在徐治军，实不能兼顾总督地方事件，三月再恳切奏辞耳。

沅弟劲官相，星使业已回京，而处分尚未见明文，胡公则已出军机矣。吾家位高名重，不宜作此发挥殆尽之事。米已成饭，木已成舟，只好听之而已。

余作书架样子，兹亦送回，家中可照样多做数十个，取其花钱不多，又结实又精致，寒士之家，亦可勉做一二个。吾家现虽鼎盛，不可忘寒士家风味。子弟力戒傲惰惰。戒傲以不大声骂仆从为首，戒惰以不晏起为首。吾则不忘蒋市街卖菜篮情景，弟则不忘竹山坳拖碑车风景。昔日苦况，安知异日不再尝之？自知谨慎矣。

【评述】

人不是圣贤，都会有过失错误，但能不能知过即改，从善如流，对一个人至关重要。曾国藩的修身法中，不惮改过是很重要的一个方面。

有一天，好友窦兰泉来拜访曾国藩，两位学人相见，自然商讨理学，然而曾国藩并未真正理解窦兰泉所说的意思，便开始妄自发表见解。事后曾国藩就指责自己，这就是心有不诚：不仅自欺，而且欺人，没有比这更厉害的了。由于不诚实，所以说话时语气虚伪强辩，谈文说理，往往文饰浅陋，以表示自己学理精湛，这不过是表演而已。这难道有什么好处吗？

曾国藩虽然意识到了自己的毛病，表示悔改，可事到临头，又身不由己了。没过几日，朱廉甫前辈偕同邵蕙西来访，这两个人都是孔子所说的正直、信实、见闻广博的人。尤其是朱廉甫前辈屈尊来访，不就是把曾国藩视为志同道合的人吗？没想到曾国藩故技重演，说了许多大言不惭、沽名钓誉的话。

还有一次，好友陈岱云来访，想看曾国藩的《馈贫粮》，结果曾国藩以雕虫小技，不值一看为由深闭而固拒。一时掩饰笨拙，文饰浅陋，巧言令色，种种复杂的情形交织在一起，难以言表。事后曾国藩反省，这都是好名的虚荣心理在作怪啊！都是不诚实的表现。

经历了内心的这几次折磨与争斗，曾国藩开始给自己约定法章：大凡往日游戏随和的人，性格不能马上变得孤僻严厉，只能减少往来，相见必敬，才能渐改征逐的恶习；平日夸夸其谈的人，不能很快变得聋哑，只能逐渐低卑，开口必诚，才能力除狂妄的恶习。

曾国藩比荀子还严格，要求也更具体，在1842年2月的日记中，他这样写道："一切事都必须每天检查，一天不检查，日后补救就难了，何况修德做大事

业这样的事？汤海秋说：别人道德行为比我高的我得找到自己不足之处，与抱怨者相处而能保持心情平静，就可以算是一个君子了。"

他不仅逐日检点，而且事事检点，天下能够做到这一点的人，大概寥若晨星。曾国藩的这种检点思想，并不是他心血来潮的奇思异想，实在是扎根于深厚的文化传统的自然秉承。孔子就说过"见贤思齐（看齐）"，"见不贤而内自省也"，看到别人有毛病就反省自己，孔子大概是中国第一个善于反省的大师。孟子也是一个善于反省的大师，曾国藩最服膺于他，表示"愿终身私淑孟子"，"虽造次颠沛"，也愿"须臾不离"，而孟子是从别人对自己行为的反应中来反省的，他最著名的方法就是"反求诸己"，爱人不亲，反其仁（反问自己的仁德）；治人不治，反其智；礼人不答，反其敬。曾国藩认真钻研过的程朱理学也强调"正己为先"。曾国藩正是在这样的一个背景下来"逐日检点"的，事关进德修业的大事，所以他才对自己要求得那样严格，不可有一天的怠慢。

曾国藩的一生是在日日严于自律中度过的。

曾国藩大概是对自我反省和批判最多的古人之一，不仅严厉，而且苛细，如针如刺，直指心灵中最漆黑的部分。也许你不佩服他的功业，不佩服他的道德，也不佩服他的文章，但你不得不佩服他对自我剖析的勇毅。

人非圣贤，孰能无过？

谁没有说过假话？谁没有说过大话？谁没有嫉妒他人？谁没有伤害他人？谁从来不好女色？谁做事不占他人便宜？谁敢拍着胸膛对自己或者苍天说，我从来不做亏心事？没有，从来没有。只有过错的大与小，多与少，或者你所犯的过错是人人都会犯的，是人们可以原谅的，可以接受的，但不能说你从来就没有过错。只要是人，有七情六欲，就有人的弱点和局限。曾子为什么"吾日三省吾身"，就是为了少犯过错啊！

錾胎珐琅犀尊　清

《周易》说，君子"见善则迁，有过则改，"《尚书》也说："改过不吝（吝音）"这一方面告诉人们过错是难免的；另一方面也告诉人们要有过必纠，有错必改。

曾国藩则认为，知己之过失，承认它，并且改正它，毫无吝惜之心，这是最难的。豪杰之所以是豪杰，圣贤之所以是圣贤，就在这里。磊落过人，能透过此一关，寸心便异常安乐，省得多少纠葛，省得多少遮掩，还有那修饰装点的丑态。

一个省必修身的人，注重颐养德性的人，他所犯的过错不一定是坑蒙拐骗之类的淫恶，往往是一些不为人知，不足挂齿的小隐私或小阴思。不断地涤除这些小隐私、小阴思，他就会一天比一天高大起来。明代杨继盛说："或独坐时，或

深夜时，念头一起，则自思曰：这是好念是恶念？若是好念，便扩充起来，必见之行；若是恶念，便禁止勿思。"他说得太好了。

【原文】

正月十三日，连接尔十二月十六、二十四两禀，又得澄叔十二月二十二一缄、尔母十六日一缄，备悉一切。尔诗一首，阅过发回。尔诗笔远胜于文笔，以后宜常常为之。余久不作诗而好读诗，每夜分辄取古人名篇高声朗诵，用以自娱。今年亦当间作二三首，与尔曹相和答，仿苏氏父子之例。

尔之才思，能古雅而不能雄骏，大约宜作五言，而不宜作七言。余所选十八家诗，凡十厚册，在家中，此次可交来丁带至营中。尔要读古诗，汉魏六朝，取余所选曹阮陶谢鲍谢六家专心读之，必与尔性质相近。至于开拓心胸，扩充气魄，穷极变态，则非唐之李杜韩白、宋金之苏黄陆元八家，不足以尽天下古今之奇观。尔之质性，虽与八家者不相近，而要不可不将此八人之集悉心研究一番，实六经外之钜制，文字中之尤物也。

尔于小学粗有所得，深用为慰。欲读周汉古书，非明于小学无可问津。余于道光末年，始好高邮王氏父子之说，从事戎行未能卒业，冀尔竟其绪耳。

余身体尚可支持，惟公事太多，每易积压。癣痒迄未甚愈。家中索用银钱甚多，其最要紧者，余必付回。京报在家，不知系报何喜？若节制四省，则余已两次疏辞矣，此等空空体面，岂亦有喜报耶？葛家信一封，扁字四个付回。澄叔处此次未写信，尔将此呈阅。

【评述】

曾国藩常在家中劝父教弟，不要干预地方的事。可是，有些时候，他的一些亲朋故友难免会因一些万难之事有求于他，其中不乏一些实有冤屈之事。却之，于情于理不忍，助之，又恐贪干预地方公务或有以势凌人之嫌。无奈，曾国藩只好对来求者做出那种"道似无情却有情""醉翁之意不在酒"的曲意相助之举。下面"一把折扇"的故事就是一例。

那是同治年间，衡阳挨近双峰大界的地方，有一个中厚而倔强的老实农民。他一生勤劳节俭，生活过得不错，不料那一年清明节扫墓时，与人发生了一场纠纷。对方仗着自己有钱有势，硬将一冢坟迁到他家的祖坟上来。官司由衡阳县打到了衡州府，总是对方占上风，老头儿咽不下这口窝囊气，被逼想上吊自尽。

一天，有个老亲友提醒他："你呀，心里冒长眼。你不是有个干儿子在南京做两江总督吗？他一人之下，万人之上，天下谁个不知其名。"那人伸出两个指头，嘴巴挨着他的耳朵说："你只要求他给衡州府写个二指大的条子，保险你把官司打赢！"

"是的！"老头儿把胸脯一拍，说："好办法，我怎么没有想到呢。"他受到启发以后，凑足盘缠钱，背上包袱雨伞，就直往南京奔。两江总督衙门，是不容易进得去的。"你干什么的？"他还未过门槛，衙役就大声喝问。

"我找干儿子。"老头儿壮着胆子回答。

"谁个是你干儿子?"

"宽一。"

衙役们没有一个知道曾国藩的乳名叫宽一,见这老头儿土里土气,怎么也不让他进去。

忽然,督署里传出讯令,总督大人要出门来。衙役们忙把这个老头儿拉开,不能让他挡住大门。可他哪里肯听,偏偏要站近门边,想看一看是不是干儿子出来。

一会儿,一顶轿子出门了。他一眼就窥见轿中坐的正是曾国藩。"宽一!"操着家乡口音一声喊声,被曾国藩听出来了。他连忙叫轿夫停住,下轿后又惊又喜地问:"这不是干爹?您老人家怎么到了这里?"便打转身,将干爹送进了自己的住宅。

顿时督署后院的曾宅里欢乐起来。曾国藩夫妇一面招待酒饭,一面问长问短。从干爹的家境,从大界白玉堂、黄金堂新老住宅屋后的楠竹、杉树生长情况无所不问。当老头儿话入正题,说明来意时,曾国藩打断他的话柄说:"暂莫谈这个,您老人家难得到这儿来,先游览几天再说吧。"他把一个同乡衙役叫来,接着说:"干儿公务在身,这几天不能陪干爹玩,就请他陪同你去玩吧,玄武湖啦,秦淮河啦,夫子庙啦,南京的名胜及热闹地方都去看看。"

老头儿哪有心思游览,仅玩了三天,就按捺不住了。那天晚上,他对干儿媳细说了来意,求她向宽一进言,给衡州府下个二指大的条子。欧阳夫人说:"急么子罗?你干儿要你多玩几天,你就还玩几天再说嘛。""我肺都气炸了,官司打不赢,白白受人欺,哪有心思久玩!""不要担心,除非他的官比你干儿大。"那老头听到这句话,心里倒有几分安稳了。

又玩过了三天。当曾国藩办完一天的公事后,欧阳夫人对他说起干爹特意来金陵的事来。"你就给他写个条子到衡州吧。"曾国藩听后叹了一口气说:"这怎么行呀?我不是多次给澄弟写信不要干预地方官的公事吗?如今自己倒在几千里外干预起来了,岂不是自己打自己的嘴巴?""干爹是个天本地分的人,你也不能看着老实人受欺,得主持公道呀!"经欧阳夫人再三请求,曾国藩动心了。他在房间回踱了几转,说:"好,让我考虑考虑吧。"

第二天,正逢曾国藩接到奉谕升官职,南京的文武官员都来贺喜了。曾国藩在督署设宴招待,老头儿也被尊为上席。敬酒时,曾国藩先向大家介绍,首席是他湖南来的干爹。文武官员听了,一齐起身致敬,弄得老头儿怪不好意思。接着,曾国藩还把自己的干爹推崇了一番,说他一生勤劳啦,为人忠厚啦,怎么也不愿意到南京久住,执意要返乡里。说着,从衙役手中接过一个用红绫包着的小盒子,打开后拿出一把折扇又说:"我准备送干爹一个小礼物,列位看得起的话,也请在扇上题留芳名,做个永久纪念。"大家放下盅筷,接过一看,只见折扇上已工工整整地落了款。上款是"如父大人侍右",下款是"如男曾国藩敬献"。也一个个应曾大人之请,在扇上签起名来,有的还题了诗句。不到半个时辰,折扇两面都写得满满的。曾国藩兴高采烈地把折扇收起,仍用红绫包好,双手奉送

给了干爹。这老头儿也懂得礼节，起身向各位文武官员作揖致谢。

席终客散，老头儿回到了住室，嘴里连连嘀咕着什么。欧夫人出来一听，只见他手捧着红绫包唠叨着："宽一呀宽一，一张二指大的条子总不肯写，却要这么费事，在这个玩物上写的字再多，我也不得领情。"欧阳夫人忙从他手中接过红包打开一看，不觉大吃一惊："干爹呀，恭喜，恭喜!"老头儿脸色阴沉，好不耐烦地说："喜从哪来?""干儿给您的这个，可是一个大宝哩!""一把折扇算什么大宝? 给我写个二指大的条子，才是尚方宝剑。""哎呀，干爹"，欧阳夫人凑到老头身边细说："这可比您要的那个条子更宝贵呀，拿回去后，不论打官司也好，办别的什么事也好，任他多大的官，见到此扇都会有灵验，千万不要把它丢了，随手带着，还能逢凶化吉呢!"

一番话，说得老头子心里热乎乎的。"啊! ——"他似有所悟，会意地笑了。

刚回到家里，衡州知府升堂，衙门八字开着，老头儿手执折扇，大摇大摆地走了进去。在那个时代，被告上堂打官司，手执扇子是藐视公堂，要受到惩治的。"把扇子丢下!"衙役喝令。老头儿装作没有听见，一个衙役上前从手中夺过扇子丢到地上。"这可丢不得，是我干儿子送的。"知府大怒，惊堂木一拍："放肆! 拿上来!"知府接过扇子一看，"嗯……"翻过来、覆过去看了后，又将视线转到老头身上，仔细打量了一番。然后，一声令下："退堂!"

据说，老头从衡州府衙门后堂退出来后，知府用轿子把他接了去，不仅将这把折扇恭恭敬敬退还了他，还热情地款待着他。他的坟山官司是输、是赢，也就可想而知了。

一把折扇"醉翁之意不在酒"。虽示亲情，实则相助，意在让地方官给面子，又不使其没有可否的余地，也使曾国藩免于干涉地方公务之嫌。至于事情的结果还要看当事人的造化了。

【原文】

自尔还湘启行后，久未接尔来禀，殊不放心。今年天气奇热，尔在途次平安否?

余在金陵与沅叔相聚二十五日，二十日登舟还皖，体中尚适。余与沅叔蒙恩晋封侯伯，门户太盛，深以祗惧。尔在省以谦敬二字为主，事事请问意臣、芝生两姻叔，断不可送条子，致腾物议。十六日出闱，十七八拜客，十九日即可回家。九月初在家听榜信后，再起程来署可也。择交是第一要事，须择志趣远大者。此嘱。(旧县舟次)

【评述】

人是社会中的人，越是走向高位，人的人际关系也越复杂。因为社会关系不仅仅是"友道"，而要打上很多互相借助、互为利用的印迹。通常说人是最复杂的动物，实际是说人我之际很难处理。曾国藩一路冲杀，从乡野之民走向二品大员，在中央十余个部门任职，在地方历任两江总督、直隶总督等要职，由此可以推想，他的人际关系是复杂的。这里交代的是他走向仕途最初的交际网络以及各

项原则。

道光二十一年（1841）的春节，是曾国藩在京城渡过的第一个传统节日。大年初一，他起得很早，作为翰林院的一员，他要参加黎明时在太和殿举行的朝贺大典。隆重的仪式举行完毕后，曾国藩回到家中，拜见父亲后即去各处拜年。此后接连四天，曾国藩每天都是马不停蹄，先走完内城，随后走东城、西城。

他拜年的顺序是先拜老师，这些老师是曾国藩学习的榜样，而且也是朝中的大官员，他们多在内城居住，因此曾国藩初一当天，即从棉花六条胡同的寓所拜见了他十分敬重的老师们。这是曾国藩关系网中的第一个层面。

初二这一天，曾国藩前往各处拜访湖广同乡。当时湖南已是独立的省份，但明朝时还归湖广省管辖，因此曾国藩拜访的同行不仅包括了寓居京师的湖南籍官员，而且包括了湖北省籍人。这则是曾国藩交际圈中的第二个层面。

第三个层面是所谓"同年"，即同学，按《曾国藩日记》载，这又包括甲午乡试同年，及戊戌会试同年两部分人。甲午年是道光十四年（1834），这一年曾国藩高中举人。戊戌是道光十八年（1838），这一年曾国藩正式跻身士林，成为曾门的第一个进士。这也是曾国藩走向社会的关系基础。

对于师长辈的，曾国藩在交往中贯穿一个"敬"字，比如对他的老师吴文镕，逢年过节，自然拜谢有加，吴升任江西巡抚赴任时，曾国藩早早起来，一直送到彰仪门外。

祁隽藻，号春浦，当时颇得皇帝宠信，也属师长辈，曾国藩自然少不了与之往来。他知道祁喜爱字画，于是亲自到琉璃厂买了最好的宣纸，为祁写了一寸大的大字二百六十个，恭恭敬敬送上，让祁高兴不已。

对于乡辈同僚，他在交往中贯穿一个"谨"字，即保持一定距离，不可过分亲近，但必须尽职尽责。比如他主持湖广会馆事务，每逢节令时日，他都想得很周到。

对于同年，他在交往中贯穿一个"亲"字。曾国藩说，同学情谊在所有亲情之外是最相亲谊的。这种感情不源于天然，但又胜过天然。因此，他主张对同年要有求必应，尽己力而为之。

【原文】

七月二十五日丑正二刻，余行抵安徽太湖县之小池驿，惨闻吾母大故。余德不修，无实学而有虚名，自知当有祸变，惧之久矣。不谓天不陨灭我身，而反灾及我母，回思吾平日隐慝大罪不可胜数，一闻此信，真无地自容矣。小池驿去大江之滨尚有二百里，此两日内雇一小轿，仍走旱路，至湖北黄梅县临江之处即行雇船。计由黄梅至武昌不过六七百里，由武昌至长沙不过千里，大约八月中秋后可望到家。一出家辄十四年，吾母音容不可再见，痛极痛极！不孝之罪，岂有稍减之处。兹念京寓眷口尚多，还家甚难，特寄信到京，料理一切，开列于后：

一、我出京时将一切家事面托毛寄云年伯，均蒙慨许。此时遭此大变，尔往叩求寄云年伯筹划一切，必能俯允。现在京寓并无银钱，分毫无出，不得不开吊

收赙仪，以作家眷回南之路费。开吊所得，大抵不过三百金，路费以人口太多之故，计须四五百金，其不足者，可求寄云年伯张罗。此外同乡如黎樾乔、黄恕皆老伯，同年如王静阉、袁午桥年伯，平日皆有肝胆，待我甚厚，或可求其凑办旅费。受人恩情，当为将来报答之地，不可多求人也。袁漱六姻伯处，只可求其出力帮办一切，不可令其张罗银钱，渠甚苦也。

二、京寓所欠之账，惟西顺兴最多，此外如杨临川、王静庵、李玉泉、王吉云、陈仲鸾诸兄皆多年未偿，可求寄云年伯及黎、黄、王、袁诸君内择其尤相熟者，前往为我展缓，我再有信致各处。外间若有奠金来者，我当概存寄云、午桥两处。有一两即以一两还债，有一钱即以一钱还债。若并无分文，只得待我起复后再还。……

三、开吊散讣不可太滥，除同年同乡门生外，惟门簿上有来往者散之，此外不可散一分。其单请庞省三先生定。此系无途费，不得已而为之，不可滥也；即不滥，我已愧恨极矣。

四、外间亲友，不能不讣告寄信，然尤不可滥，大约不过二三十封。我到武昌时当寄一单来，并寄信稿，此刻不可遽发信。

五、铺店账目宜一一清楚，今年端节已全楚矣。此外只有松竹斋新账，可请省三先生往清，只可少给他，不可欠他的出京。又有天元德皮货店，请寄云年伯往清。其新猞猁狲皮褂即退还他，若已做成，即并缎面送赠寄云可也。万一无钱，皮局账亦暂展限，但累寄云年伯多矣。……

【评述】

先秦时四大公子各养门客数千人，以应付各种事务。曾国藩的麾下也集中了许多优秀的人才，薛福成说曾门幕府是"播种之区"，"众流之汇"，"故其得才尤盛"。曾国藩和谋士之间首先有合作的愿望，可以说是一种相互倾慕、相互追求的关系。曾国藩认为，远而言之则天下之兴亡、国家之强弱，近而言之则兵事、饷事、吏事、文事之成败利钝，无不以是否得人为转移。故多年爱才如命，求才若渴，为吸引和聘请更多更好的幕僚尽了很大努力，做了大量工作。他于率军"东征"之始，即号召广大封建知识分子奋起捍卫孔孟之道，反对太平天国，盛情邀请"抱道君子"参加他的幕府。其后行军打仗，每至一地必广为访察，凡具一技之长者，必设法延至，收为己用。闻有德才并称者，更是不惜重金，驰书礼聘。若其流离失所，不明去向，则辄具折奏请，要求各省督抚代为查明，遣送来营。曾国藩与人通信、交谈，亦殷殷以人才相询，恳恳以荐才相托，闻人得一才羡慕不已，自己得一才喜不自胜，遂有爱才之名闻于全国。由于曾国藩精研百家，兼取众长，早在青年时代即已"道德文章"名满京师，称誉士林；加以其后出办团练，创建湘军，"战功"赫赫，威震天下，遂被封建统治阶级视为救星，受到不少知识分子的崇拜。由于清王朝政治腐败，等级森严，满汉藩篱未除；加以取士不公，仕途拥塞，遂使一大批中小地主出身的知识分子空有一片"血诚"，满腹才华，而报国无门，升发无望，不得不千方百计地为自己另外寻

求政治上的出路。有的知识分子非但升发无望，且身遭乱离之苦，徒无定居，衣食俱困，亟须庇护之所，衣食之源。还有一部分知识分子，既无升官发财之念，亦无饥寒交迫之感，甚或已是学问渊博名满士林，但却仰慕曾国藩的大名，以一与相识为幸，一与交游为荣。所有这各类人物，他们闻曾国藩能以诚心待士，破格用人，便纷纷投其麾下，入其幕府。

忠王府彩画《燕子玑图》

　　同时，曾国藩同幕僚之间也是一种相辅相成的关系，幕僚们助曾国藩功成名就，曾国藩使幕僚们升官发财。多年来，幕僚们为曾国藩出谋划策、筹办粮饷、办理文案、处理军务、办理善后、兴办军工科技等等，真是出尽了力，效尽了劳。可以说，曾国藩每走一步，每做一事，都离不开幕僚的支持和帮助。即如镇压太平天国一事，他之所以获得成功，并非靠他一人之力，而是依靠一支有组织的力量，其中他的幕僚尤占有一定比重，起了相当大的作用。现仅以曾国藩直接指挥的一个湘军支派"曾湘军"为例。它连下安庆、江宁两座省城，为清王朝镇压太平天国革命立下第一功，是湘淮军中最为突出的一支。如果把它比喻为一个人的话，曾国藩及其幕府恰如它的头和躯干，作战部队则恰如它的四肢。四肢不仅靠头脑支配其每个行动，还要靠躯干供应其营养。西汉初年刘邦在向诸将解释为什么张良足不出户而封赏最高时，曾把战争比为狩猎，以猎人喻张良，以猎犬喻诸将，称指示之功胜于奔走之劳，诸将为之悦服。而在安庆、江宁两役中，曾国藩的幕僚则不仅有指示之功，尤有筹饷之劳，可谓功兼张（良）、萧（何）。自1860年6月至1864年6月，四年之中曾国藩报销军费一千六百多万两，其中绝大多数来自厘金与盐税。这笔巨款主要靠幕僚筹集，没有它湘军早已饥溃，何成功之有？曾国藩所谓"论功不在前敌猛将之后"，绝非夸大之词，至于曾国藩刊行《王船山遗书》和《几何原本》等重要书籍，引进西方科学技术、兴办军事工业等，更是离不开幕僚的努力。否则，他很难挣得洋务派首领的地位。

曾国藩对幕僚的酬报亦为不薄。众幕僚入幕之初，官阶最高的是候补道员，且只是个别人，知府一级亦为数极少，绝大多数在六品以下。他们有的刚被革职，有的只是一般生员，还有的连秀才都不是。而数年、十数年间，红、蓝顶子纷纷飞到他们头上，若非曾国藩为他们直接间接地一保再保，是根本不可能的。李鸿章的经历就最能说明这个问题。他于1858年末入曾国藩幕，后又因故离去。郭嵩焘劝他说："此时崛起草茅必有因依。试念今日之天下，舍曾公谁可因依者？即有拂意，终须赖之以立功名。"李鸿章听其劝告，重返曾幕。果然，青云直上，步步高升，一、二年间位至巡抚，五、六年间位至钦差大臣、湖广总督，同曾国藩之间已是双峰对峙，高下难分了。试想，如果李鸿章不回曾幕，能够如此顺利吗？恐怕要谋得按察使实缺亦并非易事，虽然他此时已是未上任的按察使衔福建延建邵道道员。

当然，曾国藩同幕僚之间这种关系的维持是有条件的。那就是曾国藩要尊重幕僚，以礼相待；而幕僚也必须忠于曾国藩，绝不许中间"跳槽"，改投新主。说明这种情况的最为典型的事例，是冯卓怀的拂袖而去和李元度的被劾革职。冯卓怀是曾国藩的老朋友，一向对曾国藩非常崇拜，为了能朝夕受教，曾放弃条件优越的工作去当曾国藩的家庭教师。曾国藩兵困祁门之时，冯卓怀又放弃四川万县县令职位，投其麾下，充任幕僚。后因一事不合，受到曾国藩的当众斥责。冯卓怀不能堪，决心离去，虽经曾国藩几次劝留皆不为所动，最后还是回家闲住，宁可丢掉官职也不能忍受曾国藩对自己的无礼举动。李元度是曾国藩最困难时期的少数幕僚之一，数年间患难与共，情逾家人，致有"六不能忘"之说。不意其后曾国藩两次参劾李元度，冷热之间悬若霄壤。究其缘由则不外"改换门庭"四字。人们由此不难看出，曾国藩同幕僚的关系，归根到底还是主从关系，其维系纽带全在私谊。私谊对他们双方来说，都是神圣的，高于一切的，任何一方如有违背，这种关系即会解除，甚至结成私怨。

【原文】

十月十七日接奉在县城所发手谕，知家中老幼安吉，各亲戚家并皆如常。七月廿五由黄恕皆处寄信，八月十三日由县附信寄摺差，皆未收到。男于八月初三发第十一号家信，十八发第十二号，九月十六发第十三号，不知皆收到否？

男在京身体平安。近因体气日强，每天发奋用功。早起温经，早饭后读《甘三史》，下半日阅诗、古文。每日共可看书八十页，皆过笔圈点。若有耽搁，则止看一半。

九弟体好如常，但不甚读书。前九月下旬迫切思归，男再四劝慰，询其何故，九弟终不明言。惟不读书，不肯在上房共饭，男因就弟房二人同食，男妇独在上房饭，九月一日皆如此。弟待男恭敬如常，待男妇和易如常，男夫妇相待亦如常，但不解其思归之故。

男告弟云："凡兄弟有不是，必须明言，万不可蓄疑于心。如我有不是，弟当明争婉讽；我若不听，弟当写信禀告堂上。今欲一人独归，浪用途费，错过光

阴，道路艰险，尔又年少无知祖父母、父母闻之，必且食不甘味，寝不安枕，我不安能放心？是万不可也"等语。又写信一封，详言不可归之故，共二千馀字。又作诗一首示诗，弟微有悔意，而尚不读书。

十月初九，男及弟等恭庆寿辰。十一日男三十初度，弟具酒食，肃衣冠，为男祝贺。嗣是复在上房四人共饭，和好无猜。

昨接父亲手偷，中有示荃男一纸，言境遇难得光阴不再等语，弟始愧悔读书。男教弟千万言，而弟不听，父教弟数言，而弟遽惶恐改悟，是知非弟之咎，乃男不能友爱，不克修德化导之罪也。伏求更赐手谕，责男之罪，俾男得率教改过，幸甚。

男妇身体如常。孙男日见结实，皮色较前稍黑，尚不解语。

男自六月接管会馆公项每月收房租大钱十五千文，此项例听经管支用，俟交卸时算出，不算利钱。男除用此项外，每月仅用银十一二两，若稍省俭，明年尚可不借钱，比家中用度较奢华，祖父母、父母不必悬念。

男本月可补国史馆协修官，此轮次挨派者。

英夷之事，九月十七大胜，在福建、台弯生擒夷人一百三十三名，斩首三十二名，大快人心。同乡何宅尽室南归，馀俱如故。

又呈附录诗一首云：

松柏翳危岩，葛藟相钩带。兄弟匪他人，患难亦相赖。
行酒烹肥羊，嘉宾填门外。丧乱一以闻，寂寞何人会？
维鸟有鹣鹣，维兽有狼狈。兄弟审无猜，外侮将予奈。
愿为同岑石，无为水下濑。水急不可矶，石坚犹可礚。
谁谓百年长，仓皇已老大。我迈而斯征，辛勤共粗粝。
来世安可期，今生勿玩愒！

【评述】

兄弟之间，平辈相处，可以情同手足，无话不谈的。

有一次，曾国荃与曾国藩谈心，其中大有不平之气。曾国荃一下子给哥哥提了很多意见。最大的意见是说哥哥在兄弟骨肉之间，不能造成一种生动活泼的气氛，不能使他们心情舒畅。曾国藩虽然稍稍劝止，但还是让曾国荃把话说完了，一直说到夜至二更。在此期间，他还给哥哥提了许多别的意见，这些意见大都切中事理，曾国藩在一边倾耳而听。

曾国藩是一个对自己要求十分严格的人，对兄弟子女也要求十分严格。要求一严，就难免提意见的时候多，表扬的时候少。曾国藩还是一个责任心和道德感十分强的人，凡是看不惯的，有违家法的，他都会直言不讳地给予批评。曾国荃所提的意见实际上是说哥哥太严肃了。

曾国藩的可贵之处在于，他不理论，也不辩解，而是让弟弟把话说完。既然人家有意见，你能堵住他的嘴，但堵不住他的心。有意见你就让他把话说出来，说出来了心中就没有不平之气了，如果你把他的话卡回去，这只能使他的不平之

气更添一分，于人于己都没有好处。更何况曾国藩认为曾国荃也说得在理呢？

另外，曾国藩还十分讲究兄弟之间的互相谦让，互相帮助，同甘苦共患难，共同发展，共同进步。兄弟之间如何表达自己的关切和爱护之情呢？曾国藩说："爱之以德"。对弟弟们百依百顺、姑息纵容，并不是爱，反而是不孝不仁。

曾国藩就是这么想的，也是这么做的。他是一个光明磊落之人，总是能将自己的想法与兄弟和盘托出，以求得兄弟的彼此理解、信任与支持。在兄弟五人中，曾国华对哥哥多有误解，所以曾国藩总是能对他敞开心扉，也不回避这种误解。他之所以多次将自己的终身想法告知各位兄弟，是因为他觉得兄弟之间除了肝胆相照，就没有更好的方式了。

在兄弟之间，没有一点龃龉是不可能的，不爱之以姑息同样也是很难做到的，或者爱之深切，或者怕产生隔阂，或者怕得罪兄弟，总是不愿开展批评，以为凡事忍让着就可以万事大吉了。殊不知这就是分歧的开始。曾国藩决不这么做，他在适当的时候就会表现出自己的严厉。

曾国藩身为曾门长子，自度对诸弟之成长、发展担负有不可推卸的责任，常常以自己未能勤于教导、督促诸弟，使其个个功成名就、德行完满而暗自引咎自责。可见他是一个责任心极强的人。这一点在曾氏的生平行状、国事、家事的处置等方面皆有深切的体现，而且他的责任心一方面也与他独特而过人的"硬、挺"功夫相关。想他当年初率湘勇出省作战，屡战屡败，每每困顿绝境，但竟能支撑下来，终获全胜，实堪敬服。曾国藩一生对诸弟的教导、劝诫，也几乎是达到了须臾不忘的境地，足见其耐心和忍性。

曾国藩一生花在四个弟弟身上的功夫心血，并不比用在自己的两个儿子身上的为少。无论学问、人品、军事、性情、养生、治家等，事无巨细，皆有所涉及。可谓为诸弟殚精竭虑，瞻前顾后，唯恐诸弟有失，有负先人。

一次，曾国荃在一封信中谈到了自己很多不顺心的事情，但又没有具体谈到是哪一件事情，以曾国藩的默契敏感，他猜测，弟弟是在担心哥哥之间存有不合。曾国藩告诉他，倘若真是如此，则完全不必担心抑郁，他推心置腹地说：

我们的祖父星冈公过去待人接物不论贵贱老少，全是一团和气，唯独对待子孙侄儿则异常严肃。遇到佳令时节，更为凛然不可侵犯。这大概就是一种收敛之气，目的在于使家中欢乐不至于恣肆放纵。这番苦心不知兄弟你是否会领会。

对曾国荃其人有所了解的人都知道，他是个志大才大不甚收敛的人，而且在细节上不很顾忌，最后竟落得个"挥金如土、杀人如麻"的名声。曾国藩对他的品性必定了解甚深，曾一再劝诫他要收敛，要知道人言可畏。古语云：众口铄金，积毁销骨。那些指责别人的言论不知从什么地方兴起，也不知道在什么地方结束。但是，众口悠悠，沸沸扬扬，防不胜防。那些有才华的人，因为那些怀疑与诽谤无根无据，虽然恼怒，但还是悍然不顾，结果诽谤一天比一天严重；那些有德行的人，虽然知道这些诽谤无根无据但仍深自恐惧，于是收敛下来认真反省，并对自己今后的一言一行、一举一动都十分谨慎，结果诽谤不攻自破，谣言一天天平息下去。

显然，曾国藩愿意看到自己的兄弟收敛起来，深刻反省，而不愿意看到弟弟们悍然不顾。他希望弟弟们听从他的忠告，手足相连，同走正道，他最怕的就是兄弟们各执己见，在家里斤斤计较，互决雌雄，反而忘记了迫在眉睫的外来灾难。

【原文】

火药即日咨请湖北协解五万，不知见许否？凡与人交际，当求其诚信之素孚；求其协助，当亮其力量所能为。弟每求人，好开大口，尚不脱官场陋习。余本不敢开大口，而人亦不能一一应付，但略亮我之诚实耳。四十万铁究竟有着落否？此时子弹亦极少也。

【评述】

诚信，是人赖以生存的灵魂。也许你能欺骗一个人，但你不能欺骗所有的人；即使你诡计多端，欺骗了所有的人，但你能欺骗自己吗？人做到了诚信，然后才谈得恭敬；做到了恭敬，才能取悦于人，受惠于己。

然而，做到诚信，并不是不说假话，假话太容易被识破了。如果你的第一句假话被人识破了，那么你的第二句真话也将被人怀疑，所以人不到迫不得已是不会说假话的。曾国藩在日记中反复谴责和归咎自己的也不是说假话，而是比假话更隐秘，又以更冠冕堂皇的面目出现的不诚实。

有一天，好友窦兰泉来拜访曾国藩，两位学人相见，自然商讨理学，然而曾国藩并未能真正理解窦兰泉所说的意思，便开始妄自发表见解。事后曾国藩就指责自己，这就是心有不诚；不仅自欺，而且欺人，没有比这更厉害的了。由于不诚实，所以说话时语气虚伪强辩，谈文说理，往往文饰浅陋。以表示自己学理精湛，这不过是表演而已。这难道有什么好处吗？

曾国藩虽然意识到了自己的毛病，表示悔改，可事到临头，又身不由己了。没过几日，朱廉甫前辈偕同邵惠西来访，这两个人都是孔子所说的正直、信实、见闻广博的人。尤其是朱廉甫前辈屈尊来访，是把曾国藩视为志同道合的人。没想到曾国藩故技重演，说了许多大言不惭、沽名钓誉的话。

还有一次，好友陈岱云来访，想看曾国藩的新作《馈贫粮》，结果曾国藩以雕虫小技，不值一看为由深闭而固拒。一时掩饰笨拙，文饰浅陋，巧言令色，种种复杂的情形交织在一起，难以言表。事后曾国藩反省，这都是虚荣好名的心理在作怪啊！这些都是不诚实的表现。

经历了内心的这几次折磨与争斗，曾国藩开始给自己约法三章：大凡往日游戏随和的人，性格不能马上变得孤僻严厉，只能减少往来，相见必敬，才能渐改征逐的恶习；平日夸夸其谈的人，不能很快变得聋哑，只能逐渐低卑，开口必诚，才能力除狂妄的恶习。

曾国藩说：天地之所以运行不息，国家之所以存在建立，圣贤的德业之所以可大可久，都是因为一个诚字。所以说，诚者，物之始终，不诚无物。

曾国藩说：凡人不患有过，但患文过，不贵无过，但贵改过。我们应该永远

诚心待人，虚心处世。心诚则志专而气足，千磨百折而不改变初衷，终有顺理成章的那一天。心虚而不讲客套，不挟私见，终有为大家所理解的那一天。

一次，他的弟弟有"不诚"的表现，他去信说：

吾自信亦笃实人，只为阅历仕途，饱更事变，略参些机构作用，把自家学坏了。实则作用万不如人，徒惹人笑，叫人怀憾，何益之有。近日忧居猛醒，一味向平实处用心，将自家笃实的本质还我真面，复我固有。贤弟此刻在外，亦急需将笃实复还，万不可走入机巧一路，日趋日下也。纵人以巧诈来，我仍以含混应之，以诚愚应之。久之，则人之意也消。若钩心斗角，相迎相距，则报复无已时耳。

把诚实与胸襟联系在一起，可以说是曾国藩的"发明"。他认为诚实不但是美德，而且可以宜身：

不说假话的人，是没有私心杂念。没有私心杂念的人，就是胸怀宽广的人。所以，天下最诚实的人，就是天下胸怀最宽广的人。

应当读书的时候，就一心读书，不要想着应酬客人；应当应酬客人的时候，就一心应酬客人，心里不要想着读书。一心二用，就有私念。心头一片空明，没有任何杂念。当干什么，就做什么，一切顺其自然。无论做什么，都不能有杂念，做过之后，就不必挂在心上。能做到这点，就可以说虚怀若谷了，可以说诚实了。

为达到诚，曾国藩下过许多克己慎独的功夫。

曾国藩比荀子还严格，要求也更具体，在道光二十二年（1842）二月的日记中，他这样写道："一切事都必须每天检查，一天不检查，日后补救就难了，何况修德做大事业这样的事？汤海秋说：别人道德行为比我高的我得找到自己不足之处，与抱怨者相处而能保持心情平静，就可以算是一个君子了。"

他不仅逐日检点，而且事事检点，天下能够做到这一步的人，大概寥若晨星。曾国藩的这种检点思想，并不是他心血来潮的奇思异想，实在是扎根于深厚的文化传统的自然秉承。孔子就说过"见贤思齐（看齐）"，"见不贤而内自省也"，看到别人有毛病就反省自己，孔子大概是中国第一个善于反省的大师。孟子也是一个善于反省的大师，曾国藩最服膺于他，表示"愿终身私淑孟子"，"虽造次颠沛"，也愿"须臾不离"，而孟子是从别人对自己行为的反应中来反省的，他最著名的方法就是"反求诸己"。曾国藩认真钻研过的程朱理学也强调"正己为先"。曾国藩正是在这样的一个背景下来"逐日检点"的，事关进德修业的大事，所以他才对自己要求得那样严格，不可有一天的怠慢。

曾国藩大概是对自我反省和批判最多的古人之一，不仅严厉，而且苛细，如针如刺，直指心灵中最漆黑的部分。也许你不佩服他的功业，不佩服他的道德，也不佩服他的文章，但你不得不佩服他自我剖析的勇气。

人非圣贤，孰能无过？

谁没有说过假话？谁没有说过大话？谁没有嫉妒他人？谁没有伤害他人？谁从来不好女色？谁做事不占他人便宜？谁敢拍着胸膛对自己或者苍天说，我从来

不做亏心事？没有，从来没有。只有过错的大与小，多与少，或者你所犯的过错是人人都会犯的，是人们可以原谅的，可以接受的，但不能说你从来就没有过错。只要是人，有七情六欲，就有人的弱点和局限。曾子为什么"吾日三省吾身"，就是为了少犯过错啊！

《周易》说，易子"见善则迁，有过则改"，《尚书》也说："改过不吝（吝啬）"这一方面告诉人们过错是难免的；另一方面也告诉人们要有过必纠，有错必改。

曾国藩则认为，知己之过失，承认它，并且改正它，毫无吝惜之心，这是最难的。豪杰之所以是豪杰，圣贤之所以是圣贤，就在这里。磊落过人，能透过此一关，寸心便异常安乐，省得多少纠葛，省得多少遮掩，还有那修饰装点的丑态。

诚心要当面背后一样，在众人面前及一人独处时一样，对待上司及下属一样。因为曾国藩强调慎独。慎独，是宋明理学家最重要的修养方法。《礼记·中庸》云："莫见乎隐，莫显乎微，故君子慎其独也。"郑玄注："慎独者，慎其闲居之所为也。"也就是说，一个人在无人独处的时候，对自己的行为也要加以检束。

【原文】

余腰疼旬馀，今将全愈。开缺辞爵之件，本拟三请四请，不允不休，昨奉十四日严旨诘责，愈无所庸其徘徊。大约一连数疏，辞婉而意坚，得请乃已，获祸亦所不顾。春霆奉旨入秦，霞仙亦催之甚速，然米粮子药运送成难，且恐士卒滋事溃变，已批令毋庸赴秦，又函令不必奏事。除批咨达外，兹将函稿抄阅。

鸿儿十五日到此，一切平安。左公进京，当添多少谤言。日者言明年运蹇，端已见矣。

[又廿六日书云：]

吾十三日请开各缺疏片，奉批旨调理一月，进京陛见一次。余定于正月初间起行，本日有寄少泉一函，寄纪泽一谕，抄付弟阅。此间幕客有言不必进京，宜请一省墓假回籍。余意余与筠仙、义渠情事迥不相同，古称郭子仪功高望重，招之未尝不来，麾之未尝不去，余之所处，亦不能不如此。准开各缺，而以散员留营，余之本愿也；或较此略好。较此略坏，均无不可。但秦、晋、齐、豫、直隶、苏、皖责成一身，即不能胜此重任，此外听命而已。

【评述】

清代中兴名臣曾国藩是位最能参悟保身之道的明眼人。攻下金陵之后，曾氏兄弟的声望，可说是如日中天，达于极盛，曾国藩被封为一等侯爵世袭罔替；曾国荃一等伯爵。所有湘军大小将领及有功人员，莫不论功封赏。时湘军人物官居督抚位子的便有十人，长江流域的水师，全在湘军将领控制之下，曾国藩所保奏的人物，无不如奏所授。

但树大招风，朝廷的猜忌与朝臣的妒忌随之而来。曾国藩说："长江三千里，

几无一船不张鄱人之旗帜，外间疑敝处兵权过重，权力过大，盖谓四省厘金，络绎输送，各处兵将，一呼百诺，其相疑者良非无因。"

颇有心计的曾国藩应对从容，马上就采取了一个裁军之计。不待朝廷的防范措施下来，就先来了一个自我裁军。

曾国藩的计谋手法，自是超人一等。他在战事尚未结束之际，即计划裁撤湘军。他在两江总督任内，便已拼命筹钱，两年之间，已筹到550万两白银。钱筹好了，办法拟好了，战事一结束，便即宣告裁兵。不要朝廷一文，裁兵费早已筹妥了。

同治三年六月攻下南京，取得胜利，七月初旬开始裁兵，一月之间，首先裁去25000人，随后亦略有裁遣。人说招兵容易裁兵难，以曾国藩看来，因为事事有计划、有准备，也就变成招兵容易裁兵更容易了。

曾国藩是熟知老子的哲学的。他对清朝政治形势有明了的把握，对自己的仕途也有一套实用的哲学理念。他在给其弟的一封信中表露说：

"余家目下鼎盛之际，沅（曾国荃字沅辅）所统近二万人，季（指曾贞干）所统四五千人，近世似弟者，曾有几家？日中则昃，月盈则亏。吾家盈时矣。管子云：斗斛满则人概之，人满则天概之。余谓天之概无形，仍假手于人以概之。待他人之来概，而后悔之，则已晚矣。"

俗语说：位盛危至，德高谤兴。历史上像韩信这样在开国大臣因功高而遭杀戮的不乏其有。汉初三杰的命运各不同，萧何系狱、韩信诛夷、子房托于神仙，生出后人多少感慨。张良是一个伟大的智者，他未必相信神仙、长生之类虚妄之说，但他知道自己曾一言而退百万之师，刘邦岂能容他？他及早抽身退步，司马光盛赞他"明哲保身"。另外像晋之谢安，汉之周亚夫，勾践杀文种更是尽人皆知的，三国时的杨修也是因为恃才直言、唐突君王而被杀掉的，这种教训太多了。为官处世，知进退是大道理、大本领。一个人的功劳只能代表过去，未来的一切还必须重新开始。老子说："成功，名遂，身退，天之道。"纵观历史官场，功成不恃重，名成不恋位，不可为则不为，能为也能不为，见机而作适可而止，无所羁绊，才是官场人生的最佳境界。为人臣，不可不更居安思危。如果身在局中，既想从容，又想保身，该如何办呢？洪应明的《菜根谭》中有一则处世良策，值得玩味："完名美节，不宜独任，分些与人可以远害全身；辱行污名，不宜全推，引些归己，可以韬光养德。"

【原文】

十九日曾六来营，接尔初七日第五号家信并诗一首，具悉次日入闱，考具皆齐矣，此时计已出闱还家？

余于初八日至河口。本拟由铅山入闽进揣崇安，已拜疏矣。光泽之贼窜扰江西，连陷泸溪、金溪、安仁三县，即在安仁屯踞。十四日派张凯章往剿。十五日余亦回驻弋阳。待安仁破灭后，余乃由泸溪云际关入闽也。

尔七古诗，气清而词亦稳，余阅之忻慰。凡作诗，最宜讲究声调。余所选钞

五古九家，七古六家，声调皆极铿锵，耐人百读不厌。余所未钞者，如左太冲、江文通、陈子昂、柳子厚之五古，鲍明远、高达夫、王摩诘、陆放翁之七古，声调亦清越异常。尔欲作五古七古，须熟读五古七古各数十篇。先之以高声朗诵，以昌其气；继之以密咏恬吟，以玩其味。二者并进，使古人之声调拂拂然若与我之喉舌相习，则下笔为诗时，必有句调凑赴腕下。诗成自读之，亦自觉琅琅可诵，引出一种兴会来。古人云"新诗改罢自长吟"，又云"煅诗未就且长吟"，可见古人惨淡经营之时，亦纯在声调上下工夫。盖有字句之诗，人籁也；无字句之诗，天籁也。解此者，能使天籁人籁凑泊而成，则于诗之道思过半矣。

尔好写字，是一好气习。近日墨色不甚光润，较去年春夏已稍退矣。以后作字，须讲究墨色。古来书家，无不善使墨者，能令一种神光活色浮于纸上，固由临池之勤染翰之多所致，亦缘于墨之新旧浓淡，用墨之轻重疾徐，皆有精意运乎其间，故能使光气常新也。

余生平有三耻：学问各途，皆略涉其涯涘，独天文算学，毫无所知，虽恒星五纬亦不认识，一耻也；每做一事，治一业，辄有始无终，二耻也；少时作字，不能临摹一家之体，遂致屡变而无所成，迟钝而不适于用，近岁在军，因作字太钝，废阁殊多，三耻也。尔若为克家之子，当思雪此三耻。推步算学，纵难通晓，恒星五纬，观认尚易。家中言天文之书，有《十七史》中各天文志，及《五礼通考》中所辑《观象授时》一种。每夜认明恒星二三座，不过数月，可毕识矣。凡做一事，无论大小难易，皆宜有始有终。作字时，先求圆匀，次求敏捷。若一日能作楷书一万，少或七八千，愈多愈熟，则手腕毫不费力。将来以之为学，则手钞群书；以之从政，则案无留牍。无穷受用，皆自写字之匀而且捷生出。——三者皆足弥吾之缺憾矣。

今年初次下场，或中或不中，无甚关系。榜后即当看《诗经注疏》，以后穷经读史，二者迭进。国朝大儒，如顾、阎、江、戴、段、王数先生之书，亦不可不熟读而深思之。光阴难得，一刻千金！

以后写安禀来营，不妨将胸中所见、简编所得驰骋议论，俾余得以考察尔之进步，不宜太寥寥，此谕。（书于弋阳军中）

【评述】

郑板桥说："富贵足以愚人，贫贱足以立志。"

曾国藩朝考一等，改为翰林院庶吉士，从此置身词林，抱有澄清天下之志，因改名国藩，为国家藩篱之意。

在以后的经历中，曾国藩声名大噪，仕途风顺，十年七迁，这在当时确是很少见的。对于生长深山，出身"寒门"的曾国藩来说，真可谓"朝为田舍郎，暮登天子堂"。变化如此之快，连他自己都感到事出意外。他在升任内阁学士时写信对他祖父说："六月初二日孙荷蒙皇上破格天恩，升授内阁学士兼礼部侍郎衔，由从四品骤升二品，超越四级，迁擢不次。"又不无自负地写信对他的弟弟们说，湖南"三十七岁至二品者本朝尚无一人"，"近年中进士十年而得阁学者，

惟壬辰季仙九师，乙未张小浦以及余三人。"在给朋友的信中他说得更加坦白："回思善化馆中同车出入，万顺店中徒步过从，疏野之性，肮脏之貌，不特仆不自意其速化至此，即知好三数人，亦不敢为此不近人情之称许。"

然而，官身的富贵、声名的荣耀，都没能使他安逸下去，反而促使他锐意进取的精神更趋高涨。

他经常借诗文以抒发自己的志趣，自比于李斯、陈平、诸葛亮等"布衣之相"，幻想"夜半霹雳从天降"，将他这个生长在僻静山乡的巨才伟人振拔出来，用为国家栋梁。他十分自信地在诗中表示：

荡荡青天不可上，天门双螭势吞象。

豺狼虎豹守九关，利齿磨牙谁敢仰？

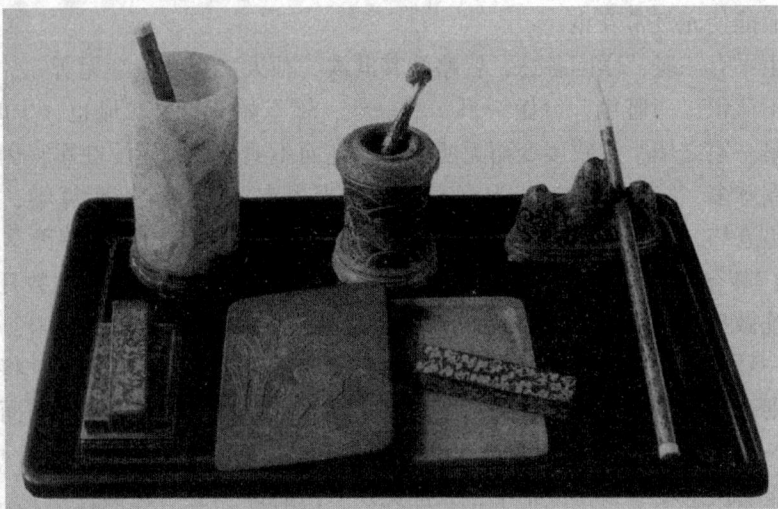

书画用具——笔墨纸砚 清

群乌哑哑叫紫宸，惜哉翅短难常往。

一朝孤凤鸣云中，震断九州无凡乡。

……

虹梁百围饰玉带，螭柱万石拟金钟。

莫言儒生终龌龊，万一雏卵变蛟龙。

他相信自己终有一天，如同云中展翅翱翔的孤凤一样不鸣则已，一鸣则引来九州的震动；如同生长在深山中的巨材一样，有朝一日成为国家大夏的栋梁。

曾国藩决心按照儒家"修身、齐家、治国、平天下"的正统士大夫的基本人生信条，为维护封建的纲常伦理、维护清王朝的统治而大显身手，实现其"匡时救世"的远大抱负。

在曾国藩看来，人不论是在低微鄙陋之时，还是在飞黄腾达之中，都要志存高远，砺志不息。因而他首先主张立志以成才。

他认为，立志可以使人有所追求，生活有了方向，人才变得充实。

他自省说：自去年（1852 年）12 月 20 日后，我常常忧心忡忡，不能自持，若有所失，到今年正月还是如此。我想这大概是志向不能树立时，人就容易放松潦倒，所以心中没有一定的努力的方向。没有一定的方向就不能保持宁静，不能宁静就不能心安，其根子在于没有树立志向啊！

另外我又有鄙陋之见，检点小事，不能容忍小的不满，所以一点点小事，就会跨踏一晚上；有一件事不顺心，就会整天坐着不起来，这就是我忧心忡忡的原因啊。志向没树立，见识又短浅，想求得心灵的安定，就不那么容易得到了。现在已是正月了，这些天来，我常常夜不能寐，辗转反侧，思绪万千，全是鄙夫之见。在应酬时我往往在小处计较，小计较引起小不快，又没有时间加以调理，久而久之，就是引盗入室啊！

曾国藩认为，有志者事竟成。他说，人如果能立志，那么他就可以做圣人，做豪杰。还有什么做不到的事情吗？他又何必要借助别人的力量呢？古书上说："我欲仁，斯仁至矣。"就是说，我想得到仁，这仁也就到了。我想做孔子、孟子那样的人，于是就日夜孜孜不倦地攻读，一心一意地去钻研他们的学问，谁能够阻止我成为孔孟那样的人物呢？如果自己不立志，即使天天与尧、舜、禹、汤这些圣人住在一起，那也只能他们是他们，我还是我啊！

曾国藩认为人应该立大志，他说：君子立志，应有包融世间一切人和一切物的胸怀，有内以圣人道德为体、外以王者仁政为用的功业，然后才能对得起父母的生养，不愧为天地之间的一个完人。因此君子所忧虑的是德行不修炼，学问不精通。所以，当顽民得不到教化时，他们就深深忧虑；当蛮夷入侵中原时，他们就深深忧虑；当小人在位贤才受害时，他们就深深忧虑；当天下百姓得不到自己的恩泽时，他们就深深忧虑；这真是所谓悲天悯人啊！所有这一切才是君子所要忧虑的，至于一己之屈伸，一家之饥饱，世俗之荣辱、贵贱和毁誉，君子从来就无暇顾及。曾国藩为他的六弟小试受挫，就抱怨命运不济而大惑不解，说：我私下忍不住要笑他气度太小，志向不高远啦！曾国藩的一生极为高远的志向，为了砺志他曾给自己定下了一条座右铭：

不为圣贤，便为禽兽；不问收获，只问耕耘。

为了磨砺志向，曾国藩曾两次改名。曾国藩乳名宽一，名子诚，字伯涵。进入弱冠之年，曾国藩自己改号"涤生"，他在日记中写道："涤者，取涤其旧染之污也；生者，取明袁了凡之言：'从前种种，譬如昨日死；从后种种，譬如今日生。'"抒发了曾国藩弃旧图新，发奋自强的理想与信念。

曾国藩改号涤生，说明他能自律，十年以后，他旧事重提，说明他自律严格。曾国藩之所以能有所作为，就在于他能不停地磨砺自己的志向，日日反省，天天自新。他有一种强烈的、热切的洗心革面的愿望，他是自己卑琐灵魂的严厉审判者，他是自己淫邪恶欲的无情拷问者，他是自己羸弱身躯的猛烈抨击者，这使他得以洁身、保身、全身。他的功业，不在他的道德，也不在他的文章，而在他对自己肉体和心灵的永无休止的洗涤和更新。

曾国藩在得到翰林的地位后，又一次改名以砺志。

这时，他将名字子城改为"国藩"（暗寓"为国藩篱"）。这时在他为自励所做的五句箴言中，首先一句就是立志，他要荷道以躬；要与之以言。就是要以一身，担当中国的道统。在人生过程中，遭遇任何危险困难，只要神定不慑，谁敢余悔。曾国藩的倔强精神，于以概见。德业之进，全靠有恒，铢积寸累，自然成功。他的五句箴言，许多人都铭之座右，读之思之行之，并觉受益无穷。

同时，为了能使自己真正成为国家之藩篱，他抓住机遇，努力读书。许多人一入仕途，便将书本束之高阁，专在官场中去鬼混。可是他自入翰林院任侍郎后，还在拼命读书。他曾自立课程十二条，悉力以赴。

一个做了高官的人，还要自己规定功课，按日施行，这种自律精神，不仅在今日很少见到；即在古人中，亦很难得。这个自强不息的努力，是曾国藩成功的基本条件。

【原文】

久未闻两江摺差入京，是以未及写信。前接尔腊月二十六日禀，本日固安途次又接尔正月初七禀，具悉一切。余自十二月十七至除夕已载于日记中，兹付回。

正月灯节以前惟初三、五无宴席，馀皆赴人之召。然每日仅吃一家，有重复者辄辞谢，不似李、马二公日或赴宴四五处。盖在京之日较久，又辈行较老，请者较少也。军机处及弘德殿诸公颇有相敬之意，较去冬初到时似加亲厚，九列中亦无违言。然余生平最怕以势利相接，以机心相贸，决计不做京官，亦不愿久做直督。约计履任一年即当引疾悬车，若到官有掣肘之处，并不待一年期满矣。

接眷北来，殊难定策，听尔与尔母熟商。或全眷今春即回湖南，或全家北来保定，明年与我同回湖南，均无不可。若全来保定，三月初即可起行，余于二十日出京，先行查勘永定河，二十七八可到保定，接印后即派施占琦回金陵，二月二十日外可到，尔将书箱交施由沪运京，即可奉母北行耳。

余送别敬一万四千余金，三江两湖五省全送，但不厚耳。合之捐款及杂费凡万六千下上，加以用度千余金，再带二千余金赴官，共用二万两。已写信寄应敏斋，由作梅于余所存缉私经费项下提出归款。阅该项存后路粮台者已有三万余金，余家于此二万外不可再取丝毫。尔密商之作梅先生、雨亭方伯，设法用去。

凡散财最忌有名，总不可使一人知。（一有名便有许多窒碍。或捏作善后局之零用，或留作报销局之部费，不可捐为善举费。）至嘱至嘱！余生平以享大名为忧，若清廉之名，尤恐折福也。杜小舫所寄汇票二张，已令高列三涂销寄回。尔等进京，可至雨亭处取养廉数千金作为途费馀者仍寄雨亭处另款存库，余罢官后或取作终老之资，已极丰裕矣。

纪鸿儿及幕府等未随余勘河，二十三日始出京赴保定也，此谕。

【评述】

人的职位越高、功名越大越容易颐指气使、得意忘形。而此时的失败也越

多。曾国藩之所以受到一个多世纪的许多伟人、名人之崇拜，成为封建时代最后一尊精神偶像，与他善收晚场有很大关系。

"声闻之美，可恃而不可恃"，"善始者不必善终"，这也是曾国藩对功名的看法。

曾国藩曾宽慰、告诫弟弟说：我们现在处于极好之时，家事有我一个人担当，你们就一心一意做个光明磊落、鬼服神钦的人。待到名声既出，信义既著，即使随便答言，也会无事不成。所以不必贪财，不必占便宜。

可见，曾国藩是把名誉和贪婪相联系的，贪婪的人，恶名加身；大度的人，清誉在外。一旦名声远扬，就可以不拘小节了。曾国藩的见识可谓高拔，甚至可以说有点狡猾，他把好名声看成人的立身之本，本应正，源要清，不可本末倒置。

曾国藩对家族的名望或声誉十分看重，为了保持这个家庭的名望和声誉，曾国藩可以说殚思竭虑，鞠躬尽瘁。

常言道，树大招风。由于家大业大势大，兄弟几人都在朝廷做大官，于是乎外面就有不少关于他们兄弟的传闻。

曾国藩就不止一次地听说过对他们兄弟恶行的指责，曾国藩听了以后，不想秘而不宣，而是一一转告各位兄弟：或者直接责备，或者委婉相劝，希望他们有则改之，无则加勉。

因为名望所在，是非由此而分，赏罚由此而定。有一年冬天，朝廷中有一个叫金眉生的官员就被好几个人弹劾，结果家产被抄，被没收，妻子儿女半夜站在露天下，饱受风寒冰冻之苦。曾国藩说，难道这个金眉生果真万恶不赦吗？其实不过是名声不好，惩罚随之而来罢了。

所以说，人言可畏，众口铄金，积毁销骨。那些议论不知道在什么地方兴起，也不知道在什么时候结束。众口悠悠，沸沸扬扬，防不胜防。那些有才华的人，因为那些怀疑与诽谤无根无据，虽然恼怒，但还是悍然不顾，结果诽谤一天比一天严重。那些有德行的人，因为这些诽谤无根无据而深感恐惧，于是收敛下来认真反省，并对自己今后的一言一行，一举一动都十分谨慎，结果诽谤不攻自破，谣言一天天平息下去。

曾国藩说：我身居高位，又获得了极高的虚名，时时刻刻都有颠覆的危险。通观古今人物，像我这样名大权重的人，能够保全善终的人极为少见。因此我深深担忧在我全盛之时，不能庇护你们，到了我颠覆之时，或许还会连累你们。所以我只有在我没事的时候，时常用危词苦语来劝诫你们，这样或许能够避免大灾大难啊！

曾国藩不停地反省自己：孟子说："我爱别人，别人却不亲近我，自己要反躬自省，自己的仁爱是否有不到的地方；我们以礼待别人，别人却不理睬我，自己要反躬自省，自己的礼仪是不是不周到。"……我的声望越来越高，就是我自己也不知道这是从何说起，只恐怕名望超过了实际……这全部责任在于做哥哥的提倡、做表率……

大凡功成名就之人，名望欲高，愈是珍重这份荣誉。曾国藩过人之处在于，他对自己的名望始终抱有怀疑的态度，甚至根本就认为没有什么名望。他从自己至爱的兄弟们身上，看到了名望遮掩下的裂痕和隐患，由此及彼，别人会怎样就可想而知了。

怀着这种深沉的认识和忧惧，曾国藩把这一感触不时传送到兄弟们身上。他鼓励、劝勉他们为百姓多干实事，勿为名望二字所累；他说："那才是我曾家门户的光荣，阿兄的幸运。"

【原文】

二月十六日接正月初十禀，二十一日又接二十六日信，得知是日生女，大小平安，至以为慰。儿女早迟有定，能常生女即是可生男之徵，尔夫妇不必郁郁也，李宫保于甲子年生子已四十二矣。惟元五殇亡，余却深为虑系。家中人口总不甚旺，而后辈读书天分平常，又无良师善讲者教之，亦以为虑。

科一作文数次，脉理全不明白，字句亦欠清顺。欲令其归应秋闱，则恐文理纰缪，为监临以下官所笑；欲不令其下场，又恐怕阻其少年进取之志。拟带至金陵，于三月初八、四月初八，学乡场之例，令其于九日内各作三场十四艺，果能完卷无笑话，五月再遗归应秋试。科一生长富贵，但闻谈颂之言，不闻督责鄙笑之语，故文理浅陋而不自知。又处境太顺，无困横激发之时，本难期其长进。惟其眉宇大有清气，志趣亦不庸鄙，将来或终有成就。余二十岁在衡阳从汪师读书，二十一岁在家中教澄、温二弟，其时之文与科一目下之文相似，亦系脉不清而调不圆。厥后癸巳甲午间，余年二十三四聪明始小开，至留馆以后年三十一二岁聪明始大开。科一或禀父体，似余之聪明晚开亦未可知。拟访一良师朝夕与之讲四书经书八股，不知果能聘请否？若能聘得，则科一与叶亭及今为之未迟也。

余以十六日自徐州起行，二十二日至清江，二十三日过水闸，到金陵后仍住姚宅行台。此间绅民望余回任甚为真切，御史阿清阿至列之弹章，谓余不肯回任为骄妄，只好姑且做去，祸福听之而已。澄叔正月十三、二十八之信已到，暂未作复，此信送澄叔一阅。

涤生手示（宝应舟中）

徐寿衡之长子次子皆殇，其妻扶正者并其女亦丧，附及。

【评述】

人的处世修身都应该有一定的遵循，一定的准则和目标，也就是要有一种精神和信仰。扩展开来，对一个团体甚或是一个民族、国家亦应如此。但是如果把这种精神信仰神化到迷信的地位，教条地遵循它，其实就变成了一种俗见，必将给你的人生及事业带来不幸。比如我们若把有志者事竟成当作绝对有效的信条去信奉，或者流于顽固，或者在屡次的失败中不能自拔。把"志向"当作万能的神灵，不知道去依据客观的环境、条件去调整自己的行为或志向。再比如把慈善与仁义奉作万能的神明，那么当你面临真的凶恶和粗暴的时候，你则只能是坐以待毙的羔羊。有些俗见是自己造就的，有些俗见是社会形成的。而对社会性的俗

见，就更应当有一种说"不"的精神，可以说曾国藩就是这样的一个人。

曾国藩讲抗争，与命运抗争，与逆境抗争，甚至与生死抗争。但他也颇有一种阿Q精神，即当逆境时，回头望一望那些不如自己的人，也就增加了生存的希望。

生命不可轻，生的抗争毕竟要比死的昭示更具有实际性，改造性。怎样才能够珍视自己的生命呢？按曾国藩的做法，就是要少抱怨客观，多从自己找不足，因而曾国藩说：君子之处顺境，兢兢焉常觉天之过厚于我，我当以所余补人之不足。君子之处啬境，亦兢兢焉常觉天之厚于我——非果厚也，以为较之尤啬者，而我固已厚矣——古人所谓"境地须看不如我者"，此之谓也。

曾国藩说："君子但知有悔耳，悔者，所以守其缺，而不敢求全也。小人则时时求全。全者既得，而吝与凶随之矣。众人常缺而一人常全，天道屈伸之故，岂若是不公乎？今吾家荣耀乡里，兄弟无故，京师无比美者，亦可谓至万全者矣。故兄但求缺陷，名所居曰'求缺斋'，盖求缺于他事，而求全于堂上，此则区区之至愿也。"

对此，曾国藩联系到居家之道，他说，家中旧债不能悉清，堂上衣服不能多办，诸弟所需不能一给，亦求缺陷之义也。内人不明此意，时时欲置办衣服，兄亦时时教之。今幸未全备，待其全时，则吝与凶随之矣，此最可畏者也。

贤弟夫妇诉怨于房闼之间，此是缺陷，吾常常思所以弥其缺，而不可尽给其求，盖尽给则渐几于全矣。吾弟聪明绝人，将来见道有得，必且是余之言也。

在事业上，曾国藩同样主张，不可因遭受挫折，而停止自己的努力与奋斗，他给弟弟的信中说，今受折黜，未免愤怨。然及此正可困心积虑，大加卧薪尝胆之功，切不可因愤废学。他说，无故而怨天则天必不许，无故而尤人则人必不服，感应之端，自然随之。因此，曾国藩找到了对自己负责的办法，他说：凡遇牢骚欲发之时，须反躬自思。吾果有何不足，而蓄此不平之气，猛然内省，决然去之。不惟平心谦抑，可以早得科名，亦且养些和气，可以消灭病患。他并且认为，胸多抑郁，怨天尤人，不特不可以涉世，亦非所以养德；不特无以养德，亦非所以保身。他最后总结道：

大约以能立能达为体，以不怨不尤为用。

至于怨天本有所不敢，尤人则常不能免，亦皆随时强制而克去之。弟若欲自儆惕，似可学阿兄丁戊二年之悔，然后痛下针砭，必有大进。

【原文】

十九日亮一等归，接展来函，具悉一切。

临江克复，从此吉安当易为力，弟黾勉为之。大约明春可复吉郡，明夏可克抚、建。凡兄所未了事，弟能为我了之，则余之愧憾可稍减矣。

余前在江西，所以郁郁不得意者：第一不能干预民事，有剥民之权，无泽民之位，满腹诚心，无处施展；第二不能接见官员，凡省中文武官僚晋接有稽，语言有察；第三不能联络绅士，凡绅士与我营款惬，则或因吃醋而获咎（万簇轩是

也）。坐是数者，方寸郁郁，无以自伸。然此只坐不应驻扎省垣，故生出许多烦恼耳。弟今不驻省城，除接见官员一事无庸议外，至爱民、联绅二端，皆可实心求之。现在饷项颇充，凡抽厘劝捐决计停之，兵勇扰民严行禁之，则吾凤昔爱民之诚心，弟可为我宣达一二矣。

吾在江西，各绅士为我劝捐八九十万，未能为江西除贼安民；今年丁忧奔丧太快，若恝然弃去，置绅士于不顾者，此余之所悔也（若少迟数日，与诸绅往复书问乃妥）。弟当为余弥缝此阙，每与绅士书札往还，或接见畅谈，具言江绅待家兄甚厚，家兄抱愧甚深等语。就中如刘仲素、甘子大二人，余尤对之有愧。刘系余请之带水师，三年辛苦，战功日著，渠不负吾之知，而余不克始终与共患难。甘系余请之管粮台，委曲成全，劳怨兼任，而余以丁忧遽归，未能为渠料理前程。此二人皆余所惭对，弟为我救正而补苴之。

余在外数年，吃亏受气实亦不少，他无所惭，独惭对江西绅士，此日内省躬责己之一端耳。弟此次在营境遇颇好，不可再有牢骚之气，心平志和，以迓天休，至嘱至嘱！

承寄回银二百两收到。今冬收外间银数百（袁漱六、郭雨三各二百），而家用犹不甚充裕，然后知往岁余之不寄银回家，不孝之罪，上通于天矣。澄弟于十四日赴县，廿日回家。赖古愚十七日上任。亦山先生十七日散学，邓先生尚未去，萧组田、罗伯宜并已归去，韩升亦于十七日旋省矣。

四宅大小平安。余日内心绪少佳，夜不成寝，盖由心血积亏，水不养肝之故，春来当好为调理。甲三所作八股文近颇长进，科一、四、六三人之书尚熟。二先生皆严惮良师也，一切弟可放心。即颂年祺，不一一。

【评述】

曾国藩说：古人把立德、立功、立言称为三不朽。立德就是树立圣人之德，这是最难的，也是最空的，所以从周朝、汉朝以来，实在少见靠德行传名于世的。建立功业的像萧何、曹参、房玄龄、杜如晦、郭子仪、李光弼、韩世忠、岳飞，创立学说或以诗文名世的像司马迁、班固、韩愈、欧阳修、李白、杜甫、苏轼、黄庭坚那样的，古往今来能有几个人呢？我辈所用来鼓励自己的，只不过是追求我们尽心尽力所能做到的，而不必去做千古罕见难以攀登追赶的人。他主张从自身切实做起，一点一滴，日积月累，终会有所成。如果一开始目标定得过高，会相形之下，生出许多气馁之心。因此，他发誓一旦为官为宦，就要负起责任，切勿以为官作为人生顺境，那样，也不能成为好官。

曾国藩任直隶总督的日子，属于他仕宦生涯的末路，由于天津教案处理"过柔"，使他受尽天下人的讥讽。这段日子，他心绪低沉，尽管如此，他仍然做了大量的工作。

曾国藩担任直隶总督，最大的政绩是练兵、整治吏治，其次是修理河道。

《清史列传》记载说："曾国藩上任之初，上奏说直隶案件积压很多，和按察使张树声尽力清理，刚有头绪。张树声被调任山西，请求暂时留任一年，来清

理积压的案子。诏书以曾国藩到任之后，办事认真，对于吏治民风，尽心整理，废除陋习，遂遵照他的请求，收回成命，让张留在直隶，使他能得到帮助。"

关于整治吏治，曾国藩多次上奏折弹劾下属官员。《清史列传》记载说："先后两次查明下属官员的优劣，列在奏书上，得到旨意分别嘉奖鼓励或是降级革职。"

对于练兵这件事，《清史列传》叙述得最详细，据记载："当时直隶军队废驰，朝廷决议选练六支军队，命令曾国藩持以前制定的练兵章程，筹措妥善办理。五月，曾国藩上奏说：'我看到各位大臣的上奏，对于不应该在直隶驻扎外省部队一事，说得很详尽。养兵虽然不是长久之计，但是东南多年来招募新兵，其中也有许多好的方法，可以作为这时期练兵的参考：一是文法应简约，二是事权应统一，三是情意应融洽。又听说各营操练军队都有冒名顶替的弊病，防不胜防，现在讲求变通，必须首先杜绝顶替的弊病，我原本草拟了一份简明章程，重新练兵，练够万人，不喜朝廷的殷勤教诲。那些没有被选中的，各营剩下的士兵，必须妥善处理，不能听任他们堕落。我计划模仿浙江裁兵的方法，几年后将现在的五折、七折、八折，全部赏钱打发走。兵

粉彩开光山水图镂盖瓶 清

丁被选中训练的，待遇当然优厚，那些留在营中的，也足以养活自己。营务有了起色，那么京城周围练兵的计划也不至于屡次作罢，如同儿戏，请下令让各部门商议后施行。"

曾国藩还按朝廷要求制定了简明章程，上奏汇报，其中主要主张"用兵之道，要随地形和敌人情况做出应变。"奏书上达后，得到了皇上的同意。

治理直隶水患，也是曾国藩在直隶总督任上做的一件大事。他上任伊始，就要求清廷拨给银两，以便疏通河道，亲自出省勘查，验收合拢等事。值得注意的是，疏通了永定河，使河患得到了控制。

【原文】

初四夜接初一夜来函，具悉一切。贡院九月可以毕工，大慰大慰。但规模不可狭小，工程不可草率，吾辈办事，动作百年之想。昨有一牍，言主考房后添造十八房住屋，须将长毛所造仓屋拆去另造，即不欲草率之意。

弟中怀抑郁，余所深知。究竟弟所成就者，业已卓然不朽。古人称立德、立功、立言，为三不朽。立德最难，而亦最空，故自周汉以后，罕见以德传者。立功如萧、曹、房、杜、郭、李、韩、岳，立言如马、班、韩、欧、李、杜、苏、黄，古今曾有几人？吾辈所可勉者，但求尽吾心力之所以及，而不必遽希千古万

难攀跻之人。弟每取立言中之万难攀跻者，而将立功中之稍次者一概抹杀，是孟子钩金舆羽、食重礼轻之说也，乌乎可哉？不若就现有之功，而加之以读书养气，小心大度，以求德亦日进，言亦日醇。譬如筑室，弟之立功已有绝大基址、绝好结构，以后但加装修工夫，何必汲汲皇皇，茫若无主乎？

刘朱两军，望弟迅速发来。必须安庆六县无贼，兄乃可撑住门面，乃可速赴金陵，至要至要。

【评述】

曾国藩立德立功立言均有极大的成功。而其成功的原因，悉皆得力于修养功夫，因此时人称之为圣相，实非偶然。他的修养方法，便是自己时刻检举自己，力求心安理得，努力上进，他所作五箴，不仅可以律身，兼可教诫子弟，垂范后世。

曾国藩对于父母祖父母至孝，凡父母祖父母的一言一行，无不谨守毋违，且为文纪之，以示子弟，传为家训。至于笃爱兄弟，始终不渝。

曾国藩有四个弟弟，即曾国潢，字澄侯；曾国华，字温甫；曾国荃，字沅浦；曾国葆，字事恒。曾国藩对四个弟弟爱护备至，因战事关系，对九弟曾国荃，尤为关心。曾国荃排行第九，故称九弟，军中呼为九帅。曾国藩任京官时，九弟既同住在京，教督甚严。曾国荃才大志大魄力大，然近于傲，曾国藩尝以"长傲多言，为致败之凶德"戒之；曾国荃喜发牢骚，曾国藩则以"军中不可再有牢骚之气"戒之；曾国荃作战，过于猛进，曾国藩则以"稳守稳打，不轻进，不轻退"戒之；曾国荃于半年之中，七拜国恩，曾国藩则以"斗斛满则人概之，人满则天概之"戒之。有弟如此，不愧为兄；有兄如此，弟之幸运。因为兄弟相见以诚，合作到底，故能成"大功"，立"大业"。

读书做官，做官发财，几乎变成了一个体系，不可分割。可是曾国藩做了几十年的京内官，京外官，从来不取一文来历不明的钱。而且立誓不靠做官来发财，他认为这样的财，是一种最可羞可恨之事，他这样的做法想法，是一般做官的人所梦想不到的。

曾国藩做京官十年，总是过着贫困的生活，直到最后才勉强凑足了一千两银子，寄回家中，且吩咐须以四百两分赠戚族的贫穷者。至于后来带兵多年，做了总督，也从来不取公家一丝一毫以自肥。

曾国藩之女——崇德老人言：文正公手谕嫁女奁资，不得逾二百金。欧阳夫人遣嫁四姊时，犹谨遵遗法。忠襄公（曾国荃）闻而异之曰："焉有此事！"发箱奁而验之，果信。再三嗟叹，以为实难够用，因再赠四百金。如此清廉的总督，真是罕见。

曾国藩率先垂范的处世之道，深深赢得了家人及其身边人的敬服，所以对于家庭成员来讲，都能够相互尊重、相互忍让，使家庭充满和睦的生机。

【原文】

正月初十日接尔腊月十九日一禀，十二日又由安庆寄到尔腊月初四日之禀，

具知一切。长夫走路太慢，而托辞于为营中他信绕道长沙耽搁之故，此不足信。譬如家中遣人送信至白玉堂，不能按期往返，有责之者，则曰被杉木坝、周家老屋各佃户强我送担耽搁了，为家主者但当严责送信之迟，不管送担之真与否也，况并无佃户强令送担乎？营中送信至家与黄金堂送信至白玉堂，远近虽殊，其情一也。

尔求钞古文目录，下次即行寄归。尔写字笔力太弱，以后即常摹柳贴亦好。家中有柳书《玄秘塔》《琅邪碑》《西平碑》各种，尔可取《琅邪碑》日临百字、摹百字。临以求其神气，摹以仿其间架。每次家信内，各附数纸送阅。

《左传》注疏阅毕，即阅看《通鉴》。将京中带回之《通鉴》，仿我手校本，将目录写于面上。其去利在营带去之手校本，便中仍当寄送祁门，余常思翻阅也。

尔言鸿儿为邓师所赏，余甚欣慰。鸿儿现阅《通鉴》，尔亦可时时教之。尔看书天分甚高，作字天分甚高，作诗文天分略低。若在十五六岁时教导得法，亦当不止于此。今年已二十三岁，全靠尔自己扎挣发愤，父兄师长不能为之力。作诗文是尔之所短，即宜从短处痛下工夫；看书写字尔之所长，即宜拓而充之。走路宜重，说话宜迟，常常记忆否？

余身体平安，告尔母放心。

【评述】

《周易·系辞下》说："吉人之辞寡，躁人之辞多。"思想修养好的人，语言简洁，不乱发议论；而性情浮躁的人，滔滔不绝，却言之无物。

一个人独处的时候，话不多；与亲人相处的时候，话也很少。但与朋友在一起时，话就很多，如果恰好异性朋友也在一起，话就更多了，真可谓标新立异，妙语连珠，语不惊人死不休。说到得意处，更是手舞之、足蹈之。

这一切都是因为人有一种表现欲，或者表现一种气质，或者表现一种才情，或者表现一种风度，或者表现一种智慧，总之是想表现一种优越感，掩饰一种自卑感；想表现自己某一方面长处的人，一定有某一方面的短处。

夸夸其谈的人，本来是想表现自己的长处，可是他在表现自己的长处时却暴露了自己的短处；他只知道谈论的乐趣，却不知道沉默的乐趣；只知道表演的乐趣，却不知道观赏的乐趣。

我们常常遇到这样的情景，在一辆公共汽车上，一群女学生在那儿叽叽喳喳说个不停，她们中间没有一个在听，每个人都在说，尽说些陈谷子、烂芝麻的事，尽捡一些不痛不痒的话来说。与其说她们是说给同伴听的，倒不如说是说给车上的乘客听的，她们之间不构成听众。她们是在向乘客们表演，只不过表演的不是说话的内容，而是表演她们说话的神气，眼睛的灵气和小嘴巴——"嗯"——"啊"的娇气。

其实，所有的表现都可以如是观之。

曾国藩年轻时，就是一个有很强表现欲的人。

有一天，曾国藩到陈岱云住处，与岱云谈论诗歌。曾国藩"倾筐倒箩，言无不尽"，他把自己看到的，听到的，想到的，一股脑地全部吐露出来，一直到半夜才回家。可是一回到家里，他就后悔了，自己这样天天沉溺于诗文，而不从戒惧、慎独上切实用功，已经自误了，难道还要以此误人吗？

第二天，冯树堂来访，于是他把陈岱云约来。三个人聊备酒菜，畅谈起来。冯树堂与陈岱云都很节制，只有曾国藩高谈阔论，无休无止。所谈的内容仍然是昨天晚上的话题，然而曾国藩却反反复复，沾沾自喜。朋友散后，曾国藩又检讨起来，忘记了韩愈《知名箴》中的训告，只重视外表，而轻视了内修，夸夸其谈，几乎成了每天的恶习啊！

曾国藩的长处就是他能反省自己。让我们记住《诗经》中的一句话："匪言勿言，匪由（法、道理、合理）勿语。"

【原文】

萧开二来，接尔正月初五日禀，得知家中平安。罗太亲翁仙逝，此间当寄尊仪五十金、祭幛一轴，下次付回。

罗婿性情乖戾，与袁婿同为可虑，然此无可如何之事，不知平日在三女儿之前亦或暴戾不近人情否？尔当谆嘱三妹柔顺恭谨，不可有片语违忤。三纲之道，君为臣纲，父为子纲，夫为妻纲，是地维所赖以立，天柱所赖以尊。故《传》曰，君，天也；父，天也；夫，天也。《仪礼》曰：君至尊也，父至尊也，夫至尊也。君虽不仁，臣不可以不忠；父虽不慈，子不可以不孝；夫虽不贤，妻不可以不顺。吾于诸女妆奁甚薄，然使女果贫困，吾亦必周济而覆育之。目下陈家微窘，袁家、罗家并不忧贫，尔谆劝诸妹，以能耐劳忍气为要。吾服官多年，亦常在耐劳忍气四字上做工夫也。

此间近状平安。自鲍春霆正月初六日泾县一战后，各处未再开仗。春霆营士气复旺，米粮亦足，应可再振。伪忠王复派贼数万续渡江北，非希庵与江味根等来恐难得手。

余牙疼大愈，日内将至金陵一晤沅叔，此信送澄叔一阅，不另致。

【评述】

为人处世，应当敬以持躬，恕以待人。"敬"则小心翼翼，不论大事小事，都不敢有丝毫的疏忽。以"恕"待人，则凡事都为别人留有余地，不独自居功，有过也不推卸责任。如果能把"敬""恕"这两个字时常记在心中，则可以长期担当重要职责，福祚不可限量。

曾国藩主张，对欺侮或欺骗我们的人不要轻易地去计较。在他读书期间以及在招募求才期间的两件广为传诵的事就充分体现了他的这一性格特征。

曾国藩在长沙岳麓书院读书，有一位同学性情褊躁，因曾国藩的书桌放在窗前，那人就说："我读书的光线都是从窗中射来的，不是让你遮着了吗？赶快挪开！"曾国藩果然照他的话移开了。曾国藩晚上掌灯用功读书，那人又说："平常不念书，夜深还要聒噪人吗？"曾国藩又只好低声默诵。但不久曾国藩中试举

岳麓书院

人，传报到时，那人更大怒说："这屋子的风水本来是我的，反叫你夺去了！"在旁的同学听着不服气，就问他："书案的位置，不是你叫人家安放的吗？怎么能怪曾某呢？"那人说："正因如此，才夺了我的风水。"同学们都觉得那人无理取闹，替曾国藩抱不平，但曾国藩却和颜悦色，毫不在意，劝息同学，安慰同室，无事一般，可见青年时代曾国藩的涵养和气度之一斑了。

曾国藩后来任两江总督时求才心切，因此也有被骗的时候。有一个冒充校官的人，拜访曾国藩，高谈阔论，议论风生，有不可一世之概，曾国藩礼贤下士，对投幕的各种人都倾心相接，但心中不喜欢说大话的人。见这个人言词伶俐，心中好奇，中间论及用人须杜绝欺骗事，正色大言说："受欺不受欺，全在于自己是何种人。我纵横当世，略有所见，像中堂大人至诚盛德，别人不忍欺骗；像左公（宗棠）严气正性，别人不敢欺。而别人不欺而尚怀疑别人欺骗他，或已经被骗而不知的人，也大有人在。"曾国藩察人一向重条理，见此人讲了四种"欺法"，颇有道理，不禁大喜，对他说："你可到军营中，观我所用之人。"此人应诺而出。第二天，拜见营中文武各官后，煞有介事地对曾国藩说："军中多豪杰俊雄之士，但我从中发现有两位君子式的人才。"曾国藩急忙问是"何人？"此人举涂宗瀛及郭远堂以对。曾国藩又大喜称善，待为上宾。但一时找不到合适的位置，暂时让他督造船炮。

多日后，兵卒向曾国藩报告此人挟千金逃走，请发兵追捕。曾国藩默然良久，说："停下，不要追。"兵卒退下，曾国藩双手捋须，说："人不忍欺，人不忍欺"。身边的人听到这句话，想笑又不敢笑。过了几天，曾国藩旧话重提，幕

僚问为什么不发兵追捕。曾国藩的回答高人一筹:"现今发、捻交织,此人只以骗钱计,若逼之过急,恐入敌营,为害实大。区区之金,与本人受欺之名皆不足道。"此事在今人"喷饭"之余,亦足见曾国藩的远见与胸襟。

对这两件事,常人很难容忍,尤其是对那些好逞一时之勇的人们往往认为这是懦者之举。而曾国藩的做法,正和所有成大事者的做法一样,该忍的一定要忍,不可因小失大。

【原文】

十四日接到家信,内有父亲、叔父并丹阁叔信各一件,得悉丹阁叔入泮,且堂上各大人康健,不胜欣幸。

男于八月初六日移寓绳匠胡同北头路东,屋甚好,共十八间,每月房租京钱二十千文。前在棉花胡同,房甚逼仄,此时房屋爽垲,气象轩敞。男与九弟言,恨不能接堂上各大人来京住此。

男身体平安。九弟亦如常,前不过小恙,两日即愈,未服补剂。甲三自病体复元后,日见肥胖,每日欢呼趋走,精神不倦。家妇亦如恒。九弟《礼记》读完,现读《周礼》。

心斋兄于八月十六日,男向渠借银四十千,付寄家用。渠允于到湘乡时送银廿八两交勤七处,转交男家,且言万不致误。男订待渠到京日偿还其银,若到家中,不必还他。又男寄有冬菜一篓、朱尧阶寿屏一付,在心斋处。冬菜托交勤七叔送到家,寿屏托交朱啸山转寄。

香海处,日内准有信去。王睢园处,去冬有信去,至今无回信,殊不可解。

颜字不宜写白摺,男拟改临褚柳。

去年跪托叔父大人之事,承已代觅一具,感戴之至,泥首万拜。若得再觅一具,即于今冬明春办就更妙。敬谢叔父,另有信一函。在京一切,自知谨慎。男跪禀。

【评述】

"诸葛一生唯谨慎,吕端大事不糊涂。"这是一副名联,也是很好的格言。吕端是宋朝的名宰相看起来笨乎乎的,其实并不笨,这是他的修养,在处理大事时,也是绝不糊涂的。而诸葛亮则一生谨慎,是学谨慎的一个好榜样。在近代,谨慎的典型人物则是曾国藩。

事事谨慎、时时谨慎,是曾国藩人生的一大特色。从上面几则文字中,可见其端倪。本文拟分几个方面予以阐述。

(1)择友须慎。1843年2月15日,他给几位老弟的信中说:"乡间无朋友,实是第一憾事。不惟无益,且大有损。习俗染人,所谓与鲍鱼处,亦与之俱化也。兄曾与九弟道及:谓衡阳不可以读书,涟滨不可以读书,为损友太多故也。"没有朋友不行,有坏朋友更不行。因此,择友不可不慎,人一生之成败,"皆关乎朋友之贤否"。曾氏任京官期间,广交益友,与京中名士倭良峰、何子敬、吴竹如、何子贞、江岷樵等数十人交往甚密,获益良多;带兵之后,与胡林翼等人

结为至交，世传《曾胡治兵语录》中曾胡并提，也可见二人关系颇好，曾与学生如李鸿章、左宗棠等人，虽名为师生，实则私交也不错，左宗棠与曾有过矛盾但曾去世后，左在挽联中写道："同心若金，攻错若石，相期无负平生。"这是他们友情的最好见证。曾氏之所以能"武功灿烂、泽被海内"（蔡锷语），与他广交益友分不开的。

在我国历史上，有"孟母三迁"的故事，是有关学习与环境的故事。孟子的母亲为了让他更好地学习，3次搬家，改善学习环境。其实，朋友也是学习环境的一个方面，是应该重视的。我国古代也有"割席分座"的故事：两个好朋友一起读书，这时窗外飞过一群白鹤，其中一人丢下书去看，回来之后，仍在读书的朋友说："你读书不专，不是我的朋友，咱们分席而坐吧！"

孔子对"朋友"的解释是"同学为朋，同志为友"，虽然随着时代的变迁，同学的含义有所变化，但他把朋友分为"益者三友""损者三友"，这与今天没有什么不同。孔子说："同正直、讲信用、见闻广博的人交朋友，有好处；同阿谀奉承，当面恭维背后诋毁，夸夸其谈的人交朋友，便有坏处。"因此，择友应当谨慎。颜之推说过："与善人居，如人芝兰之室，久而不闻其香；与恶人居，如入鲍鱼之肆，久而不闻其臭。故君子必慎交游焉。"墨子认为人性如素丝（白丝），染于青色为青丝，染于黄色为黄丝，放进不同颜色的染缸里染过后，就成为不同颜色的丝了。不只白丝如此，"士亦有染"，染于良友，跟着学好；染于不良之友，跟着学坏，"故染不可不慎也"。不仅君子择友须慎一般人也如此。荀子说："匹夫不可不慎于取友，友者所以相佑也。"

（2）择业须慎。曾氏对纪泽的信中说过："尔等后辈日后切不可涉足兵间，此事最易造孽，不易建功，贻万世口实。"要求后辈子弟再也不要从军。并认为自己带兵打仗"择业已殊不慎"。那么后辈应做什么呢？曾氏说："吾不愿子弟为大官，但愿为读书明理之君子。"要求他们习劳作、勤读书，走耕读之路，这样"决不怕没饭吃"。在他的要求下，他的两个儿子后来都没有带兵，长子纪泽后虽为官，但是做文官，主管外交事务。次子纪鸿专攻数学，成就卓著，可惜早死。

职业取向，关乎一个人一生，不可不慎。当今一年一度的高考，考生们填报志愿时反复权衡，何尝不反映出一个"谨慎"二字。大凡择业，须顾及对社会的贡献，社会对这种职业的需求和自身的实际利益几方面。

（3）说话须慎。"原典"的第三则中，曾氏要求弟弟要慎于言。并引用孔子的话，让弟弟在问题没有搞清楚，情况掌握得不多时，决不妄下断语，评头品足。这是曾氏越过满汉矛盾险滩的一贴妙药。这段话的背景是：1860年春夏之交，英法两国以"修约"为借口发动第二次鸦片战争。英法联军于4月22日占领舟山，5月27日侵入大连，6月8日侵入烟台，8月1日占领北塘，8月21日夺得大沽口炮台，24日攻入天津。9月18日攻陷北京东面的张家湾和通州，21日进至距北京只有8里路的八里桥。次日，咸丰帝被迫到热河"避暑"，只留下弟弟恭亲王为钦差大臣，驻守北京。这次英法攻取北京，完全是由于僧格林沁及

胜保所部兵败所致。电影《火烧圆明园》已再现了僧部骑兵部队以大刀、长矛、弓箭等冷兵器对抗英法联军的洋枪洋炮，几次悲壮的自杀式冲锋，令每一名有爱国心的中国人扼腕叹息，悲愤泪下。国弱被人欺，马瘦被人骑！僧部在天津、通州各役，虽均惨败，但确是"挟全力与逆夷死战"。曾国荃得知兵败的消息后，对僧王很是埋怨，并称僧王已不被皇上重用云云。曾国藩严厉地告诫弟弟不要乱讲，一则这不利于缓和满汉矛盾，二则国荃之言确有谬误。细想当时天津、通州名仗，僧部均前赴后继，牺牲惨烈，假若将士们装备稍好一些，必会有另外的景象。今日圆明园的断垣残壁，正是在告诉人们这段历史，不停地警示后人：落后了就要挨打！

（4）为官须慎。曾氏曾对其弟国荃说过："吾兄弟位高功高，名望亦高，中外指目第一家。楼高易倒，树高易折。吾与弟时时有可危之机。"对于功名利禄，曾氏追求"花未开全月未圆"，不使之盈满，而应留有余地，他又说'有福不可享尽，有势不可使尽'，宜从畏慎二字痛下功夫。"这些话都反映了曾氏位居高官，但仍有如临深渊、如履薄冰的感觉。

对于"畏慎"二字，他说最应该畏惧谨慎的，第一是自己的良心。他说过："凡吏治之最忌者，在不分皂白，使贤者寒心，不肖者无忌惮。若犯此症，则百病丛生，不可救药"。第二是"左右近习之人，如巡捕，艾什，幕府文案及部下营哨官三属"。第三是公众舆论。畏惧这三者，自然能做到为官谨慎。

曾氏兄弟攻下南京后，当时的客观环境对于他们非常危险。一方面，那位高高在上的慈禧太后非常厉害，特别难侍候，历史上兔死狗烹，鸟尽弓藏的故事太多，曾氏不能不居安思危；另一方面，外面讲他们坏话的人也很多。尤其是曾国荃把太平天国的王官和国库里面的许多金银财宝全都据为己有。这件事，连曾国藩的同乡好友王湘绮也大为不满，在写《湘军志》时，固然有许多赞扬，但把曾氏兄弟及湘军的坏处，也写进去了。

曾国荃的修养到底不如长兄，一些重要将领，对于外面的批评非议，都受不了。他们中有人向曾国藩进言，何不推翻满清，进兵到北京，把天下拿过来，更有人把这意见写成字条提出。曾国藩看了字条，对那人说："你太辛苦了，先去休息一下。"打发那人走了，将字条吞到肚中，连撕碎丢入字纸篓都不敢，以期保全自己和部属的性命。这里可以看出曾国藩一个"忠"字，一个"慎"字。

（5）处世须慎。曾氏要求长子纪泽言谈举止须厚重，戒轻浮。这里"厚重"固然有老成练达的意思，但也寓含着事事谨慎的含义。1848年夏，澄侯国潢到县城办事，与地方官有来往，曾氏写信要他："不贪财，不失信，不自是，有此三者，自然鬼服神钦，到处人皆敬重。此刻初出茅庐，尤宜慎之又慎。"此前1个月，地方官给曾家加了赋税，曾氏写信要求家中三位弟弟（澄侯，沅弟，季弟）："新官加赋我家，不必答应，任他加多少，我家依而行之。如有告官者，我家不必入场。凡大员之家，无半字涉公庭，乃为得体。为民除害之说，为所辖之属言之，非谓去本地方官也。"1864年5月9日，曾氏于军务繁忙之际，特地写信给家中主持家中事务的澄弟，要求他在家乡下宜轻易抛头露面。他写道：

"吾与沅弟久苦兵间，现在群疑众谤，常有畏祸之心。弟切不宜轻易出头露面，省城则以足迹不到为是……不可干预公事。"

（6）军事须慎。在军事上，曾国藩的方针是着着稳慎。1858年，曾国荃刚组建吉字营攻打吉安时，曾氏针对他初生牛犊不畏虎的心境，一再劝告他："到吉安后，专为自守之计，不为攻城之计"，"无好小利，无求速效"，"不求近功速效"。1862年3月，已攻占安庆的湘军，夹江而下，连克数城，曾国荃率部渡过长江，打到离金陵只有40里的地方。这时曾氏却认为"沅弟进兵，究嫌太速。余深以为虑"。担心沅弟孤军深入，自陷危地。他又告诫沅弟以坚守不出为妥，他写道："弟军若出壕打仗，恐正中贼（指忠王李秀成援军）之计，贼所求之而不得者。似以坚守不出为最妥，不必出而挫贼凶锋……我有日增之象，贼处已竭之势，则我操胜算矣。"曾氏认为守者为主，攻者为客，不可反主为客；又认为须"致人而不致于人"，他是非常反对速战速决的。

【原文】

弟十九日疏陈轮船不必入江而以巡海盗为辞，殊可不必。弟意系恐李泰国来金陵搅局攘功，何不以实情剀切入告？"苦战十年，而令外国以数船居此成功，灰将士忠义之心。短中华臣民之气"等训，皆可切奏。凡心中本为此事，而疏中故托言彼事以耸听者，此道光末年督抚之陋习，欺蒙宣宗，逮文宗朝已不能欺，今则更不宜欺矣。七船之事，余曾奏过三次，函咨两次，即不许李泰国助剿金陵、苏州。李少荃亦曾上书恭邸二次，计恭邸亦必内疚于心，特以发贼未灭，不欲再树大敌，故隐忍而出此耳。君相皆以腹心待我兄弟，而弟疏却非由衷之言，恐枢府疑我兄弟意见不合，又疑弟好用权术矣。以后此等摺奏，望先行函商一次。

青阳日内无信，不知尚未破否？顺问近好。

［前此十五日书云：］

西人助攻金陵、苏、常，似非总理衙门之力所能阻。余下次有信，必痛陈之。昨复一信，言李泰国七船之事，兹抄寄弟览。

【评述】

大凡做官的人，尤其是做高官的人，没有不想自己要有一个好的结局的。然而很多时候却往往事与愿违。那么怎样才能保证自己有一个好晚场呢？曾国藩以他自己身居高位的体验，认为主要应在平时领会居高位之道。他具体开出三个药方，以防居官之败。

曾国藩说，身居高位的规律，大约有三端，一是不参与，就像是于自己没有丝毫的交涉；二是没有结局，古人所说的"一天比一天谨慎，唯恐高位不长久"，身居高位、行走危险之地，而能够善终的人太少了。三是不胜任。古人所说的"惊心啊，就像以腐杅的缰绳驾驭着六匹烈马，万分危惧，就好像将要坠落在深渊里。"唯恐自己不能胜任。《周易·鼎》上说："鼎折断足，鼎中的食物便倾倒出来，这种情形很可怕。"说的就是不胜其任。方苞说汉文帝做皇帝，时时

谦让，像有不能居其位的意思，难道不是在不胜任这方面有体会吗？孟子说周公有与自己不合的人，仰天而思虑事情的原委，以致夜以继日，难道不是在唯恐没有结局的道理上有体会吗？

曾国藩说：越走向高位，失败的可能性越大，而惨败的结局就越多。因为"高处不胜寒"啊！那么，每升迁一次，就要以十倍于以前的谨慎心理来处理各种事务。他借用烈马驾车，绳索已朽，形容随时有翻车的可能。做官何尝不是如此？

他详细阐发说：国君把生杀予夺之权授给督抚将帅，如东家把银钱货物授给店中众位伙计。如果保举太滥，对国君的名器不甚爱惜，好比低价出售浪费财物，对东家的货财不甚爱惜一样。介之推说："偷人家的钱财，还说成是盗，何况是贪天之功以为是自己的力量。"曾国藩说，我略微加以改动："偷人家钱财，还说成是盗，何况是借国君之名器获取私利呢！"曾国藩认为利用职权谋取

笔筒 清

私利，这就是违背了不干预之道，是注定要自食恶果的。一事想贪，则可能事事想贪，一时想贪，则可能时时想贪。在这个方面应视手中的权势于虚无，因而也会少生无妄之想。

至于不终、不胜，曾国藩则更深有体会，他说：陆游说能长寿就像得到富贵一样。开始我不知道他的意思，就挤进老年人的行列中了。我近来混了个虚浮的名誉，也不清楚是什么原因就得到了这个美好的声名了。古代的人获得大的名声的时候正是艰苦卓绝的时候，通常不能顺利地度过晚年！想到这些不禁害怕。想要准备写奏折把这些权利辞掉，不要再管辖这四省吧，害怕背上不胜其任、以小人居君子的罪名。

正因为如此，曾国藩虽身居高位，也时时犹履薄冰，大功告成之日，更是益觉如蹈危局。倒使得曾国藩该得到的也得到了，不终也"终"了，不胜也"胜"了。

【原文】

安五归，接手书，知营中一切平善，至为欣慰。

次青二月以后无信寄我，其眷属至江西不知果得一面否？弟寄接到胡中丞奏伊人浙之稿，未知果否成行？顷得耆中丞十三日书，言浙省江山、兰溪两县失守，调次青前往会剿。是次青近日声名亦渐渐脍炙人口。广信、衢州两府不失，似浙中终无可虑，未审近事究复如何？广东探报，言逆夷有船至上海，亦恐其为金陵余孽所攀援。若无此等意外波折，则洪杨股匪不患今岁不平耳。

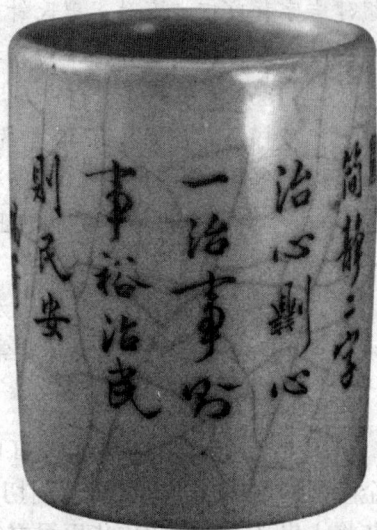

九江竟尚未克，林启荣之坚忍实不可及。闻麻城防兵于三月十日小挫一次，未知确否？弟于次青，迪、雪芹等处须多通音问，俾余亦略有见闻也。

家中四宅大小眷口请吉。兄病体已愈十之七八，日内并未服药，夜间亦能熟睡，至子丑以后则醒，是中年后人常态，不足异也。纪泽自省城归，二十五日到家。尧阶二十六日归去。澄侯二十七日赴永丰，为书院监课事。湘阴吴贞阶司马于二十六日来乡，是厚庵嘱其来一省视。次日归去。

【评述】

曾国藩信奉"运气"，同时认为"运气"不是凭空而来的。他还承认成功与否，天意占很大成分，但又认为人谋仍起很大作用。

一次，曾国藩在深入探讨朱熹有大成就所经历的艰辛过程之后，深有感触地说道："夏弢甫言：朱子之学，得之艰苦，所以为百世之师。二语深有感于余心。天下事未有不从艰苦中得来，而可久可大者也"。

在曾国藩看来，只有经过火炼的才是好金子，只有经过大波折、大磨难得来的成功才是可以持久而有发展的成功。

中国有句成语——居安思危，实际是讲泰极否来，盛衰可以循环往复的道理。因此，把握顺境，不安于顺境，在安稳中忧虑危险会随时到来，使人保持警惧状态，阻止或推迟"否"的到来，就显得十分重要。

人的一生也不可能总是顺境，同时也不可能总是逆境，长时间的逆境会让人看不到希望，而放弃努力，会消磨人的意志，使人成为环境的附庸；如果顺境长了，也会滋长好逸恶劳、安于现状的习气。在此，曾国藩提出了守骏莫如跛的观点，他说：

东坡"守骏莫如跛"五字，凡技皆当知之，若一味骏快奔放，必有颠蹶之时。一向贪美名，必有大污辱之事。余以"求阙"名斋，即求自有缺陷不满之处，亦"守骏莫如跛"之意也。

因此曾国藩特别主张，在艰苦难耐之时须在"积劳"二字上着力。同治二年（1863）十一月，曾国荃的湘军在对天京进行了长达一年多的围困之后，好不容易在十一月初五日晚上用地道轰陷太平军坚守的天京城墙十余丈，但却被太平军将士奋力抢堵，使湘军伤亡三百多人，使天京的攻克更感到遥遥无期，面对如此不顺之境遇，什么人都会丧失信心倍感焦躁，何况曾国荃更是一个凡事受不得挫折急于求成之人，而在这时，曾国藩却写信给他的弟弟，告诫说：

古来大战争、大事业，人谋仅占十分之三，天意恒居十分之七。往往积劳之人非即成名之人，成名之人非即享福之人。此次军务，如克复武汉、九江、安庆，积劳者即是成名之人，在天意已算十分以道，然而不可恃也。吾兄弟但在积劳二字上着力，成名二字则不必问及，享福二字则更不必问矣。

不求顺境，其实就是指如何对待运气不来时的逆境，而逆境中的坚忍耐力则是人们成功的一个必备素质。在曾国藩看来，"运气不来，徒然怄气"是无用的。帮人则委曲从人，尚未必果能相合；独立则劳心苦力，尚未必果能自立。如

真能受委屈，能吃苦，则家庭亦未始不可处也。也就是，在逆境中，如果支撑得住，终会有立得住的一天，有柳暗花明的未来。

【原文】

初四日午刻安五等来，接到家信，具悉一切。父大人声色不动，毫无惊怖，实我辈所万不能及。

塔副将在湘潭大获胜仗，五仗共杀贼至四千人，三日连破贼营三次，至第四日，贼不敢筑营矣。凡自贼中逃出者，皆言自广西起事以来，官兵从无此非常之胜。现在湘潭贼势甚为穷蹙，若能破城剿灭此股，则靖江以下之贼、朱亭以上之贼皆为易办。湘潭大战之时，贼调回湘乡一枝兵，我县得以无恙，我家得以安全，皆塔副将之功也。

所可恨者，吾于初二日带水师五营、陆勇八百至靖江攻剿贼巢，申刻开仗仅半顿饭久，陆勇奔溃，水勇亦纷纷奔窜，二千余人竟至全数溃散，弃船炮而不顾，深可痛恨！惟"钓钩子"未出队者略存子药炮位，而各水手亦纷纷尽散，红船之水手仅存三人，余船竟无一水手，实为第一可怪之事。刻下兄已移寓妙高峰，留数百陆勇护卫。

如使湘潭一股竟就扑灭净尽，则天下事大有可为；若湘潭贼不遽灭，则贼集日众，湖南大局，竟多棘手之处。

尽人事以听天，吾惟日日谨慎而已。

【评述】

曾国藩一生有"两怕"，怕"鸡毛"、怕"天威"。怕鸡毛怕得莫名其妙，怕天威倒是有所来历。

咸丰三年（1853）十一月，安徽、湖北两路告急，清廷屡次诏令曾国藩出兵援助，但他当时正因"长江千里，战船实为急务"，大练其水师，故拒不应命，直至拖到十二月，曾国藩这才奏陈鄂、湘、皖、赣四省合防之道，兼筹以堵为剿之策。为此，咸丰皇帝大为恼火，发下一纸朱批，将他狠狠地骂了一顿：

……朕知汝尚能激发天良，故特命汝赴援，以济燃眉。今观汝奏，直以数省军务一身克当。试问汝之才力能乎否乎？平时漫自矜诩，以为无出己之右者，及至临事果能尽符其言甚好，若稍涉张皇，岂不贻笑天下？……言既出汝口，必须尽如所言，办与朕看！

从此，曾国藩一生一世，便凛于"天威可畏"，遇事"恭慎廉抑"，或慎或惧，唯恐"身败名裂"。

其实，曾国藩办事常存一畏惧之心，为人懦缓在很多方面都有所体现。

如曾国藩在保举人才方面就十分谨慎。如他保举之法中有一种密保，他就十分小心，按照惯例，各省督抚每年年终要对司、道、府、县官员进行秘密考核，出具切实考语，"以备朝廷酌量黜陟，"故清政府对此极为重视，"措辞偶涉含糊，即令更拟"，官员的升迁降黜皆以此为据，战争期间清政府基本上仍沿用此

法，虽候补官员奏保甚滥，而实缺官员的补授则非地方督抚出具的切实考语不可。因这些考语是秘密的，任何人不得外泄，所以，这种考核办法及其考语，称为密考。而依照此法保奏官员即称为密保。也正因为这一点，汇保一般只能得到候补、候选、即用、即选之类，而只有密保才能得到实缺官员，所以，曾国藩欲保奏实缺官员，就只有密保。咸丰十一年，奏保左宗棠、沈葆桢、李鸿章等人的八字考语极有力量，说李"才大心细，劲气内敛"，左宗棠"取势甚远，审机甚微"。在左宗棠评语中，又加"才可独当一面"，沈葆桢"器识才略，实堪大用，臣目中罕见其匹"。清廷很快准奏，左宗棠授浙江巡抚，沈葆桢授江西巡抚，李鸿章授江苏巡抚，由此可见密保作用之大。所以曾国藩奏称："臣向办军营汇保之案稍失之宽，至于密保人员则慎之又慎，不敢妄加一语。上年奏片中称'祝垲在豫，士心归附，气韵沈雄，才具深稳，能济时艰'，虽不敢信为定评，要可考验于数年数十年以后。"

鉴于封疆大吏不干涉清廷用人权这一原因，曾国藩保奏实缺官员十分谨慎，按级别大小大体分为三个层次，分别采取不同办法。保奏巡抚一级官员，曾国藩只称其才堪任封疆，并不指缺奏保。保李、沈时说，二人"并堪膺封疆之寄。"保奏左宗棠帮办军务时则说："以数千新集之众，破十倍凶悍之贼，因地利以审敌情，蓄机势以作士气，实属深明将略，度越时贤。可否吁恳天恩，将左宗棠襄办军务改为帮办军务，俾事权渐属，储为大用。"而对于司、道官员则指缺奏荐，不稍避讳。如保奏李榕时说："该员办理臣处营务两载以来，器识豁达，不惮艰险。现委办善后局务，实心讲求。可否仰恳天恩，准令江苏候补道李榕署理江宁盐巡道缺，随驻安庆，俾臣得收指臂之功。"对于州县官员更有不同，曾国藩不仅指缺奏荐，且对因资历不符而遭吏部议驳者，仍要力争。

可见，曾国藩对保举的对象有严格的界限区分，这是他避嫌疑而采取的办法。对于不称职的巡抚大员，他的行文又稍明确一些。他上奏浙江巡抚王有龄"办理杭州防务，尚属费心，惟用人或尚巧滑，取财间有怨言。"江苏巡抚"薛焕偷安一隅，物论繁滋。苏、浙财富之区，贼氛正炽，该二员似均不能胜此重任"。这是他握有节制四省大权后，急于挽救大局而只能明确表示自己的态度，故如此参劾不称职者。

在参劾苗沛霖的问题上，曾国藩也体现了懦缓的品性。为什么他迟至次年正月初十日才正式上书呢（其时翁同书业已去职）？原因有两条，一是曾国藩为人行事懦缓。每有大计常思虑再三、决断后才行动。十一月初，他在接到同年好友、湘抚毛鸿宾的严肃批评后，仍不能下定决心。请看他十一月初八给毛鸿宾的回信："……翁药房往年屡保苗沛霖之良忠，今春屡劾苗沛霖之叛迹，……此等行径，鄙人颇思抗疏严劾，则又以愚陋如仆，忝窃高位，又窃虚名，方自攻其恶不暇，不欲更揭人短以炫己长，以是徘徊未决，祈阁下代为詹尹之卜，何去何从，早惠南计。弟于身家恩怨无所顾惜，所疑者，虚名太盛，又管闲事，恐识者斥为高兴耳。"二是当他下决心疏劾时，辛酉政变发生。肃顺一派倒台，翁心存

得以复出。曾国藩既恐因肃顺事件殃及自身；又恐因疏劾不当而得罪当道。是以迁延观望，直至确认自己站稳地步后，才予以出奏，这也是老于政事者的惯常手腕。李鸿章在与曾国藩畅谈时，就曾指出曾国藩的弱点是"懦缓"，即胆子小，这两个字入木三分地刻画出曾国藩的性格特点。

【原文】

前次丁诸叔父信中，复示尔所问各书贴之目。乡间苦于无书，然尔生今日，吾家之书，业已百倍于道光中年矣。买书不可不多，而看书不可不知所择。以韩退之为千古大儒，而自述其所服膺之书不过数种，曰《易》、曰《书》、曰《诗》、曰《春秋左传》、曰《庄子》、曰《离骚》、曰《史记》、曰相如、子云。柳子厚自述其所得，正者曰《易》、曰《书》、曰《诗》、曰《礼》、曰《春秋》，旁者曰《穀梁》、曰《孟》《荀》、曰《庄》《老》、曰《国语》、曰《离骚》、曰《史记》。二公所读之书，皆不甚多。

本朝善读古书者，余最好高邮王氏父子，曾为尔屡言之矣。今观怀祖先生《读书杂志》中所考订之书：曰《逸周书》、曰《战国策》、曰《史记》、曰《汉书》、曰《管子》、曰《晏子》、曰《墨子》、曰《荀子》、曰《淮南子》、曰《后汉书》、曰《老》《庄》、曰《吕氏春秋》、曰《韩非子》、曰《杨子》、曰《楚辞》、曰《文选》，凡十六种，又别著《广雅疏证》一种。伯申先生《经义述闻》中所考订之书，曰《易》、曰《书》、曰《诗》、曰《周官》、曰《仪礼》、曰《大戴礼》、曰《礼记》、曰《左传》、曰《国语》、曰《公羊》、曰《穀梁》、曰《尔雅》，凡十二种。王氏父子之博，古今所罕，然亦不满三十种也。

余于《四书》《五经》之外，最好《史记》《汉书》《庄子》《韩文》四种，好之十余年，惜不能熟读精考。又好《通鉴》《文选》及姚惜抱所选《古文辞类纂》、余所选《十八家诗钞》四种，共不过十余种。早岁笃志为学，恒思将此十余书贯串精通，略做札记，仿顾亭林、王怀祖之法。今年齿衰老，时事日艰，所志不克成就，中夜思之，每用愧悔。泽儿若能成吾之志，将《四书》《五经》及余所好之八种一一熟读而深思之，略做札记，以志所得，以著所疑，则余欢欣快慰，夜得甘寝，此外别无所求矣。至王氏父子所考订之书二十八种，凡家中所无者，尔可开一单来，余当一一购得寄回。

学问之途，自汉至唐，风气略同；自宋至明，风气略同。国朝又自成一种风气，其尤著者，不过顾、阎（百诗）、戴（东原）、江（慎修）、钱（辛楣）、秦（味经）、段（懋堂）、王（怀祖）数人，而风会所扇，群彦云兴。尔有志读书，不必别标汉学之名目，而不可不一窥数君子之门径。凡有所见所闻，随时禀知，余随时谕答，转之当面问答，更易长进也。

【评述】

曾国藩坚决不越君臣的名分，因此奠定了他在"中兴名臣"中的首脑地位。但是，湘军发展鼎盛时，台面越来越大，内部的矛盾也逐渐暴露了，尤其是羽翼

丰满者争求自立门户，而清廷巴不得湘军内部出现矛盾，好从中驾驭。对此，曾国藩自有对策。

湘军集团作为一个军事政治集团，是由思想相通、利害相关、地域相同、社会关系（家族、亲朋、师生）相近的人，在镇压太平天国革命运动的过程中，逐步形成并发展起来的。和封建时期其他士大夫政治派别一样，并无组织条规，更谈不上组织纪律。曾国藩作为这个集团最高首领，只是由于他既是湘军的创建者，又是当时所有成员中地位最高，声望最隆的人，而其他成员，包括胡林翼在内，又是他一手提拔保荐的。这就是说，首领与成员，成员与集团之间，完全是靠个人感情、道义和一时利害关系而纠集在一起，这自然没有强制性的约束力。正是由于这一点，早在1853年、1854年之交，王鑫就因为要发展个人势力，与曾国藩大闹矛盾，终至公开决裂；不过，当时王鑫地位低下，力量单弱，这一分裂没有发生多大影响，没有产生严重后果，湘军集团仍然保持着一体性。

十年后的情况就大不相同。湘军集团中督抚大帅，纷出并立，与曾国藩官位相近者多达二十余人。这就是说，湘军集团已由1855、1856年一个司令部一个中心的格局，变为真正的多中心。这虽然促进了湘军的发展，但多头中心的通病，即内部矛盾加剧，甚至公开分裂，也将不可避免。这些大头目气质互异，与曾和集团的关系，也有深浅亲疏之别。如阎敬铭与胡林翼虽有知己之情，保举之恩，但胡一死，此情就不复存在。而山东距湘军集团势力范围又遥远，彼此并无密切的利害关系；所以他任山东巡抚后，就实际上脱离团体，向清廷靠拢。为此，他在奏折中称赞僧格林沁"不宜专用南勇，启轻视朝廷之渐"的主张，是"老成谋国，瞻言百里"，并且表白："自古名将，北人为多，臣北人也。"更为重要的是，他们各有辖区，各有部队，所处环境局势又不相同。这样，随着时间的推移，局势的演变，湘军集团各督抚，势必利害不能一致，甚至相互冲突，从而导致各行其是，乃至明争暗斗。而清廷虽然全面依靠湘军去镇压革命，但对湘军集团因此而急速膨胀壮大，也不能不抱着隐忧。湘军集团的裂痕，正为清廷分而治之，甚至促其公开分裂，提供了可乘之机。

僧格林沁像

正是从这一愿望出发，当江西巡抚沈葆桢与曾国藩掀起争夺江西税收的明争暗斗时，清廷就大力支持沈葆桢，不顾曾的反对和困难，批准沈的截饷请求。当沈与曾大闹意气，以告病假与曾相抗时迎承意旨的御史上奏说沈"所以力求引退者，特以协饷用人两端与曾国藩意见不合，而营员乘间伺隙，饰非乱是，是以沈

葆桢知难而退"。清廷即据此下诏，表面上是训诫沈、曾两人，实际上对沈多方维护，对曾则加以责难："恐有耳目难周之弊"，要曾"毋开小人幸进之门"，不要为人"任意播弄"。这样，就把沈、曾纠纷完全归咎于曾国藩一人。得到那拉氏信任，管户部的大学士倭仁责备曾："岂贤如幼丹（沈葆桢字），而不引为同志者。道途之口，原不敢以疑大贤。"1853 年，沈又奏请截留江西厘金。户部在议奏中对曾又进行明显习难。正如曾所言："户部奏折似有意与此间为难"，以致"寸心抑郁不自得"，深感自己"用事太久，恐人疑我兵权太重，利权太大。"从而使曾感到很大的压力。

这种情况表明，环绕着沈、曾纠纷，在北京已经形成上自大学士、尚书、御史，下至一般舆论，对曾国藩横加非难的浪潮，而清廷正是这一浪潮的中心和推动者。那拉氏、奕诉当政以来，虽然进一步扩大与湘军集团的合作，给曾国藩以很大的权力。但同时，也在讲求驾驭之术，察看曾国藩等所作所为，力求既要重用，又不使之跋扈犯上。护沈抑曾正是为此而发。这不仅仅是向曾泼一点冷水，使其不要忘乎所以；更重要的是，这还可以分化湘军集团，使沈成为其中敢于同曾对抗，向清廷靠拢的引路人。沈自然有恃无恐，更倾心于清廷。正如沈自己所说："且余知有国，不知有曾；予为国计，即有恩亦当不顾，况无恩耶？"这样，沈终于与曾闹到公开决裂，"私交已绝"的地步。明白个中原因的曾国藩自然愈益"藏热收声"，谦恭对上，以求自全。

曾国藩最初对清廷各打五十大板的做法颇为不满，以辞职相要挟。但是，他善于审时度势，认识到闹下去对湘军、对自己、对朝廷都不利。这时，他的"忍"字诀又占了上风，以委曲求全来寻找共同点。与沈的关系果然也和好如初。这是曾国藩在处理"多山头"时的一种策略。内部一定要团结，别人才无机可乘。

【经典实例】

曾国藩以诚待友

装模作样的突出特点是：装真弄假，软刀杀人。曾公认为做人要"诚"，提防伪人。故诚心是友，伪人是敌。

诚，就是真实无妄，实实在在没有虚假，没有装饰，所以叫诚心。孟子说人天生存诚，但这种诚必须经过修养才能达到。因为出于各种动机、诱惑，人往往不诚。所以，诚为立身之本，治心之本。

诚的对立面是虚、是妄、是骗。之所以不能诚，根源是私，一有私心就不能诚，因此可以说私心是诚心的大敌。对此，曾国藩自有治私心之道。

曾国藩把人心诚伪作为人的基本品格来认识，认为只有诚实的人才能和他交往，才能有信誉可言。

穆彰阿对曾国藩早年有知遇之恩，曾发达后对穆也极为感激。即使在穆被罢

斥后，曾每过穆宅，总不免感慨一番。二十年后，曾赴任直隶总督前，进京陛见时，还专程拜访穆宅。后来曾赴天津办理教案，恐自己再无机会进京，又专门写信令其子曾纪泽再次前往穆宅，向穆彰阿的儿子萨廉致意。

清中期繁华的北京城

正因如此，曾国藩特别讨厌那些狡诈的人。曾国藩在两江做总督时，官署中有一个很高的亭子，凭栏远望，可以看到官署的内外情景。一天，他在亭子中徘徊，看见有一个头顶戴着耀眼花翎的人，拿着手板，向仆人做着苦苦请求的样子。仆人摆手拒绝他，举止非常傲慢，那个人无奈地离去了。第二天登亭，又看见那个人，情景和昨天一样。第三天，看见那个人摸索袖中，拿出一包裹着的东西，弯着腰献给仆从，仆从马上变了脸色，曾国藩看到这里，心中有点疑虑。过了一段时间，到了签押房，仆从拿着手板进来，通报说有新补的某位监司求见。曾国藩立即让请进来，原来就是连日来在亭子上所看到的向仆从苦苦哀求的那个人。问他何日来这里的，答说已来三日。问为什么不来进见，则支支吾吾不能对答。曾国藩对监司说："兄新近就任，难道不缺什么办事的人吗？"监司回答说，衙署中虽是人满为患，如果您要是有推荐的人，也不敢不从命。曾国藩说："那好。只因这个仆从实在是太狡诈，万万不可以派以重要的差事，只让他得一口饭吃就足够了。"监司点头称是。于是召那位仆从进来，严肃地对他说："这里已经没有用你的地方了，现特推荐你到某大人处，希望你好好侍从新的主人，不要怠慢。"仆人不得已，弯一条腿以示谢意。等到退出去以后，大为气愤，携带行李去了别的地方。

清朝朝考选拔贡生，取得知县的官位，以到一省的先后作为补缺的顺序。授予职位后就去拜见吏部负责管理签发授职凭证的官员，一旦取得了授职凭证，没

有不立即前往赴任的。曾国藩做侍郎的时候，有两个门生，都取得了直隶知县的职位，同时去拜谒曾国藩，曾国藩问他们赴任的行期，其中一人为杨毓枏，回答说："已经雇好了车，马上就要动身了。"另一位则说："还得等待准备行装。"曾国藩怀疑杨毓枏是奸巧的官吏，很快又听说先去赴任的乃是另外那位，因而感叹地说："人真是难以看透啊！杨毓枏所做的回答，正是他拙诚的体现。"曾国藩后来多次写信给直隶大吏，赞扬杨毓枏的贤良。后来，杨毓枏又到曾国藩那里，曾国藩便问他上司对待他怎样，杨毓枏回答说："上官待属吏皆很好，待毓枏也好。"曾国藩大笑说："你真诚实啊。好，好。"杨毓枏后来做官至大名知府，另外的那一位却因事被参劾，正如曾国藩所说。杨淡于宦情，曾国藩做直隶总督时，欲委署道缺，竟辞归。于是赠他一联，写道："已喜声华侔召杜，更看仁让试乡闾。"

曾国藩这种崇尚拙诚，反对巧诈的待人品格，使他的周围聚集了许多忠直廉敬之士。

陆完贪利好财

有些人见有利就交，见有权就攀，而不问附攀的是何许人，如上错贼船将遭其祸。明时陆完因贪利结交震濠与之狼狈为奸，落得身败名裂的下场。事见《明史》其本传：

陆完，字全卿，长州（今江苏苏州西南）人，成化二十三年（公元1486年）进士。完有才智，急功近利，喜交权势。武宗正德初，任江西按察使，攀交宁王震濠，震濠雅重其人，时召赴宴，并以金罍相赠。后因向得武宗宠信而权倾天下的刘瑾行贿，得任左金都御史，不久任兵部侍郎。及刘瑾被杀，言者劾其党附，因有其旧部、受到武宗宠信的刘晖、许恭、江彬之助，得以无事。他因镇压霸州刘六、刘七叛乱有功，升任兵部尚书。时宁王震濠正蓄谋叛乱，便致书陆完盛陈旧好，派人送金帛巨万，请他帮忙获得护卫和屯田，陆完贪其利，为之出谋划策，极力帮助，使震濠如愿以偿，奠下了其谋反的物质基础。及震濠叛乱，迅速被王守仁平定，将之俘虏。宦官到南昌搜查其住所，得陆完与震濠来往书信，向武宗上奏，武宗大怒，逮捕陆完，没收其母、妻、子女，查封其家，拟处以极刑。适武宗死，世宗立，经复审，以他有战功，得免死，流戍靖海卫。

陆完为人心术不正，高攀权贵，贪利好财，终于被逮系狱，流戍终身。这是贪财势得到的结果。

曾国藩以仁礼治兵

曾国藩一面肃清湖南境内民众的反抗，一面又扩充他的部队而成为湘军。对于练兵、带兵，他本是十足的外行，可是他凭着读书、修养的一套"明理"工

夫，竟把一支地主武装练就出来。曾国藩首先提出治兵的理论说："带勇之法，用恩莫如用仁，用威莫如用礼。仁者即所谓欲立立人，欲达达人也。待弁勇如待子弟之心，常望其成立，望其发达，则人知恩矣！礼者即所谓无众寡、无大小、无快慢、泰而不骄也。正其衣冠，尊其瞻视，俨然人望而畏之，威而不猛也。持之以敬，临之以庄，无形无声之际，常有懔然难犯之象，则人知威矣！守斯二者，虽蛮貊之邦行矣，何保勇之不可治哉？"

仁与礼是治国治民的大经大法，曾国藩用这套理论来治兵，确有成效。当时他对士兵的要求，不仅是在营要做良兵，还要外出能做良民。他曾说："我辈带兵勇，如父兄带子弟一般，无银钱，无保举，尚是小事，切不可使他因扰民而坏品行，因嫖赌洋烟而坏身体，个个学好，人人成才，则兵勇感恩，兵勇之父母妻子也感恩了。"以仁礼来治兵，是儒家的倡导，他们认为如此这样军队自是王者之师了，王者之师可以无敌于天下，所以曾国藩以书生来带兵，就是走的这条路。

《淮南子》云："众之所助，虽弱必强；众之所去，虽大必亡。"人心的向背，民众的支持与离异，关系到部队的生死存亡，这个道理曾国藩显然明白，所以他再三嘱咐所属各部，以爱民为本。他说："爱民为治兵第一要义。须日日三令五申，视为生命根本之事，毋视为要结粉饰之文。"

正是为了获取民心，咸丰八年（1858），曾国藩在江西建昌军营中写了通俗晓畅的《爱民歌》。

曾国藩写作《爱民歌》不完全是一种策略，他也是有感而发。他说："我近年从事军务，每驻扎一处，我就走遍城镇与乡村。看到的是没有不毁坏的房屋，没有不砍伐的树木，没有不遭破败的富户，没有不受欺压的穷民。大概被贼寇损害的占十分之七八，被官兵毁坏的占十分之二三。令人触目伤心，我在私下喟然长叹：行军危害百姓竟到了如此地步啊！所以每次委任将校，我总是告诫他们，一定要把禁止骚扰百姓放在第一位。"这大概是促使他写作《爱民歌》的心理原因。

有了《爱民歌》并不一定万事大吉了，老百姓看惯了官样文章，装扮粉饰，自然也就不以为然，他们更看重实际行动。曾国藩也想，区区一纸文告，怎么能马上得到百姓的欢心呢？他建议部下深入到百姓中去，亲自训导，将自己的真情实意完全表达出来，这样百姓才会心悦诚服。尤其是在审判诉讼后当堂告诫，这样才会足以感人。见效最快的就是勤听诉讼，为百姓申冤鸣屈，打抱不平。

尽管有了《爱民歌》，但骚扰百姓的事还是屡屡发生。在泾县就出现了抢人掳物的事件，虽然为首的被砍头示众，但老湘营的统营却一味开脱自己的责任。曾国藩写信给以了严厉的斥责：

"你们说这件事与你们营无关，未免太自信了。一般说来，管辖既多，一定有耳目难以周详的时候，也一定有号令不执行的地方。我治军多年，时刻警告士兵严禁骚扰百姓，每次遇到有人告我的部下骚扰百姓的案件，都不敢护短拒绝别

人的控告，不敢相信我的士兵都是善良的，也不敢怀疑控告的人都是诬陷。而你们对于这类案件，事前既没有防范，事后又袒护部下，坚决拒绝别人的控告，那么你的士兵从此就会更加肆无忌惮，官民从此就更不敢对军队说实话，想使他们不仇恨军队怎么可能呢？

想当初你们驻扎在泾县时施行了发粥搭棚的惠政，泾县百姓没有不歌颂的，每当我想到这里就欣慰不已。在这营规初坏，声名锐减之际，如果能严于自治，切实整顿营规，保全往日声名，那百姓自有公道，他们也会化怨恨为赞美的。不然的话，以爱民始，以扰民终，先后判若两人，这不是我委任你们的拳拳之心。望你们对这番话严肃对待，认真体会。"

曾国藩说："带兵之道，用恩莫如用仁，用威莫如用礼。"早年曾国藩研究程朱理学，对仁义礼智心领神会，心悦诚服，经过多年的带兵实践，他发现这套理论对处理官兵关系极为有用。

仁，就是自己想建功立业，则先让别人建功立业，自己想兴旺发达，则先让别人兴旺发达。将帅对待官兵如同父兄对待子弟一样，总是希望他们兴旺发达，总是希望他们建功立业。人同此心，心同此理，那么官兵就会对你感恩戴德。

礼，就是所谓无论人多人少，无论官大官小都一视同仁，不敢怠慢。身处高位，不骄傲自大，盛气凌人。再加上衣冠整齐，举止严肃，自然令人望而生畏，威而不猛。持之以敬，临之以庄，无形无声之际，常常有凛然不可侵犯的正气。如果这样部属就会感到你的威严了。如能做到"仁""礼"，治军就会所向披靡，无往不胜。

曾国藩以诚待人

曾国藩强调慎独。慎独，是宋明理学家最重要的修养方法。《礼记·中庸》云："莫见乎隐，莫显乎微，故君子慎其独也。"郑玄注："慎独者，慎其闲居之所为也。"也就是说，一个人在无人独处的时候，对自己的行为也要加以检束。

曾国藩在临死前两年，对儿子曾纪泽、曾纪鸿提出了全面的修身养性的要求，其中第一条就是慎独。他说："慎独则心安。自修之道，莫难于养心。心既知有善（亦）知有恶，而不能实用其力（在实践中身体力行），以为善去恶，则谓之自欺。方寸（心）之自欺与否，盖（大概）他人所不及知。而己独知之（只有自己一人知道）。故《大学》之'诚意'章，两言（两次说到）慎独。果（真）能好善如好好色，恶恶如恶恶臭，力（努力）去人欲，以存天理，则《大学》之所谓自谦，《中庸》之所谓戒慎恐惧，皆能切（切实）实行之。"

攻克天京后，曾国藩兄弟的声望达到了极点。颂功的人群络绎不绝，但曾国藩没有一丝喜悦的表情；别人称赞曾国藩用兵如神，他矢口否决，认为是忠诚感

动了天下，卒以成大功。

诚与忠相近，待人以诚，即是忠。曾国藩把平定大乱归结为诚，虽有"拔高"的成分，但在曾国藩从选将练兵到与太平天国对抗打仗的所有过程，确实离不开一个诚字。

正因为人有可塑性，所以曾国藩注重教育的功效，而教育的内容，至为重要的，也应当是忠诚朴拙，引导人向善，选将练兵也以此为尚。

在《练兵纪实》一书中，戚继光把"练将"摆在十分重要的位置进行论述，曾国藩读后获益匪浅。戚继光论将首重"将德"，他说"如果将领技艺高超但修养很差，而世人又很拥戴他，这就会使将领养成骄慢之习气，久而久之，将领甚至可能成为举兵造反的逆臣"。为此，他认为练将"当首教以立身行己，捍其外诱，明其忠义足以塞于天地之间，而声色货利足以为人害。"为矫正将领的货利之心，要进行思想政治教育，让他们先读《孝经》《忠经》《论语》《孟子》等白话文本，次第记诵；随后再向他们讲《武经七书》"俟其尚志既定，仍复如前，晓以祸福利害之数，成仁取义之道"。戚继光强调以封建道德观念、儒家忠信以及传统伦理，从精神上武装将领，使之成为忠将、良将、无负君父、家国之望，从而效命疆场。饱受理学熏陶，善于治心的曾国藩，目击晚清绿营将领浮滑巧伪之风，深恶痛绝，一读到戚氏选将、育将之法颇中其心怀，对此深有体会。曾国藩以戚氏选将之法为主旨，对于将领首先看重的是为将之人的"忠义血性"，他一再强调："今欲谋大计，万众一心，自须别开生面，崭新日月，专用新招之勇，求忠义之士将之。""带勇之人概求吾党血性男子，有忠义之气而兼韬钤秘者。""带勇须智勇深沉之士，文经武纬之才……大抵有忠义血性则四者（按指：'才堪治民'，'不怕死'，'不急之名利'，'耐受辛苦'）相从以俱；无忠义血性，貌似四者，终不可恃。"

穆彰阿对曾国藩早年有知遇之恩，曾发达后对穆也极为感激。即使在穆被罢斥后，曾每过穆宅，总不免感慨一番。二十年后，曾赴任直隶总督前进京陛见时，还专程拜访穆宅。后来曾赴天津办理教案，恐自己再无机会进京，又专门写信令其子曾纪泽再次前往穆宅，向穆彰阿的儿子萨廉致意。

正因如此，曾国藩特别讨厌那些狡诈的人。曾国藩在两江做总督时，官署中

穆彰阿与乙丑同年雅集图（局部）　清

国学经典文库

有一个很高的亭子，凭栏远望，可以看见官署的内外情景。一天，他在亭子中徘徊，看见有一个头顶戴着耀眼花翎的人，拿着手版，向仆人做着苦苦请求的样子。仆人摆手拒绝他，举止非常傲慢，那个人无奈地离去了。第二天登亭，又看见那个人，情景和昨天一样。第三天，看见那个人摸索袖中，拿出一包裹着的东西，弯着腰献给仆从，仆从马上变了脸色，曾国藩看到这里，心中有点疑虑。过了一段时间，到了签押房，仆从拿着手版进来，通报说有新补的某位监司求见。曾国藩立即让请进来，原来就是连日来在亭子上所看到的向仆从苦苦哀求的那个人。问他何日来这里的，答说已来三日。问为什么不来进见，则支支吾吾不能对答。曾国藩对监司说："兄新近就任，难道不缺什么办法法纪的人吗?"监司回答说，衙署中虽是人满为患，如果您要是有推荐的人，也不敢不从命。曾国藩说："那好。只因这个仆从实在是太狡诈，万万不可以派以重要的差事，只让他得一口饭吃就足够了。"监司点头称是。于是召那位仆从进来，严肃地对他说："这里已经没有用你的地方了，现特推荐你到某大人处，希望你好好待从新的主人，不要怠慢。"仆从不得已，弯一条腿以示谢意。等到退出去以后，大为气愤，携带行李去了别的地方。

清朝朝考选拔贡生，取得知县的官位，以到一省的先后作为补缺的顺序，授予职位后就去拜见吏部的负责管理签发授职凭证的官员。一旦取得了授职凭证，没有不立即前往赴任的。曾国藩做侍郎的时候，有两个门生，都取得了直隶知县的职位，同时去拜谒曾国藩，曾国藩问他们赴任的行期，其中一人为杨毓枬，就回答说："已经雇好了车，马上就要动身了。"另一位则说："还得等待准备行装。"曾国藩怀疑杨毓枬为奸巧的官吏，很快又听说先去赴任的乃是另外那位，因而感叹地说："人真是难以看透啊! 杨毓枬所回答的，正是他拙诚的体现。"曾国藩后来多次写信给直隶大吏，赞扬杨毓枬的贤良。后来，杨毓枬又到曾国藩那里，曾国藩便问他上司对待他怎样，杨毓枬回答说："上官待属吏皆很好，待毓枬也好。"曾国藩大笑说："你真诚实啊。好，好。"杨毓枬后来做官至大名知府，另外的那一位却因事被参劾，正如曾国藩所说。杨淡于宦情，曾国藩做直隶总督时，欲委署道缺，竟辞归。于是赠他一联，写道："已喜声华侔召杜，更看仁让式乡间"。

曾国藩这种崇尚拙诚，反对巧诈的待人品格，使他的周围聚集了许多忠直廉敬之士。

为了达到"礼治"的目的，曾国藩一方面对被统治阶级严刑峻法，而另一方面对为封建统治者劳心尽力的人，则大力提倡"诚"，并在"诚"字前加一"血"字，谓之"血诚"，强调"诚"必须出自内心，达到至极。

曾国藩所说的"诚"，不是语义学上的"诚实"的意思。首先，他把"诚"当作一个哲学范畴，同时，他又把"诚"用为一个政治术语。他常引用程颢的"诚便是忠信"的话，并说："君子之道，应首先为天下倡导忠诚。"他作《湘乡昭忠祠记》，极力为一批镇压农民起义军的湘乡人如罗泽南等涂脂抹粉，美化为

"忠烈"，认为咸同之乱世，幸"得忠诚者起而矫之"，并歌颂说："吾乡数君子所以鼓舞群伦，历九载而平定大乱，并非笨拙而是忠诚的效果吗？"这段文字说明：曾国藩的所谓"诚"，实际上便是对封建统治者的"忠"，二而一。在曾国藩看来，臣诚，必尽忠于君；僚属诚，必尽忠于长官。这样，"诚"便成了维系君与臣、长官与僚属、统领与兵勇的一条又粗又大的黑色纽带。

再有，从曾国藩本人的政治活动，也可充分说明他说的"诚"的这个政治内涵。咸丰初，皇上下诏求言，大有一番有所作为的样子。学子们于是指陈时弊，恳呈己见，一时纷纷纭纭，奏章不下数百件。但大多被以不要妄加评议的上谕而束之高阁，"归于簿书尘积堆中"。血气方刚的曾国藩面对这种情况，颇为愤懑地说："书生之血诚，只是供胥吏唾弃的把柄而已！"这里，"书生之血诚"与"臣下之忠心"完全是同义词。咸丰三年正月，他发出自己出办团练后第三封给湖南"公正绅耆"的公开信说："自度才能浅薄，不足谋事，唯有'不要钱，不怕死'六字时时自矢，以质鬼神，以对父君。""不要钱，不怕死"是他的"血诚"的重要内容。后来，他失败于靖港，在向朝廷的请罪折中信誓旦旦地说，虽经挫折，"仍当竭尽血诚，一力经理"。曾国藩一生正是秉着这股"血诚"来与太平军和捻军纠缠的。他于咸丰十年感慨万分地说："天下滔滔，祸乱来已；吏治人心，毫无更改；军政战事，日崇虚伪。非得二三君子，倡之以朴诚，导之以廉耻，则江河日下，不知所终。"又说："精诚所至，金石亦开，鬼神亦避。"他简直把"朴诚"当作医治满清王朝的政治病的一副"良药"。

所以，曾国藩不仅要求自己须有一"诚"字，以之立本立志，也处处以"血诚"要求自己的下属。在这里，"忠义血性"与"血诚"是同义词。

仁是与人为善的意思，不是用阴暗的心理揣度别人。俗话说：以小人之心度君子之腹，这就是诡、是诈，是过于精明。如果处处与人为善，成全他人，自己也就欣欣向善了。在这一点上，他最崇拜提出"仁"这一学说的孟子。他说：读《养气》这章，好像对其要义有所领会，希望这一生都敬慕仿效孟子。即使仓促苟且之时，颠沛流离之际，都会有孟夫子的教诲在前，时刻不离身，或许到死的时候，可能有希望学到他的万分之一。

曾国藩从《易经》阴阳变化的道理，引申出人一定要为后世着想。他开出了避祸的第一个药方是："窒塞私欲，经常念及男儿有泪之日；惩禁愤怒，当思考人到绝气之时。"他痛加反省，五十岁时说：精神萎靡不振到了极点，我年纪还不到五十岁而早衰到如此地步。这都是由于天赋资质不足所致，并又百般忧愁催老和多年精神抑郁得不到快乐而使身体受到损伤，从今以后每天坚持静坐一次，或许能等于服一剂汤药的疗效。

曾任曾国藩幕僚的薛福成说："至于他始终不变，而持之以恒的，则可以说是克制自己为主体，以引进贤能为用，两者是已尽善尽美了。大凡克制自己的功夫未到家，那么本原就不定，起初影响学业，继而累及事业，开始很缓慢，见效却很快。曾国藩从学业有成后，做侍从官，与已故大学士倭仁、前侍郎吴廷栋、

故太常寺卿唐鉴、故道员何桂珍，讲求儒宗先辈的书，剖析义理，宗旨很纯正，他高风亮节，震惊一时。

平时行为节制很严格，不暴露于外，心里很宽容坦然，对人从不求全责备。所以他的方针大而能包容，通达而不迂曲，没有以前人讲学的弊病。从来不轻易著书立说，专门亲身体验，道德进步尤其快。他在军中在官场，勤恳给下边做表率，无论早晚。俭朴修养自身但不很寒酸，长时间被众人看见。他的素质自我勉励也勉励别人，每遇到一件事，尤其预防畏难取巧，祸患在前面，诽谤在后面，也毅然前往不回头。

曾国藩与人共事，有功劳则推让给别人，辛苦的事则自己承担是自然的趋福避祸之道。盛德的感动，从对部下的感化开始，到对同僚的体谅，最后有人跟随并美慕效法，所以能够转化社会风气，就在这里。所以能够挽救艰难困苦的原因，也在这里。曾国藩秉性谦和，从不居功自傲，从军以来，在请假服丧期间，虽然立了一些功绩，但不管什么样的褒奖荣誉，一概不敢接受。等到治丧过后，战功更显著，恩宠的命令接连不断，他弟曾国荃多次以战功晋升，他也必然一再写疏推辞。他的内心深处尤其想远离权势，防备外重内轻的毛病，所以对管辖四省管辖三省的命令，推辞更加有力，并不是假装的。临事怕大功难成，事成则怕盛名难副，所以地位声望愈高，就愈存在能力不足的思虑。前年回两江任职，朝廷答应他坐镇即可，然而他仍然是带病工作，不肯稍微休息，临死的那天，仍然接见朋友官员处理文件。数十年来 每天做事都有日记，二月初四日不再写了，还殷殷以没尽到官职为内疚。谨慎为官的意思，溢于言表。这是他克己的功夫，老了更深，即使古代圣贤自强不息的精神，也没有超过他的。

因而评价他的人才说："综述曾国藩的为人，他临事谨慎，行动合乎规范，对成败得失，在所不计，好像汉臣诸葛亮，然而遇到机会，建树广阔，则又超过了。他谋划决策，适应环境，下笔千言，说清事理，好像唐臣陆贽，然而涉及各种艰险，亲尝甘苦，则又超过了。他无学不着，默默研究精髓要旨，而实践踏实，始终如一，好像宋臣司马光，然而百战功勋，饱经世变，则又超过了。"

曾国藩平定大乱，当时都颂扬他的功劳，李鸿章受挫日本，中外都批评他的过失。吴汝纶认为，功名的事，很不好说，恐怕会有机会存在其间。他说："功名之事，恐怕难说吧？起初曾文正公在靖港大败，困在南昌，死守祁门，难道知道以后能够中兴，感武壮烈像这样？官在曾胡诸公间周旋，当时称媪相，后来和胡公一起扬名。湖南最初开幕府，左宗棠调兵供食，以诸君自居相待，而彭刚直公徒步千里，出入贼中，赴曾公的急艰，都是壮烈。功名大小，都不是偶然。两个人议论对外事务，都认为议和，购买船炮为非。越南战役，都是带领兵士用旧法防御海防。没有碰见敌人而兵自己疲惫了，也算幸运了。然而世上还有二公的威望在，说能够巩固边境打退强敌。曾文正公既死去，现在李鸿章独撑艰难，经营远谋，有三十年，天下人想看看他的风采。等到兵败于日本，中外把过都归于他。兴盛衰败有规律，难道是人力能左右了的吗？"

　　吴氏在《铜官感旧图记》中说："曾国藩的为人，并不是一世的人，千年不常遇的人。"曾国藩以他的拙诚朴直、仁让宽忍，又给后代积下了许多福分。

　　总之，血诚是曾国藩修身、求才、治军、治政的一条重要原则，是他借以团结一批封建文人、打败太平天国的精神力量，也是他企图"复礼"、实行"礼治"的重要保证和理想途径。这正是魏征所说的"君子所保，唯在于诚信，诚信立则下无二心"的意思。

　　曾国藩兄弟对围攻天京，意见不一，湘军内外也为此争执。扩而大之，清廷对此也有不同策略。但最终曾国藩同意了曾国荃的攻坚战，终于攻下天京。这也是曾国藩"执理甚明"的典型事例。取得安庆战役的胜利以后，曾国藩雄心勃勃，他制定了一个新的战略构想，即三路进兵天京，对太平天国进行最后一击。由安庆顺江而下是主攻方向，集中了湘军的精锐部队，由曾国荃、曾贞干、鲍超、张运兰、多隆阿、杨载福、彭玉麟率所部沿大江南北全面推进，攻取天京。左宗棠由江西进兵浙江；李鸿章招募淮军，进兵上海，转而进兵苏南。两者用以牵制李秀成支援天京，并切断天京物资供给线。

　　正当曾国藩踌躇满志，分兵五路东进，步步为营，包围攻取天京城时，他们的内部合作却出了问题，问题的症结出在曾国荃。

　　曾国荃，字沅甫，号叔纯。是曾国藩的四弟，曾氏习惯按男女一同排行，他就是行九，故人称"曾九"。曾国藩亦惯称其九弟。

　　曾国荃的生性十分骄横，史书记载他"少负奇气，倜傥不群"。十六岁时曾到京师随曾国藩读经，但他对圣贤经书却不感兴趣，未几便甩手还乡。他的资质倒很聪敏，曾国藩也认为他们兄弟中真正有出息地数着老九了。回乡不久以府试第一名入县学，举为优贡。

　　咸丰六年（1856年），曾国藩坐困江西南昌，他弃文就武，在家乡募得三千湘勇，自率赴江西，途中攻陷安福，进攻吉安，连战皆捷，被朝廷加赐同知官衔。他的军队称"吉"字营，成为湘军嫡系。后一直在江西同太平军作战，侥幸的是，他领兵作战，多能取胜，湘军在江西的几次著名战役，如吉安战役、景德镇战役，他的部队皆是作战主力。多次得手，他的官职便升为知府、道员。

　　他被胡林翼看中，称他为"军见之将才"，乃调为湖北军。后所部增为万余人，参加安庆战役，是围城的主力部队。他指挥军队，深挖长壕两道，内外作战，在其他各路军的配合下，终将安庆攻破，为清廷立下汗马功劳，官升江苏布政使。

　　安庆战役后，他广募军队，准备东下直捣天京城，所部达二三万人。

　　曾国荃性格暴烈、贪婪跋扈、排斥异己，其他将领多与之不和，湘军内的鲍超、杨载福、彭玉麟等多对他有很深的成见。他所统带的吉字营十分凶恶，每陷一城皆尽情屠杀，财物、子女尽数掠取，焚杀成性。

　　安庆战役中，曾国荃与多隆阿产生了极大矛盾。一是太湖战役时，多隆阿负责守太湖，陈玉成大军前来进攻，在情况紧急之时，曾国荃等部不来援救，

幸赖鲍超苦战，胡林翼派兵援求，才取得该战的胜利。二是攻打安庆城，多隆阿独挡桐城一面，挡住陈玉成的大军增援，连番苦战，保证了围城部队的战斗进行。然而，战后曾国荃却列为首功，赏赐丰厚，多隆阿出力极大，损失也很重，却未得封赏。因此，对曾氏兄弟，尤其对曾国荃极为不满。据说封赏之后未见他的赏赐，气得大病了一场，下决心"三面并举，五路进军"的战斗命令后，曾国荃（曾国葆咸丰三年因战败被裁回乡，再出时改名曾贞干）率军急进，连下无为、巢县、含山、和州、太平府、东梁山、金柱关、芜湖、江宁镇、板桥、秣陵关、大胜关等地，直逼天京城，同治元年五月四日（1862年5月31日）在天京城南门外的雨花台扎下营寨。

曾国荃和他的心腹大将李臣典、萧孚泗、刘连捷、彭毓橘、朱洪章等在太平天国的叛将韦俊的带领下，察看了这座江南名城。他看到天京城高池深，深沟高垒，城围辽远，以他的两万人马想要攻取这座名城，简直是白日做梦。他虽攻至城下，却不敢轻举妄动，更深怕城内的太平军和苏福省的李秀成一起出动，将他们歼灭掉。所以，他一面督促湘军在雨花台一带修筑工事，做长期战争准备；一面派人投书，催促各路人马到来。

然而，曾国荃等了多日，也不见别路人马到来。先是李续宜的北路军由镇江刚要出师，忽接父丧凶信，匆匆回家奔丧，其部将唐训方远在皖北，闻讯南援，结果被太平军阻于寿州。鲍超由宁国北进，遇太平军杨辅清等部，展开血战，亦难达天京。这时，可援之军只有多隆阿一路，曾国藩接到雨花台寄来的加急求救文书，命多隆阿迅速南下。多接信后，开始还有军事行动：攻陷庐州，准备南下，但突然按兵不动，拒赴合军天京之约。曾国藩再三恳请赴援，多不为所动。这时，有一股四川农民起义军入陕，多隆阿部将雷正绾已入陕阻击。多隆阿与湖广总督官文密约，再奏令多隆阿本人率队入陕，皇帝居然准奏。多隆阿与官文皆以不赴天京之援，暗自高兴，因为久与曾氏兄弟不和的官文也不愿湘军得到成功。

多隆阿率军西去，曾国藩万分惊慌，派人飞马送信给官文，让他追回多隆阿，仍让多赴南京之援。他在信中说："闻入秦之贼人数不满三千"，有雷正绾一军以足敌，而"江南贼数之多比秦何止百倍"，仍请将去之不远的多隆阿追回。然而，官文明知天京城下急需多隆阿赴援，却置曾氏兄弟的求援于不问，使曾国荃的雨花台之师成了孤军。

曾国荃两万余人在南京城下进退两难，时刻准备遭受太平军的打击。但是，在别人眼里，却认为曾氏为了独占破城之功，不肯与他部合作，还有人说，多隆阿西走便是曾氏兄弟所排挤。

正在曾氏兄弟两头为难之时，李秀成受天王洪秀全之严命，率领二十万大军自苏州进抵天京城下，很快对雨花台的湘军发动了进攻。曾国藩闻李秀成率兵回援天京，知道曾国荃等难逃灭顶之灾，吓得连日吃不下饭，睡不着觉。写信给守制的李续宜说："鄙人心已用烂，胆已惊碎"，求他"夺情"返回战场，助自己

一臂之力，救出雨花台下的湘军将士。同时派人去上海向李鸿章求援，要求把曾国荃原来的部队由程学启率带援救曾国荃。结果，李续宜染病在家，无法出山；李鸿章仅派吴长庆、张树声所部少量新兵前往，曾国藩干脆不再向他要援兵了，因为这些许新兵起不了救援之作用。

救兵求不到，李秀成的二十万大军已包围了曾国荃的二万多人马。曾国荃想逃也逃脱不了，只得咬紧牙根，依靠修好的壕沟、堡垒，与李秀成展开了生死搏斗。

然而，出人预料的是，李秀成大军自同治元年闰八月二十日（1862年10月13日）开始进攻雨花台湘军营垒，至十月五日（11月26日）止，共计围攻四十六天，竟然没能攻入曾国荃修筑的壕垒，而自行撤围离去，曾国荃竟然侥幸逃过了灭顶之灾。

因祸得福，曾国荃经此一战，声名更加大振，曾国荃更加踌躇满志，感到自豪。许多参加此战的湘军军官也都因此而取得莫大的政治资本。这次战役与太平天国的生死存亡关系甚大，李秀成未打破雨花台的湘军大营，在退走时又遭到湘军的袭击，伤亡十几万人，从此之后，太平军再也无力组织对围城湘军的攻击了，直至天京被曾国荃等部攻陷为止。

曾国藩与人为善

"与人为善，取人为善"源自《孟子》。曾国藩继承这个思想并将之做了详尽的解释："思古圣人之道莫大乎与人为善。以言诲人，是以善教人也；以德熏人，是以善养人也：皆与人为善之事也。然徒与人则我之善有限，故又贵取诸人以为善。人有善，则取以益我；我有善，则与以益人。连环相生，故善端无穷；彼此挹注，故善源不竭。君相之道，莫大乎此；师儒之道，亦莫大乎此。"是说孟子强调的是虚心采纳各种意见，那么在曾国藩那里，取、与两件事成了相互推动、永不终结的一个过程的两个方面。

与此同时，曾国藩还把这确定为处理人际关系的根本原则之一。他在《日记》中写道："九弟来久谈，与之言与人为善、取人为善之道，……无论为上、为下、为师、为弟、为长、为幼，彼此以善相浸灌，则日见其益而不自知矣。"而且在他权力所及之处，他还力图将这个原则化为必须遵守的制度。1859年他在给部下的一封信中谈道："前曾语阁下以取人为善，与人为善……以后望将取诸人者何事，与人者何事，随时开一清单见示，每月汇总账销算一次。"这不是把既定的原则化为制度或工作方法了吗？

"与人为善，取人为善"是曾国藩处理人际关系的一个准则，它使曾国藩的事业人才辐集，兴旺发达。

曾国藩与人为善的事，俯拾皆是，因此他的幕僚多对曾国藩尊之为师，极为崇拜，事事效法，奉为楷模。因此，有幕府如水渠之说，这些幕僚皆深受曾国藩

的影响，或效其坚忍，或师其勇毅，或明其大道，或法其坦诚。

曾国藩取人为善的事例亦不为鲜见，如听人之谏纳人、举事，采纳僚属意见婉辞皇帝意旨，等等。大事如此，小事亦能如此。如免"进场饭"一事，更能说明曾国藩的取人为善。

曾国藩守其父星冈先生之教，天不亮就起床，明炮一响即布席早餐。在东流大营时，欧阳兆熊及李肃毅、程尚齐、李申甫共饭，群以为苦，曾国藩知道后，尝笑曰："此似进场饭。"克复安庆后，欧阳兆熊要在9月朔期归家，置酒为饯，席间从容进言："此间人非不能早起，但食不下咽耳。吾今归矣，欲为诸人求免进场饭何如？"曾国藩笑颔之。故欧阳兆熊以书调笑李肃毅说："从此诸君眠食大佳，何以报我？古人食时必祭先为饮食之人，君等得不每饭一祝我乎？"李肃毅复书："进场饭承已豁免，感荷感荷！惟尚齐、申甫皆须自起炉灶，恐不免向先生索钱耳。"此虽一时戏谑之言，当时情事亦可想见。

免"进场饭"这件事虽小，但可见曾国藩取人为善的姿态。他最初在京师时，也横挑鼻子竖挑眼，倚才傲物，因此得罪了一些人，后来他躬自检悔，觉得"与人为善"是不树敌的第一妙着，而"取人为善"是完善自己的绝好药方。

值得一提的是，曾国藩并没有在他的选择中，只是简单、顽固地固守旧的东西，而是力求在旧的成分中尽量加进那些新的东西，时代的东西，也许这是他的成功形象更臻完美之所在。

曾国藩的时代，清朝已经病入膏肓，对于这一点，曾国藩虽认为并未如日薄西山那样的严重，但也初见其端倪。

曾国藩早年溺于文辞，忙于科考，于政治一途，了解并不甚多。从1842～1851的10年间，可以说，他过着安闲自在的京官生活。他先后担任过翰林院侍讲、侍读和国史馆协修等官职。这些官职地位不低，但毫无实权，也无事可做，只不过是"为储才养望之地"而已。同时，他又担任过礼部、工部右侍郎等职。实际生活情形也与在翰苑差不多。正是在这时，他能够有较多的时间和精力，去关注时势，了解社会政情，时与师友通信联系，在讨论学术的同时，交换对时局的看法，从而使他对于现实政治的兴趣越来越浓厚；尤其是第一次鸦片战争以及往后数年间动荡不安的严酷现实，促使他花了大量精力去研究政治，寻求治世良方。

内忧外患如急风暴雨，不时飘入曾国藩办事衙门的高墙，拽入他那沉静安谧的书斋，震撼着他的心灵。也正是这种封建纲常伦理大乱至极的严酷现实，以及他那京官生活的众多阅历和师友间通信联系所得来的认识，使他敏锐而又深刻地看到了政治的腐败和官吏的通弊。同时，也由于他充分认识到清政府是地主阶级的唯一政治代表，同他本人和家庭的根本利益是一致的，因此他从维护清王朝、忠于皇帝的信念出发，对于满清政治的腐败表示不满，从而提出大胆的批评。不满越多，批评越尖锐，越能表明他对于现实政治的关注，对于统治集团的效忠。而这种利益的联系以及对现实的不满与关注终于使曾国藩越出了封建伦理纲常的藩篱，做出了一些

针砭时弊之举，并踏上了戴孝出山，杀人为业的"仁人君子"所不齿的镇压人民革命的征途。

曾国藩引用庄子的话说："美名成功于长时间的积累。"骤然为人信服的人，那么这种信任是不牢固可靠的；突然之间就名噪一时的人，那么他的名声一定过大于实际情况。品德高尚，修养很深的人虽然没有赫赫之名声，也无突然而得的美名；这就像一年四季的更替，是逐渐有序地完成一年的运转，让人们不知不觉。因此，一个人诚实而具美质，就像桃李，虽不说话，但由于它的花果美好，自然会吸引人们慕名前来。

他还曾经说：吴竹如教诲我说"耐"。我曾经说过："做到了'贞'，足够干一番事业了，而我所欠缺的，正是'贞'。"竹如教给我一个"耐"字，其意在让重要在急躁浮泛的心情中镇静下来，达到虚静的境界，以渐渐地向"贞"靠近。这一个字就完全能够医治我的心病了！

曾国藩好用"平实"二字教育人，我们从他的《批牍》中可以知道。他曾在《批管带义字营吴主簿国佐禀》中说："本部堂常常用'平实'二字来告诫自己。想来这一次必能虚心求善，谋划周全以后再去打，不会是像以前那样草率从事了。官阶有尊卑，阅历有深浅，这位主簿一概置诸不问，本来是个生手，但自充是熟手，没有学问自夸有学问，志向很高但不去实践，气虚几乎是不能审，让他去办的事情都不行，更何况干打恶仗那样的危险呢?"

曾国藩所招募的基本军队，士兵多是淳朴的农民，将官多是忠义的书生。他之所以"用忠诚来倡导天下"，群众听从响应，蔚然成风，当然是由于他以身作则，同时也是由于他们的性质相近的缘故。只是书生固然有他们的长处，也自然有短处。他曾以"笃实""平恕"等字勉励他的部下，这是由于："读书人的通病约有二条：一是崇尚文字而不注重实际，一是责备别人而不责怪自己。崇尚文字的毛病是连篇累牍，说起来头头是道，到亲身办事的时候，就手忙脚乱，毫无条理。责备别人的毛病是无论对什么人，一概用又高又难的标准苛求，韩公所说的'用普通人的标准对待自己，而用圣人的标准要求别人'的人，往往就是这样。"

世人所说的豪杰人士，基本是抱着济世之才，矢志不渝，利禄不能动摇他的心，艰难危险也不能使他失去士气。曾国藩的部下，大多是血性忠义人士；他为了实现"取人为善，与人为善"的思想，总是用砥砺志气的话相互勉励。如："自古圣贤立德，豪杰立功，成功还是不成功，一开始是难以预料的，只是日积月累，全在你自己了。孔子所说的'谁敢侮'，孟子所说的'强为善'都是这个意思。"

曾国藩是一个精明的人，他弟弟曾国荃也是一个精明的人，他们就因为精明吃过不少亏。

对于读书人，曾国藩还能以诚相待。他说："人以伪来，我以诚往，久之则伪者亦共趋于诚矣。"但是对于官场的交接，他们兄弟俩却不堪应付。他们懂得

人情世故，但又怀着一肚子的不合时宜，既不能硬，又不能软，所以到处碰壁。这是很自然的，你对人诚恳，人也对你诚恳；你对人诡秘，人也对你诡秘；你对人一肚子不合时宜，人也对你会一肚子不合时宜。

而曾国藩的朋友迪安有一个优点，就是全然不懂人情世故，虽然他也有一肚子的不合时宜，但他却一味浑含，永不发露，所以他能悠然自得，安然无恙。而曾国藩兄弟却时时发露，总喜欢议论和表现，处处显露精明，其实处处不精明。曾国藩提醒曾国荃：这终究不是载福之道，很可能会给我们带来灾难。

到了后来。曾国藩似乎有所领悟，他在给湖北巡抚胡林翼的信中写道："惟忘机可以消众机，惟懵懂可以被（消除）不祥。"但很遗憾，他未能身体力行。

所以，为学不可不精，为人不可太精，还是糊涂一点的好。

曾国藩"忍"字当头

从曾国藩自己一生的经历来看，曾国藩确实可以说是"忍"过来的。据说曾国藩在长沙岳麓书院读书时，他与另一书生同居一室，那个书生性情怪僻。曾国藩的书桌离窗有数尺，为了借光，便移近窗前。那个书生发怒道："把我的光都遮了。"曾国藩道："那我搁哪里？"书生指着床侧说："可以搁这里。"曾国藩依言搁在床侧。半夜曾国藩仍读书不辍。那个书生又发怒道："平日不读书，这个时候了，还扰人清睡！"曾国藩便无声默念。

但不久曾国藩中式举人，传报到时，那人更大怒说："这屋子的风水本来是我的，反叫你夺去了！"在旁的同学听着不服气，就问他："书案的位置，不是你叫人家安放的吗？怎么能怪曾某呢？"那人说："正因如此，才夺了我的风水。"同学们都觉得那人无理取闹，替曾国藩抱不平，但曾国藩却和颜悦色，毫不在意，劝息同学，安慰同室，无事一般，可见青年时代曾国藩的涵养和气度之一斑了。

当然，懂得运用"忍"字，也并非一味忍耐，软得像泥，这样忍耐是没有出息的表现。我们在了解曾国藩的为人处事时，常常可以发现曾国藩总是在忍与不忍之间徘徊、抉择。

曾国藩初任帮办团练大臣时，凡事雷厉风行，此时的他并不想去忍耐什么，但是接下来面临的事实则让他不忍也得忍。

有天，湘勇试枪，误伤绿营中一长夫，绿营借机吹角执旗，列队进攻湘勇，在城墙上的守兵实弹在膛，几乎酿成大变。曾国藩忍气吞声，把试枪的湘勇鞭打了一顿，才算把绿营兵的哗变平息下来。后来，绿营的永顺兵与塔齐布率领的辰勇之间因赌博细故而发生械斗，提督鲍起豹、长沙协副将清德纵容绿营兵于初六日夜带着兵器，鸣锣击鼓，包围参将府，捣毁塔齐布住房，并列队进攻辰勇。又冲入巡抚射圃中的曾国藩私宅，杀伤他的随丁，直向曾国藩冲去。只是有属员护驾，曾国藩才幸免于难。与曾国藩私宅仅一墙之隔的巡抚骆秉章，历来认为曾国

藩 "所行，异于罗绕典及诸团练大臣，心诽之，然见其所奏辄得褒答，受主知，未有以难也。"所以，他对绿营兵冲击团练大臣的重大政治事件，故意不闻不问，听之任之。曾国藩漏夜去叩骆秉章的门，诉说此事，骆秉章故作惊讶，说一点不知道。事后他不仅不惩治乱兵，甚至亲自释放了肇事者，使曾国藩进一步受辱于众人之前。于是抚台衙门内外，多说曾国藩咎由自取，同情者寥寥。

鲍起豹自六月初到长沙任职后，便到处宣言曾国藩 "不应操练兵士，且将以军棍施之塔将"。鲍起豹 "以清副将为梯附，而屏斥塔游击，大以其操兵为非是，言有敢复操兵者，即以军棍从事"。鲍起豹还说："防堵不宜操兵，盛暑不宜过劳。"他 "切责塔将，而右护清将"。对于这种种非难与掣肘，曾国藩愤慨已极。当时，连骆秉章也认为曾国藩 "不宜干预兵事"，曾国藩遂在给张亮基的信中愤愤地说："岂可以使清浊混淆，是非颠倒，遂以忍默者为调停耶!"他以 "恶夫黑白之易位"的 "血诚"，以 "黑白颠倒，薰莸同器，大拂舆情"为由，与鲍起豹对着干。因此，文武不和，兵勇不睦，集中体现为曾国藩与偏袒绿营兵的湖南地方官的矛盾。这个矛盾如箭在弦上，蓄之既久，其发必骤。

六月十二日（7月17日），曾国藩把在五月便已写好的保举塔齐布的折子誊好上奏时，又撰写了《特参长沙协副将清德折》，说他 "性耽安逸，不遵训饬，操演之期，该将从不一至，在署偷闲，养习花木"，今春在岳州、常德、澧县一带查办 "土匪"时，"需索供应，责令所属备弁购买花瓶，装载船头；一切营务武备，茫然不知，形同木偶"，因而请旨将他革职。写完奏稿，曾国藩尤不解恨，又附上《请将长沙协副将清德交刑部治罪片》，说："此等恶劣将弁，仅予革职，不足蔽辜"，因而应 "解交刑部，从重治罪"。清廷听从了他的意见，将塔齐布加副将衔，将副将清德革职拿问。无疑，这就更加深了他跟以清德为梯附的鲍起豹之间的矛盾。永顺兵八月初四夜对曾国藩的冲击与凌辱，只不过是这一连串矛盾的激化。事后一个月，曾国藩自述道："侍今年在省所办之事，强半皆侵官越俎之事。""省中文武员弁皆知事涉兵者，侍不得而过问焉。"曾国藩是清楚这场矛盾冲突的根源的，因此，他最终也只好一忍到底，愤走衡阳。

曾国藩也有不能自控的时候，那就是其父去世后在家丁忧守制的那段日子。

曾国藩自咸丰七年二月二十九日奔丧至家，至八年六月初七日再度出山由湘乡动身赴浙江，先后家居一年半时间。这一年半时间，名曰 "乡居"，实则是曾国藩一生思想、为人处世巨大转折的时刻，就像练武功的 "坐关"、佛道的 "坐禅"一样。曾国藩经乡居之后，为人处世简直判若两人。

曾国藩是遭受了极大的折辱，很不情愿地乡居的。所以，回到家里心情十分苦闷，怨天尤人。他不明白，自己出于对清政府的一片忠心，"打掉牙和血吞"，在战场上拼命，但是结果处处碰壁，连皇帝都不买他的账，甚至根本就不信任他，"卸磨杀驴吃"，现在磨还没推完，就要杀驴。多少人看他的笑话! 他越想越气，"心殊忧郁"。忧郁无处发泄，整日生闷气，动辄骂人。他数着江西的一帮文武骂，有时跟几个弟弟发无名火。曾国荃等人开始还劝他，后来劝不了只好

不理他，再过些日子就返回了战场。头一年夏天，儿媳（曾纪泽之妻）难产病故，两个月后，曾国荃的妻子熊氏又临产，怕被侄儿媳的魂缠住也难产，于是闹着请神汉进府做道场。曾国藩知道了大骂一顿，骂她们装神弄鬼，道场也做不了。

曾国藩不被皇帝信任，吃了极大一颗软钉子回到家里。但不少朋友认为他是言不由衷，是背叛前誓，前线正吃紧，跑回家呆着，是要挟皇帝。于是，有的批评，有的规劝，还有的干脆大骂他。骂得最凶的是左宗棠，骂他是假仁假义假道学，在湖南抚衙里拍着桌子骂，骂他临阵脱逃，自私无能；骂他不该伸手要官，要不来就躲回家。左宗棠一骂，长沙的大小官都附和着骂。骂得蛰居荷叶塘的曾国藩饭难下咽，夜不成寐，从此"得不寐之疾"。当时他深恨左宗棠，认为别人可以骂他，左宗棠不该骂，他们是同门同道，相互也看得起，尤其在与太平军对抗，捍卫儒家道统方面，他应该是知己的。如今我曾国藩被上下整到这步田地，你左宗棠不同情，反而带头怒骂，太不懂事了！所以，他又开始在家里咒骂左宗棠。

后来再出，曾国藩颇为后悔，几次写信说："去年我兄弟意见不合，今遭温弟之大变，和气致祥，乖气致厉，斯言明征。嗣后我兄弟当以去年为戒，力求和睦。勤者生动之气，俭者收敛之气，有此二字，家运断无不兴之理。余去年在家未将此二字切实做工夫，至今愧憾，是以谆谆言之。"

但是，曾国藩的"悔"，是悔自己的过失、过错。这对他出山后调整自己与官场上下的关系，起到了很好的作用。

曾国藩求才心切，因此也有被骗的时候。有一个冒充校官的人，拜访曾国藩，高谈阔论，议论风生，有不可一世之概，曾国藩礼贤下士，对投幕的各种人都倾心相接，但心中不喜欢说大话的人。见这个人言词令利，心中好奇，中间论及用人须杜绝欺骗事，正色大言说："受欺不受欺，全在于自己是何种人。我纵横当世，略有所见，像中堂大人至诚盛德，别人不忍欺骗；像左公（宗棠）严气正性，别人不敢欺。而别人不欺而尚怀疑别人欺骗他，或已经被骗而不知的人，也大有人在。"曾国藩察人一向重条理，见此人讲了四种"欺法"，颇有道理，不禁大喜，对他说："你可到军营中，观我所用之人。"此人应诺而出。第二天，拜见营中文武各官后，然有介事地对曾国藩说："军中多豪杰俊雄之士，但我从中发现有两位君子式的人才。"曾国藩急忙问是"何人？"此人举涂宗瀛及郭远堂以对。曾国藩又大喜称善，待为上宾。但一时找不到合适的位置，暂时让他督造船炮。

多日后，兵卒向曾国藩报告此人挟千金逃走，请发兵追捕。曾国藩默然良久，说："停下，不要追。"兵卒退下回，曾国藩双手抒须，说："人不忍欺，人不忍欺"。身边的人听到这句话，想笑又不敢笑。过了几天，曾国藩旧话重提，幕僚问为什么不发兵追捕。曾国藩的回答高人一等："现今发、捻交炽，此人只以骗钱计，若逼之过急，恐入敌营，为害实大。区区之金，与本人受欺之名皆不

足道。"此事在令人"喷饭"之余，亦足见曾国藩的远见与胸襟。

清代有个叫钱大昕的人说得好："诽谤自己而不真实的付之一笑，不用辩解。诽谤确有原因的，不靠自己的修养进步是不能制止的。"器量阔宏，使我们能检点自己，大度本身就是一种魅力，一种人格的魅力，那不仅是对自己缺点的正视，而且也是对自身力量的自信。

做人和交友能够胸襟坦荡，虚怀若谷，就可以使人与人之间以诚相待，互相信赖，博取人们对你的支持和真诚相助，事业就有成功的希望。关于曾国藩的雅量大度还有这样一件事：新宁的刘长佑由于拔取贡生，入都参加朝考。当时的曾国藩身份已很显贵，有阅卷大臣的名望，索取刘的楷书，想事先认识他的字体，刘坚持不给。以后刘长佑做了直隶总督，当时捻军的势力正在兴旺，曾国藩负责分击，刘负责合围，以草写的文稿，将要呈上，有人说："如果曾公不满意我们怎么办?"刘说"只要考虑事情该怎么办，他有什么可以值得怕的呢!"曾国藩看到了这个文稿，觉得这样是非常正确的。刘长佑知道后，对幕客说："涤翁（曾国藩）对于这个事能没有一点芥蒂，全是由于他做过圣贤的工夫才能达到的。"

曾国藩虚怀若谷，雅量大度，深深影响了他的同僚。

李鸿章就深受曾国藩的影响，为人处世也处处大度为怀。当发现有人指出他犯有有关这方面的错误时，他便能立即改过不吝。

由于李鸿章身居重要位置很长时间，他的僚属都仰其鼻息，而政务又劳累过度，自然不免产生傲慢无理的地方。然而有指出其过错者，也能够深深的自责。一次某

李鸿章指挥的淮军　清

个下官进见他，行半跪的礼节，李鸿章抬着头，眼睛向上抬着胡髭，像没看见一样。等到进见的官员坐下，问有何事来见，回答说："听说中堂政务繁忙，身体不适，特来看望你的病情。"李鸿章说："没有的事，可能是外间的传闻吧。"官员说道："不，以卑职所看到的，中堂可能是得了眼睛的疾病。"李笑道："这就更荒谬了。"官员说："卑职刚才向中堂请安，中堂都没有看到，恐怕您的眼病已经很严重了，只是您自己反而没有觉察到吧。"于是李鸿章向他举手谢过。

相交以诚，大度宽容，不仅使曾国藩自身增加了人格的魅力，博取人们对他的支持和真诚相助，给周围的人产生了好的影响，更重要的是也使曾国藩少树了许多仇敌。

国学经典文库

曾国藩苦心"修己"

曾国藩为使其能成为理学大师，便按照理学家"修齐治平"的理论，从"静""敬""慎独"下手，于是在"修己"上下了一番苦功。

曾国藩在道光二十一年（1841年）夏天，向唐鉴学习"读书之法"时，唐鉴也谈到了"检身之要"。告诫他要想深刻理解"道"，必须"熟读"《朱子全书》，最切要处，在于不"自欺"，并举倭仁的例子说：他每天从早到晚，饮食言行，都有札记；凡是思想行为有不合于义理的，全部记载下来，以期自我纠正。并希望曾国藩能引以为榜样，将读书和修身结合起来，同时进行。但曾国藩尽管每天阅读《朱子全书》，却没作修身日记，也没练习静坐功夫。直到道光二十二年十月初一（1842年11月3日），他向京城另一位知名的理学大师倭仁请教，才开始"修己"。

倭仁，字昆峰，蒙古正红旗人，翰林出身，历任侍讲、侍读、庶子、侍讲学士、侍读学士、詹事、大理寺卿，后为工部尚书，命授皇帝读、文华殿大学士。

倭仁是以学承正统、德高望重的理学名臣资历而被"命授皇帝读"的。就倭仁的思想特征而言，他以程朱理学为主体，兼取思孟学派及陆王心学的某些观点，形成自己的思想体系。倭仁不仅对理学具有自己深刻领悟，重要的是他的自身道德修养与封建社会的道德规范达到了高度的和谐，因此为士大夫所折服。倭仁告诉曾国藩："'研几'工夫最要紧。颜子之有不善，未尝不知，是研几也。周子曰：'几善恶，'《中庸》曰：'潜虽伏也，亦孔之照。'刘念台先生曰：'卜动念以知几'。皆谓此也，失此不察则心放而难收矣。"还告诉他："人心善恶之几，与国家治乱之几相通。"最后，倭仁嘱咐曾国藩，必须把读书与修己相结合，要天天"写日课"，且应"当即写，不宜再因循"。

唐鉴和倭仁的见解，指出了理学"修己"的真谛。所谓"几"，即思想或事物发展过程中刚刚显露的征兆和苗头。"研几"就是要抓住这些苗头，捕捉这些征兆，不失时机地去认识、发现其发展趋势，以及它们间的相互联系。通过"克己省复"，将一切不符合封建圣道的私心杂念在刚刚显露征兆时即予以别除，以便自己的思想品格能始终沿着先贤所要求的方向发展，并将学术、心术与治术三者联为一体，使学问得到增长，道德水平日益提高，从而逐步体验和积累治理国家的政治经验和才能。这就是理学家"修齐治平"的一套完整理论。

曾国藩按照唐鉴、倭仁的教诲，按照从道德自省到经邦治国的法则身体力行，使自己的思想与人格得到升华。

于是，在与倭仁会面的当天，他便立志"自新"。除继续按照唐鉴教诲的方法读书外，他开始学习倭仁，在"诚意"和"慎独"上下功夫。

同倭仁一样，曾国藩每天将自己的意念和行事，以楷书写在日记上，以便

随时检点和克制。如，他在道光二十二年十一月初八（1842年12月9日）的日记中记载："醒早，沾恋，明知大恶，而姑蹈之，平旦之气安在？真禽兽矣！要此日课册何用？无日课岂能堕坏更甚乎？尚面颜与正人君子讲学，非掩者而何？""平行只为不静，断送了几十年光阴。立志自新以来，又已月余，尚浮躁如此耶"？日记中如此自刻自责的话语随处可见，表明了他要在理学慎独上痛下功夫的决心。

曾国藩将所写的日记，定期送与倭仁审阅，并请他在上面作眉批，提出不客气的批评。虽然这种楷书日记还没有写满一年，因道光十三年（1843）七月，他出任四川乡试正考官，旅途匆忙，日记遂改用行书。此后的日记也没有再请倭仁批阅，但在日记中时时自讼自责的精神，却一直维持终生不变。他天天要求自己以理学的道德自省和经邦治国的要求监视自己，教训自己，也就因为这个缘故，使他在封建的伦理道德方面和他所献身的事业中，一天天地进步。

曾国藩的"克己之学"

道光二十二年，曾国藩在北京师事唐鉴、倭仁时，就立志"屏除一切，从事于克己之学"。所谓"克己之学"，就是自我反省，自我批评。他认为"克己之学"非常重要，大而言之，古今多少圣贤豪杰之所以能成为圣贤豪杰，就是重视"克己之学"；小而言之，"克己之学"可以减少自己许多遮掩和装饰的丑态，做一个堂堂正正的人。他写道："知己之过失，即自为承认之地，改去毫无吝惜之心。此最难事。豪杰之所以为豪杰，圣贤之所以为圣贤，便是此等处磊落过人。能透过此关，寸心便异常安乐，省得多少纠葛，省得多少遮掩装饰丑态。"

曾国藩一生于"克己之学"从不稍懈，坚持终身。

道光十一年，二十岁的曾国藩就学于家乡的涟滨书院时，将自己的号伯涵（当时名子城）改为涤生。这中便含有"克己"的意思。他自述道："所谓涤，取涤除过去所染泥污之意；所谓生，取明代袁了凡所说'从前种种，譬如昨日死，以后种种，譬如今日生'之意。"九年之后，他已身为翰林，回忆起改号之事，又自省道："改号至今九年，还像从前一样不学习，岂不可叹！我今年三十岁了，资质鲁钝，精神亏损，往后还能又有什么成就？只求勤俭有恒，克制自己，不丧元气，做事勉励，稀有所得，不失身为翰林的体面。"他如此克己自励，数十年如一日。

曾国藩"克己"的内容，非常广泛，从治学治家至个人生活，从治政治军到处事待人，无不自察自省。例如，他年轻时爱抽烟，时常捧着一把水烟壶。他自觉抽烟无益有害，力求戒除，但戒而复吸，前后三次。道光二十二年十月，他在日记中写道："自戒烟以来，感到精神空虚，六神无主。戒烟想不到这么难！看来不挟破釜沉舟之势，就不能成功！"他终于挟破釜沉舟之势，在严肃的"克己"中戒掉了吸烟恶习。此虽小事，却见其"克己"的力量。同治元年八月和

闰八月间，江南各地因连年战争而瘟疫流行，宁国境内的鲍超军死了几千人，金陵城外的曾国荃部也死亡相继，士气低沉。正在这个时候，李秀成率二十万大军救援天京，自闰八月二十日起，日夜猛攻雨花台的曾国荃部，达半月之久。落地开花的洋炮，时时从雨花台上空呼啸而下；与此同时，皖南重镇宁国已入太平军之手，且有上图江西之势；小丹阳的太平军也时时可冲到长江，冲断湘军的江中粮道；河南境内的捻军已进入鄂东，有取道皖北回援天京之说。总之，湘军在军

金陵各营获捷战图　清

事上处在极其艰难危急的时刻。还有，战争使大江南北数省，特别是皖南、鄂东、赣东一带人亡地荒，满目疮痍，曾国藩记述道："惟敝处所苦者，在今年[1862年]下半年。目下，舍弟金陵一军及鲍军门宁国一军。米价至七千余文一石，肉至三百文一斤，蔬菜至六十余文。""金陵、宁国两军疾疫流行，死者比比皆是，军中粮饷非常匮乏，积欠多者至十一个月。行军于往宁、池、太三府境内，常终日不见住户，不逢行人。茫茫浩劫，不知到何时才了？"当时曾国荃和鲍超部共约七万人，每月须粮三四百万斤，粮饷从何而来？兵勇每月获饷不过四成，只得饥一餐、饱一顿地过日子，士气何由提高？这是曾国藩当年于军事危急之外的另一大苦恼。然而，正在这内外交困的时候，江西巡抚沈葆桢为确保在江西本省军队的粮饷，于这年九月，截留了供应雨花台大营的江西漕运折银五万两，并获朝廷准允。这不啻使曾国藩雪上加霜。他在日记中多处反映了自己焦灼和忧郁的心情，例如九月十四日写道："今天因金陵、宁国危险之状，忧虑过度，又因为江西诸事掣肘，烦闷不堪。"十八日又写道："五更醒，辗转不能成寐，盖寸心为金陵、宁国之贼忧悸者十分之八，而因僚属不和顺、恩怨愤懑者亦十之二三。"然而，他并没有向他的"直接下级"沈葆桢发泄这些愤懑，更没有张牙舞爪，训斥"直接下级"，强迫下级如何如何。他在给沈葆桢的信中，淡淡地说：近来，"幸亏军饷来数较多，这在今年还是没有的事，勉强还行。如果像这个月入款，以后就是全停江西漕银的接济也能支持。唯恐以后入款不常像此月一样。万一不行时，我去信尊处相商通融办理。"这是多么宽厚的长者风度！沈葆

桢小曾国藩九岁，因为有曾国藩的多次推荐，才得以候补道员升任为巡抚。他从江西本位出发，恃才傲上，且不加节制，于第二年［1863年］再次截留经朝廷批准解送曾国藩粮台的九江关洋税三万两，同治三年（1864年）第三次奏请截留江西的全部厘金，导致两人的最后决裂。曾国藩则截然相反，同治元年（1862年）九月于沈葆桢截留漕折时反省自己"忧灼过度"，"皆由于平日于养气上欠功夫，故不能不动心"。又在《日记》中写道："实则处大乱之世，余所遇之僚属，尚不十分傲慢无礼，而鄙怀忿恚若此。甚矣，余之隘也！余天性偏激，痛自刻责惩治者有年，而有触即发，仍不可遏，殆将终身不改矣，愧悚何已！（同治元年九月十八日）"

"日内因江西藩司有意掣肘，心为忿恚。然细思古人办事，掣肘之处，拂逆之端，世世有之。人人不免恶其拂逆，而必欲顺从，设法以诛锄异己者，权臣之行径也；听其拂逆而动心忍性，委曲求全，且以无敌国外患而已为虑者，圣贤之用心也。吾正可借人之拂逆，以磨砺我之德性，其庶几乎！（九月二十五日）"

这两段文字，实可作为如何对待下级"拂逆"的千古法范。当时，曾国藩对这种下级的"拂逆"与上级的偏袒，有时也不免发两句牢骚。例如，同治三年沈葆桢奏请截留江西全部厘金时，曾国藩于三月二十日上《沈保桢截留江西牙厘不当，仍请由臣照旧经收充饷折》，对比当时的情况说："臣统军太多，月需饷额五十余万。前此江西厘金稍旺，合各处入款约莫可以发饷六成，今年则仅发四成；而江西抚臣所统各军之饷，均发至八成以上。臣军欠饷十六七个月不等；而江西各军欠饷不及五月。就是以民困而论，皖南及江宁所属各地人吃人，或数十里野无耕种，村无炊烟；江西还没到这地步。"又陈述军事局势说："今苏、浙等省会已克，金陵之长围已合，论都辄谓大功指日可成，元恶指日可毙。"故绝不可因粮饷奇绌而"动摇军心，致生功亏一篑之变"。曾国藩又进一步从情和理上缕晰道："臣又闻同僚交际之道，不外二端，曰分，曰情。巡抚应归总督节制，见诸会典，载诸坐名《敕书》。……数百年之成宪，臣不得而辞，沈葆桢亦不得而违分也。军事危急之际，同寅患难相恤，有无相济，情也。"沈葆桢既违分又违情，曾国藩是持之有故，言之成理的。但朝廷没有准奏，而是将江西厘金分江西地方军与曾国藩大营各一半，曾国藩于三月二十七日接到廷寄后，在日记中写道："皇上仿佛偏袒巡抚，仍命督抚各分江西厘金之半。考虑到围攻金陵正处于关键时刻，恐军心涣散，经总理衙门于上海奏拨银五十万两，专解金陵大营，其中二十九万虽不甚可靠，其二十一万则立刻可起解，足济燃眉之急。因念枢廷苦心调停，令人感激；而劳逸轻重之间，又未尝不叹公道不明也。"这是曾国藩运用"克己之学"的典型一例。

综观曾国藩的一生行止，他的"克己之学"，使他在困窘潦倒时坚而不拔，在功成名就时谦而不傲；使他经受了阶级斗争的风暴，越过了满汉矛盾的险滩，

走出了同僚倾轧的陋巷；使他学识渊博，为人清正，终身廉洁，晚节纯粹。

曾国藩的悔过与坚忍

同治九年（1870）五月，曾国藩做了一副对联："战战兢兢，即生时不忘地狱；坦坦荡荡，虽逆境亦畅天怀。"这副对联集中反映了他精神世界的两重性。一方面战战兢兢，一方面坦坦荡荡；一方面悲观主义，一方面乐观主义。他的悲观是对乐观的悲观，他的乐观是对悲观的乐观，这使他能生不忘死，居安思危，也使他能辱中求荣，挫时思奋。这种逆来顺受法，曾国藩称之为"悔字诀"与"硬字诀"。

曾国藩援引朱熹的话说：悔字如春，万物蕴蓄初发；吉字如夏，方物茂盛已极；吝之如秋，万物始落；凶字如冬，万物枯凋。朱子将《易经》中的元（初始）、亨（通达）、利（和谐）、贞（贞固）与四季相配，于是就有了元字配春，亨字配夏，利字配秋，贞字配冬。曾国藩特别解释说，"贞字即硬字诀也"。于是就有一条处世秘诀："以硬字法（效法）冬藏之德，以悔字启（开启）春生之机"。

硬字，曾国藩也称为"倔强"，他祖父星冈公曾教他，男儿不可"懦弱无刚"，他自己也认为，"功业文章，皆须从此二字贯注其中，否则柔靡不能成一事。孟子所谓'至刚'，孔子所谓'贞固'，皆以'倔强'二字做出。"初出山时，曾国藩刀光闪闪，杀人如麻，人称"曾剃头"，不就是初试一"硬"字。在百端拂逆之际，艰苦卓绝之时，他也是"好汉打脱牙和血吞"。他的"结硬案，打呆仗"，"屡败屡战"不也是得力于一个"硬"字。

如果仅仅是硬字，那就不足以服众，也不足以成就一番事业。曾国藩的成功之处还得力于一个"悔"字，"悔"字是从内省中化生出来的，那就是对自己行为的检点或反省，也反映出曾国藩智慧的一面。在一篇日记中他这样写道："大抵人常怀愧对之意，便是载福之器、入德之门。如觉天之待我过厚，我愧对天；君之待我过厚，我愧对君；父母之待我过慈，我愧对父母；兄弟之待我过爱，我愧对兄弟；朋友之待我过重，我愧对朋友，便处处皆有善气相逢。德以满而损，福以骄而减矣。"曾国藩早年在翰林院整月整月地研读《易经》，自然受到了其中阴阳消长、刚柔相推思想的影响，他常常引用《易经》中的"日中则昃，月盈则食"来告诫自己和家长。

曾国藩的这种思想并非晚年才有，早在咸丰年间就已思虑成熟，他曾写过一联："养活一团春意思，撑起两根穷骨头。"也是一悔一硬，柔中显刚，可进可退，亦行亦藏。正是这种思想使其自由地游刃于天地之间。

曾国藩为钦差大臣镇压捻军，当时刘秉璋作为辅佐军事的襄办之官，献防守运河之策，于是清军在河岸修起长墙，阻止捻军马队渡过，试图把他们围在一个角落里聚而歼之。李鸿章在江督行署，力争不可，亲自给刘秉璋写信说："古代

有万里长城，现在有万里长墙，秦始皇没有意料到在一千多年后遇到公等为知音。"显然带有嘲讽的味道。刘秉璋率万人渡运河，接到李鸿章的公文，说粮饷缺乏不能够增兵。李鸿章事事进行干涉大多像此类事情一样。并且时常上报情况，条陈军务，曾国藩很不满意李的这种做法。等到时间长久，军无战功，清政府让李鸿章接替为统帅，曾国藩感觉惭愧，不忍心离去，自己请求留在军营中继续效力。李鸿章接任后，急忙派人到曾国藩驻所领取钦差大臣的"关防"。曾国藩说："关防，是重要的东西；将帅交接，是大事，他不自重，急着要拿去，弄没了怎么办？况且我还留在这里。"李鸿章派客人百般劝说，让他回到两江总督之任上，曾国藩也没有答应。有人给李出主意，并调停说乾隆时西征的军队用大学士为管粮草的官，地位也与钦差大臣相等。曾国藩故意装作不懂说："说的是什么？"刘秉璋说："现在您回到两江总督之任，就是大学士管粮草的官职呀。"李鸿章又私下告诉他说："以公的声望，虽违旨不行，也是可以的。但九帅之军队屡屡失利，难道不惧怕朝廷的谴责吗？"曾国藩于是东归，从此绝口不谈剿捻的事。李鸿章接替为统帅，也没有改变曾国藩扼制运河而防守的策略。后来，大功告成，李鸿章上书请求给从前的领兵大臣加恩，曾国藩仅仅得到了一个"世袭轻车都尉"，因此大为恼怒，对江宁知府涂朗轩说："他日李鸿章到来，我当在他之下，真是今非昔比了！"

　　因此，曾国藩在处理进退关系问题上，则是该进时进，当退时退。在曾国藩启程不得已赴两江总督任之时，途中观者如堵，家家香烛、爆竹拜送，满城文武士友皆送至下关。申刻行船时，遂将郭嵩焘所纂《湘阴县志》阅读一遍，以抑止自己复杂的心情。睡后，则不甚成寐。"念本日送者之众，人情之厚，舟楫仪从之盛，如好花盛开，过于烂漫，凋谢之期恐即相随而至，不胜惴栗。"后三天，他每日只看《湘阴县志》，并将此志寄还。从第四天开始上半日处理文件，见见客，下半日与晚上便开始抓紧时间读《国语》《古文观止》。告别了他经营多年的江宁，离开自己血脉相承的胞弟，怅怅如有所失，内心十分不安，只企望旅程之中能在自己喜爱的书籍中得到安慰与休憩。同治八年（1869）一月九日，曾国藩行至泰安府，忽然接到新的寄谕，所奏报销折奉旨"著照所请"，只在户部备案，毋须核议。这等于说，一些人原抓住曾国藩军费开销巨大，要审计查账，现在一纸圣旨就将此事一笔勾销，不再查他的账了。曾国藩为此大受鼓舞，认为这是清政府对他的特别信任，空前恩典。谕旨使他"感激次骨，较之得高爵穹官，其感百倍过之"。因而便又有点心回意转，虽虑"久宦不休，将来恐难善始善终"，但不再要求辞职了。此时，虽然眼蒙殊甚，可心头的一块石头落了地，但看书的劲头更足了，轿中、宿店的旅途之中，竟将《战国策》《左传》反复阅读，他似乎要在陛见皇太后、皇上之时，陈述自己的中兴大业之策划了。

　　进就要有争。无独有偶，曾国藩的得意弟子李鸿章为了自己的"进"，则更颇有心计。当然他争的是有利于自己"进"的人才。

　　周馥，字玉山，安徽建德人，秀才出身，以得李鸿章提携，跟着水涨船高，

历官至两江、两广总督，与鸿章宦辙相寻，酬其志愿。他追随李鸿章三十余年，为其左右手，在北洋有能员之称。其与鸿章遇合的经过，颇堪一述。

曾国藩的得意门生，李鸿章在进退有据这一点上，似乎稍逊老师一筹，也许因此后来他说"忝为门生长"。曾国藩对李鸿章的评价是"拼命做官"。正因如此，李鸿章未能急流思退、"晚场善收"，尤其是甲午中日战争后，他代表清政府签订丧权辱国的《辛丑条约》后，遭到举国唾骂。光绪十一年（1895），李鸿章抵京的第二天与枢臣一同受光绪召见。光绪"先慰问受伤愈否"，话锋一转，就诘责说："身为重臣，两万万之款从何筹措；台湾一省送予外人，失民心，伤国体。""词甚凌厉"，李鸿章"亦引咎唯唯"。经过甲午战争，使李鸿章赖以支撑其权威的北洋海陆军溃灭殆尽，加之主和辱国，群议指责，帝党官僚乘机要求将他密召入都，勿复假以事权，后党要员荣禄也指责他"误国"，"甘为小人"。据时人说，甲午前，慈禧对李鸿章敬信。甲午后，慈禧信任奕劻和荣禄。正因为这样，李鸿章入觐之后，便被留在北京，奉旨入阁办事，从而失去了直隶总督、北洋大臣的宝座。李鸿章哀叹：正当自己在仕途上"一路扶摇"之际，"乃无端发生中日交涉，至一生事业，扫地无余，如欧阳公所言'半生名节，被后生辈描画都尽'，环境所迫，无可如何。""生归困谗，威脱权劫"，这确是李鸿章从日本议和归来后政治遭遇的真实写照。

李鸿章曾说自己"少年科第，壮年戎马，中年封疆，晚年洋务，一路扶摇"。但甲午战争却使他从权力顶峰上滚落下来，奉旨入阁办事。所谓入阁办事，就是仅仅保留文华殿大学士头衔，以全勋臣脸面。李鸿章在北京没有房产，只得借住在贤良寺。位于东安门外冰盏胡同的贤良寺，是由雍正时怡贤亲王舍宅改建而成，建筑宏壮，层甍云构，地极幽敞，炉烟尽静，闲院飞花，不仅环境优雅，而且近邻禁城，封疆大吏入觐者，多在此下榻。李鸿章"终岁僦居贤良寺"，既不能预闻朝政，又时受政敌攻击，他的门生故吏，也纷纷叛离。他为了保证自身安全和伺机东山再起，采取了"韬光养晦"的策略。他很少外出访亲拜友，也不喜欢接待来访客人，"因而门户亦甚冷落"。从"坐镇北洋，遥执朝政"，一变而被投闲置散，犹如从云端跌落地表，他的心情怎么能够平静呢？他感受到世态炎凉，忧谗畏讥，苦闷无聊。

李鸿章即使身处逆境，也把老师曾国藩的一套治心养生之术拿来，每天六、七点钟起床，少许吃些早点后，就开始批阅公文，办理公务，公余则随意看书和练字。和他的老师一样，他也十分喜欢《资治通鉴》和《庄子》，前者意在从历代治乱兴亡中取得借鉴，后者企图从道家经典中追求"天地与我并生，万物与我为一"的主观精神境界，以期安时处顺，逍遥自得，从失势的苦闷中解脱出来。他曾从曾国藩学习书法，推崇东晋书法家王羲之妍美流便的书法，此间每天临摹唐僧怀仁《集王书圣教序》碑帖，临过之后，细看默思，力求神似。午间饭量颇大，无非山珍海味之类。饭后还要喝一碗稠粥，饮一杯清鸡汁，过一会儿再饮一盅以人参、黄芪等药物配制的铁水，然后就脱去长衫，短衣负手，在廊下散

步。除非遇到严寒冰雪，从不穿长衣。散步时从走廊的这一端走到那一端，往返数十次，并令一个仆人在一旁记数，当仆人大声票报"够矣"时，就掀帘而入，坐在皮椅上，再饮一盅铁酒，闭目养神，一个仆人给他按摩两腿，很久才慢慢睁开眼睛，对守候在一边的幕僚和仆人说："请诸君自便，予将就息矣，然且勿去。"随即上床午睡一、两小时。当仆人通报"中堂已起"之后，幕僚连忙入室，同他说古道今。晚餐食量较少，饭后让幕僚自便，"稍稍看书作信，随即就寝"。这种生活规律，"凡历数十百日，皆无一更变"。

李鸿章曾批评曾国藩晚年求退为无益之请，公开为恋栈的思想行径辩解。他说："今人多讳言'热中'二字，予独不然。即予目前，便是非常热中。仕则慕君，士人以身许国，上致下泽，事业经济，皆非得君不可。予今不得于君，安能不热中耶？"这表明李鸿章并不甘心久居散地，热衷于争取清廷的信任，东山再起，重游宦海。正如时人所说的："李鸿章叠经参劾之后，人居清近之任，不思引退，常恨失权，图度数月"。

明强就是敢争，当一种判断确定后，曾国藩从不迁就他人的意见，有主见，敢斗争。他出山不久向清廷伸手要权的事，就颇能代表他的明强品格。

大约从咸丰二年（1852）十二月出办团练至咸丰七年（1857）二月弃军奔丧，这是曾国藩历史上最为困难的时期。他事事草创，不断碰壁，客军虚悬，无权无位，兵微将寡，屡遭挫败，既无太多的事可做，也无太多的钱养士。而对当时一般知识分子来说，充任曾国藩幕僚，虽有风险承担，却无看得见实际利益可言。所以，所设办事机构较少，办事人员也不多。这一时期的军政办事机构主要有秘书处、营务处、审案局、发审局（所）、情报采编所。粮饷筹办机构主要有行营粮台、岳州转运局、汉口转运局、长沙后路粮台、南昌粮台和衡州劝捐总局、樟树镇劝捐总局、樟树镇饷盐总局及其所属分支机构。这一时期的幕僚多为至亲好友、亲朋子弟、降革人员和年轻有为的血性书生，如郭嵩焘、刘蓉、李元度、李瀚章、李沛苍、程桓生等。

咸丰七年（1857）二月四日，曾国藩的父亲曾麟书病死在湖南湘乡原籍。二月十一日，曾国藩在江西瑞州军营得到父亲的死耗后，哀毁悲痛之情无以自抑，"仆地欲绝"。十六日上《报丁父忧折》，不待清政府准假，就与曾国华从瑞州回籍奔丧。

曾国藩仔细观察局势，认为"非位任巡抚，有察吏之权"，决不能治军，决不能兼及筹饷。

曾国藩伸手向清政府要督抚的官位，并不仅仅为个人争地位，主要是为湘军争权利，争政治待遇。按照清朝的惯例，曾国藩带的兵如此之多，作战能力又远较八旗、绿营为强，立下的军功又如此之大，授予巡抚、功赏过薄，不足塞其欲壑，若授予总督，则军政大权集于一身，又为朝廷所不甘。而恰在此时，胡林翼等已攻占了武昌，形成了高屋建瓴之势，水陆师直捣九江。长江下游方面，自咸丰七年四月何桂清接替怡良为两江总督后，江南大营日有起色，正在进攻镇江，

捷报频传。所以清廷便决定将长江上游战事责成湖广总督官文、湖北巡抚胡林翼，将下游战事、攻陷天京的希望寄托在何桂清与和春的身上。认为这样处理，定操胜算。因此，断然拒绝了曾国藩干预朝廷用人大政，并撤销了他兵部侍郎的职务，将他开缺在籍守制，削除了他的兵权。同时命署理湖北提督的杨岳斌总统外江水师，惠潮嘉道彭玉麟协同调度。这样的结果，致使江西湘军很快陷入了涣散状态。后来，胡林翼虽然一度派李续宜等往江西统湘军陆师，依然无济于事，而且李续宾、李续宜兄弟对清政府削除曾国藩的兵权也极为不满，心怀退志。

毫无疑问，曾国藩被消除兵权，瓦解了湘军的斗志，涣散了湘军的士气，削弱了湘军的战斗力，使江西湘军陷入群龙无首的局面。清军的力量在消衰下去。如果这时太平天国的内部不发生杨韦事变等一系列大的变故，就能用兵长江上游，重开湖北根据地。但是，咸丰七年翼王石达开已决心出走，太平天国的军事力量也在下降，这真是历史的悲剧！

事败不思退悔，则会成为"被同一块石头绊倒过两次"的蠢人。曾国藩可谓是一个专吃"悔"药的人，专心用悔来求取成功的人。他说，朱子尝言："悔字如春，万物蕴蓄初发；吉字如夏，万物茂盛已极；吝字如秋，万物始落；凶字如冬，万物枯凋。"告诫其弟说，当艰危之际，若能以"硬"字功夫效法冬藏之德，以"悔"字启春生之机，庶几可挽回一二乎。

曾国藩的悔过绝不仅仅是停留在口头上的，而是抓住一切机会，调整自己的行为和做法。这从曾国藩在咸丰七年（1857）五月以在家终制为借口拒绝出山到咸丰八年（1858）乘机出山一事上可明显看出。

咸丰七年（1857）二月至五月，曾国藩因父亲病逝获准三个月假期，"丁忧"回家"守制"。五月假期将满后，咸丰帝命令他遵照前旨，返回前方，继续督办江西军务。鉴于以前没有实权的难处，曾国藩借此机会，给咸丰帝上了一道奏折，提出了向朝廷要实权，"非任位巡抚"不可的要求，其中含有如果不这样则无法出山的"要挟"之意。

对于曾国藩奏折的真正含义，咸丰皇帝自然一目了然，但他一直对曾国藩掌握地方实权而心怀芥蒂，怕曾国藩权太重位太高，对清朝形成严重威胁，并且眼见太平天国在经历了天京事变后，军事上的退缩形势，咸丰皇帝认为不用曾国藩而攻克天京也指日可待。于是咸丰皇帝便送了一个顺水人情，批准了曾国藩在籍终制的要求，这使曾国藩大大出乎意料，使他从而陷入了深深的痛苦之中。

曾国藩这种以退为进，提出要求地方实权的不得已之举，没想到竟然弄巧成拙，不仅没有得到地方实权，连复出统率军队的机会也被取消了，这使曾国藩无所措手。因为曾国藩在当时已经做好了回到江西前线的准备，在李续宜写给曾国藩的信中，已表现出来："昨日读致峤函，知批旨业于十七奉到（咸丰皇帝要求曾国藩三月假满后，即赴江西督办军务的批旨），先生因拟复出，不禁为天下而狂喜，此际想已定行期，营中久备行台以待之矣。"

于是，曾国藩不得不急忙向咸丰皇帝表明心迹，"臣自到籍以来，日夕惶悚

不安。自问本非有为之才，所处又非得之地。欲守制，则无以报九重之鸿恩；欲夺情，则无以谢万节之清议。"咸丰皇帝十分明了曾国藩此一试探性的口吻，但在他看来江西军务已有好转，曾国藩此时只是一只乞狗，效命可以，授予实权万万不可。于是，咸丰皇帝朱批道："江西军务渐有起色，即楚南亦就肃清，汝可暂守礼庐，仍应候旨。"假戏真做，曾国藩真是哭笑不得。同时，曾国藩又要承受来自各方面的舆论压力。此次曾国藩委军奔丧，已属不忠，此后又以复出作为要求实权的砝码，这与他平日所标榜的理学家面孔大相径庭。因此，招来了种种指责与非议，再次成为舆论的中心。若干年后，曾国藩还非常懊悔自己的这一举动，看作是生平几大辱之一。

正如古人说，过而能改，善莫大焉。曾国藩所说的知悔，基本上也是这个意思。但是，还有更深的一层意思，就是对己，要时时知道悔过，做错的事，就是错了，就要追悔不已，一有改过的机会，就毫不犹豫地抓住，对人，就要不顾个人恩怨，对就是对，错就是错，没有任何姑息的成分。这些内容，实际上也是曾国藩一生经历中的重要教训。

纵观曾国藩一生，令他悔之不已的有这么三件事：一件是在江西镇压太平军时的辞职回乡，一件是对李元度的弹劾，一件则是处理天津教案的不妥。

最令曾国藩痛悔并悔之无极的是他对天津教案的处理。天津教案发生于同治九年（1870）五月二十三日。起因是天津境内，常有小孩被迷拐的事情，并且传说失去的小孩，是法国天主教堂的洋人所拐，把他们挖眼剖心，取而制药，因此人民与教徒常有争斗。三口通商大臣崇厚，驻津办理外交已有十年，可说是外交老手，他约法国领事官到署，提犯人对质，民众愤怒，领事丰大业恐怕吃眼前亏，竟然开枪杀人。民众大怒，把丰大业活活打死。并放火烧教堂，使洋人和教民无辜受害者达数十人。曾国藩时为直隶总督，驻保定，奉朝命往天津会同崇厚办理此案。曾国藩未曾办过外交，而此案之发生双方皆有不是之处。曾国藩在此情况之下，万分为难，因为当时的"清议"派是颇有力量的，而其本人对外情未悉，不知如何做起，如果办理不善，引起战争，弄不好会像叶名琛那样，被洋人掳去。所以他在动身之前，先写下遗嘱，并作家书示其二子处理后事，又写下"遗教"一篇，教诫二子，云："余即日前赴天津，查办殴毙洋人，焚毁教堂一案。外人性情凶悍，津民习气浮嚣，俱复难和解，将来构怨兴兵，恐致激成大变。余此行反复筹思，殊无善策。余自咸丰三年募通以来，即自誓效命疆场，今老年病躯，危难之际，断不肯吝于一死，以自负其初心，恐邂逅及难，而尔等诸事无所秉承，兹示一二，以备不虞。"

当时的中国是没有外交可言的，洋人恃其兵船大炮，威胁中国，中国处处都居于下风。天津教案既起，惧外的清廷生怕又再发生咸丰十年英法联军打入北京之事，便于示曾国藩、崇厚，不可太过强硬，以免引起交涉破裂。崇厚为人媚外成性，对洋人极端畏惧恭顺，故交涉初开，事事逊让。曾国藩到天津后，见崇厚太软弱，而士大夫的清议又高呼攘夷，主张立刻开战，使得他左右为难，拿不定

主意，只想在万不得已时以死谢国人。

在处理天津教案中，曾国藩先后共逮捕无辜群众八十多人，共杀天津市民二十人，充军二十五人，同时将天津知府张光藻和知县刘杰交刑部治罪，革职充军，还付给法国赔偿费及抚恤费共四十六万两银子。

杀国人谢罪洋人的方案一公布，朝野上下无不哗然，一时间舆论沸腾，人们骂曾国藩为"卖国贼"。朝廷中的"清议派"更是不遗余力地对其进行攻击，甚至有人主张严惩曾国藩以谢天下，更有人做对联讥讽他：

> 杀贼功高，百战余生真福将；
> 和戎罪大，三年早死是完人。

曾国藩自己也因此而愧悔交加，他自己说："此案自理既多棘手，措施未尽合宜，内疚神明，外惭清议。"并哀叹说："名已裂矣，亦不复深问耳。"

李元度系湖南平江人，字次青，举人出身。少年时慷慨任侠，勤奋向学。

曾国藩兵挫后的两次自杀，都是李元度舍身相救，拼死力将曾国藩抱过了江，使曾国藩幸免于难。可以说，李元度对曾国藩确有救命之恩。

咸丰八年（1858）一月，李元度因功升任道员，同年二月，湖北巡抚胡林翼上《密陈浙江紧要军情请调员防剿疏》，李元度旋即奉命带兵人浙，这是湘系势力渗透人浙的开始。曾国藩东山再起后，率领江西湘军追击翼王石达开入浙，并保荐李元度，使其得按察使衔，赏巴图鲁勇号。咸丰十年（1860）四月，清政府命李元度赴浙江交巡抚王有龄差遣委用，六月，王有龄授予浙江温处道道员。李元度以所部平江勇三千交浙江提督饶廷选统率，自己回湖南另行招募平江勇。

咸丰十一年（1861）一月，王有龄上奏请调李元度援浙，"诏如所请"。李元度遂回湘募勇，取名"安越军"。

曾国藩对李元度打出"安越军"的旗帜，"分裂"湘系，作"异己分子"越想越生气，不能容忍了，不能再柔顺下去了，于是，现出刚挺之气，便于二月二十二日，参劾李元度，加给他的罪名是：第一，私求王有龄调赴浙江。并且不向我请示而擅自回湘募勇，取名"安越军"。第二，"安越军"在江西、湖北所得胜仗，多系"冒票邀功"。第三，李元度于咸丰十一年十月到衢州，"节节逗留，任王有龄羽檄飞催，书函哀恳，不一赴杭援救。是该员前既负臣，后又负王有龄，法有难宽，情亦难恕"，请予革职，"安越军"应予遣散。到后来，清政府命浙江巡抚左宗棠查复，遵照曾国藩的意见，将李元度革职遣戍（后获救未遣）。

上文已经提到李元度时，曾国藩的恩义和两人的交情非同一般，可是曾国藩因为洗刷自己的过错而弹劾李元度，此事成了曾国藩终生内疚的第二件事。据说当时参劾李元度遭到曾氏的部下和幕友的强烈反对。曾国藩的得意门生李鸿章本来就不主张驻军祁门，认为"祁门地形如在釜底，殆兵家之所谓绝地，不如及早

移军，庶几进退裕如"。曾不听，李"复力争之"，曾便赌气说："诸君如胆怯，可各散去！"到曾国藩准备参劾李元度时，李鸿章率幕友们向他求情，并且声称若参劾李元度，"学生不为具疏"。曾国藩说，你不具疏，我可以自己动手。李鸿章"力争之不能得，愤然去"，曾国藩也就"立遣之"，叫他到延建邵道赴任。这之后，曾国藩的另一幕友陈作梅专门写了一份说帖，"极言劾次青折不宜太重"；曾国藩与之面议时，"渠复再三婉陈"，曾国藩只得"将奏稿中删去数句"

但内心更加抑郁。他在九月十二日的日记中写道："日内，因徽州之败深恶次青，而又见同人多不明大义，不达事理，抑郁不平，遂不能作一事。"

其实，徽州之败，无论如何也是不能深责李元度的。后来，李元度写了一篇《杨萃耕哀辞》，追悼他的同僚，详尽地叙述了徽州之役的全过程："十年四月，侍郎擢督两江，命余复募平江勇。六月，与君共简阅。七月二日成行。……先是，防皖者为张副宪苔，驻徽六载，有卒万四千，缺饷五月，师哗。属曾公驻祁门，副宪内召。余以八月十六日抵徽。前四月，宁国陷，贼犯绩溪之

清代官印

丛山关，急遣将援之，弗克，章同知梅华死焉。副宪行。君趣余缮城守，城周十三里，女墙尽圮，蓬蒿没人，葺治三昼夜，坼完三分之二。忽伪侍王李世贤率贼十数万至，余出战东门外，君任守障。既交锋决荡数次，原防兵千有六百，忽不战奔。援师之至自祁门者亦崩溃。我军不能支，入城拒守。贼抵隙攻，力御之。诘旦，君曰：'出，险矣！'余摇首曰：'死，吾职也。子有老亲在，前岁犹视子有，其忘之乎？'君泣，余亦泣，是日贼攻愈力，君分守北门，余西门，三登三却之，杀贼过百。贼忽冒死自小北门登，酉刻城陷。君手矛头城上，亲座掖之不肯下，遂被戕。咸丰十年八月二十五日事也。"这段朴实的记载，至少说明了四点：一、李元度率领的平江勇，全是新兵，六月组建，七月成行，八月便仓促上阵；二、由他节制的张苔的旧部早因闹饷哗变，余下的千余人也不战而奔，曾国藩亲从祁门派来的四营援兵"亦崩溃"，退还休宁；三、他面对的太平军是异常强大的，号称十数万，克宁国，即丛山关，来势汹涌，当时直接围攻徽州的李世贤部亦达四万余人；四、李元度八月十六日抵任，二十五日失败，张苔"驻徽六载"，率军万余人，未得取胜，而责之于在双方力量悬殊的情况，御敌仅九天的李元度，不也太过分了吗？

对于李元度在这九天中尽忠职守的情况，曾国藩本人也是承认的。他在九月初六日《徽州被陷现筹堵剿折》中说："二十四日，伪侍王李世贤同抢天义、通

天义、赞天义诸逆首共带四万余人，直扑徽城，更番诱战。李元度亲督各营出城接仗，自辰至午，毙贼数百。岭后伏贼并出，抄我两翼，众寡不支，礼字、河溪各营由西门大路退回西宁。李元度率平江西营入城固守。贼即跟踪围攻四门，因西门城垣坍塌，又无垛口，是夜三更，乘阴雨黑暗，专攻此门，势极危险。李元度身卧城头，竭力堵御，天明贼退。二十五日申酉之间，贼伏西门民房，凿墙对城施放火枪，守陴弁勇站脚不住，贼众即缘梯直上。李元度赶调各门队伍来救，贼已四面扒城而入，府城遂陷。"又说，在太平军围徽州府城时，曾急调鲍超、张运兰两部入援，可惜，"无如城大而圮，绅民搬徙一空，兵勇仅二千有余，有敷分布，又系新募之卒，由湖南远来，甫经到徽，竟不能支持数日，以待援师，实堪痛惜。"这段文字证实，李元度所带之勇，人少、新募、远来。人少则难挡四万之众；新募则训练无素；远来则疲倦可知，且不熟悉徽州地形。这段文字还证实，西门"城垣坍塌，又无垛口"，身为主帅的李元度，自任其难，而又救援无及。从曾国藩本人的奏折看，李元度似亦无可非议。

正是基于这一教训，每到一地，曾国藩即广为寻访，延揽当地人才，如在江西、皖南、直隶等地都曾这样做。他的幕僚中如王必达、程鸿诏、陈艾等人都是通过这种方法求得的。与捻军作战期间，曾国藩在其所出"告示"中还特别列有"询访英贤"一条，以布告远近："淮徐一路自古多英杰之士，山左中州亦为伟人所萃。""本部堂久历行间，求贤若渴，如有救时之策，出众之技，均准来营自行呈明，察酌录用。""如有荐举贤才者，降赏银外，酌予保奖。借一方之人才，平一方之寇乱，生民或有苏息之日。"薛福成就是在看到告示后，上《万言书》，并进幕府，成为曾国藩进行洋务的得力助手。

在直隶总督任内，为广加延访，以改当地士风，曾国藩除专拟《劝学篇示直隶士子》一文广为散布外，还将人才"略分三科，令州县举报送省，其佳者以时接见，殷勤奖诱。"曾国藩与人谈话、通信，总是殷勤询问其地、其军、其部是否有人才，一旦发现，即千方百计调到自己身边。他幕府中的不少幕僚都是通过朋友或幕僚推荐的。为了增强对人才的吸引力，以免因自己一时言行不慎或处事不当而失去有用之才，曾国藩力克用人唯亲之弊。同时，自强自立，"刻刻自惕"，"不敢恶规谏之言，不敢怀偷安之念，不敢妒忌贤能，不能排斥异己，庶几借此微诚，少补于拙。"从其一生的实践看，他基本上做到了这一点。曾国藩周围聚集了一大批各类人才，幕府之盛，自古罕见，求才之诚，罕有其匹，事实证明其招揽与聚集人才的办法是正确的和有效的。

一个人的成功与失败，关键在于他能否把与自己交往密切的人力资源转化为自己的资源，把他人的能力，转化为自己的能力。曾国藩就是一个善于把别人能力化为己用的人。

曾国藩早在办团练伊始，就发布《招某绅耆书》，招人入局：

我奉命协助帮理团练，稽查捉拿贼匪，接受任务以来，日夜忧心忡忡，唯恐有误，担心自己见识不广，考虑不周，因此孜孜以求，希望家乡的贤人不要嫌弃

我，肯慷慨前来光临相助，借此来广泛地采取众议，周密地听取意见，以求补救我的疏漏。所以我经常或是寄信请人出山，或是热情欢迎来宾，广招英雄豪杰，咨询高见妙法，这一片耿耿之心，想来能得到大家的体谅。……大厦非一木所能支撑，大业凭众人的智慧而完成。如果能使众多的贤士都汇集而来，肝胆相照，那么，即使是坚固的金石也能穿透，又有什么艰难不被克服呢？

曾国藩对他的弟弟说：

求别人辅佐自己，时时刻刻不能忘记这些道理。获得人才是最困难的，过去有些人做我的幕僚，我也只是平等对待，对他们不是很钦敬，以今天来看，这些人是多么的不可多得。你应该常常把求才作为重要的任务，至于那些无能的人，即使是至亲密友，也不应久留，这主要是担心有才的人不愿与他们共事。

后来，曾国藩领兵出征，官至督抚、钦差，更加注意时时网罗人才。不仅自己如此，对他弟弟也发出如此忠告。他在《致沅弟》信中说，成大事的人，以多选助手为第一要义。满意的人选择不到，姑且选差一点，慢慢教育他就可以了。就是说要时时注意笼人，不能因为没有十分可意的就不去用人。

而对于那些才华出众之人，曾国藩不论何时，一旦得知便千方百计笼纳过来，为己所用，如对郭意诚就是这样。

郭意诚，字昆焘，湘中名儒。因颇具文才，咸丰、同治年间，中兴诸老无不与他交往友好，各自都想将他罗至自己幕下。但郭意诚极爱其妇，日不远离，故总是力辞不就。

曾国藩也最赏识郭意诚其才。为了把他引出来帮助自己，曾寄书戏谑郭。书中云："知公麋鹿之性，不堪束缚，请屈尊暂临，奉商一切。并偕仙眷同行，当饬人扫榻以俟。"郭意诚出自对曾国藩的信服，接书后立即赶至湘军营幕见曾国藩。但并未偕仙眷同行。故曾国藩又命他速归，并作书曰："燕雁有待飞之候，鸳鸯无独宿之时，此亦事之可行者也。"郭意诚得书，一笑置之。但接受了曾国藩的邀请，决心出来供职。

据说，郭意诚在曾国藩幕下是干得很好的，成为曾的得力助手，不少奏折函件都出自郭之手。曾亦对他关怀备至，或准他的假，让其多回家，或命他将夫人接来，不影响他们的夫妻生活。1858年，郭意诚有一段时间告假居家，因故未及时归营，曾国藩连续发过几次信催其速归。曾国藩于1858年6月4日，在《致澄弟信》中说："公牍私含义诚均可料理"，足见曾国藩对郭意诚的信任。

曾国藩就是这样，时时不忘求人自辅。只有时时不忘，才能抓住时机，笼人有术，把别人招纳不来的人才吸引过来，以佐事业之辉煌。

上文已经提到李元度时，曾国藩的恩义和两人的交情非同一般，可是曾国藩因为洗刷自己的过错而弹劾李元度，此事成了曾国藩终生内疚的事。据说当时参劾李元度遭到曾氏的部下和幕友的强烈反对。曾国藩的得意门生李鸿章本来就不主张驻军祁门，认为"祁门地形如在釜底，殆兵家之所谓绝地，不如及早移军，庶几进退裕如"。曾不听，李"复力争之"，曾便赌气说："诸君如胆怯，可各散

去!"到曾国藩准备参劾李元度时,李鸿章率幕友们向他求情,并且声称若参劾李元度,"学生不为具疏"。曾国藩说,你不具疏,我可以自己动手。李鸿章"力争之不能得,愤然去",曾国藩也就"立遣之",叫他到延建邵道赴任。这之后,曾国藩的另一幕友陈作梅专门写了一份说贴,"极言劾次青折不宜太重";曾国藩与之面议时,"渠复再三婉陈",曾国藩只得"将奏稿中删去数句"但内心更加抑郁。他在九月十二日的日记中写道:"日内,因徽州之败深恶次青,而又见同人多不明大义,不达事理,抑郁不平,遂不能作一事。"

其实,徽州之败,无论如何也是不能深责李元度的。后来,李元度写了一篇《杨萃耕哀辞》,追悼他的同僚,详尽地叙述了徽州之役的全过程:"十年四月,侍郎擢督两江,命余复慕平江勇。六月,与君共简阅。七月二日成行。……先是,防皖者为张副宪芾,驻徽六载,有卒万四千,缺饷五月,师哗。属曾公驻祁门,副宪内召。余以八月十六日抵徽。前四日,宁国陷,贼犯绩溪之丛山关,急遣将援之,弗克,童同知梅华死焉。副宪行。君趣余缮城守,城周十三里,女墙尽圮,蓬蒿没有,葺治三昼夜,堞堄完三分之二。忽伪侍王李世贤率贼十数万至,余出战东门外,君任守障。既交锋决荡数次,原防兵千有六百,忽不战奔。援师之至自祁门者亦崩溃。我军不能支,入城拒守。贼抵陴攻,力御之。诘旦,君曰:'出,险矣!'余摇首曰:'死,吾职也。子有老亲在,前岁犹视子有,其忘之乎?'君泣,余亦泣。是日贼攻愈力,君分守北门,余西门,三登三却之,杀贼过当,贼忽冒死自小北门登,酉刻城陷。君手矛斗城上,亲座披之不肯下,遂被戕。咸丰十年八月二十五日事也。"这段朴实的记载,至少说明了四点:一、李元度率领的平江勇,全是新兵,六月组建,七月成行,八月便仓促上阵;二、由他节制的张芾的旧部早因闹饷哗变,余下的千余人也不战而奔,曾国藩亲从祁门派来的四营援兵"亦崩溃",退还休宁;三、他面对的太平军是异常强大的,号称十数成,克宁国,即丛山关,来势汹涌,当时直接围攻徽州的李世贤部亦达四万余人;四、李元度八月十六日抵任,二十五日失败,张芾"驻徽六载",率军万余人,未得取胜,而责之于在双方力量悬殊的情况下,御敌仅九天的李元度,不也太过分了吗?

对于李元度在这九天中尽忠职守的情况,曾国藩本人也是承认的。他在九月初六日《徽州被陷现筹堵剿折》中说:"二十四日,伪侍王李世贤同抢无义、通天义、赞天义诸逆首共带四万余人,直扑徽城,更番诱战。李元度亲督各营出城接仗,自辰至午,毙贼数百。岭后伏贼关出,抄我两翼,众寡不支。礼字、河溪各营由西门大路退回西宁。李元度率平江四营入城固守。贼即跟踪围攻四门,因西门城垣坍塌,又无垛口,是夜三更,乘阴雨黑暗,专攻此门,势极危险。李元度身卧城头,竭力堵御,天明贼退。二十五日申酉之间,贼伏西门民房,凿墙对城施放火枪,守障弁勇站脚不住,贼众即缘梯直上。李元度赶调各门队伍来救,贼已四面扒城而入,府城遂陷。"又说,在太平军围徽州府城时,曾急调鲍超、张运兰两部人援,可惜"无如城大而圮,绅民搬徙一空,兵勇仅二千有余,不

敷分布，又系新募之卒，由湖南远来，甫经到徽，竟不能支持数日，以待援师，实堪痛惜。"这段文字证实，李元度所带之勇，人少、新募、远来。人少则难挡四万之众；新募则训练无素；远来则疲倦可知，且不熟悉徽州地形。这段文字还证实，西门"城垣坍塌，又无垛口"，身为主帅的李元度，自任其难，而又救援无及。从曾国藩本人的奏折看，李元度似亦无可非议。

且曾李二人并非素有嫌隙，相反，两人是儿女亲家，又相处甚笃。李元度入曾氏幕府最早，随曾氏自湖南而湖北、而江西、而安徽，先办文案，后领军团民战，败仗时少，胜仗时多，甚为曾氏所赏识和器重。李元度亦因此被曾国藩节节保举，由教谕而渐次升为按察使衔的道员。咸丰七年，曾国藩居丧乡间，有闲回顾总结前几年激烈的战斗和纷纭的人事，深深怀念着李元度，常常信来信往。在《曾国藩全集·书信》中，咸丰七年现仅存曾氏与李元度及其母亲的书信七封，这或许是因为曾国藩这年未给其他人写信，或许是虽写而觉无关紧要，未予保存。在这七封信中，曾国藩尽情地倾吐自己的忧苦，和对李元度的深情厚谊，其"三不忘"之说，尤为动人。他说："自维即戎数载，寸效莫展，才实限之，命实尸之，即亦无所愧恨。所愧恨者，上无以报圣主优容器使之恩，下无以答诸君子患难相从之义，常念足下与雪琴，鄙人皆有三不忘焉，……足下当靖港败后，宛转护持，人则欢愉相对，出则雪涕鸣愤，一不忘也；九江败后，特立一军，初志专在护卫水师，保全根本，二不忘也；樟树败后鄙人部下，别无陆军，赖台端支持东路，陷然巨镇，力撑绝续之交，以待楚援之至，三不忘也。"写过"三不忘"，曾国藩尚觉意犹未尽，又写道："自读礼家居，回首往事，眷眷于辛苦久从之将士，尤眷眷于足下与雪琴二人。"过了约一年，即咸丰八年八月初四日，他写信给李元度，对他大顾赞颂，迹近阿谀。这封信写道："国藩于初一二人贵境，目睹旋旗，但知李公，不知其他也，巨闻讴歌，但知李公，不知其他也。仙李之蟠根孔大，出蓝之誉望益隆。往在山中，以阁下与雪琴久共患难，中道弃捐，引为大疚，恨不得拔艳侯于汉中，送扬雄于天上。及至湖口，则雪琴雄占一方；今至信江，则次公又虎步一路。然后知山中之自为疚恨，盖愚呆不晓大计耳。"笋樾葱攀币深情地说："李君次青从弟多年，备尝艰险。上年弟以忧归，李君力撑江省之东路，为人所难，百折不回。弟愧无以对之，寸心抱疚。"

曾国藩不但对李元度在政治上、军事上与自己患难相依，荣辱与共，一往情深，而且对李元度的文才也很赞赏，在日记、书信中常有流露，如："观次青所为《石钟山词记》，甚有气势"；"次青又作《怀人》诗十六首，再用何廉昉原韵，绵丽道劲，才人之笔"；"夜与次青论古文之法。次青天分高，成就当未可量"。正因为如此，曾李二人亲如手足。翻开曾国藩在徽州之役前的日记，自咸丰八年七月十八日至咸丰十年九月十七日，几乎每月都有他与李元度书信往来或延坐畅谈的记载。他们交谈的内容，虽无详细的实录，但涉及的范围显然是很广的，如咸丰九年六月十九日夜。"与次青谈调遣大局"。同时，曾国藩还请李元度综理营务处，帮办许多公文印信事宜，咸丰八年十二月三十日记："请次青批

禀，并写信与张凯章、王文瑞、吴国佐各一件，余每信添一二片。"甚至在生活上，二人也是互相关照的，如曾国藩咸丰八年七月二十八日记："次青伤痕已愈，为之忻然。"同年八月二十五日记："次青之母太夫人左手膀忽痛，不能举箸。"同年九月初一日记："夜，议次青假归事，派史连城带途费自平江迎接李太夫人。"同年十一月十九日记："是日专人至次青家……送信。"同年十二月初五日记："次青将以廿七日启行来营，而其太夫人病殊未愈，将成半身不遂之症，阅之代为忧灼。"咸丰九年九月初七日记："写次青信一件，专人送银三百两、对一付至渠处，为其夫人寿。"以上所引述的这些远不完全的资料，说明二人的私交至厚至深，而曾国藩从未在书札、日记中流露对李的半点不满之处。

然而，在徽州之败后，情况便急转直下，曾国藩竟不顾朋僚的劝阻，如此绝情地参了李元度一本。为什么？是曾国藩为国为君吗？不，上面的资料已说明李元度在徽州之役中是尽忠职守的。是公报私仇吗？似又不是。原来，是另有原因。第一，徽州失守之后，祁门孤悬，被李世贤、黄文金包围，曾国藩困守祁门达数月之久，他的急功近利的三路进击芜湖的宏大计划立成泡影，连自己也时时有性命之虞。第二，更重要的是，曾国藩上《徽州被陷现筹剿堵折》后，咸丰帝批谕道："该大蔬甫接皖南防务，连失两郡，虽因饷绌兵单，究属筹划未密。……李元度谋勇兼优，此次失衄，殊属可惜，人才难得，着即查明下落具奏。"这一褒一贬，是什么滋味，曾国藩自然是深可体会到的。所以，曾国藩不顾上上下下的议论，一意孤行，定在奏参李元度，使他被革职拿问，原来一是把自己东征计划破灭的愤怒一股脑倾写在李元度身上，二是想借参劾李元度之败，来偷偷掩盖自己"筹画未密"之过，曲折地表达自己对清廷的不满。

本来，成功常常伴随着失败。军事斗争的成败，是兵家之常事，不可以一时一事论英雄。曾国藩不顾众议，倔然驻扎祁门，一度出现祁门孤悬的局面，连言灾异者也"谓祁门不可一朝居"，应该算遭到了大失败。后来由鲍超等的竭力救援，始获得历口、洋塘和上溪口三次胜利，曾国藩算是死里逃生。这时，那些说灾异的好事者，又说祁门这地方仍然有符瑞，仍然来了岁星。曾国藩看透了这种炎凉世态，口占一绝云：

清军广东水师战船模型

> 天上岁星也起霉，掉头一去不归来；
> 忽闻打破上溪口，又向祁门走一回。

可是，曾国藩在嘲讽世态之余，却不能推己及人，竟在一怒之下夺去了李元

度头上的岁星。

而且，曾国藩对李元度的打击并未就此结束。徽州失败后，李元度在浙赣边界徘徊了二十一天，才在九月十七日傍夕回到祁门大营。曾国藩在当天的日记中写道："傍夕，次青自广信来，至营一见，尚无悔过之意，恐难长进。"可见，两人在军事见解上依然不能一致。而自信自是的李元度并未因失败而心灰意懒，他向粮台索还欠饷后，径自回到湖南，招募了八千人，名曰安越军，重起炉灶，并在扼守浏阳等地初见战绩。但曾国藩并未因此高兴，对李元度月所安抚，而杭州将军瑞昌、浙江巡抚王龄趁机奏调李元度援浙，李元度欣然从命。曾国藩与王有龄因浙饷不援湘军，湘军不助浙江军而早有嫌隙，李元度的改换门庭，引起了曾国藩的迁怒。咸丰十一年五月，李元度因率安越军援鄂，于义宁等处出力有功，经总督官文、巡抚胡林翼奏请，赏还按察使原衔；旋又克江西奉新、瑞州等城，经江西巡抚毓科奏请，赏加布政使衔；这年九月，李元度始率军入浙，支合左宗棠部，从太平军手中夺得常山等地。故于同治元年正月十四日得补授浙江盐运使兼署布政使。二月初三日又奉旨擢授浙江按察使，开始了他在仕途上的另一个高峰。李元度这一连串的升迁，本来都与曾国藩无甚关系，却使曾国藩很不自在。他写信给彭申甫时，引用春秋时豫让的典故，斥责李元度"以中行待鄙人，以智伯待浙帅"，表示从此将与李元度"公私并绝，无缘再合"。于是他于同治元年二月起，重新与人"论次青之非"并且于李元度擢授浙江按察使的上谕发出后的十九天，即二月廿二日，又亲自写了再参李元度的奏折，说他在湖北江西并无打仗克城之事，"冒禀邀功"，又"节节逗留"，"不一赴杭州救援"。这一奏本不但彻底否定了官文、胡林翼、毓科等人的上述奏折，而且使从厄运中苏复过来的李元度再次跌入深谷，重新获得的官职又重新被掉，交由左宗棠差遣。但奇怪的是，李元度革职的上谕才下达几天，署江西巡抚李恒上奏道："咸丰十一年三四月间，伪忠王李秀成窜扰瑞州，分陷上高、新昌、奉新等处，势甚披猖。迨六月间前皖南道李元度督率所部安越军由楚入江，乘势进剿，始于七月初七、初八、初九等日先后攻克。嗣又收复兴安县城，与总兵鲍超夹信江而上，共解信围，江境一律肃清。"李恒言之凿凿，并且胆敢为安越军员弁向朝廷请赏。这表明，曾国藩向朝廷上奏李元度的"罪状"，明显是捏造。但是，这个以"诚"待的人曾国藩并未止步，他仗着朝廷的偏信偏听，因私愤未除，竟于这年五月十七日（6月13日）在参劾副将陈由立、总兵郑魁士时，又第三次向朝廷论及李元度之"罪"，说他们三人的共同罪过是"私行远扬"，"朝秦暮楚"，"予智自雄，见异思迁"，而"背于此并不能忠于彼"，"叛于本国，断难忠于他邦"。这就彻底暴露了曾国藩由于埋怨李元度奔王有龄，因而有再次参劾李元度之举的阴暗的内心世界。

但就在曾国藩的参谥密折送呈后的第八天，尚蒙在鼓里的忠厚的李元度，却因曾国藩先年十月十八日拜受节制四省军务之命，当年正月初一以两江总督协办大学士，二月又有交部人优议叙之旨，乃给曾国藩发去一道贺禀。曾国藩这才萌

发内疚，在三月初二的日记中写道："因李次青来一贺禀，文辞极工，念及前此参折不少留情，寸心忤忤，觉有不安。"加上这个时候，他的两个弟弟沅甫、季洪对他的第二次和第三次参折颇有意见，向他进行规劝，他才真的愧悔起来，于六月初二日（6月27日）给弟弟们写信说："次青之事，弟所进箴规，极是极是。吾过矣！吾过矣！"吾因郑魁士享当世大名去年袁、翁两处及京师台谏尚累疏保郑为名将，以为不妨与李并举，又有郑罪重李情轻，暨王锐意招之等语，以为此前折略轻。逮拜折之后，通道读来，实使次青难堪。今得弟指出余益觉大负次青，愧悔无地，余生平于朋友中负人甚少，惟负次青实甚。两弟为我设法，有可挽回之处，余不惮改过也。闰八二十四日，又在给曾国荃的信中假惺惺地说："次青之案，竟是假信，亦殊可诧"接着又为自己辩护道："余跻李于郑之上，片中颇有斟酌"，把郑、李"相提并论，亦尚非拟于不伦"。但究竟李元度是他曾家的儿女亲家，又跟随曾国藩多年，曾国藩也不免内疚，在信中说："唯与我昔共患难之人，无论生死，皆有令名，次青之名由我而改，不能挽回，兹其所以耿耿耳。"过了两年，到同治三年八月十三日，也就是湘军业已攻克金陵两个月，曾国藩被加封太子太保、一等伯爵，顶子再次染得红红之时，忽然为仁为义，上一密折，说："追思昔年患难与共之人，其存者惟李元度抱向隅之感"，"臣均对之有愧。"又说："李元度从臣最久，艰险备尝，远近皆知。其十年守徽之役，到郡不满十日，伪侍王大股猝至，兵力未厚，府城失陷，臣奏参革职拿问，其十一年援浙之役，参案未结，遽行回籍，沿途饰报胜仗，又不努力救杭，臣奏参革职留营。议者皆谓臣后参援浙最为允当，前参守徽失之太严。江楚等省之公论，昭昭在人耳目。臣虽知公论谓臣太严，而内省尚不甚疚。所最疚者，当咸丰六年之春，臣部陆军败于樟树，江西糜烂，赖李元度力战抚州，支持危局。次年臣丁忧回籍，留彭玉麟、李元度两军于江西，听其饥困贴危，蒙讥忍辱，几若避弃而不顾者，此一疚也。李元度下笔千言，条理周密，本有廉人之才，外而司道，内而清要各职，均可胜任，唯战阵非其所长。咸丰五年自请带勇，十年夏间臣又强之带勇，用违其材，致令身名俱裂。文宗有'李元度失衄可惜，人才难得'之叹。皆臣不善器使之过，此又一疚也。此二疚者，臣累年以来，每饭不忘。"

在这道奏折里，曾国藩虽然没有勇气承认为了转称文宗对自己的斥责而参劾李元度的卑劣，也没有勇气承认因交恶王有龄而迁怒李元度以至再度参劾李元度的隐曲，甚至还用了"最为允当""失之太严"一类文过饰非的话，但是，他究竟还是承认自己的"每饭不忘"的"二疚"，较公正地评价了李元度的战绩与才智。故论者常谓：曾国藩既前有"三不忘"，后有"二疚"，又何必当初呢？他常以"存诚""去私"诫人，却为何如此歪曲事实，对李元度一参再参，以雪私愤呢？何诚之有！及至同治七年八月，曾国藩在与捻军战斗中业已大败，忧伤重重，思前想后，乃在同治元年参劾陈由立、郑魁士、李元度三将的密折的抄件后，写了一段后记："此片不应说及李元度，尤不应以李与郑并论。李为余患难之交，虽治军无效，亦不失为贤者，此吾之大错，后人见者不可抄，尤不可刻，

无重吾过。"曾国藩到这时才彻底表现出自省和悔悟。

曾国藩从帮办湖南全省团练开始，就用木质关防，关防上所刻大字为"钦命帮办团练查匪事务前任礼部右侍郎之关防"。咸丰五年（1855）八月初秋补缺，又换"钦差兵部右侍郎之关防"。自出征以来，得到皇上的命令，"皆系接奉廷寄，未经明降谕旨"。因此，外界讥嘲甚多，有人讥讽说"自请出征，不应支领官饷"；有人指责说"不应称钦差"；有人说他曾经革职，不应专折奏事。岁月既久，关防屡换，往往被人"疑为伪造"。部将出差外省，外省地方官不予信任，对盖有关防之公文不予理会，甚者竟将湘部出差外省的官员关押，加以侮辱。如果现在再赴江西军营，又改刻关防，则势必愈难取信于人。

曾国藩自被削去兵权后，无时无刻不在怀念他一手创办起来的湘军，"江右军事，刻不去怀"。悔恨自己办事"有初鲜终，此次又草草去职，致失物望，不无内疚"。每每想到这些，"夜间终不能酣睡，心中纠缠，时忆往来，愧惶憧扰，不能摆脱"。他在籍守制一共一年零三个月，在这段时间里，他日夜在悔恨自己的去职失权，迫切期待着有朝一日，咸丰帝命他重新走上前线，重掌湘军。

另一方面的情况则是，湘军的将领们大多已高官厚禄，由曾国藩保举的胡林翼不但早已官至巡抚，而且新加太子少保衔，李续宾已授浙江省布政使，并加巡抚衔，连当年以千总应募的杨载福也已官升提督，赏穿黄马褂，而曾国藩仍不过一在籍侍郎，无地方实权，且官位低于胡、李、杨等。这不由不使曾国藩感慨系之，他在咸丰八年四月初九日写信给远在江西吉安的曾国荃说："此次军务，如杨、彭、二李、次青辈皆系磨炼出来，即润翁、罗翁亦大有长进，几于一日千里，独余素有微抱，此次殊乏长进。"因此，他希望曾国荃"兢兢业业，日慎一日，到底不懈，则不特为兄补救前非，亦可为吾父增光于泉壤矣。"在这种湘军节节取胜、统领者步步高升的情势下，曾国藩已如热锅上的蚂蚁，再也按捺不住立功成名的内心蠕动，难以在寂寞的山村呆下去了。《湘军志》说："时国藩久谢事，无旧军，诸名将后出，率皆起罗、王部曲，独水军犹隶彭、杨，而杨载福已提督，官品高于国藩，由是负沉滞重望，亦郁郁不自得，更欲以和辑收众心，颇悔前者所为。"

人都有缺欠，连圣贤也难免犯错误。同时，世间只有人是最善变的，人心是最难测的。曾国藩说，天底下没有一成不变的君子，没有一成不变的小人。

做事尽职尽责，以天下事为己任，毫不推诿、全力以赴、鞠躬尽瘁，才能成大事，才能使自己的才能找到用武之地，才能被别人器重和倚托。今人大都服膺曾国藩，而曾国藩当时却极赞胡林翼，何则？是胡林翼的殚心使然耳！

胡林翼在给曾国藩的信中表示，誓与楚疆共存亡，这就是殚心尽力的行为。武汉终于攻下，整个战局为之扭转。曾国藩治军之初四处讨食军饷，但应者很少，而胡林翼全力支持。两人肝胆相照，才有柳暗花明之日。可惜，胡林翼呕心沥血而死，但曾国藩不忘他的功劳，在《历陈胡林翼忠勤勋绩折》中说："前湖

北巡抚胡林翼自翰林出身，在外地多处做官。咸丰五年（1855）三月承蒙先皇帝特别赏识，由贵州道员，不到半年提拔为湖北巡抚。这时，武汉已经三次失守，湖北州、县，大半沦陷，各路军队，皆已溃散。胡林翼困守金口、洪山一带，劳累焦虑，不仅无兵无饷，而且也无援无助。从两司到州、县勤杂，远隔在北岸数百里以外，一分钱一粒米都亲自写信向人求借，情词深沉痛切。但在残破形势下，十个没有一个回应，他甚至拿益阳自家的谷物来接济军队，士兵都很感动。会合湘军从江西援救湖北，军队形势日益强大，咸丰六年（1856）十一月攻克武汉，以后收复黄州等郡县。评论者认为他可以稍稍休息了。但胡林翼不只为巩固自己打算，全军出境，围攻九江，又分兵先救瑞州。胡林翼全力支援邻省剿匪，从湖北开始。九江围剿一年多，相持不下。中间石达开从江西窥视湖北，陈玉成从安徽北部进攻湖北三次，胡林翼始终不肯撤九江之围，以回军救本省的危急。有时亲自统帅一支军队，肃清薪黄地方，有时分别派遣各军，驱逐安徽、湖南之敌，最后攻克收复九江，杀尽敌寇，成为东南战区一大转折。九江的功劳还未褒奖，他又上奏用湖北的力量消灭安徽的敌兵。到李续宾在三河全军覆没时，胡林翼起初因母丧回籍，当时不满百天。听到消息后急忙起身，痛哭誓师，不进衙门，直接进驻黄州。有人认为，李续宾刚损失良将，元气未恢复，只可以暂时保存自己的力量，不可以兼顾邻省地方，胡林翼不这样认为。惊魂未定，即派重兵过两千里，援助解救湖南宝庆之围。援助湖南的军队未返回，又商量大举进攻安徽。这时为臣曾国藩接到入四川的命令，胡林翼留臣曾国藩共同谋取安徽，先消灭太平军，保证三吴地区的财源税赋，平雪天下的公愤。他亲自画数十张图纸，分送给臣曾国藩和官文以及各路将领，昼夜谋划。咸丰十年春天，在潜山、太湖大战，相继攻克而获胜利，遂即实施围攻安庆的策略，亲自驻太湖进行围剿。今年五月，回去援救湖北，在病中还屡次给国藩写信，多次说不能撤安徽之围。所以安庆的攻克，我奏请推胡林翼为首功，这不光是我的个人意思，也是参与这件事的文武官员的共识，也是皇帝所了解的。"这是说胡林翼谋划决策，整军治军，殚心以赴的情形。

曾国藩大概是对自我反省和批判最多的古人之一，不仅严厉，而且苛细，如针如刺，直指心灵中最漆黑的部分。也许你不佩服他的功业，不佩服他的道德，也不佩服他的文章，但你不得不佩服他自我剖析的勇气。

人非圣贤，孰能无过？

谁没有说过假话？谁没有说过大话？谁没有嫉妒他人？谁没有伤害他人？谁从来不好女色？谁做事不占他人便宜？谁敢拍着胸膛对自己或者苍天说，我从来不做亏心事？没有，从来没有。只有过错的大与小，多与少，或者你所犯的过错是人人都会犯的，是人们可以原谅的，可以接受的，但不能说你从来就没有过错。只要是人，有七情六欲，就有人的弱点和局限。曾子为什么"吾日三省吾身"，就是为了少犯过错啊！

《周易》说，君子"见善则迁，有过则改，"《尚书》也说："改过不容

（吝啬）"这一方面告诉人们过错是难免的；另一方面也告诉人们要有过必纠，有错必改。

曾国藩则认为，知己之过失，承认它，并且改正它，毫无吝惜之心，这是最难的。豪杰之所以是豪杰，圣贤之所以是圣贤，就在这里。磊落过人，能透过此一关，寸心便异常安乐，省得多少纠葛，省得多少遮掩，还有那修饰装点的丑态。

曾国藩的为人，不论治军治政或立身为家，都有一种不可及的精神。这种精神就是坚忍和"吃硬"。

一个主张当曾国藩既经决定，并且认为是对的，那么无论环境如何恶劣，前途如何困难，他是勇往直前，不避艰苦，拼命地去干，从死路中求生路。这种精神用现代的话来说，就是"实干精神"。

细看曾国藩自从咸丰三年带兵以来，到打下安庆为止，在这个时期中，几乎可以说没有一天不在艰难困苦中。但他能从奋斗中求出路，终于获得最后的成功。曾国藩有一句名言，叫作"好汉打脱牙，和血吞。"他说：

"困心横虑，正是磨炼英雄，玉汝于成。李申夫尝谓予怄气从不说出，一味忍耐，徐图自强。因引谚曰：'好汉打落牙，和血吞。'此二语，是予生平咬牙立志之诀。予庚戌、辛亥间，为京师权贵所唾骂；癸丑、甲寅，为长沙所唾骂；乙卯、丙辰，为江西所唾骂；以及岳州之败，靖港之败，湖口之败，盖打脱牙之时多矣，无一次不和血吞之。"

从以上几句话，可以看出曾国藩成功的秘诀，全是"硬干"，凡是不"埋着头苦干，吃着亏不说"的人，都是曾国藩所最瞧不起的。曾国藩对于他的兄弟，也常常以实干精神相勉。他说："来信每怪运气不好，便不似好汉声口；唯有一字不说，咬定牙根，徐图自强而已。

"申夫所谓'好汉打脱牙，和血吞；'星岗公所谓：'有福之人善退财，'真处逆境之良法也。"

所谓"实干精神"，不仅在得意时埋头苦干，尤其在失意时绝不灰心。有一次曾国藩的弟弟（曾国荃）连吃两次大败仗，曾国藩写信去安慰他说：

"从前的事就如昨天逝去，以后的事好比今天新生。要另起炉灶，重新打开新局面，开辟新世界，最近再次的大失败，不正可以磨炼英雄，使你大有长进吗？谚语谈：'吃一堑，长一智。'我一生的长进，都在遭受挫折和屈辱的时候。你务必要咬紧牙，磨砺意志，积蓄力量，增长智慧，万不可以自灭其志。"

他的弟弟听了他的话，后来果然有所成就。可见不灰心是一切事业成功的基础。

曾国藩认为只说不做的人，最是要不得，所以他的军队中，照例不用喜欢说话的人，成为一种风气，因为只说不做，违背了"实干主义"的原则。"实干主义"是要埋头苦干，不重宣传的。曾国藩认为惟天下的至拙，可以破天下的至巧。凡是自己认定拙朴的人，才能够厉行实干主义。

也许有人要怀疑，曾国藩是一个文弱书生，为什么居然能有"实干精神"呢？似乎这种"实干精神"应该是一般武夫方有。其实这种观察是错误的。

曾国藩虽是一介文弱书生，身材精瘦，一对三角眼，看起来也不十分精神。但他性格倔强，意志坚强，正如他自己所说"吾兄弟皆秉承母体甚多"。曾的母亲江氏，性格倔强，不像她的丈夫曾竹亭，竹亭公在其父星冈公的声色俱厉之下，往往"起敬起孝，屏气扶墙，蹒蹰徐进，愉色如初"，性格是相当懦弱的。对于长辈，曾国藩佩服的是星冈公和自己的母亲。两位长辈刚强的性格，坚强得意志给他以很大影响。在曾获高官之后，仍然认为自己实不如祖父。他说："国藩与国荃遂以微功列封疆而膺高爵，而高年及见吾祖者，咸谓吾兄弟威重智略，不逮府君（指星冈公）远甚。"他甚至为祖父深深委屈，认为："王考府君威仪言论，实有雄伟非常之概，而终老山林，曾无奇遇重事，一发其意。"

曾国藩曾经豪迈地说过："故男儿自立，必有倔强之气。"讲的就是这个道理。

从曾国藩的诗文和军事生涯中都可以看出他意志坚强，并非懦弱之辈。他的诗文，很少有意味平淡之作，而多豪言壮语，雄奇之气溢于笔端，坚强的性格跃然纸上，如他30多岁做京官时作的一首诗：

> 去年此际赋长征，豪气思屠大海鲸。
> 湖上二更邀月饮，天边万岭挟舟行。
> 竟将云梦吞如芥，未信君山铲不平。
> 偏是东皇来去易，又吹草绿满蓬瀛。

就是这写字这件小事上，也可看出曾氏的性格特点。他不喜欢纤弱阴柔的字，而喜欢强劲阳刚的字。他说："杜陵言'书贵瘦硬'，乃千古不刊之论。"字体硬而瘦，正是阳刚风格的一种表现，俗话说：字如其人。写字虽是小事，却可以看出一个人的性格。有些善于识才的人权凭一个人的字，就可看出一个大概。

咸丰元年四月二十六日（1851年5月26日），曾国藩在连上4篇奏折，备受皇上嘉许之后，又上《敬呈圣德三端，预防流弊疏》，这是一篇那个时代的铮铮直言，掷地有声的好文章。文章在对咸丰帝歌功颂德一番之后，十分尖锐地指出了咸丰帝可能出现的自矜才智、拒谏饰非的卑劣心态，以及朝廷可能面临的严峻政治形势。在"伴君如伴虎"的时代，上这种将虎须的奏折，实在是耿直得可以，坚强的可以。这篇奏折被以"求言"装饰门面的咸丰帝披览后，龙颜震怒，"摔其折于地"，并且"召见军机大臣，欲罪之"，幸有曾氏的恩师季芝昌等人求情。季说："此臣门生，素愚戆，惟皇上宽而宥之。"咸丰帝才稍稍息怒。

强字本是美德，我以前寄给你的信也讲明强二字断不可少。但是强字必须从明字做出，然后始终不屈不挠。如果对事情全不了解，一味蛮横，等到别人用正确的道理进行驳斥，并用事情的实际后果来验证，这时再俯首服输，前倨后恭，

这就是京师讲的瞎闹。我也并不是不要强，只是因为见闻太少，看事不明不透，所以不敢轻于要强。再者，我们正处在鼎盛的时候，属员在外，气焰嚣张，言语放肆，往往令人难以接近。我们如果一味强劲，不稍稍收敛抑制，那么属员仆从就会不闹出大祸不止。

曾国藩一生虽不能算是立下不世之功，但也成为"古今不一二睹之大人物"，这和他终身所奉行的也是为人们所推崇的"坚忍"是密不可分的。

曾国藩说："昔耿恭简公谓，居官以坚忍为第一要义，带勇亦然。与官场交接，吾兄弟患在略识世态而又怀一肚皮不合时宜，既不能硬，又不能软，所以到处寡偶。迪安妙在全不识世态，其腹中虽敢怀些不合时宜，却一味浑含，永不发露。我兄弟则时时发露，终非载福之道。雪琴与我兄弟最相似，亦所如寡合也。弟当以我为戒，一味浑厚，绝不发露。将来养得纯熟，身体也健旺，子孙也受用，无惯习机械变诈，恐愈久而愈薄耳。"

这讲的意思是：过去耿恭简公说，做官以坚挺、忍耐烦恼为第一重要，带兵也是这样。和官场来往，我们兄弟都患在稍稍了解世态而又怀有一肚皮的不合时宜，既不能硬，又不能软，所以到处落落寡合。迪安妙就妙在全然不识世态，他肚子里虽也怀着些不合时宜，但却一味浑厚含容，永不发露。我们兄弟则时时发露，总不是带来福气的办法。雪琴与我们兄弟最相象，也到处少有投合的人。弟应当以我为戒，一味浑厚，永不发露。将来养得性情纯熟，身体也健康旺盛，子孙也受用，不要习惯于官场变诈伪，恐怕越主就越德行浅薄。

俗语说：能忍就忍，能诚就诚，不忍不诚，小事就变成大事。试看现在的人争斗以致诉讼，导致自身丧命，累及亲人，家庭破坏，财产荡尽，难道起初时就有大的缘故吗？别人稍有触犯就一定发怒，被人稍有侵凌就一定要争斗，是不能忍让啊。如果骂别人，别人也会骂你；打别人，别人也会打你；你告人家，人家也会告你。相互怨恨，各自都想获胜，求胜心切，就没有办法可以遏制，这就是家破人亡的原因啊。不知在将要发怒的开始就忍下来，只要过片刻时间，心中就平静了。在想争斗之初就忍让他，真有利益被侵害的，缓缓以礼诚恳地相问，若不答应，而后再上告官府就行了。如果吃了官司，应正直行事，就是受了一些委屈，也应当忍让来保全邻里的情义。这样就不破财也不伤神，身心安宁，别人也佩服你。这是人世中求得安乐的方法。和那些气愤争斗，费心费财，听候审讯，迎合官吏的眼色，被拘禁在牢狱中，荒废正业，以至于家破人亡的人相比，相差不是太远了吗？所以，内心之法，尤为重要。"内心不死，求生才有底气"，此为曾国藩的精神所致，也是激励人斗志的格言。

"坚忍"者何？刚强牢固为坚，勇毅强挺为忍。君子持咸重，执坚忍，临大难而不惧，视白刃若无也。欲立不世之功，得成勋世伟业，非坚忍所不能也。坚忍于战则无敌，于礼则大治；外无敌，内大治，厚道载物乎？这就是曾国藩的坚忍。

1854年11月27日曾国藩在给他诸弟的信中说：我自从服官及办理军

务，近几年来，心里常常有郁屈不平的感受，每每仿效母亲大人指腹示于儿女们的样式曰"这里边蓄积多少闲气，无处发泄。"那些往年的许多事已不全记得了，今年2月在省城河下，凡属我所带领的兵勇仆从，每次进城，必定遭痛骂毒打，这种情景都是四弟、季弟亲眼所见。谤怨之声沸腾，万口讥笑嘲讽，这也为四弟、季弟亲眼所闻。自四月以后两弟不在这里，景况更加令人难堪。我只有忍辱包羞，屈心抑志。

曾国藩的一生靠坚忍成就了他的事业。青少年时代靠坚忍的苦读博取了功名，取得了进身之阶。到中年以后更是靠"坚忍"战胜了磨难。

曾国藩在江西带兵的时候，因为他所处的环境，当时虽是督师，实居客寄的地位，筹兵筹饷，一无实权，二无实力，州县官都不听他的话，各省督抚又常常为难他，只有胡林翼是诚心帮他的忙。湘军将士虽也拥戴他，可是他们的官级，有的比他还高，他好像一个道义上的统帅，当然是经不起败仗的。这时曾国藩靠的是什么？靠的是坚忍。他在父亲去世，弃军回籍奔丧，甚至欲急流勇退的情势下，耐心地听取了朋友的规劝，并且深深地做了自我反省。

自率湘军东征以来，曾国藩有胜有败，四处碰壁，究其原因，固然是由于没有得到清政府的充分信任而未授予地方实权所致。同时，曾国藩也感悟到自己在修养方面也有很多弱点，在为人处事方面固执己见，自命不凡，一味蛮干。后来，他在写给弟弟的信中，谈到由于改变了处世方法所带来的收获，而改变了的处世方法，无非是"坚"中多了一些"忍"，结合时势把"坚忍"二者的关系处理得更为妥帖了。为此，他说："兄自问近年得力唯有一悔字诀。兄昔年自负本领甚大，可屈可伸，可行可藏，又每见得人家不是。自从丁巳、戊午大悔大悟之后，乃知自己全无本领，凡事都见得人家有几分是处。故自戊午至今九载，与四十岁以前大不相同，大约以能立能达为体，以不怨不尤为用。立者，发奋自强，站得住也；达者，办事圆融，行得通也。"

靠这种坚忍曾国藩终于走出了那种阴霾笼罩的心境，度过了那段痛苦的日子。因此曾国藩在他的处世人生中，特别偏爱"坚忍"，他说：司马迁崇尚黄老，敬仰游侠，班固以此来讥讽他，确合事实。敬仰游侠，所以多次称赞坚忍卓绝的操行。比如屈原、虞卿、田横、侯嬴、田光以及贯高都是此类人物。

对于曾国藩的坚忍，连王闿运写《湘军志》时本想讥讽曾国藩，但终为其感动1878年2月21日云："作《湘军篇》，颇能传曾侯苦心；其夜遂梦曾。……"27日云："夜观览涤公奏疏，其在江西时，实悲苦，令人泣下，然其苦乃自寻得，于国事无济，且与他亦无济。且吾尝怪其相法当刑死，而竟侯相，亦以此心耿耿，可对君父也。余竟不能有此愚诚。'闻春风之怒号，则寸心欲碎；见贼船之上驶，则绕屋彷徨。'《出师表》无此沉痛。"

"坚忍"是两个奥妙的字，"坚"可理解为锐于进取，挺而不软弱；"忍"可理解为持之以恒、能屈能伸、不计屈辱。体现在深受曾国藩影响的李鸿章身上，"坚"字可达到拼命的程度。"拼命做官"是曾国藩送给李鸿章的雅谑，后此论

不胫而走，天下人无不以为惟妙惟肖。清史官为李鸿章立传，也用"自壮至老，未尝一日言退"概括他只想升、只想进的拼劲。李鸿章少年时言志，也说："我愿得到玻璃大厅七间，都敞开明窗，让我在里面办公。"但他拼命了却了此愿后，却不以此为足，又拼命去追逐新的目标。曾国荃就十分羡慕李鸿章的这股拼劲，羡慕李"具办事之诚，有任事之量"，说李易于取得成功。李鸿章身上的"忍"字是与屈辱连在一块的，尽管他外表并不谄媚，倒是气宇轩昂，一派雍容华贵的风度。他除了屈于封建王朝，还屈于列强，如果中国国力强，他或许真的会扮演中国的俾斯麦。但中国太弱，他和上海势力无力回天，他带头搞的洋务运动也不能使中国强大。因此，李鸿章的忍要忍到甘愿演小丑的地步，1862年李谈他的洋务外交时说："与外人杂处，每到十分饶舌时，用痞子放赖手段，他们也没有什么办法。"这套法宝李鸿章四十年如一日地搬用。甲午惨败，他的洋务军事大业毁于一旦，亿万国人恨不得寝其皮、食其肉。按说他不忧愤而死，也该忧愤而疾了，但他却照样赴日乞和。在马关，他遭到了日本浪人的枪击，脑袋上鲜血淋漓，但即使如此，

铜镀金冠架钟　清

他仍嬉皮笑脸、死乞白赖地乞求日方谈判代表伊藤博文等削减赔款数目。这种九折臂三折肱的忍性非常人所具，难怪在一些传记中他被写成冷血动物。他到1902年还说："与洋人交涉，不管什么，我只同他打痞子腔。"痞子腔系皖中土语，即油腔滑调之意。忍到这种可悲可憎的腔调，只能用"畸形"二字来形容。

曾国藩的"恐高症"

晚年，曾国藩的"恐高症"越来越厉害。天京平定后不久，朝廷命他节制直隶、山东、河南三省，以钦差大臣、两江总督而节制三省，权势不可谓不大，但他自叹"精力日颓而责任弥重，深为悚惧"！因而先后三次请求朝廷收回节制三省的成命。他这样恳请的理由，开始只一般地说自己材菲而体弱："今则精力衰颓，公事废弛，心神则无故惊怖，多言则舌端蹇涩，自问蒲柳之姿，万难再膺巨任"；"不特微臣难胜臣任，即才力十倍于臣者筹办此贼，似亦不必有节制三省之名"。接着便大谈名实相副的问题："臣之兵力，只能顾及河南之归、陈，山东之兖、沂、曹、济，其余各府，万难兼顾；直隶则远在黄河北岸，臣力恐不

能逮。徒冒虚名，全无实际，寸心惴惴，深抱不安。"这些，都是实话，但是，他只有到了两次恳请而不允的情况下，才真正剖白了自己的内心世界："臣博观史册，近阅世情，窃见无才而位高于众，则转瞬必致祸灾；无德而权重于人，则群情必生疑忌。"他是深知"木秀于林，风必摧之，堆出于岸，流必湍之"的道理的；同时，经过自咸丰二年底开始的风风雨雨，他位已高，权已大，希望从此过着安稳、适心的日子。因而他亟想将权位退位些，责任减轻些，尽量离开政治漩涡远一些。他在接到四月二十九日渝令他以钦差大臣督师北上的前几天，受到加封。他在日记中写道："是日接奉廷寄，一等侯之上加'毅勇'二字，李少泉伯之上加'肃毅'二字。日内正以时事日非，悶然不安，加此二字，不以为荣，适以为忧！""适以为忧"四字，强烈地反映着他退让避祸的思想。

曾国藩明于事理，同治三年（1864）天京攻破，红旗报捷，他让官文列于捷疏之首，即有谦让之意。尤其是裁撤湘军，留存淮军，意义更为深远。不裁湘军，恐权高震主，危及身家，如裁淮军，手中不操锋刃，则任人宰割，因此他叫李鸿章按淮军不动，从自己处开刀。

曾国藩到达天京以后，七月初四日"定议裁撤湘勇"，在七月初七的奏折中，向清廷表示，"臣统军太多，即拨裁撤三四万人，以节靡费。"时人王定安就说过："国藩素谦退，以大功不易居，力言湘军暮气不可复用，主用淮军。以后倚淮军以平捻。然国藩之言，以避权势，保令名。其后左宗棠、刘锦棠平定关外回寇，威西域，席宝田征苗定黔中，王德榜与法朗西（法兰西）战越南，皆用湘军，暮气之说，庸足为定论乎？吾故曰，国藩之言暮气，谦也。"

在裁撤湘军的同时，他还奏请曾国荃因病开缺，回籍调养。此时，曾国荃在攻陷天京的所作所为，一时间成为众矢之的。同时，清政府对他也最为担心，唯恐他登高一呼，从者云集，所以即想让他早离军营而又不让其赴浙江巡抚任。无奈，曾国藩只好以其病情严重，开浙江巡抚缺，回乡调理。很快清政府便批准了曾国藩所奏，并赏给曾国荃人参六两，以示慰藉。而曾国荃却大惑不解，愤愤不平溢于言表，甚而在众人面前大放厥词以发泄其不平，致使曾国藩十分难堪。曾国藩回忆说：三年秋，吾进此城行署之日，会弟甫解浙抚任，不平见于辞色。时会者盈庭，吾直无地置面目。

所以，曾国藩只好劝慰他，以开其心窍：弟何必郁郁！从古有大劳者，不过本身一爵耳，吾弟于国事家事，可谓有志必成，有谋必就，何郁郁之有？

在曾国荃四十一岁生日那天，曾国藩还特意为他创作了七绝十二首以示祝寿。

曾国藩的至诚话语，感动得曾国荃热泪盈眶，据说当读至"刮骨箭瘢天鉴否，可怜叔子独贤劳"时，竟然放声恸哭，以宣泄心中的抑郁之气。随后，曾国荃返回家乡，但怨气难消，以致大病一场。从此，辞谢一切所任，直至同治五年春，清政府命其任湖北巡抚，他才前往上任。

曾国藩的治国之策

在接踵而来的民族矛盾和阶级矛盾的冲击下，曾国藩意识到，无论汉学还是宋学，都无力解决所面临的社会危机，必须寻找新的出路。于是，曾国藩在坚持以义理为本源的程朱理学基础上，并不固守前辈旧有的阵地，主张"一宗宋儒，不废汉学"，明确表示应兼取汉、宋二家学说之所长，使儒家学说在新的形势下能更好地为封建统治阶级服务。

因此，曾国藩在治学过程中，没有将自己局限在哪一个领域，只要是传统文化的精华，他都加以吸收。在跟随唐鉴、倭仁学程朱理学之前，他就在潜心钻研古文和经世之学，虽然唐鉴告诫他"诗文词曲皆可不必用功"，但在学习程朱理学的同时，他仍然对古文保持着极为浓厚的兴趣，以至于对司马迁、班固、杜甫、韩愈、王安石的文章达到"日夜以诵之不厌"的程度。曾国藩自踏上仕途起，对"做官做久了，更加崇尚一些虚浮的文句"的现状十分忧虑。他希望能从前史中寻找到一二"济世"良方。其中，他倍加推崇司马光的《资治通鉴》。

曾国藩并不是一名单纯的学问家，他始终将自己置于国家藩屏的位置，为挽救清王朝所面临的灭顶之灾，他不是从学术的角度，而是从政治的需要出发，去吸收和利用学术领域中某些合理因素，为封建统治渡过难关而服务。因此，他不能不把经世致用之学放在重要的学术位置上。在他之前，人们常把学问分成义理，辞章，考据三种，经世致用之学是包括在义理之中的。曾国藩却认为："为学之术有四个方面：一是义理，二是考据，三是辞章，四是经济。"他赞同经济之学从义理之中独立出来，从而将经济之学放到和义理、辞章、考据一样重要的位置上。

曾国藩对于经世之学的研究，主要是反复研读了《会典》和《皇朝经世文编》。在研读《会典》和《皇朝经世文编》的过程中，曾国藩对秦蕙田所著的《五礼通者》一书，产生了极大的兴趣，他觉得该书"自天文、地理、军政、官制都荟萃其中。"

经世致用作为一门关于国计民生的学问，虽在明末由黄宗羲，顾炎武等人所提出，但在"康乾盛世"之时，却一度低落。道光年间，尤其是第一次鸦片战争前后，伴随着内忧外困，龚自珍、魏源、包世臣、林则徐等人，再度高举起经世致用的大旗。开眼看世界的林则徐、魏源，面对日益落后的清王朝，提出"师夷之长技"，目的就是要学习西方先进的科学技术，以反抗资本主义列强的侵略。从某种意义上理解，"师夷之长技以制夷"的思想，是经世致用思想在"内忧""外患"的"千古奇变"情况下的发展。曾国藩早就有"修身、齐家，治国平天下"的抱负，讲求经世致用，并接受林则徐、魏源"师夷之长技以制夷"的思想，向西方寻找救国之良方，也是顺理成章的。

曾国藩由理学经世到倡办洋务，这也是他高于同时代其他理学大家之处。绝

大多数正统的理学家，都主张：治国之道在于尊崇礼义而不在尊崇权谋。为政的根本在于获取人心而不在于一些雕虫小技。坚决反对将西方先进技术引到中国，以解决清王朝所面临的危机。曾国藩虽然也讲求理学，但务实的精神，却使他摆脱了夷夏大防的心理，指出：向古代学习，应多看书籍，向现在学习，则要多找榜样；向有经历的人求教，则知道其中的甘苦；向旁观的人请教，就会明白其中的教训经验。这种"多觅榜样""知其效验"的务实精神，正是曾国藩由理学家到洋务派的思想基础。

但是，曾国藩绝对不可能意识到，西方科学技术的引进，使生产力得到发展，必然会引起东方社会的渐变，而这种社会的渐变，又必然会引起对理学以至整个封建制度的冲击。曾国藩主观上不愿看到的这种结果，却由他自己在倡导，自己在开辟。他在中国传统文明受到西方物质文明的剧烈冲击的情况下，从进行地主阶级自救出发，不自觉地成了"洋务运动"的始作俑者，成了中国近代化的先驱，客观上刺激了挖掘封建主义坟墓的资本主义在中国的产生与发展。在这里，主观愿意和客观效果是不一致的。恩格斯说："我们已经看到，在历史上活动的许多个别愿望，在大多数场合下所得到的完全不是预期的效果。"曾国藩的历史正是这样。

作为清王朝后期著名的理学家，面对着统治处于风雨飘摇中的政权，曾国藩从单纯的学问家行列跨出，承担起镇压太平天国的重任，以拯救清王朝的灭顶之灾。为更好地服务于清王朝的统治。曾国藩不是从学术的角度，而是从政治目的出发，广泛吸收和利用清代诸种学派，尤其是汉学的认识论和治学方法的合理因素，以帮助清王朝封建统治渡过难关。而对于那些故步自封，不肯跨越学科界限的迂懦，曾国藩予以猛烈的抨击，认为经学都是局限在某一领域，纯粹的寻章摘句，有如井底之蛙，实在好笑。倡导治学方面应"不说大话，不务虚名，不行驾空之事，不谈过高之理"。这使得曾国藩在认识论和治学方法上，目光要比囿于理学范围的同时代官僚远大、实际。为此，曾国藩能够借助于多种方式去镇压太平天国革命运动。曾国藩开始摆脱夷夏大防的心理，渐渐接触一些有关介绍西方情况的书籍，例如徐继畬的《瀛寰志略》，比较重视当时自然科学，包括传入中国的西方自然科学的成果。曾国藩认为：宝剑长柔不锋利，就不能斩断东西，鸟的羽毛没有丰满，就不能飞得很高。

在曾国藩看来洋务本来就很难处理，处理问题的根本不外乎孔夫子所说的忠、信、笃、敬四个字。笃，就是淳厚；敬，就是慎重；信，就是不说假话，然而，要做到却极难。我们该从此信字下手，今天说定的话，明天不能因小的利害关系而改变。如果一定要推我去主持，也不敢推辞。是祸是福，置之度外，但不懂得洋务，这才是最大的问题。上海那里如有懂得洋务而又不软弱献媚的，请邀他来安徽一趟。

从正理上说，就是孔子所说的用忠敬来与洋人处事；从机谋上讲，就是和勾践以卑辱的方式来骄吴国人之志。听说以前上海的士兵常被洋人侮辱，自从你带

湘军到上海后从没遇到过这样的事。孔子说，国家能够治理，谁敢侮辱。如果我们整齐严肃，百业兴盛，他们也就不能无端被欺侮了。既不被欺凌，就要处处谦逊，自然没什么后患了，以柔致远是这样，自强之道也是这样。

一日，曾国藩召集幕僚，让众人指陈三次失败的原因，但大家都面面相觑，不敢乱讲话。

曾国藩一向看重李元度，他又有救命之恩，便亲点名号说："次青，你大胆请言！"

李元度为人仗义，见曾国藩几次寻死觅活，总不得胜，心里也很着急，眼见

晚清总督住店图

这样下去，自己的前途也委实堪忧。于是他鼓足勇气，语未尽，已惊三座："恩公东下之师，气势锐甚。然自三月于今，凡经三次大挫折，初挫于岳州，继挫于靖港，今又挫于九江湖口。幸而屡蹶复振，未坏大局。然依在下之见，非失于恩公不知兵，而失于知兵。"

李元度的话，如芒刺在背，一针见血。众将领谁不敢望一眼曾国藩的表情，只是默不作声地坐在那儿。空气骤然紧张起来。

曾国藩倒还沉得住气。他又说："次青请细道之，吾愿闻其详。"

李元度也不再犹豫，说："岳州之败，师未集而因大风阻于洞庭湖，故察我困，大股围入，其败可谓天意。于理于势者都是如此的结局。靖港之败就不然。一惑于困丁之请，临阵变戎谋夕令朝改，是策略之失。九江湖口之败，问题就更大了。敌断归路，变出不测，以大船攻敌小船，无异猛虎拔牙，虚成无用。并且，师出不为退避着想，乃行军大忌。犯此，则不能不败。"

李元度的话虽然当众揭了曾国藩的疮疤，但无疑，一剂良药，众将领不由地频频点头，已忘记了曾国藩此刻什么样。

曾国藩善于听人之言，博采众长，以为己用，他的心胸是宽广的。此刻见李元度一针见血地指出了三次失败的原因，也颇为叹服。于是他接着说："次青的话句句在理。望吾将士共当戒之。"

上文已经提到李元度时，曾国藩的恩义和两人的交情非同一般，可是曾国藩因为洗刷自己的过错而弹劾李元度，此事成了曾国藩终生内疚的事。据说当时参劾李元度遭到曾氏的部下和幕友的强烈反对。曾国藩的得意门生李鸿章本来就不主张驻军祁门，认为"祁门地形如在釜底，殆兵家之所谓绝地，不如及早移军，庶几进退裕如"。曾不听，李"复力争之"，曾便赌气说："诸君如胆怯，可各散去！"到曾国藩准备参劾李元度时，李鸿章率幕友们向他求情，并且声称若参劾李元度，"学生不为具疏"。曾国藩说，你不具疏，我可以自己动手。李鸿章"力争之不能得，愤然去"，曾国藩也就"立遣之"，叫他到延建邵道赴任。这之后，曾国藩的另一幕友陈作梅专门写了一份说帖，"极言劾次青折不宜太重"；曾国藩与之面议时，"渠复再三婉陈"，曾国藩只得"将奏稿中删去数句"但内心更加抑郁。他在九月十二日的日记中写道："日内，因徽州之败深恶次青，而又见同人多不明大义，不达事理，抑郁不平，遂不能作一事。"

其实，徽州之败，无论如何也是不能深责李元度的。后来，李元度写了一篇《杨莘耕哀辞》，追悼他的同僚，详尽地叙述了徽州之役的全过程："十年四月，侍郎摧督两江，命余复募平江勇。六月，与君共简阅。七月二日成行。……先是，防皖者为张副宪帅，驻徽六载，有卒万四千，缺饷五月，师哗。属曾公驻祁门，副宪内召。余以八月十六日抵徽。前四月，宁国陷，贼犯绩溪之丛山关，急遣将援之，弗克，章同知梅华死焉。副宪行。君趣余缮城守，城周十三里，女墙尽圮，蓬蒿没人，葺治三昼夜，埤完三分之二。忽伪侍王李世贤率贼十数万至，余出战东门外，君任守陴。既交锋决荡数次，原防兵千有六百，忽不战奔。援师之至自祁门者亦奔溃。我军不能支，入城拒守。贼抵隙攻，力御之。诘旦，君曰：'出，险矣！'余摇首曰：'死，吾职也。子有老亲在，前岁犹视子有，其忘之乎？'君泣，余亦泣，是日贼攻愈力，君分守北门，余西门，三登三却之，杀贼过百。贼忽冒死自小北门登，酉刻城陷。君手矛斗城上，亲座披之不肯下，遂被戕。咸丰十年八月二十五日事也。"这段朴实的记载，至少说明了四点：一、李元度率领的平江勇，全是新兵，六月组建，七月成行，八月便仓促上阵；二、由他节制的张帅的旧部早因闹饷哗变，余下的千余人也不战而奔，曾国藩亲从祁门派来的四营援兵"亦奔溃"，退还休宁；三、他面对的太平军是异常强大的，号称十数万，克宁国，即丛山关，来势汹涌，当时直接围攻徽州的李世贤部亦达四万余人；四、李元度八月十六日抵任，二十五日失败，张帅"驻徽六载"，率军万余人，未得取胜，而责之于在双方力量悬殊的情况，御敌仅九天的李元度，不也太过分了吗？

对于李元度在这九天中尽忠职守的情况，曾国藩本人也是承认的。他在九月初六日《徽州被陷现筹堵剿折》中说："二十四日，伪侍王李世贤同抢天义、通

天义、赞天义诸逆首共带四万余人，直扑徽城，更番诱战。李元度亲督各营出城接仗，自辰至午，毙贼数百。岭后伏贼并出，抄我两翼，众寡不支，礼字、河溪各营由西门大路退回西宁。李元度率平江西营入城固守。贼即跟踪围攻四门，因西门城垣坍塌，又无垛口，是夜三更，乘阴雨黑暗，专攻此门，势极危险。李元度身卧城头，竭力堵御，天明贼退。二十五日申酉之间，贼伏西门民房，凿墙对城施放火枪，守陴弁勇站脚不住，贼众即缘梯直上。李元度赶调各门队伍来救，贼已四面扒城而入，府城遂陷。"又说，在太平军围徽州府城时，曾急调鲍超、张运兰两部人援，可惜，"无如城大而圮，绅民搬徙一空，兵勇仅二千有余，有数分布，又系新募之卒，由湖南远来，甫经到徽，竟不能支持数日，以待援师，实堪痛惜。"这段文字证实，李元度所带之勇，人少、新募、远来。人少则难挡四万之众；新募则训练无素；远来则疲倦可知，且不熟悉徽州地形。这段文字还证实，西门"城垣坍塌，又无垛口"，身为主帅的李元度，自任其难，而又救援无及。从曾国藩本人的奏折看，李元度似亦无可非议。

正是基于这一教训，每到一地，曾国藩即广为寻访，延揽当地人才，如在江西、皖南、直隶等地都曾这样做。他的幕僚中如王必达、程鸿诏、陈艾等人都是通过这种方法求得的。与捻军作战期间，曾国藩在其所出"告示"中还特别列有"询访英贤"一条，以布告远近："淮徐一路自古多英杰之士，山左中州亦为伟人所萃。""本部堂久历行间，求贤若渴，如有救时之策，出众之技，均准来营自行呈明，察酌录用。""如有荐举贤才者，降赏银外，酌予保奖。借一方之人才，平一方之寇乱，生民或有苏息之日。"薛福成就是在看到告示后，上《万言书》，并进幕府，成为曾国藩进行洋务的得力助手。

在直隶总督任内，为广加延访，以改当地士风，曾国藩除专拟《劝学篇示直隶士子》一文广为散布外，还将人才"略分三科，令州县举报送省，其佳者以时接见，殷勤奖诱。"曾国藩与人谈话、通信，总是殷勤询问其地、其军、其部是否有人才，一旦发现，即千方百计调到自己身边。他幕府中的不少幕僚都是通过朋友或幕僚推荐的。为了增强对人才的吸引力，以免因自己一时言行不慎或处事不当而失去有用之才，曾国藩力克用人唯亲之弊。同时，自强自立，"刻刻自惕"，"不敢恶规谏之言，不敢怀偷安之念，不敢妒忌贤能，不能排斥异己，庶几借此微诚，少补于拙。"从其一生的实践看，他基本上做到了这一点。曾国藩周围聚集了一大批各类人才，幕府之盛，自古罕见，求才之诚，罕有其匹，事实证明其招揽与聚集人才的办法是正确的和有效的。

一个人的成功与失败，关键在于他能否把与自己交往密切的人力资源转化为自己的资源，把他人的能力，转化为自己的能力。曾国藩就是一个善于把别人能力化为己用的人。

曾国藩早在办团练伊始就发布《招某绅耆书》，招人入局：

我奉命协助帮理团练，稽查捉拿贼匪，接受任务以来，日夜忧心忡忡，唯恐

有误，担心自己见识不广，考虑不周，因此孜孜以求，希望家乡的贤人不要嫌弃我，肯慷慨前来光临相助，借此来广泛地采取众议，周密地听取意见，以求补救我的疏漏。所以我经常或是寄信请人出山，或是热情欢迎来宾，广招英雄豪杰，咨询高见妙法，这一片耿耿之心，想来能得到大家的体谅。……大厦非一木所能支撑，大业凭众人的智慧而完成。如果能使众多的贤士都汇集而来，肝胆相照，那么，即使是坚固的金石也能穿透，又有什么艰难不被克服呢？

曾国藩对他的弟弟说："求别人辅佐自己，时时刻刻不能忘记这些道理。获得人才是最困难的，过去有些人做我的幕僚，我也只是平等对待，对他们不是很钦敬，以今天来看，这些人是多么的不可多得。你应该常常把求才作为重要的任务，至于那些无能的人，即使是至亲密友，也不应久留，这主要是担心有才的人不愿与他们共事。"

后来，曾国藩领兵出征，官至督抚、钦差更加注意时时网罗人才。不仅自己如此，对他弟弟也发出如此忠告。他在《致沅弟》信中说，成大事的人，以多选助手为第一要义。满意的人选择不到，姑且选差一点，慢慢教育他就可以了。就是说要时时注意笼人，不能因为没有十分可意的就不去用人。

而对于那些才华出众之人，曾国藩不论何时，一旦得知便千方百计笼纳过来，为己所用，如对郭意诚就是这样。

郭意诚字昆焘湘中名儒。因颇具文才咸丰、同治年间，中兴诸老无不与他交往友好，各自都想将他罗至自己幕下。但郭意诚极爱其妇，日不远离，故总是力辞不就。

曾国藩也最赏识郭意诚其才。为了把他引出来帮助自己，曾寄书戏谑郭。书中云："知公麋鹿之性，不堪束缚，请屈尊暂临，奉商一切。并偕仙眷同行，当饬人扫榻以俟。"郭意诚出自对曾国藩的信服，接书后立即赶至湘军营幕见曾国藩。但并未偕仙眷同行。故曾国藩又命他速归，并作书曰："燕雁有待飞之候，鸳鸯无独宿之时，此亦事之可行者也。"郭意诚得书，一笑置之。但接受了曾国藩的邀请，决心出来供职。

据说，郭意诚在曾国藩幕下是干得很好的，成为曾的得力助手，不少奏折函件都出自郭之手。曾亦对他关怀备至，或准他的假，让其多回家，或命他将夫人接来，不影响他们的夫妻生活。1858年，郭意诚有一段时间告假居家，因故未及时归营，曾国藩连续发过几次信催其速归。曾国藩于1858年6月4日，在《致澄弟信》中说："公牍私含义诚均可料理"，足见曾国藩对郭意诚的信任。

曾国藩就是这样，时时不忘求人自辅。只有时时不忘，才能抓住时机，笼人有术，把别人招纳不来的人才吸引过来，以佐事业之辉煌。

范蠡功成名退

范蠡与大夫文种为越国的振兴倾尽了智慧和力量。没有他们的辅佐，越王勾

践是成不了气候的。当勾践建立霸业之后，范蠡的头脑十分清醒。他清楚地知道自己功高震主，早晚不会为勾践容纳的。于是，他就给越王勾践上书说："我听说主忧臣荣，主辱臣死。当年您在会稽受辱，做臣下的应当以死相报。我之所以没有去死，是因为要辅助你报仇雪耻，实现霸业。现在报仇雪耻的目的达到了，请给我降罪处死。"勾践宽慰他说："我正要奖赏你，将国土的一部分让给你，怎么会降罪处死你呢？"范蠡并不相信勾践的许诺，就秘密把珍宝玉器装上船，与自己的亲信乘船扬长而去，也没有向勾践告辞。

临行前，范蠡给老朋友文种留下一封信，说："飞鸟尽，良弓藏；狡兔死，走狗烹。越王只可与他患难，不能和他同享福。你还是赶快离开他吧！"文种见信，不大相信：他对勾践抱有幻想，总以为自己功劳那么大，越王不会亏待自己的。不过，为了自身安全起见，他便处处小心，称病不朝。

但勾践还是不放过他。有人诬告文种要谋反作乱，正好给勾践提供了杀他的借口，于是勾践不做任何调查核实，就派人给文种送去一把宝剑，并传话给文种说："当年你教我伐吴的计策有七条，我只用了三条，就消灭了吴国。还有四条在你脑子里，你准备干什么用呢？你还是带着它们到地下去侍候先王吧！"那把宝剑，正是当年吴王夫差让伍子胥自杀所用过的宝剑，此时此刻，文种才后悔没有听从范蠡的劝告，只好带着无限的仇怨自杀而死，为后人留下了"敌国灭，谋臣亡"的历史典故。

范蠡乘船在江湖中漂游，到齐国改名为鸱夷子皮。到陶（今山东定陶西北），改名为陶朱公。他完全脱离政治，一心经营商业，终于暴富起来。十九年当中有三次达到千金的盈利，又拿出一些分散给贫穷的远亲。后来他年迈体衰，就让子孙继承产业。他则颐养天年，比起那冤死的文种来，不知强过多少倍。

曾国藩呕心沥血为大清

曾国藩为晚清江山呕心沥血，功成名就后仍然奋斗不止。

多年以来，转徙无定的军旅生涯，使曾国藩本不健壮的身体一天天垮了下来，尤其是常常不间断地在灯下读书，视力微弱，常患晕眩之症。剿捻失败，劳而无功，被劾回任两江总督之后，诸事棘手，心情沮丧，每日稍有空闲，便埋头书中，晚上难以成寐，也只有看书，精力消耗甚大，加之忧思过度，身体越来越差。

从他日记中可以明显看到，他自己也越来越感到精力日颓，暮齿衰迈，老将至矣。同时又苦时日不多，而要读的书又很多，学术上更有一种强烈的紧迫感。从同治八年（1869）开始，这种感觉一天也没有停止。这年夏天，他总是感到疲惫不堪，又深以精力衰老，学问无成为恨。他白天要大量阅读、处理文件，办理政务，会客接见，时间都排得满满的，已使他筋疲力尽。但读书则无法放弃和拖延，这就只有利用晚上的时间了。虽然疲困之极常常思睡，又逼迫

自己在读书上不能间歇下来，不用扬鞭自奋蹄，在与疾病做斗争的过程中，读书则成为他唯一的精神依托。

同治八年（1869）六月二十四日，白天他忙里偷闲，"阅《汉书》《萧曹传》《张陈王传》，凡三十三叶"。下午又阅《近思录》数叶，并写目录于书皮。傍久小睡一会，夜晚又开始温《古文·奏议类》。虽然他"疲倦殊甚，昏昏欲睡"，自己也"不知何以衰惫若此"，但总"念学术一无所成，欲为桑榆晚善之计，而精力日颓，愧恨无已。"因此，晚上二更上床睡觉很少，三四更睡觉比较平常的习惯，想在晚年也坚持下来，但体力和精力已不允许，书不可不读，但身体每况愈下的他只有在二更多点便强迫自己休息，最迟也不超过三更了。年纪大了，读书的心境自然与以前大不相同了。在同治八年（1869）六月二十八日夜，阅完《古文·奏议类》王安石文三首二十一叶后，便是二更四点，睡在床上，他对自己的读书行为开始了反省："余生平虽颇好看书，总不免好名好胜之见参与其间。是以无《孟子》'深造自得'一章之味，无杜元凯'优柔厌饫'一段之趣，故到老而无一书可恃，无一事可成。今虽暮齿衰迈，当从'敬静纯淡'四字上痛下功夫，纵不能如孟子、元凯子所云，但养得胸中一种恬静书味，亦稍足自适矣。"

这年秋冬以来，给嗜好读书的曾国藩带来的麻烦越来越多，眼蒙殊甚，目力昏眊，看字常如隔雾，而只能取其字大而读过的书籍阅读了。有时想写点东西，但"心如废井，无水可汲，深以为晚"。强迫自己二更多一点睡，虽"困乏之至，未及四更即醒"，而他睡下后又总是考虑自己"久居高位而德行学问一无可取，后世将讥议交加"。

第二年初，他又感到老年记性愈坏，即夜所阅者，掩卷茫然，故一书又得反复再看。"近来聪明大减，阅书迟钝异常，屡阅《练兵实纪》，尚茫然若无人处。"三月底，曾国藩感到"眼蒙殊甚"，便"令纪泽视吾目，右眼黑珠，其色已坏，因以手遮蔽左眼，则右眼已无光，茫无所见矣"。这时，他的右目全盲，左目仅有微光，办公、读书均极为困难。只因这年春季大旱为灾，麦收无望，百姓无法谋生，通省官员惶惶不安，军民上下人心不稳，曾国藩只得勉强支持，不敢请假。白天他照常治事，批文件，处理公务，晚上闭目静坐一会便看一阵书，看一阵书以后，又闭目静坐一会，也不敢以眼疾而放松读书。他是同治九年（1870）二月二十九日右眼完全失明的，只有这一天晚上他闭目静坐，不阅一字，但二更后，与儿子讲韩愈文《原毁》篇。第二天下午便开始阅读《李海帆文集》，夜又阅此书，此后每日阅读从未间断，这的确是超出常人的精神和毅力。

眼病，是障碍读书最大的困难，对于晚年想抓紧时间读些书，整理自己的学术的曾国藩来说，内心十分焦急烦闷与痛苦。丁日昌送曾一副墨镜，希望他常常用来遮眼，并告诉他不要再拼命看书了，以保住左目一隙之光。可曾国藩戴着墨镜枯坐，心不能静，干脆还是摘掉它去读书。

这年五月中旬，曾国藩忽得眩晕之疾，不能起坐，只得具疏请假，在家调养。据医生讲，曾国藩致病之源在于"焦劳过度"，右目失明和眩暴之症都是由

肝病引起的，治疗之法则唯宜滋补肝肾和息心静养。最好是不读书，因为读书伤眼伤神。其他条件，曾国藩都可接受医生的，但不让读书，曾国藩则无法遵从了。从他的日记中可以看到，就在他"头或大眩晕，床若旋转，脚若向天，首若坠水"的情况下，仍坚持阅读《梅伯言诗集》《渔洋七言古诗选》《阅微草堂笔记》，但内心十分凄楚与悔恨。他说："余病目则不能用眼，病晕则不能用心，心眼并废，则与死人无异，已是终日忧灼，悔少壮之不努力也。"确实也是如此，以疾病之躯，几近失明之目去读书，效果自然大大不如以前了。休养治疗一月之后，眩晕之症十愈其八，而根本之疾未除，又添胃寒之病，食欲不振，体气虚亏，不能自持，只好再续假一月。

曾国藩回到两江总督任上，年老多病已很严重。虽然朝廷的圣旨中有"只要该总督能够坐镇在那里，各种事情自然可以处理妥当"的话，不必让他事事都得亲自过问，但曾国藩带着重病之身赴任，仍然兢兢业业，勤于政事，没有闲暇。如同他在赴任前请求陛见折中所听说的那样"揣摩古人鞠躬尽瘁的意义，一息尚存，不敢稍有安逸"。积劳成疾，加上天津办理教案刺激太大，于是病情加重，一年多就死在两江总督任上。

同治十年（1871），曾国藩的身体每况愈下，可以说一天不如一天。作为理学修养甚深的他，在正月十七日写了几句箴言，警示和鞭策自己读书不要放松。这几句话语是："禽里还人，静由敬出；死中求活，淡极乐生。"他认为"暮年疾病、事变，人人不免"，而读书则贵在坚持，并在读书中体味出乐趣。因此，在同年二月十七日，他自己感到病甚不支，多

李鸿章像

睡则稍好一些，夜间偶探得右肾浮肿，大如鸡卵，这确是一个危险的信号，他却置至一旁，晚上照旧读书不废。疾病缠身，这已是难以摆脱的困扰，"前以目疾，用心则愈蒙；近以疝气，用心则愈疼，遂全不敢用心，竟成一废人矣"。

就是在身体状况很差的情况下，曾国藩仍力图有所作为。尤其是希望把久经战乱的江南重建起来。李鸿章在比较曾国藩在直隶与江南的治政时说：曾国藩办理政事，住在江南的日子多，在直隶时少。只就难易而言，管理直隶实在比管理江南困难。曾国藩的弟子吴汝纶也说："过去曾国藩受命治国，南到江南，北到京城附近。曾国藩在江南，歼灭敌寇，捣毁巢穴，再造天下，还原归本，百姓更生，功劳很大。而且前面没有因袭的，自己为之，好比拿把锋利的刀去割软的东西。至于京城附近则不一样，京官很多，事情从上而来，规章设

置很久，官吏懒惰，积习难改，曾国藩又执政时间短，收敛智勇，投合原有的作法，凡是经画的，都是地方官吏熟悉的，没有标新立异。只有精心积累，洞察秋毫，事情过去了精神原则仍在，终于能扭转视听，一下子大变，去旧习，开维新之风。

卷五 用人理财谋略

经文释义

【原文】

窃谓行政之要，首在得人。吏治之兴废，全系乎州县之贤否。安徽用兵十载，蹂躏不堪，人人视为畏途。通省实缺人员，仅有知府二人、州县二人。即候补者，亦属寥寥。每出一缺，遴委乏员。小民久困水火之中，偶得一良有司拊循而煦妪之，无不感深挟纩，事半功倍。

【译文】

我认为，行政的重要任务，首先在于得人。吏治兴废，全取决于州县最高长官是否贤能。安徽用兵十年，糟蹋得不成样子，人人以为那里是可怕的去处。全省确实缺乏官员，只有知府二人、州县长官二人。即使是候补官员，也寥寥无几。每次有了空缺，总是缺乏人员选任。平民百姓长期困迫在水火之中，偶尔遇上一位好官加以抚慰，给予温暖，他们一定会倍受感动，心里感到热乎乎的。这样，就可以取得事半功倍的效果。

曾国藩像

【原文】

韩进春业已成军到省否？其营官十人必须逐一经阁下亲自审定，不宜全凭渠为取舍。李迪庵兄弟之选营官，专取简默朴实，临阵不慌。弟不能于临阵观人，而取简默朴实，略仿李氏之意。阁下素精藻鉴，或可参酌用之。

【译文】

韩进春业已成军到省了吗？那十个营官必须经过阁下逐个一一审定，不宜全凭他来决定取舍。李迪庵兄弟选营官，专门选取简默朴实、临阵不慌的人。弟不能临阵观人，而略仿李氏之意选取简默朴实的。阁下素来知人善任，此仅供斟酌参考。

【原文】

凡人材高下，视其志趣，卑者安流俗庸陋之规，而日趋污下；高者慕往哲盛隆之轨，而日即高明；贤否智愚所由区矣。足下慨然病俗学之陋，且知务训诂词章以取名者之不足贵。志趣所存，有足尚者，诚于此审趋向循绳尺以求之，所造岂有量哉？秋闱伊迩，计当专意举业，但循其程度，而勿置得失于意中，亦君子所以异于人者也。

【译文】

人才的优劣高低，要根据其志趣而定。才能卑下的人，安于世俗之人的庸规陋习，因而一天天地走向污下；才能高的人，仰慕往哲先贤的隆盛的事迹，因而一天天地走向高明。人的好坏、智愚，由此就可以清楚地辨别开来了。您愤激地认为俗学太鄙陋，而且知道致力于训诂辞章以博取名声的做法不值得仿效和提倡，志趣所在，有值得崇尚的地方。如果你在这方面，真的能够看准目标，不折不扣地追索下去，将来所取得的成就，难道会有量吗？科举考试临近了，您应当专心致志地准备应试。只遵循科举的程序，而不把得失放在心上，这也是君子与常人所不同的地方。

【原文】

余谓德与才，不可偏重。譬之于水，德在润下，才即其载物溉田之用；譬之于木，德在曲直，才即其舟楫栋梁之用。德若水之源，才即其波澜；德若木之根，才即其枝叶。德而无才以辅之，则近于愚人；才而无德以主之，则近于小人。世人多不甘以愚人自居，故自命每愿为有才者；世人多不欲与小人为缘，故观人每好取有德者。大较然也。二者既不可兼，与其无德而近于小人，毋宁无才而近于愚人。自修之方，观人之术，皆以此为冲可矣。

【译文】

我认为才与德，两者不可有偏颇。用水来比喻，它的品德是润下，它的才就是浮载物品、灌溉田地；用木头来比喻，曲直是它的品德，作为舟楫和栋梁之用就是它的才。如果德是水的根源，那么才就是水的波澜；如果德是树木的根，枝叶就是树木的才。一个人有德而无才，就与愚笨之人相近；一个人有才而没有德，则与小人一样。世上的人大多不愿承认自己愚笨，所以常常自称愿意成为有才的人；世上的人大多不希望自己成为小人，所以常常以德取人。大致情况就是如此。既然两者不可兼得，那么与其没有品德而归于小人，还不如没有才能而归为愚人。自我修养的方法，识人的办法，都可从此入手。

【原文】

该令居心光明，措辞真切，此禀可以见其大概，阅之欣慰无已。所称抱济世之才，矢坚贞织志，不为利害所动，此豪杰之士也。心知顺逆，隐怀忠义，而亦不免被其逼胁，此不失为良善之人也。豪杰之士，难以邂逅遇之，良善之人，尚可以人力求之，求之而实见其行，实信其心，方行举报，则斟酌而无冒滥矣。仰

随时留心访察，以慰期望。得一好人，便为天地消一浩劫也。

【译文】

该令居心光明正大，措辞真切，从这份禀报中可以见其大概，阅后感到欣慰不已。所称抱济世之才干，矢坚贞之志向，不为利害所动，这真是豪杰之士啊！内心知道顺逆，隐怀忠义，也不免被其所威逼胁从，这不失为善良之人。对于豪杰之士，是难以邂逅的，良善之人还可以靠人力而求到，求到之后，亲眼见到他的行为，实信其心，才能举荐，这样经过斟酌之后就不会冒犯选用了。希望你随时留心访察，以不辜负我对你的期望。为国家选拔出一个好人，便是为天地消除一个大劫难。

【原文】

兹有旧戈什哈李卿云千里来投，特命其驰赴吉安，交弟差遣，尚属有用之才。渠系李竹屋之族侄，曾在次青平江营充当哨官两年，受伤假归。战阵之事，自所惯见。据次青屡称其善于打仗。余观其平日语言过多，恐其稍涉于浮，临阵或未必稳安。然其抚绥士卒颇有恩意，又大小经百余战，甘苦备尝，究为难得。在湘营充哨长则或不宜，充队长则已有余；若派总查等杂职则必胜任。弟可酌处之。

【译文】

有个名叫李卿云的人千里迢迢来投奔，我特意命他火速赶赴吉安，听候你使用。此人还算是个有用之才。他本是李竹屋的族侄，曾在李次青的平江营做过两年哨官（相当于连长），后因负伤告假回乡。战阵之事，他自然早已司空见惯了。李次青曾多次称赞他善于打仗。我看他平日说话太多，恐怕稍微有点浮华，在临阵时也许未必稳重。然而，他在安抚士兵方面很有一套，又身经大小百余战，备尝艰辛，毕竟十分难得。让他在湘军中充当哨长或许不称职，而充当个队长还是绰绰有余的；如果派他去做总查等杂职，他必定能够胜任。你可以酌情使用他。

【原文】

总揽大纲之人，拟请伯符、莲舫、筱泉三人。筱泉精细圆适，其从国藩也极久，其为国藩谋也极忠，往年余拟专摺保之。曾为罗忠节两次言之，忠节亦极力赞成。厥后因循不果行。国藩之保举稍吝，不过局度较隘。至于次青、筱泉之不得优保，毕金科之不成功名，则国藩实有蔽贤之咎。中夜以思，如何可赎？今毕金科则长已矣！次青、筱泉二人，万乞阁下大力设法优保，或留鄂补用。以私言之，则国藩内有补于歉衷，外有益于报销；以公言之，则二子存心爱民，必不裨于吏法，必有赞于高深。务乞留意承允。

【译文】

负责全局工作的人，我打算请伯符、莲舫、筱泉三人出任。筱泉办事精细灵活。他跟随我的时间可谓长久，他在为我谋划上可谓忠诚，前些年我曾专门写了

一份奏折保举他，另向罗泽南两次提到他，泽南也极力赞成。奏折递交后，有关部门硬要按成规卡他，未能如愿以偿。我在保举人才上稍嫌吝啬，不过是眼界较为狭隘罢了。至于说到次青、筱泉未能从优保举，毕金科未能成就功名，这就实实在在是我有遮蔽贤才的罪责了。夜半自思，如何才可以弥补我的这一罪过呢？如今毕金科已经离世，追悔莫及。次青、筱泉二位人才，万望您大力设法向朝廷从优保举，或者在湖北为他们谋一职位留用。从个人感情方面而言，这样方可使我既在内心上补偿歉疚之意，又对他们做了些有益前途发展的事；从国家利益方面，这两个人确有爱民之心，必定能为地方管理做出成绩，必定能为国家的长远发展提出计策。恳请您留意此事，答应此事。

【原文】

建德虽未攻克，而贵部多猛士健儿，其气可用，亦足喜也。顷已备公牒，调贵军由彭泽横出鄱境四十里街，系韩军移驻之处，风气各殊，贵军不必共扎一处，以省口角。仍须彼此关注，胜必相让，败必相救，以联众志而遏寇氛。抄示彭泽令致东流信，乃萍乡令三月二十三日席道初入江境之信，挨站递传以至湖彭者也。席军并不由九江行走，计此时已至抚州赴饶；阁下至饶境，当可与席观察会昭，尤望妥为联络。渠军系楚勇流派，有江岷樵、刘印渠之风，于湘霆之外，另有家数，阁下亦可兼取其长。学无常师，道兼众妙，不亦亦善乎？

广东仿制的西洋战船图　清

【译文】

建德城虽然没有被攻破，但是你的部队多数是猛士健儿，其士气可用，也令人十分高兴。我已准备好公文，抽调你部从彭泽横出鄱阳境内的四十里街，这是韩军驻扎的地方，部队风气各不相同，你的部队不要同他们驻扎在一起，以免发

生冲突。但你们仍需互相关照，打了胜仗要彼此谦让，军情不利时须相互救助，以便联结我们众人的斗志来抑制敌人的气焰。我顺便抄下来了彭泽县令给东流的信给你看，这封信是萍乡令三月二十三日席道初入江境所写的信，一个驿站接一个驿站传递到了湖彭。席军并不从九江行军，估计现在已经到了抚州向饶州挺进。你到了饶州境内，应当和席观察会晤，尤其希望你们好好联络。席军属于楚勇流派，有江岷樵、刘印渠之风，在湘霆的外面，另外驻有几支，你也可以兼取他们的长处。学无常师。道兼众妙，不也很好吗？

【原文】

虽有良药，苟不当于病，不逮下品；虽有贤才，苟不适于用，不逮庸流。梁丽可以冲城，而不可以窒穴；蓩牛不可以捕鼠；骐骥不可以守闾；千金之剑，以之析薪，则不如斧；三代之鼎，以之垦田，则不如耜。当其时，当其事，则凡材亦奏神奇之效，否则鞅镕而终无所成。故世不患无才，患用才者不能器使而适用也。魏无知论陈平曰："今有后生考己之行，而无益胜负之数，陛下向暇用之乎？"当战争之世，苟无益胜负之数，虽盛德亦无所用之。余生平好用忠实者流，今老矣，始知药之多不当于病也。

【译文】

即使有好的药物，如果不对病症，还不如一般的药物有效；虽然有贤才，如果工作不适合他的特长，就不如普通人。质地好的木梁可以冲开城门，却不可用它去堵洞穴；强壮的水牛不可以去捕捉老鼠；也不可以用骏马去看守家门；用价值千金的宝剑来砍柴，不如用斧子好使。三代时的宝鼎，用它开垦荒田，还不如用犁。在一定的时间，面临一定的事情，普通人也可以发挥神奇的效果。不然，分辨不清，就将一事无成。因此说世上不害怕没有人才，怕的是用才的人不能够恰当地使用人才。魏无知评论陈平说："现在有一个年轻人很懂得孝德，但不懂得打仗胜负的谋略，您怎么用他呢？"当国家处于战乱时，如果不是掌握胜负之数的人，虽然有大德，也是没有什么用的。我生平喜用忠实可靠的人，如今老了，才知道世上药物虽多，但大多不对病症。

【原文】

自汉唐迄今，政教人心交相为胜，吾总其要曰名利。西汉务利，东汉务名；唐人务利，宋人务名；元人务利，明人务名。二者不偏废也，要各有其专胜。好名胜者气必强，其流也揽权怙党，而终归于无忌惮。好利胜者量必容，其流也倚势营私，而终归于不知耻。故明人以气胜，得志则生杀予夺，泰然任之，无敢议其非。本朝以度胜，得志则利弊贤否，泛然听之，无敢任其责。一代之朝局成而天心亦定。山林是胜地，一营恋变成市朝；书画是雅事，一贪痴便成商贾。盖心无染著，欲境是仙都；心有系恋，乐境成苦海矣。

【译文】

从汉唐到现在，政教与人心相互冲突，交替的占有优势，我总其概要叫名利。西汉务利，东汉务名；唐人务利，宋人务名；元人务利，明人务名。二者都不偏废，要各自有它们专门强调的一个方面。好名而取得优胜的，其气势必强，世风的潮流就倾向于结党营私，而终归于肆无忌惮。好利而取得优胜的，其度量必能容纳，世风的潮流也就会是倚仗权势、营谋私利，而最终归结于不知耻辱。所以，高明的人以气势胜人，得志则生杀予夺，泰然处之，没有敢说他的不是的。本朝以制度取胜，得志则利弊贤否，放任听之，没有敢追究谁的责任的，一代的局面形成而天心亦定了。山川秀丽的林泉本来都是名胜地方，可是一旦沾迷留恋，就会把幽境胜景变成庸俗喧嚣的闹区；琴棋书画本来是骚人墨客的一种高雅趣味，可是一产生贪恋的狂热念头，就会把风雅的事变得俗不可耐。所以一个人只要心地纯洁，不被外物所感染，即使置身人欲横流的花花世界，也能建立自己内心快乐的仙境；反之一旦内心迷恋声色物欲，即使置身山间的快乐仙境，也会使精神坠入痛苦深渊。

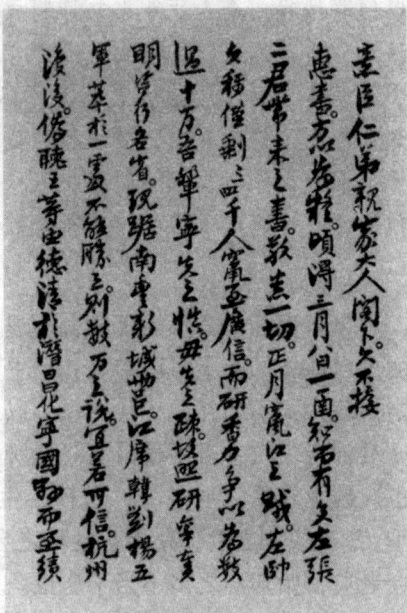

曾国藩手札

【原文】

天道五十年一变，国之运数从之，惟家亦然。当其隆时，不劳而坐获；及其替也，忧危拮据，而无少补救，类非人所为者。昔我少时，乡里家给富足。农有余栗，士世其业。富者好施，与亲戚存问，岁时饭遗褾属。自余远游以来，每归故里，气象一变。田宅易主，生计各蹙，任恤之风日薄。呜呼！此岂一乡一邑之故哉？

【译文】

天道五十年一变，国运也随之改变，家庭也是如此。当家庭兴盛时，不劳而获；等到衰败时，忧虑拮据，而没有办法缓解，似乎不是人力可以改变的。我少年时，家乡的人家家富足，仓有余粮，人人安居乐业。富有的人喜欢施舍，亲戚之间互相慰问。自从我远游归来，每次都感到情况有变化。田宅变换了主人，生活越来越困难，互相接济的风气也没有了。啊！难道只是一乡一邑如此吗？

【原文】

习劳则神钦，凡人之情，莫不好逸而恶劳，无论贵贱智愚老少，皆贪逸而惮于劳。古今之所同也。人一日所著之衣，所进之食，与一日所行之事，所用之力

相称，则旁人韪之，鬼神许之，以为彼自食其力也。若农夫织妇，终岁勤动，以成数石之粟，数尺之布；而富贵之家，终岁逸乐，不营一业，而食必珍羞，衣必锦绣，酣豢高眠，一呼百诺，此天下最不平之事，鬼神所不许也。其能久乎？古之圣君贤相，若汤之昧旦丕显，文王日昃不遑，周公夜以继日，坐以待旦，盖无时不以勤劳自励，无逸一篇，推之于勤则寿考，逸则夭亡，历历不爽。为一身计，则必操习技艺，磨炼筋骨，困知勉行，操心危虑，而后可以增智慧而长才识。为天下计，则必己饥己溺，一夫不获，引为余辜。大禹之周乘四载，过门不入；墨子之摩顶放踵，以利天下；皆极俭以奉身，而极勤以救民。故荀子好称大禹墨翟之行，以其勤劳也。

军兴以来，每见人有一材一技，能耐艰苦者，无不见用于人，见称于时；其绝无材技，不惯作劳者，皆唾弃于时，饥冻就毙。故勤则寿，逸则夭；勤则有材而见用，逸则无能而见弃；勤则博济斯民，而神祇钦仰；逸则无补于人，而神鬼不歆。是以君子欲为人神所凭依，莫大于习劳也。

【译文】

习惯于勤劳，则神都会钦敬。人之常情，没有不好逸恶劳的，不论贵贱智愚、老少，都贪图安逸，害怕劳苦，这是古今都相同的。人一天所穿的衣服，所吃的饭，与他一天所做的事，所出的力相称，那么旁人就会认可，鬼神就会赞同，认为他是自食其力了。至于种田的农民，织布的妇女，一年到头勤勉辛劳，不过获得几石粟，几尺布；而富贵人家，终年安逸享乐，一件事都不做，吃的是山珍海味，穿的是绫罗绸缎，豢养很多奴才，高枕酣眠，一呼百应，这是天下最不公平的事，鬼神都不会赞同，这能够长久吗？古代的圣明君主，贤德宰相，比如商汤，通宵达旦地工作，周文王不顾吃饭，周公废寝忘食，坐待天亮，时时以勤劳激励自己。《无逸》这个篇章，推论到人若勤劳，便会长寿，人若逸便会夭亡，这是屡试不爽的。为自己着想，则必须习练技艺，磨炼筋骨，遇到困惑，不断地学习，不断勉励自己身体力行，居安思危。这样，才会增加智慧，增长才干。为天下着想，则必须自己忍受饥饿劳苦，只要有一人没有收获，就应当视作是自己的罪过。大禹治水，历尽辛劳，三过家门而不入；墨子摩顶放踵，为天下人谋福利，都是自奉非常节俭，拯救百姓不辞困苦。所以荀子偏爱大禹、墨子的行为，这是因为他们勤劳的缘故。自从军兴以来，往往见到别人有一技之长，能忍受艰难困苦的人，都能被人任用，得到当时人的称赞。而那些没有才能，也无一技之长，又不习惯勤劳的人，都被当时人所唾弃，最后饥饿冷冻而死。因此，勤劳的人便会长寿，纵逸的人就会夭折；勤劳便有才能，就能为人所用，安逸则无才能，就会被人抛弃。勤劳，便能普济众生，连神都会钦佩仰慕；安逸，则无任何价值，神鬼都不会保佑他。所以，君子若要成为人们和神都能信赖的人，最重要的就是要习惯于勤劳。

【原文】

凡人多望子孙为大官，余不愿为大官，但愿为读书明理之君子。勤俭自持，

习劳习苦，可以处乐，可以处约。此君子也。余服官二十年，不敢稍染官宦气习，饮食起居，尚守寒素家风，极俭也可，略丰也可，太丰则吾不敢也。凡仕宦之家，由俭入奢易，由奢返俭难。尔年尚幼，切不可贪爱奢华，不可惯习懒惰。无论大家小家、士农工商，勤苦俭约，未有不兴，骄奢倦怠，未有不败。

【译文】

一般人多希望子孙后代做大官，我不愿意做大官，只想成为读书明理的正人君子。能够勤劳节俭，严于律己，吃苦耐劳；既能过舒适的生活，又能过艰难的生活，做到这些，就是君子。我做官二十年，不敢稍微沾染官僚习气，饮食起居方面还保持着贫寒平民的家风，极其节俭也可以，略为丰厚也可以，但是太丰厚我却不敢接受。官宦家庭，由俭朴到奢侈容易，由奢侈返回俭朴却十分困难。你的年纪尚幼，切不可贪爱奢华，不可习惯于懒惰。无论是大家还是小家，也无论是官僚家庭还是士、农、工、商家庭，如果勤苦俭约，就没有不兴旺的；如果骄奢倦怠，就没有不衰败的。

【原文】

所以汲汲馈赠者，盖有二故：一则我家气运太盛，不可不格外小心。以为持盈保泰之道，旧债尽清，则好处太全，恐盈极生亏；留债不清，则好中不足，亦处乐之法也。二则各亲戚家皆贫而年老者，今不略为资助，则他日不知何如。

【译文】

所以一心重视馈赠，有两个原因：一是我家的气运太兴盛，不能不格外小心，我认为对于盈满保康泰的方法，一旦旧债全部还清，就会好处太齐全，恐怕盈极生亏；留有债务没有还清，虽然美中不足，但也是享受乐趣的一种方法。二是各位亲戚都家里贫困而又有年老之人，如不稍加资助，则不知道他们以后如何过日子。

【原文】

将来万一作外官，或督抚，或学政，从前施情于我者，或数百，或数千，皆钓饵也。渠若到任上来，不应则失之刻薄，应之则施一报十，尚不足以满其欲。故兄自庚子到京以来，于今八年，不肯轻受人惠，情愿人占我的便宜。断不愿我占人的便益。将来若作外官，京城以内无责报于我者。澄弟在京年余，亦得略见其概矣。此次澄弟所受各家之情，成事不说，以后凡事不可占人半点便宜，不可轻取人财。切记切记。

【译文】

将来，万一我做了地方官，或者是总督巡抚，或者是省里的学政，到那时从前曾施恩于我的人，不论是几百钱，还是几千钱，都是钓鱼上钩的诱饵。他们如果来到我的任所，我不理他们则失之于刻薄，理会他们则施一报十，也不一定能满足他们的欲望。所以，我从庚子年（1840年）来到京城以后，至今已经八年，一向不肯轻易接受别人的恩惠。我甘愿让别人占我的便宜，却绝不愿意占别人一点便宜。

将来如果到地方上做官，京城内是不会有人找我报答恩情的。澄弟在京师逗留了一年多，基本上已经全部看到了，这次澄弟所接受的各家恩情，成事后就不说了，今后做任何事情，都不能占别人半点便宜，不能轻易拿别人的财物。这一点，必须牢牢记住。

【原文】

余与沅弟论治家之道，一切以星冈公为法，大约有八字诀，共四字，即上年所称"书蔬鱼猪"也；又四字则曰"早扫考宝"。早者，起早也；扫者，扫屋也；考者，"祖先祭祀，敬奉显考、王考、曾祖考，言考而妣可该也；宝者，亲族乡里，时进周旋，贺喜丧，问疾济急。星冈公尝曰："人待人，无价之宝也。"星冈公生平于此数端，最为认真，故余戏为八字诀曰"书蔬鱼猪，早扫考宝"也。此言虽涉谐谑，而拟即写屏上，以祝贤弟夫妇寿辰，使后世子孙知吾兄弟家教，亦知吾兄弟风趣也。弟以为然否？

【译文】

我与沅弟讨论治家之道，一切都以星冈公所定的办法为准，大约有八字诀。共有四个字，即上年所说的书、蔬、鱼、猪；另有四个字称早、扫、考、宝。早就是早起，扫就是扫屋，考就是祭祀祖先，敬奉显考、王考、曾祖考，说考也就包括妣；宝，就是亲族和乡里之人，经常互相来往，贺喜吊丧，询问疾病，同济急难。星冈公曾经说："人待人是无价之宝。"星冈公生前对于这些事都极为认真，所以我把它总结为"书蔬鱼猪，早扫考宝"。这句话虽然近于谐谑，但我想把它写在屏上，以祝贺你们夫妇的寿辰，使后世的子孙知道我们兄弟的家教，也知道我们兄弟的风趣。你认为对吗？

【原文】

要做好人，第一要在此处（指不贪财）下手，能令鬼服神钦，则自然识日进气日刚。否则，不觉堕入卑污一流，必有被人看不起之日，不可不慎！诸弟现处极好之时，家事有我一人担当，正好做个光明磊落神钦鬼服之人，名声既出，信义既著，随便答言，无事不成，不必爱此小便宜也。

【译文】

要想做好人，首先要在不贪财上下功夫，如果能够令鬼神钦服，则自然会使见识一天天地增进，正气一天天地加强。否则的话，在不知不觉之中堕入卑污者一流，必定要有被人看不起的那一天，你们不可不谨慎！各位弟弟现在正处于极好的时期，家事有我一个人担当，你们正好做个光明磊落、鬼神钦服之人，到了声名远扬、信义卓著之后，即使随便答言，也会无事不成，所以不必贪此小便宜。

白地套蓝玻璃双耳瓶　清

国学经典文库

【原文】

凡世家子弟，衣食起居，无一不与寒士相同，庶可以成大器。若沾染富贵气习，则难望有成。吾忝为将相，而所有衣服，不值三百金。愿尔等当守此俭朴之风，亦惜福之道也。

【译文】

凡是世家子弟，如果他的衣食起居，都与清寒之士一样，才有可能成大器。如果沾染了富贵习气，就难以有成就。我虽位居将相，但所有的衣服，加起来不值三百金，希望你们能保持这俭朴的风气，这也是惜福的方法。

智慧通解

【原文】

十二日正七、有十归接弟信，备悉一切。定湘营既至三曲滩，其营官成章鉴亦武弁中不可多得者，弟可与之款接。

来书谓"意趣不在此，则兴会索然"，此却大不可。凡人作一事，便须全副精神注在此一事，首尾不懈。不可见异思迁，做这样想那样，坐这山望那山。人而无恒，终身一无所成，我生平犯无恒的弊病，实在受害不小。当翰林时，应留心诗字，则好涉猎他书，以纷其志；读性理书时，则杂以诗文各集，以岐其趋。在六部时，又不甚实力讲求公事。在外带兵，又不能竭力专治军事，或读书写字以乱其志意。坐是垂老而百无一成，即水军一事，亦掘井九仞而不及泉。

弟当以为鉴戒，现在带勇，即埋头尽力以求带勇之法，早夜孳孳，日所思，夜所梦，舍带勇以外则一概不管。不可又想读书，又想中举，又想作州县，纷纷扰扰，千头万绪，将来又蹈我之覆辙，百无一成，悔之晚矣。

带勇之法，以体察人才为第一，整顿营规、讲求战守次之，《得胜歌》中各条，一一皆宜详求。至于口粮一事，不宜过于忧虑，不可时常发禀。弟营既得楚局每月六千，又得江局月二三千，便是极好境遇。李希庵十二来家，言迪庵意欲帮弟饷万金。又余有浙盐赢余万五千两在江省，昨盐局专丁前来禀询，余嘱其解交藩库充饷，将来此款或可酌解弟营，但弟不宜指请耳。

饷项既不劳心，全副精神讲求前者数事，行有余力则联络各营，款接绅士，身体虽弱，却不宜过于爱惜。精神愈用则愈出，阳气愈提则愈盛。每日作事愈多，则夜间临睡快活。若存一爱惜精神的意思，将前将却，奄奄无气，决难成事。凡此，皆因弟兴会索然之言而切戒之者也。

弟宜以李迪庵为法，不慌不忙，盈科后进，到八九个月后，必有一番甘滋味出来。余生平坐无恒流弊极大，今老矣，不能不教诫吾弟吾子。

邓先生品学极好，甲三八股文有长进，亦山先生亦请邓改文。亦山教书严肃，学生甚为畏惮。吾家戏言戏动积习，明年吾在家，当与两先生尽改之。

下游镇江、瓜洲同日克复，金陵指日可克。厚庵放闽中提督，已赴金陵会

剿，准其专摺奏事。九江亦即日可复。大约军事在吉安、抚、建等府结局，贤弟勉之。吾为其始，弟善其终，实有厚望。若稍参以客气，将以砺志，则不能为我增气也。营中哨队诸人气尚完固否？下次祈书及。

家中四宅平安。澄弟十四日赴县吊丧。余无他事，顺问近好。

【评述】

为了自己的事业或利益而贬低或伤害了他人，其实就等于贬低或伤害了自己。因此，曾国藩常常在内心告诫自己，切莫因为自己而淹没了人才，也怕因为自己而选出浮华之士，这两者都会贻误将来的事业。他叹道：人不易知，知人不易。谁是卑鄙猥琐不堪重用的人？谁是才华卓越不同流俗的人？

为他求取人才，曾国藩在军营设有一个秘密投信箱，请官兵坦陈自己和地方官员的过失，以鉴别人才的贤与不贤，推荐那些隐没在军中的有才能的人。为了获得人才，他还请弟弟为他留心采访物色，一要"多置好官"，二要"遴选将才"，如果碰到合适的人，他也会向弟弟推荐。

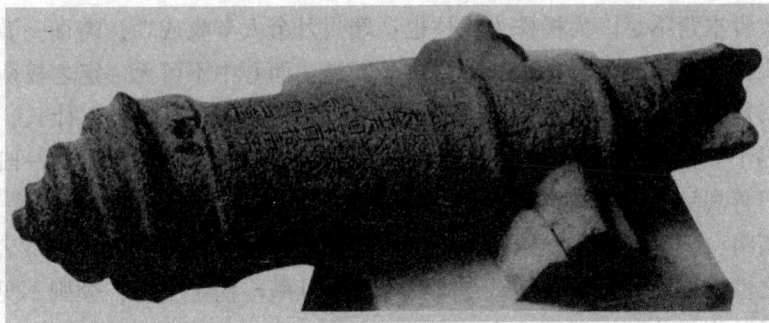

太平军所铸的火炮

曾国藩认为，办大事的人，以多选替手为第一要义。一方面他用人十分审慎，"不轻进人，即异日不轻退人之本；不妄亲人，即异日不轻疏人之本。"另一方面他也求贤若渴，"凡有一长一技者，断不敢轻视。"曾国藩最喜欢用的是"能耐劳苦之正人"。

对于读书人，曾国藩认为他们有两个通病：一是尚文不尚实，一是责人不责己。尚文的毛病表现在，写文章时连篇累牍，言之成理，待到躬任其事，则忙乱废弛，毫无条理。责人的毛病表现在，无论什么人，一概用别人难以达到的标准苛求于人，这就是韩愈所说的"按众人的要求对待自己，用圣人的标准对待别人。"对这种人，要谆谆劝诱，徐徐熏陶。

曾国藩欣赏的是光明正大，言词真切的人，他们"抱济世人才，矢坚贞之志，不为利害所动"，这就是豪杰之士。而那种"心知顺逆，隐怀忠义，亦不免被其逼胁"的人，就是良善之人。豪杰之士，可遇不可求，良善之人，可遇又可求。得到良善之人后，就要"实见其行，实信其心"，然后才能举荐。曾国藩深

有感触地说："得一好人，便为天地消一浩劫。"

所以说，知人不易，得人不易。要知人就要善察人，要得人就要善用人，不察不用，即使人才就在身边，也会视而不见。

【原文】

廿三夜彭一归，接弟十五书，具悉一切。

吉安此时兵势颇盛，军营虽以人多为贵，而有时亦以人多为累。凡军气宜聚不宜散，宜忧危不宜悦豫；人多则悦豫，而气渐散矣。营虽多而可恃者惟在一二营，人虽多而可恃者惟在一二人。如木然，根好株好而后枝叶有所托；如屋然，柱好梁好而后椽瓦有所丽。今吉安各营，以余意揆之，自应以吉中营及老湘胡来等营为根株，为柱梁。此外如长和，如湘后，如三宝，虽素称劲旅，不能不侪之于枝叶椽瓦之列。遇小敌时，则枝叶之茂椽瓦之美尽可了事；遇大敌时，全靠根株培得稳，柱梁立得固，断不可徒靠人数之多，气势之盛。倘使根株不稳，柱梁不固，则一枝折而众叶随之，一瓦落而众椽随之，败如山崩，溃如河决，人多而反以为累矣。史册所载故事，以人多而为害者不可胜数。近日如抚州万余人卒致败溃，次青本营不足以为根株为梁柱也；瑞州万余人卒收成功，峙衡一营足以为根株为梁柱也。弟对众营立论虽不必过于轩轾，而心中不可无一定之权衡。

来书信弁目太少，此系极要关键。吾廿二日荐曾纪仁赴吉充什长，已收用否？兹冯十五往吉，若收置厨下，亦能耐辛苦。凡将才有四大端：一曰知人善任，二曰善觇敌情，三曰临阵胆识（峙有胆，迪厚有胆有识），四曰营务整齐。吾所见诸将，于三者略得梗概，至于善觇敌情，则绝无其人。古人觇敌者，不特知贼首之性情伎俩，而并知某贼与某贼不和，某贼与伪主不协，今则不见此等好手矣。贤弟当于此四大端下功夫，而即以此四大端察同僚及麾下之人才。第一、第二端不可求之于弁目散勇中，第三、第四端则末弁中亦未始无材也。

家中大小平安。葛亦山先生回家六日未来，闻其弟喉痛，或未愈耳。科一、科四、科六皆在馆。甲五课之点读尚属安静。弟可放心。尧阶于二十二日来，二十八可归。洪、夏所争之地，余意欲买之。以东阳叔祖极称其好，不知可得否？胡润之中丞奏请余率水师东下，二十七日送寄谕来家。兹钞寄弟营一阅。余俟续布。弟初九日所发之信由省城转达者，亦二十七日始到也。顺问近好。

亦山不在此，命科四等写一禀安帖。

【评述】

在一个大团体中，如果仅靠"英雄"，那么事业就难以持久。因为个人英雄主义不适合于社会化程度高度发达的现代社会。实际上，中国的老祖宗就很讲究"和合""谐和"之道。儒家的创始人还提出立人达人之道。

曾国藩对孔子孟子的"自立立人、自达达人"之道尤为推崇，把是否施于人的问题当作识量大小的高度来认识，他认为，孔子所云："己所不欲，勿施于人。"孟子所云："取人为善，与人为善。"皆恕也，仁也。知此则识大量大，不

知此则识小量小。

他认为：我要步步站得稳，须知他人也要站得稳，所谓立也。我要处处行得通，须知他人也要行得通，所谓达也。曾国藩把这种信念用在自己的事业中，就是功不已居，名不已出。

在军营里，每每听到曾国藩谈到收复安庆的事，他总是归功于胡林翼的筹谋划策，多隆阿的艰苦战斗；谈到后来攻下金陵，则又归功于各位将领，而没有一句话提及他自己以及他的弟弟曾国荃。谈到僧格林沁进攻捻军的时候，赞扬他能吃苦耐劳，说自己比不上他的十分之一二；谈到李鸿章、左宗棠，称他们是一代名流，不是说自愧不如，就是说谋略莫及，这往往从他的奏折和信函中表现出来。

同时，曾国藩自己升迁，也荐举幕僚和下属升迁。曾国藩一生荐举人才甚多，其中很大一部分属于他的幕僚和下属。现已查明的曾国藩幕僚有四百余人，其中绝大多数人受过他的保举。可以说，凡为其幕僚者几乎人人都有顶戴，即使不是实缺官员，也有候补、候选、记名之类名堂，无此资格者反倒为数极少，成为凤毛麟角。而获得实任者，更是直接间接地借助于曾国藩的荐举之力，幕僚中二十六名督抚、堂官，五十名三品以上大员，以及难以数计的道、府、州、县官员，多受过曾国藩的保举，有的甚至一保再保，不止一次。他们所以得任现有最高官职，有的系他人奏保，有的是曾国藩死后循资升迁，有的则完全出自曾国藩的推荐。至同治十一年（1872）二月曾国藩去世时，其幕僚官至三品者已达22人，其中总督四人，巡抚七人，至于道府州县则难以统计。所以欧阳夫人曾有一句戏语说"我胯下出来的都是将军"。是说甚至在曾家当过差的下人也都发达成了才。

【原文】

沅于人概天概之说不甚厝意，而言及势利之天下、强凌弱之天下，此岂自今日始哉？盖从古已然矣。

从古帝王将相，无人不由自立自强做出。即为圣贤者，亦各有自立自强之道，故能独立不惧，确乎不拔。昔余往年在京，好与诸有大名大位者为仇，亦未始无挺然特立不畏强御之意。近来见得天地之道，刚柔互用，不可偏废，太柔则靡，太刚则折。刚非暴虐之谓也，强矫而已；柔非卑弱之谓也，谦退而已。趋事赴公则当强矫，争名逐利则当谦退；开创家业则当强矫，守成安乐则当谦退；出与人物应接则当强矫，入与妻孥享受则当谦退。若一面建功立业外享大名，一面求田问舍内图厚实，二者皆有盈满之象，全无谦退之意，则断不能久。此余所深信，而弟宜默默体验者也。

【评述】

每一个成功者都有自知之明，他深刻了解自己的所长与所缺。本来，人无论多么伟大，都是有缺欠的。正像好事不能让一人占尽一样，众人的优点也不可能

集中到一个人身上。但成功者与失败者在有无自知之明这一点上有根本不同。成功者善于扬长避短，失败者常常以虚当实，以无当有。

王闿运在《湘军志》中这样总结曾国藩的胜败：

曾国藩以"惧"教士，以"慎"行军，用将则胜，自将则败；杨岳斌、鲍超以"无惧"为勇，以"戒"惧为怯，自将则胜，用将则败。

王氏对曾国藩的评价广为后人传诵，成为确评，其言也常常印证于湘军自发轫到撤裁的一系列大小战役中。

曾国藩如刘邦一样，善于将将而不能将兵，此言不虚，他亲自指挥的战役，从1854年湘军初出茅庐的靖港之役起，几乎总是打败仗，以致后来凡是湘军与太平军进行重大恶战时，曾国藩都有自知之明，特意避免自己亲临前线指挥。如1860~1861年空前激烈、残酷的安庆争夺战期间，他硬是不去安庆前线，他说："历年以来，凡围攻最要紧之处，余亲身到场，每至挫失，屡试屡验。……此次余决不至安庆，盖职是故。"连1863~1864年湘军围攻天京的最后殊死较量期间，曾国藩也坚持不赴前敌。直至湘军打下天京，他才急舟前往布置善后。

曾国藩被人称为"知人之明"，看来他也不乏自知之明，他自知缺乏指挥战役本领而抱定宗旨不直接插手具体的指挥。对于曾国藩不善指挥战役，他的好友王闿运也直言不讳："曾国藩首建义旗，终成大功，未尝自以为知兵，其所自负独在教练。"

曾国藩平生颇为自负，但他无论是对自己的人格弱点，还是自己治国平天下的"技能"方面，都可谓知己知彼。今人常谈论"人最不容易战胜的是自己"，实质是战胜人性的弱点，或者把这些弱点限制在不妨碍做大事的范围内。人不断完善自己，就是不断战胜自己、走向成功的过程。

曾国藩毕竟是翰林院的底子，尽管他在军务倥偬之际，不忘读兵家方略，但对于打仗，他说自己没有丝毫把握。李元度说他"以书生张空拳，与天下博"，这就不是简单的打仗了。正因为曾国藩不自是，善于扬长避短，他的"长"就是规划全局、筹划全势，从大局处胜负，而不计较一时得失。

到底是文人用兵、局限性不言自明，尺有所短，寸有其长，以文人的头脑如果让他做出些谋划类，布置全局的工作，以及一些战略战术思想的研究，倒未必不是他所擅长。但如果让他直接带兵打仗，未免又少不了瞻前顾后，贻误战机。曾国藩在写给弟弟的书信中坦然承认：自己"不善用兵，屡失事机"。不过，以曾国藩的大略雄才，能如此心胸坦荡，有自知之明，又懂得以自知之明进行严格的自律，实在值得后世好好学习一番。

曾国藩的自知之明，源于他的不断的读书学习以及勤于思考善于自砺的素质及品格。读的书多，阅历便自然增长，学识也自然广博，对于历史上的一些人与事的得失成败便会得出比较正确的结论。从而无疑会对客观地认识自己形成潜移默化的有利影响。

【原文】

十一月十七日寄第三号信，想已收到。父亲到县纳漕，诸弟何不寄一信，交县城转寄省城也？以后凡遇有便，即须寄信，切要切要。九弟到家，遍走各亲戚家，必各有一番景况，何不详以告我？

四妹小产以后，生育颇难。然此事最大，断不可以人力勉强。劝渠家只须听其自然，不可过于矜持。又闻四妹起最晏，往往其姑反服事他，此反常之事，最足折福。天下未有不孝之妇而可得好处者。诸弟必须时劝导之，晓之以大义。

诸弟在家读书，不审每日如何用功？余自十月初一立志自新以来，虽懒惰如故，而每日楷书写日记，每日读史十页，每日记《茶余偶谈》一则，此三事未尝一日间断。十月二十一日立誓永戒吃水烟，洎今已两月不吃烟，已习惯成自然矣。予自立课程甚多，惟记《茶余偶谈》、读史十页、写日记楷本，此三事者誓终身不间断也。诸弟每人自立课程，必须有日日不断之功，虽行船走路，俱须带在身边。予除此三事外，他课程不必能有成，而此三事者，将终身以之。

【评述】

人的志向并不是一次就能立下的。曾国藩的立志，也经历了多少次反反复复的"五分钟热血"。中进士后的第二年，曾国藩日记中写道：

自立志自新以来，至今五十余日，未曾改得一过，所谓"三戒""两知"及静坐之法，养气之方，都只能知，不能行，写记此册，欲谁欺乎？此后直须彻底荡涤，一丝不放松。从前种种，譬如昨日死，以后种种，譬如今日生。务求息息静极，使此生意不息，庶可补救万一。慎之，勉之！力践斯言，方是实学。

好友倭仁还嘱咐曾国藩减少应酬：我辈既知此学，便须努力向前，完养精神，将一切闲思维、闲应酬、闲言语扫除净尽，专心一意，钻进里面，安身立命，务要另换一个人出来，方是功夫进步，愿共勉之！

曾国藩在日记中反省道："接到艮峰前辈见示日课册，并为我批此册，读之悚然汗下，教我扫除一切，须另换一个人。安得此药石之言！细阅先生日课，无时不有戒惧意思，迥不似我疏散，漫不警畏也。不敢加批，但就其极感予心处著圈而已。无礼之应酬，勉强从人，盖一半仍从毁誉心起，怕人说我不好也。艮峰前辈教我扫除闲庆酬，殆谓此矣。细思日日过恶，总是多言，其所以致多言者，都从毁誉心起。欲另换一个人，怕人说我假道学，此好名之根株

粉彩百花图瓶　清

也。尝与树堂说及，树堂已克去此心矣，我何不自克耶？"

在这种反反复复中，曾国藩终于为自己开出了后人皆知的"十二条日课箴规"，表示"从此谨立课程，新换为人，毋为禽兽"。

其课程为：

敬　整齐严肃。无时不惧。无事时心在腔子里，应事时专一不杂。如日之升。

静坐　每日不拘何时，静坐半时。体验来复之仁心。正位凝命，如鼎之镇。

早起　黎明即起，醒后勿粘恋。

读书不二　一书未点完，断不看他书。东翻西阅、徒徇外为人。每日以十叶为率。

读史　丙申购廿三史。大人曰："尔借钱买书，吾不惮极力为尔弥缝。尔能圈点一遍，则不负我矣。"嗣后每日点十叶，间断不孝。

谨言　刻刻留心，是功夫第一。

养气　气藏丹田，无不可对人言之事。

保身　十月廿二奉大人手谕曰："节劳、节欲、节饮食"。时时当作养病。

日知所亡　每日记《茶余偶谈》二则。有求深意是徇人。

月无忘所能　每月作诗文数首，以验积理这多寡，养气之盛否，不可一味耽着，最易溺心丧志。

作字　早饭后作字半时，凡笔墨应酬，当作自己课程。凡事不可待明日，愈积愈难清。

夜不出门　旷功疲神，切戒切戒。

由于曾国藩加强自我督责，以破誓即是禽兽自励，因而颇有成效。一次，倭仁先生到曾国藩住处，曾国藩"一见，惶愧之至，真所谓厌然者矣！"他检讨自己，如果"时时慎独"，怎么会见人而如此羞窘？

到是年底，曾国藩检悔心理尤重，"心摇摇如悬旌，又皇皇如有所失。"

他为自己的动摇感到无地自容。二十三年正月初七的日记说：自去年十二月廿后，心常怵怵不自持，若有所失亡者，至今如故。盖志不能立时易放倒，故心无定向。无定向则不能静，不静则不能安，其根只在志之不立耳。又有鄙陋之见，检点细事，不忍小忿，故一毫之细，竟夕踟蹰，一端之忤，终日粘沾恋坐，是所以怵怵也。志不立，识又鄙，欲求心之安定，不可得矣。是夜，竟不成寐，辗转千思，俱是鄙夫之见。于应酬小处计较，遂以小故引申成忿，惩之不暇，而更引之，是引盗入室矣。

曾国藩自道光二十三年始，确有一番振作之象，他说"今年立志自新，重起炉冶"，表示与过去不良习惯"痛与血战一番"。

随后他在唐鉴指导下，开始攻读张履祥的《杨园先生全集》，各方面均有大

的提高。

【原文】

盖士人读书，第一要有志，第二要有识，第三要有恒。有志则断不甘为下流；有识则知学问无尽，不敢以一得自足，如河伯之观海，如井蛙之窥天，皆无识者也；有恒则断无不成之事：此三者缺一不可。诸弟此时，惟有识不可以骤几，至于有志有恒，则诸弟勉之而已。予身体甚弱，不能苦思，若思则头晕，不耐久坐，久坐则倦乏，时时属望，惟诸弟而已。

【评述】

有志，则断不甘下流。因此曾国藩的学问功底造就了他能够"不甘下流"的事功人生。

曾国藩在功名仕途上的进取精神不是一般人所能企及的。他的成功是建立在自尊、自信、自强的意志上的。他写的《小池》就反映出这种思想：

屋后一枯池，夜雨生波澜。勿言一勺水，会有蛟龙蟠。物理无定资，须臾变众窍。男儿未盖棺，进取谁能料。

关于修身之志，曾国藩一生着力效法标准人物。咸丰九年，正是曾国藩和太平军生死决斗之时，他却从容模拟，将中国几千年来的思想家、哲学家、著作家、文学家重新估计，共得三十二人（实际上是三十三人），作成《圣哲画像记》一文，并命儿子曾纪泽，图其形象，悬诸壁间，作为终身效法的标准人物。使自己的人格更臻于完善。

对此，曾国藩自己深有体会，他说："欲求变化之法，总须先立坚卓之志。即以余生平言之，三十前最好吃烟，片刻不离，至道光壬寅十一月廿一日立志戒烟，至今不再吃。四十六岁以前做事无恒，近五年深以为戒，现在大小事均尚有恒。即此二端，可见无事不可变也。"

曾国藩认为人生有了一个高远的志向，你的一些行动，诸如或进或退，或去或从，或取或舍，都不失为盲目之举，徒劳之举。为此他说："愧奋直前，有破釜沉舟之志，则远游不负。若徒悠忽因循，则近处尽可度日，何必远行百里外哉？"

这正符合中国古代寓言所讲的人生原理，那则寓言说一只猫头鹰因当地人厌恶他的叫声而欲迁往别处。其时有人问它，说"子能更鸣呼？"意思是说你能改变自己的叫声吗？否则，你搬到新的地方不也同样会招来人们的反对吗！立志也是如此，正如曾国藩所说，若无破釜沉舟之志，何必远行百里外哉？！

【原文】

十月十一日接尔安禀，内附隶字一册。二十四日接澄叔信，内附尔临《玄教碑》一册。王五及各长夫来，具述家中琐事甚详。

尔信内言读《读经注疏》之法，比之前一信已有长进。凡汉人传注、唐人之疏，其恶处在确守故训，失之穿凿；其好处在确守故训，不参私见。释

"谓"为"勤",尚不数见;释"言"为"我",处处皆然。盖亦十口相传之话,而不复顾文气之不安。如《伐木》为文王与友人入山,《鸳鸯》为明王交于万物,与尔所在疑《螽斯》章解,同一穿凿。朱子《集传》,一扫旧障,专在涵泳神味,虚而与之委蛇,然如《郑风》诸什,注疏以为皆刺忽者固非,朱子以为皆淫奔者亦未必是。尔治经之时,无论看注疏,看宋传,总宜虚心求之。其惬意者,则以朱笔识出;其怀疑者,则以另册写一小条,或多为辩论,或仅著数字,将来疑者渐晰,又记于此条之下,久久渐成卷帙,则自然日进。高邮王怀祖先生父子,经学为本朝之冠,皆自札记得来。吾虽不及怀祖先生,而望尔为伯申氏甚切也。

尔问时艺可否暂置,抑或他有所学?余惟文章之可以道古,可以适今者,莫如作赋。汉魏六朝之赋,各篇钜制,具载于《文选》,余尝以《西征》《芜城》用《恨》《别》等赋示尔矣。其小品赋,则有《古赋识小录》。律赋,则有本朝之吴毅人、顾耕石、陈秋舫诸家。尔若学赋,可于每三、八日作一篇,大赋或数千字,小赋或仅数十字,或对或不对,均无不可。此事比之八股文略有意趣,不知尔性与之相近否?

尔所临隶书《孔宙碑》笔太拘束,不甚松活,想系执笔太近毫之故,以后须执于管顶。余以执笔太低,终身吃亏,故教尔趁早改之。《玄教碑》墨气甚好,可喜可喜。郭二姻叔嫌左肩太俯,右肩太耸,吴子序年伯欲带归示其子弟。尔字姿于草书尤相宜,以后专习真草二种,篆隶置之可也。四体并习,恐将来不能一工。

余癣疾近日大愈,目光平平如故。营中各勇夫病者,十分已好六七,惟尚未复元,不能拔营进剿,良深焦灼,闻甲五目疾十愈八九,忻慰之至。尔为下辈之长,须常常存个乐育诸弟之念。君子之道,莫大乎与人为善,况兄弟乎?临三、昆八,系亲表兄弟,尔须与之互相劝勉。尔有所知者,常常与之讲论,则彼此并进矣。此谕。

【评述】

曾国藩在同僚相处上,还有一个原则,即是与人为善、取人为善、投桃报李,连环相生。曾国藩帮助僚属部下建功得赏,举荐升迁。僚属部下也帮助曾国藩扶危解难,兴旺发达。于是湘军这个大群体则成为一个和衷共济,互相映衬充满活力的战斗群体。使其"事业"的"雪球"越滚越大。要想取人为善,首先得与人为善。正是由于曾国藩的这种首先与人为善的相处之道,才使得曾国藩摆脱了在家守制时的不利局面。

曾国藩在家守制的一年多时间里,湘军与太平天国的战争形势发生了巨大变化。他离开江西时,太平军与湘军正在相持苦战,九江、吉安、瑞州等城尚在太平军手中。但是,由于太平军的内讧,石达开先是离开湖北战场,后又于咸丰七年五月率太平军精锐出走,湖北、江西的兵力大部跟随石达开而去。湘军乘机攻陷九江、瑞州、抚州、湖口、临江,湖北方面的武昌等城也再度为湘军攻陷。湘

军控制了两湖、江西的绝大部分地区，开始向安徽方面进攻。

由于湘军作战有功，其将领们一个个升官晋爵，今非昔比。到咸丰八年（1858年），胡林翼加太子少保，杨载福官拜提督，李续宾也官至巡抚，赏穿黄马褂。其他将领，也都得到相应的官衔。然而，在籍守制的湘军统帅曾国藩仍然是原来的侍郎官衔。这两年他虽信奉老庄，但相比之下也太悬殊了，心里不免激愤不平。他给曾国荃写信说："愿吾弟兢兢业业，日慎一日，到底不懈，则不特为兄补救前非，亦可为吾父增光泉壤"。还说，湘军官员都"大有长进，几于一日千里，独余素有微抱，此次殊乏长进"。他亲手创建的湘军，在镇压太平天国的战争中立下殊勋，将领们升官扬名，他自己却在关键时离开了战场，自然也就失去了立功扬名、光宗耀祖的大好机会。主帅离开了战场，前线战士却取得了重大胜利，这对守制欲复出的曾国藩来说是太不利了。

想到这里，曾国藩后悔非要回家守制。他曾想给咸丰帝上书，要求马上返回战场，但碍着面子，毕竟拿不起写折的笔。

但是，湘军在曾国藩家居的一二年内，虽然顺利地取得了不小的胜利，实则是由于太平军上层领导的内讧提供的大好机会。而湘军毕竟是曾国藩亲手创建，湘军将领都是曾国藩亲手培植，曾国藩是湘军统帅。他虽然家居一二年，湘军将领与他仍然联系密切，仍起到遥制作用。在作战中，别的人很难统一指挥，他的作用仍无人可以代替。因此，由曾国藩保奏而升任湖北巡抚的胡林翼，时刻想着让曾国藩出山。

咸丰八年（1858），石达开率20万大军出走，由江西的饶州、广信转入浙江，攻占了浙江的常山、江山等地，对衢州发起攻击。胡林翼于咸丰八年三月二十九日（5月12日）上奏，请求起复曾国藩带湘军进援浙江；湖南巡抚骆秉章也推波助澜，于五月二十五日（7月5日）上奏。咸丰帝看到形势又紧张起来，环视周围，的确无将可用，因此不得不再次起用曾国藩。遂于五月二十一日即在骆秉章出奏之前发布了起复曾国藩，令其率兵援浙的谕旨。

曾国藩六月三日接旨，再不提任何条件，于六月初七日便离开荷叶塘，赶赴战场，再度出山率领湘军作战。

曾国藩这次再度出山，固然因为大清王朝的身边无人，而更主要是得益于曾国藩的昔日部下的鼎力相助，给他创造了这一绝好时机。所以曾国藩说：

古圣人之道，莫大乎与人为善，以言诲人，是以善教人也；以德熏人，是以善养人也；皆与人为善之事也。然徒与人，则我之善有限，故又贵取诸人以为善。

人有善则取以益我，我有善则与以益人。连环相生，故善端无穷；彼此把注，故善源不竭。君相之道，莫大乎此，师儒之道亦莫大乎此。仲尼之学，无常师即取人为善也，无行不与即与人为善也；为之不厌即取人为善也，诲人不倦即与人为善也。

【原文】

二十五日寄一信，言读《诗经注疏》之法。二十七日县城二勇至，接尔十一日安禀，具悉一切。

尔看天文，认得恒星数十座，甚慰甚慰。前信言《五礼通考》中《观象授时》二十卷内恒星图最为明晰，曾翻阅否？国朝大儒于天文历数之学，讲求精熟，度越前古。自梅定九、王寅旭以至江、戴诸老，皆称绝学，然皆不讲占验，但讲推步。占验者，观星象云气以卜吉凶，《史记·天官书》《汉书·天文志》是也。推步者，测七政行度，以定授时，《史记·律书》《汉书·律历志》是也。秦味经先生之《观象授时》，简而得要，心壶既肯究心此事，可借此书与之阅看（《五礼通考》内有之，《皇清经解》内亦有之）。若尔与心壶二人能略窥二者之端绪，则是以补余之缺憾矣。

四六落脚一字粘法，另纸写示……（因接安徽信，遂不开示。）

书至此，接赵克彰十五夜自桐城发来之信，温叔及李迪庵方伯尚无确信，想已殉难矣，悲悼曷极！来信寄叔祖父封内，中有往六安州之信，尚有一线生机。余官至二品，诰命三代，封妻荫子，受恩深重，久已置死生于度外，且常恐无以对同事诸君于地下。温叔受恩尚浅，早岁不获一第，近年在军，亦不甚得志，设有不测，赍恨有穷期耶？

军情变幻不测，春夏间方冀此贼指日可平，不图七月有庐州之变，八九月有江浦、六合之变，兹又有三河之大变，全局破坏，与咸丰四年冬间相似，情怀难堪。但愿尔专心读书，将我所好看之书领略得几分，我所讲求之事钻研得几分，则余在军中，必常常自慰。

尔每日之事，亦可写日记，以便查核。

【评述】

人是社会中的人，一旦结成凝固的利益关系，就会痛痒相关，荣辱与共了。俗话说，没有永久的朋友和敌人，只有永久的利益。

攻占南京、平定太平天国前后，是曾国藩"台面"的极盛之时。这期间湘军集团头目纷纷出任督抚。有的是曾国藩奏保的，如李鸿章、沈葆桢等；有的虽未经他直接保奏，但他造成一种形势，使清廷非委任湘军头目不可。两广总督劳崇光，与曾国藩一向不睦，在筹饷问题上又不合作，曾急欲去之而后快。当时广东则最为富庶，"天下之大利"，除地丁、漕粮外，有海关、盐场、劝捐和厘金，"他省或据其一，或据二三，而广东省四者兼而有之。"为了达到去除劳崇光的目的，曾以军饷奇缺为由，上奏要求派大员至广东办厘金，并给以奏事及参办阻挠抽厘之官绅之权。这实际上是分割当地督抚之权力，自成体系。劳崇光自然不会就此罢休，而清廷也深知曾、劳矛盾，不能协作，为军饷计，不得不调走劳，而代以与曾国藩关系较好，又为同年的晏端书，后更以湘军集团人员继任，以期在广东为湘军筹集更多军饷。

有的湘军集团头目出任督抚，并不只曾国藩一个人保荐，有的甚至并未保荐。如李续宜、彭玉麟就同时得到官文、胡林翼的保荐，刘蓉则由胡林翼、骆秉章、文祥保荐。左宗棠的保荐者更多。如浙抚王有龄不仅认为左"有胆有识"，可接任其位；而且还要求吴煦"务为代我图之"。甚至赌咒发誓："倘有虚言，有如此日"。这不仅表明王个人是真心实意，也反映了在以太平天国为中心的革命打击下，满汉贵族只知依赖湘军集团的共同心理。在满汉统治者上述共同心理推动下，1864 年以来（至攻下天京为止），清廷先后任命毛鸿宾为两广总督，刘长佑为直隶总督，左宗棠为闽浙总督，杨载福为陕甘总督，郭嵩焘为广东巡抚，李鸿章为江苏巡抚，唐训方为安徽巡抚，刘蓉为陕西巡抚，阎敬铭为山东巡抚，曾国荃为浙江巡抚（未到职），恽世临为湖南巡抚。再加上 1860、1861 年已任的胡林翼、骆秉章、曾国藩、罗遵殿、严树森、李续宜、沈葆桢、彭玉麟（未到职）、田兴恕、江忠义（贵州巡抚，未到职），四年多的时间共有二十一个湘军集团头目，先后出任督抚。如再加上与之关系密切的晏端书（两广总督）、黄赞汤（广东巡抚），那就多达二十三人。其中毛鸿宾、左宗棠、严树森两次，曾国藩、刘长佑、李续宜、田兴恕三次被委任，曾、田和李续宜（未到职）还被委任为钦差大臣。

这二十三个人中有十三个湖南人。他们均为湘军将领或幕僚。这二十三个人，主要分布在长江中、下游的四川、贵州及其以东各省，其次是珠江流域。广东完全由湘军所控制，广西巡抚虽为非湘军人员，但湘军为省内主力部队，且受制于两广总督，其布政使刘坤一又为湘军大将，因而事实上广西也为湘军集团所控制。相形之下，湘军集团在黄河流域则大为逊色，只控制陕西、河南、山东、直隶四省，且控制的深度和广度也远不及长江中下游各省。

与此同时，湘军集团的督抚，又利用掌握的地方政权，大肆搜刮税收，筹集军饷，扩充部队，从而使湘军实力急剧增长。

位至督抚的湘军集团头目，也深知战争时期，身在战区，或靠近战区，军事上不能自立，不仅不能保位，甚至身家性命也危险，因而也热衷于招募新营，成立新军。

由于有曾国藩这一位"统帅"，湘军出身的地方封疆大吏能够互相照应，"一方有难，八方支援"。他们编结成一个特殊的关系网，痛痒相关，呼吸相从。以至整个晚清时期，地方督抚重要的职位都由湘、淮军将领出任。朝廷有大的兴革，动作前定要征求他们的意见，这也是约定俗成的惯例。如果朝廷治罪一人，则很可能掀起大波澜，曾国藩的"局"做得太大，以至他自己也说：长江三千里江面，都张挂他的旗帜，否则就不能放行。

【原文】

哥老会之事，余意不必曲为搜求。左帅疏称要拿沈海沧，兄未见其原摺，便中抄寄一阅。提镇副将，官阶已大，苟非有叛逆之实迹实据，似不必轻言正法。如王清泉，系克复金陵有功之人，在湖北散营，欠饷尚有数成未发。既打

金陵，则欠饷不清不能全归咎于湖北，余亦与有过焉。因欠饷不清，则军装不能全缴，自是意中之事。即实缺提镇之最可信为心腹者，如萧浮泗、朱南桂、唐义训、熊登武等，有意搜求，其家亦未必全无军装，亦难保别人不诬之为哥老会首。余意凡保至一、二、三品武职，总须以礼貌待之，以诚意感之。如有犯事到官，弟在家常常缓颊而保全之。即明知其哥老会，唤至密室，恳切劝谕，令其首悔而贷其一死。惟柔可以制刚很之气，惟诚可以化顽梗之民。即以吾一家而论，兄与沅弟带兵，皆以杀人为业，以自强为本；弟在家，当以生人为心，以柔弱为用，庶相反而适以相成也。

孝凤为人，余亦深知，在外阅历多年，求完善者实鲜。余详日记中。顺问近好。

【评述】

中国有"宽则得众"这句成语，交友虽然多多益善，但要交诤友、交益友，不能交狐朋狗党。同时，不能让朋友下不来台，丢朋友的面子，这也是交友之重要原则。曾国藩主张对己要严，对友要宽，尤其主张交友要有雅量，这样如果一时有意见相左，也会最终不伤和气。这一原则他在《答欧阳勋》的信中充分体现出来：

春秋承蒙惠赐，收到您寄来的信札及一首诗，情意深厚而且期许很高，有的不是我这浅陋之人所敢承当的。然而鉴于您教导我的一片心意，不敢不恭敬从命。由于我天资愚钝，无法凭自身求得振作、进步，常常借助外界的帮助来使自己不断向上、完善，因此一生对于友谊一向珍视，谨慎而不敷衍。我曾经思虑自己心胸不够宽宏、器量狭小的话就不能博取天下的美德，因此不敢拿一个标准来强求他人。哪怕是一点长处、一点善行，如果它有益于我，都广泛吸取以求培养自己的德行；那些以正大之词、劝勉之论前来告知我的人，即使不一定投合我的心意，也从来都没有不深深感念他的厚意，认为他对我的关心，和其他人的泛泛之词迥乎不同。去年秋天和陈家二位兄弟见面，我们一起讨论争辩，其中有十分之六七的观点和我不一致，但我心里还是十分器重他们，认为他们确实是当今出类拔萃的人物，其见解虽不完全合乎大道，然而关键在于这些是他们自己悟到的，不像是一般读书人仅从读书、道听途说中得到的；其观点虽然不一定臻至炉火纯青毫无杂质，然而他们所批评的切合实际，完全可以匡正我的不足、欠缺。至于说到我们彼此之间的情投意合，又别有微妙难言的默契。离别之后唯独经常思念他们，觉得像这样的人实在是朋友中不可缺少的，丝毫不敢以私心偏见掺杂其中。平时我之所以不断勉励自己，并且大体上还能相信自己，原因就在于此。

交友贵雅量，要首先做到能交诤友。

孔子说："切切，怡怡如也，可谓士矣。"朋友之间相互批评，和睦共处，就可以叫作士了。

1843年2月的一天，曾国藩的好朋友邵蕙西当着曾国藩的面数落了他几件事：一是怠慢，说他结交朋友不能长久，不能恭敬；二是自以为是，说他看诗文

多固执己见；三是虚伪，说他对人能做出几副面孔。

蕙西的话虽少，但件件是实，句句属真，直截了当，锋芒所向，直指曾国藩的病处。曾国藩在日记中写道：直率啊，我有朋友！我每天沉溺在大恶之中而不能自知！

这事给曾国藩很大刺激，他在另一篇日记中写道：我对客人有怠慢的样子。面对这样的良友，不能产生严惮的心情，拿什么吸收别人的长处！这是拒友人于千里之外啊！接待宾客尚且如此，不必再问闲居的时候了。偃息烟火，静修容颜又怎么说呢？小人啊！

朋友有了过错，惠西不指出来，那是蕙西的过错；朋友指出了过错，曾国藩不改正，那是曾国藩的过错。现在是一个直言不讳，一个表示痛改前非，正如朱熹《四书集注》中所说的："责善朋友之道也。"

在曾国藩的师友中，李鸿章也可以算是他的一个诤友。这在曾国藩弹劾李元度事件中就可看出。

1860 年，曾国藩为杜绝王有龄分裂湘系的企图，在进至祁门以后，遂奏请咸丰皇帝将李元度由温处道调往皖南道，并派他率军三千，进驻兵家必争之徽州。至徽州不满十日，李世贤即攻克徽州，李元度不逃往祁门大营，却败退至浙江开化，这是李元度明显倾向王有龄的迹象。及至回到祁门大营，丝毫没有闭门思过的迹象，竟然擅自向粮台索饷，并擅自回到了湖南。这使得曾国藩悔恨交加，决心参劾其失徽州之罪，以申军纪。曾国藩此举，本无可厚非，但文武参佐却群起反对，指责曾国藩忘恩负义。李鸿章"乃率一幕人往争"，声称"果必奏劾，门生不敢拟稿。"曾国藩说："我自属稿"。李鸿章表示："若此则门生亦将告辞，不能留侍矣。"曾国藩气愤地说："听君之便"。

后来，李鸿章负气离开祁门，辗转波折，复欲归至曾的门下，曾国藩则大度相容，并写信恳请李鸿章回营相助。

一次，李鸿章在与曾国藩畅谈时，直率地指出他的弱点是懦缓，即胆子小与效率差，这两个字入木三分地刻画出曾国藩的致命缺点。

曾国藩既有邵惠西、李鸿章这样的诤友，也有吴竹如那样的挚友，这也是曾国藩德业能够不断长进的一个重要原因。

还是 1843 年 2 月的一天，吴竹如与曾国藩交膝谈心，谈到他平生的交道，把曾国藩以知己相许，他说："凡是阁下您所有的以期望许诺下的言语，信了它就足以滋长您自以为是的私念，不信它又恐怕辜负了您相知相许的真情，我只好自始至终怀着恐惧的心理。"几句话，不温不火，不恼不怒，字字力若千斤。曾国藩当即记下了他的感受：

听了吴竹如的几句话，我悚然汗下，竹如对我的敬重，简直是将神明收敛在内心。我有什么道德能担当得起呢？连日来安逸放肆，怎么能成为竹如的知己？实在是玷污竹如啊！

因曾国藩处世交友贵雅量，所以他从不苛求于人，而是待人以诚。

【原文】

十一月十七日接弟十月甘八衡州一缄，俱悉一切。

此间近事，惟李少荃在苏州杀降王八人，最快人意，兹将渠寄总理衙门信稿一件，抄寄弟阅。戈登虽屡称欲与少荃开仗，少荃自度力足制之，并不畏怯，戈登亦无如之何，近日渐就范矣。

衡州之粤盐，只禁船载，不禁路挑，弟所见，极为有理。江西新城县，亦为禁闽盐之路挑，竟被私贩将委员殴毙。现在衡州每挑既补二百四十，若再加亦必激变。从前道光年间，衡州严禁粤私，从未禁遏得住。将来新章到衡，弟可与府县及厘卡说明，只有水卡查船载之私，每斤加作八文；其陆卡查路挑之私，概不再加分文。亦不必出告示，亦不必办公牍，但得水卡一处稽查，便算依了我之新章耳，兹将新刻章程三本寄回。

弟家之渐趋奢华，闻因人客太多之故，此后总须步步收紧，切不可步步放松。禁坐四轿，姑从星冈公子孙做起，不过一二年，各房亦可渐改。总之，家门太盛，有福不可享尽，有势不可使尽，人人须记此二语也。即问近好。

【评述】

曾国藩通过几十年的宦海生涯，总结出无论是居和平之世还是居离乱之世，奢侈都必定导致失败。他举和坤的例子说，和坤当年受高宗宠信，二十几年任军机大臣，积累的财富几乎和国家差不多，这是极盛之时的事，但最后还不是一条白帛结束了性命。他说，人无论多贪，多富有，但只能居位一间房子，睡一张床。他说的是人的消费是有限度的。

1859年6月，曾国藩奉清廷之命，前往四川，至武昌而止。是年，他的九弟曾国荃在家乡构置一座华丽的新居，前有辕门，后仿公署之制，有数重门。一时乡人颇有浮议。据崇德老人——曾国藩的女儿说，曾国藩得知此事后，立即写信给曾国荃，令他将新居毁掉。曾国荃起初不以为然，曾国藩晓以情理，这位九弟才毁掉。曾国藩的女儿时年八岁，她后来回忆说："余犹忆戏场之屋脊为江西所烧之蓝花回文格也。"

在曾国藩的日记中曾记有这样的历史典故：田单攻打狄人的城邑，鲁仲连预料他攻不下，后来果然三个月没能攻克。田单向鲁仲连询问原因。仲连说："将军您在守卫即墨时，坐下就编织草筐，站起就手持锹镬，作士卒的榜样，全军上下都抱着舍生忘死之心，一听到您的号令，没有人不挥臂洒泪而跃跃欲试的，这就是能打败燕国的缘故啊。现在，您东边有夜邑进献的珍奇，西边有遨游淄上的快乐，身披黄金饰带而驰骋在淄渑大地，尽情享受活着的欢乐却没有殊死作战之志，这就是不能战胜狄人的原因啊！"曾国藩说，我曾对鲁仲连这番话深信不疑，认为是正确无比、不可更改的高论。1864年，收复了江宁城后，我看到湘军上下一派骄矜自得、纵情逸乐，担心他们不能再使用，就全部遣散原籍务农去了。到了1865年5月，我受命前往山东、河南一带围剿捻匪，湘军跟随的极少，专

门任用皖籍的淮军。我看到淮军将士虽然士气高昂，但也缺少忧患危机意识，暗暗担忧，恐怕他们不能平定流贼。《庄子》上有"两军相对哀者胜"的话，鲁仲连说的凭借忧和勤能胜而由于娱乐失败的话，也就是孟子"生于忧患死于安乐"的意思。后来，我因为生病而上疏请求退休归退，于是解除了兵权。然而李鸿章最终用淮军削平了捻军，这大概因为淮军士气还很旺盛吧。用忧患意识和危机意识来感染战士，用昂扬的斗志来振作三军的士气，这两种做法都能够获胜，只在于主帅审时度势地善于运用罢了。我以往单单主张"忧勤"这一种说法，恐怕是只知其一而不知其二了。姑且记载在这里，用来记住我的偏颇，同时也可知古人的精言妙论不能举一概百，每一种说法都有它所适应的情况。但是，我们做事总不应没有忧患的意识。

铜镀金嵌料石迎手钟　清

戒奢侈则务要尚勤俭。治军之道，以勤字为先。身勤快就强，安逸就病弱。家勤就兴，懒就衰败。国勤就治，惰怠就乱。军勤就胜，懒惰就败。懒惰是没有士气。常提军队的朝气最为重要！

军事上有骄气、惰气，都是败兵气象。孔子的"临事而惧"是断绝骄气的本源，"好谋而成"是断绝了懒惰的本源。无时不谋，无事不谋，自然没有懒惰的时候。

曾国藩说，翻阅张清恪的儿子张懿敬先生所编辑的《课子随笔》，其中都是节抄古人的家训名言。大凡使家族兴盛的途径，无外乎内外勤俭、兄弟和睦、子弟谦虚谨慎等等。家族衰败的原因与此相反。夜里接到周中堂之子文翁感谢我资助他家办理丧事的信，信中别字很多，字迹又潦草不堪。大概是他的门客写的，而主人全然没有过目。听说周少君平时眼光很高，喜欢毫无根据地乱发议论，而丧事又办得潦潦草草，真令人为他叹息啊！大概达官贵族的子弟，听惯了高谈阔论，见惯了排场奢侈，往往轻视慢待长辈，无视为人之道，讥讽别人的短处，这就是所说的"骄"。由"骄"字进而奢侈、无节制、放荡以至于无恶不作。这些都是"骄"的恶果。而子弟的骄傲，又多出自作为达官贵人的父兄，乘着时运，幸而得官职，就忘了他本领的低下，学识的浅陋，骄傲自满，以至于子弟们效仿而不觉察。我家的子侄们也有很多轻视慢待长辈老师、指责别人缺点的恶习。要想有所建树，必须首先戒除这种恶习，戒除骄傲；要想戒除子侄们的骄傲恶习，必须先戒除我自身的骄傲惰性，我愿意终生自勉。因为周少君的荒谬不堪，我既以此当面教育儿子纪泽，又详细地在这里记载下来。

明朝大将戚继光说："居官不难，听言为难；听言不难，明察为难。"曾国藩不仅能"听言"，也善于"明察"。

曾国荃给哥哥写了一封信，说了很多奉劝的话，曾国藩当即写信表示赞赏：

古代君主有诤谏的良臣，今天兄长有诤谏的贤弟。我近来做官太高，虚名太大，我常常为听不到规劝讽谏而深深忧虑。如果九弟果真能随便什么事情规劝谏阻，再加上一二位严厉可怕的朋友，时时以正言相劝相勉，这样我就内有耿直的弟弟，外有敬畏的朋友，那么我也许能避免大的灾难啊！凡身居高位的人，谁不败在自以为是上！谁不败在厌恶听到正直的进言上！

【原文】

凡世家子弟，衣食起居无一不与寒士相同，庶可以成大器；若沾染富贵气习，则难望有成。吾忝为将相，而所有衣服不值三百金。愿尔等常守此俭朴之风，亦惜福之道也。其照例应用之钱，不宜过啬（谢廪保二十千，赏号亦略丰）。谒圣后，拜客数家，即行归里。今年不必乡试，一则尔工夫尚早，二则恐体弱难耐劳也。此谕。涤生手示

再，尔县考试有错平仄者。头场（末句移）。二场（三句禁，仄声用者禁止禁戒也，平声用者犹云受不住也，谚云禁不起）。三场（四句"节俭仁惠崇"，系倒写否？十句逸仄声）。五场（九、十句失粘）。过院考时，务将平仄一一检点，如有记不真者，则另换一字，抬头处亦宜细心，再谕。

【评述】

曾国藩曾与曾国荃同时封爵开府，门庭可谓极盛了，然而这并不是永远可以依赖的。

曾国藩在写给弟弟的家书中指出："家道的长久，不是凭借一时的官爵，而是依靠长远的家规；不是依靠一两个人的突然发迹，而是凭借众人的全力支持。我如果有福，将来罢官回家，一定与弟弟竭力维持。老亲旧眷，贫贱族党，不可怠慢。对待贫穷的人，与对待富者一般。当兴盛之时，预做衰时之想。如果这样，我们家族自然会有深固的基础。"

"各位弟弟比我小好多岁，你们不知道，你们看到各亲戚家都很贫穷，而我们家的情况还不错，以为本来就是这样，却不知道他们当初和我们家一样兴盛。我完全看到了他们兴盛时期景象，再看看他们今天的凋零破败的局面，真让人难为情。家庭的盛衰取决于气象，气象盛则即使挨饿也很高兴，气象衰则即使饱食也很忧愁啊！"

"现在我们家正当全盛之时，贤弟不要以为区区几百两银子数目太小，不足挂齿。如果让贤弟去过像楚善、宽五等人那样的难苦生活，你能忍受一天吗？每个人的境遇的厚与薄、顺与逆，都是命中注定，即使是圣人也不能自作主张。天既然可以使我们今天处于丰亨顺达的境地，当然就可以使我们明天处于艰难困苦的处境。"

所以说，盛时常作衰时想，上场当念下场时。如今，有这种想法的人怕是越来越少了，很多人信奉的是"及时行乐"，"今朝有酒今朝醉"思想，像曾国藩那样活着不是太累了吗？与其遗憾一生，不如享乐一时。在这种思想的驱动下，

一个月的前五天，生活在醉生梦死之中，一个月的后二十五天，生活得穷愁潦倒。并不是他们比别人收入更少，而是他们比别人更不会计算规划啊！

曾国藩考虑儿女的婚事时，不愿与骄奢人家结亲。俗话说："坐吃山空"，骄奢的人家最容易败家，曾国藩对此看得很清楚。

曾国藩常年在外，很少亲理家理，但家政过问较多，尤其是涉及儿子婚事，他都要亲自裁定。那时的婚事，讲究门当户对，曾氏家族为湘乡第一显赫门第，所结亲家不说是豪门显族，至少也是达官贵族。

门第是很重要的，尤其是对官宦之家，这不仅仅是一个"稻粱谋"的问题，更重要的是通过联姻使自己的政治势力和军事势力更为广泛和牢固。但曾国藩的几个女儿的婚事并不成功，特别是女婿的玩世不恭使他大为光火。这促使他考虑儿子的婚事时不仅从门第上去权衡，而且更重要的是从家风的生活习惯上去考察。

湖南有一常姓显贵家庭，几次都想与曾国藩结为儿女亲家，然而曾国藩并不乐意，这倒不是常家与曾家曾有什么不愉快，而是因为曾国藩听说这位常世兄生活习气骄奢、跋扈，不可一世。他所穿的衣服极为华贵，他所用的仆从也气焰嚣张，更令人厌恶的是他最喜欢倚仗其父亲的势力作威作福。曾国藩担心常家女儿有官宦人家的骄奢习气，如果嫁娶过来，不仅会败坏曾氏家规，还会引诱曾家子弟好逸恶劳。

开始，曾国藩还以为常家想与弟弟家结为亲家，但后来常家三番五次要求联姻，要他们送甲五的八字，曾国藩才知道他是想与自己结为亲家，而不是想与弟弟结为亲家，他对这门亲事明确给以拒绝。

对于弟弟家的婚事，曾国藩说，我不敢做主，但是亲家的为人如何，也必须从四方街邻那里去查清。如果是吸鸦片的，就绝对不能结亲；如果没有这种事，你们听听老人的意见，自己做主就行了。

曾国藩不愿为当时的官宦之家，而愿为耕读孝悌家。曾国藩曾仔细考察过，天下的官宦之家，大都只享用一代就败落了。这些家庭的子孙开始骄奢淫逸，继而四处流浪，最后饿死于沟壑之中，有幸延续两代的真是少见。

然而，勤俭的商贾之家可以延续三、四代；谨朴的耕读之家可以延续五、六代；孝友之家则可以延续十代八代。曾国藩说他依靠祖宗的积善行德，年纪轻轻就一帆风顺做了高官；曾国藩生怕由一个人享用致使家道中落，因此极力劝教各位弟弟和子女们：愿咱家成为耕读孝悌之家，而不愿成为官宦之家。

【原文】

纪瑞侄得取县案首，喜慰无已。吾不望代代得富贵，但愿代代有秀才。秀才者，读书之种子也，世家之招牌也，礼义之旗帜也。谆嘱瑞侄从此奋勉加功，为人与为学并进，切戒骄奢二字，则家中风气日厚，而诸子侄争相濯磨矣。

吾自奉督办山东军务之命，初九、十三日两摺皆已寄弟阅看，兹将两次批谕抄阅。吾于廿五日启行登舟，在河下停泊三日，待遣回之十五营一概开行，带去

之六营一概拔队，然后解维长行。茂堂不愿久在北路，拟至徐州度暑后，九月间准茂堂还湘，勇丁有不愿留徐者，亦听随茂堂归。总使"吉中"全军人人荣归，可去可来，无半句闲话惹人谈话，沅弟千万放心。

余舌尖蹇涩，不能多说话，诸事不甚耐烦，幸饮食如常耳。沅弟湿毒未减，悬系之至。药物断难奏效，总以能养能睡为妙。

【评述】

咸丰、同治两朝，清朝已有末世之象，内忧外患同时而起，开始时有洪秀全、杨秀清等人纷纷起义，东南地区几乎没有安宁的日子；接着捻军发难，中原地区就很少有安乐祥和的地方了。找寻原因，曾国藩认为是由于官吏贪污所致。他在给胡廉昉的回信中说："今年春天以来，湖北的盗贼越来越猖獗，西起泗镇，东至平梧，两千里以内几乎没有一尺是太平的地方。追根溯源，还不是当权者对民众肆虐无度，鱼肉百姓，时间太久，逼得人们不顾一切地铤而走险吗？这就是因为上面当官的很多，都不问政事，并不是一朝一夕造成的。"

在给左宗棠的回信中又说："捻军势力日益壮大，人们以为此次灾祸要比洪秀全、杨秀清更厉害。山东、河南两个大省，不重视对官兵的治理，使得跟着捻匪走的民众一天比一天多。"

官吏所以贪污，变乱所以纷纷起来，当然有各种各样的原因。社会上缺乏公正的舆论、不能对贪污者和变乱者给以有效的制裁，这是其中的重要原因之一。他说："现在天下的变化，就是混淆是非，麻木不仁，致使仁人志士义愤填膺，奸猾投机的人却逍遥自得。"

在给好友刘蓉的信中说："我涉世已经很深了，很讨厌那种宽厚论说，模棱两可的样子，形成不白不黑不痛不痒的世道。这误人误家误国的现象已不是一天了。每当想到这里，那委屈的肝胆又要翻动一番。"

"他深刻地认为社会的动乱，人心陷溺是最根本的原因。说没有军队也不至于有什么大的忧患，没有粮饷也不至于痛哭，但是睁开眼睛看看这个世界，要找到一位见利不抢先，义举不落后，对正义与邪恶能够表示出鲜明态度的人，实在是不可多得。即使找到了，也是一个地位卑下的人，常常是抑郁不得志，受到挫折，免去官职，甚至死去。而那些贪婪的人，畏葸不负责任的人，结果可以昂首而高升，得到富贵，获得名誉，甚至老而不死。这真是叫人为之长叹啊！"

他在《原才篇》一文中也说过："风俗的淳厚和浇薄来自哪里呢？来自带头的一两个人的人心所向而已。"

对于官场的通病，他也曾有过入木三分的论述。认为"京官办事有两种通病：一是退缩，一是琐屑；外官办事也有两种通病：一是敷衍，一是颟顸。所谓退缩，就是同级官员互相推诿，不肯任怨，动不动就请示，不肯承担责任。所谓琐屑，就是计较小事，不顾全局，只见树木，不见森林。所谓敷衍，就是蒙头盖脸，只看眼前，剜肉补疮，顾此失彼。所谓颟顸，就是只求表面上好看而中间已经溃烂，奏章只报喜不报忧，说话毫无根据。"

曾国藩在给沈葆桢的信中说："主持是非公道，我们这一代人都有不可推卸的责任"，他论述道："我看自古以来大乱的时候，必然先混淆是非，后颠倒政治，于是灾害就随之而来。屈原愤激投江殉身而不悔，其原因就是他看到了当时的世道混乱而痛心疾首。所以他说：'兰芷变得失去了芳香，荃蕙换化成了茅草。'又说：'这是世俗使它们这样，谁又能不发生变化呢?'为了是非日渐混淆而悲伤，几乎到了不能控制自己的地步。后来如汉朝、晋朝、唐朝、宋朝的末世，也是由于朝廷是非的混乱，而后使小人得志，使正直的人感到恐惧不安。推广来看，在一省、一军也必然是这样。首先是非荒诞不经，然后政绩很少有可观的。能否做到赏罚分明，也全在当权的人处置得是否得当。至于维持是非公道，那就是我们不可推卸的责任。顾亭林先生所说的'匹夫有责'就是这个道理。"

曾国藩崇尚人治，他在给毛寄云的回信中说："来信垂询用人、行政、利弊、得失方面的问题，我以为只要选定一个好的领导人，而后政事就会兴旺发达起来。当今正值四方多难、纲纪紊乱的时候，若要维持已有的方法，必须引荐重用正人君子，根据不同的情况采用不同的方法纳入正轨，这样也许能够做到既不拘泥于惯例，又不违反常理。"

他的《日记》也说"治理社会的方法，最根本的就是培养贤人教育人民，社会风气的正与不正，原本就是社会成员的行为和思想的表现。人们的一举一动，一言一行，互相模仿，就会形成一种风气。所以，在上面的当权者，一定要重视自己的修身，在下的人们就会模仿，很快就会推而广之形成风气。"

除此以外，曾、胡对个人的沉沦与败果也给予了特别的关照，并认为治此病之本，就是戒除惰性与傲心。为此，曾国藩说：天下古今的庸人，都是以一惰字失败；天下古今的才人，都是以一傲字失败。

唐虞时的恶人叫丹朱；叫象；桀纣无道，曰强足以拒谏，辩足以饰非；曰谓己有天命，谓敬不足行，其实都是一个傲字。我自八年六月再出，就力戒惰字以改变我无恒的毛病。近来又力戒傲字。以前徽州没有战败以前，次青心中不免有自以为是的想法；既然败了之后，我更加猛醒。大致军事上的失败，不是傲就是惰，二者必居其一；大家族的衰败，也非傲即惰，二者必居其一。

谚语说"富家子弟多骄，贵家子弟多傲"。不一定锦衣玉食、动手打人才叫骄傲，志得意满毫无顾忌，开口议人短长，就是极骄极傲。我正月初四信中谈戒骄字，以不轻取笑讥讽人为第一义；戒惰字，以不晚起为第一义。

【原文】

余在金陵二十日起行，廿八日至安庆，内外小大平安。门第太盛，余教儿女辈惟以"勤俭谦"三字为主。自安庆以至金陵，沿江六百里大小城隘，皆沅弟所攻取。余之幸得大名高爵，皆沅弟之所赠送也，皆高曾祖父之所留贻也。余欲上不愧先人，下不愧沅弟，惟以力教家中勤俭为主。余于俭字做到六七分，勤字则尚无五分工夫；弟与沅弟"勤"字做到六七分，俭字则尚欠工夫。以后各勉其所长，各戒其所短，弟每用一钱，均须三思，至嘱!

[又十四日书云:]

沅弟湿毒与肝郁二者总未痊愈，湿毒因太劳之故，肝疾则沅心太高之故。立此大功，成此大名，而犹怀郁郁，天下何一乃为快意之事？何年乃是快意之时哉？余于本月为代具请假摺，九月再奏请开缺，十月当可成行。余之精神日疲，亦难当重任，然目下不能遽告引退姑且待沅弟退后，再作计议。近日家中内外大小，勤俭二字做得几分？门第太盛，非此二字断难久支，务望慎之。

【评述】

对于骄奢习气，不唯曾国藩避之唯恐不及，北宋名相范仲淹也恨之入骨。他每餐不吃两样肉做的菜，妻子衣食仅能充足。担任参知政事后，见儿孙衣着朴素，袖藏经传，非常高兴，告诫说："我贫贱时，无以为生，还得供养父母，夫人亲自添柴做饭。当今我已为官，享受厚禄，我常忧恨的是汝辈不知节俭，贪享富贵。"曾国藩确实是终身自奉寒素，过着清淡的生活，在这方面堪称官场的楷模。他早起晚睡，布衣粗食。吃饭，每餐仅一荤，非客至，不增一荤。他当了大学士后仍然如此，故时人诙谐地称他为"一品宰相"。"一品"者，"一荤"也。他三十岁生日时，缝了一件青缎马褂，平时不穿，只遇庆贺或过新年时才穿上，这件衣藏到他死的时候，还跟新的一样。他规定家中妇女纺纱绩麻，他穿的布鞋布袜，都是家人做的。他曾幽默地说："古人云：'衣不如新，人不如故。'然以吾视之，衣亦不如故也。试观今日之衣料，有如当年之精者乎？"全家五兄弟各娶妻室后，人口增多，加上兄弟做官，弟弟们经手在乡间新建了不少房子，他对此很不高兴，驰书谴责九弟说"新屋搬进容易搬出难，吾此生誓不住新屋。"他果真没有踏上新屋一步，卒于任所。曾国藩写道："余在京四十年从未得人二百金之赠，余亦未尝以此数赠人。"他规定，嫁女压箱银为二百两。同治五年，欧阳夫人嫁第四女时，仍然遵循这个规定。曾国荃听到此事，觉得奇怪，说"乌有是事？"打开箱子一看，果然如此。再三嗟叹，以为实难敷用，因更赠四百金。嫁女如此，娶媳也如此。他在咸丰九年七月二十四日的日记写道："是日巳刻，派潘文质带长夫二人送家信，并银二百两，以一百为纪泽婚事之用，以一百为五十侄女嫁事之用。"

同治年间，曾国藩出将入相了，且年近垂暮，却依然在"俭"字上常常针砭自己：

李翥汉言，照李希帅之样，找银壶一把，为炖人参、燕窝之用，费银八两有奇，深为愧悔。今小民皆食草根，官员亦多穷困，而吾居高位，骄奢若此，助盗廉俭之虚名，惭愧何地！以后当于此等处痛下针砭。

余盖屋三间，本为摆设地球之用，不料工料过于坚致，檐过于深，费钱太多，而地球仍将黑暗不能明朗，心为悔懔。余好以"俭"字教人，而自家实不能俭。傍夕与纪泽谈，令其将内银钱所账目经理，认真讲求俭、约之法。

同治十年十一月二十二日，曾国藩移居经过翻修的总督衙署，他到署西的花园游览，花园修工未毕，正在赶办。游观后，他感慨系之地写道："偶一观玩，

深愧居处太崇，享用太过。"这样克勤克俭的总督，天下能有几人！而且，这是他逝世前两个月的最后一次游览！

他的弟弟曾国潢，同治六年在家乡为他整修"毅勇侯第"，花费较多，他相当反感，在二月初九日的日记中写道：

是日，接腊月廿五日家信，知修整富厚堂屋宇，用钱共七千串之多，不知何以耗费如此，深为骇叹！余生平以起屋、买田为仕宦之恶习，誓不为之。不料奢靡若此，何颜见人！平日所说之话，全不践言，可羞孰甚！

九弟曾国荃的品格，便与他大不相同。攻下江西吉安、安徽安庆和江苏金陵之后，曾国荃三次搜括，且一次比一次搜括得凶而多，攻下城后，三次回家起屋买田。他在家乡所起的"大夫第"，长达一华里，共九进十二横，房子数百间，中储大量金银珠宝、华贵家具和仆人婢女，为近世官僚府第所罕见。故被时人讥为"老饕"。对此诨名，曾国藩虽略怀不平，但对老九的贪财终究是极反对的。他写信劝老九说："沅弟昔年于银钱取与之际不甚斟酌，朋友之讥

瓷雕飞仙人座钟

议菲薄，其根实在于此。去冬之买犁头嘴、栗子山，余亦大不喟然。以后宜不妄取分豪，不寄银回家，不多赠亲族，此'廉'字工夫也。"曾国藩并且概而言之，以规诫阿弟："富贵功名，皆人世浮荣，惟胸次浩大是真正受用。余近年专在此处下功夫，愿与我弟交勉之。"

曾国藩当然不是苦行僧，"不要钱"，指的是不贪，不要非分之钱。他说："不贪财、不失信、不自是，有此三者，自然鬼伏神钦，到处人皆敬重。"又说："盖凡带勇之人，皆不免稍肥私囊。余不能禁人之苟取，但求我身不敬苟取。以此风示僚属，即以此仰答圣主。""不贪财、不苟取"，这就是曾国藩的信条。他一生行事也确乎如此。

【原文】

澄弟在广东，处置一切，甚有道理。退念园、庄生各处程仪，尤为可取。其办朱家事，亦为谋甚忠；虽无济于事，而朱家必可无怨。《论语》曰："言忠信，行笃敬，虽蛮貊之邦行矣。"吾弟出外，一切如此，吾何虑哉！

季洪考试不利，区区得失，无足介怀。补发之案有名，不去覆试，甚为得体。今年院试，若能得意，固为大幸；即使不遽获售，去年家中既隽一人，则今岁小挫，亦盈虚自然之理，不必抑郁。

植弟书法甚佳。然向例，未经过岁考者，不合选拔。弟若去考拔，则同人必指而目之，及其不得，人不以为不合例而失，且以为写作不佳而黜。吾明知其不合例，何必受人一番指目乎？弟书问我去考与否，吾意以科考正场为断。若正场能取一等补廪，则考拔之时，已是廪生入场矣；若不能补廪，则附生考拔，殊可不必，徒招人妒忌也。

我县新官加赋，我家不必答言。任他加多少，我家依而行之。如有告官者，我家不必入场。凡大员之家，无半字涉公庭，方为得体。为民除害之说，为所辖之属言之，非谓去本地方官也。

【评述】

清人朱克敬《暝庵杂识》中有这样一则记载：

曾国藩对好友兼幕僚吴敏树、郭嵩焘曰：我身后碑铭，必请两君来写。通篇任君写作，铭辞结句，吾自有之。曰：不信书，信运气。公之言，告万世。

这"不信书，信运气"之言，是有感而发的。曾国藩平日说过"吾生平短于才""秉质愚柔""称最钝拙"之类的话，虽是谦语，但他的天分确实算不上超等。秀才考了七次，会试也考了三次，只取在三甲四十二名，赐同进士出身。然而他却异常幸运地点了翰林，而且在翰院大考中连连得捷。试想，假如他不是早得功名，而是被陷在百无用处的八股时艺中再挣扎若干年，那就是一个庸庸碌碌的陋儒，哪有出头之日？又假如他中了进士之后，不是侥幸进了翰林，只是作为短资历、无背景的小京官或外官，靠心血浇灌的政绩来博取拔用，又哪能在短短数年间，凭考试晋身高位，当风云际会之时，以正二品的在籍侍郎身份来组织湘军、号召群伦呢？这中间确实有机缘巧合的因素。"不信书，信运气"，绝非虚言。

曾国藩在写给弟弟的信中说：功名富贵，悉由天定，丝毫不能勉强。因而反复劝诫，科名有无迟早，都要坦然处之。他还说：这东西误人终身多矣，自己幸而早得功名，未受其害，不然，陷进去，最终成为无学无用之人。信中叮咛：靠得住的只有进德、修业。认为"此二者由我做主，得尺则我之尺也，得寸则我之寸也。今日进一分德，便算积了一升谷；明日修一分业，又算余了一文钱。德业并增，则家私日起。"

人生的意义绝不在于科名仕宦，尤其在社会转型时期，时代需要有真本事的人，如果以科名仕宦之有无来定贤肖的话，那么，李林甫之流也是贤肖之人了。

由于时代的急剧变化打破了既定的资格、资历、门第、出身等种种限制，使有才能的人脱颖而出，因此像左宗棠等人只是个举人，但一出山就任为浙江巡抚，位至二品大员，席未暇暖，又升任闽浙总督，这主要得益于他的能力。有一段时间，左宗棠以自己未中进士心灰意冷，甚至人生都变得消极起来。咸丰皇帝知道后，通过郭嵩焘给左宗棠传旨："趁此年力尚强，可以一出任事，莫自己糟蹋。"当咸丰听郭说四十七岁的左宗棠仍想参加会试，欲取得进士后说："左宗棠何必以进士为荣！文章报国与建功立业所得孰多？他有如许才，也须一出办事

为好。"可见在咸丰帝心目中，建功立业也是第一位的，为打消左参加会试的念头，咸丰特许左不再参加会试，加封"大学士"头衔，"赐同进士出身"。

从时代发展的高度，曾国藩提出要将科名富贵看透。"若不能看透此层，则虽巍科显宦，终算不得祖父之贤肖，我家之功臣。若能看透此道理，则我钦佩之至。"

曾国藩是一个进取心很强的人，他跟自己的弟弟如此谈科名与人生，并不是阻止他们进取，而是觉悟到：科名里面，有许多虚假误人的东西，又有许多机缘巧合的因素，是靠不住的。人生的意义应大于科名仕宦，因而希望自己的弟弟踏踏实实做学问，在人生的道路上做个符合传统道德规范的人。

由科名有无，是否为官为宦，曾国藩还联系到一个人在社会中生存、成长，必须有技能，这种技能是别人抢不走的。同时，人必须对得住自己的"饭碗""俸禄"，不能"吃白饭"。

【原文】

自概之道云何？亦不外清、慎、勤三字而已。吾近将"清"字改为"廉"字，"慎"字改为"谦"字，"勤"字改为"劳"字，尤为明浅，确有可下手之处。沅弟昔年于银钱取与之际不甚斟酌，朋辈之讥议非薄，其根实在于此。去冬之买犁头嘴、栗子山，余亦大不谓然。以后宜不妄取分毫，不寄银回家，不多赠亲族，此廉字工夫也。谦之存诸中者不可知，其著于外者约有四端：曰面色，曰言语，曰书函，曰仆从属员。沅弟一次添招六千人，季弟并未禀明径招三千人，此在他统领所断做不到者，在弟尚能集事，亦算顺手。而弟等每次来信，索取帐篷子药等件，常多讥讽之词，不平之语。在兄处书函如此，则与别处书函更可知已。沅弟之仆从随员颇有气焰，面色言语与人酬接时吾未及见，而申夫曾述及往年对渠之词气，至今饮憾。以后宜于此四端痛加克治，此谦字工夫也。每日临睡之时，默数本日劳心者几件，劳力者几件，则知宣勤王事之处无多，更竭诚以图之，此劳字工夫也。

余以名位太隆，常恐祖宗留贻之福自我一人享尽，故将劳、谦、廉三字时时自惕，亦愿两贤弟之用以自惕，且即以自概耳。

湖州于初三日失守，可悯可敬。

【评述】

曾国藩善于总结古今人物的经验，包括"世故"的经验，他的三字箴言即清廉、谨慎、勤俭即是如此。自古以来做官的箴言就是清廉、谨慎、勤俭。曾国藩也常常以此来勉励自己，并且做过三字箴。其中清字箴是：淡泊名利，清心寡欲，一丝不苟，鬼伏神钦。慎字箴是：兢兢业业，死而后已，行有不得，反求诸己。勤字箴是：手眼俱到，心力交瘁，因知勉行，夜以继日。对于为政者的态度他在答黄麓溪的信中说："苏垣当官，在官场上属于品德高尚、出类拔萃的。以

我的所见所闻，大致是挥霍浪费的人才能得好名声，谨守规矩的人却沉寂在一般人中；惹是生非，身上长刺的人得势，和善厚道的人却潜伏着危险。爱标榜自己的人互相吹捧，讲究实效的人独守寂寞。考察这三项，对于我兄来说都不谐调。然而，君子之道，不刻意追求名望，在案牍律例当中，真的能够三次折断腿，九次断断臂，经得住长时间考验的人，最终会得到同事们的推崇，上级的推荐。我有一言奉劝我兄可在数年之内实行的，它就是一个'耐'字。如果不为上级器重时，那么耐冷遇最重要；当柴米因窘时，那么耐艰苦最重要；听鼓声使人烦躁，赴应酬搅得人不得安宁时，那么耐劳累最为重要；和我们同辈的人，也许以声气相投先我们得到利益，比我们晚出的人，也许因为行贿等手段比我们先得到荣耀，那么这时耐闲最为重要。能够做到安分尽力，淡然处之，一无所求的人，用不了两年，就必然被上级和同事们钦佩看重。人们看到你能够如此忍耐，又看到你那样的有所作为，虽然想不宣扬，那能够办得到吗?"这里说的是当政的人，应该有忍耐通达世故的态度。

为了避免自己的过失，曾国藩、胡林翼不仅对自己的修身行为严格约束，对事关国计民生的大事更是异常谨慎。

曾国藩享有大名是因为军事方面的活动，而遭到强烈讥谤则是因为办理外交事宜。

那个时候人们对外部情况还不了解，国内说法很多，外交的方法，没有什么常规可以遵循。朝廷的旨意，民间的议论很难兼顾。周旋议和，动则获罪，所以曾国藩发誓以一死。如果一旦议和决裂，不想象叶名琛那样苟且偷生、有辱国家。

在这方面，胡林翼就"世故"到底。胡林翼终身没有能站在办理外交的前列，阎敬铭每和他谈论到洋务事宜时，林翼就摆手闭目，不安的神色有好长时间，说："这不是我等所能知道的。"薛福成认为："因为胡林翼考虑的深远，所以看事情才知道更难，而不敢掉以轻心。"可以说是胡林翼的知己。因此对于外交的态度，曾、胡有同样的看法，但曾明知取侮毁身而不顾，胡林翼相比就差一些。这是当时的环境造成的。

出于关注世风曾国藩对于舆论有另一种关注。

当然，从事政治不能固执己见，也不可轻信别人意见，必须经常权衡利弊，做出掌握根本把握源流的办法。曾国藩在给丁雨生的回信中说："您所说：'局外的议论，公正但不符合实际情况；局内的意见，亲切但多有私心在里面。善于猜测的人，不去顾及物力盈亏；议论变法的人，不去考虑后果。'这几句话特别中肯。国藩上封信里要阁下审慎听取意见，谨慎抉择而不要轻易处置，正是这个意思。……国藩从来办事，不固执己见，也不轻信别人的话，必须是看准了利害关系后，才肯放弃自己的意见而听从别人的。阁下思想敏锐，常常有很多独到的见解。如果钻研得太过，看到处处都是荆棘，那也未免是舍弃康庄大道不走而去钻牛角尖，厌弃牧畜而想螺蛤了。"

给胡林翼的信中又说："收取的利多了老百姓会怨恨，参劾别人多了官员们会生诽谤，有人用这些话来劝告你，虽有些不符合情况，也不应该郁郁不乐放在心上。我们所以慎之又慎的，只在'用人'二字上，此外就没有需要下力气的地方了。古人说：'如果从流俗毁誉上打听消息，那他是站不住脚的。'总是想平日的短处，那只能是在毁誉上打听消息，近来应该多想想在用人妥当与否上打听消息。"

一是办事的人，绝不可能只有赞誉而没有诽谤或评论，只有恩宠而没有怨恨；二是舆论往往随时变化，并没有一定的标准。所以，若不是自己要求树立根基，专从流俗毁誉上去打听消息，一定会有站不住脚的那一天。曾国藩在给恽次山的信中说："自我修养的人，只求没有大的过错就够了，且不可因讥讽议论而气馁、消沉；衡量评价别人的人，只求一个长处可取就行了，且不可因有小毛病而放弃了有用的人才。如果对佼佼者过于苛求，那么昏庸无能的人反而会走运。"

又在给陈舫仙的回信中说："京师的议论与枢密院的消息随时变化。每逢遇到官员上下交接，本来众望所归的人，转眼间就会被人唾弃；也有的群疑众谤被议论纷纷的人，转眼工夫又风平浪静了。只有卓然自立的人士，经过红与黑的变化也不改变自己的形象。阁下这次进京，时间没有几天，但上天的眷顾和舆论似乎都是很好的，望阁下不要沾沾自喜，将来如果有吹毛求疵的议论，恩顾无存，望阁下也不要因此而沮丧。早晚孜孜以求自立之道，私事就是干自己的事与读书二者并进，公事就是管理与防务二者兼营。以勤为本，辅之以诚。勤，虽然柔弱也会变强，虽然愚钝但也会变得聪明。诚，诚心可以使金石为开，鬼神听话，鄙陋的讥讽，就是跳进黄河也是说不清的，那还有什么可争辩的呢？"这些话深刻明白，要旨不外是脚踏实地，努力做到自立自强，不以流俗的毁誉为转移。

曾国藩有丰富的阅历，当他的弟弟曾国荃就任湖北巡抚时，曾国藩给他写过一封信，信中说："督抚本来不容易做，近来又是多事之秋，必须招募兵员筹措军饷。招兵则怕失败而受诽谤，筹措军饷则怕说搜刮而招致怨恨。这两样都容易败坏声名，而由此引起纷纷议论，被人参劾的人，常在用人不当。沅浦弟的博爱形同软弱，在用人上向来失于烦冗。以后要慎重选用贤人，以补救草率的毛病，少用几人，以被救烦冗的毛病。地位很高但资历很浅，外貌上贵在温和恭敬，内里贵在谦虚礼下。天下的事理人心，我们了解的不深，没有料到的多着呢，且不可存一点自以为是的思想。用人不草率，存心不自满，这二条如果都做到了，一定可以免却咎戾，不失去好名声。这些话是最重要最重要的嘱咐，千万不要以为是泛泛的议论而忽视它！"

曾国藩办事，"不固执己见，也不轻信别人的话，必须看准了利害关系后，才放弃自己的意见而听从别人的。"由此可见他既不是顽固不化的人，也不是一个盲目屈从的人。他对于社会舆论就是抱着这样的态度；对于个人的建议，也是抱着这样的态度。他在给欧阳晓岑的回信中说："对于集思广益的做法，本来不是容易做好的事。而在省城里尤其容易被人欺骗、蒙蔽。每天到我府上来的人，

或者上书献策，或者当面陈说见解，大体上不出你写的三条之例。对那些阳骄的人要抑制，然而，又不能因为这样就完全废除吐故纳新的风气。重要的应当是自己把握主见，如六辔在手；对外广泛慢慢地吸收，如万流赴壑，才是最完善的。我想古人全都应该这样，而小小的我却是做不到的。"

人防止自己的过失，对别人的行为就不能轻下结论，妄加非议，对事情应有一个深层和多角度的思考，不人云亦云，这样也就远离了几分世故。胡林翼结好官文的事，当时就有人不理解。胡林翼与官文的关系，对当时军事大局至关重要，因此曾国藩深深地依赖他们。就是他的弟弟曾国荃的军队，也是靠官、胡的帮助而建成的。曾国荃后来弹劾官文，曾国藩很不愉快，后来做直隶总督接官文的职位时，一再抱歉自己的过错，连称"老九胡闹，对不住老前辈"，谢罪不已。论起来曾国荃弹劾官文的举动，是因公而发，可以用不着什么道歉，而若以私情相论，则国藩就觉得深有愧歉了。

【原文】

胡二等来，接尔安禀，字画尚未长进。尔今年十八岁，齿已渐长，而学业未见其益。陈岱云烟伯之子号杏生者，今年入学，学院批其诗冠通场。渠系戊戌二月所生，比尔仅长一岁，以其无父无母，家境清贫，遂尔勤苦好学，少年成名。尔幸托祖父余荫，衣食丰适，宽然无虑，遂尔酣豢佚乐，不复以读书立身为事。古人云劳则善心生，佚则淫心生，孟子云生于忧患，死于安乐，吾虑尔之过于佚也。

新妇初来，宜教之入厨做羹，勤于纺绩，不宜因其为富贵子女不事操作。大、二、三诸女已能做大鞋否？三姑一嫂，每年做鞋一双寄余，各表孝敬之忱，各争针黹之工。所织之布，所寄衣袜等件，余亦得察闺门以内之勤惰也。

余在军中不废学问，读书写字未甚间断，惜年老眼蒙，无甚长进。尔今未弱冠，一刻千金，切不可浪掷光阴。

四年所买衡阳之田，可觅人售出，以银寄营，为归还李家款。父母存，不有私财，士庶人且然，况余身为卿大夫乎？

余癣疾复发，不似去秋之甚，李次青十七日在抚州败挫，已详寄沅浦函中。现在崇仁加意整顿，三十日获一胜仗。口粮缺乏，时有决裂之虞，深用焦灼。

尔每次安禀详陈一切，不可草率，祖父大人之起居，合家之琐事，学堂之工课，均须详载，切切此谕。

【评述】

汉文帝时，有人告发丞相周勃谋反。文帝轻信，就将周勃下狱治罪。后来真相大白，周勃官复原职。

太中大夫贾谊就此事上书汉文帝，认为作为君主，对臣下应当以礼义相待，而不应轻信佞臣之谗言。那样，作为人臣的才会"国耳忘家，公而忘私，利不苟就，害不苟去（为国事而忘记了家事，为公事而忘了私利，有利益不轻易取得，

有祸害不轻易逃避)。"

曾国藩是把名利和贪婪相联系。贪婪的人，恶名加身；大度的人，清誉在外。一旦名声远扬，就可以不拘小节了。曾国藩的见识可谓高拔，甚至可以说有点狡猾，然而这毕竟有点欺世盗名的嫌疑，曾国藩的心里并不清纯，相较之下，还是北宋时期的彭思永的行为更宁馨可人，那时，他还不是进士，也没有做官，只有一个孩子。

一天，九岁的彭思永正上学读书，在家门外拾得一把金钗，于是默坐原地，等候失主。不久，一官吏在此久久徘徊，一问，果然是金钗失主，彭思永便将金钗还给了他，那失主拿出数百钱表示感谢，彭思永坚辞不受。他说："我若爱钱，金钗不是比这更多吗？"小小年纪，竟有这种气度，这个江西老表，真是令人可钦可敬！

彭思永不是圣人，他还是个童子，曾国藩也不是圣人，他已是一个大人，或许正因为他是一个大人，他才比彭思永想得更多，心思也更污秽。

人啊！能否返璞归真，返老还童？

【经典实例】

齐桓公委政于贤

善于治理政事的人，最重要的是选择、使用人才。《便宜十六策·举措》："举措之政，谓举直措诸枉也。夫治国优于治身，治身之道，务在养神；治国之道，务在举贤。是以养神求生，举贤求安。"这一谋略认为为政的关键和最重要的是选拔和使用正直的贤能之士，选拔正直贤能之士来治理国家，就像修身一样，修身的关键在于养育精神；而举贤任能则是为了国家的长治久安。

齐国国君齐桓公就是一位爱护人才，委政于贤的杰出的政治家。齐桓公所以能称霸诸侯，从最直接的原因上来说，是他爱戴人才，委政于大贤，这也是他能作为英明君主的最突出之点。

桓公与相国管仲本是有前嫌的仇人，特别是在他们共同为政的最初几年，关系如果稍微处理不好，就会引发前嫌，影响二人的合作关系。同时，管仲是被桓公释怨而用的人，内心难免有不少顾虑。他们二人关系的主动权完全在桓公一方，桓公对管仲使用上的信任专一和对诬枉之言的拒斥，无疑对他们合作关系的巩固与发展起了决定性的作用。的确，桓公与管仲的关系与传统的"君令臣奉"的君臣关系大相径庭，然而，这正是桓公的英明所在，自己追求的是非常的功业，管仲是非常的人才，任用非常的人才而从事非常的功业，一定得有非常的用人方式。事实上，管仲正是由于桓公非常的用人方式才得以大展其才，而桓公正是由于管仲的雄才大略得以称霸诸侯。没有非常的用人方式，就没有历史上的齐桓公！

齐桓公在用人上的高明除了不记前仇、任之而专并能拒斥枉言等显著特点

外，还有以下方面：第一，能识才之长。一次，齐桓公在射猎时遇到一怪异现象，疑惧而病，急召管仲相问，管仲一时回答不出，回去设法另请了一位名叫皇子的高士前来给桓公做了解释，桓公病愈后重赏了管仲，身边的人不解地问为什么要给管仲赐赏，桓公回答说：管仲能够任众人之智，这也应算他的高明。桓公认为他能听到皇子之言，实际上是得益于管仲的任众之明。第二，用大才而不拘小过。桓公有一次行军至梁山

泰山齐长城遗址

（今山东淄博市东）之下，有一位牧牛的人，名叫宁戚，他短褐单衣，破笠赤脚，在路边主动和桓公答话。桓公见宁戚具有大才，当晚行军休息时，急忙命左右点灯，准备立即为宁戚封爵。身边的人建议，让桓公派人去宁戚的故国卫考察了解一下再为之封爵。桓公对他们说："此人廓达之才，不拘小节，恐其在卫，或有细过。访得其过，爵之则不光，充之则可惜！"立即在灯烛下拜宁戚为大夫，使其与管仲同参国政，桓公认为像宁戚那样的人过去一定有些细小过失，为了用其大才，则对其小过不予追究考虑。第三，不搞论资排辈，因才委任。齐国当时有高、国二氏为前朝老臣，上卿之爵，资历很深，桓公上台后，坚持将管仲排在高、国之前，恩礼远在二臣之上。新结识了宁戚后，又让宁戚协助管仲主持政务。桓公因才任人，有多大的能力就让挑多重的担子。第四，坚持任用一个人才群。桓公上台后，除了任用管仲之外，一并任用了"五杰"，包括宁越王子成父、宾须无、东部牙和隰朋，加上他的老师鲍叔牙和后来提拔的宁戚，以及世卿高国，真可谓人才济济。这些人才各有所长，组成了以管仲为中心的人才群，在齐桓公一生的政治活动中发挥了不可估量的作用。第五，对部下坦诚相见，透露心底。桓公初任管仲，有一次两人一起议论霸业，桓公问管仲："寡人不幸而好田，又好色，得毋害霸乎？"按当时的传统观念，君主好田猎，必然影响政务，但尚可理解；而如果喜好女色，则必然是不堪造就的。齐桓公敢于放弃君主的虚荣，将所谓"龌龊"的心迹向部下表明，反映了他对部下的超常的信任与坦诚，这类坦诚并不会损伤自己在部下心目中的形象，反而会加深与部下的感情。桓公在晚年招待逃亡齐国的晋国公子重耳，席间得知重耳未曾携带内眷，笑着对他说："寡人独处一宵，如度一年。"立即设法为重耳婚配，重耳感叹地说，齐公对人这样坦诚相见，他成就霸业不是很自然的吗！重耳即是后来的晋文公，他的感叹反映了对桓公这种待人方式的高度赞许。桓公好田好色，无疑是他的缺点。

但他把这种缺点吐露于管仲并得到管仲的许可后，君臣二人在长期共事中达成了预防其恶果发生的默契，从而使其未能成为一生事业的妨碍。

有远见的政治家苏绰

苏绰，西魏京北武功（今陕西武功）人。少博览群书，尤擅算术。为西魏丞相宇文泰信任，官至大行台度支尚书，兼司农卿，参与朝政机密，协助宇文泰改革制度。曾制订计账、户籍制，减省官员，设置屯田、乡官，增加国家赋税收入，是一位有远见的政治家。他为宇文泰草拟的《六条诏书》（治心身、敦教化、尽地利、擢贤良、恤狱讼、均赋役），是西魏强国富民的政治纲领。宇文泰将《六条诏书》立于座右，命百官诵习，并规定不通六条者不得为官。《六条诏书》中的"擢贤良"，对人才问题有精辟的见解，其主要内容有六点。

1. "得贤则安，失贤则乱"。苏绰认为，要想国泰民安，人君必须重视人才，举凡公侯将相，州官郡守，乃至党长和里正等地方小官，都应该择贤而用之。这是百王不能改变的自然之理，是安邦治国的最主要原则。这样，他把人才问题的重要性提到哲理的高度，视为一条普遍而永恒的规律。

2. "不限资荫，唯在得人"。苏绰说："今之选举者，当不限资荫，唯在得人。苟得其人，自可起厮养而为卿相。"他谴责和反对当时选人偏重门第和资历的做法。他还举例说，奴隶出身的伊尹，辅佐商汤王创建商朝；泥瓦匠出身的傅说，协助武丁中兴商室；相反，身为帝王之胤的丹朱、商均，由于才能平庸，尧帝和舜帝也不把帝位传给他们。

3. "金相玉质，内外俱美"。苏绰主张选人的标准应当有德有才，德才兼备。他说："刀笔者，乃身外之末材。""若刀笔之中而得志行，是则金相玉质，内外俱美，实为人宝也；若刀笔之中得浇伪，是则饰画朽木，悦目一时，不可以充榱橼之用也。"意思是说，有德有才，才是完善的人才；若有德无才，不可以涉道致远；若有才无德，最大限度只能当刀笔之吏，不能充作国家栋梁。

4. 良玉剖而莹之，名骥驰而试之。苏绰认为，人的才干要在实践中增长，才能的高下要由实践来检验。他说："良玉未剖，与瓦石相类；名骥未驰，与驽马相杂"，只有"剖而莹之，驰而试之"，然后才知道是宝玉和千里马。他还举例说，姜太公是钓鱼的，百里奚是喂牛的，如果没有机遇，不任之以事业，不责之以成务，那么，即使再过一千年，也不会出现赫赫有名的姜太公和百里奚。为此，他呼吁执政者："得贤而任之，得士而使之，则天下之理，何向而不可成也。"

5. "勤而审之，去虚取实"。当时流行着一种谬论：无贤可举。对此，苏绰进行了驳斥，说：孔子说过"十室之邑，必有忠信如丘者焉"。"岂有万家之都，而云无士？但求之不勤，择之不审，或授之不得其所，任之各尽其才，故云无耳"。人才是生长在群众之中，怎么会没有人才呢？问题在于不考察，或者考察

不深入，或者任用不当。因此，要"勤而审之，去虚取实，各得州郡之最而用之，则人无多少，皆足化矣。孰云无贤。"

6."官省""则事无不理"，"官烦""则政必有得失"。针对当时官吏数量多，人浮于事的情况，苏绰指出："官省，则善人易弃，善人易充，则事无不理；官烦，则必杂不善之人，杂不善之人，则政必有得失。"这就是说，只有精简机构，裁汰不合格的官吏，才能使有才华的人充分发挥其积极性，提高工作效率；否则，因人设事，贤愚相杂，互相推诿，互相扯皮，那就什么事也办不成。

汉武帝驭下有方

汉武帝深感"名臣文武欲尽"，后继乏人时颁发的《求茂才异等诏》中的几句话。意思是：要建立不平常的功业，必须有才华出众的人。有的马喜欢踢人，但能日行千里；有的人放诞不羁，被世俗讥笑议论，却能屡建功勋。力大性悍的烈马往往把车拖翻，不拘小节的人才可能不安分守己，关键在于统治者如何驾驭罢了。汉武帝非常重视对人才的管理，而且也善于管理。《容斋随笔》作者南宋洪迈评论说：汉武帝"驭下有方"。汉武帝管理人才的办法，大体有以下三个方面。

1.以法御下。《资治通鉴》记载：汉武帝"以法制御下"。汉武帝于公元前127年实行推恩法后，又首创刺史制度。刺史按朝廷颁发的六条诏令考察政事，第一条考察豪强，其余五条考察郡守。六条外还有一条不成文的规定，就是考察诸侯国王。刺史考察的情况要及时报告朝廷，所以，汉武帝对地方各郡的事情，无论大小，都比较了解，而且适时地提出警告。比如吾丘寿王担任东郡（今河南濮阳）长官时，有些怠于政事，汉武帝给他写信说："你在中央任官时，智慧过人，担任地方长官以后，治理十余座县城的地方，却荒废政事，致使辖区盗贼横行。这与你在我身边时不大相称，为什么呢？"这样，地方官员总感到自己的所作所为逃不脱皇帝的视野，怎敢不尽心竭力呢？

2.重赏重罚。汉武帝对文武群臣要求严格，务必尽职尽责，政绩突出或征战有功的予以重赏，玩忽职守或贻误军机的则严惩不贷。元朔五年（公元前124年），鉴于匈奴左贤王多次侵扰朔方，汉武帝命车骑将军卫青率三万骑进行反击。卫青出兵击败匈奴，"得左贤禈王十余人，众男女万五千人，畜数十百万"。汉武帝派使者到军中，拜卫青为大将军；接着又加封了青八千七百户，封其三子为列侯；卫青部属将尉，七人被封为侯，三人被封为关内侯（《资治通鉴·汉纪九》）。元朔六年与匈奴作战，票姚校尉霍去病和上谷太守郝贤四各斩首虏二千余级，被分别封为冠军侯和众利侯（《资治通鉴·汉纪十一》）。汉武帝说："夫所谓才智，犹有用之器也，有才而不肯尽用，与无才同，不杀何施！"（同上）元光六年，在雁门关反击匈奴的战斗中，骑将军公孙敖为胡所败，损失七千骑；骁骑将军、名将李广被匈奴生俘，施巧计得以逃归。因此两人都被判死刑，赎为

庶人。据《资治通鉴》记载，从建元元年（公元前140年）到后元二年（公元前88年）的五十四年间，因玩忽职守或征战失利而自杀、处死和被判死刑、赎为庶人的文臣武将，就有二十二人，被免职的还要多一些。诚然，这些被处理的人中，有些是罪有应得或错有应得，但有些失误纯属客观原因造成的。这种做法，确有点失之过严，而且实行株连，处理面就更大了。如李陵战败投降匈奴，是一个严重的错误，应当处分，而司马迁只说几句实事求是的话，就被处以腐刑，实在是过分了。所以，司马光评论说：汉武帝"有亡秦之失"。

3. 互相监督。汉武帝为了控制朝廷大臣，将庄助、朱买臣、吾丘寿王、司马相如、东方朔、枚皋、终军等人留在身边，组成"中朝"，"每令与大臣辩论，中外相应以义理之文，大臣数屈焉。"（《资治通鉴·汉纪九》）这样，"中朝"与丞相、御史大夫等之间就能互相监督，可以防止和克服某个环节上的专权，徇私舞弊。

汉武帝对人才的管理办法，尽管有许多缺陷，但他的思路是可以借鉴的。

忽必烈重视人才

元朝的人才政策，史书上有两种截然不同的评论：有的说是歧视人才，特别是歧视汉族的知识分子；有的说是十分留心搜罗人才，包括汉族的知识分子。谁是谁非，由专家去论定。下面就忽必烈重视人才的事迹做个简要介绍。

忽必烈，蒙古族，成吉思汗的孙子，托雷的第四个儿子。中统元年（公元1260年）即大汗位，为元王朝的建立者，史称元世祖，蒙语尊称为薛禅（意为贤者）皇帝。

忽必烈年轻时，"仁明英睿，事太后至孝，尤善抚下"。在潜邸，他"思大于有为天下，延藩府旧臣及四方文学之士，问以治道"（《元史·世祖本纪》）。他当藩王时，就已博得了"爱民之誉，好贤之名"。在他的周围，聚集了一批蒙古贵族上层中的有识之士和汉族知识分子。如木华黎的长孙乃燕、河北邢州的刘秉忠、云中怀仁的赵璧、冀宁交城的张德辉，以及曹州东明的王鹗等人，都经常给忽必烈讲《四书》《五经》，研讨治国平天下之道。在管理漠南汉地时，忽必烈又招纳了一批汉族和其他民族的知识分子，如杨维中、姚枢、郝经、王文统、赛曲赤（回族）、瞻思丁（回族）和高智耀（西夏族）等，成为忽必烈的主要谋士。还有张文谦、窦默、魏璠、许国桢、许衡、赵炳、张惠等人，也都以博学多闻而成为忽必烈的重要参谋。

忽必烈是中华儿女的佼佼者和中国历史上的明君。在"鼎新革故"，实施"大有为于天下"宏图的过程中，他乐于听取群臣的意见，集思广益。当代人说他"有英主之风"。

1. 立法度，正纲纪。忽必烈问进士出身、曾任钧州（今河南禹县）知事的李治："天下当如何而治？"李治回答说："为治之道，不过立法度，正纲

纪而已。"于是，忽必烈采取一系列的措施，立法正纪。蒙古自成吉思汗建国后，没有使用过年号。纪年是用十二生肖，如鼠几年、羊几年等。忽必烈采纳刘秉忠等人的建议，按照中原汉族王朝的传统，正式确定纪年。忽必烈于宋景定元年（公元 1260 年）三月正式称帝，开始以"中统"为年号，后又改为"至元"。至元八年（公元 1271 年），废除"蒙古"国号，取《易经》中"乾元"之义，建国号为"大元"。蒙古国原来的国都在开平（今内蒙古正蓝旗东闪电河北岸）。中统四年（公元 1264 年），改燕京（今北京）为中都，升开

元大都城遗址

平为上都。至元九年（公元 1272 年）根据刘秉忠的意见，定都中都，改称大都。从此，元大都成为我国多民族国家的政治中心。

元朝中央和地方行政体制，基本上都是忽必烈按照汉族大臣的建议，兼采宋、辽、金制，逐步建立和健全起来的。中央设立中书省，总理全国政务。中书省下设吏、户、礼、兵、刑、工六部，分理有关政务。蒙古族建国初，未设总领军务的机构。忽必烈参照宋、金旧制，设枢密院，专掌军务。至元五年（公元 1268 年），根据姚枢提出的"定法律，审刑狱"，"收生杀之权于朝"，使"诸侯不得而专"的建议，设置御史台，为全国最高司法监察机关，负责纠察百官善恶、谏言政治得失的职责。地方，除中央直辖区外，全国设置十个行中书省。这是沿用至今的我国行省制的起源。行省之下设路、府、州、县。同时，还制订了朝廷礼仪、官阶俸禄等制度。这种行省的创建，是我国政治体制史上的一件大事，革除了蒙古汗国行政机构十分简单，不能适应社会发展的弊端，为贯彻中央政府的各项政策法令，有效地巩固疆域辽阔的统一的多民族国家，提供了行政体制上的保证。

2. 行仁政，不嗜杀。忽必烈之前，蒙古贵族集团在攻城略地的战争过程中，常常实行野蛮的屠城政策，百姓怨声载道。汉族知识分子向忽必烈讲解"以马上取天下，不可以马上治之"的道理，要他"行仁政，不嗜杀"。忽必烈接受了这些建议，曾再三"降不杀人之诏"，减少了对宋境广大人民群众的杀戮。元宪宗元年（公元 1251 年），忽必烈的哥哥蒙哥继承汗位，令忽必烈去治理漠南汉地。漠南邢州，有一万五千户，是南北要冲。窝阔台将邢州赐给两个蒙古贵族的功臣，由于征求百出，肆意敲索，百姓大量逃亡，十余年后，仅剩下五六百户。刘秉忠向忽必烈进言，指出："兵兴以来，百姓生活困弊，邢州尤其严重"，建议

"择人前去治理，克期见效，以作为四方效法的榜样"。并推荐儒士张耕、刘肃二人担当此任。忽必烈接受了这一建议，任命耕、肃为正副使，安抚邢州。他们到任后，洗涤蠹弊，革除贪暴，招复逃亡，不到一个月，户口就增加了十倍。

至元二年（公元 1265 年），顺天路管民总管张弘范调任大名，上任之前，微服出访，发现收租的官吏非法加派，群众苦不堪言。他上任后，立即惩办了那些不法官吏，得到群众拥护。恰好这年又发大水，农业生产严重减产，他没有请示朝廷财赋主管部门，就决定免除了灾区的全部租赋。管理财赋的部门认为他犯了"专擅之罪"，要处分他。他赴大都向忽必烈申诉，忽必烈问他："你有什么要申诉的？"他说："我以为把国家粮食存在小仓库里不如存在大仓库里好。老百姓因为遭了水灾交纳不上粮食，如果一定要从农民口里夺取粮食，政府的小仓库当然会充盈起来，但老百姓就会饿死，等到明年就会一粒粮食也收不到！首先要让人民活下来，以后才会年年有收获，农民有了余粮，那不都是国家的粮食吗？这就是我所说的大仓库！"忽必烈点头称赞，不仅没有追究他的"专擅之罪"，而且还表彰他办得好。

3. 罢世族，行迁转。"元初，取民未有定制，及世祖立法，一本于宽。"（《元史·食货志》）蒙古汗国时，法制不健全，不仅国家赋税没有一定标准，想收就收，要收多少就收多少，更重要的是汗国执政者随意将某地赐给有功之臣，形成了一批贵族和豪强。在此条件下，又出现了不少的贪官赃吏。忽必烈当上皇帝后，采纳贤才们的建议，实行抑豪强，黜赃吏，整顿和改革吏治，收到了一定效果。《元史》作者说："世称元之治以至元、大德为首"。

（四）劝农桑，以富民。忽必烈很重视农业生产，即位之初，首诏天下："国以民为本，民以衣食为本，衣食以农桑为本。"（《元史·食货志》）为了发展农业，忽必烈采取了一系列措施：令司农司编辑《农桑辑》发给农民，"俾民崇本抑末"；又命"各路宣抚司择晓农事者，充随处劝农官"；还"立劝农司，以陈邃、崔斌等八人为使"，后改为司农司，以左丞相张文谦为卿，专管农桑水利。因此，农业生产得到了很大发展，"终世祖之世，家给人足"。

在这批贤才的辅佐下，忽必烈终于实现了"鼎新革故，务一万方"，"思大有为于天下"的宏大抱负。《元史》评论说："世祖度量弘广，知人善任使，信用儒术，用能以夏变夷，立经陈纪，所以为一代之制者，规模宏远矣。"

成汤识人

孟子说："汤始征，自葛载，十一征而无敌于天下。"（《孟子·滕文公（下）》）成汤能有如此发展，得益于他敢于启用贤才。汤，卜辞作"唐"，原名履、天乙，子姓，是商族始祖契的后代，灭夏后，称为成汤（或称商汤、武汤）。

夏朝末年，商族的势力日益强大，到成汤时，开始准备翦灭夏桀。但当时夏

王朝的力量还相当雄厚，成汤为了能够灭掉夏王朝，就四处求贤，只要是贤才，不管名望、地位、出身如何，都委以重任。恰好这时他发现伊尹很有才能，使予以擢用。

伊尹出生于伊水河边。伊，一名挚，尹是官名，后通称伊尹。后来伊尹作了有莘氏（今河南开封附近）的奴隶，善于烹饪。成汤娶有莘氏的女儿为妃，伊尹作为有莘氏女子的陪嫁奴隶来到商族居住地区，初为小臣。成汤发现伊尹不仅能做出很有滋味的饭菜，而且很有头脑，通晓为政之道，是治国平天下的人才。于是，免去伊尹的奴隶身份，提升为阿衡（相当于后来的宰相），委以国政。（还有一种说法，《史记·殷本纪》记载：伊尹原来是一名处士，博学多才，成汤得知后，"使人聘迎之，五反然后肯往从汤，言素王及九主之事"。）

成汤不仅重用伊尹，还重用仲虺（读悔）。仲虺出身高贵，祖先是夏禹时期的车正。他博学多识，懂得治世之道，投奔成汤后，被任命为相。

在伊尹、仲虺等人的辅佐下，成汤积蓄粮草物资，训练军队，广布德政，以亳（今河南商丘）为前进据点，积极准备灭夏。他采取逐步分化、削弱和孤立夏桀势力的策略，如利用有缗氏（今山东金乡）公开反夏，借葛伯仇饷为由，发兵吊民问罪。连续攻灭葛（今河南长葛）、韦（今河南滑县）、顾（今山东鄄城）和昆吾（今河南许昌）等小国，翦除了夏桀的羽翼。先后经过十一战而灭夏，放桀于南巢（今安徽巢县）。成汤在亳登基，做了天子，建立起我国历史上第二奴隶制王朝——商朝。

商朝建立后，成汤根据伊尹、仲虺的建议，废除夏桀的暴政，取消伤害人民的繁重的徭役和横征暴敛，鼓励生产，安抚民心，从而扩展了统治区域，势力远及黄河上游，僻处西境的氏羌部落都来贡纳归附。"昔有成汤，自彼氏羌，莫敢不来享，莫敢不来王。"（《诗·商颂·殷武》）说的就是商初国家强盛的情况。

成汤去世后，伊尹又辅佐商王外丙、仲壬、太甲先后执政。太甲继承王位后，破坏成汤的法制，一意玩乐享受，怠弃国政。在多次教育无效的情况下，伊尹以成汤重臣的身份，将太甲囚禁于国都郊外的桐宫，令他深刻反省，自己则代替太甲处理国家军机大事，接见诸侯，号令四方，成汤建立的制度得以巩固。太甲在桐宫三年，深感自己对不起成汤，便悔过自责，改恶行善。伊尹见太甲有所觉悟，能痛改前非，又主动把太甲接回国都，归还政权，自己仍执臣子之礼。

萧何月下追韩信

淮阴人韩信幼读诗书，投过名师，文武双全。韩信曾投靠过项羽并经常向项羽献策，却不被重视、采用，深感在项羽军中无法施展自己的才能。韩信认为汉中王胸怀大志，又待人宽厚，如今正在失势，投奔于他，兴许受到重用。便离开楚军，历尽艰辛，到达南郑，而见刘邦。不料刘邦以韩信出身微贱，也不加重用。韩信失望之余，决定另投明主。这日五更，便骑上战马，驰出东门，离开南

郑。萧何听说韩信走了，焦急万分。他来不及报告刘邦，立即带了几个从人，骑上快马，向东追去。萧何忍饥挨冻，马不停蹄地追赶了一天一夜，才在一条小河旁边遇到韩信。他喜不自胜，喘着粗气叫道："韩将军，咱们一见如故，你为何不辞而别？"韩信叹了一口气说："我这一辈子不能忘了丞相的情义，可是汉王……"他又停住不说了。这时，夏侯婴赶到，两人死乞白赖拉韩信回营，萧何说："要是大王再不听我们劝告，那我们三人一块走，好不好？"韩信感激地说："丞相这么瞧得起我，叫我说什么好呢。回去就回去吧，我就是死在你们手里也是甘心的。"

三人回到南郑。萧何把韩信留在相府，去见汉王。汉王先骂了他一顿，完了问他："你追谁呀？"萧何说："淮阴人韩信！"汉王说："逃走的将军也有十几个了，没听说你追过谁，怎么会去追韩信？"萧何说："将军有的是，容易找。像韩信那样国家独一无二的人才，哪儿找去？大王要是准备一辈子在汉中做王，那就用不着韩信；要是准备打天下，非用他不可。大王到底准备怎么样？"汉王说："我当然要回东边去，老在这儿憋着干什么？"萧何说："大王一定要往东边去，那就赶快重用韩信；不用他，他还是要走。"汉王一直信任萧何，萧何这么坚决地推荐韩信，不得不说："我就依着丞相，请他做将军吧。"萧何说："请他做将军，还是留不住他。"汉王说："拜他为大将怎么样？"萧何说："这是大王的英明，国家的造化。"汉王就要召韩信进来，拜他为大将。萧何皱着眉头说："大王素来不讲礼貌，怠慢大臣。拜大将是重大事情，不能像招呼小孩子那样。大王决定拜他为大将，就该郑重其事地择吉日，斋戒沐浴，在广场上修个台，举行拜大将的仪式，才像个样子。"汉王说："好，都依着你去办吧。"汉元年，拜韩信为大将军。此后，韩信东征西讨，为汉朝统一天下立下赫赫战功。

苻坚重用王猛稳江山

苻坚，字永固，略阳临渭（今甘肃天水）人，氐族。公元357年，苻坚杀死昏庸暴虐的苻生，自称大秦天王。

苻坚素怀大志，很想有一番作为。他继位以后，广泛结交英豪，注意选拔人才。经尚书吕婆楼引荐，苻坚结识了王猛。王猛，字景略，幼年家贫，年轻时熟读兵书，胸中富有韬略，关心天下大事。苻坚与王猛一见如故，谈论时事，王猛见解不凡，苻坚立即任命他为中书侍郎，掌管军国机密大事，"朝政莫不由之"（《晋书·苻坚载记上》）。

为了加强中央集权，巩固封建统治，苻坚坚决打击豪强，惩治不守法的贵族。公元359年9月，苻坚任命王猛为侍中、中书令兼京兆尹。当时都城社会秩序混乱，很多权贵不守法，欺压百姓。太后的弟弟强德，终日酗酒逞凶，抢夺别人的财物、妻女，是都城的一害。王猛把强德抓起来，在呈请苻坚批准杀掉强德的同时，即将他杀了。接着，王猛在短时间内先后处决了二十多个不法的官僚、

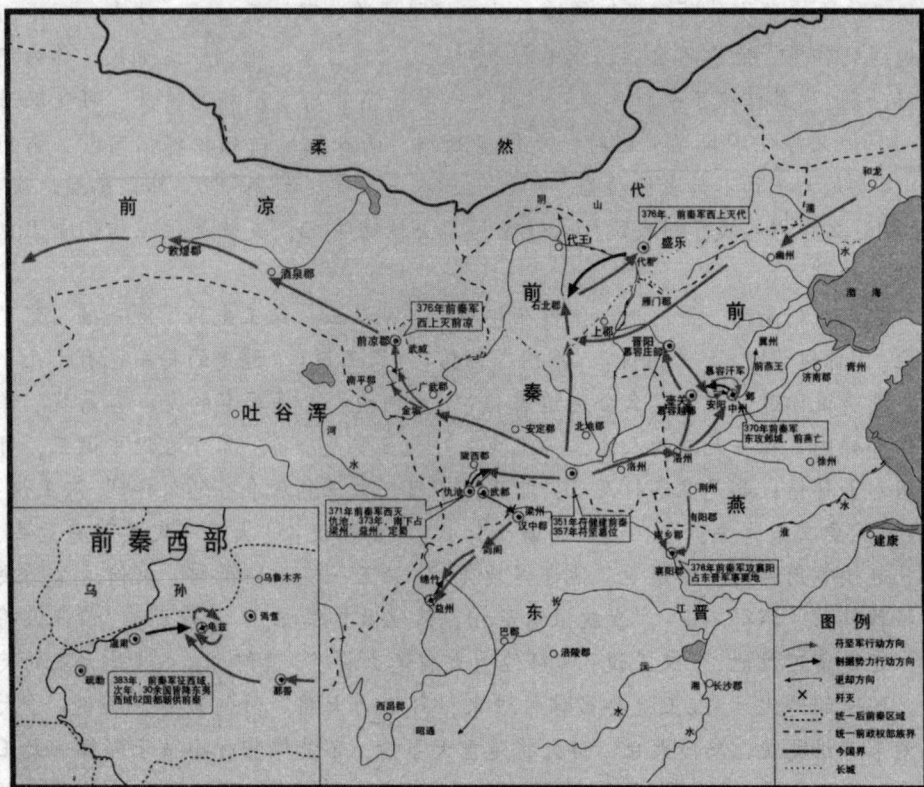

符坚统一北方战争示意图

贵戚和豪强，狠狠地打击了不法分子的嚣张气焰，都城的社会治安迅速好转。符坚惊叹说："我现在才知道天下有了法律的好处，才体会到做天子的尊贵啊！"

因此，王猛越来越被符坚重用，一年之内晋升五次，由中书侍郎至尚书左丞、司徒录尚书事，权倾内外。这样，就遭到宗亲、贵戚和勋臣的妒忌。氐族豪强樊世自恃有功，当众侮辱王猛，说："我们跟着先帝南征北战，建立了帝王事业，却没有获得权力，而你没有汗马功劳，竟敢掌起大权来了。难道我们种庄稼，而你坐享其成吗？"并扬言要把王猛的头砍下来挂在长安城门上。符坚听说以后，便警告樊世，说你如果不改，就要把你杀掉。但樊世并不思悔改，有一次，当着符坚的面和王猛争吵起来，还要动手打王猛。符坚大怒，立即下令把樊世杀了。从此以后，文武百官见了王猛，都毕恭毕敬，没有人敢再耍威风。

符坚在王猛等贤臣的辅佐下，选贤任能，兴办学校，表彰节义之士，又劝课农桑，兴修水利，救济贫苦百姓，经过十几年的功夫，把前秦治理得井井有条，百姓安居乐业，出现了汉魏以来少见的清明政治。

苏洵说："夫有舜而后知放四凶，有仲尼而后知去少正卯。"历史上被谗言陷害的贤良比皆是。所以，除谗佞，是重用贤才的一个重要方面。符坚可谓深谙用人之

道矣！

唐太宗慧眼识马周

李渊时期，马周任亳州助教，贞观三年，弃职来长安，住在中郎将常何家里。贞观五年，唐太宗命百官上书评论朝政的得失，而常何是"不涉经学"的武将，只好请马周代写。马周写了奏章，议论朝政得失二十多件事，唐太宗看了非常赞赏，问常何是何人所写，常何如实禀报。唐太宗即召见马周，经当面考察，确认他是一个难得的人才，即破格任命为监察御史，后官至中书令兼太子右庶子。马周"有机辩，能敷奏，深识事端，动无不中"，同其他大臣一道，为唐太宗出谋划策。他曾谏止唐太宗不要搞裂土分封，不要过分剥削百姓，要慎重选用地方官吏等，均为唐太宗采纳。

曾国藩冷眼识英雄

曾国藩曾说："凡人才高下，视其志趣"直接把一个人能否立志、志向高低作为衡量人才高下的标准，这个观点是极有见地的。因为，在历史上还没有一个庸庸碌碌、胸无大志的人最后能成就大事的。

世传曾国藩还颇精于相术，并著有相书《冰鉴》，他在运用相书的理论察言闻声、评判人品方面堪称一绝。

曾国藩颇精于相术。他所编写的《相人口诀》说："邪正看眼鼻，真假看嘴唇，功名看气概，富贵看精神，主意看指爪，风波看脚筋，若要看条理，全在语言中"。据《清史稿·曾国藩传》记载，每逢选吏择将，他必先面试目测。审视对方的相貌、神态，附会印证相书上的话，同时又注意对方的谈吐行藏，二者结合，判断人物的吉凶祸福和人品才智。在他的日记中，有多处记载着初识者的相貌特征和他对人评价。

《见闻琐录》曾文正知人一则记载这样一件事：

曾国藩善知人，预卜终身。任两江总督时，陈兰彬、刘锡鸿颇富文藻，下笔千言，善谈天下事，并负重名。有人推荐到幕府，接见后，曾国藩对人说："刘生满脸不平之气，恐不保令终。陈生沉实一些，官可至三四品，但不会有大作为。"

不久，刘锡鸿作为副使，随郭嵩焘出使西洋，两人意见不合，常常闹出笑话。刘写信给清政府，说郭嵩焘带妾出国，与外国人往来密切，"辱国实甚。"郭嵩焘也写信说刘偷了外国人的手表。当时主政的是李鸿章，自然倾向于同为曾门的郭嵩焘，将刘撤回，以后不再设副使。刘为此十分怨恨，上疏列举李鸿章有十可杀大罪。当时清廷倚重李鸿章办外交，上疏留中不发，刘气愤难平，常常出语不驯，同乡皆敬而远之。刘设席请客，无一人赴宴，不久忧郁而卒。

陈兰彬于同治八年（1869）经许振祎推荐，进入曾国藩幕府，并出使各国。其为人不肯随俗浮沉，但志端而气不勇，终无大见树。作者说，观曾国藩预决二人，真如天算一般。然其衡鉴之精，尚不止此。在军命将，说某可为营官；某人可为大帅；某人福薄，当以死难著名；某人福寿，当以功名终，皆一一验证。

实际上，曾国藩观察人并不完全以貌取人，譬如罗泽南"貌素不扬，目又短视"，骆秉章"如乡里老儒，粥粥无能，"但他都能倾心结好，许为奇才。又如塔齐布，因为他出仕很早，穿草鞋，每朝认真练兵，便为曾国藩所赏识。后来一力保举他，并且说："塔齐布将来如打仗不力，臣甘同罪。"

所以说，曾国藩善于识拔人才，主要是因为他能观人于微，并且积久而有经验，故此才有超越的知人之明了。他对于观人的方法，"以有操守无官气，多条理而少大言为主。"他最瞧不起的，是大言不惭的人。

曾国藩能这样"冷眼识英雄，"所以在他夹袋中储藏了不少人物的档案，等到一旦需用，他便能从容地按其才能委以职务，而且一一胜任。后来和太平天国打仗，曾国藩幕府中人才之盛，一时无二。这不能不说是由于做京官时，观察罗致人才的好处。

马歇尔高明起用艾森豪威尔

1941 年 7 月，身为上校的艾森豪威尔被调到得克萨斯州的第三集团军任司令部参谋长。他在一次大规模的模拟演习中受到了司令克鲁格将军的赏识，正是这次演习结束后，马歇尔要求克鲁格推荐一名适合任陆军作战计划处处长的人选。克鲁格当即推荐了艾森豪威尔，可是，艾森豪威尔长期跟随麦克阿瑟，被人们看作是麦克阿瑟的人，而马歇尔与麦克阿瑟有很深的隔阂。尽管如此，马歇尔仍然认为，个人的恩怨不应影响对艾森豪威尔的使用。

回到华盛顿以后，马歇尔把助手克拉克将军招来，请他也推荐十名作战计划处处长的人选。克拉克却只肯推荐一个人——即艾森豪威尔。不久以后，马歇尔便任命了艾森豪威尔为作战计划处副处长。

马歇尔对艾森豪威尔不了解，因此想亲自考察一下。在艾森豪威尔报到的那一天，马歇尔简明扼要地向他介绍了西太平洋上的军事形势，然后问道："我们的行动方针应该是什么？"艾森豪威尔沉默了一会儿说："请让我考虑几小时。"几小时后，他把结论告诉了马歇尔。这一结论正和马歇尔自己的想法一致。从此，马歇尔又提升他为作战计划处处长。

艾森豪威尔任处长期间十分称职，而且解决了许多以前未能解决的问题。1942 年 6 月，在马歇尔的提议下，艾森豪威尔越过了陆军中许多高级将领，成为欧洲战区司令。同年 11 月，又由于马歇尔的提议，艾森豪威尔被任命为进攻北非的盟军统帅。

艾森豪威尔的私生活不够检点，他在欧洲任战区司令时，曾从伦敦选了一名

美貌迷人的女司机。她名义上为艾森豪威尔开车，实际上成了艾森豪威尔的情妇。这一切都没影响马歇尔对他的信任。1943 年 12 月，在马歇尔的支持下，艾森豪威尔又成为盟军最高统帅。

战后，美国陆军部长史汀生十分钦佩马歇尔慧眼识人的本领，曾对马歇尔说："将军，胜利的首功应该归于您，因为是您选择了艾森豪威尔。"

曾国藩储收英才

人才，是世间最宝贵的。在晚清，人才似乎奇缺，龚自珍曾仰天长啸："我劝天公重抖擞，不拘一格降人才。"曾国藩也曾感慨，国中无人，他认为中国若想不与外国列强讲和，就得有四五个得力的大将军，他数来数去怎么也数不出来。正因为如此，他才对人才倾注了那么多的心血，他物色和栽培人才，选拔和推荐人才，只要这个人确有所长，哪怕他给曾国藩的印象并不好，甚至与他心存隔阂，他都是不惮任用和举荐的。曾国藩具有世间所罕见的发现人才的特殊价值的本领，大至总督，小至营哨，曾国藩举荐和扶植的人才不可计数，可以说，发现人才的本领，是一个成功的领导者的首要本领，其价值往往超过了所发现的人才的价值。《韩诗外传》说："在能人中推荐能人。"说的就是这个意思。

所以说，知人不易，得人不易。要知人就要善察人，要得人就要善用人，不察不用，即使人才就在身边，也会视而不见。

曾国藩清醒地看到，军队能否有战斗力，关键在于将领的选拔是否得当。将领选任得当，就可以使一支军队由弱应强。反之，不仅不能与日益壮大的太平军进行反抗，更重要的是无法"塞绝横流人欲，来挽回厌乱的普遍人心"。因此，曾国藩在创建湘军伊始，便将选将工作，放在至关重要的位置上。

从曾国藩所规定的选将标准来看，湘军的选将制度较为严格，大致可以概括为五个方面：一是忠义血性；二是廉明为用；三是简默朴实；四是智略才识；五是坚忍耐劳。

曾国藩在选将中，将"忠义血性"放在第一位。所谓"忠义血性"，就是要求湘军将领誓死效忠清王朝，自觉维护以三纲五常为根本的封建统治秩序，具有誓死与起义农民顽抗到底的意志。统治民众的才能，不外乎公明勤这三个字。不公平、不明正，那士兵们就一定不会乐意服从；不勤快，那营中大大小小的事就都会废弛而无法管理。所以第一要事就在于此。如果士兵不怕死，则战时能冲锋陷阵、效命疆场，这是第二重要的。身体虚弱的人，过于疲劳就会生病；缺乏精神的，长久了就会逃走，这又是次要的了。这四个方面看起来似乎过于求全，而假若缺了其中一条，则万万不可带兵。选用具有"忠义血性"者为将领，可以为整个军队起到表率作用，"以类相求"以气相引，则几个中得一人而可及其余，这样便可以带动全军效忠封建的统治，从而能够使这支新兴的军队——湘军，不但具有镇压农民起义的能力，同时还具有"转移世风的政治功能"。

　　一个人的成功与失败，关键在于他能否把与之有关系的人、物能力，转化为自己的能力。曾国藩就是一个把别人能力化为己用的最佳例子。

　　曾国藩对他的弟弟说：求别人辅佐自己，时时刻刻不能忘记这些道理。获得人才是最困难的，过去有些人做我的幕僚，我也只是平等对待，对他们不是钦敬，以今天来看，这些人是多么的不可多得。你应该常常把求才作为重要的任务，至于那些无能的人，即使是至亲密友，也不应久留，这主要是担心有才的人不愿与他们共事。

　　为此曾国藩在办团练伊始，就发布《招某绅耆书》招人入幕：我奉命协助帮理团练，稽查捉拿贼匪，接受任务以来，日夜忧心忡忡，唯恐有误，担心自己见识不广，考虑不周。因此孜孜以求，希望家乡的贤人不嫌弃我，肯慷慨前来光临相助，借此来广泛地采取众议，周密地听取意见，以求补救我的疏漏。所以我经常或是寄信请人出山，或是热情欢迎来宾，广招英雄豪杰，咨询高见妙法，这一片耿耿之心，想来能得到大家的体谅。我打算将点滴微弱力量聚集起来，来保障家乡的安全。大厦非一木所能支撑，大业凭众人的智慧而完成。如果能使众多的贤士都汇集而来，肝胆相照，那么，即使是坚固的金石也能穿透，又有什么艰难不被克服呢？

　　后来，曾国藩领兵出征，官至督抚、钦差，更加注意时时网罗人才。不仅自己如此，对他弟弟也发出如此忠告。他在《致沅弟》信中说，成大事的人，以多选助手为第一要义。满意的人选择不到，姑且选差一点，慢慢教育他就可以了。就是说要时时注意笼人，不能因为没有十分可意的就不去用人。

　　而对于那些才华出众之人，曾国藩不论何时，一旦行知便千方百计笼纳过来，为己所用，如对郭意诚就是这样。

　　郭意诚，字昆焘，湘中名儒。因颇具文才，咸丰、同治年间，中兴诸老无不与他交往友好，各自都想将他罗至自己幕下。但郭意诚极爱其妇，日不远离，故总是力辞不就。

　　曾国藩也最赏识郭意诚其才。为了把他引出来忠君救国，曾寄书戏谑郭。书中云："知公麋鹿之性，不堪束缚，请屈尊暂临，奉商一切。并偕仙眷同行，当饬人扫榻以俟。"郭意诚出自对曾国藩的信服，接书后立即赶至湘军营幕见曾国藩，但并未偕仙眷同行。故曾国藩又命他速归，并作书曰："燕雁有待飞之候，鸳鸯无独宿之时，此亦事之可行者也。"郭意诚得书，一笑置之。但接受了曾国藩的邀请，决心出来供职。

　　据说，郭意诚在曾国藩幕下是干得最好的，成为曾的得力助手，不少奏折函件都出自郭之手。曾亦对他关怀备至，或准他的假，让其多回家；或命他将夫人接来，不影响他们的夫妻生活。1858年，郭意诚有一段时间告假居家，因故未及时归营，曾国藩连续发过几次信催其速归。曾国藩于1858年6月4日，在《致沅弟信》中说："公牍私含义诚均可料理"，足见曾国藩对郭意诚的信任。

　　曾国藩就是这样，时时不忘求人自辅。只有时时不忘，才能抓住时机，笼人

有术，把别人招纳不来的人吸引过来，以佐事业之辉煌。

李斯助秦王政统一

　　李斯，战国时楚国上祭人，年少时做过郡小吏，后与韩非一同从荀卿学"帝王之术"，学成，西入秦初为吕不韦的舍人，后任为郎中，说秦王政，拜为客卿，秦王并天下，以李斯为丞相，李斯在帮助秦王政统一中国的事业中起了重要的作用，他入秦不久，就曾指出秦国当时已经有条件"灭诸侯，成帝业，为天下一统。"

　　秦国为了强国，曾任用了很多非本国的能人，秦国内部的本土贵族集团，曾屡屡掀起逐客浪潮，他们心胸狭窄，过分看重私利而不顾国家的利害。恰巧，在秦王政十年，韩国为了使秦消耗国力，不能对韩国用兵，遣使劝秦大兴水利。当此事被发觉后，秦王接受了宗室大臣的建议，下令逐客。李斯也在被逐之列。于是上书劝谏。

　　"过去穆公访求贤才，西边从戎族那里选拔了由余，东面从楚国的宛县得到了百里奚，从宋国迎来了蹇叔，从晋国请来了丕豹的公孙支。这五个人，不出生在秦国，可是穆公重用他们，因而吞并了十几个小国，于是称霸西戎。孝公采用商鞅变法的主张，移风易俗，百姓因此兴旺富足，国家因此繁荣富强，百姓都乐意为国出力，各国都对秦国亲善归服，战胜了楚魏的军队，占领了上千里的土地，使得国

李斯像

家至今还保持安定强盛。惠王采用张仪的计策，攻取了川一带，向西并吞了巴、蜀，向北收得了上郡，向南夺取了汉中，拿下了广大夷族地区，控制着楚国的鄢、郢，向东占据了成皋的天险，取得了大片肥沃的土地，从而拆散了六国的合纵联盟，迫使他们面向西方侍奉秦国，功效一直延续到今天。昭王得到范雎，罢黜穰侯，放逐华阳君加强王室的权力，限制豪门贵族，蚕食各国疆土，帮助秦国完成了帝王的基业。这四位君主，都是凭借着客人的功劳。从这些事例看来，客有什么对不起秦国的呢？假使当时四位君主拒绝客籍人不肯接纳，疏远人才不肯任用，那就使国家不会收到富足的效果，秦国也不会有强大的名声了。

　　"如今陛下弄来了昆山的宝玉，有了随侯珠、和氏璧，悬挂着如明月的珍珠，佩戴着太阿宝剑，乘着名叫纤离的骏马，竖立着用翠凤作装饰的彩旗，安放着鳄鱼皮蒙的大鼓。这几件宝物，秦国一种也不能出产，可是陛下却非常喜爱它们，

这是为什么呢？一定要秦国土生土长的才以能用，那么，夜光的珍珠不该装饰朝廷，犀角象牙的器具不该做玩赏的东西，郑卫两国的美女不该住满后宫，骏马良驹不该关满外面的马栏，江南地区的铜、锡不该用作器物，西蜀一带的丹青，不该用作彩饰。凡是装饰后宫、充满廷堂、娱乐心意、悦人耳目的东西，一定要生产在秦国的才可用，那么，嵌着宛珠的簪子，镶着小珠的耳环，东阿丝绸的衣服，锦乡的边饰，就不该进呈到您的面前。还有那些打扮时兴、姿态优雅、妖艳苗条的赵国姑娘就不该站立在您的身边。敲打着瓦钵、弹着竹筝，拍着大腿，哇哇地歌唱呼喊，让耳目感到快乐，这才真是秦国的音乐。郑国、卫国的民间歌曲，舜的韶虞，周的武象，这些都是外国的音乐，如今抛弃敲打瓦器而欣赏郑卫的音乐，撤走竹筝而选择韶虞的乐曲，这样做是为什么呢？为了眼前的称心快意、适合观赏罢了。如今用人却不肯这样做，不问适宜不适宜，不论正确不正确。

"我听说，土地广的粮食就丰富，国家大的人口就众多，武器精良，兵士就勇敢。因此，泰山不拒绝土壤，所以能够形成它的高大；河海不挑剔细流，所以能够形成它的深广；帝王不排斥百姓，所以能够兴在他的道德事业。因此说地不分东西南北，民不分本国外籍，能够四季都富庶美好，鬼神都来保佑。这是五帝、三王无敌于天下的根本原因。如今您却抛弃百姓去资助敌国，驱逐客籍人去辅助诸侯成就功业。这就使得天下有才能的人都退缩畏惧，不敢向西，停住脚步，不进入秦。这种做法就叫作给敌寇武器，送给强盗粮食啊。

"物资不出产在秦国，其中值得珍贵的很多；贤士不出生在秦国，其中愿意给秦国效忠的不少。如今驱逐客籍人去帮助敌国，损害百姓去增加对手的力量，使得内部空虚，树立仇怨，想求得国家没有危险，是办不到的啊！"

秦王念了李斯的书信，便撤销逐客的命令，恢复了李斯的官职。

曾国藩慎用人才

曾国藩求贤若渴，嘤其鸣矣。这方面，他是颇下了一番功夫的。王定安记述说："国藩专务以忠诚感召人心，每乡是士来谒，温语礼下之有所陈，务毕其说。言可用，则斟酌施行；即不可用，亦不诘责，有异等者，虽卑贱，与之抗礼。"他礼贤下士，颇有周公吐握之风。《旧闻随笔》记述道："咸丰以来，统兵大员惟公平生来未尝台坐。其每见僚属必台坐者，胜保也。台坐者，旧制，大员见小吏，居中设独坐而坐，谒者立于旁也。曾国藩向友人描述自己在咸丰三年的心情说："弟尝谓带勇需智深勇沉之士，文经武纬之才。数月以来，梦想以求之，焚香以祷之，盖无须臾忘诸怀"。及至咸丰十年，曾国藩被任命为两江总督，"事业"大有发展，人才尤为亟须。他给友人写信说："国藩当疲之余，忽膺艰巨之任，大惧陨越，贻友朋羞。惟广求名将，以御寇氛；广求循吏，以苏民困。得一分则鄙人可免一分之咎，得十人百人，则地方渐受十分百分之福。"同治四年，

他走上攻捻前线，榜到《剿捻告示四条》，其中一条便是"询访英贤"。他指出："方今兵革不息，岂无奇才崛起？无人礼之，则弃于草泽饥寒贱隶之中；有人求之，则足为国家干城心腹之用。"他号召："如有救时之策，出众之技，均准来营自行呈明，酌察录用；即不收用者，亦必优给途费。"曾国藩求材，可说是"一以贯之"的。为此，他"料理官车，摘电备查"，"或圈点京报"，获取信息。他常写人才闻见日记，将所见所闻，分为"闻可""闻否""见可"三类。他的《无慢室日记》中，专设"记人"一项，记录了大批被推荐的人名，并附有自己考察之所得。他还注重人才的互相吸引，认为求才应如"蚨之有母，雉之有媒，以类相求，以气相引，庶几得一而及其余。"因此，他多次致书李恒、李翰章、方子白、胡林翼、左宗棠等人及诸弟，论述得人之道，要求他们随处留心，"博采广询"，"兼进并收"。他还嘱咐弟弟要"求人自辅，时时不忘此意"，又要求"以后两弟如有所见，随时推荐，将其长处短处一一告知阿兄"。

在广揽人才的同时，曾国藩强调分辨良莠。当时，亲朋好友、邻里乡党来曾氏营中求职者甚多，曾国藩唯恐曾国荃怀"广厦万间"之志而滥收滥用，规劝他说"善战国者，睹贤哲在位，则卜其将兴；见冗员浮杂，则知其将替。善觇军者亦然。"他对方存之说："搜求人才，采纳众议，鄙人亦颇留心。惟于广为延揽之中，略存崇实黜华之意。若不分真伪，博收杂进，则深识之士，不愿牛骥同皂，阳鱼得意，而贤者反掉头去矣。"他说李六度"过人之处极多"，"而短处则患在无知人之明"，"于位卑职小，出己之下者，则一概援'善善从长'之义，无复觉有奸邪情伪。凡有请托，无不曲从。"

曾国藩在举荐和培养人才方面，特别值得一提的是，他对李鸿章的培养。

咸丰十一年，曾国藩的湘军在江西北部同太平军作战，攻陷了九江，这对李鸿章来说，真是一剂强烈的兴奋剂。倒不是因为湘军的这点胜利对他有多少鼓舞，而是因为湘军统帅曾国藩同他有师生关系。他认为一旦投奔湘军，曾国藩一定会另眼相看，予以重用。他仿佛看到了自己灿烂辉煌的前程，看到了光灿灿的金印和令人炫目的顶戴花翎。于是，李鸿章离开了镇江，昼伏夜行，抄小路，避村舍，绕过太平军的营地，赶往九江的湘军行营，投奔了曾国藩。

然而，事情并不像李鸿章预料的那么称心如意。他满怀希望地赶到九江，但曾国藩却借口军务倥偬，没有相见。李鸿章以为只是一时忙碌，几天之内定可召见，谁知在旅舍中闲住了一个月，竟得不到任何消息。他心急火燎，如同热锅上的蚂蚁。李鸿章得知曾国藩幕府中的陈鼐，是道光丁未科进士，与他有"同年"之谊，也充过翰林院庶吉士，又算是同僚，就请陈去试探曾国藩的意图。谁知曾国藩环顾左右而言他，不肯表明态度。

李鸿章既是曾国藩的得意门生，曾国藩何以对他如此冷落？这实在令人费解。就连陈鼐也不明所以，便对曾国藩说：

"少荃与老师有门墙之谊，往昔相处，老师对他甚为器重。现在，他愿意借助老师的力量，在老师门下得到磨炼，老师何以拒之千里？"曾国藩冷冷地回答

说："少荃是翰林，了不起啊！志大才高。我这里呢，局面还没打开，恐怕他这样的艨艟巨舰，不是我这里的潺潺溪流所能容纳的。他何不回京师谋个好差事呢？"陈鼐为李鸿章辩解说："这些年，少荃经历了许多挫折和磨难，已不同于往年少年意气了。老师不妨收留他，让他试一试。"

曾国藩会意地点了点头。就这样，李鸿章于咸丰八年（1858）进了曾国藩幕府。

其实，曾国藩并不是不愿接纳李鸿章，而是看李鸿章心地高傲，想打一打他的锐气，磨圆他的棱角。这大概就是曾国藩这位道学先生培养学生的一番苦心吧。自此之后，曾国藩对李鸿章的棱角着意进行了打磨，以使他变得老成世故，打下了立足官场的"基本功"。

曾国藩很讲究修身养性，规定了"日课"，其中包括吃饭有定时，即使在战争时期也不例外，而且，按曾国藩的规定，每顿饭都必须等幕僚到齐方才开始，差一个也不能动筷子。曾国藩、李鸿章，一是湘人，一是皖人，习惯颇不相同。曾国藩每天天刚亮就要吃早餐，李鸿章则不然，以其不惯拘束的文人习气，而且又出身富豪之家，对这样严格的生活习惯很不适应，每天的一顿早餐却成了他沉重的负担。一天，他假称头疼，没有起床。曾国藩派弁兵去请他吃早饭，他还是不肯起来。之后，曾国藩又接二连三地派人去催他。李鸿章没有料到这点小事竟让曾国藩动了肝火，便慌忙披上衣服，匆匆赶到大营。他一入座，曾国藩就下令开饭。吃饭时，大家一言不发。饭后，曾国藩把筷子一扔，板起面孔对李鸿章一字一板地说：

"少荃，你既然到了我的幕下，我告诉你一句话：我这里所崇尚的就是一个'诚'字。"说完，拂袖而去。

李鸿章何曾领受过当众被训斥的滋味？心中直是打颤，从此，李鸿章在曾国藩面前更加小心谨慎了。

李鸿章素有文才，曾国藩就让他掌管文书事务，以后又让他帮着批阅下属公文，撰拟奏折、书牍。李鸿章将这些事务处理得井井有条，甚为得体，深得曾国藩赏识。几个月之后，曾国藩又换了一副面孔，当众夸奖他：

"少荃天资聪明，文才出众，办理公牍事务最适合，所有文稿都超过了别人，将来一定大有作为。'青出于蓝而胜于蓝'也许要超过我的，好自为之吧。"

李鸿章手札

这一贬一褒，自然有曾国藩的意图。而作为学生的李鸿章，对这位比他大十

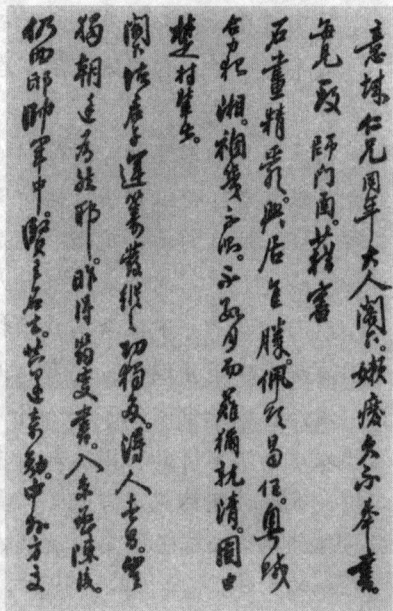

二岁的老师也真是佩服得五体投地。他对人说："过去，我跟过几位大帅，糊糊涂涂，不得要领；现在跟着曾帅，如同有了指南针。"

李鸿章在未入曾幕之前，曾先后随团练大臣吕贤基及安徽巡抚福济，二人既非战乱之才，对于领兵作战更是缺乏经验，李鸿章在他们手下带兵及处幕，自然没有本领可学。曾国藩所以能在举世滔滔之中产生砥柱中流的作用，就是因为他能以子弟兵的方法训练湘军，使他们成为一支能征惯战的队伍。而他自己所拟订的通告全局、十道分进、对太平天国展开全面防堵围剿的战略方针又极为正确，因此方能使他在对太平天国的战争中掌握主动，招招进逼，终于使太平天国政权完全倾覆。假如曾国藩也像当时一般督抚大帅那样不能高瞻远瞩，那么，曾国藩不免也会像向荣、和春、胜保、福济等人一样碌碌无成，李鸿章也不能从曾国藩那里学到卓越的打仗要领。曾国藩死后，李鸿章作联挽之，说：

> 师事近三十年，薪尽火传，筑室忝为门生长；
> 威名震九万里，内安外攘，旷世难逢天下才。

此联的上半，充分道出了李鸿章师从曾国藩而尽得其军事政治才能的事实。

但是，有意味的是，虽然人人都说曾国藩有知人之明，但人非圣贤，因此，也会因为求才心切，从而有被骗的时候。天京攻陷后，有一个冒充校官的人，拜访曾国藩，高谈阔论，议论风生，有不可一世之概。曾国藩礼贤下士，对投幕的各种人都倾心相接，但心中不喜欢说大话的人。见这个人言词令利，心中好奇，中间论及用人须杜绝欺骗事时，此人正色大言说："受欺不受欺，全在于自己是何种人。我纵横当世，略有所见，像中堂大人至诚盛德，别人不忍欺骗；像左公（宗棠）严气正性，别人不敢欺，而别人不欺而尚怀疑别人欺骗他，或已经被骗而不知的人，也大有人在。"曾国藩察人一向重条理，见此人讲了四种"欺法"，颇有道理，不禁大喜，对他说："你可到军营中，观我所用之人。"此人应诺而出。第二天，拜见营中文武各官后，煞有介事地对曾国藩说："军中多豪杰俊雄之士，但我从中发现有两位君子式的人才。"曾国藩急忙问是"何人"？此人举涂宗瀛及郭远堂以对。曾国藩又大喜称善，待为上宾。但一时找不到合适的位置，便暂时让他督造船炮。

多日后，兵卒向曾国藩报告此人挟千金逃走，请发兵追捕。曾国藩默默良久，说："停下，不要追。"兵卒退下兵，曾国藩双手将须，说："人不忍欺，人不忍欺"。身边的人听到这句话又想笑又不敢笑。过了几天，曾国藩旧话重提，幕僚问为什么不发兵追捕。曾国藩的回答高人一筹："现今发、捻交炽，此人只以骗钱计，若逼之过急，恐入敌营，为害实大。区区之金，与本受欺之名皆不足道。"

方宗诚记载说，当时有个浙江人上书给曾国藩。曾国藩认为此人有才，委任为营官。不久，知其险诈，立即革退，并在大门上悬示这样几个大字：此吾无知

人之明，可憾可愧。

曾国藩主张在"广收"的基础上"慎用"。他声称："吾辈所慎之又慎者，只在'用人'二字上，此外竟无可着力之处。"为什么要慎用？因为"人不易知，知人不易"。

慎用的核心是量才器使。"徐察其才之大小而位置之"，用其所长，避其所短。薛福成极称曾国藩"凡于兵事、饷事、吏事、文事有一长者，无不优加奖誉，量才录用"。曾国藩先前获得"有自知人之明"的赞誉，就因为他慧眼识人，又因材使用。

要真正做到量材器使，首在如何去认识人。他指出："窃疑古人论将，神明变幻，不可方物，几于百长并集，一短难容，恐亦史册追崇之辞，初非当日预定之品。"把有一定能力或有一定成就的人誉为"百长并集，一短难容"，甚至神化，无疑是认识人才上的一种片面性。因此，衡量人才要不拘一格，判断事情要不苛求，不因木材腐朽就弃置不用，不频繁撒网有失去捕抓大鱼的机会。重要的是善于去认识。金无足赤，人无完人，不可苛求全材，"不可因微瑕而弃有用之才"。他写信给弟弟说："好人实难多得，弟为留心采访。凡有一长一技者，兄断不肯轻视。"有材不用，固是浪费；大材小用，也有损于事业；小材大用，则危害事业。曾国藩说："虽有良药，假如不是对症下药，那么也形同废物；虽有贤才，如果没有发挥其作用，那么与庸俗之辈无什么两样。栋梁之材不可用来建小茅屋。牦牛不可用来抓老鼠，骏马不可用来守门，宝剑如用来劈柴则不如斧头。用得合时合事，即使是平凡的人才也能发挥巨大作用，否则终无所成。因而不担心没有人才，而担心不能正确使用人才。"

为了"慎用"，必须对人才时加考察。曾国藩说："所谓考察之法，何也？古者询事、考言，二者并重。"就是说，要对下属的办事情况和言论情况同时进行考察，而曾国藩尤其注重臣下的建言。当时，"考九卿之贤否，但凭召见之应对；考科道之贤否，但凭三年之京察；考司道之贤否，但凭督抚之考语"。曾国藩说："若使人人建言，参互质证，岂不更为核实乎？"通过建言，上司可以收集思广益之效，也可以借此观察下属的才识程度，确实是个一箭双雕的好办法。曾国藩于道光三十年（1850年）所上的广开言路的奏折固然是针对咸丰帝下令求言的应时之作，同时也隐约反映了汉族地主要在满清王朝中获得更多的"伸张"机会的萌动。在同一份奏折中，曾国藩提出了对人才的"甄别"，他把它归之于"培养之方"中。其实，甄别，就是考察。甄别的目的是"去其稂莠"。不加考察或甄别，而对那些不投上者之所好的人才，不加培养，不加使用，固然是对人才的浪费；不加考察或甄别，而单凭在上者的爱好或印象保举和超擢，把那些口蜜腹剑、两面三刀的阴谋家和野心家当作"人才"来培养和使用，必会造成恶劣的政治后果。这种事例，在历史上是屡见不鲜的。曾国藩说："不铲除荆棘，那么兰蕙也会没有芳香。不赶走害群之马，那么良驹也会短命。"

曾国藩本人很注意考察人才，对于僚属的贤否，事理的原委，无不博访周

咨，默识于心。据《清史稿》记载，曾国藩"第对客，注视移时不语。见者悚然，退而记其优劣，无或爽者。"而且，他阅世愈深，观察逾微，从相貌、言语、举止到为事、待人等等方面，都在他的视线之内。据说，曾国藩颇知麻衣相法，有一首流传的口诀，传闻是他写的："邪正看鼻眼，真假看嘴唇。功名看器宇，事业看精神。若要看条理，全在语言中。"又有四名："端庄厚重是贵相，谦卑含容是贵相。事有归著是富相，心存济物是富相。"这些，都带有浓厚的唯心色彩，不足为训。但口诀中提到的"端庄厚重"等等，却确是"慎用"时所应提倡的美德。

曾国藩知人善用

曾国藩手下有一名莽将叫鲍超，字春霆，因家贫而典卖其妻，投入湘军，得曾国藩重用，由担水夫从戎，屡立战功，升为浙江提督，才将其妻赎回。

鲍超虽不识文墨，仅认得自己的姓名二字，但勇猛无畏，善于指挥作战，故极得曾国藩赏识。有一次，鲍超因孤军被太平军围困于九江，要遣人赴祁门大营，请求曾国藩解救。叫文书撰信，多时没有送来。鲍心急，等得极不耐烦了，便亲自去催促。只见文书正握笔构思，鲍顿足说："这是什么时候了，还要这样咬文嚼字地去想嘛？"他立即喊亲兵拿来一幅白麻，自己大手握住笔杆，于幅中大书一"鲍"字，旁边作无数小圈围绕着，急急封函，派人去送。送者不解其意，问："这是什么意思？"鲍说："大帅自能知其故，不必多问！"送者至祁门，曾国藩幕府中的人也不解其意，就拿给曾国藩看，曾国藩大笑道："老鲍又被围矣！"就急忙下令让多隆阿前往救援，及时解除了太平军对鲍超的重围。

正是由于曾国藩对鲍超的深知，鲍极为敬佩曾国藩。一日，鲍超提笔学写字，久思无所得，仅书一"门"字，而右直笔末有钩，幕中某先生启发他说："门字右边尚无一钩。"鲍超大怒，指着厅中大门，"两边不都是笔直立着吗！"正好壁上悬着曾国藩所赠一联中有"门"字，某先生乃指而言："曾大帅写门字亦有钩矣。"鲍超一看果然，即仆地三叩说："先生恕吾武人！"可见，曾国藩平时知人善用。

光武帝知人善任，用人不疑

如何才能发挥人才的作用，其关键是两条：一要知人善任，扬长避短，使才能够发挥自己的作用；二要用人不疑，真诚地授予全权，使人才愿意发挥自己的作用。在东汉初年，光武帝刘秀基本上做到了这两条，他的属下在中兴汉室的旗帜下，群策群力，贡献自己的聪明、才智。

刘秀南定河内（今河南武陟），而更始的司马朱鲔等还盛兵洛阳，威胁河内。河内郡"户口殷实"，刘秀视为如同汉高祖的关中。守住河内，非常重要，

派谁去镇守，刘秀颇费思考。经与邓禹商计，认为"寇恂文武备足，有牧人御众之才"，可以当此重任。寇恂到达河内后，"讲兵肄射，伐淇园之竹，为矢百万余，养马两千匹，收租四百万斛，转以给军。"建武元年（公元24年），寇恂又大破朱鲔所率领的三万多入侵之敌，为刘秀保住了这块重要根据地。刘秀闻捷报大喜，说："吾知寇子翼（寇恂字）可任也。"（《后汉书·寇恂传》）保住了河内，稳定了大局，刘秀即在鄗称帝。

公元33年（即建武九年），公孙述令任满、田戎、程汛领兵数万，乘枋箄下江关，占据了荆门。过了两年，刘秀派大司马吴汉、征南大将军岑彭、诛虏将军刘隆、辅威将军臧宫和骁骑将军刘歆率步兵、棹卒六万多人，会师荆门，反击公孙述。吴汉认为"三郡棹卒多费粮谷"，主张罢兵，岑彭不同意。各自上书刘秀，陈述自己的观点。这就提出了由谁担任这次战役总指挥的问题。论资历和威望，吴汉在岑彭之上，但是，他"习用步骑，不晓水战"，而荆门作战主要依靠水军，岑彭长期在南方生活和工作，熟悉南方人情，又懂水战。刘秀根

双羊铜饰

据他们两人的情况，决定荆门会战由岑彭担任总指挥，于是给岑彭回信说："荆门之事，一由征南公为重而已。"（《后汉书·岑彭列传》）荆门会战，果如刘秀所预料，岑彭乘风火烧浮桥，斩任满，生擒程汛，田戎败走。岑彭率兵追击，下江州，拔武阳，驰广都，距成都仅数十里，大获全胜。公孙述大惊，以杖击地说："是何神也！"

贾复，刘秀的部将，作战勇敢，常争先赴敌，所向披靡，"诸将咸服其勇"，但他有轻敌的缺点。为保护贾复，刘秀从不要他担任某一方面的统帅，而是留在自己的身边。在长期征战中，贾复多次"与诸将溃围解急"，"未尝丧败"，为刘秀夷灭群雄起了很大的作用。

刘秀既能知人善任，也能用人不疑。因而，他的属下，特别是从敌对阵营过来的人，都能放心大胆地履行自己的职责，形成东汉初年上下相亲的政治局面。

解狐荐举仇人

解狐是魏文侯的大臣，他荐举仇人的事见《韩诗外传·卷九》：

魏文侯问解狐说："寡人将立西河守，谁可用者？"解狐答："荆伯柳者贤，殆可。"文侯说："是非子之仇也？"答："君论可，非问仇也。"于是，魏文侯将

任用荆伯柳为西河太守。

荆伯柳问魏文侯身边的侍从说:"谁言我于吾君?"他们都说:"解狐"。荆伯柳便去拜见解狐并表示感激和谢罪说:"子乃宽臣之过也,言于君。谨再拜谢。"解狐却不因他来谢罪而原谅他,说:"言子者公也,怨子者私也。公事已行,怨子如故。"于是,张弓要射荆伯柳,荆伯柳急跑几十步后才看不见解狐。

作者引《诗经·郑风·羔裘》篇以赞扬解狐说:"邦之司直。"意是说这是国家中主持正直的人啊。

既是仇人,必恨之入骨,除之犹恐不及,何况要荐其人。而且是仇人,必只看到其恶处,难以看见其善处,即使他是贤才也不会推荐之。解狐因是个正直的人,公私极其分明,既恶其人,也能知其贤,为了公,他认为荆伯柳的贤才可胜任西河太守,虽是仇人也推荐之;但从私人关系看,荆伯柳是仇人,他并不因其来谢罪和表示感谢而原谅,仍然恨之入骨,故公事已行,因是私仇,故张弓要射之。解狐如此公私分明,确是"邦之司直"。

曾国藩对己待人之道

曾国藩对己、待人、待物确实分得清。

就对己这方面来讲,曾国藩平生经常注意以下几个方面:

1. 立志:一个人要自立自强,最重要的是先立志。如果不立志,那么天下就没有能做成的事。曾国藩对这点,有深刻的体会。他在《日记》中写道:"《史记》说:'如果君子保持庄敬,那么他就会日渐强大',如果我天天安逸放荡,天天衰退,想要强大,可能吗?就好像草木,如果志不树立,就没有了根本。所以说千言万语都不如先立志。"

2. 求知:一个人的志向没有确立,往往是由于知识贫乏,而导致了没有选择也没有什么好坚持的。曾国藩一生勤学好问,求知的欲望异常强烈,是由于他知道志向不确立是由于知识不真确,他说:"不能坚持一个志向的原因,是由于习惯没有养成,由于志向没有确立,其实是由于知识不确真。不能一心一意就不会有选择,不能有坚持,那么即使念念不忘《四书》《五经》的要旨,也只能算是游思杂念,这是心中没有一个统一目标的缘故"。

3. 反省:我们增进品德从而事业立得住,虽然与意志的坚定,知识渊博有关,也与反省有关系,曾国藩德行卓立,也和他经常反省,勇于改过有很大关系。给他父亲的一封信中说:"我以前对于过错经常忽略过去,从十月以来,念念不忘改过,即使犯了小的错误也要惩戒自己。"又在寄给他弟弟的一封信中说:"我从十月初一开始,每天思虑自己的行为,念念不忘改过自新。想起从前和小珊的矛盾,其实是一时之气,有些不近人情,真想马上去登门谢罪。"

4. 慎独:反省和慎独有关,因为反省往往是在事后,而慎独则是在平时。因为虽然都是内心世界的修养,但深浅程度稍微有所不同。曾国藩不但注重反

省，而且十分注重慎独，我们从他的日课中可以有所了解。

5. 居敬：慎独仅仅是内心生活的修养，居敬则使心身都得到修养。曾国藩在《日记》中写道："心中存有礼德就会明白晓畅，像上升的太阳。整敛仪容就会尊严，像鼎那么稳重。内心和外表都得到修养，居敬和修养兼备，怎么会担心不被重用呢？"

6. 习劳：曾国藩《日课四条》中，除了"居敬则身强""慎独则心安"外，还有"习劳则神钦"一条。曾国藩一生以勤劳自勉，他在给吴竹如的信中说："我想从此以后；更不指望别的什么；只是应该坚守一个'勤'字，直到我的终身。"在给彭杏南的信中，又说："'勤'是人生第一重要的大事。无论在家、做官、行军，都应该以'勤'为本。黎明早起，是'勤'字的第一个方面"。

此外，如"谨言""主静""有恒"等，也是曾国藩平时所注意的。

至于待人之道，曾国藩是因人而异的：

1. 对于家庭

曾国藩十分注重"孝悌"两个字。曾国藩写信给他弟弟说："现在的人把'学'字看错了。如果仔细读'贤贤易色'那一章，就会发现绝大多数学问，即在家庭日用之间。在'孝悌'上做到一分便学到一分，做到十分便学到十分。现在人读书，都为了考取功名，对于孝悌伦理纲纪这样的大事，反而好像和读书的关系不大。其实他们不知道书上的记载，写书那个时代圣贤所说的，无非就是要人明白孝悌这个道理。如果事事都能做得到，而笔下写不出那又有什么关系呢？如果事事做不到，并且在伦常纲纪上又有重大缺陷，即使文章中说得再好，也只能算是个名教中的罪人。贤弟你性情真挚而不善于写诗文，为何不多在'孝悌'两个字上多用些功。《曲礼内则》所说的，句句都照着它做，做到让祖父母、叔父母没有一时一刻不快乐，没有一时一刻不顺心适情，下面的兄弟、妻子、儿女，都和蔼而有理想，都懂规矩，这才是真的大学问。如果诗文不好，这是小事，不值得计较。即使诗写的极好，也不值一文钱。"

他在《家书》中说："我生活在伦理纲常之中，只有对于兄弟这一伦，所抱着愧疚之心比较深，主要是父亲把他知道的全都教给我，我却不能把我所知道的都教给我的兄弟，这是最大的不孝。"又说："我曾经对岱云说：'我想尽孝道，没有别的办法。我能教导我的兄弟让他德业有一分长进，我就尽了一分孝道，能使他德业有十分长进，我就尽了十分孝道，如果不能教导我的兄弟成就功名，那我就是大不孝了。'"

曾国藩对待兄弟，倾力爱护，但不姑息，他说："至于我的兄弟，我只以德爱他们，不用姑息爱他们。教导他们节俭，规劝他们辛勤劳动、保持节俭，这是用德来爱兄弟。而给他们丰衣美食，让他们随心所欲，这是对兄弟姑息的爱。姑息的爱，使兄弟肢体懒惰，增长骄气，将来丧失品德，做错事情，那是我领兄弟们行不孝啊，我可不敢那么做。"

2. 对于族人亲戚

　　曾国藩对待族人亲戚，却主张敬爱。如果把孝敬父母的那份爱用到兄弟身上，那就是友爱。而把孝敬父亲的情意用到亲戚身上，对他们就不会不敬不爱。曾国藩从四川办完差事后，曾经请亲戚们吃饭并赠礼。至于对待亲戚的道理，《家书》中说："对于家族亲戚，无论他和我家有没有过节，我们都应该一律对他们尊敬、爱护。孔子说：'对别人有广泛的爱才能达到仁的境界'，孟子说：'爱护别人不论他是不是亲人，这样才能得到别人的仁爱。礼遇别人而不要求别人报答，这样才能得到别人的敬重'。在没有管理家事的时候，就常生嫌弃埋怨之情，将来当家立业后，那别人岂不是个个都成了仇人？从古以来没有和宗族乡邻结仇的圣贤，兄弟你们千万不要凡事只是责备别人！"

　　3. 对于师友

　　对待师友的态度，曾国藩认为应该经常怀着敬畏的心，而不能以怠慢衰渎。比如他在写给他弟弟信中说："丁秩臣、王衡臣两人，我都没见过，可是他们差不多算是你的老师。把他们当作老师，或当作朋友，这由兄弟你认真决定。如果他们两个人风度可以学习，淳朴踏实又学识渊博，那么把他们当作老师是可以的。如果他们仅仅是博学善文，那么把他们当作朋友对待就可以了，不管把他们当作老师还是当作朋友，都应保持敬畏之心，不可以把他们和自己平等相看。如果渐渐对他们怠慢轻衰，那就没法向他们学到有益的东西了。"

　　敬畏老师，向朋友学习，对于我们一生的事业，有很大的关系。曾国藩说："每个人都有老师。如果没有老师，就不会有严惮之心。……此外选择朋友，应该慎重而再慎重。韩愈曾说：'善行的人即使不和我结交，我也要努力向他学习，不善的人我即使不讨厌他，也要努力不沾染他的习气。'一生的成败，都和朋友贤良与否有很大关系，不可以不慎重！"

　　他又说："做好人，做好官，做名将，都要好师、好友、好榜样"。

　　4. 对于仆从

　　对待仆从的态度，曾国藩主张等级界限虽然要严明，然而情义上还要做到。比如在寄给他弟弟的信中写道："我们家看门的陈叔，因为一言不合而离去。…现在换了一名周叔作门人。我十分喜欢读《易经》，《旅卦》中说：'丧其童仆'。《象》说：'以旅下者，其义丧也'。解释这句话的人说：'以旅下者，意思是说把童仆当作过路人看待，刻薄而少恩义，漠然而无情，那么童仆也同样会把主人看作过路人一样！我对待下人虽然不刻薄，但也很有把他们看作过路人的意思，所以才招至他们对我不尽忠，以后应当对待下人和亲人手足一样。等级虽然严明，而情义却做到。贤弟你待人也应明白这个道理。"

　　5. 对于同乡

　　曾国藩在京城时，同乡很多。曾国藩对待同乡，照料帮助他们，总是尽力而为的。他写道："同乡有了危急的事，多数都来找我商量。我就效仿祖父星冈公的做法，钱财上尽自己的财力资助，办事上则尽力去帮他们办好。"

　　6. 对于官吏

曾国藩对于官吏贪污的案件，主张要查办。比如他说："严丽生在湖南不办公事，不注重自己的形象，声名狼藉。如果调查他真的有劣迹，或有前科纪录，那不妨抄录一份送到京城来，因为正有一位御史在我这里查访。但此事必须机密。"

对于贤良的官吏，曾国藩则极力推荐或挽留，比如他说："朱明府非常得民心，我已经托人给上面写信，尽力把他留在我处。如果真能办成的话，那么朱明府爱护百姓，勤于政务，铲除罪犯消灭犯罪，我的治下得到的好处就会很多。"

7. 对于国家

曾国藩在咸丰元年（1851）三月初九曾上过一份奏章，谈论兵饷的事。四月二十六日，又上一奏章，严肃批评了皇上的三个错误，并且言辞直露而激烈，有人担心他会受到皇上谴责。至于他上书的原因，他解释说："二十六日，我又写了一份谏书，严肃地批评了皇上的三个错误，预防其危害。写得言辞十分激烈。……我因为受到的恩宠很深重，做官到二品，不能算是不尊贵，皇上又封了我们家三代，儿子也做了六品官，不能算是不荣耀。如果不在这个时候尽忠直言，那又要等到什么时候呢？皇上的美德，是天上赐予的，满朝的大臣，没有人敢逆着

军机处内景　清

他说话，恐怕他将来变得骄傲自矜，最后变得讨厌直言进谏而喜欢阿谀奉承，到那时满朝大臣是谁也推脱不了责任的。所以，我在皇上刚刚即位的时候，就将这种骄矜的危险说破，使皇上每天兢兢业业，将这种危险杜绝在萌芽之中，这就是我的本意。现在人才不多，人们都护着自己的小利益而忽视了大的方面，人人都习惯了阿谀奉承的风气。我想用我的这份奏章稍稍转变一下这个风气，希望朝廷中的人做事都讲原则，遇到事不退缩。这也是我的本意。

奏折刚刚递上去的时候，我担心触犯皇上的龙威，于是早就将祸福置之度外没想到皇上如此慈爱宽容，并没有怪罪我。从此以后，我更应当尽忠报国，而不能仅顾及自身的私利。……这样以后所必须做的就是每月向家中寄数百金费用，今后就一心以国家的事为主，一切升官的念头，都丝毫不放在心中。"

这里足以知道曾国藩对国家的态度。左宗棠曾说他对曾国藩的"谋国之忠"是"自愧不如"。

待人接物，曾国藩也有一套办法。他对弟弟说："从此以后近处是乡里，远处如县城省城，都靠国潢弟你一人和别人应酬。总之，不贪财、不失信、不自以为是，有了这三点，自然鬼神都会敬佩你，到处都会受人尊重。现在你初出茅庐，更应慎重而再慎重，三条中有一条做不到，就不会得到别人的认可。"

他又说道："国潢弟在广东处理一切事，都很有道理。拒绝念园、庄生等各处的礼物，尤有可取之处，他办朱家的事，做法也十分诚恳，虽然最后无济于事，但朱家也没有什么好抱怨的。《论语》说：'说话算数，做事踏实。这在蛮夷之地也行之有效。'兄弟你在外，一切都这么做，我还有什么好担心的呢？"

曾国藩对己待人之道，如概括成一两个字，那就是要"敬恕"、要"劳谦"、要"诚"、要"孝"。"敬恕"两个字，他在给鲍春霆的信中说："一定要以'敬'来要求自己，用'恕'来对待别人。'敬'就要小心翼翼，事无巨细，都不敢疏忽。'恕'就要凡事都给别人留有余地，有功不自己独占，有过错不推诿，经常记住这两个字，就能担当大任，前途无量啊。"

曾国藩倡导勤俭

宋朝司马光说，"愿人之常情，由俭入奢易，由奢入俭难。"

明朝周怡说："由俭入奢易，由奢入俭难。饮食衣服，若思得之艰难，不敢轻易费用……常将有日思无日，莫待无时思有时，则子子孙孙享温饱矣。"

曾国藩也说，"凡仕宦之家，由俭入奢易，由奢入俭难。"

由俭入奢并不可怕，可怕的是由奢入俭；由俭入奢人人都可承受，但由奢入俭却不是人人都可以承受的。一个人很少有这种幸运，从生到死不为生计愁，一辈子发达、亨通，一帆风顺；总有拮据的时候，总有艰难和困苦的时候。因此，人们就该理性地去生活，居安思危，从长计议，常将有日思无日。

曾国藩说，一般人多希望子孙后代做大官，我不愿意子孙后代做大官，只想

他们成为读书明理的正人君子。一般人之所以希望子孙后代做大官，是因为做大官有权有势，有显赫的门第，有丰厚的钱财；曾国藩之所以不愿做大官，是因为他看到了荣华富贵是暂时的，阅尽了盛极而衰后的艰难、悲惨和世态炎凉。

曾国藩真正愿意做的是读书明理的君子。何谓君子？勤劳节俭，自我修炼，吃苦耐劳，既能过舒适的生活，又能过艰难的日子，这就是君子。曾国藩为官几十年，不敢稍微沾染官僚习气。在饮食起居上仍然保持贫民的寒素家风，极其节俭也可以，略为丰富也可以，不过他始终不敢太奢华。不是他无力奢华，而是他不愿奢华！他可真是一个世间少见的君子。

曾国藩曾反复告诫曾家后代，一定要一边种地，一边读书，以保持先人的老传统，千万不要沾染半点官场习气，他说："凡世家子弟，衣食起居无一不与寒士相同，或许还可以成大器；若沾染富贵习气，则难望有成。"他曾对儿子约法三章：不许坐轿，不许使唤奴婢做取水添茶的事情；拾柴收粪之类的事情，必须一件一件去做；插秧除草之类的事情，必须一件一件去学。这样才能避免骄奢淫逸，才算抓到了根本！

无论是大家，还是小家，无论是官家，还是农家，无论手工之家，还是商贾之家，如果勤苦俭约，就没有不兴旺的；如果骄奢倦怠，就没有不衰败的。

能俭能奢是一种境界，不俭不奢是一种境界，能奢不奢是一种境界，而且是一种难能可贵的境界。

曾国藩说："家败，离不得个'奢'字。"历史的经验值得注意。

曾国藩曾与曾国荃同时封爵开府，门庭可谓极盛了，然而这并不是永远可以依赖的。

曾国藩在写给弟弟的家书中指出："家道的长久，不是凭借一时的官爵，而是依靠长远的家规；不是依靠一两个人的突然发迹，而是凭借众人的全力支持。我如果有福，将来罢官回家，一定与弟弟竭力维持。老亲旧眷，贫贱族党，不可怠慢。对待贫穷的人，与对待富者一般。当兴盛之时，预做衰时之想。如果这样，我们家族自然会有深固的基础。"

"各位弟弟比我小好多岁，你们不知道，你们看到各亲戚家都很贫穷，而我们家的境况还不错，以为本来就是这样，却不知道他们当初和我们家一样兴盛。我完全看到了他们兴盛时期景象，再看看他们今天的凋零破败的局面，真让人大难为情。家庭的盛衰取决于气象，气象盛则即使挨饿也很高兴，气象衰则即使饱食也很忧愁啊！"

"现在我们家正当全盛之时，贤弟不要以为区区几百两银子数目太小，不足挂齿。如果让贤弟去过像楚善、宽五等人那样的艰苦生活，你能忍受一天吗？每个人的境遇的厚与薄、顺与逆，都是命中注定，即使是圣人也不能自作主张。天既然可以使我们今天处于丰亨顺达的境地，当然就可以使我们明天处于维艰困苦的处境。"

所以说，盛时常作衰时想，上场当念下场时。如今，有这种想法的人怕是越

来越少了，很多人信奉的是"及时行乐"，"今朝有酒今朝醉"思想，像曾国藩那样活着不是太累了吗？与其遗憾一生，不如享乐一时。在这种思想的驱动下，一个月的前五天，生活在醉生梦死之中，一个月的后二十五天，生活在穷愁潦倒之下。并不是他们比别人收入更少，而是他们比别人更不会计算啊！

曾国藩的治家方法，只有两个字。一个是"勤"，另一个是"俭"。他曾说："人败，离不得个'逸'字。"又说："天下百病，生于懒也。""人不勤则万事俱废。"不懒不逸，就是勤，"勤者，逸之反也。""勤所以儆惰也。"他深刻地指出："千古之圣贤豪杰，即奸雄欲有立于世者，不外一勤字。"

"勤则兴，懒则败，一定之理。"关于这个"一定之理"，曾国藩曾于同治九年（1870年）十一月初三日作"习劳而神钦"的伟论，他说：

凡人之情，莫不好逸而恶劳，无论踪贱智愚老少，皆贪于逸而惮于劳，古今之所同也。人一日所着之衣、所进之食，与一日所行之事、所用之力相称，则旁人题之，鬼神许之，以为彼自食其力也。若农夫织妇，终岁勤动，以成数石之粟、数尺之布，而富贵之家，终岁逸乐，不营一业，而食必珍馐，衣必锦绣酣豢高眠，一呼百诺，此天下最不平之事，鬼神所不许也，其能久乎？

古之圣君贤相，若汤之味旦还显，文王日昃不遑，周公夜经继日、坐以待旦，盖无时不能勤劳自励。《无逸》一篇，推之于勤则寿考，逸则天亡，历历不爽。为一身计，则必操习技艺磨炼筋骨，困知勉行，操心危虑，而后可以增智慧而长才识；为天下计，则必己饥己溺，一夫不获，引为余辜。大禹之舟乘四载，过门不入，墨子摩顶放踵，以利天下，皆极俭以奉身，而极勤以救民。故荀子好我大禹、墨翟之行，以其勤劳也。

军兴以来，每见人有一材一技，能耐艰苦者无不见用于人，见称于时；其绝无材技，不惯作劳者，皆见弃于时，饥冻就毙。故勤则寿，逸则天；勤则有材而见用，逸则无能而见弃；勤则博济斯民，而神祇钦仰，逸则无补于人，而神鬼不钦。是以君子欲为人神所凭依。莫大于习劳也。

这四百余字，简直可视为天下第一文章。它谈到了劳逸不均、贫富悬殊的问题，认为"此天下最不平等之事"；谈到了"勤则寿，逸则天"的养身之法；谈到了"勤则兴，逸则败"的齐家治国之理。全文无一浮言大语，字字皆是珠玑。

这篇文字，是他写给两个儿子的四条格言中的一条。其他三条为"那个独则心安""主敬则身强""求仁则人说"。他写道：今写此四条，我老年时自我警惕，以弥补从前的过错；并让两个儿子各自勉励，每夜以此四条来考课，每月终以此四条来稽查，仍寄希望于各子侄共同遵守，有所成就。

曾国藩不但在理论上启发子弟，而且在具体实践上诱导了子弟。他的家书写

道："戒惰莫如早起。

学射最足保养，起早尤千金妙方、长寿金丹也。

无作欠伸懒漫样子。

子侄除读书外，教之扫屋、抹桌凳、收烘粪、锄草，是极好之事，切不可以为有损架子而不为也。

家中养鱼、养猪、种竹、种蔬四事，皆不可疏。一则上接祖父以来相承之家风，二则望其外有一种生气，登其庭有一种旺气。"

对于内眷、女儿、儿媳等，曾国藩也众不姑息，同样严饬勤劳。他规定："新妇始至吾家，教以勤俭。纺织以事缝纫，下厨以议酒食。此二者妇职之最要者也。孝敬以奉长上，温和以待同辈。此二者，妇道之要者也。"同治七年（1868 年）在金陵节署，他的女儿等早已是贵不可言的"千金小姐"了，但曾国藩却给她们制定了每天习劳的繁重功课单，并写了四句话：

家勤则兴，人勤则俭。

能勤能俭，永不贫贱。

他亲笔书写的功课单如下：

早饭后	做小菜点心酒酱之类	食事
巳午刻	纺花或绩麻	衣事
中饭后	做直蒢刺绣之类	细工
酉刻（过二更后）	做男鞋女鞋或缝衣	粗工

吾家男子于"看、读、写、作"四字缺一不可，妇女于"衣、食、粗、细"四字缺一不可。吾已教训数年，总未做出一定规矩。自后每日立定功课，吾亲自验功。食事则每日验一次，衣事则三日验一次，细工则五日验一次，粗工则每月验一次。每月须做男鞋一双，女鞋不验。

上验功课单，谕儿妇、侄妇、满女知之。甥妇到[金陵]日，亦照此遵行。

同治七年五月二十四日

这些内容，还有明显的时代印记，但曾国藩要求内眷不染官家习气、勤劳而不闲逸的精神和做法，却是仕宦之家所难能可贵的。

在"俭"字上，曾国藩更是有过人之处。

曾国藩生长于一个勤俭孝友的家庭。及自己结婚生有子女，虽任侍郎，任总督，任大学士，一直到死，他的家庭生活，仍然和过去一样，不稍改变，这是任何人都不易办到的。

凡此，可以概见曾国藩持身治家之俭，实可以移风易俗了。虽然自身其，但他对乡亲却不吝资助。

1843 年 3 月，曾国藩升任翰林院侍讲，6 月任四川正考官，11 月回京复命。曾国藩居在京都四年，景况很苦，生活俭朴，但对于穷困和疾病死亡的同乡，必

尽力资助。从四川回来，得到俸银千元寄家，并且拿出一部分钱来救济贫困的亲友，他在家信中说："孙所以汲汲馈赠者，盖有二故：一则我家气运太盛，不可不格外小心，以为持盈保泰之道；日债尽清，刚好处太全，恐盈极生亏；留债不清，则好中不足，亦处乐之法也！二则各亲戚家，皆贫而年老者，今不略为帮助，则他日不知如何？自孙入都后，如彭满舅，曾祖彭王姑母，欧阳岳祖母，江通十舅，已死数人矣！再过数年，则意中所欲馈赠之人，正不保何若矣！家中之债，今虽不还，后尚可还；赠人之举，今若不为，后必悔之。"

曾国藩认为，家运兴衰，一半在天，一半在人。在天，则无法挽回；在人，当尽心竭力。

紫地粉彩蕃莲纹如意耳葫芦瓶　清

福祸由天作主，善恶由人做主。由天作主的，我们无可奈何，只得听之任之；由人做主的，我们能尽一份力就尽一份力，能得一份就算一份，能支撑一天就算一天。若想保持家运兴盛，就不能不分清哪是天意，哪是人为。

为了把握由人做主的这一份力，曾国藩曾反复告诫曾家后代，一定要一边种地，一边读书，以保持先人的好传统，千万不要沾染半点官场习气，他说："凡世家子弟，衣食起居无一不与寒士相同，庶可以成大器；若沾染富贵习气，则难望有成。"他曾对儿子约法三章：不许坐轿，不许使唤奴婢做取水添茶的事情；拾柴收粪之类的事情，必须一件一件去做；插秧除草之类的事情，必须一件一件去学。这样才能避免骄奢淫逸，才算抓到了根本！

无论是大家，还是小家，无论是官家，还是农家，无论手工之家，还是商贾之家，如果勤苦俭约，就没有不兴旺的；如果骄奢倦怠，就没有不衰败的。

曾国藩说，一般人多希望子孙后代做大官，我不愿意子孙后代做大官，只想他们成读书明理的正人君子。一般人之所以希望子孙后代做大官，是因为做大官有权有势，有显赫的门第，有丰厚的钱财；曾国藩之所以不愿做大官，是因为他看到了荣华富贵是暂时的，阅尽了盛极而衰后的艰难、悲惨和世态炎凉。

他还在1863年11月24日《致澄弟》的信中说："听说你家逐渐奢华是因为客人太多的原因。以后应步步严格谨慎，不可步步放纵懈怠。禁坐四人抬的轿，先从星冈公直系子孙做起，不过一二年，其他房也可渐渐改掉。总之，家门太盛时，有福不可享尽，有势不可使尽，人人都应记住这两句话。"

曾纪琛与罗兆升的婚事，是使曾国藩头疼的一件事，他俩于同治元年（1862）四月正式成婚。在黄金堂发嫁时，欧阳夫人亲自送亲。曾纪琛到罗家后，严守家风，勤劳节俭，孝敬翁姑，很得罗家欢喜，其夫妻生活亦美满。但由于罗兆升性烈气躁，凡事稍不如意，或身体稍有不适，常大发雷霆，曾纪琛婚后不到一年，即受到罗家歧视，其夫妻感情亦有裂痕。尽管如此，曾国藩还是用传统道德教诫女儿忍耐顺受。同治二年初，曾国藩在《谕纪泽》信中说："罗婿性情乖戾，与袁婿同为可虑，然此无可如何之事。不知平时在三女儿之前抑或暴戾不近人情否？尔当谆嘱三妹柔顺恭谨，不可有片语违忤。三纲之道，君为臣纲，父为子纲，夫为妻纲，是地维所赖以立，天柱所赖以尊。故《传》曰：君，天也；父，天也；夫，天也。《仪礼》记曰：君至尊也，父至尊也，夫至尊也。君虽不仁，臣不可以不忠；父虽不慈，女不可以不孝；夫虽不贤，妻不可以不顺。吾家读书居官，世守礼义，尔当告诫大妹、三妹忍耐顺受。吾于诸女妆奁甚薄，然使女果贫困，吾亦必周济而覆育之。目下陈家微窘，袁家、罗家并不忧贫，尔谆劝诸妹，以能耐劳忍气为要。吾服官多年，亦常在耐劳忍气四字上做工夫也。"

做好女儿的训诫工作后，曾国藩又加强了对罗婿的教育工作。为了使罗婿有根本性的好转，曾国藩曾于同治四年春将三女和罗婿招至金陵督署，经过多次谈话后，罗婿思想有了觉悟。此时，曾纪琛已身怀有孕，并于是年三月十八日在署中生一子，这使罗婿在精神上得到安慰。五月二十三日，罗婿准备离署时，曾国藩还亲书"忍敬"二字训诫罗婿。但至二十九日曾纪琛与罗兆升在离别金陵时，却突然发生一件不幸的事。这一天，曾国藩奉朝命带兵北上"剿捻"，女儿女婿亦选定这个吉日携幼回湘，出署登舟之际，全城水陆军举炮送行，"其声震耳，久而不绝"。曾纪琛怀抱之子受惊生疾，本已登舟，见病甚危，只好折回于署，后请医生抢救无效，夭亡于署中。

失子之痛，给曾纪琛的打击很大。虽说回到家后又生了一胎，但却是个女孩，故更为罗家所歧视，而夫妻关系也愈显紧张。但曾纪琛谨遵"无后即不孝"之礼，力劝丈夫纳妾，并帮助在乡间找到一贤惠少女洪氏为妾，洪氏小罗17岁，罗后又在陕西官廨纳一张氏为妾。但张氏无出，罗便想接曾去官廨，然曾纪琛见洪氏年轻，生育能力强，则劝其前往。但因洪氏本已不为罗所喜，故不愿去，曾纪琛便强令送去，自己则在家操劳家务。光绪十四年（1888）二月，洪氏身怀有孕，但罗兆升却殁于任上，时年43岁。后张、洪二妾将其棺运回老家安葬。丈夫的早逝，罗门之将衰，使得三妯终日以泪洗面。当夜深人静之时，面对孤灯，三妯更是心寒！曾纪琛在悲伤之余，常以婉言劝慰洪氏，望其保重身体，如能生一子，尚可为罗家传宗接代。一天晚上，洪氏得一梦，有一条大蛇在罗门神台上跌下来，吓得她魂不附体，而曾纪琛则大喜说："梦龙得子！"不久，洪氏果真生一遗腹子。于是"合家雀跃，闾里同欢"。曾纪琛为子取名长焘，洗三之日，办席50余桌，乡间亲友都来道喜。

自从有了长焘之后，曾、张、洪三氏"忧门柞将衰之心，由缓和而逐渐消失

矣"。从此，曾纪琛按其家训，"每日操持家务，事无巨细，必躬亲之"。当时，由于时常有曾国藩及罗泽南的旧友前来造访，以致使得门前车水马龙。但曾纪琛均"调理得井然有序"。闲暇之余，"曾还挤出时间，博览群书，闾里莫不称贤者"。当时罗兆升在世时，曾纪琛对待洪、张二氏尚能宽大为怀，亲如姊妹，现在罗去世后，三妇更是形影不离，相依为命，一心扑在抚孤工作上。其子稍长，曾纪琛即延师入学，并视长焘为亲生，常教他"效法乃祖及外祖：要忠信培心，要和平养性，要诗礼启后，要勤俭治家"。长焘14岁时，因祖荫中邑痒生，弱冠，娶朱氏，均为曾纪琛亲手所操持。但长焘性孤高，无视功名富贵，不勤奋读书，每日只与二三乡邻，狩猎于九峰山林之间。对此，曾纪琛"常忧之，然亦无可奈何也"。不过，长焘于民国元年（1912）春生一子，名延庆，方头大耳，相貌魁梧，深为曾纪琛及洪、张氏所钟爱。三代同堂，令三妇喜出望外。

曾纪琛一生恪守"三纲五常"，诚以待人，严于律己。虽出身名门望族、大家闺秀，但勤劳节俭、艰苦朴素，毫无贵妇习气。由于她一生操劳过度，光绪末年竟致一病缠绵，久不能愈。弥留之际，她抚延庆对长焘夫妇说："他日光我罗氏门第者，必是子也。汝等严悉教养之，俾成大器。"言未竟，溘然长逝，时民国元年（1912）十月，享年68岁。

曾纪琛虽然生前薄置田产，可是由于家中开支日重，其生活并不宽裕。但每遇灾荒之年，对周围缺衣少食者仍慷慨解囊，广为救助，深得百姓称赞。

曾国藩一生自奉清俭，所以在钱财问题上看得很开，认为对之不应过分追求，因此，在子弟没有做官时，曾国藩教育他们正确对待八股文和科举；子弟既做官之后，曾国藩又常常教育他们正确对待权位和富贵 他对那位有几分傲气又有几分贪财的九弟的反复开导，最为突出。同治元年五月，湘军既得安庆，正包围金陵，他警告两个弟弟说："若一面建功立业，外享大名，一面求田问舍，内图厚实，二者皆有盈满之象，全无谦退之意，则断不能久。此余所深信，而弟宜默默体验者也。"金陵即将攻破之时，他又告诫两个弟弟说："古来成大功大名者，除千载一郭汾阳外，恒有多少风波，多少灾难，谈何容易！愿与吾弟兢兢业业，各怀临深履薄之惧，以冀免于大戾。"他害怕功败垂成，勉励弟弟须有极强的敬业精神；又怕成大功大名时，飞来无名横祸，勉励弟弟须有临深履薄的畏惧之情。同时，他时时刻刻考虑后路，写信给在乡间的澄侯，嘱咐他"莫买田产，莫管公事。吾所嘱者，二语而已，'盛时常作衰时想，上场当念下场时'。富贵人家，不可不牢记此二语也。"及至金陵攻克，兄弟封侯封伯之后，他又多次写信给颇有抑郁之气的九弟，劝他"功成身退，愈急愈好"。

对待做官如此，对待钱财，曾国藩也反复教育子弟不要贪。他自诩"阅历数十年，于人世之穷通得失思之烂熟"，认为"祸咎之来，本难逆料，然唯不贪财、不取巧、不沽名、不骄盈四者，究可弥缝一二。"人为财死，不贪少祸，这两点都是被自古以来无数事实所证明了的。所以，他告诫儿子说："大约世家子弟，钱不可多，衣不可多，事虽至小，关系颇大。"为什么事小而关系颇

大呢？因为"未有钱多而子弟不骄者也"，钱多则易骄，则易奢，则易淫逸，则易放荡，最后必然导致家败名裂。"昔祖父在时，每讥人家好积私财者为将败之征。"所以，曾国藩如《朱子格言》所说"勿营华屋，勿谋良田"一样，反对家中积钱，反对买田起屋。他说："银钱、买田最易长骄气逸气。我家断不可积钱，断不可买田。"弟弟要在老家黄金堂买田起屋，他却写信告诉他们说，这是"重余之罪戾，则寸心大为不安，不特生前做人不安，即死后做鬼也是不安。""去年沅弟起屋太大，余至今以为隐虑。"那么，自家有了钱有了物，如何办？他认为，须多多积善修德，赈济穷困。"见贫苦亲邻，须加温恤"。他捐钱买义田，救济同姓同里的贫穷者，还经常接济穷亲戚，道光二十四年，他俸银尚不多，却写信给六弟和九弟说：你们的"岳家皆孤儿寡妇，槁饿无策。我家不拯之，则孰拯之者？我家少八两，未必遂为债户逼取；渠得八两，则举室回春。贤弟试设身处地而知其如救水火也。"有钱人家，花那么点钱，如流水，如粪土，无所谓，而无钱人家得那么点钱，"则举室回春"。所以遇事应设身处地，为他人着想，这是曾国藩"仁者爱人"的儒家思想的具体化。

曾国藩给在家理事的弟弟国潢信中写道："近来与儿女们谈起家中琐事，得知兄弟你辛苦异常，凡是关系到孝悌友爱根本之事，兄弟你无不竭力经营，只是各家的规模总有过份奢华之嫌。比如像四抬轿一事，家中坐的人太多，听说我儿纪泽也坐四抬轿，这是绝对不行的。兄弟你为什么不严加管教责备？即使是你自己也只能偶尔坐坐，经常坐也不好。如果是出门远行，坐篾结轿就可以了，坐四抬轿就不行了，四抬的呢轿不可进入县城，更不能进省城。湖南现在有总督四人，皆有子弟在家，皆与省城各部门都有往来，没有听说坐四抬轿的。我过去在省城办团练，也从未坐过四抬轿。从这事推及别的事，凡是咱家的事都应当保持谨慎俭朴的作风。"

一个人为什么要谨慎？为什么要简朴？

如果一个人独自生活在深山老林

人物故事图盘　清

中，日出而作，日落而息，不与世俗相往来，那么，他就无须谨慎，也无须俭朴。然而人只要活着，就必然与他人发生关系。荀子讲，人"能群"，说的就是人要与他人结成某种社会关系才能生存。他享受着社会给他提供的福祉，也为社会提供他人享受的福祉。他的吃穿住行这些最基本的生活条件和环境是他人提供的，或者是为他人提供的。这表明人必然地与他人生活在同一世界上。他不能遗

世独立，他被各种各样的人包围着。

人生活在人中，这是最基本的事实。因此，人的行为就不能不受到他人的制约，他不能为所欲为。他必须瞻前顾后，左右思量。如《诗经》所说："战战兢兢，如临深渊，如履薄冰。"这就是中国人的生活之累，他总是站在未来看现在，而不像西方人那样，站在现在看未来。西方人注重的是当下的境况，现实的享乐，生活的过程；而中国人注重的是未来的幸福，现实的危机，生活的结果。为未来而生，为未来而死，为未来的幸福而牺牲眼前的享乐，这一切都是为了寿终正寝、功德圆满、人丁兴旺、子孙吉祥，所谓功在当代，利在千秋。

为什么要谨慎？为什么要俭朴？就是因为心中有了一个他人、自己的一言一行都是在众目睽睽之下，稍有不慎，就会落得个天人同怨，神人共愤。他人的评价和议论比眼前的享乐更重要，穷不可怕，苦不可怕，死不可怕，可怕的是无德无才，无节无名，千夫所指，万世同污。赢得生前世后名，这是多少中国人为之奋斗，为之景仰的人生最高理想。

谨慎也好，俭朴也罢，都具有某种表演人生的意味，本来可以不谨慎，不俭朴的，但是为了让人觉得谨慎，感到俭朴，于是就谨慎、俭朴起来。因为谨慎和俭朴是千秋万代所传颂的美德，如果一个人德才兼备，他还谨慎，那就是好上加好；如果一个人富甲天下，他还俭朴，那就是锦上添花。谨慎对于德才兼备的人，俭朴对于富甲天下的人，不仅没有损害，反而可以赢得生前世后名，何乐而不为呢？

曾国藩的家教不仅理论上形成体系，且注意与实践相结合。因此其影响不仅仅是他的子孙，也为社会所广泛注目。

曾国藩主张持家避奢求俭。

宋朝司马光说，"愿人之常情，由俭入奢易，由奢入俭难。"

曾国藩真正愿意做的是读书明理的君子。何谓君子？勤劳节俭，自我修炼，吃苦耐劳，既能过舒适的生活，又能过艰难的日子，这就是君子。曾国藩为官几十年，不敢稍微沾染官僚习气。在饮食起居上仍然保持贫民的寒素家风，极其节俭也可以，略为丰富也可以，不过他始终不敢太奢华。不是他无力奢华，而是他不愿奢华！他可真是一个世间少见的君子。

所以，曾国藩在家训中，时时强调一个"俭"字。俭而不奢，家道恒兴；俭而不奢，居官清廉。这是中国的古训，也是曾国藩谆谆告诫子弟的重要方面之一。他赠澄侯弟一联云：

> 俭以养廉，直而能忍。

曾国藩一生自奉清俭，所以在钱财问题上看得很开，认为对之不应过分追求。因此，在子弟没有做官时，曾国藩教育他们正确对待八股文和科举；子弟既做官之后，曾国藩又常常教育他们正确对待权位和富贵。他对那位有几分傲气又有几分贪财的九弟反复开导，最为突出。同治元年五月，湘军即得安庆，正包围金陵，他警告两个弟弟说："若一面建功立业，外享大名，一面求田问舍，内图

厚实，二者皆有盈满之象，全无谦退之意，则断不能久。此余所深信，而弟宜默默体验者也。"金陵即将攻破之时，他又告诫两个弟弟说："古来成大功大名者，除千载一郭汾阳〔子仪〕外，恒有多少风波，多少灾难，谈何容易！愿与吾弟兢兢业业，各怀临深履薄之惧，以冀免于大戾。"他害怕功败垂成，勉励弟弟须有极强的敬业精神；又怕成大功大名时，飞来无名横祸，勉励弟弟须有临深履薄的畏惧之情。同时，他时时刻刻考虑后路，写信给在乡间的澄侯，嘱咐他"莫买田产，莫管公事。吾所嘱者，二语而已，'盛时常作衰时想，上场当念下场时'。富贵人家，不可不牢记此二语也。"及至金陵攻克，兄弟封侯封伯之后，他又多次写信给颇有抑郁之气的九弟，劝他"功成身退，愈急愈好"。还特地在曾国荃四十一岁生日时，做寿诗十三首相赠。其一云：

> 已寿斯民复寿身，拂衣归钓五湖春。
>
> 丹诚磨炼堪千劫，不借良金更铸人。

这依然是教他要兢兢业业，临深履薄，看透"万事浮云过太虚"的现实，放眼未来，经过千磨万炼，将自己再铸金人。

对待做官如此，对待钱财，曾国藩也反复教育子弟不要贪。他自诩"阅历数十年，于人世之穷通得失思之烂熟"，认为"祸咎之来，本难逆料，然唯不贪财、不取巧、不沽名、不骄盈四者，穷可弥缝一二。"人为财死，不贪少祸，这两点都是被自古以来无数事实所证明了的。所以，他告诫儿子说："大约世家子弟，钱不可多，衣不可多，事虽至小，关系颇大。"为什么事小而关系颇大呢？因为"未有钱多而子弟不骄者也"，钱多则易骄，则易奢，则易淫逸，则易放荡，最后必然导致家败名裂。"昔祖父在时，每讥人家好积私财者为将败之征。"所以，曾国藩如《朱子格言》所说"勿营华屋，勿谋良田"一样，反对家中积钱，反对买田起屋。他说"银钱、买田最易长骄气逸气。我家断不可积钱，断不可买田。"弟弟要在老家黄金堂买田起屋，他却写信告诉他们说，这是"重余之罪戾，则寸心大为不安，不特生前做人不安，即死后做鬼也是不安。""去年沅弟起屋太大，余至今以为隐虑。"那么，自家有了钱有了物，如何办？他认为须多多积善修德，赈济穷困。"见贫苦亲邻，须加温恤"（《朱子格言》）。他捐钱买义田，救济同姓同里的贫穷者，还经常接济穷亲戚。道光二十四年，他俸银尚不多，却写信给六弟和九弟说：你们的"岳家皆孤儿寡妇，搞钱无策。我家不拯之，则敦拯之者？我家少八两，未必遂为债户逼取；渠得八两，则举室回春。贤弟试设身处地而知其如救水火也。"有钱人家，花那么点钱，如流水，如粪土，无所谓，而无钱人家得那么点钱，"则举室回春"。所以遇事应设身处地，为他人着想，这是曾国藩"仁者爱人"的儒家思想的具体化。但是，值得我们注意的一件事是，曾国藩自己不求财，却对别人尤其是九弟曾国荃的掠夺财富的行为加以包庇和纵容，这实在让人费解。金陵攻破后，湘军在金陵城内"见人即杀，见屋即烧，子女玉帛，扫数悉于湘军，而金陵遂永穷矣。"曾国荃是这一滔天罪行的魁首。他于金陵攻陷的当天就进了城，与他同时进城的赵烈文见各军人城后

疯狂掠夺，肆意烧杀，一片混乱，"唯恐事中变，劝中丞［指曾国荃］再出镇压。中丞时乏甚，闻言意颇忤，张目曰：'君欲余何往?'余曰：'闻缺口甚大，恐当亲往堵御。'中丞摇首不答。"这说明曾国荃是有意纵容的。第二天，赵烈文拟出四条禁令，中有"止杀"一条，曾国荃坚决不同意。至第七天，曾国荃虽然勉强张贴了告示，但诸将均相应不理，"唯知掠夺，绝不奉行"，曾国荃一律听之任之。他本人不仅有部下来"孝敬"，"获资数千万"，"悉辇于家"，而且席卷了太平天国的金库。这年七月十一日，清廷下令追查天京贮金的下落，是言之有据的。赵烈文对曾国荃等人的贪婪显然也是愤愤不平的。后来，他旁敲侧击地对曾国藩说："沅帅坐左右之人累之耳！其实子女玉帛，无所与也。各员弁，自文案以至外差诸人，则人置一簏，有得即开簏藏纳，客至则倾身障之，丑态可掬。"曾国藩说："吾弟所获无几，而老饕之名遍天下，亦太冤矣!"曾国藩首先是承认老九有所获，只是"所获无几"，接着便为老九叫冤。其实，曾国藩欲盖而弥彰。倒是他的满女曾纪芬说得坦率："忠襄公［曾国荃］每克一名城，奏一凯战，必请假还家一

太平军盔帽

次，颇以求田问舍自晦。"这不正是老饕的活生生的形象吗？曾国藩自己也在信中说："沅弟昔年于银钱取与之际不甚斟酌，朋辈之讥议菲薄，其根实在于此。"话虽说得极委婉，但"取与之际不甚斟酌"，却是事实，只是曾国藩在公开的场合不便如此说，只能在家书中这般窃窃私语。

曾国藩的家宅有个俗气但又颇具象征意义的名字，叫富厚堂。因为家境贫寒，才向往富裕，这是旧时代的平民百姓的一般理想。厚就不同了，是说厚道、厚成，这又与曾家的家风、家训有关系。

曾国藩中进士、点翰林后，因为是曾家开天辟地的"通籍"大事，为了庆贺需要，对富厚堂进行了简单的修缮。自此后，曾氏家谱也开始着手编辑。这一切为曾家进入湘乡乃至湖南的望族做准备。

曾国藩后来的官越做越大，名望也越来越高，但他仍然保持昔日的作风，视奢豪为耻，以节俭为荣。他的九弟就不是这样，经常给家里寄钱，还不时求田问舍，为此兄弟俩有过争执。

同治六年（1867），在几位兄弟的支持下，富厚堂进行了大规模的改建，耗

费银钱达七千串之多。是年三月，曾国藩从家信中得知此情，尤为惊讶，日记在说："接腊月廿五日家信，知修整富厚堂屋宇用钱共七千串之多，不知何以耗费如此，深为骇叹！余生平以起屋买田为仕官之恶习，誓不为之。不料靡费若此，何颜见人！平日所说之话全不践言，可羞孰甚！屋既如此，以后诸事奢侈，不问可知。大官之家子弟，无不骄奢淫逸者，忧灼曷已！"

几个月后，曾国藩与家资百万的好友万麓轩相谈，为万家富有而又节俭的家风感到由衷钦服，联想自己，充满自责：与麓轩偶谈家常，渠家百万之富，而日用极俭。其内眷终年不办荤菜，每日书房先生所吃之荤菜，余剩者撤下则室内吃之；其母过六十寿辰，麓轩苦求，始准添荤菜一样。今乱后而家不甚破，子孙俱好，皆省俭所惜之福也。余有俭之名而无俭之实，深为愧惧。

曾国藩还从大家族的兴衰中寻找可以借鉴的东西。他认为骄奢轻傲都与"厚"字相反，是致败之端。同治七年正月十七日的日记，他详尽发挥道："是日阅张清恪之子张懿敬公师载所辑《课子随笔》，皆节钞古人家训名言。大约兴家之道，不外内外勤俭、兄弟和睦、子弟谦谨等事。败家则反是。夜接周中堂之子文翁谢余致赙仪之言，则别字甚多，字迹恶劣不堪。大抵门客为之，主人全未寓目。闻周少君平日眼孔甚高，口好雌黄，而丧事潦草如此，殊为可叹！盖达官之子弟，听惯高议论，见惯大排场，往往轻慢师长，讥弹人短，所谓骄也。由骄字而奢、而淫、而佚，以至于无恶不作，皆从骄字生出之弊。而子弟之骄，又多由于父兄为达官者，得运乘时，幸致显宦，遂自忘其本领之低，学识之陋，自骄自满，以致子弟效其骄而不觉。吾家子侄辈亦多轻慢师长，讥谈人短之恶习。欲求稍有成立，必先力除此习，力戒其骄；欲禁子侄之骄，先戒吾心之自骄自满，愿终身自勉之。因周少君之荒谬不堪，既以面渝纪泽，又详记之于此。"

同治七年（1868），曾国藩在两江总督署又盖了三间新屋，本是为摆设地球之用，但过于富丽，日记中说：余盖屋三间，本为摆设地球之用，不料工科过于坚致，檐过于深，费钱太多，而地球仍将黑暗不能明朗，心为悔慊。余好以"俭"字教人，而自家实不能俭。傍夕与纪泽谈，令其将内银钱所账目经理，认真讲求俭、约之法。

四月初六日，新屋修造一新，曾国藩将地球移入其中。次年，曾国藩又接到四弟曾国潢来信，说家中为他起造书房七间，以备退休之用，用钱至三千余串之多，曾国藩对此十分警惕，说家人彭芳六办事，实太荒唐，深可叹恨。说家乡"殊非安居乐业之地也。"

同治十年十一月二十二日，曾国藩移居经过翻修的总督衙署，他到署西的花园游览，花园修工未毕，正在赶办。游观后，他感慨系之地写道："偶一观玩，深愧居处太崇，享用太过。"这样克勤克俭的总督，天下能有几人！而且，这是他逝世前两个月的最后一次游览！

他的弟弟曾国潢，同治六年在家乡为他整修"毅勇侯第"，花费较多，他相当反感，在二月初九日的日记中写道："是日，接腊月廿五日家信，知修整富厚堂屋宇，用钱共七千串之多，不知何以耗费如此，深为骇叹！余生平以起屋、买

田为仕宦之恶习，誓不为之。不料奢靡若此，何颜见人！平日所说之话，全不践言，可羞孰甚！"

九弟曾国荃的品格，便与他大不相同。攻下江西吉安、安徽安庆和江苏金陵之后，曾国荃三次搜括，且一次比一次搜括得凶而多，攻下城后，三次回家起屋买田。他在家乡所起的"大夫第"，长达一华里，共九进十二横，房子数百间，中储大量金银珠宝、华贵家具和仆人婢女，为近世官僚府第所罕见。故被时人讥为"老饕"。对此诨名，曾国藩虽略怀不平，但对老九的贪财终究是极反对的。他写信劝老九说："沅弟昔年于银钱取与之际不甚斟酌，朋友之讥议菲薄，其根实在于此。去冬之买犁头嘴、栗子山，余亦大不谓然。以后宜不妄取分毫，不寄银回家，不多赠亲族，此'廉'字工夫也。"曾国藩并且概而言之，以规诫阿弟："富贵功名，皆人世浮荣，惟胸次浩大是真正受用。余近年专在此处下功夫，愿与我弟交勉之。"

曾国藩当然不是苦行僧，"不要钱"，指的是不贪，不要非分之钱。他说："不贪财、不失信、不自是，有此三者，自然鬼伏神钦，到处人皆敬重。"又说："盖凡带勇之人，皆不免稍肥私囊。余不能禁人之苟取，但求我身不苟取。以此风示僚属，即以此仰答圣主。""不贪财、不苟取"，这就是曾国藩的信条。他一生行事也确乎如此。

晋灵公骄奢淫侈失天下

晋国的晋灵公因为有祖上晋文公重耳创下的业绩，因此，继位之后，胸无大志，不理朝政，只知道贪图享乐，奢侈度日。

他信用佞臣屠岸贾，让屠岸贾建造一座花园供他享乐。屠岸贾为了讨好晋灵公就四处聚敛民财，大兴土木，在京城绛州修建了一座规模宏大的花园——桃花园，园内栽种各种奇花异草，蓄养了许多奇禽异兽，建有各式亭台楼阁。园中建一高台，台高三层，上面建有一座楼宇，称凌霄楼。楼内雕梁画栋，曲檐朱栏，极其华丽。这样的花园，在春秋列国中也是首屈一指的。

从此，晋灵公就整天与屠岸贾带着姬妾、宫女到桃花园来玩耍。为了纵情享乐，晋灵公还命令屠岸贾到晋国各地挑选良家美女，用欺骗和威逼的方法将他们送入桃花园，供他们淫乐玩弄。一次，晋灵公将一群歌舞艺人召进桃花园内奏乐表演，吸引了很多人聚集在园外围看，灵公与屠岸贾则在凌霄楼上摆酒观赏。灵公心血来潮，想出了一个取乐的主意，就是用弹弓射园外的观众，看谁打得准，击中眼睛者为胜，击不中者罚酒一斗，击中肩胯者免罚。屠岸贾立时同意，二人即向人群发射弹丸。围观的人纷纷躲闪，但因人太多，总有被击中者，叫苦声此起彼伏。晋灵公二人见状觉得好玩，又叫左右会使用弹弓的人都来发射弹丸。一时间，弹如飞雨，人们纷纷中弹，哭声喊声响成一片，而晋灵公和屠岸贾却开心得哈哈大笑。以后，京城的人只要看到凌霄楼上有人，就不敢在桃花园前行走。

一天，晋灵公与屠岸贾一起饮酒，命厨师煮熊掌当下酒菜，晋灵公因急于饮酒，便再三催促厨师上熊掌，厨师不得不将还未煮烂的熊掌献上。灵公又嫌肉未熟，竟用铜锤猛击厨师头部，将厨师当场打死，又砍为数段，让人用苇席裹上放进竹笼，扔到野外。这件事恰好让相国赵盾碰上。赵盾当面指责了晋灵公滥杀人命、不理朝政的行为，晋灵公不仅不听，反而怀恨在心，并让屠岸贾去行刺赵盾。一次不行，又设毒计陷害。

晋灵公的倒行逆施激起赵盾侄子赵穿的极大愤慨。后赵穿设计将灵公杀死，当时竟没有一个人出来救护。晋国上下都以灵公之死为快，无人去责怪赵穿。这就是昏君的下场。

晋武帝骄奢淫逸亡西晋

晋武帝司马炎是西晋王朝的一代君主。他的祖父司马懿，伯父司马师，父亲司马昭都是曹魏的权臣。他们为司马炎打下了基础，使他能登上皇帝宝座，并统一全国。

晋武帝统一全国后，在政治、经济诸方面进行了一些改革，取得了一定成绩，但是他缺乏远大志向，又骄奢淫逸，贪图财利，使得西晋王朝很快就走向了腐朽和灭亡。

贵族出行仪仗图　西晋

太康三年（282）正月，晋武帝在南郊祭典结束之后，对司隶校尉刘毅说："我与汉朝哪个皇帝相似？"刘毅直言不讳地回答说："与汉桓帝、汉灵帝相似"。武帝说："我怎么会到这种地步呢？"刘毅回答道："桓帝、灵帝卖官鬻爵，钱入官库；而陛下您卖官鬻爵，却钱入私门。凭这点来说，您还不如他们。"能当面指出这个问题，说明确有其事，可见晋武帝的贪财欲望已到何等程度。

晋武帝的骄奢淫逸也是历史上罕见的。奉始九年（273）六月，他下诏遴选公卿以下人员的女儿，以备六宫之用，有藏匿女儿者以不敬罪论处；并规定采择没有完毕，暂时禁止天下人嫁娶。这次选宫女，连司徒李胤、镇国大将军胡奋、廷尉诸葛冲的女儿也未幸免。逼得女孩子"多败衣瘁貌以避之"。灭吴

之后，晋武帝又选吴帝孙皓的宫女五千人入宫。当时，晋武帝整天游玩，不理朝政，后宫妃妾将近万人之多。他宠爱的人很多，晚上竟不知道该到哪位妃嫔处过夜为好。于是，他想了个办法，就是乘坐羊车，在宫内随便行走，停在哪里就在哪里设宴住宿。妃妾为了取得皇帝的宠爱，便竞相将竹叶插在窗户上，将盐汁洒在地上，以此吸引羊车停到自己门前。可见晋武帝的生活已荒淫到何等地步！在晋武帝的影响下，西晋王朝奢靡成风。大官僚何曾，每天吃饭要花费一万钱，还嫌"无下箸处"。他的儿子何劭"食必尽四方珍美，一日之供，以钱二万"。晋武帝的女婿王济，请岳父吃饭，用一百多个艳装女子擎食，以代替餐桌。他蒸的小猪味道极美，武帝询问原因，他说是用人奶喂养而成的。最能表现西晋世族腐朽荒淫的还是石崇和王恺斗富的丑剧。

王恺，是晋武帝的舅父，家门豪富，又仗着皇帝国戚，根本不把别人放在眼里。石崇，任散骑常侍、荆州刺史，"财产丰积"，平时是"丝竹尽当时之选，庖膳尽水陆之珍"。连厕所里都专门设有十余个丽服藻饰的女婢，手举沉香汁等物，供如厕的达官客人使用。

石崇、王恺都以为自己比对方富有，就变着花样显示自己，压倒对方。王恺用糖水涮锅，石崇用蜡烛代柴烧火；王恺用紫丝做成步幛四十里，石崇用锦帛做成步幛五十里；石崇用调味的椒料涂屋，王恺用上备的赤石脂抹墙。晋武帝不但不加制止，反而想帮助舅父获胜。为此他赐给王恺一株世间罕见的二尺左右高的珊瑚树。王恺得意扬扬地向石崇显示，但石崇连看都不看，即用铁如意将它击碎。王恺大怒，认为对方是嫉妒自己的宝物，但石崇却说："不值得这么恼恨，现在我就还给你。"说罢，就让家人将自己所有的珊瑚树都搬出来，其中高达三、四尺的有六、七株，像王恺那种二尺高的就更多了，任王恺挑选。见到如此情景，王恺怅然若失，不得不甘拜下风。

王恺、石崇之流的豪强大族，不仅挥金如土，而且视人命如儿戏。石崇宴请宾客，规定用美女劝酒，若客人不饮，就杀掉美女。大将军王敦故意不肯饮酒，石崇果然一连杀掉三个劝酒的美女。王恺请客吃饭，必找女妓吹笛伴酒；若吹笛之人稍有忘韵吹错之处，王恺即令将女妓拉到台阶下打死。而王恺却照常饮酒，谈笑不变。

为了维持这种醉生梦死的生活，他们必然要千方百计地聚敛财富。晋武帝就是通过卖官而自肥的。司徒王戎是通过贪污勒索而致富的，当他田园遍天下之后，仍然每天晚上与他老婆在灯下算账，锱铢必较。石崇更是无所不用其极，在荆州刺史任上，竟然派人假扮强盗，抢劫来往商客的财富。

以晋武帝为首的西晋统治者，正是这样一群贪婪残忍、挥霍无度的恶棍，他们怎么能治理好一个国家呢？

晋武帝的儿子、惠帝司马衷是一个弱智儿。他在园中听到蛤蟆的叫声，竟问身边的人："这个鸣叫的蛤蟆是官府的呢，还是私人的呢？"有人敷衍他说："在官地上的就是官府的，在私地上的就是私人的。"等到国家荒乱，百姓饿死时，

惠帝竟说："为什么不吃肉粥？"。立这样一个神志不清的人当太子，是晋武帝的一大失误。

所以，晋武帝死后不久就爆发了"八王之乱"，宗室之间、后妃之间相互残杀，给人民带来了无穷的灾难，西晋王朝也在这场大混战中归于灭亡，西晋从晋武帝死时算起，只存在了二十六年。追本溯源，祸根就在晋武帝身上。

刘邓大军整肃军纪

一个人活在社会上，最好是道义和物欲，鱼和熊掌两者兼得。要是两者不可兼得，那就只好是舍物欲而就道义了。然而无论如何，要使道义战胜物欲，是件不很容易的事，因为人活在世界上要吃饭，吃饭之外，还有住房、衣着、交通等等生活的必需。这就无怪乎清代大诗人黄景仁《言怀》诗要说："可知战胜浑难事，一任浮生付浊醪。"黄庭坚的诗也说："但知战胜得道肥，莫问无肉令人瘦。"

1947 年，刘伯承、邓小平率晋冀鲁豫野战军千里跃进大别山。刚到新区时，生活非常艰苦，老百姓听信敌人的反动宣传而不敢接近解放军，所以一些干部战士产生了急躁怕苦情绪和破坏革命纪律的现象，时而骂人、拿东西、吓唬群众、拉牛送病号等，影响了军民关系。部队刚开进村，老百姓和商贩们便锁上门，跑到山里躲起来。刘邓便在小姜湾村前草坪上召开整顿纪律的干部会议，向全军颁布了整顿纪律的命令。然而，不久司令部机关里就发生了一起严重破坏群众纪律的事件：机关一位管理员，为了解决办公和生活困难，竟趁主人逃走之机，私自撬开了一家铺子的门，拿了一刀光纸、几支毛笔、几斤粉条和白糖。刘邓获悉，终于忍痛下决心：坚决按军法执行枪毙！同时召开大会以此教育整个部队，以儆效尤。以这次大会为转机，大军全面展开了整顿纪律工作，并积极主动开展群众工作，为群众做好事，逐渐消除了部队与群众之间的隔阂，造成了军民团结、军政团结、全军团结的大好局面，为战胜敌人打下坚实基础。

姜维身居高位，居食俭朴

姜维是诸葛亮精心选拔的军中接班人。诸葛亮之所以选中姜维，是因姜维其人德才兼备，他"心存汉室，才兼於人。"是"凉州上士。"诸葛亮病逝后，蜀国军事重任实际落在姜维肩上，他继诸葛亮遗志想要完成"复兴汉室"之大业，因而其心思精力尽凝集于此，也就很少考虑个人的利益。

当时姜维虽居上将之位，生活仍很俭朴。《傅子》说他"好立功名，不修布衣之业。"所谓"布衣之业"，即置产、蓄财等，这是说姜维不考虑置产、蓄财的事。时人却正论及姜维时说："姜伯约据上将之重，处群臣之右，宅舍弊薄，资财无余，侧室无妾媵之亵，后庭无声乐之娱，衣服取供，舆马取备，饮食节

制，不奢不约，官给费用，随手消尽，察其所以然者，非以激贪厉浊，抑情自割也，直谓如是为足，不在多求。"

当一个人把自己的志趣投入其所憧憬的事业时，将会对其他事淡薄寡趣，对个人生活也就不大讲究。如姜维追随诸葛亮后，认为将得逞其志时，他的母亲写信给他，"令求当归"，他复信说："良田百顷，不在一亩，但有远志，不在当归。"他身负蜀国军事重任，更无暇顾及个人私生活，也就不好声色，生活过得去就算了，而不多求。因为这些小事在具有"远志"的姜维身上都已处于次要的位置。一个有远大志向的人，往往如此。

曾国藩公而忘私

自古以来，尽管官场的倾轧是不言自明的事实，但也不乏"先天下之忧而忧，后天下之乐而乐"清正廉洁、为民请命的官员。

1849 年 2 月，曾国藩升任礼部侍郎，从此跻身高官之列。任命的第二天，道光帝召见了曾国藩，训谕教诲了一番。两天后，曾国藩走马上任。虽说礼部在六

清代阅兵图

部中属清要一类，但事务仍然繁多。而且，其属员即有百余人。曾国藩感到除公事较多外，应酬私事也十分多，他给父母的信中说，"几于刻无暇晷。"

父亲曾麟书收到信后，为曾家出了位大官而兴奋不已。但知子莫若父，曾麟书太了解儿子曾国藩的脾气性格了，他唯恐刚登大官的儿子有什么闪失，立即写信一封，嘱咐再三："官阶既高，接人宜谦虚，一切应酬，不可自恃。见各位老师，当安门生之分。待各位同寅，当尽协恭之谊。至于同乡官如何子贞，尔请他做祖父大人七十寿序，写作俱臻绝顶，有此学问，品行必端，尔宜善待之。外官

李石梧前辈，癸卯年巡抚陕西，尔是年放四川正考官，路过其地，他待尔极好，并受其指教，受益最大。他现总督两江，每年必以书信问候而已。若有人干以私情，宜拒绝之。做官宜公而忘私，自尽厥职，毋少懈怠已耳。此嘱。"

由于父亲的殷殷教诲，曾国藩自为高官之日始，就怀着匡济天下、忠心为国的抱负，投身到他所认定的事业中去。曾国藩不但自己这样做，还动员他的兄弟也加入到削平太平天国的斗争中去。

1858年11月，陈玉成部太平军攻逼曾国华、李续宾湘军大营，曾国华、李续宾战死。对于曾国华的死，曾国藩感到非常痛心。他在家书中表示，要为曾国华作哀辞、墓志、家传等文，并建议曾国荃也应作文以抒其意。他的理由不仅仅因为曾国华死得惨烈，死后多日才收检到尸骨，更重要的是曾国华在"生前于科名之途太寒，死后又有阙憾"，所以他要为弟弟立传扬名于天下。

四年之后，曾国藩的最小弟弟曾国葆病逝军中，对此，曾国藩深表哀痛，除为其撰墓志铭外，在挽联中情意深切地说："大地干戈十二年，举室效愚忠，自称家国报恩子；诸兄离散三千里，音书寄涕泪，同哭天涯急难人。"曾国藩尽管由于两个弟弟接连死于军中，颇觉悲痛，发出"举室效愚忠"的慨叹，但他认定：急国家之难，是最大的"公"。曾国葆死的同年四月，曾国藩还写信给初任江苏巡抚的李鸿章，告诫他说："吾辈当为餐冰茹蘖之劳臣，不为脑满肠肥之达官也。"